Francisco Julião: Uma biografia

Cláudio Aguiar

Francisco Julião: Uma biografia

1ª edição

CIVILIZAÇÃO BRASILEIRA

Rio de Janeiro
2014

Copyright © Cláudio Aguiar, 2014

DIAGRAMAÇÃO DE MIOLO
Lilian Franco

                CIP-BRASIL. CATALOGAÇÃO NA PUBLICAÇÃO
                SINDICATO NACIONAL DOS EDITORES DE LIVROS, RJ
A228f

    Aguiar, Cláudio, 1944-
    Francisco Julião, uma biografia: o homem e a política, as ligas camponesas e a reforma agrária, exílio e ocaso / Cláudio Aguiar. — 1. ed. — Rio de Janeiro : Civilização Brasileira, 2014.
    854 p. : il. ; 23 cm.

    Inclui bibliografia e índice
    Encarte
    ISBN 978-85-200-1168-3
    1. Julião, Francisco, 1915-1999. 2. Políticos — Brasil — Biografia. I. Título.

                                          CDD: 923.281
13-06401   CDU: 929:32(81)

EDITORA AFILIADA

Todos os direitos reservados. É proibido reproduzir, armazenar ou transmitir partes deste livro, através de quaisquer meios, sem prévia autorização por escrito.

Este livro foi revisado segundo o novo Acordo Ortográfico da Língua Portuguesa.

Direitos desta edição adquiridos
EDITORA CIVILIZAÇÃO BRASILEIRA
Um selo da
EDITORA JOSÉ OLYMPIO LTDA.
Rua Argentina, 171 – Rio de Janeiro, RJ – 20921-380 – Tel.: (21) 2585-2000.

Seja um leitor preferencial Record.
Cadastre-se e receba informações sobre nossos lançamentos e nossas promoções.

Atendimento e venda direta ao leitor:
mdireto@record.com.br ou (21) 2585-2002

Impresso no Brasil
2014

Sumário

PRÓLOGO
Cabra marcado para morrer *11*

PRIMEIRO LIVRO
Do agreste ao Planalto Central *17*

CAPÍTULO I
Origens e formação (1915-1939) *19*

CAPÍTULO II
Advocacia e política (1940-1954) *91*

CAPÍTULO III
As ligas e a unidade (1955-1959) *143*

CAPÍTULO IV
Ampliação das ligas (1957-1960) *199*

CAPÍTULO V
Dimensão nacional (1960) *277*

CAPÍTULO VI
Tempos de radicalização (1961-1962) *337*

CAPÍTULO VII
Esperanças e desilusões (1962-1964)   *411*

SEGUNDO LIVRO
Paixão e morte   *469*

CAPÍTULO VIII
Golpe militar de 1964 (janeiro-abril)   *471*

CAPÍTULO IX
Resistência (abril-junho 1964)   *525*

CAPÍTULO X
Cárcere (junho 1964-dezembro 1965)   *597*

CAPÍTULO XI
Exílio (1966-1979)   *659*

CAPÍTULO XII
Retorno ao Brasil ou o homem de duas pátrias (1979-1996)   *733*

CAPÍTULO XIII
O solitário de Tepoztlán (1997-1999)   *793*

Notas   *805*
Agradecimentos   *815*
Fontes bibliográficas   *818*
Índice de nomes citados   *838*

A justiça e a razão nem ao demônio se há de negar.

(Padre Antônio Vieira, *Sexto Sermão do Rosário*)

A Célia, sempre. Também aos queridos amigos Moema, Anatailde, Anatilde (in memoriam), Anatólio, Anacleto e Isabela, filhos de Julião.

PRÓLOGO
Cabra marcado para morrer

Um homem franzino e magro, com 1,66m de altura, frágil de saúde (padecia de crônica enxaqueca), vasta cabeleira escura em constante desalinho a cobrir-lhe a cabeça grande e desproporcional para o resto do corpo mirrado, testa proeminente, nariz avultado e lábios carnosos, caminhava sob sol inclemente. Ia sozinho e despreocupado, por uma das margens do Capibaribe, rio cantado nos versos de Manuel Bandeira, o mais ilustre poeta do Recife. Com o olhar penetrante e animado por um alegre sorriso – gestos que pareciam proporcionar-lhe nova dimensão física –, dirigia-se ao Palácio Joaquim Nabuco, sede da Assembleia Legislativa de Pernambuco, onde exercia o mandato de deputado estadual.

Possuía traços indígenas, não propriamente negroides. Lembravam as típicas características dos caboclos, assim denominados os nascidos de brancos com índios. Começava a aparecer-lhe na cabeça mecha de cabelos brancos por entre os tufos pretos desalinhados. Às vezes falava tão baixo que adquirira o hábito de chamar para junto de si o interlocutor com gesto de confidência, ao levar aos lábios o dedo indicador da mão direita.

Esse homem, de aparência tão frágil, quando falava, quer nos parlamentos, quer nos auditórios de centros culturais ou políticos, quer na praça pública, quer em simples conversas amistosas, sabia encantar e cativar seus interlocutores com voz mansa e movimentos solenes. Nessas ocasiões, tomava-o misteriosa metamorfose, fenômeno só vivido pelos famosos oradores: agigantava-se de tal sorte que conseguia transmitir suas ideias à mente e ao coração dos ouvintes com extrema facilidade.

Impulsionado por tão extraordinário poder de convencimento, havia anos, com perseverante austeridade de caráter e rigidez moral, alimentado por vocação de místico, ele conseguira levar aos camponeses de sua região as boas novas sobre uma libertação aparentemente impossível: o camponês ter acesso à terra para trabalhar, criar a família e construir a riqueza do Brasil.

Naquela tarde, como anunciara a imprensa do dia anterior, ele pronunciaria um discurso com graves denúncias sobre as atrocidades cometidas por policiais a mando de latifundiários que não aceitavam a associação de camponeses às ligas. Àquela hora, ele não sabia que, a pouca distância, lentamente, vinha aproximando-se dele um automóvel em cujo banco traseiro estava um homem decidido a assassiná-lo naquela calçada, às margens do poético rio Capibaribe.

O pretenso assassino – escalado em secreta reunião de inimigos das Ligas Camponesas –, com ademanes bruscos e rápidos, desabotoou o coldre da arma, liberou a pistola e a engatilhou. Por ser militar, naquele momento à paisana, campeão de tiro em sua corporação, sabia, com absoluta segurança, que não perderia nenhuma das balas prestes a serem disparadas contra sua vítima indefesa (FJ a FGV/CPDOC, 1982:64).

De súbito, antes de o carro emparelhar-se com o deputado, o homem ordenou ao motorista:

– Volte para casa!

O motorista obedeceu à ordem imediatamente. Girou o carro à esquerda, pegou uma pequena rua e desapareceu adiante, contornando o palácio da Assembleia. Que passara, naquele instante, na mente do homem decidido a matar aquele agitador social?

Não era a primeira nem seria a última tentativa de assassinato do parlamentar do Partido Socialista Brasileiro (PSB).

Indiferente ao perigo que o rondara, o deputado continuou a caminhar. Parou, olhou para as águas tranquilas e mornas do Capibaribe, voltou o olhar para os carros da rua e, no momento propício, atravessou-a. Entrou pela porta da frente da Casa de Joaquim Nabuco. Daí a poucos minutos, após as saudações de praxe aos colegas, amigos e correligionários, assumiu sua cadeira. Mais tarde, quando autorizado a fazer uso da palavra, subiu à tribuna e iniciou seu discurso. Alguns camponeses nas galerias, tímidos e assustados, ouviram as palavras incisivas de seu líder

PRÓLOGO

a denunciar mais um crime cometido contra um camponês... Tragédia desmedida! Enlutara não só a família de Antonio Mata, mas também todas as famílias pernambucanas, disse.

Entre a causa do crime e a consumação havia brutal desproporção. O velho camponês Antonio Mata, morador do Engenho Califórnia, pelo simples fato de ter-se associado às Ligas Camponesas, viu, impotente, seu casebre ser invadido pela polícia e um dos filhos, violentamente assassinado. Dias depois, por causa do incidente entre um senhor de terras vizinho ao Califórnia e outra família de camponeses que acabara de associar-se à Liga, a polícia, comandada por um sargento, invadiu também o sítio do velho Mata, que nenhuma relação, nem mesmo remota, mantinha com o caso.

Ouçamos, porém, Julião contar a segunda parte da tragédia, como de fato fizera naquela tarde, no plenário da Assembleia Legislativa de Pernambuco. Aliás, sob o choro e pesada emoção da mãe dos filhos sacrificados, dona Maria Mata, que se achava nas galerias, pois Julião costumava levar os camponeses agredidos pela polícia ou pelos capangas para serem vistos na Assembleia, pela imprensa e pelo público presente.

> A polícia entra pelo oitão, viola a camarinha, joga os trastes de pernas para o ar, quebra os potes e as panelas de barro a coronhadas, criva as portas e as paredes de balas de fuzil, interroga, aterroriza, espanca, mata as crias miúdas do terreiro. Vai além. Agarra um dos filhos do velho Manuel, passa-lhe pela cintura um laço de corda de agave e o prende à traseira do jipe, que se põe em marcha. A velha mãe de Manuel, neta de índio, de caboclo do mato, paciente, estoica, habituada ao sofrimento, precipita-se atrás do filho, pede, grita, implora, tenta segurá-lo, mas nunca o alcança, porque o jipe aumenta a marcha cada vez mais, até que ela perde as forças e se deixa ficar de joelhos com as mãos para o alto clamando pela Virgem. Manuel tem de aumentar o passo, de correr, de pular, equilibrando-se para nao cair, mas, finalmente, cai, e é arrastado por cima de pau e pedra. A roupa se rasga, a pele se esfola, o sangue começa a minar das pernas, dos braços, do peito, da cara, mas da sua garganta não sai uma palavra, nem se ouve um gemido. Nada. O sargento, o cabo e os soldados se divertem com a carreira, os saltos e tombos

de Manuel, que não resiste mais e perde os sentidos. Não passa, agora, de uma posta de sangue, que rola desgovernada por baixo da poeira que o jipe vai levantando pelo caminho afora. Três quilômetros durou o suplício de Manuel. Um soldado, a mando do sargento, cortou de facão a corda e o jipe disparou para a cidade. A missão fora cumprida. Quem iria queixar-se ao delegado se o delegado era o sargento? Veio o velho Mata com os filhos e levaram Manuel numa rede para casa.

Quando voltou a si estava deitado sobre um leito de folhas verdes de bananeira e trazia as feridas curadas com leite de mangará, que estanca rapidamente o sangue. Mas daí por diante Manuel deixara de ser o mesmo homem. Sararam as feridas e enfermou-se da mente. Mais uma denúncia. Mais um inquérito. O retrato do velho Mata e da família na imprensa. Como sempre, a crônica policial, que é a página social do camponês. E tudo acaba em nada.

Pela primeira vez tenho diante de mim a velha Maria Mata, como um bronze vivo, que diz tudo pelos olhos e quase nada pela boca. Manuel, porém, não viu nascer o sétimo filho que tomou o seu nome. A Liga levantou uma casa para ele noutras terras. Mas no dia em que teve a família agasalhada, foi até o local que dava para a estrada, onde a Liga se reúne, sentou-se, tomou a peixeira e, de repente, abriu a barriga de um lado para o outro, tirou de dentro os intestinos e cortou em pedaços que atirava para longe, até cair sem dar um gemido. Conduzido às pressas para um hospital, o coração de Manuel deixou de bater na sala de cirurgia (Julião, 1975:166-167).

As últimas palavras do orador soaram com o peso adicional da dor, pungentes, cortantes como a saudade e o vazio que, dali para frente, invadiam os corações daquela família dilacerada pela violência. Por isso, ninguém ousou aplaudi-lo. Não era preciso. Cumprira o dever de defensor daquela desvalida classe social. A denúncia fora feita, sem rebuço, com detalhes crus e chocantes sobre o gesto final do camponês desesperado. Os anais da Casa de Joaquim Nabuco, naquela tarde, ampliavam-se com relatos extremamente trágicos, os quais poderiam ser evitados se algumas pessoas envolvidas no episódio retirassem de seus olhos a venda escura da insensibilidade social. Eis o sentido das palavras do orador.

Terminado o expediente da Assembleia, Julião despediu-se dos colegas parlamentares, dos camponeses presentes e dos demais amigos. Em seguida, saiu pela porta frontal. Outra vez via-se só às margens do rio Capibaribe. Sentiu a brisa correr com facilidade. A noite se aproximava. O cenário estava preparado para mais uma caminhada até o Centro. Ele, então, despreocupado, andou devagar pela calçada, à margem do rio, pela rua da Aurora e, mais adiante, perdeu-se no meio da multidão.

PRIMEIRO LIVRO Do agreste ao Planalto Central

CAPÍTULO I   Origens e formação (1915-1939)

A lagoa que deu nome
À terra que me deu vida
Tinha sombra de umaris
Água doce e apetecida.

(Francisco Julião)

1. DE BOA ESPERANÇA À ESPERA

– Quando eu morrer, quero que me enterrem debaixo da velha cajazeira da Fazenda Espera – dizia Julião, tocado por forte impacto emocional, como se desejasse, com o último gesto, evocar um passado extraordinário para aquele rincão.

De fato, o lugar representava um dos mais significativos repositórios de suas origens familiares, além das lembranças e dos sonhos de infância. Durante décadas ele levou consigo para todos os locais por onde andara e vivera, inclusive o exílio, a imagem saudosa das primeiras paisagens da infância: o Engenho Boa Esperança, depois Fazenda Espera e, para os mais íntimos, apenas Espera.

Não se sabe, ao certo, quando o primeiro membro dessa família de origem andaluza se instalou em terras brasileiras. Há, porém, registros que comprovam ter sido Vasco Fernandes de Lucena o primeiro a chegar, a 9 de março de 1535, em terras pernambucanas, na comitiva de Duarte Coelho Pereira, que era seu parente. O donatário e sua comitiva desembarcaram no rio Igarassu

> Onde chamam os marcos, porque ali se demarcam as terras de sua capitania com as de Itamaracá e as mais que se deram a Pero Lopes de Sousa, onde já estava uma feitoria de el-rei para o pau-brasil e uma fortaleza de madeira que el-rei lhe largou, e nela se recolheu, e morou alguns anos, e ali nasceram seus filhos Duarte de Albuquerque Coelho e Jorge de Albuquerque, e uma filha chamada dona Ignez de Albuquerque, que casou com dom Jerônimo de Moura, e cá morreram ambos e um

filho que houveram, todos três em uma semana (Vicente de Salvador, 2007:86).

Mais tarde, Olinda seria escolhida como sede definitiva do governo e apoio positivo para o lançamento das bases do programa de colonização portuguesa (Costa Porto, 1961:18).

Em Pernambuco, no século XVIII, a falta de descendentes do ramo Lucena levou a família de Filipe Bandeira de Melo e dona Anna Mesquita Bandeira a recuperar a tradição do nome Lucena. O ponto de partida foi o tronco de Vasco Fernandes de Lucena, de quem se orgulhavam, por ser primo legítimo de Duarte Coelho, o donatário da capitania de Pernambuco e o primeiro alcaide de Olinda: passaram a usar o apelido Lucena no lugar de Melo. Assim, a denominação preliminar da família Lucena voltou a imperar graças à iniciativa de Anselmo Pereira ao patentear o patronímico Lucena, pois não se conhece, na antiga nobiliarquia brasileira, outra estirpe de igual nome proveniente de Portugal ou mesmo da Espanha (Guerra, 1958:22).

Com Anselmo Pereira de Lucena, o ancestral mais reconhecido, restaurou-se a linhagem no Agreste pernambucano, onde ele se tornou próspero e laborioso agricultor. Não se conhecem maiores informações sobre sua formação, mas, segundo o biógrafo de Henrique Pereira de Lucena Filho (barão de Lucena), seu neto Anselmo "dedicara os seus entusiasmos e ardores patrióticos à causa da independência do Brasil" (Neto Campello, 1904:8). Casou em 1773, em Limoeiro, com dona Ana Pereira Freire, oriunda de família distinguida pelas virtudes morais e altivez de caráter. Desse consórcio nasceram 13 filhos.

Logo após o casamento Anselmo mudou-se para Bom Jardim, pequena vila fundada em terreno elevado e íngreme, situada à margem direita do rio Tracunhaém, antiga propriedade denominada Sant'Ana, depois chamada Curato de Sant'Ana. O topônimo Bom Jardim surgiu quando, no começo do século XVIII, ali chegou um padre para rezar missas na capela recém-construída, consagrada a Sant'Ana, onde hoje se ergue a matriz. O sacerdote, então, um dia, deslumbrado pelos montes que se prolongavam pelo horizonte, exclamou:

"Bom Jardim! É um bom jardim este sítio e tem até árvores de ouro que os outros não possuem. Será de hoje por diante chamado de Curato de Bom Jardim" (Neto Campello, 1904:19).

A uns 500 metros acima do nível do mar, Bom Jardim tem suas cercanias povoadas por granitos monumentais, alguns dos quais formam curiosas esculturas naturais, como a Pedra do Navio, local que chama, de imediato, a atenção do visitante. A norte e a leste, por entre as formações rochosas, elevam-se montanhas com matas e extensas áreas onduladas. O clima temperado oferece agradáveis variações durante o ano.

Anselmo Pereira de Lucena, portanto, foi morar às margens do rio Tracunhaém, a cerca de nove quilômetros do Curato de Bom Jardim, onde, na parte mais elevada de um monte, construiu, para sua residência, um amplo sobrado à sombra de frondosa cajazeira. Nas proximidades, havia armazéns, senzalas e demais dependências indispensáveis a um engenho de cana-de-açúcar. Além disso, dedicou-se também ao cultivo de algodão e à criação de animais. Ao lugar deu o sugestivo nome de Boa Esperança. Após granjear certa notoriedade como agricultor influente na região, adquiriu outras propriedades, por exemplo, a Fazenda Fortaleza, próxima do Engenho Boa Esperança, e a Fazenda Marcos de Castro, em Umbuzeiros, já em terras da divisa de Pernambuco com a Paraíba.

Assim, sob o comando do agricultor Anselmo Pereira de Lucena, o Engenho Boa Esperança, pouco a pouco, foi transformando-se num dos mais modernos e produtivos da região. Com o tempo, passou a ser chamado apenas de "Espera", não tanto como derivativo de "Esperança", o velho nome, mas por causa das tocaias montadas por caçadores às margens do açude, com o objetivo de surpreender animais e pássaros das mais diferentes espécies que iam ali beber água.

2. A LINHAGEM DOS LUCENA

Na virada do século XVII para o XVIII Anselmo Pereira de Lucena já era progenitor de numerosa prole – 13 filhos – e desfrutava de prestígio na comunidade de Bom Jardim, onde exercia o cargo de capitão-mor.

Oficiais do poder governativo, os capitães-mores exerciam funções civis e militares e eram escolhidos entre os agricultores mais abastados ou com prestígio pessoal que ostentassem algum poder político. Essa última condição, com o passar do tempo, ampliou-se de tal sorte, que muitas pessoas incapazes ou sem a mínima condição para o exercício do cargo foram indicadas pela corte. Esse não foi o caso de Anselmo Pereira de Lucena.

O Engenho Boa Esperança foi visitado e assim descrito, em fins de janeiro de 1812, pelo viajante inglês Henry Koster, que se hospedou no sobrado de Anselmo:

> O capitão Anselmo reside numa plantação de algodão que lhe pertence e que é cultivada por uns quarenta negros. A casa é situada sobre uma alta colina, com um belo plaino, abaixo, onde as árvores são abundantes e espalhadas. Ao pé da colina há um grande viveiro de peixes, atravessado por um riacho na época das chuvas. O proprietário murou ultimamente uma grande parte do terreno e trabalha num jardim nas margens do viveiro. A residência é nova e tem um segundo andar. É muito limpa e bem mobiliada. É a melhor situada e a mais bem arranjada das casas que visitei nessa viagem. As senzalas dos escravos foram inteligentemente feitas e têm um ar de conforto. Fez-nos ouvir a música que se usa nessa parte do país. Três negros com gaitas de foles começaram a tocar pequenas toadas enquanto estávamos jantando, mas pareciam tocar em tons diversos um do outro e, às vezes, supunha que um deles executava peças de sua própria composição. Imagino que alguém jamais tentou produzir harmonias sonoras com tão maus resultados como esses charameleiros. A posse de uma dessas bandas empresta um certo grau de superioridade e, consequentemente, os ricos plantadores têm orgulho pelos seus músicos (Koster, 1978:213-214).

Como se vê, havia, por parte do proprietário do engenho, certa predileção pelo cultivo da arte musical.

Recorda o viajante inglês ter assistido naquela noite o *entrudo* ou *intrudo*. Segundo Luis da Câmara Cascudo essas danças são executadas na segunda e na terça-feira antes da Quaresma. Foi exatamente esse divertimento a que assistiu o viajante inglês na casa do capitão Anselmo Pereira de Lucena. Tais comemorações mundanas podiam começar uma semana antes do período tradicional. Os folguedos do *entrudo*, de acordo com o folclorista potiguar, se davam com uso de "água e pó para o cabelo, que constituem os ingredientes indicados para lançarem uns aos outros, mas, frequentemente, não guardam equilíbrio e tudo quanto se pode agarrar, esteja limpo ou sujo, é atirado, de todas as partes, para inocentes e culpados" (*ibidem*, p. 220).

Ao atingir a maioridade, os filhos do capitão Anselmo praticamente foram obrigados a sair de casa a fim de ganhar a vida noutras regiões do país, empurrados por um incidente trágico que alterara o destino da família Lucena. Uns ocuparam cargos públicos; outros preferiram o exercício de atividades privadas. Somente dois – Henrique Pereira de Lucena e Anselmo Pereira de Lucena Filho – seguiram caminho diverso: o primeiro a carreira militar; o segundo, a eclesiástica. Esse, aliás, um destacado religioso de seu tempo e citado como um eloquente orador sacro e exemplo de virtude dentro do clero brasileiro.

Bem antes, porém, da dispersão de seus filhos para outras regiões brasileiras, Anselmo Pereira de Lucena, já idoso, um dia, foi vítima de terrível tragédia. O fato, guardado como segredo de família, só seria revelado nas últimas décadas. Embora careça de prova documental, vez que a família preferiu não formalizar judicialmente a queixa, a verdade é que o crime alterou completamente o destino da família Lucena.[1]

Dentre os filhos de Anselmo, porém, dois deles ganharam fama. Um pelo lado da crueldade; outro pelo exacerbado patriotismo.

A crueldade de Antonio Mateus ainda hoje é lembrada em Bom Jardim e, de modo especial, nas redondezas do antigo Engenho Boa Esperança, a Espera, onde nasceu Julião, e das Fazendas Fortaleza e Marcos de Castro. Fora homem corajoso, mas extremamente cruel. Essa sua tendência, dizem, proveio da circunstância de ter sido o pai assassinado covardemente a mando de quem lhe devia favores. Talvez, por isso, tenha perdido o amor aos semelhantes, a esperança na humanidade, o sentimento cristão que, desde criança, viu seus pais, fervorosos católicos, incutirem na formação e educação dos filhos.

Já Henrique Pereira de Lucena, considerado herói da Revolução Praieira de 1848, é lembrado com orgulho pelos seus ancestrais.

A derrota dos praieiros resultou em prisões, perseguições aos derrotados, julgamentos e condenações e, por fim, no envio de dezenas de prisioneiros para a ilha de Fernando de Noronha.

Henrique Pereira de Lucena foi casado com dona Antônia Barbosa da Silva e tiveram 21 filhos, dos quais 12 morreram ainda crianças.

Conta-se que quando a autoridade judicial chegou à casa do coronel para prendê-lo, dona Antônia, por cautela, antes de abrir a porta para a autoridade, reuniu no porão da casa as filhas Belarmina, Celecina, Ubaldina, Henriqueta, Antonia e Emília. O objetivo era evitar que elas sofressem com as tropelias e humilhações, pois corriam boatos de que os perseguidos não eram respeitados pelas autoridades. Como Luiz estava ausente, o único menino presente, Henrique Pereira de Lucena Filho, ficou junto com as irmãs. Henrique jamais olvidaria aquela cena do porão, pelo fato de a mãe ter tido a ideia de imediatamente vesti-lo com a roupa das irmãs, a fim de passar apenas como mais uma menina de 13 anos.

Henrique Pereira de Lucena, em razão dos profundos laços que alimentava em relação aos seus filhos, retornou ao Engenho Boa Esperança, embora estivesse sempre se movimentando entre as demais propriedades, fazendas Fortaleza e Marcos de Castro, a fim de despistar a perseguição dos vencedores. Mas, denunciado e condenado no inquérito instaurado para apurar as responsabilidades dos revolucionários da Praieira, um dia, Henrique foi descoberto em sua casa.

Ao apresentar-se o oficial de justiça, que não o conhecia pessoalmente, indagou-lhe:

– Quem és tu?

O coronel Lucena notando que a autoridade fingia não conhecê-lo ou, quem sabe?, queria humilhá-lo com o tom de voz arrogante, respondeu no mesmo tom, mas com altivez:

– Eu? E tu quem és?

– Sou o representante do governo legalmente constituído...

Imediatamente Lucena respondeu com brio e valor:

– Pois eu sou Henrique Pereira de Lucena, liberal, revolucionário e pernambucano.

Preso, revelou extrema altivez. Quando subia as escadarias do palácio do governo, foi esbordoado e severamente maltratado pela soldadesca que o tomava como feroz inimigo. Amarrado aos ferros, em caráter incomunicável, permaneceu na fragata Paraguassu, então surta no porto do Recife, como presídio militar, enquanto aguardava julgamento (Melo, U. S. P. 1978:341).

Ao enfrentar o tribunal presidido pelo magistrado Nabuco de Araújo, pai de Joaquim Nabuco, demonstrou, em seu depoimento, hombridade e consciência histórica do papel que vivia no momento. Ao ser indagado se confirmava o rol de acusações que pesava contra ele, afirmou publicamente: "A revolta armada tinha por fim expelir o presidente da província e o chefe de polícia e exigir do Imperador a convocação de uma constituinte que fizesse reformas na atual constituição" (*ibidem*, 1978:235).

Foi julgado e condenado à prisão perpétua, juntamente com outros companheiros, por sentença assinada pelo juiz Nabuco de Araújo. Em 17 de agosto de 1848, levado ao desterro da ilha de Fernando de Noronha, padeceu humilhações e sofrimentos, fatos que concorreram para abater-lhe o ânimo e a saúde. Além disso, por essa época soube da morte de seu filho Luiz, que ficara responsável pela administração das propriedades: um dos cavalos acertara um coice fatal na cabeça do jovem.

Ao sair da prisão, por força da anistia declarada em 1852, vez que antes se recusara a enviar pedido de súplica de perdão ao Imperador, Henrique Pereira de Lucena, enfermo, envelhecido e alquebrado, já não era o mesmo combatente revolucionário. Desapareceram os ímpetos para enfrentar novas campanhas.

Ao voltar para o Engenho Boa Esperança, encontrou a esposa, dona Antónia, com a saúde agravada e obrigada a viver numa cadeira de rodas.

Apesar de tudo, em 1858, teve alegria de assistir à formatura de seu filho, Henrique Pereira de Lucena Filho, em ciências jurídicas e sociais pela Faculdade de Direito do Recife. Faleceu no ano seguinte.

Foi brilhante a trajetória política de Henrique Pereira de Lucena Filho, o futuro barão de Lucena. Sua primeira função pública, delegado de polícia, foi exercida no Recife. Mais tarde, assumiu o mesmo cargo em Fortaleza. A seguir, entrou na magistratura: desempenhou as funções de juiz de várias comarcas e conquistou o elevado cargo de desembargador, ocasião em que criou a Comarca de Vila Bela, atual Serra Talhada, e a lei de organização judiciária de Pernambuco. Ao longo de vários anos, sucessivamente, exerceu a Presidência das províncias de Pernambuco, Bahia, Rio Grande do Norte e Rio Grande do Sul.

Durante o seu primeiro governo como presidente de Pernambuco, de 5 de novembro de 1872 a 10 de maio de 1875, realizou importantes intervenções na administração pública, só comparáveis às levadas a cabo pelo conde da Boa Vista. Entre suas obras, destacam-se: a reforma do farol de Olinda e do campo das Princesas, praça da República, onde se localiza o palácio do governo; construção do mercado de São José; conclusão das obras do Teatro de Santa Isabel, destruído por incêndio em 1869; construção e conservação de estradas no interior do estado; construção de açudes, pontes; calçamento e alargamento de ruas; lançamento da pedra fundamental do hospício da Tamarineira, ainda hoje em funcionamento.

Preocupado com os serviços de comunicação, implantou um sistema de telégrafo submarino entre o Recife e a Europa, o Rio de Janeiro, a Bahia e o Pará. Criou a Escola Normal destinada ao ensino para mulheres, estabelecimento educacional que viria a competir com o conceituado Ginásio Pernambucano. Contratou vários engenheiros e geólogos europeus para fazerem estudos detalhados de prospecção mineralógica e geológica no interior, bem como obras na área do porto do Recife. Traçou uma política de incentivo e apoio à modernização do parque açucareiro de Pernambuco. Apesar de tudo, Lucena enfrentou vários problemas políticos e fez muitos inimigos.

Eleito deputado por mais de uma legislatura, presidiu a Câmara dos Deputados na ocasião em que foi discutida e aprovada a Lei Áurea, em 13 de maio de 1888. Em reconhecimento ao seu trabalho na Presidência da Câmara, recebeu o título de barão de Lucena, já no ocaso do regime monárquico. Com a proclamação da República, Deodoro da Fonseca o nomeou para seu ministério. Quando o vice-presidente Floriano Peixoto assumiu o poder, Lucena tentou ocupar o cargo de ministro do Supremo Tribunal Federal, para o qual fora nomeado por Deodoro, mas Floriano Peixoto o aposentou.

Em 1890, pela segunda vez, governou Pernambuco. Depois, recolheu-se à vida privada. Durante algum tempo exerceu influência na cena política pernambucana e nacional. Em 1911, apoiou o general Dantas Barreto contra o conselheiro Rosa e Silva, por ocasião do conflito armado que levou o primeiro ao governo de Pernambuco, pondo fim à dinastia do rosismo.

Morreu em 10 de dezembro de 1913, na sua aprazível residência na rua São Clemente, no Rio.

3. NASCIMENTO DE JULIÃO

Adauto Barbosa de Paula, ao casar com dona Maria Lídia Arruda, em 1910, construiu um chalé para residir com a esposa, próximo do açude alimentado pelas águas do rio Tracunhaém e das ruínas do antigo sobrado onde vivera o capitão-mor Anselmo Pereira de Lucena. O local aconchegante reunia os requisitos indispensáveis a um lar bem situado, palco de importantes acontecimentos familiares.

O Engenho Boa Esperança antes fora de manjarra. Só mais tarde, com os avanços tecnológicos, passou a ser movido a vapor. Devido às potentes máquinas ali instaladas, era considerado quase uma usina. Ou meia usina, como se dizia então. Nele ainda se produziam açúcar, rapadura, aguardente de primeiríssima qualidade, apurada e armazenada em alambiques construídos com madeira de lei, feitos ali mesmo, pois havia funileiros, marceneiros, ferreiros, carpinteiros etc. Eles até fabricavam carros de boi, pipas de carvalho e formas para prensar pão de açúcar.

Maria Lídia, filha do dr. Manuel Tertuliano Travassos de Arruda e de dona Flora Gonçalves Lins, donos do Engenho Passassunga, como ocorria com as demais filhas de senhor de engenho, apenas aprendera a tocar piano, a dançar, a ler e a contar. Não convivera diretamente com rapazes nem fora à capital frequentar escolas de ensino superior, as quais eram destinadas aos homens. A moça, naquelas décadas, via o namorado de longe e sob as severas vistas dos mais velhos, pais ou parentes. Assim aconteceu com dona Maria Lídia, a Neném, e seu primeiro namorado, Adauto Barbosa de Paula. Ele vinha da Espera, a cavalo, pela estrada, entrava para a casa-grande do Engenho Passassunga e, a pretexto de ter sede, parava diante da casa e pedia um copo d'água. Ela, como já sabia da vinda dele, ficava à espreita e o atendia com presteza. Ele tomava a água devagar, olhando apenas para o rosto da bela moça, que se comunicava mais pelos gestos, do que por palavras. Assim, depois de algum tempo, casaram-se.

Além disso, dona Maria Lídia recebera formação religiosa bastante rígida em relação aos cânones da Igreja Católica Apostólica Romana. Após o casamento, quando começaram a nascer os filhos, a partir de 1912, a cada um ela deu o nome do santo do dia. Recorria à folhinha, forma de calendário normalmente afixado na parede da sala de estar do chalé da Espera, para ver e anotar o nome do santo. Os agraciados com seus filhos foram São Cirilo, São Julião, São Tertuliano, São Maurino, São José, Santa Maria etc.

Julião nasceu a 16 de fevereiro de 1915 – regido, portanto, pelo signo de Aquário –, dois meses após o susto provocado pelas ameaças de saques e violências do cangaceiro Antonio Silvino, o "rifle de ouro" contra o Engenho da Espera.

O menino imediatamente ganhou o inevitável e carinhoso apelido de Chico. Era uma criança pequena, de aparência frágil, corpo mirrado e a cabeça maior do que a do outro irmão mais velho. Tinha os cabelos crespos, pretíssimos, ondulados, bastante rebeldes e arredios aos cuidados de pente ou cosméticos. Era bem diferente de Sebastião Cirilo, o irmão mais velho, logo chamado por todos de Tão, de porte mais avantajado e puxando para o lado da linhagem materna, os Arruda do engenho Passassunga.

Logo nos primeiros dias de amamentação, dona Neném viu seu leite petrificar e desaparecer. Sem poder amamentar, o filho gritava desesperadamente. Desde então, ela constatou que o menino era irrequieto e determinado. Queria mamar de qualquer maneira. A solução foi buscar alguma mulher em fase de amamentação para, se fosse o caso, saciar a fome da criança.

Por coincidência encontraram uma moradora, a preta Bernardina, mulher alta e bonita, que dera à luz uma garota quase da mesma idade de Julião. Dona Neném, então, levou Bernardina e a filha Nina para o chalé. Quando a preta ofereceu-lhe os seios, ele passou a mamar sofregamente. O leite era tão abundante que, ao mesmo tempo, Julião mamava em um peito e Nina no outro. Curiosamente, toda vez que o menino pedia o peito da mãe preta, a menina também fazia o mesmo. E vice-versa. Aquela cena, a princípio, chamou a atenção de todos. Logo depois, porém, virou rotina. Com o passar do tempo, firmou-se completa afeição entre a mãe verdadeira, a de leite e as duas crianças. Terminada a fase de amamentação, ele frequentava a casa de Bernardina, onde, muitas vezes, como se fosse sua própria casa, preferia passar o dia e fazer, ali, as principais refeições.

Sobre essa curiosa experiência de sua infância, Julião comentou mais tarde que, de alguma maneira, influenciou o seu modo de pensar, porque, desde cedo, notou, na prática, ou seja, na direta convivência com aquela gente humilde, os profundos abismos que separavam as classes sociais.

> Bom, então, eu ia pra lá e preferia comer a farofa que ela preparava; colocava pimenta malagueta no bacalhau – naquele tempo bacalhau era comida do miserável, do pobre – e, então, eu comia bacalhau assado na brasa. Preferia essa comida à da casa-grande, onde, naturalmente, os pratos eram abundantes e variados, tal a afeição que eu tinha àquela negra. Creio que isso também contribuiu muito para que eu começasse a despertar para o problema social dos camponeses. Depois havia outra observação que eu fazia: por exemplo, ela tinha dois filhos: Joaquim e João Teles. Eles eram habilíssimos em fabricar alçapão para pegar passarinhos, gaiolas, baladeiras, boi de barro, boi de madeira etc., eles faziam isso muito melhor do que eu. Eu fazia tudo para ver se o meu

boi de barro saía melhor que o deles, pelo menos, mas não, sempre os deles eram melhores. Aí eu cheguei à conclusão que havia meninos analfabetos, filhos de moradores pobres, mais inteligentes do que eu. Talvez isso explique também essa outra preocupação de perguntar a mim mesmo: por que esses meninos não iam para a escola? Seriam grandes engenheiros, médicos, profissionais extraordinários. E descobri que eu ia porque era o filho do senhor de engenho, e eles não, eram filhos dos moradores que iam trabalhar na palha da cana, tanger o gado (FJ a FMIS, RJ, 9/8/1994).

A amizade de Julião à sua ama de leite perdurou por toda a vida. Dela se recordaria nas boas e nas más situações. Quando preso em Brasília, num quartel do Exército, reclamou da péssima comida ali servida; ao contrário do cardápio à sua disposição, quando, criança, na casa da mãe preta, como ele a chamava carinhosamente:

> Deram-me a bandeja sem talher e tive que comer com as mãos. Voltava ao estado primitivo em que o homem fazia de cada mão um garfo e dos dentes, a faca. Enquanto misturava a farinha, o feijão, o arroz, formando um bolo, dei um salto de quarenta anos para trás, rompi mais de mil léguas na distância e no tempo, me vi aos 9 anos, em minha casa, também comendo charque, feijão e farinha. A diferença é que agora a comida era fria, o charque péssimo. O prato era feito carinhosamente pela minha mãe preta, o charque do melhor, tudo servido bem quente à sombra de juazeiro onde os pássaros viviam em festa durante o dia (Julião, 1986:36).

Batizado com o nome de Francisco Juliano, só anos mais tarde, quando atingiu a maioridade, ele mesmo providenciou a mudança para Julião, assim justificada:

> Juliano é o apóstata, o imperador romano. Desconheço a data do seu nascimento, mas é certo que não foi a 16 de fevereiro. A hagiografia fala de outro Julian, o Hospitaleiro, mas não Juliano, como estava grafado na folhinha, segundo o testemunho sereno, tantas vezes repetido pela minha mãe, sempre que se levantava dúvida sobre isso. A festa de Julian,

o Hospitaleiro, venerado na Espanha, se comemora a 12, e não a 16 de fevereiro. Não há de ser por uma questão de grafia, Juliano para Julian, nem por uma diferença de data, 12 para 16 de fevereiro, que eu vá me deter aqui até que deixe esse assunto suficientemente esclarecido. Um padre católico, professor de teologia, a quem perguntei sobre a questão, limitou-se a dizer que o dia 16 de fevereiro é consagrado a São Julião e aos cinco mil mártires (Santiago, 2001:35-36).

Não há dúvida de que entre o apóstata, todo-poderoso imperador romano, e São Julião, com seus cinco mil mártires, ou seja, entre o que representava o fausto do poder e o que simbolizava o sofrimento dos injustiçados e perseguidos, Julião, com a personalidade de quem, desde cedo, defendeu os espoliados e oprimidos, naturalmente se inclinaria pelo último.

Tempos depois, outra vez, ele voltaria ao tema, explicando em detalhes a razão pela qual optara pela alteração do seu nome, cometendo, por claro lapso de memória, apenas uma drástica redução no número dos camponeses massacrados pelos senhores feudais da Idade Média europeia. Na mesma ocasião, reafirmou ter sido ele quem tomara a iniciativa de alterar o prenome:

> Bom, meu nome completo é Francisco Julião Arruda de Paula. Eu queria dar uma pequena explicação com relação a esse Julião. Acontece que minha mãe era uma senhora muito católica e, no mês que nascia um filho, ela, além de botar o nome de um santo (São Francisco), mandava ver na folhinha qual era o santo do dia. Eu nasci no dia de São Juliano. Acontece que, muitos anos depois, eu descobri que São Julião foi um mártir espanhol que comandou na Idade Média uma rebelião de camponeses, cerca de três mil camponeses na Espanha. Então, eles foram massacrados, inclusive o próprio Julião. Depois ele seria canonizado pelo papa com o nome de São Julião. Esse Julião... eu tinha o nome de Juliano, botei, então, o nome de Julião e ficou até hoje. Isso consta em todos os meus documentos. Queria dar essa pequena explicação para justificar a presença dessa alteração para Julião (FJ a FMIS, RJ, 9/8/1994).

Aliás, seu pai desejava ardentemente que o segundo rebento fosse uma filha. Mas quando viu que era um menino, curiosamente, talvez movido por uma ponta de remorso, afeiçoou-se de tal sorte a ele que até o final da vida não conseguiu esconder de ninguém tal predileção. Tanto que, já perto dos 80 anos, Julião confessaria:

> Às vezes eu explico, trato de explicar essa grande preferência que ele tinha por mim. Talvez ele sonhasse que eu deveria ser mulher. Ele me queria muito, mas muito mesmo, todos os irmãos já sabiam. Durante toda a infância e a juventude, meu pai tinha por mim uma grande veneração. Tanto que ele nunca se opôs absolutamente aos meus ideais, às minhas ilusões, aos meus sonhos e a todas as minhas proezas. Ele sempre aprovou tudo. Meu pai nunca discutiu nem questionou absolutamente as minhas ideias (*ibidem*).

Por volta de 1915 o Engenho Boa Esperança já não era o mesmo dos seus ancestrais, a começar pelo capitão-mor Anselmo Pereira de Lucena, depois, o filho, o cruel Antonio Mateus Pereira de Lucena; o bondoso José Osias de Paula Homem; e o seu avô paterno, o justo capitão Francisco de Paula Gomes dos Santos. Mesmo assim, ainda ocupava cerca de dois mil hectares de terras cultiváveis e reservas de matas virgens. Os limites começavam na serra de João Congo e se estendiam por amplas faixas de terra que, em virtude de suas características orográficas ou de mera contemplação, recebiam as seguintes denominações: Campina, Feijão, Cambará, Chã de Arroz, Várzea Alegre, Bela Vista, Barroncos e Torto. Já com o nome simplificado Espera, a fazenda ainda ostentava o engenho a moer a todo vapor. Considerado um dos mais modernos da região, funcionava com equipamentos e caldeiras procedentes da Inglaterra, razão pela qual durou tanto tempo.

4. AS VIRTUDES DO AVÔ PATERNO

As mais interessantes histórias que o garoto Julião ouvira de seu pai e adorava repetir – o que fez até o fim da vida – referiam-se a algumas passagens vividas pelo avô paterno, capitão Francisco de Paula Gomes dos Santos. Alto e magro, vivera como um romântico sonhador. Tratava os escravos como gente da família, como amigos.

No dia da abolição, mandou chamar todos eles para o terreiro da casa-grande e declarou, em alto e bom som, que todos eles, a partir de então, estavam livres, poderiam ir para onde quisessem. E repetiu:

– Estão livres!

Ninguém se moveu. Após uns minutos, alguns escravos começavam a chorar e armou-se intensa lamentação. Alguns chegaram a reclamar:

– Então, era assim que o senhor nos estimava? Expulsando-nos de suas terras? Enxotando-nos da mesma forma que fazem os proprietários ruins?

O capitão Francisco de Paula não se conteve e acabou chorando também. Depois, refeito da emoção, explicou que sua obrigação era apenas cumprir a lei, mas, se eles quisessem ficar, que ficassem, porque ele lhes daria terras para trabalhar. E assim todos decidiram ficar.

De repente, no terreiro de chão batido, o choro transformou-se em alegria e a festa começou. Aqueles homens e mulheres, antes marcados pelo estigma do cativeiro, tidos como coisas por força de lei, mas nunca pelo rigor da mão de seu senhor, ali comemoravam dois importantes acontecimentos: a libertação e a autorização para continuar a viver na Espera livres e com terras para produzir.

Sobre o capitão Francisco de Paula corriam outras histórias, todas voltadas para o lado da bondade, da justiça, algumas até com certo ar romântico ou utópico, como se o senhor de engenho não vivesse numa sociedade extremamente injusta para com os menos favorecidos.

Uma delas costumava contar Julião, aliás, sempre a revelar profunda admiração por ele, ao contrário do que ocorria do juízo que fazia a respeito do avô materno, o dr. Manuel Tertuliano Travassos de Arruda, latifundiário riquíssimo.

Francisco de Paula, quando ficou mais velho, já não tinha condições físicas de sair da casa-grande para percorrer as propriedades. Nas raras vezes em que conseguia passear, montado em seu cavalo, quando encontrava um morador estabelecido, trabalhando as terras, com a sua

casinha, os porcos e as cabras no curral, a roça etc., naturalmente sem autorização, ele parava e indagava:
– O senhor sabe de quem são essas terras?
– São de seu capitão Francisco de Paula.
– E o senhor conhece o capitão Francisco de Paula?
– Inhô, não.
Só então, o capitão revelava sua identidade. O morador tomava grande susto, mas o senhor de engenho o tranquilizava, afirmando: bastava combinar verbalmente um contrato de pagamento de foro ou coisa parecida e deixava o camponês ali permanecer (Gondim, 1962:14-15).

Noutra ocasião, ele cavalgava acompanhado de um jovem criado, também em seu cavalo como autêntico pajem medieval (a quem, aliás, conheceu Julião e gostava de contar essa passagem da vida do capitão Francisco de Paula), De repente, o jovem notou que o capitão ia distraído sobre o cavalo, quase dormindo, sequer olhava para o canavial que se estendia mavioso no verdor incomparável, pela ampla várzea do engenho.
– Seu capitão! Seu capitão! Acorde...
O capitão abriu os olhos e, desperto, olhou para o jovem sem muita curiosidade:
–Tem ali um danado roubando cana.
O capitão, sem virar o rosto, olhando firmemente para diante do caminho, segurando firmemente as rédeas do animal, limitou-se a dizer:
– Faça que não vê.
O jovem calou-se, mas dali a alguns minutos voltou a insistir, porque não concordava com aquele tipo de procedimento do morador:
– Seu capitão!
– Que é?
– O morador está roubando a cana do senhor...
– Cala a boca, moleque da peste! O homem não está roubando. Foi ele quem plantou e cultivou a cana. – E tocou de leve com a mão sobre as crinas do cavalo para ele apressar o passo.

Poucos dias antes de sua morte, segundo contam os mais velhos da família, o capitão Francisco de Paula ficou tão magro que parecia um esqueleto. Todos os trabalhadores do engenho pararam para prestar a última homenagem àquele homem bom. Julião assim recordou os últimos momentos de seu querido avô paterno:

> Ele era diabético. Morreu de comer tanto açúcar. Tanto que Bernardina, minha mãe de leite, dizia: "Imagine que, oito dias depois da morte do capitão, fomos dar uma arrumada lá no quarto em que ele dormia e descobrimos uma fileira de formigas. Quando fomos ver, vimos que vinham do gorro dele, o boné, que estava caído embaixo da cama. Então, as formigas vinham se alimentar do açúcar que naturalmente saía pelo suor dele. O seu avô era um homem tão doce, tão bom que até as formigas gostavam dele" – concluiu minha mãe de leite (FJ a FMIS, RJ, 9/8/1994).

5. OS DEFEITOS DO AVÔ MATERNO

O avô materno, dr. Manuel Tertuliano Travassos de Arruda, era um homem de formação diametralmente oposta à do paterno, até no aspecto físico, bem à feição da linhagem da família Arruda: baixo, atarracado, ombros largos, tronco dobrado, cavanhaque bem cuidado, a descer do queixo de forma proeminente. O olhar firme denotava claros sinais de personalidade autoritária, que, de certa forma, impressionou o menino Julião numa das vezes em que o encontrou já bastante velho, na década de 1920, em visita de seus pais ao Engenho Passassunga. Nessa ocasião, o menino o ouviu falar aos berros e, para sempre, gravou apenas esses momentos de destempero, talvez provocados pelos achaques da velhice.

Dr. Arruda, como era mais conhecido na região, gerou prole numerosa: 27 filhos legítimos, de dois leitos. Era tão rico, dono de várias propriedades na região, que poderia andar léguas somente por dentro de suas terras. Nas últimas décadas de sua vida, radicou-se no Engenho Passassunga, que ostentava partido arquitetônico antiquíssimo. Ele não foi apenas um latifundiário rigoroso com os escravos, responsável pela implantação do regime do cambão em suas terras, como apregoou Julião em seus pronunciamentos. Havia um outro lado que o menino Julião não fixou em sua memória. Mais tarde, o líder político, o famoso defensor dos humildes camponeses, se o conheceu, infelizmente, fez questão de ignorar: dr. Arruda não foi apenas um riquíssimo latifundiário, dono de engenhos e insensível ao sofrimento dos escravos e demais trabalhadores. Foi, tal qual seu ilustre neto, advogado formado pela tradicional Faculdade de Direito do Recife e deputado provincial da Assembleia Legislativa durante o mandado de Henrique Pereira de Lucena Filho como governador de Pernambuco. Exerceu, ainda, os cargos de promotor público e juiz de direito. Além disso, exerceu a advocacia e foi amigo de Joaquim Nabuco e Herculano Bandeira de Melo, este também governador de Pernambuco, ambos colegas de turma, formados em 1870 (Beviláqua, 1977:130-131).

Ainda sobre o paralelo que Julião costumava traçar entre seus dois avôs, ele terminou carregando fortemente nas tintas quando fez o retrato de dr. Arruda. Um exemplo de sua parcialidade se nota quando destacou, em algumas conversações, que Nabuco visitara a casa de seu avô paterno, o capitão Francisco de Paula, amigo dos escravos. No entanto, quando Nabuco passava na região, primeiro ia a Passassunga visitar seu antigo colega de turma, dr. Arruda. Naturalmente, como político em campanha eleitoral, visitava todos os vizinhos de Passassunga, como efetivamente o fez.

Sobre a afirmação de Julião de que coube a seu avô materno a iniciativa de instituir o cambão naquelas paragens, vale a observação pertinente de Gondim da Fonseca, em 1962, ao tratar do assunto em ampla e conhecida entrevista que lhe concedeu Julião:

> Talvez o leitor ignore o significado da palavra cambão. Debalde a procurará nos dicionários. Cambão traduz, no Nordeste, aquilo que na França feudal se chamou *corvée*: é o trabalho forçado, gratuito, devido pelo foreiro de uma terra ao senhor dela e que pode ser de um dia por semana, ou dois, ou uma semana por mês, conforme o acordo que se estabelecer. Essa contribuição de trabalho pagava-se outrora em toda a Europa e ainda se prescreve aos indígenas nas colônias da África e Ásia

para obras de utilidade comum – pontes, represas, estradas. Francisco Julião, que não é hóspede na matéria, sabe perfeitissimamente que o cambão existia no Brasil antes do nascimento do seu avô e do avô do seu avô. O que ele diz é que Manuel Tertuliano, ao que consta, o introduziu na sua zona. Depois de conversarmos acerca das leis antigas, muitas delas nem sequer compendiadas nas Ordenações Afonsinas, Manuelinas ou Filipinas – pois constavam apenas das Cartas de Foral ou eram apenas *extravagantes, avulsas* – ponderou que ainda agora, nos sertões do Nordeste, se usa a palavra "foro" para designar a renda paga pelo camponês ao dono da terra. Todo ano, se quiser, pode o proprietário aumentar o foro – e o foreiro, o arrendatário, que se queixe ao bispo (Fonseca, 1962:131).

As reservas que Julião mantinha em relação ao avô materno, até certo ponto, procediam, mas não eram nem suficientes nem tão drásticas de modo a se omitirem da biografia desse as iniciativas positivas quando exerceu o cargo de deputado provincial. Apresentou vários projetos no sentido de melhorar a educação primária e a administração de algumas cidades de sua região, tais como Limoeiro, Bom Jardim, Surubim, Pedra Tapada, Vertentes e Taquaritinga do Norte. Seus projetos, em regra, versavam sobre construção de escolas, de cadeias, de pontes, de estradas, de restauração de prédios públicos, subvenções, côngruas etc. Vejamos alguns mais especificamente.

Dr. Arruda apresentou projeto destinado a mudar a cadeira de instrução primária para os sexos masculino e feminino da localidade Malhadinha para Surubim, alegando não dispor o local de de quantidade de alunos suficiente para justificar a permanência da mencionada cadeira de instrução. Afirmou conhecer bem as localidades e as situações de cada uma delas, pois também residia em Cachoeira de Taepe, distante, mais ou menos, uma légua de Malhadinha, onde, aliás, nascera.

Também apresentou o projeto para se construir o prédio destinado à Cadeia e Câmara em Bom Jardim, vez que ambas funcionavam em prédios alugados e precários. Sobre a crítica situação do prédio locado para a cadeia, afirmou o deputado, a certa altura, que quando se manda para a cadeia "um indivíduo robusto, depois de três ou quatro meses de reclusão ele se torna amarelo e completamente doente". Por isso, insistia haver necessidade de construir-se uma cadeia que assegurasse, como dizia a *Constituição* do Império, "... uma casa, onde o criminoso, embora preso, encontre, contudo, certas acomodações que lhe preservem a saúde".[2]

Curiosamente, em 2000, diante desse prédio construído em virtude da iniciativa do avô deputado, o neto Julião, após um ano de sua morte, receberia a primeira homenagem de seus concidadãos bom-jardinenses, quando ali ergueram seu busto.

Foi de seu avô materno a apresentação de emenda ao Projeto n°. 55 (que tratava da vinculação do distrito de Taquaritinga, então pertencente à Comarca de Limoeiro, a Bom Jardim), no sentido de que Taquaritinga do Norte fosse declarado município autônomo.[3]

Além do mais, dr. Arruda nunca faltou a nenhuma sessão da Assembleia. É verdade que, talvez por temperamento, se mantinha reservado e não se envolvia nas discussões, nos debates e nas demais querelas normais ao ambiente parlamentar.

Apesar disso, insistimos, Julião preferiu ver apenas o lado negativo do avô Manuel Tertuliano Travassos de Arruda, o homem que não perdoava o pagamento do famigerado cambão nem do pesado foro imposto a seus humildes camponeses. E mais:

> Apesar de rico, meu avô materno não educou os filhos. Só um se formou em direito. As filhas aprenderam apenas a cantar, dançar, tocar violão e andar a cavalo. Minha mãe era amazona exímia. Jamais a consegui bater numa corrida. No violão – absoluta. Boa e alegre, só me deixou recordações gratas. [...] Meu avô vivia à larga. Tinha até banda de música e, anualmente, reunia numa festa, que durava dez dias, os amigos de léguas ao redor: professores do Recife, colegas, filhos e netos. Só esses iam a 120. Foi no seu império agrário que tomei contato profundo com os problemas da terra (Fonseca, 1962:131).

Não resta dúvida de que a justiça praticada na região do Nordeste, nos tempos do avô de Julião, apresentava resquícios da fase feudal, o que ainda hoje, em vários pontos mais afastados daquela região, continua a vigorar.

Certa feita, roubaram do engenho de dr. Arruda, de uma só vez, 12 cavalos. O velho, com razão, indignado, mandou seus homens de confiança caçarem os gatunos por toda a redondeza. Depois de várias averiguações e buscas, os ladrões foram localizados e presos em Glória de Goitá, relativamente longe de Passassunga. Trouxeram-nos amarrados para o engenho. Como advogado, ele sabia muito bem o procedimento: preparar a denúncia do crime e oferecê-la à autoridade policial do Recife juntamente com os suspeitos. Ele, de imediato, subiu para o escritório e começou a tomar as primeiras notas, quando, de súbito, ouviu gritos atrozes de alguém que parecia sofrer tremenda agressão física. Ele pulou da cadeira de couro e mandou que um criado corresse às dependências das antigas senzalas para ver o que acontecia. Dali a poucos minutos soube o que acontecera. Aflito, rubro de cólera, dirigiu-se ao local para ver de perto o tamanho do desastre: seus filhos, rapazes entre os 18 e os 20 anos, haviam já ferrado três larápios... O processo do castigo fora violento e desalmado. Os ladrões, ferrados a ferro, em brasa, ostentavam a marca de um L na testa. Dr. Arruda condenou, áspera e severamente, aquela tortura inominável e cuidou de minorar o sofrimento dos infelizes, mandando-os imediatamente para o Recife.

Apesar do grande prestígio político, não conseguiu evitar o escândalo perante a opinião pública. Como poderia logo ele, um dos mais importantes chefes políticos da região, permitir aquele tipo de selvagem tortura? A oposição, que combatia o governo de Barbosa Lima, aproveitou o ensejo e o fustigou com justa razão. Dr. Arruda, apesar de tudo, preferiu arrostar com a responsabilidade, mas não denunciou os filhos diretamente.

Indignado com as críticas e a fim de calar a oposição, Barbosa Lima não teve dúvidas: determinou que cinquenta praças se deslocassem para o Engenho Passassunga e prendessem o dr. Manuel Tertuliano Travassos de Arruda. É evidente que se tratava apenas de encenação para calar a oposição. Após prestar alguns esclarecimentos às autoridades do Recife, dr. Arruda voltou para casa. O que restou do episódio foi uma curiosa frase do governador a propósito da violenta ação atribuída ao senhor de Passassunga:

"Curioso esse dr. Arruda. Ferra e prende. Boi se ferra e se solta!)"

Barbosa Lima, mais tarde, quando representou Pernambuco na Câmara Federal, no Rio de Janeiro, lideraria a campanha contra Oswaldo Cruz e seus médicos, que combatiam com vigor a epidemia da febre amarela, e que explodiria, depois, na chamada "revolta da vacina", de 1904. Em discurso, representando o que havia de mais atrasado, verberava contra os "cafajestes de esmeralda ao dedo!", em clara alusão aos médicos que seguiam o tratamento descoberto pelo cientista brasileiro. Se dependesse dele, venceria o mosquito.

Dr. Manuel Tertuliano Travassos de Arruda faleceu em 12 de janeiro de 1921, em Limoeiro, vítima de antigos padecimentos, aos 74 anos. De seu obituário consta ter exercido os seguintes cargos: promotor público, juiz de direito das comarcas de Bom Jardim e Petrolina, deputado provincial e secretário do Império durante o governo de seu amigo barão de Lucena como presidente, como se chamava então o governador, de Pernambuco. Ficou em disponibilidade da magistratura por ocasião da reforma feita pelo presidente Barbosa Lima. Nessa fase, dedicou-se com afinco à advocacia e à agricultura. Do primeiro matrimônio, com dona Flora Gonçalves Lins, deixou 11 filhos; do segundo, com dona Tereza Interaminense, deixou dez filhos menores e 47 netos. Houve missa de corpo presente acompanhada por mais de oitocentas pessoas, das quais se destacaram autoridades policiais, judiciárias e administrativas de Limoeiro e Bom Jardim. A seguir, foi enterrado na capela da família, no Engenho Passassunga (*Folha do Povo*, 21/1/1921).

Apesar do elogio fúnebre publicado em periódico da época, talvez em virtude de algumas atitudes duras tomadas pelo dr. Arruda ao longo de sua vida, prevaleceu a imagem de um homem excessivamente rigoroso. Tal imagem foi difundida à exaustão pelo seu neto Francisco Julião e, no final das contas, pesou tanto que a memória daqueles mais humildes e não pertencentes à família não evitou a versão de que os coveiros o enterraram de pé na capela situada ao lado da casa-grande, onde ainda se encontra. Lenda ou verdade, não se sabe. Nessa versão, porém, ecoa uma espécie de castigo àquele que não soube em vida praticar as qualidades atribuídas ao homem considerado bom, humano, complacente e tolerante.

6. O CARACOL DE JULIÃO

A partida para a capital não foi fácil para Julião nem para seus irmãos. Saíam de uma fazenda, dos acomodados e livres hábitos da vida rural, vivência absolutamente livre, donos de seus destinos, para enfrentar, de repente, a cidade grande, o centro comercial, industrial e cultural do Nordeste. Ali tudo seria limitado, novo começo, novas amizades. E ainda: como superar a saudade que se armava nos seus horizontes e os imprevistos obstáculos?

Nessa inesperada e brusca mudança ele levava consigo as lembranças de um passado recente: a vida na Fazenda Espera, as caminhadas livres, os passeios a cavalo, os banhos de rio e de açude, as caçadas de passarinho e de mel de abelha. Iam também as recordações dos pais, dos parentes e dos amigos, principalmente dos primos Antonio Cícero e Zé Morim, os mais achegados. Do convívio com a gente humilde da fazenda e com os de casa aprendera o sentido mais elevado da vida. Eram pessoas simples, dedicadas, respeitosas, apesar das travessuras que eles – Julião, Tão, Hugo e Dequinho – os filhos do major Adauto, cometiam. Julião era o mais tinhoso, travesso e danado. Metia a mão na panela quente de pomonha e saía comendo, na hora, a correr e trepar-se num pé de castanhola, infernizando a vida e a paciência de Zefa de Caboclo, que pilava o café ou tirava a casca de milho para fazer mangunzá. Ia às novenas de mestre Zé Gomes ver as arrematações de alfenim em forma de boi ou de cavalo a um tostão, castanha confeitada e outras guloseimas.

Levava também gravadas em sua memória as primeiras lições dadas pela mãe, lembranças dolorosas, mas que ele recordaria com certo humor:

> Eu aprendi a carta de ABC em pouco mais de uma semana, porque minha mãe também era muito rigorosa. Ela usava os instrumentos permitidos

naquele tempo: a palmatória e a chibata. Eu aprendi – e confesso com toda a sinceridade – não tanto por causa da inteligência, mas pelo medo da palmatória, que me fez decorar numa semana toda a carta de ABC (FJ a FMIS, RJ, 9/8/1994).

Depois apareceu dona Santa, professora contratada pelos pais que parecia amar mais a um sagui (que levava nos ombros) do que as pessoas. A seguir, vieram as aulas do professor Emídio Augusto Calais, homem educado e de fino trato, dadas no recinto da casa-grande da fazenda.

Não só as lembranças dos primeiros professores, mas também as boas e más recordações, como a cicatriz que levava no rosto devido a violento corte de navalha dado por seu irmão mais velho, o Tão, quando brincavam de barbeiro com os apetrechos de barba do pai; as marcas nos ombros por ter ficado preso nas grades do berço de ferro, obrigando o pai a levá-lo às pressas a Bom Jardim em busca de socorro; as corridas de cavalos com amigos e irmãos; as caçadas de pássaros e de mel de abelhas, ferozes ou não; o primeiro beijo e o alumbramento sexual com uma filha de morador às margens da cacimba grande, quase a troco de desforço físico; o enterro pecaminoso da querida cadela morta e a brusca repreensão da mãe católica que viu no gesto do filho um pecado inominável; as corridas, a pé ou a cavalo; a primeira confissão e o pesado tributo que o padre lhe impôs para pagar seus inúmeros pecados com a reza de centenas de Padres-Nossos e Ave-Marias, de joelho, ao pé de Nossa Senhora, a Sant'Ana etc.

Além disso, iam com ele também as histórias sobre seus avós paternos e maternos, histórias tantas vezes repetidas, que só então passavam a ter, no seu íntimo, relativa ressonância. Precisaria delas, pois, na cidade grande, com certeza, teria de responder a muitas perguntas, inclusive sobre suas origens. De onde vinha? Quais suas origens mais remotas? Somente então, aos 13 anos, ele descobrira alguns significados guardados pelas histórias que ouvira seus pais e parentes mais velhos contarem nas horas calmas das conversas do alpendre do chalé da Espera. Muitas, fáceis de decifrar; algumas, não tanto; poucas deveriam ser silenciadas.

Uma história que o atormentaria a vida toda, de modo silencioso entrara em seu corpo como espírito mau. Viajara também com ele para o Recife como algo maligno que, somente décadas mais tarde, um médico iria descobrir e diagnosticar em exame de rotina: xistosoma. Sem o saber, adquirira a enfermidade num dos muitos banhos de rio ou açude da Espera.

O xistosoma, quando cresce e fica adulto, joga na água onde vive uma espécie de hospedeiro que, na fase microscópica, termina penetrando pelos poros da pele do indivíduo, ganha a corrente sanguínea e se aloja, de preferência depois de desenvolvido, no fígado, no baço ou na coluna vertebral. Ali ele cresce em forma de caracol ou de *aruá*, como chamam os nordestinos. A evolução é lenta, mas os danos à saúde, um dia, chegam de repente e liquidam com a pessoa se não houver tratamento adequado. Naquela época, muitas vezes, o medicamento ministrado era tão forte que terminava matando o paciente em vez de liquidar o xistosoma. O caracol, ou *aruá*, de Julião alojara-se no fígado. Por isso, ele, sem o saber, passou décadas sofrendo, periodicamente, graves crises de saúde.

7. A PRIMEIRA MUDANÇA

No dia em que o jovem deixou a casa paterna na zona rural pernambucana, onde vivia livre e sem freios, para estudar no Recife, na condição de aluno interno, deve ter sentido, no mais profundo recôndito da alma, a mesma dor e saudade que, quarenta anos mais tarde, suportaria no calabouço da vetusta fortaleza de Santa Cruz, no Rio, onde ficara encarcerado após o golpe militar de 1964. Ali prestaria depoimentos no inquérito policial-militar instaurado contra intelectuais e políticos brasileiros. Registraria o momento num caderno de memórias. Despedia-se do Brasil, pois, mais cedo ou mais tarde, o exílio seria a única saída. Dentre várias lembranças, uma se destacava como a mais importante e inesquecível: a terra do lugar de seu nascimento. Como se dialogasse com o Brasil, escreveu: "Levo envolto no teu pavilhão um punhado de terra colhida por uma mão fiel do chão que tu me deste como berço, chão da Espera, da Boa Esperança, do Bom Jardim, dos pau-d'arcos, dos maestros e flautistas e seresteiros..." (Julião, agosto/1964).

Em todos os registros da primeira separação, ou forçada mudança, da casa paterna, vista e sentida como um rincão patriarcal, para a cidade, o tom era de saudade, de declarada impossibilidade de adaptação ao novo lugar.

Por volta do fim da década de 1920, o Recife era a metrópole cultural, política e econômica do Nordeste brasileiro. Muitos acontecimentos chamavam a atenção dos recifenses e, de modo especial, de jovens estudantes, a exemplo de Julião, que acabavam de chegar do interior de vários estados e começavam a fazer amizades e a sentir de perto a movimentação da cidade grande, inclusive a de natureza política.

As imagens da cidade o impressionaram bastante. Por aquela época a cidade se transformava a passos rápidos: abertura de ruas, alargamento de praças, novas construções, efervescência da vida estudantil proveniente do Ginásio Pernambucano e demais colégios particulares e da Faculdade de Direito, a qual vivia a famosa tradição de ser a "Escola do Recife", instalada em sóbrio palácio recém-construído, além das faculdades de Medicina, de Belas Artes e de Engenharia. Os jornais diários facilitavam e ampliavam a divulgação da movimentada vida cultural, social e política da região. Ao porto do Recife, como porta de entrada, desembarcavam influentes personalidades da Europa ou da América do Norte, por exemplo, Albert Einstein, um dos mais recentes visitantes que a cidade nunca mais esqueceria. O famoso cientista, então, ganhara a simpatia dos recifenses, porque, em vez de se encastelar nos palácios, recolher-se ao conforto de algum hotel de luxo ou, apenas, passear de automóvel pelos mais aprazíveis pontos pitorescos, preferiu caminhar pelas ruas estreitas e tortas do bairro de São José, ver e sentir de perto o calor humano dos transeuntes, desfrutar das comidas típicas e até das "doces sombras e de um ar quase mourisco e de um aconchego de ruas da idade média. Ruas ainda virgens da estética dos engenheiros, do haussmanismo oficial", conforme escreveu Gilberto Freyre (DP, 5/4/1925).

Julião, na verdade, não viera sozinho para o Recife. Chegara em companhia do irmão mais velho, Sebastião Cirilo, o Tão. Ambos foram matriculados no Instituto Carneiro Leão.

O nome do instituto homenageava o jurista pernambucano Pedro Augusto Carneiro Leão, que fora professor de Rui Barbosa na Faculdade de Direito do Recife. Mais tarde, recordavam seus admiradores, Carneiro Leão teve de discutir com o ex-aluno várias questões ligadas à redação final do Código Civil Brasileiro.

O instituto situava-se num dos pontos mais nobres e aprazíveis da cidade: a avenida Conde da Boa Vista, logradouro que, partindo de uma das pontes que cruzam o rio Capibaribe, avança em direção à praça do Derby. O entorno, então, apresentava certas características bucólicas, com sobrados e casas grandes, jardins bem cuidados e arvoredos a refrescarem as ruas do bairro da Boa Vista.

Ainda que periodicamente eles recebessem a visita dos pais, a mudança fora bastante profunda para ambos. A vida de internato apresentava a seus olhos, de imediato, comportamentos e ritmos diametralmente opostos ao convívio da casa paterna, onde nunca faltara nada. No caso de Julião, nascido e criado em casa-grande senhorial com a permanente presença de parentes, amigos, agregados e empregados, o regulamento imposto pelo internato caiu-lhe como uma ducha fria. Sentia-se aprisionado. Não lhe saía da mente a vida livre do campo, onde vivenciara à exaustão toda a sorte de atividades mescladas a infindáveis brincadeiras pelos arredores do chalé, a mesa com as comidas sortidas e inimitáveis, a companhia de amigos da mesma idade, os bichos, os pássaros, as festas etc.

Por aquela época seu desejo era tornar-se carreiro no engenho, tanger a junta de bois, viver entre os trabalhadores do eito, montar a cavalo, caçar, pescar e correr, cortar árvores e capim nas várzeas. Por que sair dali? A essa pergunta feita ao pai um dia antes da partida, ouviu dele, em tom calmo, sereno, quase reverencial, como se falasse não a seu interlocutor, mas a uma entidade invisível que não conseguira proporcionar-lhe as condições que, agora, ele, orgulhosamente, oferecia aos filhos: "Quero que meus filhos aprendam, porque eu não pude aprender."

Durante todo o resto da vida, Julião repetiria que sua ida para o internato significara ter sido jogado dentro de uma prisão. A partir daquele momento, confessaria mais tarde, a primeira preocupação era fugir.

O choque da mudança e o rigor encontrado no colégio foram tão significativos que durante toda a vida ele recordaria momentos marcantes dessa fase. Já sexagenário, exilado no México, certa vez, recordando a data de aniversário da filha Isabela, que retornara com a mãe ao Brasil, aproveitou a imagem do que sofrera no colégio e escreveu:

> Os sonhos dos 13 anos que estão para chegar dentro de 30 dias são os da esperança e do futuro. Nessa idade exatamente eu fui metido no internato de um colégio. Era um período selvagem. Quis escapar. Não pude. Então tratei de sonhar. Era a minha fuga. Levava horas revivendo o mundo da minha infância. Num dia, se o tempo me sobra, narrarei esse mundo para ti. Para compensar a falta de liberdade – o colégio era como uma prisão – acabei me interessando pelos estudos. A geografia me encantava. E a astronomia. Era a maneira que encontrei para fugir com destino a terras e mundos desconhecidos. Resultado: fui aprovado com distinção nas duas matérias (FJ a Isabela, 1º/5/1977).

Um dia, chamou seu irmão mais velho, o Tão, um tipo forte e destemido, e contou-lhe pormenorizadamente o plano que concebera: juntariam o dinheiro da mesada recebida do pai; comprariam um quilo de carne-seca do Ceará, uma cuia de farinha e, à noite, escapariam da vigilância dos censores e viajariam para o interior durante a noite; durante o dia ficariam escondidos nas matas, prepararriam a comida e dormiriam; retomariam a caminhada na noite seguinte e, assim, em poucos dias estariam na Fazenda Espera.

Tão ouviu os detalhes do plano sem interromper o irmão. Continuou em silêncio um bom tempo. Mas, diante da insistência de Julião em saber a opinião dele, falou: – Olha, Chico, fiquei impressionado com os detalhes de seu plano, mas não me meto nele não, porque quando nós chegarmos em casa vamos levar uma surra tremenda e imediatamente nosso pai nos trará de volta para aqui.

Julião desistiu. Com o passar das semanas e dos meses, terminou encontrando outros atrativos, como, por exemplo, as novas amizades. A principal delas foi a do seu colega Eurico Ferreira da Costa, que lhe revelou um outro mundo, até então desconhecido: o da literatura. Começou a ler tudo que lhe caía nas mãos, principalmente os livros levados e recomendados pelo novo amigo. Ele proporcionou a Julião, também, as primeiras informações sobre as fontes da filosofia marxista, apesar de gostar de ler literatura romântica, sobretudo *Iracema*, de José de Alencar.

Eurico, que viria a ser um de seus mais fiéis amigos durante toda a vida, era pessoa dotada de aguda inteligência e de rara capacidade para fazer bem as coisas. No internato ele pintava e escrevia poesias e contos, além de revelar-se orador de talento.

8. O SENTIDO DA LIBERDADE

Nem sempre o tempo ocioso vivido pelos alunos dentro do Instituto Carneiro Leão era gasto com leituras e outras atividades exemplares ou edificantes. No despertar da mocidade o jovem naturalmente se deixa atrair por qualquer novidade. É um momento decisivo na sua formação. Surgem veredas, caminhos, estradas e avenidas repletas de fortes apelos para várias direções. Vez por outra, interpõem-se as encruzilhadas: algumas com claras e positivas sinalizações; outras, infelizmente, com falsas ou más orientações. O moço, muitas vezes, precisa de conselhos e acompanhamento dos responsáveis para não tomar o rumo errado e cair nos desvios da vida: os vícios alimentados, em certos casos, pelos defeitos de formação de personalidade, tendências inatas ou influências irresistíveis.

Certa feita, Julião começou a internalizar a frustração pessoal de ser fraco, pequeno e incapaz de impor-se diante das disputas com os demais colegas. Essa constatação surgia, sobretudo, às manhãs, na hora do café, e se repetia no almoço e no jantar: a impossibilidade de ele conseguir o melhor lugar, a melhor xícara, os melhores talheres, o maior pedaço de pão. Para ele, invariavelmente, restava o pior utensílio ou a menor parte de alimento. Tocavam-lhe as sobras. Como era demasiado franzino – talvez o menor entre os colegas daquela faixa etária –, na hora da corrida para a fila ficava para trás. De tanto sofrer com tal rotina, tentou, durante determinado período, bancar o valente, dar coices, cotoveladas, rasteiras, mas constatou a sua fragilidade para romper o cerco dos colegas que partiam como feras indomáveis em direção às comidas e às mesas. Ninguém talvez nem notasse o esforço físico e o tamanho de sua frustração e angústia. Por isso, um dia, teve a ideia de conceber um plano, algo que dependesse dele exclusivamente, ação só sua, silenciosa, reservada, mas capaz de apresentar efeito prático.

Quase todos os dias restavam-lhe apenas a pior xícara e o pedaço de pão menos atrativo; então, por necessidade de sobrevivência, ele comia o pão e servia-se na xícara, mas, em vez de devolvê-la, levava-a consigo. Ao chegar a sua carteira, na sala de aula, quebrava-a e depois jogava os cacos fora.

Passados alguns meses foram desaparecendo as xícaras defeituosas e começando a tocar-lhe algumas razoáveis e até novas, porque, em razão do desaparecimento, a direção era obrigada a repor as que faltavam. A direção tentou descobrir o motivo do misterioso desaparecimento das xícaras, mas nunca se soube de nada.

De outra parte, enquanto ele procurava adaptar-se à nova forma de vida de aluno interno, vinham-lhe curiosas novidades, ora motivadas pelas leituras de livros sobre humanismo e socialismo, ora derivadas de conversas e debates sobre os temas mais importantes da atualidade, como, por exemplo, as ações praticadas pela coluna Prestes no interior do país, sua invencibilidade, histórias e boatos sobre a personalidade de seus membros mais conhecidos – Miguel Costa, Luiz Carlos Prestes, Isidoro Dias Lopes, Batista Luzardo, Juarez Távora, João Cabanas, Lourenço Moreira Lima etc. –, as reações governamentais e outros temas ligados à política local, nacional e internacional.

9. DEFENSOR DE JUDAS

Quando Julião completou 15 anos, e, de certa maneira, consolidara já muitas amizades, um dia foi convidado a associar-se ao Centro Cívico Rui Barbosa, fundado no Instituto Carneiro Leão por um grupo de alunos e estimulado pelo diretor, professor Pedro Augusto Carneiro

Leão. O centro, em resumo, destinava-se, basicamente, a promover ações culturais e recreativas nas dependências do instituto e também a homenagear a figura de Rui Barbosa, falecido em 1923, acontecimento que consternara toda a sociedade brasileira.

Entre tantas atividades do centro a mais prezada pelos alunos era o júri simulado, feito quinzenalmente, que abordava tema em voga: poderia tratar-se das circunstâncias de um crime ruidoso que tivesse ganhado as páginas da imprensa local, nacional ou internacional, ou de assunto derivado de alguma efeméride, ou, ainda, a circunstância de aproximar-se data festiva do calendário escolar.

Quando Julião foi admitido no Centro Cívico Rui Barbosa, dias antes da Semana Santa, alguém sugeriu como tema do próximo júri o julgamento de Judas Iscariotes. Culpado ou inocente? Eis a questão.

As condições e circunstâncias da simulação do processo de julgamento foram montadas de tal sorte que os alunos mais destacados nas conversas e nos debates sobre temas filosóficos, religiosos, sociais, políticos, históricos, culturais etc. foram os votados para a composição do tribunal. Todos os membros indispensáveis à composição do júri – juiz, promotor, advogado de defesa e corpo de jurados – foram votados e eleitos.

Julião, por já se destacar como pessoa acostumada à discussão e ao debate de vários temas, foi eleito, por unanimidade, defensor de Judas. Tarefa espinhosa: impossível sustentar oralmente a defesa de personagem histórico tão condenada e criticada ao longo de toda a história do cristianismo. Além disso, carregava sobre seus ombros o triste estigma de ser o símbolo do ódio e da traição de toda a humanidade. Do outro lado da moeda estava o advogado de Cristo, que iria acusar Judas, tarefa fácil, simpática, inclusive ajudada pelo sentimento da mesma humanidade que, há dois mil anos, toma Cristo como vítima e Judas como o traidor, o algoz, o responsável pela entrega do salvador do mundo aos romanos, o vendedor do filho de Deus por apenas trinta moedas.

A surpresa de Julião o levou a recusar a escolha, sob a alegação de ser impossível defender Judas, em razão de ser cristão, católico. Os amigos o contestaram, afirmando que a recusa revelava, de saída, ser ele um perdedor.

A ideia de o considerarem, de antemão, um perdedor, em verdade, mexeu com sua autoestima. Aos 15 anos se apresentava, já, nas conversas e nos debates sobre os temas mais candentes, com opinião própria; colecionava algumas figuras da história capazes de motivar e cativar sua incondicional admiração, como a de Rui Barbosa, ali, no centro, tida como exemplar, sempre lembrada e até cultuada. Por que recuar? Ao mesmo tempo, porém, perguntava a si mesmo: como fazer a defesa do personagem mais odiado de toda a história do cristianismo? Qual o princípio a ser defendido? Qual o ponto de partida? Não encontrava nada que lhe servisse de amparo; 65 anos mais tarde, ao recordar o episódio, afirmaria que, naquela noite anterior à realização do júri, sequer conseguira conciliar o sono, tamanho o temor de viver estrondoso fracasso diante dos colegas.

Afinal, no dia seguinte, iniciou-se o julgamento simulado. Composto o tribunal do júri com o corpo de jurados, o juiz, o acusador e o defensor, diante de numeroso público, chegou a vez de Julião tomar a palavra. Nos primeiros segundos, ficou mudo, olhando para o público. Como começar? Tinha que falar alguma coisa. Começou, então, a fazer breve introdução do tema, repetindo o lugar-comum da cena da traição de Judas ao Mestre diante dos guardas romanos liderados por Malclos. Após pequena pausa, como se tivesse encontrado um filão a explorar, afirmou: "– Eu acho que todos nós somos cristãos. – Fez outra pequena pausa, observou a reação dos presentes e continuou: – Existe, entre vocês, alguém que não seja cristão? Quem, entre vocês, não é católico? Que se manifeste, por favor."

Esperou. Ninguém se declarou anticristão ou anticatólico. Diante da posição assumida por todos, Julião, seguro do efeito de sua imagem repentinamente concebida e posta em prática, retomou: "Muito bem. Então, quer dizer que todos vocês acreditam em Deus. Eu também acredito. Muito bem. Agora, eu faço outra pergunta. Deus foi o criador de todas as coisas?"

Após a pergunta, fez nova pausa e, lentamente, correu os olhos por toda a sala, buscando, em cada gesto, a discordância ou a aceitação de seus argumentos. Diante da positiva unanimidade dos presentes, os quais, de modo implícito, declaravam ser Deus o criador de todas as coisas, não lhe ocorreu nenhuma dúvida: começava a conquistar a simpatia de todos. Outra vez, decidido e com ênfase, ele retomou a palavra e continuou sua peroração:

> Então, se Deus criou todas as coisas, não existe nada no mundo que não tenha sido criado por Ele. Inclusive nós sabemos e nos diz a lógica divina que, se cair um cabelinho da nossa cabeça, é porque Deus assim o quis. Então, se Deus criou tudo isso, criou também os animais, criou as serpentes, criou o tigre, então, senhores, criou também Judas, um ser humano que acompanhou o Cristo. E mais: Judas não poderia absolutamente fazer nada se não fosse com o consentimento de Deus. Quer dizer, a tragédia ocorrida entre ele e o Messias, em virtude da qual ele acabou arrependido e, por isso, enforcou-se, significa apenas que o traidor cumpriu o mandamento que veio do céu, que veio do próprio Deus. Então, se condenarmos Judas, vamos condenar também Deus, porque Deus foi quem permitiu que Judas entregasse, por meio de um beijo, Cristo aos fariseus. Por essa razão, concluo que os senhores jurados não poderão condenar Judas, a não ser que também condenem a figura de Deus (FJ a FMIS, RJ, 9/8/1994).

A estratégia de defesa usada pelo jovem "advogado" Julião resultou num surpreendente êxito: Judas foi absolvido por unanimidade. Ninguém ousou condená-lo, porque seria o mesmo que culpar Deus.

Foi a sua primeira vitória como advogado. Simulada, mas uma marcante vitória. A partir daí, deixou de lado as brincadeiras de menino, como aquelas em que vivia o papel de Mestre Salu, fantasma ou espírito que vagava pelas salas do internato Carneiro Leão, quando todos dormiam. Esqueceu também o sonho de tornar-se médico-cirurgião e decidiu ser advogado.

10. A DOENÇA DA VIDA INTEIRA E A REVOLUÇÃO

Às primeiras horas da madrugada do sábado 4 de outubro de 1930 os alunos do Instituto Carneiro Leão foram acordados por forte troar de fuzilaria bem próximo. Alvoroçados, no dormitório, todos queriam saber o que se passava: estourara a Revolução!

Um aluno, porém, totalmente coberto com grosso cobertor, permanecia indiferente à movimentação ao seu redor: Julião. Padecia de forte dor de cabeça, latejos na fronte e intensa vontade de vomitar. As náuseas, com curta intermitência, iam e vinham. Sua única vontade era permanecer o tempo todo sob completa escuridão, envolto no abafado e calorento cobertor. Ele já sentira outras vezes o mal-estar desde os primeiros meses de internato e o atribuíra à falta de adaptação ao novo ambiente, à ausência da família. Alguém lembrara vagamente que aquilo não passava de alergia. Alergia a quê? Só se fosse ao ambiente, ao colégio. De qualquer sorte, ocultara do pai aquele sofrimento; aguentara-o calado, firme, resignado, porque não lhe queria causar transtornos. Naquela madrugada, porém, a crise demorava já algumas horas, parecia não ter fim.

Anos mais tarde, ele iria saber, após consultar um médico amigo, que padecia de enxaqueca, misterioso mal que se manifestava, a princípio, pela preponderância de um destes sintomas: náuseas, vômitos, intolerância à claridade, barulho ou cheiro. A dele, notada por experiência própria, se anunciava pelo horror ao barulho e à claridade, quando, de imediato, recorria à escuridão e ao silêncio absoluto. Se não houvesse condições de fechar todo o ambiente, tornava-se imperioso cobrir o rosto com toalha ou lençol, entupir os ouvidos com algodão, tomar um sedativo e esperar a melhoria. Soubera, ainda, que a intolerância à luz decorria de alterações visuais (os olhos embaçados, sensação de ver luzes coloridas ou até, em casos mais raros, a perda parcial da visão). Essas alterações, em geral, precediam as crises e podiam, em alguns casos, durar cerca de trinta minutos.

Na verdade, os fatores que provocam a enxaqueca são praticamente desconhecidos, porque as crises podem ou não ter motivos desencadeantes. Suspeita-se que dormir demais, dormir pouco, dormir fora de hora, abusar de determinados alimentos, sentir cheiros fortes, ocorrência de ciclo menstrual (nas mulheres, claro), exposição exagerada ao sol, ao barulho, esforço físico continuado, consumo de bebida alcoólica e estresse emocional, dentre outros, concorrem para o desencadeamento das crises de enxaqueca. Cada paciente, conforme sua condição física, psíquica e genética, termina apresentando uma ou mais dessas características sintomáticas.

No entanto, ninguém melhor para definir a enxaqueca do que quem a suportou durante mais de sete décadas, sofrendo, angustiando-se. Julião, 35 anos mais tarde, depois da primeira crise vivida no Instituto Carneiro Leão, quando preso e levado para um quartel militar de Olinda, deixaria registrado numa das páginas de *Até quarta, Isabela* o padecimento do mal que o perseguiu praticamente por toda a vida:

> Passara mal aquela primeira noite. No outro dia, com o toque da alvorada, já estava de pé, mas trazia a cabeça levemente entorpecida. Uma dor vaga, indefinida, sobre a nuca e a fronte, denunciando a tempestade que viria mais tarde. A tempestade era a enxaqueca. É um suplício do qual posso falar de cátedra, pois me acompanha há mais de trinta anos. Conheço-a em todas as suas nuanças. Tem mil causas, mas uma só forma de atingir o paciente. É como se um par de tenazes fosse apertando as têmporas enquanto um estilete de aço se enfiasse nuca adentro. As extremidades gelam. Vem a dispneia. E o vômito irreprimível. O coração fica opresso. E o rosto de uma palidez esverdeada. O doente procura um quarto escuro. E não se contenta com isso. Quer um pano preto nos olhos. Recorre à água quente. Usa todos os sedativos. Mas ela não cede. Vai quando quer. Tem um ciclo. Pode durar uma hora. Pode durar três dias. Esperei-a dessa vez, absolutamente desarmado. Nem um comprimido. Nem uma gota de álcool. Veio o café. Veio o almoço. Veio o jantar. Rejeitei tudo. Não era greve de fome, expliquei ao cabo. Era a enxaqueca. Ele compreendeu e me deixou em paz. Havia, porém, luz em excesso. E os ruídos do quartel. À uma hora da madrugada vieram me buscar. Uma escolta sob o comando de um sargento armado de cassetete e de 45. Era um jovem de 24 anos, espadaúdo. Tinha uma tarefa a cumprir. Uma triste tarefa. Poderia ser que o olhasse sob o ângulo de minha enxaqueca. Mas não (Julião, 1986:39).

Assim, naquela madrugada de 4 de outubro de 1930, por causa da enxaqueca, ele não tomou conhecimento do barulho ensurdecedor da fuzilaria que atroava nas imediações das dependências do Instituto Carneiro Leão, na avenida Conde da Boa Vista. Logo que passou a crise, ficou curioso para saber de todos os acontecimentos e as consequências do levante a alastrar-se por todo o Brasil. Muita coisa acontecia no Recife.

11. ROSA E O ALUMBRAMENTO

Durante os dois anos seguintes – de 1932 a 1934 – Julião decidiu seguir a carreira de direito e matriculou-se no preparatório para a faculdade. A decisão não lhe fora fácil. Ainda que houvesse alcançado a vitória num júri simulado, quando absolveu Judas Iscariotes, considerada por seus colegas autêntica proeza, na verdade sentia-se frustrado por não ter seguido a carreira de medicina. Sempre tivera a sensação de que, dentro dele, pareciam palpitar duas vocações: a medicina e o direito. Direito ganhou, por fim. Mesmo assim, o sonho de ser médico-cirurgião, viver em hospital, fazer operações nunca o abandonou. Talvez por isso dos sete filhos tenha sido o que mais se impressionou com a doença da mãe. Ficou ao lado dela nos momentos iniciais do aparecimento da doença e cuidava, com extrema dedicação, de seus remédios, até aplicando-lhe diariamente as doses de injetáveis prescritas pelos especialistas.

Dona Maria Lídia, a Neném, tivera nove filhos, dos quais morreram o primeiro e o último. Foi exatamente após o último parto, no fim de 1930, que ela começou a padecer de enfermidade no útero. Como não lhe foi feito diagnóstico precoce do câncer, o tratamento não surtia qualquer efeito. Além do mais, para complicar as coisas, talvez em decorrência do tratamento rigoroso para a época, terminou adquirindo tuberculose, enfermidade que concorreu para minar-lhe mais ainda a saúde.

Quando o major Adauto se mudou para o Recife, na verdade intencionava também propiciar meios mais eficazes ao tratamento de sua esposa. Fase difícil! Dona Neném comparecia regularmente às sessões de cauterização do útero na clínica de um médico alemão. Ela saía feliz de casa para o consultório do médico, fazia as aplicações e, quando voltava, arriava na cama com fortes dores.

Por incrível que pareça, o que a salvou, então, foi o aparecimento da tuberculose, doença considerada fatal e perigosa. Ela ia melhorando do útero e piorando da tuberculose. Daí, seu médico tisiologista recomendou repouso em lugar mais seco e arejado, de preferência no Sertão pernambucano. O local escolhido foi a casa-grande de um irmão do major, João de Paula, nas proximidades de Gravatá do Jaburu, nos limites do Agreste com o Sertão, ao lado da serra de Taquaritinga do Norte. Tratava-se de lugar ideal para esse tipo de cura, porque, além das vantagens climáticas, não ficava muito distante de Bom Jardim e a pouco mais de 200 km do Recife. Assim, o major Adauto poderia fiscalizar, com frequência, o andamento da administração da Fazenda Espera, entregue aos cuidados do jovem Manuel Tertuliano, o Dequinho.

À casa-grande de Gravatá do Jaburu, com dona Neném, além do marido, seguiram Julião e a jovem Rosa Clemente. Ele porque, além da dedicação de filho carinhoso, era o único que sabia aplicar injeções e ministrar-lhe os medicamentos nas doses e nas horas indicadas; ela, um pouco mais nova do que ele, porque desempenhava o papel de ama de casa, encarregada de todos os afazeres e, de modo especial, assistir a dona Neném. Carinhosa, meiga, de trato delicado, praticamente criada como filha da casa, dava-se bem com todos os filhos, sobretudo com Julião.

A mudança para Gravatá do Jaburu afetou profundamente a rotina da família e também a de Julião. Embora matriculado no curso preparatório à Faculdade de Direito, ele não estava obrigado à frequência. Daí poder ficar ao lado da mãe durante a longa temporada. Por essa época, aproveitou a oportunidade para conviver mais com os primos, os filhos de João de Paula, entre os quais se destacaria a forte amizade com Antonio Cícero, que todas as manhãs se dirigia ao curral, ordenhava uma das vacas e levava leite puro e fresco a dona Neném. Esse gesto, Julião jamais o esqueceria. Da mesma forma, aproveitou a tranquilidade dali para ler. Preferia literatura, sobretudo a brasileira e temas políticos ligados aos filósofos de tendência socialista. Leu quase toda a obra de Engels, por entender que o pensamento desse filósofo alemão era bom instrumento para interpretar a realidade humana, a sociedade e a história.

Ao lado dessas leituras e dos extremos cuidados com a mãe enferma, ele começou a descortinar novos atrativos: descobria, de repente, no corpo e no comportamento da jovem Rosa, encantamentos a serem desvelados. A pele amorenada, os cabelos lisos e pretíssimos, o rosto a desabrochar um sorriso calmo e doce, a voz mansa, o olhar demorado a dizer mais do que as próprias palavras pronunciadas, cintura fina, ancas salientes, mas conforme ao resto do corpo, chamaram a atenção dele de maneira diferente. Não como aquele impulso de menino danado a espreitar as meninas nos caminhos e lugares mais ermos da fazenda, pronto a roubar-lhes – às vezes, a contragosto – beijos furtivos e outras carícias mais ousadas. Essa atração vinha sendo correspondida. Então, ele também a atraía. Faltava apenas o primeiro impulso. Quando isso aconteceu, o gesto foi recíproco, frenético, inesquecível. Por testemunha do primeiro alumbramento apenas o alto telhado do velho casarão do tio João de Paula e o doce silêncio quebrado pelas intermitentes e variadas sonoridades de chocalhos do gado não muito distante.

12. INGRESSO NO CENÁCULO INTELECTUAL

Após o preparatório e a aprovação na seleção para admissão ao curso de ciências jurídicas e sociais, Julião matriculou-se na Faculdade de Direito do Recife no início de 1935. Por essa época, foi obrigado a conciliar as atividades acadêmicas com as do Tiro de Guerra, cumpridas no quartel da Encruzilhada na companhia do irmão José Hugo, o Zezé.

Em verdade, a escolha do curso de direito, segundo ele diria mais tarde, não foi a melhor opção. Ao longo da vida, lamentaria não haver estudado medicina. Queria ser cirurgião. Tal afirmação, no entanto, pareceu apoiar-se mais em rompante de modéstia do que propriamente em frustração pessoal. A alegação de que precisava trabalhar e, por isso, não podia estudar medicina, em virtude da dedicação exclusiva ao curso, não procede, porque o pai tinha condições suficientes de mantê-lo e a todos os demais. Conforme já nos referimos, a partir de 1932 montou casa no Recife, a fim de também dar maior assistência aos filhos em idade escolar, matriculados nos melhores colégios. Além disso, o mais novo, Antonio Maurino, formou-se em medicina. O que prevaleceu, de fato, foi o seu precoce desejo de independência. Não queria depender totalmente do pai; tinha outros objetivos a atingir. Tanto isso é verdade que, logo ao entrar na Faculdade de Direito, uniu-se a um colega e comprou o Instituto Monsenhor Fabrício, em Olinda, na rua Bernardo Vieira de Melo, nas imediações das ruínas do velho Senado e da Ribeira, antigo mercado de escravos. Ali passou a lecionar e a ganhar o próprio dinheiro.

O mesmo argumento de frustração ele manifestaria a respeito de sua vocação política. Afirmou, em várias ocasiões, que gostaria de ter sido escritor, e não político. Apesar desses laivos de manifesta frustração pessoal, curiosamente não se pode concluir que o advogado e o político tenham fracassado ao longo de sua trajetória profissional. Ao contrário, como advogado revelou-se competente e preocupado com os edificantes objetivos buscados pela Justiça. Em nenhum momento deixou-se levar pelo mero interesse de ganhar dinheiro com a profissão; importava-lhe, sempre, o sentido moral ou ético das causas que lhe apareciam. De outra parte, como político de seu tempo, a causa fundamental por ele abraçada – a defesa dos camponeses brasileiros sem terra – em muitos sentidos não haveria logrado os resultados alcançados se não tivesse contado com a dedicação e a honestidade profissional de um líder conhecedor do rito processual adotado no âmbito do Poder Judiciário, em todas as suas variantes, inclusive, de modo especial, quanto ao Código de Direito Civil. Se, por um lado, não se tornou romancista reconhecido na literatura brasileira, por outro, como escritor deixou uma obra significativa, sobretudo na ensaística e na memória, além de contos, romance e poesia de cordel.

Ao ingressar na Faculdade de Direito, ele logo percebeu o peso da tradição e das ideias veiculadas entre professores e alunos da centenária academia recifense. Criada em 1827, juntamente com a de São Paulo, a primeira Faculdade de Direito brasileira, instalada no ano seguinte em Olinda, onde funcionou até 1854, ostentava um celeiro cultural e intelectual traduzido pelos nomes de figuras destacadas nas letras, no magistério, na advocacia, na magistratura, no parlamento, na administração pública e nos mais diversos graus da atividade política.

À afirmação do pensamento intelectual construído por uma plêiade de espíritos voltados para o desenvolvimento mental do Brasil poder-se-ia juntar também o sentido marcante de Pernambuco como centro irradiador de cultura e de ações políticas marcadas pelo afã libertário, sentimento amplamente reconhecido nos fatos históricos. A luta iniciada contra os holandeses talvez tenha sido a primeira tentativa de afirmação da nacionalidade brasileira. Nesse sentido, Clóvis Beviláqua – aluno, bibliotecário, professor e autor da história da faculdade – assim destacou os pontos fundamentais sobre os quais se apoia o espírito de liberdade que Pernambuco despertaria ao resto do Brasil:

> A guerra dos *mascates* não é, somente, luta intestina entre nobres agricultores e plebeus enriquecidos pelo comércio. Na essência, é a revolta daquele mesmo sentimento de pátria, que sacudira, desajudado da metrópole, o jugo holandês e agora já pretendia alijar o predomínio europeu. Prova-o, certamente, o grito de Bernardo Vieira de Melo em prol da República. Como era natural, o movimento emancipacionista foi sufocado; mas a luta porfiosa que pôde sustentar mostra que já havia, então, grandes reservas da energia, de onde surgiria a independência. Deixou o germe da liberdade política e esse, achando terreno propício, desenvolveu-se e produziu as explosões de 17, 24 e 48; mas, sobretudo, criou, para Pernambuco, a missão, entre todas augusta, de ser o principal centro elaborador do sentimento de liberdade política em nosso país (Beviláqua, 1977:449-450).

O jovem acadêmico imediatamente se inteirou de toda a carga simbólica do passado da Faculdade de Direito e também da contribuição deixada pelas gerações responsáveis pela chamada Escola do Recife, movimento marcado não apenas pela dimensão jurídica do pensamento de mestres e juristas formados pela faculdade, mas também pelos cultores das letras e do pensamento filosófico.

13. AS PRIMEIRAS INFLUÊNCIAS

Por essa época, o marxismo começava a influenciar o pensamento político de Julião, não propriamente em virtude das aulas ministradas na faculdade, mas por causa do convívio com colegas que também liam, com vivo interesse, as obras de Marx e Engels. Esse foi, sem dúvida, o que mais influenciou seu pensamento. Como resultado, ele abandonou o pensamento idealista e passou a interpretar a história segundo a concepção filosófica marxista, atitude que mudaria radicalmente sua vida. Ao mesmo tempo, levado por forte interesse pela filosofia, lia também outros autores, o que lhe propiciou a oportunidade de comparar as diferentes visões de mundo.

Em 9 de setembro de 1935, ele comprou (e registrou, na primeira página, a data e seu nome completo) a segunda edição de *História da filosofia – Vida e ideias dos grandes filósofos*, de Will Durant, tradução de Godofredo Rangel e Monteiro Lobato. Talvez tenha sido o primeiro contato de Julião com os filósofos, oferecido em conjunto, por refletir amplo painel sobre o saber até então divulgado.

Houve, também, a forte influência deixada pela leitura do livro *Os grandes sonhos da humanidade – Condutores de povos, sonhadores e rebeldes*, de René Fülöp-Miller, publicado no Brasil, com tradução de René Ledoux e Mário Quintana. Merece destaque o capítulo "A sementeira dos direitos do homem", metáfora que guarda a evolução dos atos de rebeldia desde a Idade Média até a culminância da consolidação dos direitos humanos imposta pela tempestade política provocada pelos revolucionários de 1789 na França (Fulöp-Miller, 1937:95-132).

Os ideais libertários e igualitários, desde a Idade Média, surgiram sobretudo nas ações de líderes ingleses, como, por exemplo, os seguidores dos True Levellers. Eles davam ênfase à tradição mítica, segundo a qual deveria ser restabelecida a "origem comum", a partir das sementes plantadas pelo "pai original", que dispôs o seguinte princípio basilar, "direito igual de todos aos frutos da terra", como quis e estabeleceu o próprio Criador de todas as coisas. Com tais ideais, ocorreram ações espetaculares praticadas por líderes como John Ball, Thomas Münzer, Everard e Gerard Winstanley e João Huss, para citar apenas os principais marcados por características românticas, carismáticas, utópicas, místicas e socialistas.

Julião, mais tarde, alimentaria forte admiração pelo exemplo de Huss, ao escrever em um de seus ensaios:

Muito sangue correu durante séculos antes que o regime capitalista, pondo abaixo o feudalismo, separasse a Igreja do Estado. É que o barão feudal arrebatou ao papa a prerrogativa de nomear bispos e cardeais que não serviam ao cristianismo, mas ao barão feudal. Com as exceções de que hoje se orgulha a cristandade, sendo a maior delas João Huss, o grande padre tcheco que preferiu ser queimado vivo com os camponeses pobres a trair o Cristo (Julião, 1962:18-19).

Esses seus contatos com os exemplos oferecidos pela história eram, porém, leituras inaugurais, verdadeiros alumbramentos para a mente do jovem ávido por saber e pela carga de informações provenientes dos mestres da Faculdade de Direito que, em 1935, ministravam as disciplinas do primeiro ano.

14. AS VAQUINHAS E O COLÉGIO

Ao iniciar o curso de direito, Julião adquiriu maior confiança perante seu pai. Era o primeiro filho a cursar a universidade, motivo de orgulho para toda a família. Aliás, dos oito filhos, só três concluíram o curso superior.

Um dia, em visita à Espera, já na condição de acadêmico de direito, quando ele e o pai observavam a entrada do gado ao curral, num fim de tarde, ouviu do major Adauto inesperada e curiosa oferta:

– Está vendo aquelas duas vaquinhas de leite muito bonitas ali adiante?

– Sim. São belas.

– Elas são suas.

Julião ficou surpreso e, após agradecer-lhe o presente, também logo o surpreendeu com uma imprevista decisão:

– Papai, fico muito agradecido com o seu presente, mas, por favor, venda as vacas e me dê o dinheiro, porque preciso comprar um colégio em Olinda. – Antes que o major Adauto dissesse mais alguma coisa, ele completou: – Eu quero, de agora por diante, viver desse colégio. Vou educar crianças, meninas e meninos. Vou ser professor (FJ a FMIS, RJ, 9/8/1994).

Foi a proclamação de sua independência. No íntimo, estava cansado de depender do pai. Agora, com quase 20 anos completos, acadêmico de direito, não podia depender exclusivamente do pai. Precisava fazer alguma coisa.

Em verdade, ele soubera, por intermédio de amigos ainda no Ginásio Pernambucano, durante o curso preparatório de ingresso à Faculdade de Direito, que o Instituto Monsenhor Fabrício estava à venda. Ocorreu-lhe, então, a ideia de que poderia comprar o colégio e começar vida nova. Então, procurou Carlos Moreira, o dono do Instituto, e, após algumas negociações, adquiriu todos os direitos do colégio, inclusive os equipamentos e utensílios indispensáveis à continuidade das atividades pedagógicas. A parte da logística, isto é, a ocupação do velho sobrado, foi paralelamente contratada com a família proprietária do imóvel. Na prática, não houve interrupção das atividades escolares; apenas se adotou nova dinâmica.

Convidou como auxiliares seus colegas estudantes mais próximos, os que tinham interesse em ensinar e, em contrapartida, ganhar dinheiro extra para ajudar a mesada, já que todos eram egressos de cidades próximas do Recife. Assim, de imediato, convidou seu irmão José Hugo, o Zezé, que estudava belas-artes, e outros amigos próximos. Aceitaram o convite os irmãos Antonio e Sindulfo, da família paraibana Alcoforado de Almeida, ambos seus colegas no Ginásio Pernambucano; Eurico Costa, seu amigo desde os tempos do Instituto Carneiro Leão; os colegas da Faculdade de Direito José Correia e José Antonio Gonçalves; Lauriston Monteiro, estudante de engenharia, o único que pertencia a tradicional família olindense e residia na casa dos pais. Outros, com o passar do tempo, foram incorporados às atividades do Instituto Monsenhor Fabrício.

O colégio funcionava num velho sobrado da rua Bernardo Vieira de Melo, próximo da Ribeira, conhecido tradicionalmente como ex-Mercado de Escravos de Olinda, em frente às ruínas do antigo Senado de Olinda. Local fantástico! O sobrado, imponente, desfrutava de situação privilegiada. Composto de térreo e primeiro andar, por onde se chegava ao sótão após escalar íngreme escada, possuía diversas dependências na parte dos fundos, as quais se comunicavam com um dos "becos" da velha cidade, ainda hoje chamado de Porto Seguro. Por aquela estreita e tortuosa via, desde os tempos coloniais, os escravos de famílias abastadas de Olinda conduziam os dejetos e a urina de seus senhores em penicos e tambores, até a maré. Das janelas frontais, quer do primeiro, quer do segundo andar, descortinava-se um panorama deslumbrante do Recife – seus casarios, a enseada do porto, além de longínqua filigrana de edificações sobre elevada colina: o cabo de Santo Agostinho. Na parte posterior, pelas amplas portas que davam acesso a terraços, se poderia contemplar a Misericórdia, a Sé, o verde do Horto d'El Rey, o Seminário, o Convento de São Francisco, a igreja de Nossa Senhora do Carmo e, a distância, o Atlântico, com seu verdor próximo e as ondulações de um azul inconfundível, mais longe, já na altura da risca.

O sobrado, conjugado a outro imóvel pelo lado direito, apresentava-se livre pelo esquerdo, por onde se descia da Ribeira em direção à Sé. Daquela passagem, que lembra mais ruela do que beco, ainda hoje pode ser contemplado na íntegra, como se fora um cartão-postal emoldurado pelo reduzido espaço proporcionado pelos oitões dos casarios, a Sé de Olinda, quase solta no ar, leve, serena, iluminada pela luz do entardecer. Justamente nessa esquina, por dentro do quintal do sobrado do Instituto Monsenhor Fabrício, encontra-se um nicho pintado de branco, dedicado ao Senhor Morto, construído no século XVII, de onde, na Semana Santa, o corpo do crucificado é levado sobre os ombros de piedosos e dedicados devotos, pelas ladeiras de Olinda, ao som de langorosa banda a tocar músicas sacras.

Além das atividades pedagógicas – ensino para crianças, meninas e meninos – Julião pensou também na realização de atividades culturais. Criou a revista *Sargaço* e o Centro Cultural Humberto de Campos.

Antes de comprar o colégio e fundar o centro cultural, Julião participara em Olinda de várias atividades, inclusive artísticas, como as organizadas pelo Núcleo Teatral Getúlio Vargas, onde se ensaiavam e se apresentavam dramas e comédias. Entre os jovens estudantes participantes citamos, além de Francisco Julião, Lauriston Monteiro, Vanildo Bezerra Cavalcanti, Álvaro Arantes, Otoniel Mendes, Bida, Raimundo Diniz, Lafaiete Lopes, Luiz Beltrão, Clídio Nigro, Odilo Campos etc. Essas atividades artísticas constituíam uma tradição em Olinda. Desde os séculos anteriores os grupos teatrais surgiam e desapareciam. Entre tantos, recordamos a existência da companhia A Melpômene Olindense, que marcou época entre os anos 1879 e 1890, funcionando em uma das dependências do Palácio dos Governadores.

A seu irmão José Hugo incumbiu a tarefa de ilustrar e editar a revista, já que era estudante de belas-artes; aos demais, a de colaboradores. Além disso, muitas outras atividades foram programadas, tais como conferências, palestras, exposições, reuniões sociais e até políticas. As reuniões ocorriam aos sábados e domingos. Com o passar do tempo, as atividades foram ganhando corpo. José Hugo recordou com emoção aqueles dias de convivência no Centro Cultural Humberto de Campos: "Aquilo nos proporcionou uma convivência maravilhosa, acima do que se podia esperar. Ali era o ponto de encontro dos estudantes de medicina, direito, engenharia. Nos reuníamos em comunidades, aos sábados e domingos, impreterivelmente."[4]

Entre os inúmeros convidados que ali proferiram palestras, destacam-se o sociólogo e antropólogo Gilberto Freyre – já famoso pela publicação de *Casa-Grande & senzala;* Mário Sette, então residindo em Olinda; e o historiador Mário Melo e Jaci do Rego Barros, intelectual cego, mas respeitado por sua oratória inflamada, domínio da língua, história e filosofia.

No corpo editorial da revista *Sargaço*, além de Julião como o principal mentor, atuavam Milton Persivo, Carlos Dumont, José Hugo e outros.

A parte burocrática e disciplinar coube a Sindulfo Alcoforado de Almeida, pois, ademais de ser exímio datilógrafo, conseguira o cargo de guarda-noturno da Secretaria de Segurança, o que lhe conferia mais autoridade sobre a solução e o encaminhamento dos problemas ligados à administração do instituto.

A direção pedagógica, Julião a desincumbia com a de supervisão do abastecimento e demais encargos domésticos. O colégio contava apenas com um empregado, senhor que todos chamavam carinhosamente de Fundenga. Ele executava ali muitas atividades, mas, de modo especial, a função de bedel. Hugo recordou a figura de Fundenga como "o sujeito mais feio que já vi na minha vida".[5]

As disciplinas do currículo escolar do instituto, a princípio, foram ministradas pelos amigos convidados para participar do empreendimento, à falta de meios para contratação de professores experientes. A Julião, por exemplo, coube a obrigação de dominar os temas mais díspares, como francês, física, química, português, filosofia e história. O curioso é que se revelou competente e querido dos alunos em todos esses misteres.

As aulas ocorriam nos turnos da manhã e da tarde. Os professores – estudantes procedentes de outros lugares, portanto sem família no Recife ou em Olinda – moravam no próprio sobrado. Havia espaço para todos. José Hugo, seu irmão, preferiu ocupar o sótão, a parte mais elevada; ali se isolava para estudar, preparar aulas e desenhar. Isolar é o termo correto, pois talvez tenha sido nesse ateliê que nasceu ou se consolidou, a certa altura da sadia convivência entre os jovens professores do colégio, a versão de que o artista Hugo era pessoa misteriosa, esquisita e arredia. Nunca ninguém soube como, por que ou quando ele pintava; nem mesmo seus mais queridos irmãos ou amigos o viram pintar. Dizem que, em um dos degraus da íngreme escada que dava acesso ao último andar do velho sobrado, onde se situava o ateliê, ele instalara um secreto dispositivo sonoro que anunciava a subida do intruso observador. Ele, então, ao ouvir o som, guardava o que estava pintando ou desenhando e recebia, cordial e alegremente, o visitante. Assim, nunca se soube como o artista Hugo de Paula criava seus quadros e desenhos.

Como diretor, Julião revelou, desde então, o seu lado humanitário quando tinha de tratar com pais de alunos inadimplentes. Todos ficavam admirados com a generosidade e a falta de tato para o pagamento de mensalidades dos alunos. José Hugo testemunhou, várias vezes, o seguinte diálogo entre Julião e algum pai devedor:

– Professor, eu vou tirar o meu filho do colégio...
– Por que o senhor vai fazer uma coisa dessa?

– Porque não posso mais pagar o colégio, professor.

– O senhor tem o direito de não pagar; é um direito inerente a sua situação. Se o senhor não tem dinheiro, como vai pagar o colégio? É uma coisa humana. Agora, o que o senhor não pode é tirar o seu filho do colégio. Isso seria um crime. Tirar essa criança que tem boas notas (mostrava a caderneta, apontando-as), isso não pode acontecer...

– Professor, eu não posso pagar o colégio...

– O senhor sabe que em qualquer lugar onde come um comem dois; por isso o seu filho ficará estudando. Aqui tem um feijãozinho, um pratinho a mais. Ele ficará. Seu filho não pode deixar de estudar.

Disse José Hugo:

> a gente ia se cercando desse lirismo, dessa poesia; quer dizer, aquilo não era comércio, era sacerdócio. Na maioria dos casos, como o inadimplente vinha acompanhado da esposa e dos filhos, todos terminavam chorando. Aquele drama virava uma história contada de aluno para aluno, de pai para pai, de mãe para mãe e, no final das contas, só pagava mesmo o colégio quem queria.[6]

Apesar disso, a fase vivida em Olinda, com José Hugo, que ele chamava carinhosamente de Zezé, e seus mais próximos amigos de geração, jamais a esqueceu. Até nos momentos mais difíceis, quando encarcerado nas masmorras da ditadura instalada no país após o golpe militar de 1964, recordava Olinda como seu berço libertário, lugar que o inspirara a amar a liberdade, os homens, a humanidade. Em *Até quarta, Isabela*, um dos mais impressionantes capítulos de suas memórias do cárcere, escreveu:

> Olinda... Não te posso contar em uma carta o que me evoca esse nome. Os dias de estudante, a minha vida de diretor de um colégio de meninos, o velho Instituto Monsenhor Fabrício, ali pelos anos de 35 a 39, a fundação do Centro de Cultura Humberto de Campos, a Festa do Livro, as retretas no Carmo, as cigarras, os sinos, os cajus, as velas, os companheiros que se foram e os que estão espalhados pelo mundo. Tu irás, um dia, comigo, ver Olinda, tocar de leve com a mão nas ruínas

do velho Senado, onde Bernardo Vieira de Melo deu o seu brado de Republica, em 1710. Isso era bem pior do que gritar hoje "Viva Cuba!" Aquele brado subversivo custou-lhe a vida em uma fortaleza medieval, a Fortaleza de São Julião, em Portugal, onde ficou, metido em ferros. Hoje, depois de 254 anos, onde estão os juízes que o condenaram, onde estão seus carcereiros? Sepultados pela poeira da História. Mas ele, Bernardo – teu avô materno tinha esse nome, que significa *duro como urso* –, permanece nos monumentos, nas praças, na memória de todas as crianças de nossa pátria. Basta que uma professorinha primária pergunte a uma dessas crianças quem deu o primeiro grito de República no Brasil, e a resposta vem logo: "Bernardo Vieira de Melo!" (Julião, 1986:38-39).

15. A PRIMEIRA PRISÃO

A ascensão de Agamenon Magalhães ao governo do estado, na qualidade de interventor, por ocasião da proclamação do Estado Novo em 1937, vinha acompanhada de antecedentes políticos nos quais Pernambuco tinha responsabilidade histórica. Ali, ao longo do século XIX, surgiram fortes e aguerridas demonstrações de movimentos revolucionários em busca de caminhos diferentes para a vida institucional brasileira, sobretudo com as revoluções de 1817, 1824 e 1848. No século XX, o povo pernambucano continuava a revelar o mesmo sentimento, notado, principalmente, em confrontos populares que culminaram com a derrubada da velha oligarquia em 1930 e, mais tarde, com os agitados dias do fim de novembro de 1935, em virtude das ações dos seguidores da Aliança Nacional Libertadora (ANL) e dos comunistas.

Em verdade, ainda não estavam esquecidos os efeitos da chamada Intentona Comunista no Recife. Um dos relatórios mais precisos e bem articulados sobre as causas próximas e remotas desse movimento fora elaborado exatamente por Etelvino Lins, então ocupante do cargo de delegado de polícia da capital do estado. Esse relatório, modelar segundo alguns historiadores, não é rico em detalhes sobre a ação revolucionária, os combates travados, o sucesso efêmero dos rebeldes e o seu esmagamento a ferro e fogo. Não é uma página heroica. É o dispositivo da repressão, a técnica do interrogatório, a sucessão e articulação das confissões que vão revelando a trama da conspiração (Silva, 1972:287).

As técnicas usadas pelo delegado Etelvino Lins logo atingiram os mais diferentes setores da atividade política e social. Não demoraram a chegar à Faculdade de Direito do Recife. Apesar disso, tais expedientes policialescos, típicos de épocas de exceção política, como a do Estado Novo de Vargas, foram vistos com absoluta normalidade por Lins:

> Quanto à ordem pública, nenhum fato grave nas ruas ocorreria nos sete anos em que permaneci à frente da Secretaria de Segurança. Nenhuma família se cobriu de crepe por culpa da polícia pernambucana durante minha gestão na espinhosa e ingrata tarefa a mim confiada pelo interventor federal Agamenon Magalhães (Lins, 1977:14).

Entre os colegas de Julião da Faculdade de Direito as relações mais estreitas eram mantidas com Eurico Costa. Os dois se conheciam desde os tempos de internos do Instituto Carneiro Leão. Juntos concluíram ali os estudos, fizeram o preparatório e ingressaram na mesma turma de direito. Logo Eurico passou a frequentar a casa do amigo e a tornar-se mesmo pessoa íntima da família. A propósito dessa amizade, Julião afirmou que ele e Eurico Costa estiveram juntos durante toda a vida.

Na faculdade, em várias ocasiões, ambos pronunciaram discursos e expuseram pontos de vista considerados polêmicos. A rigor, não eram militantes de nenhum partido ou filiados às duas principais políticas que se enfrentavam no campo das ideias: os integralistas, seguidores de Plínio Salgado, e os comunistas, adeptos de Prestes. Mesmo assim, Eurico Costa, em mais de uma ocasião, entrara em choque com os integralistas por não concordar com suas posições. Então, ficava ao lado dos comunistas. Julião também mantinha posição política parecida. Não se filiou a nenhum grupo, esforçava-se para preservar as amizades com colegas seguidores de ambas as tendências. Não se tratava de neutralidade diante dos problemas e das questões filosóficas ou políticas discutidas à exaustão, porque já lera sobre o assunto e observava com interesse todas as tendências políticas vigorantes.

Em virtude de informações ou delações aos agentes policiais de Etelvino Lins, um dia chegaram à Faculdade de Direito e fizeram algumas prisões de estudantes. Houve tumulto e agitação. Entre os alunos presos figuravam Julião e o amigo Eurico Costa. As acusações não eram tão fortes. Os agentes policiais concentravam as suspeitas sobre as atividades subversivas de Eurico, por ter proferido discursos "comunistas", estabelecer polêmicas e debates sobre assuntos "esquerdistas" e ter veiculado entre seus amigos livros e até cartas sobre temas ligados à ideologia comunista, principalmente sobre as obras de Marx e Engels.

Momentos antes de depor, Eurico Costa lhe segredou:

– Julião, se você for meu amigo, diga que não me conhece...

Julião contestou:

– Eu não vou dizer isso, Eurico. Não vou negar uma amizade dessa natureza. Vou dizer que te conheço, que temos muito boas relações, que mantemos correspondência.

– Você vai complicar a sua vida.

– Isso não me importa. A verdade está por cima de tudo e eu lhe dedico grande amizade. Foi você quem pôs os primeiros livros que me abriram a consciência para o pensamento científico. Eu jamais me esquecerei disso.

Por aquela época, temendo novas investidas da polícia de Etelvino, Julião acatou sugestão de parentes e amigos e passou as férias acadêmicas no interior. Refugiou-se na Fazenda Pilões, em Surubim. Ali, sob o amparo do amigo Euclides Ferreira dos Santos, hospedou-se com uma mala cheia de livros salvos do faro policial e uma vitrola de corda. No entanto, não gastou todo o tempo apenas com leituras e música clássica, sua primeira paixão. Logo ganhou o campo. Montado num cavalo, percorria as redondezas até atingir a divisa de Pernambuco com a Paraíba, na direção de Cabaceiras, onde, na Fazenda Jacaré, viviam parentes. De parada em parada, nas fazendas ou sítios, aproveitava a oportunidade para falar com os camponeses, explicando-lhes que era possível lutar por melhores dias. Tudo dependeria deles mesmos.[7]

Em 1964, quando ele voltava à prisão pela terceira vez, recordaria em *Até quarta, Isabela* – livro escrito no cárcere da Segunda Companhia de Guarda, do Exército – mais detalhes daquela prisão no tempo do Estado Novo:

> O delegado da Ordem Política e Social, hoje Delegacia Auxiliar, Edson Moury Fernandes, agora secretário do governo Paulo Guerra, mandou me buscar em casa. Os investigadores remexeram tudo. Escancararam as estantes. Abriram gavetas, viraram colchões e, depois de horas e horas de buscas, só encontraram duas provas de minha subversão à ordem: *Casa-Grande & senzala*, de Gilberto Freyre, e *Jesus Cristo é um mito*, de J. Balmes. Este, um livro sem mérito. O outro, não. Tu deves lê-lo, Isabela, como deverás ler *Os sertões*, de Euclides, e *Minha formação*, de Nabuco. [...] Naquele tempo, Gilberto Freyre era o Mestre, o Ídolo. Hoje é o solitário de Apipucos. Bastaria ter escrito *Casa-Grande & senzala*. Foi a sua fase autêntica, em que fez discípulos e levou o Brasil a se reclinar às margens do Capibaribe. Quando se distanciou da boa fonte para o luso tropicalismo e outras incursões pelo mundo salazarista, Gilberto Freyre caiu como uma pedra no fundo de um poço. Há homens que deveriam morrer no momento exato em que atingem a sua *Montanha mágica*. Ou, pelo menos, aí permanecer silenciosos como um Buda de pedra. Nunca me devolveram meu *Casa-Grande & senzala*, em sua primeira edição, que eu lera e relera, anotando à margem das folhas. Há quem afirme que Edson Moury o conserva entre suas preciosidades (Julião, 1986:33).

No mesmo texto, fez maiores alusões ao seu companheiro de prisão, Eurico Costa, colega de faculdade:

> Preso, aquela primeira vez, quem vou encontrar na delegacia? Um amigo dos primeiros tempos de colégio: Eurico Costa. Formara-se comigo naquele ano. Um jovem magro, nervoso, de oratória inflamada, um demolidor de mediocridades. Pintava e fazia versos com o mesmo desembaraço com que lia e interpretava *A sagrada família*, *O Estado e a Revolução*, *A miséria da filosofia*, *Que fazer?* Tinha Marx, Engels,

Lênin, Rosa Luxemburgo, Kautsky e outros nomes do mundo marxista entre os que lhe eram mais familiares. Versava os filósofos gregos, os enciclopedistas franceses e os economistas ingleses, desde Ricardo. Devorava livros e sabia digeri-los. Foi esse amigo quem me pôs nas mãos o *Anti-Dühring*. Lendo-o e relendo-o, Isabela, fui acometido de febre. Recomendo-te como obra doutrinária, científica, filosófica, polêmica, corajosa, cujo estilo, de uma vivacidade e clareza admiráveis, põe ao alcance de qualquer um os temas mais áridos. Levei um dia e uma noite preso. Meu amigo também. Juntos colamos grau. Ele foi o orador da turma. Isso em 1939, entre 120 bacharéis, das mais variadas tendências, com o Estado Novo no apogeu, a Segunda Guerra Mundial já declarada e o Primeiro Congresso Eucarístico, conduzido pelo cardeal Leme, atraindo para o jardim Primeiro de Maio, em frente à nossa faculdade, duzentas mil pessoas (Julião, 1986:34).

Por onde andaria o seu melhor amigo dos tempos de faculdade? Julião jamais o perdera de vista:

Quinze anos depois, o meu amigo era um homem já gordo, tranquilo, com uma florescente banca de advocacia no Rio, às vésperas de alcançar uma cadeira de juiz substituto. Enquanto eu, o estudante pacato, que passara pelos corredores da Faculdade de Direito do Recife como uma sombra, iniciava a minha carreira de agitador social, apaixonado pela questão agrária. Não o vejo há mais de dez anos. Sei que é juiz, que ainda pinta, que ainda faz versos nos fins de semana, mas trocou Rosa Luxemburgo por uma amorosa professora de um subúrbio do Rio (FJ a MIS, RJ, 9/8/1994).

Ainda no fim de 1938, como prova de notada liderança intelectual em relação aos colegas de geração, foi convidado por Mário Souto Maior para prefaciar o livro *Meus poemas diferentes*, estreia do futuro autor do *Dicionário do palavrão e termos afins*. Amigos desde os tempos de meninice em Bom Jardim, Julião reconheceu no poeta – que então firmava Mayor com "y", enquanto Julião apenas como Francisco de Paula – "um irrequieto, um insaciável, um lutador. Os dois verbos que ele aprendeu a conjugar primeiro, foram lutar e vencer. Ama a luta. É um caçador de belezas" (Mayor, 1938: 12).

Mário tinha apenas 18 anos, mas Julião, entusiasmado com a obra do amigo, acrescentou: "Há muito que se inscreveu nas fileiras dos que pensam e creem que a poesia vai salvar o mundo. Loucos? Visionários? Não. Simplesmente poetas e poetas que acompanham o ritmo da humanidade" (*ibidem*).

16. O AMOR SECRETO

A doença de dona Neném não lhe dava trégua. Se um dia melhorava, não demorava muito a piorar. Julião, apesar de todas as ocupações com as aulas da faculdade e com os encargos administrativos do Instituto Monsenhor Fabrício, sempre arranjava tempo para ir à casa dos pais, no Recife, a fim de ficar um pouco ao lado da mãe enferma. A verdade, porém, é que, mesmo se não houvesse a justificativa da doença da mãe, uma razão especial o atraía para perto da mãe: a jovem Rosa.

Rosa, cada vez mais, adquiria formas de mulher; também, cada vez mais, se dedicava aos permanentes cuidados com dona Neném, a quem considerava como se fosse sua mãe. Aliás, todos em casa, inclusive os irmãos de Julião, a tinham como irmã, tamanho o carinho e a dedicação com que era tratada. Aos olhos dos rapazes da casa, a afeição e o carinho pela matriarca da família, naturalmente, eram menos notados do que as formas físicas bem distribuídas no corpo faceiro daquela menina morena, meiga e sorridente. Esses encantos, secretamente, o enfeitiçaram. Desde as aventuras amorosas vividas por ambos no tempo em que dona Neném passara a temporada na vila de Gravatá do Jaburu, onde os dois encontravam sempre uma maneira secreta ou reservada de alimentar o amor proibido. Os encontros, apressados e furtivos, ocorriam na própria casa dos pais, durante as visitas ou quando ele resolvia ali dormir.

Ao lado da descoberta do prazer do sexo, os jovens, de repente, viram-se dominados por um amor irrefreável. Não mais se tratava de atração passageira, aquela revelação que transita da mera admiração visual para gestos, demonstrações, declarações que deságuam no que se poderia chamar paixão. No caso, ambos já haviam atingido estágio mais avançado: assumiam compromissos firmados pela cumplicidade de uma prática sexual perigosa, mas impossível de se evitar; ambos estavam rendidos às flechadas do invisível cupido.

Ao mesmo tempo, a relação amorosa não poderia ser declarada a seus pais, pessoas oriundas de uma geração mais antiga, de costumes senhoriais arraigados, como, por exemplo, os revelados por sua mãe, dona Neném, filha de senhores do Engenho Passassunga, o famoso dr. Arruda, que – apesar de formado em direito na mesma faculdade onde Julião estudava, promotor, juiz de direito, deputado estadual – criara os filhos sob o império do rigor e da obediência cega aos ditames dos pais. Ela jamais poderia agir como uma pessoa liberal, aberta, democrática. Em Julião havia a leve suposição de que seu pai, o major Adauto, por tanto querê-lo, talvez tivesse melhor compreensão para aquele idílio proibido. No entanto, no íntimo, ao examinar com realismo a situação, admitia a dificuldade de vencer os obstáculos. Faltava-lhe coragem de falar com ele sobre o assunto. Sequer imaginava as primeiras palavras para a confissão. A pergunta que lhe vinha à mente sempre era a mesma: como um filho de senhor de engenho, acadêmico de direito, poderia casar-se ou viver maritalmente com uma filha de camponeses, empregada como doméstica na casa-grande de seus senhores? Seria um escândalo.

Nas próprias conversas com os colegas de faculdade, ele percebeu que as referências a namoradas, via de regra, atendiam a certa equiparação de classe ou padrão social. E mais: eles terminavam sabendo quando um colega conseguia namorar moça de classe social mais elevada. Essa diferença ou distinção aparecia imediatamente no nome da moça: pertence à família tal!

À medida que os dias passavam e as intimidades cresciam, aumentava neles o temor de que o namoro fosse descoberto. Apesar disso, Rosa e Julião já não podiam passar muito tempo sem se ver. Cada minuto roubado da atenção dos demais de casa, cada encontro com Rosa numa praça ou rua mais distante constituíam momentos prazerosos e inesquecíveis

Até onde poderia ir aquilo? Por cautela, nunca falara nesse assunto com Rosa. Ela também, mesmo ciente da dificuldade, não tocava no tema nem lhe fazia qualquer exigência, comportava-se com absoluta submissão. Perdidamente apaixonada, estava decidida a fazer tudo por aquele amor; se possível, daria a própria vida para o sonho não acabar.

17. O FURTO DO MANIFESTO

Em 3 de setembro de 1939 a imprensa recifense divulgou em destaque a instalação do III Congresso Eucarístico Nacional.

Em meio a tanto entusiasmo religioso, a população, no dia anterior, ficara deslumbrada com a beleza do espetáculo da procissão fluvial no rio Capibaribe que antecedera à concentração no parque Treze de Maio. As pessoas, postadas nas balaustradas e margens ribeirinhas do rio, aclamavam com gritos e vivas a passagem do préstito.

Logo de manhã foi rezada missa pontifical do Espírito Santo, oficiada pelo cardeal dom Sebastião Leme, delegado do papa, com a assistência de milhares de fiéis. Na hora do sermão, pregou o bispo de Garanhuns, dom Mário Vilas-Boas. Um coro misto, regido pelo monsenhor Pompeu Diniz, cantou a *Missa eucarística*, de L. Perosi. No fim da solenidade, os presentes receberam as bênçãos papais distribuídas pelo cardeal. À tarde, sob a presidência do legado do papa, com a presença do interventor federal, do comandante militar da região e representante do presidente da República, do arcebispo de Olinda e Recife, do cabido metropolitano e de vários prelados, houve, por fim, a sessão inaugural do congresso. A oração principal, intitulada "O dualismo transcendental da eucaristia e a vida cristã", proferida pelo bispo do Pará, dom Antonio Lustosa, deu, por assim dizer, o tom da reunião, secundado pelos demais oradores, inclusive o escritor Nilo Pereira.

No dia seguinte, ainda tocado pelo entusiasmo da acolhida da população recifense, dom Sebastião declarou que "se não fosse possível realizar mais nenhuma solenidade, o III Congresso Eucarístico Nacional já teria sido o melhor que os brasileiros fizeram até agora" (DP, 4/9/1939). Fora tão notável a repercussão que os temas discutidos e aprovados no congresso se transformaram em objeto de debate entre os estudantes da Faculdade de Direito do Recife; provocaram acirradas discussões políticas entre os grupos ideológicos que se digladiavam em busca de consenso, ora no sentido de dominar as ações do centro acadêmico, ora no sentido de mobilizar colegas e demais pessoas nas diversas ações políticas da cidade.

As duas forças mais atuantes eram os integralistas, seguidores de Plínio Salgado, e os comunistas, defensores de Prestes. Aqueles defendiam ardorosamente as teses levantadas pelos oradores do congresso, sobretudo as consubstanciadas no texto sobre o dualismo transcendental da eucaristia e a vida cristã; já os comunistas e socialistas independentes combatiam tais argumentos, defendendo ações práticas e eficazes para a transformação social aqui, no mundo, e não em dimensão "transcendental". Essas tendências, em virtude das ideias filosóficas de cada integrante, em verdade influíam na concepção das lideranças dos demais alunos. Por isso, as polêmicas e discussões viviam armadas e acesas nos corredores, nas salas de aula e no âmbito do centro acadêmico Onze de Agosto.

Coincidentemente, na mesma época, começavam os preparativos de formatura da turma de Julião. Como sempre acontecia, o primeiro passo era a luta pela eleição do orador da turma. O orador era uma espécie de porta-voz. Ele poderia esposar os ideais defendidos pelo seu grupo e oferecer relativa contribuição para a conscientização política. A festa de formatura da Faculdade de Direito, de fato, se transformara em palco privilegiado para que futuros políticos, magistrados, advogados, promotores e administradores da coisa pública revelassem suas qualidades e seus pendores adquiridos na vetusta Casa de Tobias Barreto.

As duas tendências que atuavam na turma de 1939, após várias tentativas de apresentação de candidatos capazes de alcançar a maioria para a eleição de orador, concluíram que não seria tarefa fácil. Os seguidores da esquerda, além de combater os integralistas, apresentavam outros argumentos convincentes, tais como a necessidade de criação de uma frente ampla destinada a combater a ditadura e propugnar pela abertura democrática.

A situação internacional, no dia seguinte à instalação do congresso, se complicou de maneira impressionante. A notícia chegou a todos os recantos do mundo, abalou os lares: Adolf Hitler acabara de declarar guerra às principais potências europeias. O estopim fora a recusa da Alemanha em retirar suas tropas da Polônia. Com isso, a Inglaterra e a França decidiram manter seus compromissos com os poloneses. Frustraram-se todos os esforços tentados pelo primeiro-ministro inglês Neville Chamberlain, que, em 1938, fizera concessões a Hitler pensando ser possível evitar nova guerra entre a Alemanha e a Inglaterra. Menos de um ano após a assinatura do acordo, em 1º de setembro de 1939, a Wehrmacht invadiu a Polônia. Não restou a Chamberlain outra alternativa senão declarar guerra ao Reich, o que deu início à Segunda Guerra Mundial na Europa. Chamberlain, quando se sentiu frustrado, declarou: "Espero assistir à destruição do hitlerismo." Não viveu para tanto. Após ter renunciado ao cargo de primeiro-ministro, em 10 de maio de 1940, foi substituído por Winston Churchill. Faleceu em 9 de setembro do mesmo ano, em Hampshire.

Todos esses temas entravam como matéria de discussão nas polêmicas dos acadêmicos que se formavam na Faculdade de Direito em 1939.

Os acadêmicos mais adictos à linha política dos integralistas, chamados de "camisas verdes", apresentaram um trunfo fortíssimo para eleger o orador e, em contrapartida, o paraninfo da turma. Escolheram como paraninfo o cardeal dom Sebastião Leme. Segundo essa corrente, nome imbatível em razão do sucesso alcançado pela recente realização do III Congresso Eucarístico. Seria quase ter o próprio papa como paraninfo, repetiam os mais exaltados, pois o cardeal representara Sua Santidade nas solenidades recifenses. Os comunistas e socialistas independentes, ao tomar conhecimento da estratégia dos integralistas, imediatamente contra-atacaram: em primeiro lugar, se faria a eleição para orador da turma; depois, com a maioria montada, se elegeria o paraninfo.

Julião, então, entrou em ação. Apesar de ter sido, até ali, aluno apagado nas ações mais ousadas da política estudantil de seu tempo, pensou em lançar um nome não totalmente comprometido com os comunistas, mas aliado a eles. O candidato seria um socialista independente, como se declaravam os simpatizantes da corrente comunista, mais radical. Aceita a sugestão, ele indicou o nome do amigo Eurico Costa, que foi eleito orador da turma. A vitória de Eurico assustou os integralistas. Faltava a segunda batalha: a eleição do paraninfo.

Os esquerdistas, então, decidiram escolher o nome de um professor que unisse os acadêmicos contra a candidatura do cardeal. Quem seria o professor? De imediato, todos citaram o nome de Soriano Neto. Nessa época, nas conversas informais com alunos e até nas aulas, o professor vinha, com frequência, falando de maneira objetiva em temas mais atuais, como, por exemplo, a carência de democracia, a falta de liberdade de expressão e, de modo especial, se posicionando criticamente em relação ao governo do interventor de Pernambuco, Agamenon Magalhães.

Soriano Neto era o exemplo típico do contraste entre o porte físico mirrado, quase um anão, e a magnífica grandeza intelectual. O próprio Julião, mais tarde, relembrando seu mestre, traçaria dele este curioso perfil:

> Era pequenininho, muito baixinho, baixinho, baixinho, baixinho. Foi um civilista que introduziu o direito alemão na faculdade; falava bem o alemão e criticava muito o Clóvis Beviláqua. Era um tipo de muito talento. [...] E é claro que o pessoal da esquerda, o pessoal mais avançado dentro da universidade, queria o professor Soriano Neto, sobretudo porque ele era um civilista que combatia muito a ditadura de Agamenon; era um liberal e a gente queria o Soriano. Naquele tempo, era a melhor voz que havia dentro da universidade (FJ a FMIS, RJ, 9/8/1994).

Quando o grupo de esquerda apresentou a candidatura do professor Soriano Neto, os integralistas redigiram um manifesto e conceberam o eficaz ardil de colher assinaturas dos alunos. No dia anterior à eleição, eles pretendiam publicar na imprensa local, com destaque, o manifesto com as assinaturas. A estratégia seria devastadora. Correu a notícia de que eles já teriam conseguido quase a maioria dos votos dos alunos. Que fazer? Os esquerdistas e democratas socialistas ficaram desesperados. Ninguém sabia o que fazer. O pior é que a eleição estava marcada para dentro de três dias. Não havia, portanto, tempo suficiente para redigir e publicar na imprensa a resposta ao manifesto dos integralistas nem tampouco colher as assinaturas.

Julião, diante daquela situação, concebeu um plano. Não confidenciou a ninguém sua intenção. Passou a agir imediatamente. Observou que o texto do manifesto e as folhas de assinaturas de adesões dos alunos à candidatura do cardeal eram guardados na gaveta da mesa do bedel Armando de Vasconcelos. Se o manifesto e as assinaturas desaparecessem na véspera da publicação na imprensa e a dois dias da eleição, os integralistas não teriam como redigir novo manifesto nem colher o mesmo número de assinaturas. Como dar sumiço nos documentos guardados na gaveta da mesa do bedel? Essa proeza coube a Julião, mas só em 1998, quase sessenta anos depois, ele a revelaria em detalhes:

> Acontece que o bedel que cuidava disso descuidou-se, um dia lá; todo mundo ia lá fazer a assinatura, mandava, Armando, vai buscar lá a lista; o bedel Armando de Vasconcelos ia. Armando de Vasconcelos foi uma figura formidável, extraordinária. Então, eu aproveitei um descuido de Armando, enquanto ele saiu e deixou a chave, na banca dele, sobre a carteira dele, e, em fração de segundo, eu tomei o manifesto (com as assinaturas) que ia ser publicado um dia ou dois depois e o escondi. Resultado: buscou-se daqui, buscou-se de acolá e nada. No dia em que se devia apresentar o paraninfo, o manifesto não apareceu na imprensa e nós então aproveitamos a despedida (última aula da turma de 1939) do Soriano Neto e avisamos a ele de sua candidatura e sua eleição. Ele fez uma despedida notável, um grande discurso e no mesmo ato foi eleito e aclamado nosso paraninfo (FJ a *Enfim*, 8/11/1979).

Esse gesto, ainda que atitude de estudante, é preciso reconhecer, deve ser qualificado como furto. Ele mesmo o reconheceu:

> Fiz essa pequena operação silenciosa e tal. Furtei o troço (o manifesto). Foi a única vez na vida que eu fui ladrão. [...] Passei muitos anos sem dizer nada e conservei esse documento por muito tempo. Depois desapareceu. Fui preso lá, uma vez, minha irmã o enterrou e a formiga comeu. Isso era um documento interessante (FJ a MIS, RJ, 9/8/1994).

18. ESCÂNDALO: "VAI TER DE CASAR COM ROSA"

O fim de 1939 trouxe para Julião muitas preocupações. Como se não bastassem as constantes ocupações – aulas e provas na Faculdade de Direito e os encargos de direção do Instituto Monsenhor Fabrício – tinha de dar atenção à mãe e também à Rosa. Além disso, no fim de ano, ele e sua irmã, Maria Minervina, a Diuzinha, iriam formar-se. Os preparativos das festas de formatura estavam sendo cuidados com claro desvelo por dona Neném e o major Adauto. Na casa da rua da Amizade não se falava noutra coisa. Ao mesmo tempo, seu amor por Rosa já não podia ser ocultado dos irmãos nem das demais pessoas de casa. Talvez apenas seus pais não suspeitassem daquela relação amorosa.

A relação entre os dois chegou a tal ponto que suas atitudes pareciam denunciá-la. Os olhares, as brincadeiras, os cuidados demonstrados por Rosa com a comida, a saúde e a roupa de Julião, em verdade, não eram gestos de simples empregada para com o filho da casa, mas os de quem mantinha profundo relacionamento. Àquela altura, o que ninguém sabia nem suspeitava é que aquele relacionamento crescera a tal ponto e se complicara de maneira tão séria que, a partir de certo momento, Rosa não podia mais guardá-lo. A permanência dela ali se transformava em pesadelo. A partir de outubro, o seu problema teria de ser resolvido, sob pena de deixar à mostra a prova cabal do grave passo que, voluntária ou involuntariamente, dera na vida: ter ficado grávida de Julião.

Até o sexto mês de gravidez, ela conseguira esconder a nova situação. Mas nos dias seguintes de gestação não lhe era possível manter o corpo sob as mesmas dimensões ou conformações de antes, mesmo alegando que dera para engordar.

Julião assumira a novidade com planos de homem responsável, corajoso diante da amada e determinação que só a mocidade pesa e avalia com rapidez, talvez por falta de experiência em tal mister. Tal notícia, porém, tumultuou seu espírito de ânimo. Afinal, faltavam exatamente dois meses para sua formatura, acontecimento anunciador de mudanças, algo semelhante a um rito de passagem, espécie de imperativo categórico, em virtude do qual ele teria de assumir novas responsabilidades perante a vida. Esse momento tão importante de sua formação vinha atrelado à condição de pai. E o pior: amargurava-o a impossibilidade de vê-la chancelada pelos pais, irmãos, parentes e amigos. Vinha encoberta num segredo perverso, sob o manto de preconceito social injusto e cruel imposto a ele e Rosa: o jovem filho de senhor de engenho recém-formado em direito e a jovem pobre empregada de casa-grande. E o mais grave: talvez a criança nascesse antes da formatura. Não sabia como proceder dali para frente. Sequer pensara em comunicar o fato à sua mãe. Nem ao pai. Faltava-lhe coragem. Que fazer? Fora vencido pelo desespero. A coragem do amante, potencial pai, só se firmava diante da amada e futura mãe. Deixara escapar, em várias situações, palavras, atitudes e gestos de fraqueza em relação a confidentes leais.

Um dia, sua mãe resolveu passar uma temporada na fazenda e deixou Rosa governando a casa da rua da Amizade. Exatamente nesse período ela arranjou uma desculpa e deixou a casa para passar umas semanas com seus parentes. Na verdade, um ardil preparado por Julião: ela se hospedara na casa de umas pessoas amigas que moravam no bairro de Afogados. Ali ela se prepararia para dar à luz sem os afazeres e as responsabilidades domésticas da casa de dona Neném, enquanto Julião ultimasse os preparativos da formatura e ganhasse tempo, arquitetando um bom plano para dar a notícia aos pais e, quem sabe?, encontrar uma solução plausível para a situação.

O tempo corria. Faltavam apenas duas semanas para a formatura de Julião. E o mais grave: Rosa, a qualquer momento, entraria em trabalho de parto. Ele vivia com os nervos à flor da pele. Não podia controlar os acontecimentos; esses é que o guiavam.

Enquanto isso, dona Neném, que ainda se encontrava na Fazenda Espera, sem saber dos últimos acontecimentos de sua casa do Recife e da angústia vivida pelo filho, escreveu-lhe um bilhete pedindo que fosse buscá-la, pois ela melhorara da saúde e queria ultimar os preparativos das festas de formatura dele e de Diuzinha, além de antecipar as compras de Natal. A formatura da filha ocorreria em 25 de novembro, antes, portanto, da colação de grau de Julião, marcada para o meado de dezembro. Eram dois acontecimentos no âmbito da família Arruda de Paula: a formatura de Diuzinha como professora na Academia Santa Gertrudes, de Olinda, e a de Julião, que, além das normais comemorações levadas a efeito na Faculdade de Direito, culminaria com festivo almoço na casa-grande da Fazenda Espera, em 16 de dezembro, conforme desejo manifestado pelo major Adauto, que já vinha convidando parentes, amigos, autoridades e políticos da região.

Diante do inesperado aviso da mãe, Julião pediu que seu irmão José Hugo, o Zezé, fosse imediatamente à fazenda buscar a mãe. Dissesse à mãe que ele ainda estava fazendo as últimas provas na faculdade, falasse do estado interessante de Rosa e de que ela saíra da rua da Amizade para a casa de um parente, a fim de dar à luz... Quando dona Neném insistisse em saber o nome do pai da criança, ele assim o orientou: "Só diga que fui eu, se ela reagir com relativa calma. É bom que ela saiba logo o que ocorreu."

Durante a viagem da fazenda para o Recife, José Hugo não teve coragem de contar o caso à mãe. Resultado: quando dona Neném chegou a casa e não encontrou Rosa, chamou Hugo e perguntou por ela. Ele, então, contou a verdade. O mundo quase veio abaixo. Dona Neném ficou furiosa e mandou chamar Julião. Queria saber qual a providência que ele tomaria em relação àquela desastrosa situação.

O encontro de mãe e filho foi penoso. Ela não aceitou sequer ouvir as justificativas do filho. Gritou para quem quisesse ouvir: "Pois se prepare, porque você vai ter de casar com Rosa!"

19. A CHEGADA DE MOEMA

Apesar da sinceridade de dona Neném, a refletir curioso e contraditório senso de justiça para uma senhora criada dentro de padrões rígidos de moral, ninguém acreditou que o casamento se concretizasse. Ele próprio, quando soubera da gravidez de Rosa, a cobrira de promessas; dissera-lhe que jamais ela e a filha sofreriam privações; ele assumiria todas as responsabilidades de pai. De imediato, buscou um lugar seguro para abrigar Rosa e a filha. Começava a cumprir o compromisso e a pôr em prática a forma de vida assumida pelos dois, no sentido de que o fundamental no momento era criar condições de segurança para a criança.

A solução encontrada por ele foi pedir a Sindulfo, amigo e confidente, que falasse com os pais dele, residentes em Areia, na Paraíba, para receberem e darem guarida a Rosa e à filha, até que ele resolvesse definitivamente a situação com seus pais. Recebido o sinal verde, Sindulfo providenciou a ida de mãe e filha para Areia. Lá elas ficaram sob os cuidados de dona Otília Alcoforado e do marido, Manuel Alcoforado de Almeida, os quais passaram a criar a criança com desvelo e carinho de verdadeiros pais. Com pouco tempo, dona Otília se afeiçoou tanto à criança que já não admitia, sob nenhuma hipótese, a volta dela ao convívio dos verdadeiros pais.

O fato de Rosa haver aceitado separar-se da filha, sem criar dificuldades ou exigências normais diante de situação tão grave, só se explica pela existência de um pacto firmado pelos dois em razão dos impedimentos que a posição social de cada um terminara presidindo o caso. Naquela semana, logo após Rosa e a filha terem chegado à Paraíba, Julião escreveu-lhe uma carta, em que se referia a esse pacto com certo tom de agradecimento:

> Sindulfo contou-me tudo. Mas quanto à sua heroica e quase impossível decisão, não me senti surpreso. Só eu sei o quanto é capaz de fazer essa caboclinha séria e silenciosa por mim. Só eu sei o quanto vale o seu coração. Não são todos os dias que o mundo conhece um exemplo de heroísmo como este seu. Creia como me sinto agora ainda mais estreitado a você. Se estivéssemos juntos, eu teria me ajoelhado para beijar-lhe o ventre abençoado que me deu uma filhinha. Como posso ser ingrato com você que tudo tem feito pela minha tranquilidade! (FJ a Rosa Clemente, 23/11/1939)

A tranquilidade a que se referia Julião dizia respeito à atitude de Rosa de não exigir praticamente nada dele, apenas que cuidasse da filha. E, de fato, ele cuidou, embora não a tivesse visto logo após o nascimento, conforme se depreende dos termos de carta endereçada a Rosa:

> Até que enfim tive a grande felicidade de conhecer nossa filhinha. Confesso que senti uma profunda e sincera emoção quando Sindulfo me deu o retratinho dela. Quem diria que de nós dois – tão feios que somos! – nasceria uma garotinha tão bonita! Não terá sido isso a recompensa das amarguras por que passamos? É uma menina forte, gorda e mimosa. Graça ela tem no nome e no rostinho. Os olhos são meus. É minha a boca. O nariz sem dúvida é nosso. Seu sozinho que tem ela? A manha, talvez. Nem nos retratos ela está séria, olhando de lado. Em pequeno eu devia ter sido assim. Não me posso conter de alegria (*ibidem*).

Ele logo procurou providenciar o registro da filha, pedindo a Rosa os dados necessários:

> Não se esqueça de nada. A sua resolução, o batismo, as novidades, tudo enfim. E mande com urgência. Também não se esqueça de mandar os nomes de seus pais para eu poder registrar Moema. É preciso mandar os nomes antes do fim do ano senão eu terei de pagar uma grande multa para registrar nossa garotinha. Quero tratar logo disso (*ibidem*).

20. O BANQUETE DE FORMATURA E OS CAMPONESES

A festa principal para os pais, parentes e amigos de Julião, no entanto, ocorreu na Fazenda Espera, em Bom Jardim. Para se ter ideia do clima reinante na festa, vale a pena ouvirmos o relato de Marly Mota, prima de Julião:

> Nesse dia de festas, a casa-grande da Espera recebia parentes e amigos. De Bom Jardim, chegamos nós, familiares, e a criançada. Eu, entre eles. As primas casadouras alvoroçadas para encontrar o jovem doutor. Ocupamos um vagão do trem. A linha férrea passava pelo engenho, com rápida parada na estaçãozinha. Viagem curta e divertida.
> No patamar, fomos recebidos pela tia Neném – gorda como todas as tias e parentes, senhoras de engenho. A sala de visitas, com os mais

velhos sentados, conversando, animadamente, entre eles, o meu avô, capitão Heliodoro Gonçalves de Arruda, que, ficando viúvo de vovó Maria Amélia, casara com dona Josefa Farias, tirando-a da porta do convento. Os demais convidados, espalhados pelas dependências da casa. No terraço, instalaram uma moenda de caldo de cana, que não tinha descanso. Nós, crianças, ganhamos o campo nas brincadeiras despreocupadas (Mota, 2009:47-48).

Na hora do almoço, quando alguns oradores usavam da palavra e elogiavam o extraordinário feito do major Adauto com a esposa, por terem conseguido formar o primeiro *doutor* da família, Julião – confessaria mais tarde – sentia-se deslocado, como se aquilo tudo não dissesse muito respeito a ele. Dias antes, já revelara na carta escrita a Rosa, o primeiro e proibido amor, o seu estado de ânimo: "Estou me preparando para a formatura. Será a 16 de dezembro. Parece que vai ser um festão. Mas estou aguardando tudo sem entusiasmo. Há mais alegria nos outros do que em mim" (FJ a Rosa Clemente, 23/11/1939).

Por quê? Não era propriamente pela ausência de Rosa, seu amor proibido, mas por causa de uma contrariedade íntima que fora obrigado a revelar a seu pai. Esse lhe perguntara o que mais desejava receber de presente, além do anel de *doutor* advogado, naquele dia de festa, em que viriam a sua casa os melhores amigos, parentes e autoridades para comemorarem a sua formatura. Julião, assustado com a inesperada pergunta, ficou em silêncio. O major repetiu:

– Meu filho, como você é o primeiro a se formar, que gostaria de receber como presente no dia da festa de sua formatura?

Após refletir alguns segundos, ele foi sincero consigo mesmo. Aceitou a generosa oferta do pai e explicou o que desejava receber como presente:

– Eu quero que o senhor ofereça o mesmo banquete a ser servido às ilustres autoridades e convidados a todos os moradores da propriedade, aos homens, às mulheres e aos filhos.

O major Adauto, apesar de achar estranha a resposta do filho, mandou convidar todos os moradores para o banquete. Vieram dezenas, exatamente como ele pedira, com filhos, parentes e aderentes. Compareceu tanta gente que a multidão tomou a frente do chalé. No amplo terreiro estenderam ao longo do chão bancos, cadeiras, tábuas e folhas verdes de diversas plantas para forrar a terra e amainar a quentura do sol de dezembro.

Num dado momento, após a banda de música de Bom Jardim tocar várias peças alusivas à ocasião, um advogado atuante na região saudou com entusiasmo seu mais novo colega de ofício: o doutor Francisco Julião Arruda de Paula, advogado que não era mais uma promessa, mas a certeza de que manteria elevada a tradição das nobres e respeitáveis famílias Arruda e Paula, ancestral de outros não menos nobres ramos familiares como os Barbosa e Lucena; desejou-lhe sucesso nas lides forenses que em breve teria que enfrentar no foro pernambucano. A seguir, anunciou-se que estava sendo servido o almoço. Julião, então, pediu licença aos pais, aos mais ilustres convidados e retirou-se para junto dos moradores e ali almoçou com eles. O gesto foi notado por todos os convidados como algo estranho e inusitado. Que significava aquela atitude? Por que o doutor não quisera almoçar ao lado dos mais ilustres convidados?

Foi exatamente essa pergunta que o major fez ao filho no dia seguinte.

Ele, antes de falar, retirou devagar o anel cravejado com brilhante de rubi do dedo e o exibiu ao pai. A seguir, com voz calma e amiga, começou a explicar:

– O senhor pensa que me deu este anel? Em boa parte, sim, porque o senhor contribuiu para minha educação, minha infância, depois o colégio; mas, em verdade, foram aqueles moradores... Meu pai, boa parte de minha formação, de minha formatura se deve a essa gente, porque o senhor, apesar de ser um bom proprietário, pagava um salário que não correspondia absolutamente ao tempo de trabalho prestado por essa gente. Essa gente trabalhava das seis da manhã às seis da tarde e não tinha necessidade de trabalhar esse tempo todo para poder pagar aquilo que era devido ao senhor. Então, essa diferença foi suficiente para o senhor ajudar na minha formação e também a criar família e concorrer com as despesas para a doença da minha mãe, que foi uma senhora que adoeceu gravemente, que viveu mais de vinte anos enferma.

Com certeza, o major Adauto não identificara naquelas abstrusas palavras do filho qualquer vestígio da filosofia marxista: o que era ser materialista, qual o significado da expressão mais-valia etc. Achou apenas que estava diante de um jovem doutor cheio de orgulho, cioso de seu saber e ávido por abrir caminho em defesa dos menos favorecidos pela sorte. Não imaginou que o filho já era um homem feito que pretendia defender não só os camponeses da Fazenda Espera, mas de todo o Brasil, e sinalizava com o sonho ou a utopia por meio de ações, e não apenas com palavras.

21. ALEGRIA E TRISTEZA NA FORMATURA

A formatura em direito, na realidade, significou importante abertura de caminhos para Julião, mas, ao mesmo tempo, apontou para dificuldades a enfrentar.

A principal delas dizia respeito ao seu destino dali em diante: não só o destino profissional, mas também o sentimental, pois naqueles dias vivia o drama do nascimento de sua filha Moema com Rosa Clemente. Antes de encontrar trabalho como advogado, teria de achar solução para ambas as situações. Verdade que, no primeiro momento, acomodara a mãe e a filha na casa dos pais dos irmãos Sindulfo e Antonio Alcoforado de Almeida, esse seu amigo de colégio. Assim, havia acalmado os pais, sobretudo dona Neném, tinha evitado um escândalo com proporções mais amplas, porém tudo solução temporária.

Muitas indagações estavam sem resposta. Quanto tempo mãe e filha poderiam conviver com os padrinhos paraibanos sob o mesmo teto? Além da questão da permanência delas no seio daquela família, estaria Rosa agindo corretamente quando decidira renunciar a guarda e a criação da filha para não trazer nenhum obstáculo à vida de Julião? Teria ela o direito de abandonar a filha em favor do bem-estar do pai? Qual seria o bem maior: o pai ou a filha? Quem mereceria mais cuidados? Até que ponto ele suportaria a carga de ser considerado um "ingrato", como ele mesmo já tivera a oportunidade de expressar em carta a Rosa, quando dissera: "Como posso ser ingrato com você, que tudo tem feito pela minha tranquilidade!" (FJ a Rosa Clemente, 23/11/1939). Essa proclamada ingratidão não estaria transformando-se em manifesta atitude egoísta? Qual preço pagaria, no fim do episódio, pela paz que a boa Rosa decidira proporcionar-lhe: o da ingratidão ou do egoísmo ou ele teria de adicionar àqueles motivos a covardia, condição bem mais forte e capaz de tirar-lhe o sono e o brio de homem responsável? Esses condicionamentos morais, de forma sutil e sorrateira, turvaram a festa da formatura e abateram-lhe o ânimo.

Rosa e filha não estiveram presentes à festa, embora ele o desejasse. Por isso, num recurso de retórica, terminou transformando as sentidas ausências em entidades espirituais, inoculadas em seu íntimo, mas, em certo sentido, incompatíveis com a adesão aos princípios materialistas. Antes da formatura, prenunciando o que de fato aconteceu, escrevera para Rosa:

> Como você gostaria de estar do meu lado. Lembra-se do nosso contrato? Tudo tolice. Quem pode com a vida? Não fique triste por ver passar a minha formatura sem poder ao menos dar-me um beijo. Você estará presente em tudo, dentro de mim. Mais presente do que muitos que me cercarem e me abraçarem. E eu mandar-lhe-ei contar tudo, detalhadamente, sem omitir uma vírgula. Você "verá" a festa e provará dela. Quem sabe se não nos encontraremos no dia?[8] (*ibidem*).

Outras questões práticas mereciam pronto enfrentamento. Que fazer, por exemplo, com o diploma ou canudo de papel, como já era popularmente chamado? Se tivesse de assumir a profissão de advogado militante, como montar a banca de advocacia? Onde encontrar os clientes? Além disso, no fim de ano, também teria de resolver outro problema urgente: qual o destino a dar ao Instituto Monsenhor Fabrício? Continuaria com a atividade de diretor e professor ou abandonaria o empreendimento a fim de abraçar com determinação a nova carreira?

Diante de tantas inquietações, não partiu, de imediato, para a solução prática de nenhum problema; preferiu dar tempo ao tempo. Ficou quase à mercê dos acontecimentos. Em verdade, aguardava a solução de seu pedido a um político paraibano durante a viagem que fizera a Cabaceiras, na Paraíba, quando visitara o irmão Sebastião Cirilo, o Tão, que ali trabalhava. O político, segundo ele mesmo "braço forte", prometera nomeá-lo promotor público tão logo se formasse em direito. Por isso, ele havia informado a Rosa:

> Fui à Paraíba tratar de uma colocação. Voltei muito esperançoso. Se eu conseguir uma promotoria lá para janeiro ou fevereiro, saberei proceder como tanto desejo. Tenho lá um braço forte. Faça votos para eu me sair bem. Dentro de tudo isso só enxergo um pontinho: Moema (*ibidem*).

Na mesma carta, manifestou, mais uma vez, a saudade e o amor por aquelas criaturas que, na prática, foram obrigadas a viver quase exiladas. A mãe, voluntariamente; a filha, por ser criança e inocente. As palavras empregadas pelo pai, porém, eram sinceras e pungentes. Não apenas guiadas pela razão, mas também pela dor da separação:

> Quando terei a ventura de esconder minha negrinha entre os braços! Estive tão perto de você! Em Campina Grande. Doze léguas (72 quilômetros). Dormi lá. Pedi a alguém que me mostrasse a direção de Areia. E vi, com uma profunda saudade nos olhos, umas serras muito azuis e tão longe que cheguei a pensar que ali findaria o mundo. Pudesse eu virar-me num pássaro e iria cantar junto de você o canto de minhas saudades. Pelo menos estive com vocês, em pensamento (*ibidem*).

Ele estava contente e feliz pelo nascimento da filha Moema. Sofria por causa da separação forçada pelas circunstâncias sociais. Se, por um lado, faltava-lhe coragem para romper com os preconceitos e as limitações impostas pelos familiares, por outro, parecia não suportar o remorso por ter de ceder às injunções sociais.

O tempo passou e ele não teve condições de resolver a contento o problema da filha. Ela ia ficando na casa dos padrinhos, criada como filha desses. Rosa, por sua vez, a fim de cumprir a promessa feita, no sentido de não criar nenhum obstáculo à vida sentimental e profissional dele, viajou para o Rio. Ali, instalou-se em casa de parentes de Eurico Costa, o mais fiel amigo de Julião desde os tempos do Instituto Carneiro Leão e da Faculdade de Direito do Recife. Afastou-se, assim, da filha Moema e do seu grande amor, Julião. Resignada com o triste destino, cumpria o pacto traduzido por aquilo que Julião chamara de "resolução", a fim de deixá-lo livre. Ele poderia construir sua vida como melhor lhe aprouvesse.

Com ele ficou apenas o desejo proclamado de ajoelhar-se e beijar "o ventre abençoado" da mulher que lhe dera uma filhinha. Ao lado dessa ventura, o remorso pela ingratidão com aquela criatura que assumira a "heroica e quase impossível decisão" de tudo fazer a fim de não causar qualquer intranquilidade ao amor de sua vida. Com ela restaram somente as belas palavras de uma comovente carta de amor, talvez confortantes, mas logo esquecidas com o aparecimento de um novo amor vivido por aquele jovem cheio de vida e de esperança.

CAPÍTULO II   Advocacia e política (1940-1954)

> *É preciso estabelecer metas. Vamos trabalhar durante dez anos e,*
> *depois, ver o resultado. Eu explicava: "Olhe, há pessoas que gostam*
> *de plantar couve e coentro, porque, daí a um ou a dois meses, já*
> *está dando. Mas eu gosto de plantar jaqueira. A jaqueira dá com*
> *dez anos, mas, em compensação, passa 100 anos dando. Ademais,*
> *oferece uma sombra extraordinária, boa madeira e a gente tem jaca*
> *durante 100 anos. Não é melhor plantar agora a jaqueira?"*
>
> Francisco Julião. Depoimento à Fundação
> Getúlio Vargas. CPDOC. História Oral,1982

22. O NOVO AMOR

Por volta do segundo semestre de 1940, Julião concluiu que não mais podia esperar pela promotoria paraibana. Dissiparam-se todas as promessas. Nunca mais tomou conhecimento dos possíveis esforços despendidos pelo seu pistolão de "braço forte" da política paraibana. Da mesma forma, como ainda não havia conseguido montar sua banca de advocacia no Recife nem tampouco desfazer-se do Instituto Monsenhor Fabrício, continuou ali dirigindo e ministrando aulas. Isso, porém, não condizia com a condição de *doutor* advogado; precisava assumir a nova posição – aliás, a grande esperança de seu pai, que tudo fizera para ver o filho formado.

Um fato inesperado, porém, ocorreu em sua vida e, em boa medida, concorreu para ele esquecer as recentes inquietações sentimentais e amorosas. Um dia, o ex-aluno Alex Lins Crespo pediu-lhe um favor: que ele ministrasse aulas particulares à sua irmã, Alexina, que precisava de reforço em algumas disciplinas para fazer, no fim do ano, o exame de admissão ao ginásio. Aceitou de bom grado o encargo e as aulas começaram de imediato. A princípio, no Instituto Monsenhor Fabrício; depois, na própria residência dos pais de Alex.

Alexina Lins Crespo, filha de Abílio Apolinário Crespo, caixeiro-viajante, e de dona Aurora Lins Crespo, era 11 anos mais nova do que

Julião. Como ele se formara com 24 anos, sua nova aluna, portanto, era uma menina com apenas 13 anos. Viva e inteligente, a todos cativava com suas prendas de jovem alegre, voz suave, comedida nos gestos e sempre um sorriso no rosto. Esses predicados, de imediato, chamaram a atenção do jovem professor, que nas primeiras aulas se revelara rígido no cumprimento de horários e na realização de deveres, compenetrado durante a exposição dos temas ligados às disciplinas ministradas. Mesmo assim, não demorou a descobrir, naquela menina, notáveis dotes de beleza, gestos de graça e compleição física revelados num corpo que a natureza, precoce e harmoniosamente, lhe premiara. Tais dotes não poderiam ser ignorados por um jovem que acabara de viver experiência amorosa capaz de gerar laços e raízes indestrutíveis. Seu segredo sentimental, ao mesmo tempo que lhe trazia alegria, transformara-se em ferida difícil de ser curada. Talvez só uma paixão tão forte e bem maior do que aquela que lhe incendiara o espírito pudesse livrá-lo do espectro do recente fracasso. E mais uma vez a sisudez e o rigor do professor foram cedendo aos irresistíveis encantos da solitária e exclusiva aluna. Um silencioso e eficiente diálogo, entre os dois, começou a ser tecido e a criar interesses mútuos.

A aluna também notava que o rígido professor tinha seus encantos. Embora franzino, magro, cabeleira graúda, negra e esvoaçante sobre a enorme cabeça – mais lembrava um tipo exótico do que normal –, revelava agradável conversação e conhecimentos suficientes para cativar os mais diferentes interlocutores. Assim, em pouco tempo, ele conquistou os pais de Alexina e a todos da casa. Tornou-se íntimo da família. Além do mais, na qualidade de jovem doutor advogado, todos viam no seu anel, exposto num dos dedos da mão esquerda, não apenas o brilho do merecido grau conquistado, mas também o símbolo a sinalizar para a concreta construção de futuro promissor: uma importante banca de advocacia recifense. Logo, não foi surpresa para os pais da jovem aluna quando, um dia, souberam pelo próprio professor, que eles, Julião e Alexina, estavam de namoro firme.

23. A BANCA DE ADVOCACIA E AS CAUSAS SEM HONORÁRIOS

Um dia, Julião decidiu abandonar as atividades de professor e de dono de colégio. Nascia um novo projeto de vida: a banca de advocacia. Montou o escritório nas dependências de um velho pardieiro da rua Imperador Pedro II, próximo do Tribunal de Justiça e das demais varas do foro recifense. Ali começaria sua nova batalha.

Na mente do jovem bacharel ainda ecoavam os argumentos dos colegas de faculdade, que justificaram suas recusas ao convite que lhes fizera para compartilharem o escritório de advocacia especializado em defender camponeses. Ele não sondara apenas um ou dois amigos, convidara muitos, já que a turma era numerosa: 119 colegas. Essas recusas ocorreram no ano de formatura, quando, entusiasmado com a colação de grau, Julião expusera a ideia aos mais achegados amigos, sobretudo com aqueles de maiores afinidades ideológicas vinculadas ao seu pensamento marxista e socialista. Juntos, argumentava o jovem bacharel, desencadeariam um tipo de atividade profissional cuja única finalidade seria despertar a atenção para o abandono em que vivia a classe de explorados do campo.

As recusas vinham apresentadas com plausíveis justificativas. Uns diziam preferir preparar-se para concursos destinados ao provimento de alguma cátedra vaga da própria faculdade; outros desejavam fazer a carreira de promotor ou de juiz; outros aspiravam à carreira política; outros, mais objetivos e realistas, queriam apenas advogar para bancos, empresas, ganhar dinheiro para viver uma vida tranquila e sem problemas materiais na maturidade etc. Não apareceu nenhum colega disposto a seguir pelo caminho arriscado e sem futuro preconizado pelo jovem idealista. Um e outro, durante alguns meses, ficaram no seu escritório, mas associados em virtude do exercício de advocacia de família e criminal – associação temporária, porque eles não tinham condições de montar banca e atuar em faixa própria. Quando as condições apareceram, deixaram o escritório.

A reação de Julião, naquela época, parece ter sido mais romântica do que emocional, embora, tempos depois, ele tenha minimizado essa condição. A verdade, porém, é que, no início da carreira de advogado, ele dava, talvez sem o prever, um passo importante para abrir as primeiras picadas na difícil campanha que o imortalizaria como autêntico líder da classe camponesa, quer nas lides jurídicas, quer nas políticas. A propósito das atitudes dos colegas de faculdade, ele diria anos mais tarde:

> O pessoal achava uma loucura e dizia, é emoção. E fui sozinho defender o camponês. Era uma aventura, em 1940, sair com o Código Civil debaixo do braço. Fui defender o camponês e todo mundo dizia: "Mas como é que você agora vai utilizar um Código Civil, você que se proclama marxista, que aderiu ao marxismo, que descobriu essa coisa na universidade e vai defender camponês quando esse código já não existe, está condenado pela Revolução Socialista de 1917, no ano que foi 'proclamado', aqui no Brasil, no ano da revolução." Eu respondia: "É, mas aqui a gente tem é que fazer a Revolução Francesa, a nossa Revolução Francesa não está feita e o negócio é pegar esse código e ir para o campo. Está aqui o direito positivo, codificado, e não se aplica (FJ a *Enfim*, 08/11/1979).

Além do mais, argumentavam que a defesa de camponeses não trazia nenhum atrativo econômico, porque eram pessoas pobres, viviam em completa miséria e, sequer, futuramente, poderiam votar em seu defensor ou no candidato que ele recomendasse, pois quase todos eram analfabetos.

Nessa fase, ocorreu-lhe um momento de desânimo e até de certo arrependimento de sua parte por haver abraçado a carreira do direito. Melhor seria ter escolhido medicina. Esse arrependimento sempre o acompanhou ao longo da vida:

> Eu não tinha vocação para essa coisa, eu nunca quis ser advogado. Eu queria ser um médico, um cirurgião. Eu queria estar dentro de um hospital cortando com o bisturi, ajeitando, abrindo cabeças etc. Ainda hoje, quando entro num hospital e sinto aquele cheiro, me sinto um frustrado. O que eu não queria ser era advogado. Primeiro, eu era um sujeito muito tímido, muito tímido, e com dificuldade para falar. Tinha muito medo,

tinha muito senso do ridículo. Então, eu botei a cabeça para funcionar e pensei: "Bom, mas nessa sociedade há um tumor que não tem mais tamanho; eu vou ver se consigo cortar esse tumor". Era um negócio muito louco. E fui para o campo. Fui juntando gente, fui falando aos camponeses, pé de pau por pé de pau, conversando: "Olha, vim para dar assistência a vocês, quero ser advogado de vocês, não custa nada" (*ibidem*).

Essa iniciativa, com fortes matizes quixotescos, não se deu da noite para o dia; nascera da firme determinação de quem abraçara um ideal e o levara à prática sem temer ou se importar com as consequências. Começou em 1940 e só se interrompeu com sua morte, em 1999, no México. Portanto, quase sessenta anos de ininterrupto labor nos campos jurídico, político, parlamentar e intelectual, em prol da causa da reforma agrária e da redenção do campesinato brasileiro.

Quais as táticas usadas por ele para desencadear essa campanha?

O principal ponto de partida foi, sem dúvida, quando ele notou haver diferença significativa entre o direito codificado aprendido na universidade e o direito aplicado na realidade do campo, isto é, no dia a dia da vida do camponês. Nesse meio, por outro lado, ainda eram marcantes as influências de práticas oriundas de resquícios feudais e semifeudais na vida das pessoas. O direito consuetudinário decorrente das relações da vida rural, em grande medida consolidado na lei civil, não era aplicado. O mérito de Julião foi intuir tal situação e partir para a consecução desse direito em favor dos camponeses mediante a interposição de ações judiciais. E o fez apoiado, fundamentalmente, no Código Civil. Nesse sentido, sua luta se revestiu de caráter legalista. Além do mais, ele descobriu, em virtude de sua origem e de seu convívio com a gente do campo, que os camponeses detestavam a prática de uma relação de trabalho odiosa e humilhante existente no meio rural: o cambão.

Em inúmeras oportunidades, ele definiu o significado dessa palavra, que em verdade, ainda em plena década de 1940, escondia ignominiosas práticas assemelhadas às adotadas no antigo regime de escravidão, apesar do feito libertário proclamado pela princesa Isabel em 1888.

Para defini-la, preferimos ceder a palavra ao jornalista Sócrates Times de Carvalho, que, corajosamente, em artigo publicado na imprensa recifense, em 26 de novembro de 1956, exaltou a luta de Julião contra essa forma de exploração do trabalho humano, comparando-o a Emiliano Zapata, famoso líder camponês da Revolução Mexicana de 1910:

> Que é cambão, caroço maligno que o Zapata de Pernambuco pretende extirpar da vida do camponês? Simples e pura vergonhosa reminiscência do escravagismo, que obriga o foreiro, semanalmente, a um dia de trabalho gratuito. E tanto esse roubo do suor alheio tem ligações diretas com a escravatura, que somente nas zonas onde existiu maior concentração de trabalho escravo, onde predominavam os engenhos de açúcar, somente aí se conhece essa excrescência da civilização. Nas outras zonas do interior ninguém sabe o que é cambão, a não ser como designação do pau de umburana que serve para evitar que a rês braba desgarre, ou da haste do pé de milho sem folhas, ou da junta de boi que fica imediatamente ligada ao carro. Mas o cambão como sugação do suor alheio, o cambão como trabalho obrigatório e gratuito, o cambão como revivescência da escravidão, só se conhece mesmo nas zonas onde foi mais intensa a manifestação do escravagismo e por isso mesmo deixou uma tradição que ainda consegue enodoar os nossos dias (DP, 26/11/1956).[9]

O cambão, portanto, na prática, era o dia de trabalho gratuito dado ao proprietário durante certas fases do ano. O camponês, quando alugava parte da terra do seu senhor, ficava obrigado a pagar-lhe um preço. Além disso, cedia ao senhor seu trabalho durante alguns dias do ano, que, conforme a situação e o ajuste, poderiam ser relativamente poucos, mas só cobrados ou feitos na terra do seu senhor na fase do ano em que mais o camponês necessitava trabalhar a própria terra arrendada. Na prática, ele deixava de trabalhar na sua parte de terra na época própria, por estar obrigado a ir para a lavoura do senhor. Na época das chuvas, por exemplo, a melhor fase para plantar, ele ficava impedido de fazer sua plantação. Geralmente, ele perdia o período mais favorável. Esse costume provocava forte ressentimento e até justo rancor no íntimo de cada camponês obrigado ao cambão. Para ele, que arrendava a terra e tinha status diferente do assalariado ou trabalhador de eito, tal prática significava, no fim das contas, uma humilhação. Ele, um plantador, um cultivador de lavoura, teria de pegar a enxada e ir ao eito, muitas vezes ao lado de seu próprio roçado. Isso ocorria, porque havia nele o preconceito de se sentir superior ao eiteiro. Esse sentimento era tão forte que muitas vezes, quando o camponês tinha condições, preferia pagar mais caro a um eiteiro para, em seu lugar, trabalhar na terra do senhor.

Além da prática do cambão, havia, ainda, o foro. Essa forma de trabalho da terra, como é sabido, derivava do instituto da enfiteuse, de origem romana.

Historicamente, a enfiteuse veio atender a necessidade social da época medieval, quando se tinha por objetivo permitir ao proprietário que não desejasse, ou não pudesse, usar o imóvel de maneira direta ceder a outro o uso e o gozo da propriedade. O enfiteuta, portanto, ficava obrigado ao pagamento de pensão anual pelo uso do fundo. Esse procedimento, na época, funcionava como se fosse um arrendamento perpétuo.

Tal instituto, aplicado na fase colonial brasileira, assumia variadas formas de aforamento. Transformou-se em valioso mecanismo jurídico para, em última instância, estimular o povoamento de vários rincões brasileiros afastados dos grandes centros, porque promovia a ocupação de terras incultas ou impropriamente cultivadas. Com o advento do Código Civil, de 1916, vigente no ano seguinte, o alcance do instituto da enfiteuse sofreu algumas restrições, como, por exemplo, a definida pelo artigo 680, que a limitava apenas para as "terras não cultivadas ou terrenos que se destinem à edificação". Já por essa época, vozes se levantaram contra os critérios adotados para a enfiteuse, como a de Pontes de Miranda, que assim se pronunciou: "O Código Civil conserva a enfiteuse, que é um dos cânceres da economia nacional, fruto, em grande parte, de falsos títulos que, amparados pelos governos dóceis a exigências de poderosos, conseguiram incrustar-se nos registros de imóveis" (Pontes de Miranda, 1971:179-180). Mais tarde, convém reconhecer, ocorreram importantes alterações, por exemplo, a eliminação da perpetuidade de exploração da terra, estabelecendo-se normas que permitissem a aquisição da propriedade.

Foi exatamente no âmbito dessa instituição civil brasileira que Julião começou a agir em defesa dos camponeses. Combatia, sobretudo, as formas leoninas de contratação de arrendamentos e os correspondentes pagamentos dos foros. O arrendamento de terras públicas ou privadas ocorria, em geral, por prazo ou em caráter perpétuo, mediante o pagamento de um foro anual.

Considerado direito real, alienável e transmissível aos herdeiros, o pleno gozo do bem impõe direitos e deveres, tais como manter em perfeito estado o bem arrendado e efetuar pagamento de foro anual, geralmente ajustado em espécie ou frutos.

Essas relações de trabalho no Nordeste foram detidamente estudadas por Julião. Devido a sua origem rural, foi fácil identificar os pontos contraditórios:

> Em geral, o proprietário dava ao eiteiro apenas um pedacinho de terra, um hectare ou meio hectare, para que pudesse plantar alguma roça. Mas esse tinha que trabalhar durante toda a semana e, às vezes, até no domingo. Na época de safra, quando o engenho tinha que moer a cana, ele trabalhava até no domingo. Mas o outro não. Então, para o foreiro, esse dia de trabalho que tinha que dar ao patrão era humilhante. Em geral, ele mandava ou pagava a outra pessoa para que desse esse dia de trabalho em seu lugar. É claro que essa pessoa cobrava mais dele do que do proprietário, que tinha muito mais força para impor o salário. Outras vezes, o proprietário queria que o próprio foreiro viesse, ou que mandasse um filho. Às vezes, esse conflito surgia porque o proprietário já estava visando às suas terras, já queria transformar essa terra de aluguel em uma terra de eiteiro, porque lhe rendia mais e era mais importante para ele ter o eiteiro do que o rendeiro, o foreiro. Enfim, descobri a existência do cambão (FJ a FGV/CPDOC, 1982:7).

A partir dessa descoberta, ele começou a manter permanentes contatos com os camponeses. Com o Código Civil numa mão e na outra a Bíblia, visitava os camponeses e lhes dizia informalmente: "Por que é que você dá esse dia de trabalho de graça ao proprietário da terra, quando a lei proíbe?"

Como o camponês é, por índole, legalista, ficava assustado quando aquele advogado dava ênfase ao caráter proibitivo da lei civil. E sem maiores delongas, interessava-se pela questão, que, em último caso, era dele. Em quase todos os casos, os camponeses ficavam imediatamente revoltados e preocupados por estarem vivendo uma situação ilegal. Então, ele aproveitava o ensejo para explicar:

– Se você diz que está de acordo com a lei, mas a lei aqui proíbe (mostrava o Código), então, não se pode dar um dia de trabalho se não se recebe uma contraprestação ou se não se recebe, a importância em dinheiro que corresponde a esse dia de trabalho. Aqui está o Código Civil que diz isso. E aqui está o artigo, que pune. Se você dá um dia de trabalho a uma pessoa e essa pessoa não lhe paga, ela fica sujeita a uma punição, e você também. O trabalho escravo desapareceu desde 1888. (*ibidem*, p. 8).

Daí, informava que, em virtude da proibição legal, o camponês não deveria mais dar nenhum dia de cambão ao proprietário da terra. A lei o protegia e ele estava ali para defendê lo. E arrematava: "– Serei seu advogado. Vou à justiça defendê-lo."

Curiosamente não havia disposição legal ou jurisprudencial que proibisse a prática do cambão ou a permitisse. Assim, em suas inúmeras ações judiciais, ele passou a defender a tese de que tal tipo de contrato, formalizado ou não, entre o camponês e o proprietário da terra, não passava de uma espécie de reminiscência dos regimes da servidão e da escravidão. E foi mais além: estudou o caso em todas as suas variantes, inclusive no aspecto histórico:

> Sabemos que o cambão não é outra coisa que o jugo dos espanhóis, o *yoke* dos ingleses traduzido em outras palavras. [...] Ou a *la corvée* dos franceses. O camponês estava ligado ao proprietário por esse dia de trabalho, que era uma reminiscência feudal. Ainda há outra coisa. A princípio, esse cambão, ou esse *yoke*, esse jugo se dava para limpar os caminhos e os poços de água. O senhor barão da terra dizia: "Olhe, essa água e esses caminhos são utilizados por vocês. Então, vocês têm que dar uma ajuda para limpá-los." Então, juntavam-se todos e davam aquele

> dia de trabalho por um benefício coletivo. Mas a coisa passou a adquirir uma forma privada. A princípio era para limpar as fontes de água e os caminhos por onde transitavam os camponeses. [...] Mas *a corveia*, com o avanço da sociedade capitalista, foi adquirindo outra modalidade e chegou ao cambão. Tornou-se uma coisa privativa, e o proprietário não mais chamava os camponeses para realizar essas tarefas, mas para dar a eles um dia de trabalho, de acordo com a sua conveniência. Aí está a origem da coisa. Portanto, considero o cambão como o neto, o tataraneto da *corveia*. Eu tratava de explicar aos camponeses tudo isso em linguagem muito simples, mostrando que a escravidão tinha-se acabado, que não havia mais servidão (*ibidem*).

Quando Julião recorria à Justiça em defesa do camponês ameaçado por se recusar a dar o cambão, em geral, o proprietário procurava intimidar o rendeiro com o delegado de polícia do município, mandando prendê-lo e ameaçando-o com surras, humilhações e desmoralizações de toda ordem. Quando isso não funcionava, apareciam as ameaças do capanga. Mas nesses casos os proprietários pensavam duas vezes antes de agir, porque já sabiam que em defesa dos mais fracos existia o Código Civil e um advogado chamado Francisco, que ia pessoalmente ao foro da cidade entrar com *habeas corpus* em favor do camponês ameaçado em sua liberdade e o libertava. Depois, quando vinha a ordem de expulsão da terra, ele entrava com a competente ação judicial disposto a ir às últimas consequências em defesa do seu constituinte. Isso dava aos camponeses confiança e certeza de que, por fim, haviam encontrado um importante aliado.

Em poucos anos, Julião mudou o curso de um costume generalizado e inverteu os campos da luta: tirar os trabalhadores rurais da porta da delegacia de polícia para a porta da audiência do juiz. Era pouco, mas, de fato, na vida daquela classe trabalhadora, abandonada pelo poder público, aquela mudança significava autêntica revolução. Ainda que as pessoas, inclusive as politizadas, que se diziam marxistas, socialistas, intelectuais esclarecidos etc., não notassem o sentido da mudança, Julião valorizou seu trabalho e prosseguiu diuturnamente a promover as ações e a ampliar os pedidos. Um dado importante apareceu: a dilatação do prazo para a expulsão dos camponeses da terra, expediente praticado com a simples ameaça do delegado ou a visita ostensiva do capanga. Agora ele avisava aos ameaçados que o Código Civil exigia que o proprietário os notificasse para, dentro de seis meses, deixarem a terra. Nesses casos, começava nova forma de luta judicial e, então, instruía o camponês:

> Olhe, você, de agora por diante, não tem mais que trabalhar para o proprietário nem dar o cambão nem nada. Trabalhe na sua terra, o máximo que puder, aproveitando até o claro da lua, porque você vai perder a questão, mas asseguro que você viverá aqui um ano, dois anos, três anos, quatro anos. Nesse espaço de tempo, você, talvez, com muito esforço e muito trabalho, retirará o dinheiro suficiente para comprar um pedaço de terra e se libertar, porque a sua aspiração é essa, é ter o seu pedacinho de terra (*ibidem*).

Esses exemplos correram por toda a região. Os proprietários de terra não mais podiam expulsar os camponeses sem previamente recorrerem à Justiça. Antes bastava um grito ou ameaça. Agora, a expulsão implicava discussão judicial que, às vezes, demorava anos. Ademais, o ajuste judicial referia-se não só ao absurdo da cobrança do cambão, mas também ao acerto de contas – caso o camponês fosse expulso por decisão judicial – entre o que devia como foro e o valor das benfeitorias feitas ao longo da demanda, ele o orientava: "Olhe, enquanto a questão estiver na Justiça, você nem dá o cambão, nem paga o foro. Espere porque, no fim, ele tem que fazer um encontro de contas, ele tem que pagar a indenização de suas lavouras, das árvores, da casa, do poço, da cerca. Por isso, não pague o foro agora" (*ibidem*).

Em tais demandas, Julião aplicou o recurso de procrastinar o feito, a fim de o camponês permanecer o maior tempo possível na terra. Os recursos usados eram a requisição de perícia técnica e o depoimento de testemunhas. O juízo oferecia o perito, mas o réu tinha o direito de também oferecer seu perito. Nesse caso, o juiz teria de julgar, desempatando, isto é, optava por um dos pareceres, via de regra o do técnico do juízo.

Já em relação ao depoimento das testemunhas, ele se valia de outro ardil. Como o Código de Processo Civil permitia o oferecimento de até oito testemunhas, ele sempre fazia um rol de oito testemunhas com a finalidade de prorrogar os depoimentos, por consequência, a solução da demanda. A princípio, não era fácil conseguir que as pessoas testemunhassem contra o senhor fulano de tal, proprietário de tal engenho ou fazenda. Temiam as represálias. Mas com a divulgação natural entre os camponeses daquela nova forma de procedimento judicial, pouco a pouco foram perdendo o medo e houve até certa inversão de situações. Alguns chegavam e diziam-lhe:

> Olhe, doutor, eu posso perder a causa, mas já estou satisfeito, porque vi o coronel fulano de tal mentindo na presença do juiz, na sua presença, na minha presença e de outras pessoas. Ele, que é tão rico, nem sabe mentir. Eu, que sou pobre, fui lá e disse a verdade. Então, com essa coisa de ele mentir na minha presença, de ele se sentar ali e ser obrigado a mentir, eu ganhei a minha causa. Não importa que eu abandone a terra (*ibidem*).

Curioso observar como, na personalidade do homem do campo, do mais simples trabalhador rural, coexistem valores que não podem ser corrompidos ou negados. A palavra dada e a verdade constituem para eles, praticamente isolados dos grandes centros e carentes de instrução e demais bens culturais, algo fundamental a alimentar suas consciências sociais.

Outro expediente explorado por Julião: pedir que o juiz, antes do depoimento da testemunha do senhor proprietário, geralmente tendenciosa e propensa a mentir por dizer o que lhe instruíra o seu advogado, lesse ou mandasse o escrivão ler, em voz alta, o que estabelecia o Código a respeito da testemunha que mentisse em seu depoimento à justiça. O juiz, então, era obrigado a atender ao pedido. Após a leitura, outra vez, ele pedia a palavra e argumentava: "A testemunha, portanto, está bem advertida. Se você (apontando para a testemunha) vier a mentir aqui, você vai pegar sete anos de cadeia, porque a lei pune." Quando o juiz tentava prosseguir, Julião o interrompia novamente: "Excelência, por favor, agora vou pedir ao senhor que faça a testemunha jurar não só perante a lei, mas que jure também ante Deus que vai dizer a verdade, pois, possivelmente, a testemunha é temente a Deus."

Como os camponeses, em geral, são católicos e o juiz discordava por achar que aquela recomendação não estava na lei, abria-se uma discussão, na qual terminava entrando o advogado da parte contrária, que protestava de modo exasperado:
– Mas, como é que o senhor vem com um argumento desse?
– Vou-me justificar. Eu pergunto: dr. juiz, qual é a lei maior? Não é a Constituição?
– Precisamente.

Eu continuava:
– Então, todas as demais leis devem estar subordinadas à Constituição. O senhor veja aí o preâmbulo da Constituição, que diz: "essa Constituição foi jurada baixo os auspícios de Deus." Se ela foi jurada baixo os auspícios de Deus, da proteção de Deus, todas as demais leis devem, naturalmente, subordinar-se a isso. É um argumento lógico, dr. juiz. Peço que o senhor pergunte à testemunha se ela jura dar o testemunho perante Deus, porque, se a testemunha jura perante Deus, ela sabe que, se mente, vai direto para o inferno quando morrer, porque ela crê no inferno, no céu e no purgatório" (*ibidem*).

Quase sempre se armava um debate interminável. Claro, depois de tudo isso, acabava-se o prazo da audiência, porque, de acordo com a lei, as audiências têm prazo determinado. Começavam às duas horas e forçosamente se encerrariam às seis. Então, marcava-se outra audiência e o camponês ganhava mais tempo de permanência na terra.

Esse trabalho paciente popularizou seu nome de tal sorte que todos o chamavam apenas de dr. Chico Julião, ou dr. Chico, o advogado dos camponeses. Isso o estimulou a prosseguir de forma pertinaz e contínua. Daí a pouco tempo era procurado por trabalhadores rurais de todo o interior pernambucano. A fama cresceu tanto que seu nome alcançou os mais distantes rincões da Zona da Mata, do Agreste e do sertão.

24. A FAMÍLIA E A POLÍTICA

Dois acontecimentos importantes na área familiar, a partir de 1942, alteraram de modo substancial a vida de Julião: a misteriosa morte de sua querida irmã Diuzinha, batizada Maria Minervina Arruda de Paula, e o pedido da mão de Alexina Crespo em casamento. A resposta dos pais da jovem foi positiva, afinal, apesar da diferença de idade entre os dois, bem como da condição social, a verdade é que todos viam, na alegria daqueles jovens, forte e sólido amor.

Alexina, 17 anos, e Julião, 28, casaram-se em 1º de abril de 1943. Décadas mais tarde, ela, ao falar sobre sua trajetória de ex-militante política (Barreto, 2004:162), rememoraria o dia do casamento, sem dúvida um singular acontecimento de sua vida, mas de forma irônica: "Foi um 1º de abril que fizeram comigo."

Apesar de bastante jovem, Alexina estava feliz com o casamento. Foram morar na casa dos pais de Julião, na rua das Pernambucanas. Demoraram pouco ali. Os desentendimentos de Alexina com dona Neném, a sogra, tornaram-se ostensivos. Ela, uma autêntica Arruda (em tudo lembrava a educação recebida de seu rigoroso pai, o dr. Manuel Tertuliano Travassos de Arruda, o dr. Arruda de Passassunga), parecia não tolerar a franqueza e o porte juvenil da nora, filha de um caixeiro-viajante. Essas diferenças sutis e aparentemente silenciadas na verdade cresceram de tal sorte que a solução foi Julião deixar a casa dos pais e ir viver, enquanto conseguia independência financeira, na casa dos pais de Alexina – sr. Abílio Crespo e dona Aurora, na rua das Ninfas, aprazível e tranquila rua no bairro da Boa Vista. Ali nasceram as duas primeiras filhas do casal: Anatailde e Anatilde. Depois, quando as atividades advocatícias melhoraram, ele se mudou para a própria casa, na rua de São Miguel, bairro de Afogados.

Por essa época, ao começar 1945, as campanhas políticas pela redemocratização chamavam a atenção de todo o Brasil. O Recife, devido à tradição libertária e irredenta, transformou-se em centro de importantes acontecimentos políticos.

Ao mesmo tempo, as discussões políticas, em todos os níveis, cada vez mais ganhavam corpo. Os jornais davam destaque às sondagens de opinião das mais diferentes vozes ou facções a propósito da propalada redemocratização da vida nacional, que trazia em seu bojo a restauração dos partidos e as naturais candidaturas à Presidência da República.

As manifestações mais espontâneas apontavam para o favoritismo da candidatura do brigadeiro Eduardo Gomes.

Com a publicação em 1º de março do ato adicional à Constituição que estabelecia as bases para a volta da democracia mediante eleições diretas, as principais figuras que então se haviam levantado pelo fim da ditadura logo se manifestaram a favor da anistia ampla e irrestrita. Destacavam-se Artur Bernardes, João Mangabeira, Herbert Moses, Afonso Arinos de Melo Franco, Sobral Pinto, Pedro Mota Lima, Lauro Fontoura e Francisco Mangabeira, entre outros.

Sobral Pinto, famoso por sua decisiva e destemida atuação em defesa de Prestes, afirmou de maneira terminante: "O sr. Getúlio Vargas também precisará da anistia, porque ele foi quem primeiro rasgou os compromissos sagrados da Constituição." (DP, 1º/3/1945) Por sua vez, João Mangabeira disse: "Cumpre expungir da face da civilização brasileira as máculas que testemunham um regime de ditadura e opressão." (*ibidem*).

As forças políticas da oposição do Recife, inclusive com a participação de Julião, mesmo sem partido, mas interessado já pela política, atenderam à convocação de mobilização popular em defesa da candidatura de Eduardo Gomes. A concentração seria na praça Adolfo Cirne, onde se situa a Faculdade de Direito do Recife. O primeiro a falar foi o professor Soriano Neto, que defendeu ideias liberais e democráticas e a necessidade de fortalecer o processo eleitoral naquele difícil momento da vida nacional. Depois falaram vários oradores, entre os quais o jovem acadêmico Demócrito de Souza Filho, que, na sacada do prédio da faculdade, lembrava o poeta Castro Alves por seus arroubos e argumentos convincentes.

De repente, quando a tarde já morria e a brisa da noite começava a soprar do Atlântico, alguém convocou a multidão para sair em passeata em direção à praça da Independência. Formou-se pela rua aglomeração humana, à frente os principais oradores e demais políticos de oposição ao governo. Ela começou a se movimentar, lentamente, em passeata. Quando a multidão, sob gritos de entusiásticas palavras de ordem, alcançou a praça da Independência, concentrou-se justamente em frente do prédio do *Diário de Pernambuco*. Ali, dentro de pouco tempo, retomaram-se os discursos. Dessa vez, falou o estudante Odilon Ribeiro Coutinho, chamando a atenção para a secular história do velho *Diário*, suas campanhas em prol da liberdade de expressão, da justiça e da ordem pública. Antes de terminar o discurso, ouviram-se alguns tiros provenientes do meio da multidão. Instaurou-se o caos com gritos e correrias. A muito custo, o jornalista Aníbal Fernandes conseguiu acalmar o povo e reconcentrá-lo no mesmo local. Os oradores, então, entraram nas dependências do prédio do jornal, a fim de falar da sacada do primeiro andar, onde estariam mais resguardados e com melhor possibilidade de ser ouvidos pela multidão. Foi dali que o escritor Gilberto Freyre começou seu discurso, citando Rui Barbosa. Não concluiu a frase, porque, nesse momento, a praça foi invadida por um caminhão com guardas civis e penetrou, com violência, entre a multidão, provocando pânico e desespero. Os guardas desceram e interromperam o discurso a bala. Ouviram-se tiros em várias direções. Enquanto a multidão dispersava pelas vias de saída da praça, um dos tiros atingiu a testa do estudante Demócrito de Souza Filho, que caiu dentro do prédio do *Diário*, e também o carvoeiro Elias, que tombou morto. Levado imediatamente para o Pronto-Socorro, na rua Fernandes Vieira, faleceu por volta das 20h50.

As consequências políticas do grave atentado logo se fizeram sentir: o governo fechou o *Diário de Pernambuco* e o responsabilizou pela mobilização que terminou causando a morte do jovem acadêmico. Em nota, o secretário da Segurança, entre outros pontos, afirmou que, como uma "satisfação à família pernambucana e um protesto contra a atitude anárquica do *Diário de Pernambuco*, resolvi suspender a circulação desse órgão até ulterior deliberação" (JP, 5/3/1945).

Somente em 9 de abril, em virtude de decisão judicial, o jornal voltou a circular com a seguinte manchete: "Até que a justiça os arraste para o banco dos réus – O sangue do nosso mártir não foi derramado em vão – Com as ideias da Revolução Francesa fizemos aqui as revoluções de 17 e 24 – Fizemos a República e estamos fazendo a redemocratização do Brasil." A seguir, o editorialista, após resumir a luta travada na justiça para recuperar o direito de circulação do jornal, denunciou à opinião pública os fatos, desmentindo a versão dada pelo governo do estado.

As repercussões públicas foram enormes, mas atingiram também a própria consciência de Etelvino Lins, que ocupava o cargo de secretário da Segurança.

> Começa aí, com a morte do estudante Demócrito de Souza Filho e do carvoeiro Elias, a fase turbulenta de minha vida pública. Começa, para melhor definir, o verdadeiro calvário de um homem público sem a mais leve culpa do episódio brutal que dominaria as manchetes de toda a imprensa brasileira, na exploração a que se prestava para a derrubada do Estado Novo (Lins, 1977:19).

Por essa época, Julião começou a dedicar-se com maior interesse à atividade política. Talvez em razão da própria contingência internacional provocada pela guerra ainda em andamento na Europa e pela ação dos norte-americanos no conflito, sua simpatia inclinava-se pelos democratas republicanos. Em Pernambuco, um grupo de políticos movimentava-se e articulava a organização do Partido Republicano.

25. ADVOGADO DE CAMPONESES

Julião, diante do processo de redemocratização do Brasil, entendeu que sua luta poderia ir, pouco a pouco, assumindo um caráter político. Era preciso organizar-se e preparar-se para enfrentar os imprevistos e os contratempos da causa que abraçara – a defesa dos camponeses – numa dimensão política, e não apenas individual. Tornava-se necessário e urgente encontrar apoios e amigos que viessem somar-se àquele desafio.

Em 1945, animado com as franquias democráticas restauradas no país, resolveu escrever seu primeiro manifesto político. Intitulou-o de "Carta aos foreiros de Pernambuco", a primeira de uma série de cartas que ele escreveu aos desconhecidos destinatários – o povo pernambucano e brasileiro – com o propósito de expor e justificar seus princípios.

Ele entendeu que a sua campanha, travada individualmente, junto aos camponeses, quase num gesto quixotesco, da qual deveriam, via de regra, decorrer ações judiciais, não poderia jamais salvar aquela classe social desvalida e desprotegida dos poderes públicos. Era preciso ir mais adiante; encontrar maneira mais prática e efetiva de mobilizar o campesinato. Assim ele justificou a sua mudança de atitude:

> Com o passar do tempo, fui verificando que o camponês sempre perdia a questão. A legislação que existia, por conseguinte, era uma legislação de classe, não era uma legislação que se adequasse à situação do camponês. Então, na minha cabeça surgiu a ideia de dar um passo adiante, de organizar o camponês para que ele também pudesse fazer a sua lei. Eu parti da ideia de que não bastava fincar estacas na atitude dos camponeses valentes que se negavam a dar o cambão. Era preciso unificar, organizar essa gente. Nesse sentido, comecei a assimilar dos próprios camponeses muitas imagens interessantes, para poder entregar a eles essas imagens transformadas em documentos (FJ a FGV/CPDOC, 1982:19).

A carta era um documento simples, com a linguagem direta, de fácil assimilação dos camponeses, mas ainda não atingia o nível dos outros documentos que ele escreveria.

A divulgação do documento, impresso avulso em forma de panfleto, foi o primeiro e mais sério obstáculo. Como fazê-lo chegar às mãos dos milhares de camponeses? Decidiu, então, distribuí-lo de mão a mão, buscando, aqui e acolá, alguns aliados que desejassem multiplicar a disseminação daquela mensagem que anunciava novos tempos para a classe dos trabalhadores rurais brasileiros.

Um dia, visitando sua terra, Bom Jardim, reencontrou seu primo Antonio Cícero Barbosa de Paula, fiel amigo de infância. Esse homem, de hábitos simples e de vida extremamente humilde, era, de verdade, uma pessoa interessante. De conversa atraente, inteligente, conseguia fazer amizade com facilidade e a mantinha com absoluta fidelidade. Vivia viajando com seus burros por diversas cidades do interior a comprar açúcar e aguardente nos engenhos e revendê-los no Sertão. Adorava trazer do Sertão e vender no Agreste e Zona da Mata mercadorias como couro e seus artefatos, além de outros produtos. Em virtude desse tipo de comércio, ao longo do tempo estabeleceu relações de amizade com senhores de engenho, de quem comprava açúcar e a quem vendia outros produtos. Mas, ao mesmo tempo, também conversava com os camponeses, os foreiros e demais moradores das cidades por onde passava com frequência. Extraordinário contador de histórias, encantava a todos que dele se aproximavam.

Antonio Cícero – filho de um irmão do pai de Julião, João Barbosa de Paula, senhor de engenho estabelecido em Gravatá do Jaburu – estudara apenas o curso primário, mesmo assim sem o terminar, mas era bem prestativo, não sabia dizer não. Tudo lhe era possível. Além disso, tornara-se exímio artesão com raras habilidades manuais. Nas horas vagas vivia a construir os mais diferentes objetos: selas de couro, sistemas de freio para cavalos, pilões, arapucas (aparelhos para aprisionar animais ou pássaros).

Curiosamente foi Antonio Cícero quem, um dia, aceitou a tarefa de começar a distribuir, por onde passava, a primeira carta política de Julião. Em cada engenho ou fazenda que visitava, durante o dia conversava com o senhor de engenho, fazia seus negócios e, à noite, ia à casa dos moradores: "Escutem, existe uma pessoa que está fazendo um trabalho destinado a libertar vocês do cativeiro do latifúndio: chama-se Francisco Julião, advogado dos camponeses e dos desvalidos de nossa terra. Em breve ele virá por aqui."

Ali, depois de ler a "Carta aos foreiros de Pernambuco", ele deixava com seus ouvintes muitos exemplares para eles distribuírem com os amigos e conhecidos. Assim, a mensagem foi, pouco a pouco, invadindo os lares de milhares de camponeses. Antonio Cícero transformou-se numa espécie de propagandista do primo advogado. Além disso, sempre que possível, pregava em uma porteira de engenho ou em local onde houvesse condições de ser ouvido. Sua frase terminava em tom profético: "Em breve ele virá por aqui." – frase anunciadora, pois, conforme escrevera Machado de Assis,

> há frases que nascem modestamente, como a gente pobre; quando menos pensam, estão governando o mundo, à semelhança das ideias.

> As próprias ideias nem sempre conservam o nome do pai; muitas vezes aparecem órfãs, nascidas de nada e de ninguém. Cada um pega delas, verte-as como pode, e vai levá-las à feira, onde todos as têm por suas (Assis, 1970:145-146).

Animado e decidido a entrar na política, em abril de 1945, Julião escreveu um manifesto aos bom-jardinenses. Ele se posicionou a favor da candidatura do brigadeiro Eduardo Gomes à Presidência da República contra o candidato oficial apoiado pelos seguidores de Getúlio Vargas.

> Deveis ter sempre na vossa lembrança o sinistro fantasma da Ditadura que ainda humilha e desgraça o Brasil. Atentai bem para a figura do Ditador, ocultando atrás do sorriso impassível o seu desprezo por aqueles princípios que formam a sagrada trilogia da Revolução Francesa – Liberdade, Igualdade, Fraternidade.[10]

Três meses depois lançou o segundo manifesto aos mesmos cidadãos de Bom Jardim, ainda mais radical. As invectivas, dessa feita, foram dirigidas claramente contra o grupo político liderado por Oswaldo Lima.

Em janeiro de 1947 Julião, como já vimos, filiou-se ao Partido Republicano e candidatou-se a deputado federal. Não foi eleito. Na mesma época, lançou o terceiro manifesto com linguagem mais cautelosa. Falava não apenas aos bom-jardinenses, mas também aos pernambucanos:

> Nos manifestos anteriores, usei de uma linguagem violenta e corrosiva para com a ditadura de Vargas, que tomou de assalto o poder, em 1937, e, usando as armas da mentira e da opressão, enganou o povo brasileiro, sangrou os cofres públicos, aumentou de 50, 100, 500 e 1.000 vezes as suas fortunas. O país ficou na miséria e o povo ficou mais pobre, mais desnutrido, mais doente e mais ignorante. [...] A linguagem dos meus manifestos, como tudo o que se publicou naqueles agitados dias contra a ditadura, tinha a sua razão de ser. Não se cura uma chaga maligna com panos mornos.[11]

Eram esses manifestos que Antonio Cícero distribuía em todo município de Bom Jardim. Evidentemente conseguira atrair para si inimizade de todas as forças políticas contrárias ao movimento defendido por Julião e, de modo especial, aos seguidores da orientação política de Oswaldo Lima, defensor das forças oligárquicas desde os tempos de Agamenon Magalhães.

Os manifestos ampliaram as diferenças entre Julião e Oswaldo Lima. Já desde as eleições após a redemocratização de 1945, Julião despontava em Bom Jardim como promessa de líder político. Chegou mesmo a dirigir duríssimas palavras a seu rival político Oswaldo Lima, o "Marechal", em artigo publicado num jornal recifense, intitulado "Como se faz um político", ao comentar a duvidosa ascensão do deputado Otávio Correia de Araújo:

> Há mutações na política. Vem o golpe fascista de 1937. Implanta-se o regime da opressão, do desmando, da violência, da censura, do freio, numa palavra, da negação da liberdade. A mediocridade, o servilismo, o vilipêndio, a corrupção brotam como grandes cogumelos na esterqueira. Cada cidade transforma-se em um feudo que o soberano oferece, de mão beijada, aos seus vassalos. Bom Jardim é entregue a um desses vassalos que, hoje, atende pela alcunha de "Marechal", título que há de cobri-lo de tanto ridículo como o de "Pai dos Pobres" já coube ao velho palhaço de São Borja (JP, 15/8/1959).

26. A FILIAÇÃO POLÍTICO-PARTIDÁRIA

A filiação de Julião ao Partido Republicano, de Artur Bernardes, foi praticamente consequência natural de suas atividades. Primeiro porque os ideais que justificavam o movimento político em torno do ex-presidente encontravam receptividade entre as gerações mais novas, crescidas e sem maiores experiências políticas por causa das restrições impostas pela ditadura de Getúlio Vargas. Depois, com a reabertura política, as correntes ideológicas rapidamente tiveram de se alinhar em torno de partidos aptos a disputar a formação do próximo Congresso Nacional destinado a votar a nova Constituição federal em 1946.

Exatamente nesse contexto político, de forte conotação nacionalista, Julião, em 1945, se incorporou ao grupo dos que se vinculavam ao programa do Partido Republicano. Mais tarde, ao rever sua trajetória, marcada por coerência ideológica e rigorosa fidelidade partidária, opinaria sobre aquela fase:

> Pois bem, então eu fiz uma campanha, me liguei ao Partido Republicano, porque tinha simpatia pelo regime nacionalista e pela figura de Artur Bernardes. Ele passou a vida lutando pelos sindicatos. Foi um homem que viria a defender o ferro... Defendeu, por exemplo, posições nacionalistas (FJ a MIS, RJ, 9/8/1994).

O ambiente político, naturalmente, não se circunscrevia à movimentação dos republicanos. A agitação política girava mais em torno dos seguidores da esquerda – socialistas e comunistas – em plena campanha de organização de seus partidos, com o objetivo de atenderem às novas exigências da legislação eleitoral recentemente aprovada. Seus opositores eram os situacionistas de direita e rigorosos na aplicação do esquema de repressão policial.

A figura de destaque no âmbito dos socialistas era, sem dúvida, Pelópidas Silveira. Entre os comunistas, respeitava-se Gregório Bezerra, ainda que Alcedo Coutinho, Agostinho Dias de Oliveira e o cearense David Capistrano logo alcançassem a simpatia dos operários e trabalhadores rurais de Pernambuco. Com pouco tempo, o destaque principal caberia, porém, a Capistrano.

Ao mesmo tempo, no plano nacional, vários políticos, desiludidos com a fase ditatorial de Vargas, com as bandeiras levantadas pelos seguidores do Partido Trabalhista Brasileiro (PTB) e com as propostas do Partido Comunista do Brasil (PCB), reuniram-se no Rio sob a liderança de João Mangabeira, Hermes Lima e Domingos Velasco. Nascia, assim, o movimento político denominado Esquerda Democrática, embrião que, em agosto de 1947, deu origem ao PSB.

Os socialistas definiam-se pela postura crítica ao "getulismo". Além disso, ao mesmo tempo que incorporavam algumas teses políticas defendidas pelos trabalhistas e comunistas, com acenos evidentes à classe dos trabalhadores, aderiram a certos aspectos do marxismo, como, por exemplo, a socialização dos meios de produção. A principal tese programática poderia ser resumida na defesa da transformação da estrutura da sociedade brasileira, mediante gradual e progressiva socialização dos meios de produção, a ser alcançada dentro das regras da luta democrática e liberal. Assim, a posição assumida pelo PSB situava-se entre as bases do socialismo relativamente radical (em virtude da inspiração marxista) e os critérios defendidos pela chamada social-democracia. Nesse sentido, os socialistas eram bastante críticos à política adotada pelo regime soviético, então tido como governo ortodoxo que aplicava o "capitalismo de Estado". Tal viés, contrário à experiência pragmática do regime soviético, por outro lado, encontrou eco, sobretudo, nas obras e no pensamento de intelectuais como Rubem Braga, José Lins do Rego, Antonio Candido, Joel Silveira, José Honório Rodrigues, Fúlvio Abramo, Mário Apolinário dos Santos, João da Costa Pimenta, José de Freitas Nobre, Hélio Pellegrino e Sérgio Buarque de Holanda, os quais, então, rejeitaram o culto à personalidade, nos moldes do que os comunistas devotavam a Stalin. Esse repúdio se estenderia também aos trotskistas liderados por Mário Pedrosa, aliados e, logo a seguir, expulsos do PSB.

O culto a Stálin era tão forte que até Jorge Amado, ao exaltar alguns aspectos do regime socialista soviético, em seu livro de viagem *O mundo da paz*, não viu ou suspeitou que por trás da propaganda política havia o lado negativo do ditador russo. Por isso, assim traçou o seu perfil:

> Mestre, guia e pai, o maior cientista do mundo de hoje, o maior estadista, o maior general, aquilo que de melhor a humanidade produziu. [...] Nós amamos em Stálin a memória de Lênin, nós, os povos do mundo. Amamos em Stálin a ciência nova, condutora da nova vida. Amamos em Stálin a independência, a liberdade, o patriotismo. Amamos em Stálin a paz, a fraternidade entre os homens, o internacionalismo proletário. Amamos em Stálin a União Soviética marchando para o comunismo.

Amamos em Stálin a cultura, a juventude, a beleza das coisas, a harmonia e a música. Ele simboliza tudo isso e muito mais. Ele é a Revolução (Amado, 1951:229-234).

O PSB também exerceu forte influência entre os estudantes brasileiros: conseguiu dominar a União Nacional dos Estudantes (UNE) de 1947 a 1950. No Recife, como já sugerimos, a receptividade da organização e do registro do PSB encontrou diversos seguidores.

Os comunistas, por sua vez, também se mobilizavam para enfrentar os novos tempos da chamada redemocratização brasileira. A reorganização do PC em Pernambuco coube, nessa fase de transição política, a David Capistrano, que, cumprindo ordens do comitê central, chegara ao Recife em fins de 1945. Com apenas 32 anos, ostentava em seu currículo algumas atividades políticas marcadas pela coragem e ousadia – feitos contados com viva admiração pelos companheiros de esquerda e, à medida que foram sendo mais conhecidos no meio recifense, motivos de permanente preocupação por parte das forças de segurança política do temível Departamento de Ordem Política e Social (Dops) do governo do estado.

A formação política do ex-militar David Capistrano incluía, entre outras atividades, a filiação à ANL. Em 1935, por ocasião da chamada Intentona Comunista, ele participara do levante do Regimento de Aviação de Realengo, no Campo dos Afonsos, no Rio. Preso, julgado e condenado a sete anos de cadeia, ficou recolhido no presídio de Dois Rios, na Ilha Grande, local considerado inexpugnável. Entretanto, ele e mais três companheiros, num dia de maré baixa, fugiram a nado. Após vencer a travessia do canal, atingiram a terra firme do continente. A partir dali, empreenderam longa e acidentada viagem até a fronteira do Brasil com o Uruguai.

Durante algum tempo Capistrano viveu naquele país vizinho como mecânico de automóvel. Após reunir condições favoráveis, em 1936, viajou para a Espanha, então em plena guerra civil. Naquela época, as forças do Eixo davam apoio maciço às milícias de Francisco Franco e, em contrapartida, a União Soviética ajudava militarmente a recém-proclamada República espanhola. Quando se criaram as Brigadas Internacionais – forças militares integradas por voluntários de várias nacionalidades –, David Capistrano, como fizera outro brasileiro, seu amigo, o tenente do Exército Apolônio de Carvalho, também participante da revolta comunista de 1935, nelas se alistou.

Apolônio foi destacado para servir na província de Albacete e ficaria conhecido como um dos comandantes militares da Guerra Civil Espanhola e, mais tarde, nas atividades clandestinas da resistência francesa. Já David foi servir na 12ª Brigada Garibaldi, sob as ordens do dirigente comunista Luigi Longo. O teatro das operações de que participou Capistrano, de julho a outubro de 1938, situava-se na frente da ribeira do Ebro, famoso rio aragonês que serpenteia até as planícies da Catalunha. Ao longo desse caminho fluvial ocorreram as mais sangrentas batalhas da Guerra Civil Espanhola e, por via de consequência, as baixas e mortes.

Terminada a guerra, os refugiados alojaram-se em "campos de internamento", aliás com as mesmas características de campos de concentração. David Capistrano foi mandado para o de Gurs, nos Baixos Pireneus, com mais de oito mil brigadistas. Após se recuperar de intensos desgastes físicos decorrentes das operações de guerra, integrou-se às atividades do Exército francês. Quando os nazistas alemães invadiram a França, Capistrano foi capturado e remetido para um campo de concentração na Alemanha, onde permaneceu quase oito meses. Depois de muito sofrimento e de viver inesperadas peripécias, foi libertado com o fim da guerra. A seguir, retornou ao Brasil.

Em rápidas palavras, foram essas as mais expressivas correntes políticas que se organizaram, partidária e legalmente, em 1945, no Recife – cada grupo com seu respectivo líder. O curioso é que seriam esses líderes políticos os principais protagonistas dos marcantes acontecimentos das próximas jornadas da política pernambucana ocorridas nas décadas seguintes, alguns deles com forte repercussão na vida brasileira.

27. O PROCESSO DA PIMENTA

Após a derrota política para deputado federal, Julião continuou a rotina. Em sua banca – agora com a elevação do número de questões resultantes da peregrinação pelo interior – chegavam as mais diferentes causas. A maioria se referia a camponeses com problemas de expulsão da terra onde viviam e trabalhavam. Como sempre, ele entrava na Justiça, pedindo a reparação dos danos em virtude da perda das benfeitorias feitas pelo camponês, mas, via de regra, terminava perdendo a causa, além do que tais ações não lhe rendiam honorários advocatícios. Às vezes davam prejuízo, pois ele tinha de se deslocar do Recife para o interior a fim de acompanhar o feito.

Ao mesmo tempo começaram a aparecer causas de investigação de paternidade. Depois do deslinde favorável de alguns casos rumorosos, Julião ganhou relativa fama na especialidade, o que lhe proporcionou substancial aumento de ajuizamento de causas. No entanto, o caso que lhe trouxe notoriedade no meio jurídico recifense não foi propriamente a defesa de camponeses, mas o que ficou conhecido como "o processo da pimenta".[12]

O réu era um camponês, acusado de ter assassinado o capataz do proprietário das terras onde morava. Julião foi constituído para fazer a defesa do camponês acusado, em fase de revisão processual, pois o caso já havia sido julgado pelo júri local e o réu fora condenado à pena máxima de trinta anos. O caso, à primeira vista, parecia perdido.

O acusado, por não resistir aos maus-tratos da cadeia, logo após os primeiros meses de prisão, contraíra tuberculose. Além disso, a mulher e as filhas ficaram em completo desamparo. Foi quando elas souberam da existência de um advogado que defendia os pobres sem cobrar nada adiantado, sequer falava em honorários: dr. Francisco Julião. Procuraram-no imediatamente.

Julião aceitou o caso e sua primeira providência, após examinar detidamente os autos do processo que ia a segundo julgamento, foi constatar que a vítima possuía muitas qualidades pessoais, mas tinha um defeito moral extremamente grave: conquistador, não respeitava sequer as casadas. Toda a vizinhança sabia desse comportamento do capataz. Julião decidiu, então, inverter a linha de defesa adotada pelo causídico anterior. Sustentaria a tese de legítima defesa da honra. Estudou o processo e concluiu que o depoimento do acusado não o favorecia, pois negara, o tempo todo, haver assassinado o capataz. Para justificar a legítima defesa, seria necessário o acusado confessar, em alto e bom som, o assassinato.

No dia anterior ao julgamento, Julião conversou com o seu constituinte e perguntou se ele havia, de fato, matado o capataz. O réu, seguindo as instruções do defensor anterior, negou veementemente a autoria do crime. Ante tal resposta, o advogado argumentou que, pelas provas trazidas aos autos pela acusação, ele matara o capataz. O homem continuou a negar. Julião olhou com firmeza para os olhos do homem e pediu-lhe que falasse a verdade, do contrário ele não teria condições de fazer sua defesa. Que ele confessasse o crime. O criminoso, após longo silêncio, ponderou: "Doutor, se, por ter negado o crime, eu peguei trinta anos de cadeia, quantos anos mais vou pegar se confessar que matei aquele capataz?"

Julião, com voz pausada, começou a explicar que ele teria de confessar a autoria do crime, porque ele iria mudar a argumentação da defesa; explicaria ao juiz, ao corpo de jurados e aos presentes ao júri que o capataz vivia a rondar, a assediar sua esposa com galanteios, insinuações etc. O homem, com ar de incredulidade, ficou parado, olhando-o e, por fim, terminou balançando negativamente a cabeça, como quem diz: é uma mentira que pode ter sido verdade. Julião repetiu tudo outra vez e arrematou decisivamente: "Você vai ter que confessar; do contrário, não poderei tirá-lo dessa cadeia. Você vai ficar mofando aqui..." Parou e, depois de alguns segundos, continuou: "E tem mais: você vai ter que chorar quando estiver dando seu depoimento."

O réu, que, até então, estivera calado e assustado com aquelas palavras, resolveu desabafar sem rodeios: "Doutor, me desculpe, mas chorar não choro, não. Eu não chorei nem quando era menino, nem quando minha mãe morreu! Como é que vou chorar agora, diante de uma sala cheia de gente? Eu sou macho e não há quem me faça chorar, doutor."

Julião lembrou que ele era pai de cinco meninas e três meninos, oito filhos; portanto, precisava pensar neles e na mulher etc. Resolveu endurecer os argumentos:

– Você quer que suas filhas fiquem na miséria e acabem prostituídas?

– Não!
– Então, vai ter que chorar na hora do julgamento.
– Como é que vou chorar, doutor? Eu sou homem...
– Lembre-se das filhas, dos filhos, da mulher...
– Não tem jeito. Nunca chorei, doutor.
– Não se preocupe. Antes de vir para cá, eu pensei numa solução. Com o truque que vou lhe ensinar, qualquer um chora. Eu trouxe aqui umas pimentas-malaguetas. – Meteu a mão no bolso do paletó e retirou as pimentas, exibindo-as ao homem. – Amanhã, na hora de seu depoimento, sem que ninguém note, esmague umas pimentas e passe algumas vezes a mão nos olhos. Logo você vai chorar que é uma beleza!

Julião entregou-lhe as pimentas, despediu-se e o homem ficou lá, assustado, estático, com as pimentas na mão, sem condições de dizer nenhuma palavra.

No dia seguinte, na hora do júri, composto das mais importantes pessoas da cidade, o defensor notou que a situação não era fácil. Não havia um camponês na composição do corpo de jurados. A condenação parecia certa.

Quando a palavra foi facultada ao promotor, lá para as tantas, ele pegou da garrucha e, mostrando-a, apontando-a para os jurados e demais presentes, disse, com voz langorosa:

– Com esta terrível arma, este homem, criminoso desalmado, violento, matou um excelente pai de família, homem honesto, respeitador etc.

Após as considerações da acusação, Julião iniciou a defesa do réu. Suas palavras iniciais foram dirigidas ao promotor que ainda tinha nas mãos a garrucha:

– Nobre colega, por favor, não me aponte esta arma!

O promotor esclareceu que a garrucha estava descarregada. Julião rebateu com bom humor:

– Mesmo assim, não me aponte esta arma, porque o diabo matou sua mãe com um talo de capim.

Risadas demoradas estalaram pela sala de audiência. O promotor, encabulado, guardou a arma. Em seguida, Julião, dirigindo-se ao juiz, argumentou:

– Meritíssimo, o senhor passa o dia inteiro aqui, trabalhando, julgando, aplicando a lei e, mais tarde, quando chega em casa, encontra ou toma conhecimento de que um elemento, como este capataz, vive a rondar sua mulher, assediando-a, insinuando encontros etc. E o que é mais grave: os vizinhos, o povo da cidade, logo ficam sabendo que o conquistador, o Don Juan, seduziu sua mulher. As más línguas vão mais além, inventam mentiras e todos tomam conhecimento da história. A seguir, passam a dizer, pelas suas costas: "Vejam, ali vai passando um corno..." (faz com as mãos os gestos de longos chifres sobre a cabeça). Um dia, meritíssimo, o senhor toma conhecimento e que faz? Parte para a prática da violência! Mas não se trata de violência. É mera defesa legítima da honra! Foi o que fez este homem que chora. Senhores jurados, para libertar este homem, este pai de família, que deixou em sua pobre casa de camponês oito filhos menores e a mulher passando necessidades, eu preciso, meritíssimo, senhores jurados, de sete votos favoráveis a este honrado pai de família, que é inocente. Se, por acaso, houver um só jurado que vote pela condenação deste homem, que, por ter sido chamado de corno, envergonhado, humilhado e ofendido, chora diante de nós, amanhã a cidade inteira saberá identificar quem foi esse corno que o condenou à execração pública.

A sala de audiência parecia perplexa ao ouvir aquelas palavras tão diretas, que, no fim das contas, interpretavam a lógica daquela gente. Nem o juiz, nem o promotor, nem o advogado auxiliar de acusação ousaram contraditar o inusitado raciocínio. Houve, por assim dizer, a disseminação de pungente comoção. Todos pareciam convencidos de que o camponês, ultrajado e ferido no que lhe era mais caro – a honra –, não suportara o peso do reproche de seus concidadãos e fora obrigado a vingar-se, tirando a vida de seu rival. Foi uma loucura, um crime, mas sua honra não poderia ficar enxovalhada, maculada. Precisava ser lavada.

A audiência foi suspensa e todos ficaram a esperar o veredicto dos jurados. Não demorou. Por fim, o juiz anunciou o resultado: o réu estava absolvido por 7 a 0.

28. O RECIFE IRREDENTO E DEMOCRÁTICO

Julião resolveu abandonar o Partido Republicano em razão da lamentável experiência vivida na última eleição. Só depois das eleições confirmou-se, com a divulgação do resultado das urnas, o que alardeavam durante a campanha: a candidatura a governador do republicano Eurico de Souza Leão fora apenas mero ardil para facilitar a eleição do candidato do PSD, Barbosa Lima Sobrinho, apoiado pelo grupo de Agamenon Magalhães e de Etelvino Lins.

Ele justificou sua atitude com estas palavras:

> Rompi publicamente com o Partido Republicano porque considerei que o partido cometeu um grande erro em Pernambuco. Estávamos na campanha para governador de Pernambuco e o partido, para dividir as forças, apresentou um candidato próprio, sem nenhuma possibilidade. O candidato teve cinco mil ou dez mil votos, o suficiente para dar a vitória ao candidato que combatíamos. Foi uma manobra muito bem pensada (FJ a FGV/CPDOC, 1982:37).

Naquela época, Julião consolidara muitas amizades com os principais líderes das correntes políticas atuantes no Recife. Em alguns casos, chegou a manter laços mais profundos de aproximação com Pelópidas Silveira, Paulo Cavalcanti, Gregório Bezerra, David Capistrano e Miguel Arraes. Embora fosse difícil estabelecer o limiar entre contatos de natureza pública e outros de ordem privada, na verdade essas amizades decorriam das próprias afinidades intelectuais entre aqueles líderes políticos, gerando vínculos, inclusive de admiração familiar, já que havia, em alguns casos, salutar convívio entre as respectivas famílias. Tudo isso concorreu para ele filiar-se ao PSB recém-criado e a levá-lo naturalmente a aproximar-se de algumas figuras políticas filiadas ao PCB.

Para se entender melhor o clima reinante naquela época, convém recordar a estrutura do campo político em Pernambuco, com variadas tendências ideológicas, exatamente o espaço no qual Julião iria atuar.

Finda a fase ditatorial do Estado Novo, todas as correntes políticas brasileiras foram chamadas à campanha eleitoral. Lembra Paulo Cavalcanti, em suas *Memórias políticas*:

> O Partido Comunista, em Pernambuco, correu os páreos eleitorais sozinho, apresentando listas de candidatos a governador do estado, senador, deputado federal e deputado estadual. Pelópidas Silveira, democrata de esquerda, sem filiação partidária, concorreu ao governo do estado pela legenda do PCB e do Partido Socialista Brasileiro, numa frente de oposição que reunia os grupos populistas da época. Alcedo Coutinho postulava a senatoria, em legenda própria, pelos comunistas (Cavalcanti, 1980:106).

Insiste o memorialista que não houve nenhum compromisso com Pelópidas Silveira. Tudo se deu de conformidade com um pacto firmado entre cavalheiros sob o império da confiança e da dignidade pessoal. Em consequência, a plataforma política defendida por Pelópidas tinha caráter frentista e, portanto, bastante liberal. Entre outros pontos, defendia: adoção de reforma de base; combate ao latifúndio; estímulo à economia regional dentro de enfoque nacionalista; criação de sistema democrático de difusão da cultura, instrução e saúde às populações menos assistidas e, por fim, respeito às liberdades fundamentais da pessoa humana e condenação a todas as medidas de violência. A eleição foi vencida por Barbosa Lima Sobrinho depois de exaustiva e demorada campanha judicial, só terminada em começos de 1948, quando se tinha passado um ano de seu mandato.

Os comunistas, nas eleições de 6 de maio de 1946, conseguiram eleger nove deputados estaduais: David Capistrano da Costa, Leivas Otero, José Leite Filho, Ruy Antunes, Amaro Oliveira, Eleazar Machado, Valdir Cardoso, Etelvino Pinto e Adalgisa Cavalcanti, os quais, na realidade, alcançaram expressiva votação. David Capistrano, líder da bancada, foi o segundo mais votado em todo o estado e o primeiro de seu partido.

A primeira preocupação dos deputados eleitos foi iniciar o processo de discussão e aprovação da Constituição do estado de Pernambuco, desde

1930 governado por interventores nomeados pelo governo federal. Nesse processo parlamentar, os comunistas desempenharam importante papel durante a elaboração da nova carta constitucional. As propostas versaram sobre temas ligados à economia, à ordem social e, de modo especial, à questão agrária levantada pelo deputado David Capistrano, considerada avançada por aproveitar o princípio da "prévia indenização" inserido no corpo da Carta Magna de 1946. Capistrano afirmou que a solução do problema econômico do estado dependia da implementação da reforma agrária, único meio eficaz de combater o "sistema do vale e do barracão, da meia e da terça, dos dias de cambão ou de condição, ainda predominantes em nossa agricultura, privilégios feudais que devem ser suprimidos, em benefício da grande massa camponesa espoliada e sem terra (...)" (Melo, 2001:26).

A proposta de Capistrano consistia nos seguintes pontos básicos: 1º - O estado desapropriará, mediante revenda ou doação, as faixas de terras incultas ao longo das rodovias ou estradas de ferro, bem assim as propriedades cujos donos se negarem à contribuição de melhoria; 2º - O estado desapropriará previamente as terras beneficiadas por obras de açudagem, por ele realizadas, destinando-as à revenda ou doação em lotes não superiores a dez hectares, aos pequenos agricultores, na forma estabelecida em lei.

> Estas são as emendas fundamentais que apresentamos para a apreciação dos membros desta Casa, certos de que saberão cumprir com o dever cívico de legítimos representantes do povo, o qual espera que honremos as promessas que lhe fizemos antes das eleições de 19 de janeiro de 1947. (*ibidem*).

Tal proposta provocou escândalo no seio das forças conservadoras, dentro e fora da Assembleia. A imprensa, da noite para o dia, veiculou alarmantes informações e chamou a atenção para o "perigo vermelho", as ações da "caterva vermelha", dos filiados ao "governo da Rússia soviética" etc. *O Jornal*, do Rio de Janeiro, principal órgão da cadeia dos Diários Associados de Assis Chateaubriand, estampou enorme manchete: "Já há um governo comunista no Brasil, instalado em Pernambuco."

A matéria, distribuída pela Agência Meridional, imediatamente divulgada por todos os jornais brasileiros, inclusive pelo recifense *Jornal Pequeno*, em edição de 18/8/1947, inspirava-se na entrevista dada pelo ex-deputado federal Joaquim Bandeira, industrial açucareiro de Pernambuco, uma das pessoas de relevo na política, presidente da Associação Comercial e membro da diretoria da Cooperativa dos Usineiros de Pernambuco.

O alarde promovido pelo ex-deputado pernambucano, na verdade, não passava de ressentimento pelo fato de o projeto da nova Constituição pernambucana incluir dispositivo que extinguia o Dops, em virtude de acordo firmado pelos comunistas com o PSD de Agamenon Magalhães, com alguns reforços do Partido Trabalhista Brasileiro (PTB) e do PR. O protesto do ex-deputado federal Joaquim Bandeira falava apenas em desarmamento de "vigias" de fábricas, usinas e propriedades rurais. Argumentava, ainda, que os comunistas, no

> propósito revolucionário que os anima e que subsiste em todas as nações, estejam ou não em atividade legal, desejam é enfraquecer o nosso sistema político, desorganizar nossa economia, sabotar todas as atividades reprodutivas e instaurar o caos, dentro do qual a miséria e as necessidades fermentarão o caldo destinado ao êxito de suas ideias (JP, 18/8/1947).

Quanto aos perigos decorrentes das propostas de reforma agrária defendidas por Capistrano, sem se referir expressamente ao deputado comunista, Joaquim Bandeira ressaltou que o perigo estava nas chamadas Ligas Camponesas. Essas ligas – convém esclarecer – ainda não eram as de Julião, mas as criadas pelo PCB, instaladas de forma incipiente em alguns estados e com relativo êxito na periferia do Recife. O ex-deputado Bandeira, então, enfatizava, em sua entrevista no poderoso periódico dos Diários Associados, serem essas entidades subversivas, porque integradas por analfabetos. E acrescentava:

> A prova disso é o desenvolvimento que continua tomando a organização de célula nos meios rurais, sob o disfarce de um nome já suspeito

na história da própria atividade comunista. São as chamadas Ligas Camponesas. Elas se organizam com o mínimo de três membros em cada propriedade agrícola. Quando não é possível encontrar três "moradores" – que é o nome dado, no Nordeste, aos trabalhadores rurais fixados nas fazendas –, organizam-se com um ou dois "moradores" de determinada propriedade ou um terceiro de propriedade vizinha. Essas "Ligas" se reúnem todas as noites, alternadamente, na casa de um de seus membros, e uma vez por semana se reúnem na célula mais próxima da vila ou do povoado, fazendo um trabalho de aglutinação. O programa de seus membros consiste em trabalhar o menos possível para o patrão, ou fazer render o menos possível o trabalho. Quando forem despedidos, o Partido se encarregará de cobrar a indenização devida. Além de sabotagem, assim exercitada, recebem instruções, ouvindo a pregação das ideias comunistas. Ora, a atividade de tais Ligas só pode ser subversiva. A quase totalidade dos trabalhadores rurais é composta de analfabetos. Qual o interesse político em torno da atividade desses trabalhadores, que não podem votar, senão o de subversão da ordem? (*ibidem*).

Ao mesmo tempo, no próprio seio da Assembleia Legislativa de Pernambuco, ante a férrea dialética da oratória do deputado Paulo Cavalcanti, seu colega Constâncio Maranhão, aos berros, antecipava o tom de como seria, dali para frente, o tipo de combate que eles, os representantes dos latifundiários pernambucanos, iriam dar às ações e aos propósitos dos comunistas democraticamente eleitos: "Devemos almoçar os comunistas antes que eles nos jantem!"

A bancada comunista, no entanto, segundo a visão de Paulo Cavalcanti, cometeu erros em sua atuação:

> Voltados para dentro do parlamento, os deputados do PC perdiam dias inteiros em discussões bizantinas em torno de emendas constitucionais, na aparência justas, mas impraticáveis na realidade, pela inalterabilidade das estruturas do poder. Não era só dizer, num dispositivo da Carta, que "fica abolida a polícia política" e esperar, sentados, que a polícia de João Roma e do coronel Viriato de Medeiros deixasse de prender e torturar comunistas e trabalhadores. Não era só extinguir literalmente

a *capangagem* no interior, os exércitos particulares de usineiros e *coronéis* e ter a ilusão de que, inseridas essas vedações na Constituição, os latifundiários recolhessem seus *cabras* à casa-grande, desarmando-os (Cavalcanti, 1978:123).

Essa linha política adotada pelos deputados comunistas pernambucanos, porém, obedecia à orientação nacional do comitê central, não era exclusiva da bancada. As críticas procediam, mas afetavam, em primeiro lugar, à linha de atuação adotada pelo PCB.

Devido à interposição de ação judicial e ao esgotamento de todas as possibilidades de protelação permitidas pelas disposições regimentais por parte da bancada comunista no plenário da Assembleia pernambucana, o processo de cassação de seus mandatos só terminou com a aprovação, em plenário, em 14 de janeiro de 1948, depois, portanto, das cassações dos mandatos de deputados de outros estados e do próprio Congresso Nacional.

Sobre o processo de cassação, em âmbito nacional, merece registro a atitude corajosa e coerente adotada pelo então senador Etelvino Lins, que ocupara o governo de Pernambuco até 7 de novembro de 1945, na condição de interventor do Estado Novo.

Nomeado membro da comissão do projeto de cassação ou extinção dos mandatos comunistas – os deputados federais e o senador Luiz Carlos Prestes, eleitos para a Assembleia Nacional Constituinte, em 2 de dezembro – proposto pelo senador Ivo de Aquino, Etelvino Lins, apesar de ferrenho inimigo dos comunistas, inclusive como presidente da comissão de inquérito contra os participantes da Intentona de 1935, surpreendentemente posicionara-se contra a cassação. Em seu voto, argumentara que faltava apoio jurídico, salvo se a Constituição fosse emendada com dispositivo que consagrasse a medida, "dirimindo as dúvidas de interpretação", e definisse de modo expresso "os efeitos do cancelamento do registro do partido político quanto aos mandatos dos seus representantes nos corpos legislativos" (Lins, 1977:45). Prestes e Gregório Bezerra, afetados com a cassação, em plenário, no dia da votação, reconheceram o sentido da coerência política e jurídica do senador pernambucano e pessoalmente agradeceram o elevado gesto.

Etelvino Lins, em suas memórias, registrou o episódio para, em seguida, mais uma vez, lamentar que fora injustamente responsabilizado pela prática de violências durante as épocas em que estivera à frente de cargos públicos em Pernambuco:

> Quer na presidência do inquérito sobre a intentona comunista de 35 em Pernambuco, quer no posto de secretário da Segurança Pública, de 3 de dezembro de 1937 a março de 1945, nunca me acumpliciei, em todas as funções, a práticas da mais leve violência. Promovi mesmo a demissão de mais de 100 policiais, a bem do serviço público, por violência e desonestidade, sempre que comprovadas, de cujos atos conservo cópias em meu arquivo. Mas não teria limites a campanha injusta, e cruel mesmo, de que fui alvo, a partir da tragédia do 3 de março, de que já me ocupei noutro capítulo, mostrando a total improcedência da culpa que me atribuíram de início (*ibidem*, p. 45).

29. DEFENSOR DAS PROSTITUTAS DO RECIFE

Certo dia, o chefe de Polícia do governo do general Cordeiro de Farias, tido como católico ultramontano e exacerbado conservador, resolveu proibir as prostitutas de passearem pelas ruas, inclusive nas adjacências de suas "casas de tolerância" na área que todos conheciam e chamavam de "zona" do meretrício, no bairro do Recife antigo.

Ao ser divulgada pela imprensa a medida proibitiva, a cidade foi tomada por estranha comoção que chegava às raias do escândalo. Tudo, porém, silenciosa e hipocritamente. Nenhuma voz se levantou em favor daquelas "mulheres infelizes". Naturalmente preponderava relativo fingimento. Quem ousaria jogar a primeira pedra? Era um tema prenhe de aspectos sutis, delicados e até de veleidades intocáveis. Quase todos os homens, sejamos justos, alguma vez pecaram nesse particular, mas, diante daquela arbitrariedade, calavam. E mais grave: até as autoridades responsáveis se recusaram, diante de várias tentativas, a receber uma comissão formada por "infelizes mulheres". Temiam ser vistas em confabulações com tão exótica comissão. Por outro lado, os principais advogados recifenses também deram as costas àquelas mulheres. Nem a defensoria pública se manifestou sobre o caso.

Mas as prostitutas souberam que havia na cidade um jovem advogado, Francisco Julião, com escritório à rua do Imperador sempre de portas abertas a todos que o procurassem, disposto a defender pobres, humilhados e ofendidos, inclusive camponeses. E o mais importante: nunca impunha a condição de só promover a defesa após o acerto de honorários advocatícios.

O advogado, após ouvir o pedido das "infelizes mulheres", abraçou a difícil e inusitada causa de defender as prostitutas. Essa decisão lhe valeu, de imediato, muita visibilidade como causídico, mas, ao mesmo tempo, não lhe faltaram críticos. Não passava de um político que queria aparecer como defensor de causas impossíveis. Outros o consideravam um advogado frustrado que, por não ter clientes, aceitava um tipo de trabalho que não honrava a classe. As autoridades policiais, por sua vez, desde logo começaram a anotar em seus assentamentos do Dops informações não só atinentes a atividades consideradas subversivas, vermelhas ou comunistas, mas também a outras de natureza moral: defensor de prostitutas.

A história da prostituição se perde na própria escuridão dos tempos, razão pela qual se diz tratar-se da profissão mais antiga do mundo. Os primeiros registros históricos nos remetem às festas e orgias romanas. Também na Grécia há apreciável quantidade de relatos sobre ela. Com a consolidação do cristianismo na maioria dos países civilizados, a prostituição passou a ser condenada, mas, ao mesmo tempo, tolerada como um mal necessário.

A prática da prostituição veio ao Brasil com os nossos primeiros colonizadores – os portugueses. Isso sugere que os costumes em voga em Portugal, de alguma maneira, devem ter sido postos em prática aqui no Brasil logo nos primeiros anos de ocupação. Com o tempo, porém, novas características foram sendo incorporadas, para o bem ou para o mal.

As proibições do chefe de Polícia do governo de Pernambuco não poderiam ser facilmente defendidas perante a corte de Justiça. Ao contrário de

Portugal, não havia nenhuma legislação reguladora daquela prática. Além do mais, a boa moral e os bons costumes, bastante arraigados, entre as classes dirigentes e até religiosas, dificultavam o ajuizamento da ação.

A nossa legislação penal tocava indiretamente no tema da prostituição, quando falava em "casa de prostituição". No entendimento de nossos legisladores, o assunto era visto, ainda, como prática agressiva à dignidade da pessoa humana. Ao longo das décadas seguintes, seria possível encontrar-se alguma jurisprudência sobre a prostituição, quase sempre considerada pelos tribunais como fato jurídico penalmente irrelevante (atípico), desde que não se constatasse o envolvimento de crianças e adolescentes.

A argumentação de Julião, porém, perante o Tribunal de Justiça não abordou, objetivamente, o mérito da prática da prostituição e suas consequências. Limitou-se a defender, com veemência, o direito constitucional que tem a pessoa humana de ir e vir. Ninguém poderia deixar de reconhecer as prostitutas como pessoas humanas. Logo, elas teriam o direito de não só ir e vir pelas ruas da "zona", considerada como de baixo meretrício, mas também de circular livremente pelas ruas. Acrescentou, ainda, em seu *writ*, com certo humor, que o termo francês *trottoir*, usado pela autoridade policial em sentido pejorativo, na língua de Voltaire significava *andar pelas ruas e calçadas*. Bastaria consultar qualquer dicionário. Essas ponderações calaram fundo na inteligência do julgador. O direito era sadio e sua concessão, indiscutível.

A medida proibitiva da autoridade policial atingia cerca de oitocentas mulheres só no bairro do Recife antigo – sem dúvida, grande contingente. Isso, em certo sentido, causou verdadeiro clamor na cidade, porque, ao mesmo tempo, elas se viam privadas de suas atividades e ameaçavam "fazer greve", fechando as portas de suas "casas" a seus milhares de clientes.

Depois de repercutir pela imprensa, Julião ganhou a causa perante o Tribunal de Justiça de Pernambuco. Foi uma surpresa geral.

No dia seguinte ao pronunciamento do Tribunal, Julião foi surpreendido no seu escritório pela visita de algumas líderes das prostitutas que desejavam agradecer-lhe pelo trabalho e, ao mesmo tempo, prestar-lhe uma homenagem pública: as mulheres, sensibilizadas com a vitória alcançada, estavam organizando uma passeata pelas ruas da cidade. O plano consistia em reunir mais de mil mulheres na avenida Rio Branco, principal artéria recifense do *trottoir* noturno, e dali partiriam, em passeata, com cartazes, a gritar palavras de ordem em favor da causa do amor, até a residência de Julião, num chalé construído em amplo sítio com fruteiras e pequeno canavial que ele alugara no tradicional bairro de Caxangá, próximo do lugar onde o poeta Manuel Bandeira tivera seu primeiro alumbramento ao ver "uma moça nuinha" num banheiro de palha, às margens do Capiberibe.

Julião, assustado com o plano, tratou de dissuadir as mulheres daquele propósito. Não deviam fazer tal manifestação. Com certeza, a autoridade policial terminaria encontrando motivos para reprimi-las e vingar-se da desmoralização que sofrera com o relaxamento da medida arbitrária determinado pela Justiça. Como insistiam em manifestar, de alguma forma, sua gratidão, ele sugeriu que elas formassem pequena comissão e comparecessem ao seu escritório. E assim se deu. Quando lá compareceram, em comissão, houve palavras de agradecimento e a líder principal, em nome das demais mulheres da "zona" recifense, prometeu que todas elas, dali para frente, não mais perderiam de vista Julião e votariam nele em todas as eleições. E mais, arrematou a oradora: pediremos votos a nossos clientes.

Assim, quando Julião se elegeu deputado estadual em 1954, pelo PSB, não faltou quem se lembrasse desse episódio e alardeasse que sua vitória se devera ao apoio recebido das "mulheres de vida fácil".

30. CONFERÊNCIA PELA PAZ MUNDIAL

Julião, logo após filiar-se ao PSB, passou a atuar com o firme propósito de liderar uma corrente mais à esquerda dentro do partido. Esse caráter militante ficou demonstrado por várias incursões por ele feitas, quando, por exemplo, colocou na direção do partido pessoas de sua inteira confiança. Convocou amigos fiéis de vários segmentos sociais, tentou marcar sua imagem como advogado defensor de causas ousadas e revelou-se um político de tendência socialista, embora ainda sem mandato ou cargo público. Outra habilidade – seguida em toda a trajetória de homem público – foi o cuidado de manter-se muito próximo de aliados democratas e comunistas. Além disso, seus gestos e suas atitudes também chamaram a atenção da juventude socialista frequentadora da sede do partido, e dos militantes de atos públicos.[13]

Exemplo de iniciativa que apontava para a determinação de Julião de tornar-se líder reconhecido na burocracia do partido foi a eleição de Alexina Crespo, sua mulher, para o cargo de secretária de finanças do recém-criado PSB, em 7 de julho de 1949. Ela, aliás, apesar dos encargos de dona de casa e mãe de quatro filhos menores, ainda arranjava tempo para militar politicamente, junto ao marido, no PSB e como principal líder do movimento feminino da mulher pernambucana.

Por essa época, começaram no Recife as mobilizações populares sobre o Congresso Continental Americano pela Paz, que ocorreria em 5 de agosto, no México. Em todos os estados brasileiros, as forças políticas de esquerda, de modo especial o PSB, lançaram manifestos e panfletos e fizeram palestras, com o objetivo de divulgar o evento.

Após exaltar a tradição da bravura do povo pernambucano, relacionavam nomes de pessoas importantes, do Brasil e do mundo, que, sem levar em conta crenças religiosas e convicções políticas, haviam já aderido ao congresso, tais como o general Lázaro Cárdenas, um de seus organizadores; o bispo A. W. Multon; Henry Wallace, dos Estados Unidos; Pablo Neruda, grande poeta chileno; o deputado Blas Roca, de Cuba; o escritor James Endicott, do Canadá; o professor Artur Ramos; as líderes femininas Alice Tibiriçá e Branca Fialho; os oficiais do Exército Pedro Paulo Sampaio de Lacerda e Pessoa de Andrade; os parlamentares federais Campos Vergal, Benício Fontenelle, Euzébio da Rocha e Osmar de Aquino, do Brasil.

Essas personalidades, acrescentava a convocatória socialista, como no passado, coligaram-se, em maior amplitude, nos esforços dos povos americanos em prol da independência dos seus países. Em seguida, evocando a necessidade de manter firmes os laços de solidariedade e fraternidade entre os povos americanos, acrescentava:

Nós, pernambucanos, não podíamos deixar de emprestar ao Congresso Continental Americano pela Paz, no México, o calor de nosso entusiasmo, pois na causa da fraternidade dos povos reconhecemos o caminho da liberdade e da grandeza das Américas e do mundo. As consequências dessas trocas dos planos guerreiros de inimigos da tranquilidade dos povos já são do conhecimento de todos. Diante do espectro de novo conflito mundial, não podemos ter outra atitude, no momento, senão a de opor a mais decisiva barreira a todos aqueles que, desse ou daquele modo, concorrem para a desarmonia entre as nações.

Voltados para a tradição de repúdio à guerra e, sobretudo, dispostos a fazer cumprir e respeitar os preceitos da Carta Constitucional brasileira, que veda à nossa Pátria a participação em conflitos armados da espécie da que se prepara no mundo, nós, pernambucanos, deliberamos hipotecar a mais viva solidariedade aos organizadores do Congresso da Paz do México, de cuja realização, a 5 de setembro próximo, participaremos através de delegados. Para isso, a 5 de agosto vindouro, nesta capital, efetuaremos a Conferência Estadual pela Paz, preparatória do Congresso Regional da Bahia, marcado para o dia 15 do mesmo mês.

Pernambuco, por todos os seus filhos, pela movimentação de todas as consciências livres, há de desenvolver a campanha de apoio ao certame do México, que terá, na história dos povos americanos, sem dúvida, o ponto mais alto de nossa luta contra as ameaças e os perigos de outra conflagração mundial.[14]

O manifesto foi assinado por pessoas das mais diferentes entidades e profissões.

Enquanto isso, o Dops, da Secretaria de Segurança Pública de Pernambuco, começava a engrossar o prontuário de Julião com informações reservadas e sigilosas. O resumo de seu perfil, à época, aparecia, no aludido prontuário, com estas observações: "elemento esquerdista, ligado às atividades do Partido Comunista." A pecha de "comunista" começava a fixar-se às suas atividades políticas, embora jamais tenha pertencido a tal agremiação, mas ao PSB.

Em 29 de julho de 1949 a autoridade policial ordenou o seguinte registro no dossiê de Julião: "Assinou com outros um manifesto dirigido ao Povo de Pernambuco apresentando o Congresso Continental Americano pela Paz a realizar-se na Cidade do México, em 2 de setembro próximo, com o seu caloroso apoio." [15]

Mais tarde, no início de outubro, Julião foi indicado como membro responsável pela Associação Recifense de Defesa da Paz e da Cultura. O ato de instalação da entidade, de caráter público, se deu mediante um grande comício no parque Treze de Maio.

31. CACHAÇA

A estreia de Julião na literatura ocorreu em 1951, com a publicação do livro de contos *Cachaça*.[16] O título – escorreito, direto, coerente com o sentido do conteúdo da coletânea de contos – foi dado por Gilberto Freyre, autor do prefácio (FJ a Marly Mota, 25/1/1993).

Nessa primeira experiência literária, pode-se perceber a intenção de sugerir aos leitores a mensagem no sentido de que o álcool (no caso, a "cachaça", como é popularmente conhecida entre nós) era utilizado como elemento de alienação do homem em geral e, de modo particular, do trabalhador rural.

Claro que tal intenção não aparece de maneira direta, pois, se assim transparecesse, o autor estaria apenas utilizando a literatura como veículo de propaganda de suas ideias, apesar de louváveis. Esse expediente, diga-se de passagem, ele o usaria mais tarde, de maneira objetiva, quando divulgou seus propósitos políticos por meio da literatura de cordel, inclusive com absoluto domínio da forma. Além do mais, ficaria também famoso como autor de textos escritos com singular objetividade e linguagem acessível, os quais versariam sobre temas de interesse geral, mediante as chamadas "cartas abertas". Da mesma forma recorreria a outros formatos para veicular propostas e recomendações em torno de sua longa campanha em defesa do homem do campo, as "cartilhas", os "ABC's" e os "Guias" e, ainda, numerosos panfletos avulsos.

Quanto a *Cachaça*, estamos diante de um autor de talento que prometia voltar com outros títulos de igual fatura. Uma das principais funções da literatura é revelar as mais diferentes facetas da alma humana, convertendo-as em pensamentos. São esses frutos nascidos do gênio do escritor que, na maioria das vezes, induzem o leitor a descobrir, durante a leitura e para o resto de sua experiência de vida, uma ou mais das seguintes sensações: deleite, sabedoria, piedade ou utilidade. O ideal seria que o texto literário guardasse o poder de sensibilizar o leitor com as referidas qualidades. Nem sempre, porém, isso acontece.

Assim, do próprio título, salta aos olhos, em cada um dos seis contos, o sentido da dedicatória feita a certos tipos de pessoas envolvidas, direta ou indiretamente, na prática do eterno vício, o consumo de bebida alcoólica. Também não se pode deixar de salientar o sentido de utilidade que aparece como chave de sua fatura criativa: a cachaça como anestésico da classe camponesa, como se não bastassem as injustiças seculares a ela impostas pela ordem política e social brasileira.

No entanto, da mesma forma que o álcool tem feito parte, ao longo de milênios, da própria vida humana, ora funcionando como substância nociva à saúde, ora afetando o comportamento das pessoas viciadas, não se lhe podem atribuir todos os males que afetam a humanidade. Nem por isso, igualmente, se deve deixar de reconhecer o profundo efeito produzido pelo extraordinário senso de observação desenvolvido por Julião.

É velhíssimo o uso do álcool pelos seres humanos. Em antiga canção, composta por autor anônimo e perdida na escuridão dos tempos, vemos um laivo de condescendência em relação ao ato de beber:

> O que bem bebe bem dorme,
> e quem bem dorme pensa bem;
> quem pensa bem, bem trabalha,
> e quem bem trabalha, deve beber bem.

Os gregos, tão adictos aos sentimentos de Dionísio, pela voz do poeta Eurípedes, diziam: "Onde não há vinho não há amor." Em vetusta lápide, encontrada em Nuremberg (Alemanha), está escrito: "Beber é humano, então, bebamos." O poeta Marcial, em *Epigramas*, recolheu a mesma impressão que corria e ainda corre por todas as mentes humanas: "Não posso fazer nada se não bebo." Sêneca, na famosa *Epístola a Lucídio*, filosofa: "A embriaguez não cria os vícios; apenas os põe em evidência." Os latinos costumam dizer que "no vinho está a verdade". Já os japoneses, conhecidos pela síntese de suas mensagens poéticas, advertem:

> Com a primeira taça, bebe o homem o vinho;
> com a segunda, o vinho bebe o vinho;
> com a terceira, o vinho bebe o homem.

A cachaça, particularmente no Brasil, é uma das bebidas mais consumidas. Talvez pelo baixo custo em relação a outras, como o vinho, o uísque, o conhaque etc., a aguardente tornou-se a bebida brasileira por excelência. Foi nesse sentido que o contista Julião pretendeu dar ao enredo e ao caráter episódico de suas histórias um elemento a mais, que Gilberto Freyre, ao prefaciar o livro, com bastante perspicácia, entendeu como força aglutinadora das histórias. Disse:

> Não se pense, porém, que os contos do sr. Francisco Julião se impõem ao interesse do leitor brasileiro pelo que há neles de documentação: documento regional. São contos que, em vez de se conservarem à margem da literatura, penetram-na com um vigor às vezes surpreendentemente novo pelo que há neles de agreste e de tropical.

Um quarto de século mais tarde, Julião, ao refletir sobre o cambão, uma das mais cruéis e vis formas de escravização do camponês, ainda em vigor em alguns grotões rurais do Brasil, afirmaria não ver a cachaça como justificativa para os males que afetam o destino da vida do explorado camponês. Esse é visto mais como vítima por ter "a bolsa magra e necessitar dessa droga envenenada para esquecer a vida, fugir do seu mundo miserável e mergulhar no outro mundo, o dos sonhos impossíveis". Essa lúcida visão coincidiria com o que salientou o autor de *Casa-grande & senzala*, quando afirmou que da cachaça provém uma espécie de ardência provocadora de dramas entre homens humildes: uma ardência com alguma coisa de diabólico, de que esses homens simples do interior do Norte do Brasil não sempre sabem fugir; eles que acham meios de livrar-se de tantos outros espíritos maus que igualmente povoam de seus perigos, terras ou roças. Do saci, do lobisomem, da mula sem cabeça.[17]

Justamente esses dramas é que Julião conseguiu captar com arte, firmeza, notável economia de palavras e invejável carga alegórica na composição do retrato dos mais diferentes tipos que compõem a sua galeria de bêbados.

Cachaça, em boa hora reeditado pela Editora Universitária da UFPE, como volume da Coleção Nordestina,[18] é, sem dúvida, iniciativa louvável. Isso prova que a obra continua viva e a aliciar leitores. Assim, a afirmativa de que a atividade política de Julião significou sacrificar o homem escritor não se justifica. A validade da obra literária não se mede pela exclusiva opção pela atividade intelectual, nem muito menos pela quantidade. Há inúmeros exemplos de bons políticos que foram, ao mesmo tempo, grandes escritores e de autores de um ou dois livros que se consagraram mundialmente. José de Alencar, por exemplo, prolífico escritor, mas apaixonado pela política. Joaquim Nabuco, extraordinário político e também insuperável escritor, sobretudo em suas memórias e no ensaio sobre o abolicionismo, talvez seja o que mais se aproxima de Julião. Fora do Brasil, podemos citar o mexicano Juan Rulfo, consagrado como autor de magríssima obra: *Pedro Páramo* e *Planalto en llamas*.

A atividade intelectual de Julião, portanto, não foi eclipsada pela carreira política; ao contrário, uma ajudou a outra. Escreveu contos, romance, poesia (inclusive cordéis), ensaios e memória. Sua obra literária e política continuará a despertar o interesse dos leitores. *Até quarta, Isabela*, escrito no cárcere, logo após o golpe militar de 1964, é um dos mais pungentes relatos que ultrapassam o caráter de simples depoimento, justamente porque há nele um misto de verdade e poesia. O ensaio *Cambão*, traduzido e publicado em vários idiomas, inclusive em japonês, denuncia, com forte veemência e coragem, a abjeta e vil forma de escravidão que ainda hoje perdura nas relações de trabalho da gente do campo. Quando essa praga social desaparecer, a obra permanecerá viva em nossa história.

Há claros indícios de que a obra literária de Julião, a conhecida – contos e romance –, perdura. *Cachaça* é um livro lido e estimado por leitores de todos os níveis sociais e reconhecido pela crítica especializada.

A propósito, Julião ao encontrar-se, por acaso, com o seu velho amigo, poeta Mauro Motta, no Bar Maxime, foi por esse saudado com um imediato pedido: "Julião, reedite *Cachaça*."

Era o apelo não de um amigo, mas de um leitor que, além de poeta, reunia a sensibilidade da leitura com a profundidade da crítica inteligente, a testemunhar o vigor de uma obra que o seu próprio autor, por excesso de modéstia, preferia considerar-se "um contista de asas débeis para voar mais alto" (*ibidem*).

32. ENTRE A FAMÍLIA E A POLÍTICA

A vida privada de Julião, por essa época, ganhava relativa tranquilidade. Quando se mudara do bairro de Afogados para o da Várzea (primeiro para a rua Maria Lacerda; depois, avenida Afonso Olindense e, por fim, dessa para Cruz Macedo, 99, a vida doméstica resumia-se em educar os quatro filhos – Anatailde, Anatilde, Anatólio e Anacleto, todos em fase escolar –, o exercício da advocacia e a atividade política como militante do PSB. Mesmo o relacionamento amoroso com Alexina, embora ameaçado por querelas oriundas de indisposições manifestadas por parentes de Julião, sobretudo dona Neném e seu filho Manuel Tertuliano, o Dequinho, administrador da Fazenda Espera – seguia equilibrado. Claro, havia exceções, como as apontadas por Anatailde, a filha mais velha do casal:

> O relacionamento com minha avó paterna (dona Neném) foi muito ruim. Muito ruim. As lembranças não são boas. Já do vovô Adauto eu tenho razões para lembrar. Era brincalhão com a gente, muito gentil com mamãe, mas diferente da família toda. Vovô Adauto era a exceção.

Acho que (nos outros) havia um pouco de inveja, porque mamãe era lindíssima.[19]

Julião não dava muita importância a querelas domésticas ou familiares, a não ser para conciliar ou contemporizar situações e acalmar ânimos exaltados capazes de culminar em atos irreversíveis e danosos ao relacionamento das pessoas envolvidas.

Em certo sentido, suas maiores preocupações se voltavam para as atividades políticas e profissionais. Primeiro, a política; depois, a advocacia. Como se dedicava a elas com afinco, não lhe restava praticamente tempo para a vida doméstica. Esse comportamento se prolongaria até o fim de seus dias. Jamais se preocupava com orçamentos, pagamentos, feiras, compras, receitas e despesas da casa etc. A administração da casa cabia inteiramente à mulher, nessa fase a Alexina. Ela é que levava os meninos ao colégio Americano Batista, ao médico, ao dentista etc.

Isso não significava, porém, que fosse um pai irresponsável, destituído de amor, carinho, respeito ou consideração aos filhos. Ao contrário, apenas não lhe sobrava tempo para dedicar-se diariamente a eles nem acompanhar suas obrigações de estudantes e de jovens adolescentes.

Certa feita, já maduro, aos 66 anos, diante de dificuldades financeiras para atender à mesada que ainda dava à filha menor Isabela (ele exilado no México e ela no Brasil), reconhecendo o tamanho da responsabilidade e o que fora para os demais filhos, escreveu em tom dramático:

> Tu sabes que não sou o pai ideal. Nada faço pelos filhos. Coitadinhos deles! As mães, sim, é que fazem tudo. Ao reconhecê-lo, proclamo uma verdade. [...] Rigorosamente uma pessoa que se entrega a uma causa como a que tomei e ainda toma a minha vida não devia ter filhos. Já são tantos os que a gente busca defender. Rigorosamente os meus filhos continuam sendo essas pobres crianças que morrem de fome todos os dias pelo Brasil (FJ a Isabela, 30/5/1981).

Em 16 de junho de 1954 a família Arruda de Paula sofreu enorme golpe: a morte de dona Neném. Julião, como acontecera de outras vezes em que ela piorara de saúde, estava ao seu lado. Agora, o desenlace foi rápido. Tinha apenas 61 anos.

Nesse mesmo ano ele voltou a candidatar-se a deputado estadual pelo PSB. Levava a vantagem da experiência da primeira derrota, havia dez anos, quando tentara eleger-se deputado federal constituinte pelo PR. Além disso, suas atividades de militância política na área urbana do Recife sensibilizavam parcela da classe média, já que as atividades de defesa de camponeses em várias cidades do interior, havia anos, não rendiam votos, porquanto quase todos os camponeses eram analfabetos; logo, não votavam. Seu trunfo eram os votos mais radicais da classe média recifense. Resultado: o primeiro deputado socialista eleito em Pernambuco, mas também o mais votado no partido.

Daí por diante, na condição de deputado, ganhou uma tribuna na Assembleia Legislativa para continuar com maior ênfase a defesa das classes menos favorecidas, sobretudo os trabalhadores do campo. E a dinâmica de suas atividades políticas mudou completamente:

> Passei a fazer um trabalho muito mais organizado e com mais instrumentos, que, na verdade, eram, digamos assim, de natureza política. As denúncias que eu fazia na Assembleia tinham como apoio a base judiciária, a legalidade. Como deputado, eu poderia fazer denúncias no recinto do parlamento, nos comícios, que, aliás, eram importantes meios para promover concentrações e esclarecer as massas camponesas. A coisa avançou de tal forma que, daí por diante, eu fui reeleito em 1958 (FJ a MIS, RJ, 9/8/1994).

Uma rápida verificação nos tópicos de suas proposições, seus projetos e demais iniciativas na Assembleia Legislativa – os anais – indicará que o propósito fundamental de sua atuação era a causa da reforma agrária.

Antes mesmo de manter contato com o primeiro grupo de camponeses organizados de Vitória de Santo Antão – onde germinaria a semente plantada havia anos, a qual daria origem às Ligas Camponesas, que, historicamente, podem ser associadas a seu nome – ele continuou a visitar as cidades do interior, sobretudo aquelas onde atuara como advogado de camponeses. O seu apelo eleitoral, conforme relatamos, não se destinava aos camponeses, mas aos eleitores recifenses da classe média sensibilizados pela sua atuação.

Essa forma de atuar, segundo explicaria Julião, não foi um procedimento esporádico, circunstancial, mas pensado e fruto de demorada reflexão:

> Eu ia lá (no campo) com frequência nos fins de semana e convidava camponeses de outras regiões. Assim, a associação transformou-se em uma espécie de Meca dos camponeses da região. Toda a gente vinha, porque sabia que, aos domingos, eu estava sempre com eles. Eu era o deputado que, ao invés de passar o fim de semana desfrutando da praia, simplesmente ia ao campo. E tirava o domingo para isso. Eu convidava estudantes, alguns profissionais, alguns médicos: "Por que é que vocês não vão comigo, para a gente dar uma certa assistência aos camponeses?" Como o camponês estava em um estágio muito atrasado, esperava sempre que viesse algo do céu ou do patrão, do dono da terra. Então, existia esse problema do paternalismo. Eu tinha que fazer algo meio paternalista, ao mesmo tempo em que tratava de conduzir a coisa por um terreno mais consequente. O paternalismo era usado, sim, porque eles já estavam condicionados a isso, e eu teria que condicioná-los, usando o próprio paternalismo. Eu poderia tentar explicar isso estabelecendo uma espécie de relação dialética entre o paternalismo e uma tomada de consciência já consequente, séria. Eu sei que utilizava essa mistura. Os camponeses viam em mim uma pessoa que os defendia na Justiça e que ia também defendê-los na tribuna da Assembleia (FJ a FGV/CPDOC, 1982:39).

CAPÍTULO III As ligas e a unidade (1955-1959)

Uni-vos homens do campo
na vossa associação
até conseguir um dia
completa libertação
ela está dependendo
de nossa organização.

(Francisco Julião, cordel "Triste vida do campo").

33. QUEM FUNDOU AS LIGAS CAMPONESAS?

Alguns historiadores, jornalistas e políticos, em diferentes ocasiões, têm insistido na afirmação de que Julião não foi o fundador das Ligas Camponesas, como se ele, alguma vez, houvesse requerido para si tal primazia. Ainda em 2001, a propósito de estudo do professor norte-americano Cliff Welch, que dá ênfase às raízes históricas do movimento dos trabalhadores de São Paulo, destacando a região da Alta Mogiana, o jornalista Luiz Eblak escreveu na *Folha de S. Paulo*:

> Não foi Francisco Julião, no interior de Pernambuco, na década de 1950, o responsável pela formação das Ligas Camponesas no Brasil. Dez anos antes, um grupo de líderes rurais da região da Alta Mogiana já havia constituído movimentos de trabalhadores do campo com esse mesmo nome (FSP, 21/1/2001).

Ora, se o problema fosse saber quem teve a primazia, o ideal seria buscar as origens dos principais movimentos camponeses em época bem mais remota, como, por exemplo, a Idade Média, como faremos mais adiante.

Convenhamos, Julião sempre afirmou, peremptoriamente, em seus pronunciamentos, não lhe caber tal honra. Desde logo, portanto, afirmamos para que não pairem dúvidas: Julião não é o fundador das Ligas Camponesas. O que ele fez foi dar vida e notoriedade, com sua destacada atuação, à associação criada no início de 1955, em Pernambuco.

Quem estudar, com seriedade e isenção, o tema terá de concluir, como o fez a historiadora Aspásia Camargo, que as ligas

> assim conhecidas foram precedidas de alguns movimentos de natureza idêntica que, em virtude de seu isolamento, não tiveram a mesma repercussão social e política. Este seria o caso, por exemplo, do conflito de Porecatu, no norte do Paraná (1950-1951), e do movimento de Formoso (1953-1954), que, no entanto, influíram de maneira durável nas respectivas áreas de origem. O movimento que se tornou nacionalmente conhecido como Ligas Camponesas iniciou-se, de fato, no Engenho Galileia, em Vitória de Santo Antão, nos limites da região do Agreste com a Zona da Mata de Pernambuco.[20]

Julião costumava dar ênfase ao fato de que foi a imprensa, sobretudo a do Recife, que vinculou suas iniciativas políticas às atividades das ligas, mas, a princípio, com o objetivo de "queimá-lo" como "comunista", "agitador", "subversivo", "incendiário" etc. Essa vinculação, existente em vários períodos da história, inclusive da nossa, segundo a lógica da imprensa da época, visava a dar aos leitores a impressão de que ele era apenas mais um agitador irresponsável, aventureiro, adepto de "ligas comunistas" e de outras organizações revolucionárias ou carbonárias. O noticiário, inclusive, aparecia nas páginas policiais, espaço destinado à divulgação de contravenções e crimes. Tal prática, com o tempo, passou a ideia de que ele fora o fundador do movimento. De tanto a imprensa repetir que as Ligas Camponesas eram de Julião, o agitador "comunista", ele e as ligas viraram quase sinônimos. Assim, na história recente do Brasil, falar de Ligas Camponesas implica falar de seu líder principal – Francisco Julião ou simplesmente Chico Julião.

Mas, a propósito disso, vejamos o que ele disse em 1994, portanto, a trinta anos da extinção daquele movimento:

> Primeiro, eu não fui o fundador das Ligas Camponesas. É preciso que se diga isso. Eu fui advogado, defensor dos camponeses de Pernambuco e daquela região do Nordeste. Também a palavra Liga não saiu da minha

boca. É curioso, porque os próprios jornais – sobretudo os donos do *Diário de Pernambuco*, Chateaubriand, usineiros etc. – foram eles que crismaram a Sociedade Agrícola e Pecuária dos Plantadores de Pernambuco com o nome de Ligas Camponesas, para queimá-la e colocá-la na ilegalidade. Mas aconteceu que, quando eles fizeram isso, quem estava no poder era Juscelino Kubitschek, com suas metas desenvolvimentistas. Essa política criou uma grande euforia na burguesia industrial, sobretudo aquela que produzia, que tinha interesse nos produtos da indústria de transformação. Essa burguesia naturalmente acabou aceitando nossas ideias, tanto que os jornais *O Estado de S. Paulo* e *Jornal do Brasil* pediram-me uma série de artigos. Eu escrevi vários artigos para *O Estado de S. Paulo*, que, aliás, me pagou muito bem. O Heráclito Sales, que trabalhava no *Jornal do Brasil*, mandou para Pernambuco um de seus jornalistas, o Antonio Callado. Ele apareceu por lá e acabou escrevendo um livro que, hoje, é um clássico: *Os industriais da seca e os galileus de Pernambuco*. De maneira que ele também está vinculado a isso, a esse movimento. Ele conheceu toda a história do movimento camponês, mas não colou, não colou no livro essa ideia de transformar a Sociedade Agrícola numa entidade subversiva chamada Liga Camponesa, nem a de que Juscelino, ao assumir a Presidência da República, desenvolveu suas ações no sentido de industrializar o país, de fabricar cimento, automóvel etc. Enfim, esse estado de euforia instaurado pelo novo mandatário, sem ele próprio o perceber, aprofundou aquelas metas que, aliás, o Vargas já havia começado. Isso dividiu e debilitou, até certo ponto, os grandes proprietários de terra, os coronéis. Fez com que o eixo das grandes decisões nacionais se transferisse do campo para a cidade. Foi aí que começou realmente a crescer o poder dos trabalhadores, dos operários, dos camponeses, até que isso terminou dando na formação dos sindicatos (FJ a MIS, RJ, 9/8/1994).

34. AS VERTENTES HISTÓRICAS NA EUROPA

A expressão Liga Camponesa remonta à Idade Média. As mais famosas foram as europeias, vinculadas diretamente às célebres guerras camponesas da Alemanha, que Friedrich Engels, estudou, em detalhes, em seu ensaio de igual título. Ali ele expõe a situação econômica, a estrutura social do país, os grupos de oposição, as lideranças de Lutero e Munzer, os conflitos armados desencadeados pelos camponeses entre 1476 e 1517, a revolta da nobreza, os levantamentos das regiões de Suábia, Francônia, Turíngia, Alsácia e Áustria, por fim, a reflexão sobre elas e a transcrição dos pontos fundamentais defendidos pelos combatentes camponeses, isto é, o documento que passou à história como Os doze artigos.

A revolta dos camponeses decorria de condições infamantes de sobrevivência. Na prática, eram pessoas escravizadas por várias frentes e formas: de um lado, os príncipes cobravam elevados impostos; de outro, os barões feudais também cobravam o foro pelo uso da terra; e, para aumentar mais ainda a exploração, a Igreja exigia o dízimo de seus fiéis. Quando advinham as más condições de colheita, decorrentes, quase sempre, de irregularidades climáticas ou da infestação de pestes incontroláveis nas lavouras, surgiam as inevitáveis cobranças e perseguições, o que levava verdadeiros contingentes de camponeses à miséria e ao desespero. Viviam como servos presos às glebas. Considerados inadimplentes ou devedores de impostos, foros ou dízimos, passavam a servir a seus senhores, exercendo atividades destinadas aos animais, como se fossem cavalos, burros ou bois. Populações inteiras padeciam as consequências de tais crises, pois a falta de alimentos atingia as mesas de todas as famílias. Os senhores feudais tinham, até, o direito de vida e de morte sobre seus servos, chancelados pela Igreja, que fechava os olhos para tamanhas violências.

Essas causas imediatas e outras mais remotas terminaram por criar ânimo novo entre os camponeses explorados e sem perspectiva de melhoria – conscientização surgida lentamente. E muitos fatores concorreram para que eles despertassem. A tradução da Bíblia Sagrada para o alemão talvez tenha sido o principal. A leitura das diversas passagens edificantes dos livros sagrados começou a provocar a conscientização. Os exemplos eram compreendidos pelos homens simples da cidade e do campo como algo que lhes dizia respeito. Agora, o real conteúdo dos ensinamentos de Deus e do seu enviado, Jesus Cristo, não se restringia ao conhecimento dos integrantes da elevada hierarquia da Igreja, que conheciam latim. Qualquer um poderia lê-los.

A par desses avanços, os líderes camponeses logo afirmaram que Cristo fora um homem pobre, que vivera sem dinheiro, longe do poder feudal, em quase tudo, semelhante a um camponês. Por tal razão, John Ball afirmara que todos os homens descendiam de Adão e Eva e, portanto, Deus dera a eles a posse de toda a terra para lavrar e colher; que era mais fácil um camelo passar pelo fundo de uma agulha do que um rico entrar no céu; que cada um deveria ganhar o pão com o suor de seu rosto; que Cristo, apesar de homem pacífico, certa vez usara o chicote contra os mercadores do templo, aproveitadores da fé alheia e utilizadores da religião para auferirem vantagens materiais; que Ele jamais renunciou a seus princípios e à defesa dos humildes em troca de vantagens oferecidas pelos poderosos etc.

Ao estudar o assunto, Julião traçou um paralelo entre a situação da fase medieval com a que ele vivia no Brasil:

> A reação não se fez esperar. Os infratores da lei, da lei dos barões e dos príncipes da Igreja, eram punidos sem piedade, sentenciados, escorraçados, excomungados, queimados vivos, às vezes aldeias inteiras, como exemplo aos sediciosos. Se fosse hoje, o pretexto seria a defesa da civilização "cristã" (cristã com aspas, assinalemos) ameaçada pelo comunismo, enquanto, por trás, na sombra, perdura o saque desenfreado de nações ricas contra pobres, e, dentro de cada nação, sob regime feudal e capitalista, do tubarão contra o povo. Naquele tempo não havia Marx, nem Lênin, nem Mao Tse-tung, nem Fidel Castro. O pretexto era outro, porque pretexto nunca falta para a oligarquia dominante justificar a manutenção dos privilégios odiosos. Apesar das represálias violentas e dos bárbaros massacres, dignos de Pizarro, Cortez, Napoleão ou Hitler, continuaram a aparecer espíritos rebeldes que, de Bíblia na mão, aqui e ali, acusavam os que tinham traído as Escrituras e viviam explorando, aviltando e assassinando os pobres e humildes que o Cristo tanto amara (Julião, 1962:17).

Essa forma de opressão brutal, como já referimos antes, aperfeiçoava-se com a criação de órgãos destinados a sufocar qualquer manifestação oriunda das classes menos favorecidas, principalmente a dos camponeses.

Para isso, o Estado feudal alemão estabelecera o sistema de cobrança de impostos e a Igreja, além de ampliar o valor do dízimo, criara o temível Tribunal da Santa Inquisição, o braço punitivo contra seus inimigos, declarados ou não. A Inquisição atuou exatamente contra aquelas pessoas que, de alguma maneira, defendiam novas concepções, não apenas naquela fase, mas também durante séculos em que atuou no continente europeu.

As principais reações, na Alemanha, surgidas contra as ações do Estado feudal e da Igreja foram, sem dúvida, as guerras camponesas da Europa central. A massa camponesa foi obrigada a se organizar em ligas. Conforme a região, ora sob a proteção de irmandades, ora sob as ordens religiosas do Santíssimo, do Sagrado Coração de Jesus etc. Viviam unidos pelos ideais do cristianismo, do exemplo do seu mártir maior, Jesus Cristo. Integradas por milhares e milhares de homens espoliados, tinham seu símbolo revolucionário: a bota estragada dos camponeses alemães. Eram legiões de famintos alçados em armas, liderados por Munzer, professor universitário, e outras figuras, como o famoso camponês Joãozinho da Flauta, João Huss, Jzijka, Wiclif etc.

O resultado das guerras foi a aprovação pelos camponeses de todas as comunidades dos *Doze artigos* – espécie de princípios fundamentais ou constitutivos impostos aos príncipes e senhores feudais com o seguinte título: "Justas reclamações de todos os camponeses e súditos submetidos às autoridades espirituais e temporais a quem acreditam dever queixar-se." (Engels, 1977:118-120).

As repercussões das guerras camponesas europeias chegaram a todos os rincões da Terra. Em todos os casos, ao serem tentadas as experiências semelhantes por outras gerações de trabalhadores rurais, foram combatidas e vencidas, mas nunca esquecidas.

35. A VERTENTE HISTÓRICA NA AMÉRICA DO NORTE

As mais importantes manifestações de camponeses em torno de reforma agrária, já nos tempos modernos, sem dúvida ocorreram nos Estados Unidos da América.

As causas próximas desse movimento agrarista encontram-se nas consequências do processo de venda de terras públicas, sentidas, sobretudo, por volta da década de 1840. Quando o governo, décadas antes, colocou à venda terras públicas, os especuladores compraram enormes áreas e, ao longo dos anos, estabeleceram, em seus latifúndios, regimes de trabalho considerados inumanos. As relações laborais se davam em flagrante desrespeito à lei e à moral, as quais se constituíam em verdadeiros abusos, autênticos escândalos. Na maioria dos casos quedavam restabelecidas as humilhantes práticas escravistas, inclusive de "tráfico de pessoas brancas", como se denunciavam na época.

A primeira reação organizada dos trabalhadores rurais a esse tipo de exploração ocorreu em 8 de março de 1844, em Croton-Hall (Nova York), liderada por Theodore A. Devyr, redator do jornal *Williamsburg Democrat*. Nessa reunião, ele destacou os degradantes níveis de miséria vividos nos campos e também nas cidades dos Estados Unidos para onde acorriam os camponeses expulsos da terra. Na sala de reunião foram colocadas faixas com dizeres claros sobre os princípios fundamentais defendidos pelos camponeses:

> *Alforria das terras públicas!*
> *Liberdade para mim, para ti, liberdade para todos!*
> *Todos os homens nasceram livres e iguais. Aqui esta noite se reúnem os amigos da reforma social!*[21]

Essas ideias se disseminaram rapidamente pelas demais cidades, vilas e distritos norte-americanos. Em Nova York foi constituída a associação de trabalhadores rurais, denominada *agrarian league*, ou seja, *liga agrária*, composta de 14 membros. A ela, desde logo, coube a responsabilidade de, após ouvir os delegados de todo o país, oferecer relatório circunstanciado sobre as propostas derivadas das bandeiras levantadas pelos representantes dos trabalhadores rurais.

Depois de várias reuniões, em outubro de 1845, os reformadores agrários aprovaram os seguintes princípios, consolidados no documento intitulado "Plano para reintegrar o povo do estado de Nova York no seu direito à terra":

1º - Ninguém, para o futuro, poderá, em caso algum, possuir no estado de Nova York mais de 160 jeiras[22] de terra.

2º - Ninguém poderá, para o futuro, sob pretexto algum, possuir numa cidade ou numa vila mais de uma fazenda. A extensão desta fazenda será determinada pelas autoridades da vila ou distrito.

3º - Quanto às terras públicas que foram vendidas aos especuladores, e que ora se acham arrendadas, uma comissão especial, composta de proprietários e de rendeiros (em proporção de número dos indivíduos que uma e outra classe podem contar no estado de Nova York) será instituída para determinar, segundo a equidade, e não segundo as leis existentes, que indenização se concederá aos proprietários para rescindir os contratos, em todos os casos em que a terra houver sido arrendada por 20 anos e mais, por aforamento vitalício ou perpétuo.

4º - Qualquer porção de terras na cidade, qualquer habitação e qualquer fazenda nos distritos rurais serão possuídas por títulos inalienáveis. A alienação não poderá ter lugar senão pelo consentimento formal do ocupante; e ainda, neste caso, a mudança só se poderá operar gratuitamente, e em proveito de um cidadão não provido.

5º - As corporações de toda espécie, que são hoje proprietárias, terão cinco anos para dispor dos seus bens, sob as mesmas condições e restrições, em favor dos não proprietários. Poderão somente conservar, proporcionalmente ao número dos membros que as compõem, os edifícios que lhes forem necessários e a extensão de terra que tiverem direito a possuir, na razão de 160 jeiras por indivíduo.

6º - Os membros de uma associação poderão pôr suas fazendas e suas propriedades em comum.[23]

Esses princípios, nas reuniões seguintes da liga agrária, terminaram ampliados para outros direitos sociais inerentes aos cidadãos e às propriedades: emancipação do solo; limites às cobranças de dívidas por parte da União; eliminação de privilégios da União sobre as cidades, os condados e distritos; reforma da legislação civil para permitir o direito ao voto; eleição distrital, na qual possam ser eleitos funcionários e oficiais administrativos; imposto aplicável à propriedade; milícia e sistema de defesa etc.[24] Essas mobilizações foram, então, amplamente divulgadas pela imprensa norte-americana. Apesar disso, no Brasil, por aquela época, pouquíssimas pessoas tomaram conhecimento de tal novidade. Em Pernambuco, porém, o professor Antonio Pedro Figueiredo – conhecido no Recife como *Cousin Fusco* brasileiro, epíteto que ganhara não tanto pelo seu saber, mas por ser negro –, em seus escritos, defendeu o socialismo e aspectos relacionados com a reforma agrária. Foi mais além: tentou elaborar um projeto de reforma agrária para Pernambuco em 1846, até abrindo espaço para a divulgação das manifestações norte-americanas sobre a reforma agrária nos Estados Unidos em *O Progresso – Revista Social, Literária e Científica*:

> As ideias que exaltam os camponeses da América fermentam também na velha Europa. Por toda parte a miséria atormenta as classes laboriosas, causa-lhes insônias, impele-as ao ódio, as faz sonhar com desordens e revoluções. Na Holanda, no País de Gales, na Escócia, na Galícia, até em França, o barômetro político marca tempestade, as nuvens estão carregadas de eletricidade e aqui e ali fuzilam sinistros relâmpagos que anunciam o temporal.[25]

Esse temporal profetizado por Figueiredo demorou mais de um século para desabar sobre Pernambuco. Foi preciso aparecerem Francisco Julião e as Ligas Camponesas.

36. A VERTENTE HISTÓRICA NO BRASIL

No alvorecer do século XX, principalmente em São Paulo, algumas organizações sociais e políticas começavam a dar os primeiros passos para o desencadeamento de ações concretas ligadas às lutas sociais. Tais tentativas, em parte estimuladas por imigrantes italianos e espanhóis, apresentavam fortes tendências anarquistas. De qualquer sorte, foi na capital paulista que as manifestações sociais ocorridas no seio da classe operária alcançaram protagonismo no Brasil.

Até o escritor Euclides da Cunha – mais tarde famoso por sua obra *Os sertões* – interessou-se pelo socialismo e escreveu para o jornal *O*

Estado de S. Paulo artigo intitulado "Um velho problema". Nesse texto, porém, o ensaísta esqueceu de referir-se aos trabalhadores rurais, aos camponeses, ao processo de desenvolvimento da agricultura brasileira. No entanto, ele não foi o único a cometer tal fato (ESP, 1º/5/1904).

Em 1912, as lutas sociais no Brasil cresciam a olhos vistos. Em 7 de novembro instalou-se no Palácio Monroe, no Rio, o IV Congresso Operário Brasileiro, com a participação de 187 delegados representantes de entidades sindicais de todo o país. As teses aprovadas tratavam de organização do proletariado; horário de trabalho de oito horas e descanso semanal; indenização às vítimas do trabalho; regulamentação das fábricas; limitação do trabalho das mulheres e dos menores; seguro dos operários e desocupação forçada; pensões para os velhos e os inválidos; contrato de trabalho e habitação para os operários e trabalhadores; garantia dos salários; salários máximos e mínimos; alimentação pública; instrução e educação do proletariado; impostos públicos; cooperativismo e produção (Dias, 1977:278-279). Conforme se observa, nenhuma referência aos trabalhadores rurais. E no mesmo congresso aprovou-se iniciativa política destinada à fundação da Confederação Brasileira do Trabalho como partido político, cujo fim era "promover por todos os meios eficazes o melhoramento contínuo, intenso, rápido e indefinido das condições econômicas, sociais, intelectuais e morais do proletariado."[26] (*ibidem*). Ainda nesse mesmo congresso os delegados aclamaram como presidente de honra da Confederação Brasileira do Trabalho o deputado federal Mário Hermes da Fonseca, por ter obtido dos poderes públicos autorização para que o Palácio Monroe acolhesse os delegados e conseguido passagens gratuitas nos vapores do Lloide Brasileiro para todos os delegados credenciados (*ibidem*).

As tentativas mais concretas para organização da massa camponesa ocorreram a partir de 1930, durante os primeiros anos da ditadura de Getúlio Vargas. A legislação sinalizava a criação de sindicatos rurais, que, na prática, nunca vingaram. Em 1935 estavam instalados no Brasil cerca de seiscentos sindicatos urbanos e apenas três rurais, em Campos, Paraty e São João de Meriti, no Rio de Janeiro.[27] Em Pernambuco, as iniciativas levadas a cabo em Escada, Goiana, Pau D'Alho e outras cidades fracassaram completamente. As pressões, intensas e insuportáveis, faziam com que desaparecessem em pouco tempo. Além disso, faltava-lhes o apoio legal. A burocracia era tão complexa que se tornava quase impossível a tramitação das solicitações. As promessas dos revolucionários de 1930 ficaram na retórica.

Por outro lado, o PCB, a quem cabia, pelo menos em tese, a organização da classe operária e dos trabalhadores rurais brasileiros, mantinha uma estrutura orgânica extremamente fechada e centralizada, o que limitava ou impedia a formação livre e democrática de ligas camponesas ou associações assemelhadas. Apesar de aparecer, após a redemocratização do país em 1945, o periódico *Terra Livre*, criado, em São Paulo, pelos comunistas, a verdade é que a organização da classe trabalhadora não se desenvolvia a contento. Não havia a formação de quadros, porque preponderava certo personalismo em torno da figura mítica de Prestes, que, na prática, era quem se apresentava como o líder dos camponeses. E isso era falso, pois a mensagem dos comunistas raramente chegava ao campo. Proscrito o PCB em 1947, a incipiente estrutura de organização dos trabalhadores rurais praticamente desapareceu, em virtude das prisões, perseguições e até assassinatos de líderes cometidos durante o governo do general Eurico Gaspar Dutra.

As tentativas de organização dos camponeses em Pernambuco pelo PCB, por volta de 1945, prosperaram por alguns anos, mas de maneira isolada e sem muita expressão. Não conseguiram expandir-se pelo resto do estado; a rigor, surgiram apenas em dois bairros recifenses, na época mais ou menos afastados do Centro: Bongi e Iputinga. Não se tratava de Ligas Camponesas no sentido estrito. Dizia a tradição que os engenhos Bongi e Iputinga, desde a época dos holandeses, passaram por vários domínios e em torno de 1945 pertenciam à família Barros Barreto. Em Bongi os camponeses ocuparam partes do velho engenho, já desativado. Um descendente da família, o médico Barros Barreto, que fora secretário de Agricultura durante o governo de Barbosa Lima Sobrinho, homem generoso e bom, por se relacionar bem com alguns membros integrantes da direção do PCB, não criou qualquer obstáculo à comunidade camponesa.

As organizações ali situadas, que alguns chamaram de ligas, não tinham caráter reivindicativo nem político. As áreas foram ocupadas com plantios de verduras e frutas. As safras destinavam-se ao abastecimento do Recife. Segundo explicou Julião,

> naquele tempo se vendiam as verduras em balaios, gritando pelas ruas – alface, tomate, coentro etc. As pessoas das casas compravam as verduras, aliás muito boas, sãs, porque eram regadas com água de poços que eles mesmos cavavam, água pura. Além do mais, eles não usavam agrotóxicos, porque não havia nessa época esses produtos. Eles usavam naturalmente outros tipos de adubos quando a terra cansava. Em geral, essas terras onde eles plantavam eram boas. De maneira que a sociedade (a liga) foi extinta, liquidada com a chegada do governo Dutra (FJ a MIS, RJ, 9/8/1994).

De 1948 a 1954, apesar de tudo, ocorreram algumas reações, mas isoladas do contexto nacional. Esse isolamento, em boa parte, deveu-se às cautelas adotadas pelo PCB, então na clandestinidade, mais preocupado com a reorganização de seus militantes urbanos. Os mais importantes movimentos, marcados por conflitos armados entre camponeses, posseiros, fazendeiros e autoridades locais foram os seguintes: A Guerrilha de Porecatu; A Revolta de Dona Noca e o Território Livre de Formoso (Morais, 1997:11).

A Guerrilha de Porecatu, liderada pelo camponês e artesão nordestino Jacinto, ocorreu em 1950, na margem esquerda do rio Paranapanema, divisa dos estados de São Paulo e Paraná. A área em conflito se iniciou em Porecatu, alastrou-se pelos municípios de Londrina e Apucarana, no Paraná, mas depois se estendeu a São Paulo, atingindo Assis, Presidente Prudente, Martinópolis e Presidente Bernardes. Após dois meses de campanha, Jacinto e sua gente abandonaram a luta, em atendimento à orientação do PCB, no sentido de que não havia condições objetivas de vitória para o movimento.

A Revolta de Dona Noca ocorreu no Maranhão, em 1951. Iniciada como uma luta pelo poder local, inclusive com manifestações pelas ruas de São Luís, terminou envolvendo os camponeses. Foi liderada pelo jornalista Neiva Moreira e a líder comunista Maria Aragão. Aproveitando-se da insatisfação popular, marcada pelas mobilizações de estudantes e operários destinadas a impedir a posse do governador eleito Eugênio de Barros, a prefeita de São João dos Patos, Joana da Rocha Santos, alcunhada popularmente de Dona Noca, apesar de latifundiária, decidiu apoiar a luta dos adversários do governador. Mobilizou os camponeses, fez uma viagem ao Recife, onde comprou armas e munições. De volta à sua terra, organizou verdadeiro "exército de camponeses" e deu o comando a um dos líderes estudantis, acadêmico de direito, chamando-o de "general Bastos". Após uma semana, as milícias camponesas conquistaram Pastos Bons, Miradouro e Passagem Franca. No morro do Mutum, nas imediações de Barão de Grajaú e São João dos Patos, após um mês de campanha, foram derrotados pelas forças legais.

A revolta camponesa de Trombas e Formoso, liderada pelo camponês José Porfírio de Souza, ocorreu entre 1950 e 1957, na região norte de Goiás, em área de quase 10 mil quilômetros quadrados. A luta dos camponeses travou-se fundamentalmente contra os grileiros. Os combates desenvolveram-se tanto no terreno da luta política institucional quanto no da luta armada propriamente dita. O movimento teve um caráter especialíssimo, pois, à medida que conquistavam o poder local, os camponeses revoltosos elegiam as autoridades – prefeitos, vereadores e juízes – e se recusavam a pagar impostos e taxas ao governo de Goiás. Talvez tenha sido uma das primeiras vitórias alcançadas por camponeses no Brasil republicano. O governador Mauro Borges foi obrigado a desapropriar a terra em conflito e a distribuí-la em parcelas aos camponeses, o que pôs fim ao litígio armado. José Porfírio foi eleito deputado estadual em 1960, sendo o primeiro líder camponês a eleger-se parlamentar. Cassado e preso pelo regime militar de 1964, ainda hoje é dado como desaparecido.

37. QUANDO GETÚLIO VARGAS MORREU EM AMARAJI

Na campanha eleitoral para deputado estadual em 1954, por exemplo, Julião se apresentou como candidato defensor do binômio "socialismo e liberdade, contra o fascismo, a miséria e a fome do povo, especialmente do operariado e do trabalhador rural, oprimido e degradado".[28] Apesar da referência ao operariado, na verdade, a atuação de Julião se concentrara, nas últimas décadas, na defesa de trabalhadores rurais, razão pela qual ficara conhecido como advogado defensor de camponeses. Mesmo sabendo que esses, via de regra, eram analfabetos, portanto, não votavam, Julião esperava que suas constantes ações interpostas nas mais diferentes comarcas do interior do Estado, ora para cobrar indenizações por injustas expulsões de camponeses da terra, ora para impedir cobranças abusivas de foros ou a condenável prática do cambão etc., representavam iniciativas que, direta ou indiretamente, terminariam repercutindo na capital, sobretudo em eleitores da classe média. E foi o que aconteceu.

Além do mais, ele descobrira que o camponês era um tipo excessivamente legalista e respeitoso para com a Justiça e seus membros. Por isso, passou a levar às salas de audiências o maior número possível deles para acompanharem o andamento dos feitos de seus constituintes e suas testemunhas, todos camponeses como eles. Era uma manobra que, no fim das contas, de imediato, traria impacto psicológico naquela gente. Eles ficavam conhecendo os caminhos da justiça e vendo que ela nascera para todos. Na prática, mais tarde, esse contato também poderia facilitar o apoio moral que eles deveriam dispensar ao camponês demandante, perseguido, injustiçado pelo senhor proprietário. Com essas atitudes, Julião procurava ampliar os laços de solidariedade da comunidade e, ao mesmo tempo, fazer com que aqueles homens humildes e temerosos dos meandros e corredores das salas de audiência se acostumassem com a Justiça e vissem que eles também eram cidadãos, e nessa condição tinham seus direitos assegurados nas leis e na Constituição do país.

Antes de recorrer à via judicial, Julião, ao se reunir com eles, explicava a finalidade de sua iniciativa e falava da união e da solidariedade. Para isso, usava imagens de fácil compreensão para aquela gente simples. A mais conhecida era a da mão:

> Olhe, a mão estendida não tem sentido. Se você estende a mão, quando muito, a pessoa pode lhe dar uma esmola. Você tem que fazer com a

mão o que sempre faz quando toma a enxada. Você aperta a mão no cabo da enxada. Quando aperta a mão, os dedos se unem. Com a mão estendida, você pode, naturalmente, separar os dedos, mas, com a mão apertada no cabo da enxada é impossível separar os dedos. Então, vocês precisam saber que a sociedade que amanhã ou depois surgirá de vocês próprios é uma espécie de mão fechada no cabo da enxada (FJ a FGV/CPDOC, 1982:30).

Também costumava usar a imagem do feixe de varas: um homem só é como uma vara; facilmente se quebrará. Vários homens unidos em defesa de seus direitos, são como um feixe de varas; dificilmente alguém conseguirá quebrá-lo.

Certo dia, ao chegar a Amaraji, na Zona da Mata, e se dirigir ao foro para a audiência que marcara com dezenas de camponeses, ele ouviu o serviço de alto-falante da praça da Matriz tocar a *Nona Sinfonia*, de Beethoven, aliás, uma de suas músicas favoritas. Achando aquilo estranho, pensou: algum acontecimento grave ocorreu neste país para que, em uma cidade tão pequena como esta, se escute o coro da *Nona Sinfonia*. Ao perguntar a uma pessoa a razão de tão especial acontecimento, foi informado de que Getúlio Vargas acabara de matar-se com um tiro no coração. Entrou na sala de audiência bastante preocupado.

Naquele momento, em campanha política para deputado estadual, entendeu que deveria voltar imediatamente para o Recife. A morte do presidente da República poderia, de uma hora para outra, mudar a marcha dos acontecimentos.

Enquanto isso, em Amaraji, Julião, ao entrar na sala de audiência com seus constituintes e os demais camponeses, notou que o juiz o olhava com espanto, como quem indagasse em voz alta, afinal de contas, que deseja esse advogado? E, a seguir, com efeito, foi exatamente o que perguntou:

– Senhor Francisco Julião, por que está tratando de desorganizar a vida desses camponeses, trazendo-os para cá num dia de semana, quando eles são tão necessários no campo, trabalhando em suas próprias terras ou na de seus patrões?

Após a pergunta, que, além da surpresa de ver tantas pessoas ali apenas como observadores, continha também velada repreensão, o advogado respondeu ao magistrado:

– Excelência, vou-lhe explicar. O camponês tem muita curiosidade de saber como se faz justiça. Eles sempre me perguntam se há alguma inconveniência em vir aqui. Eu lhes respondo dizendo que não, porque, como as audiências são públicas, de acordo com a lei, também podem comparecer os senhores de terra e os coronéis. Os camponeses estão aqui para assistir à audiência porque querem saber como se faz e distribui a justiça nesta cidade (FJ a FGV/CPDOC, 1982:29).

Requereu, ainda, oralmente, em virtude do suicídio do grande brasileiro Getúlio Vargas, presidente da República, que aquela audiência fosse adiada. O juiz não atendeu a seu pedido.

Assim os camponeses iam perdendo o medo da burocracia judiciária. Descobriam que aquele mundo também lhes pertencia, que eles eram cidadãos comuns, tinham direitos e obrigações assegurados pela lei. Além do mais, criava-se clima propício à solidariedade e à amizade com os membros da comunidade em demanda contra seus senhores na Justiça, repto que nem todos ousavam assumir. Fato desse tipo, em geral, corria de boca a boca e atingia outras cidades. Era indispensável, portanto, combater a ideia da subserviência. Os camponeses, de mão estendida ao senhor, à autoridade ou ao chefe político da região, viviam psicologicamente ameaçados pelo fantasma do aumento do foro, pela possibilidade de serem expulsos da terra sem indenização, pelo medo da prisão injusta e sem culpa firmada, ato humilhante que, via de regra, também servia para o resto da comunidade tomar aquilo como exemplo e se tornar dócil e obediente.

Outro inimigo do camponês era o individualismo, que, segundo entendia Julião, decorria da

> relação que se estabelece diretamente com a terra, com a enxada, com o seu instrumento de trabalho, com o cavalo que lhe serve para ir à feira, com a semente, com os fenômenos meteorológicos. Então, ele não necessita do outro camponês, porque a sua relação é direta com a terra (*ibidem*, p. 230).

No funesto 24 de agosto de 1954 urgia, pois, voltar o quanto antes ao Recife. A campanha eleitoral para o governo do estado, com a disputa entre o general Cordeiro de Farias e o usineiro João Cleofas, poderia assumir novas proporções.

Nas eleições, graças à "dobradinha" feita com o cientista e deputado federal Josué de Castro, que buscava a reeleição, Julião conseguiu ser eleito deputado estadual pelo PSB.

38. MÊS DA IMPRENSA POPULAR

A participação de Julião na campanha de arrecadação de fundos para o jornal *Folha do Povo*, ligado ao PCB, remonta a 1950. De certo modo, merece destaque essa referência, porque confirma a sua aliança com os comunistas, a qual ultrapassava os meros laços de amizade pessoal, ou seja, aproximava, programaticamente, os dois partidos: o Socialista e o Comunista.

Em novembro, a campanha que recebia a denominação de Movimento de Ajuda à Imprensa Popular (MAIP) instalou-se festivamente na sede do Sindicato dos Médicos de Pernambuco. Esse movimento não era apenas uma iniciativa dos pernambucanos, tinha caráter nacional. Tal evento conseguiu reunir numerosas pessoas de todas as áreas sociais. Não houve repercussão na imprensa da capital, mas o fato foi registrado com detalhes na parte policial constante do dossiê de Julião, considerado o principal organizador, na secretaria de Segurança.[29] Entre as personalidades presentes destacavam-se Miguel Arraes, Pelópidas Silveira, Murilo Coutinho, Rodrigues Calheiros, Gumercindo Amorim, Luiz Pinto Ferreira e, claro, Julião.

Das várias iniciativas tomadas por Julião, a mais importante, sem dúvida, ocorreu em setembro de 1953, com o lançamento da Campanha dos 15 Milhões, destinados à imprensa popular, no caso, a *Folha do Povo*. Esse lançamento ocorreu no salão nobre da Câmara Municipal do Recife. Na ocasião, foi apresentada a comissão encarregada de controlar e administrar os fundos arrecadados, sob a presidência de

Julião. Integravam os demais cargos: Gumercindo Amorim, vereador José Guimarães Sobrinho, jornalistas Hiram Pereira, Vicente Barbosa e Edmundo Celso (FP, 24/9/1953).

Em 30 de novembro do ano seguinte (Julião já eleito deputado estadual) ocorreu, na redação do jornal *Folha do Povo*, reunião solene de posse da nova diretoria do Movimento de Ajuda à Imprensa em Pernambuco. Julião, considerado "conceituado causídico pernambucano" (FP, 30/11/1954), figurou como presidente. Eram seus colegas de diretoria os médicos Gumercindo Amorim e Luiz Borges; o sr. Rosalvo dos Santos e as senhoras Elenice Veiga e Alda Toribio.

Uma das principais ações desenvolvidas por Julião, como presidente do movimento, foi criar e intensificar a campanha Mês da Imprensa Popular durante o mês de março de 1955, aliás, mês de sua posse formal como deputado estadual. Fizeram-se vários atos de divulgação, a fim de arrecadar fundos para o jornal *Folha do Povo*.

A justificativa da campanha apareceu em panfleto – Ao Povo Pernambucano – distribuído nos colégios, nas faculdades, nos centros sociais e de cultura, sindicatos, nas entidades patronais, ruas e praças etc.

> [...] março próximo será, em todo o território nacional, o Mês da Imprensa Popular. Não é de hoje que o povo se acostumou a tomar conhecimento e a participar intensamente de campanhas patrióticas, que visam ao fortalecimento dos jornais a serviço da liberdade, da paz e da soberania nacional.
>
> Cada dia que se passa, torna-se mais imperiosa a necessidade de dotar os jornais da imprensa popular de novas máquinas, de melhores instalações materiais, de lhes assegurar maior difusão no seio das classes e camadas da sociedade, que têm sobre seus ombros a gigantesca tarefa de tornar o Brasil um país próspero e feliz, liberto das cadeias dos monopólios norte-americanos e da maioria que o explora e oprime intensamente.
>
> Entre os jornais que, por todo o país, defendem as liberdades públicas e denunciam os exploradores de todas as categorias encontra-se a *Folha do Povo*, de gloriosas tradições nas lutas democráticas de Pernambuco contra a opressão, a fome e o fascismo. A *Folha do Povo* é a tribuna que melhor defende os interesses da classe operária, das massas camponesas,

dos intelectuais progressistas, dos comerciantes e industriais, sacrificados em suas iniciativas pela ação antipopular e antinacional dos governos e dos trustes americanos.

Por conseguinte, o Mês da Imprensa Popular, em Pernambuco, é, por excelência, o Mês da *Folha do Povo*.

Tudo façamos, pois, na obra patriótica de melhorar o conteúdo e a apresentação gráfica da *Folha do Povo*, reequipando as suas oficinas, comprando uma linotipo nova e estreitando as ligações desse bravo jornal com a classe operária e as massas populares.

Contribuir ativamente para a vitória desses objetivos significa colocar nas mãos de nosso povo um valioso instrumento das lutas patrióticas pela soberania nacional, pelas liberdades, contra o golpe e a guerra.[30]

Abaixo, destacavam-se as costumeiras palavras de ordem em letras maiúsculas:

Pela Realização Vitoriosa do Mês da Imprensa Popular!

Pela Obtenção, no Mês de Março, de 300 Mil Cruzeiros Para a Compra de uma Linotipo Para a *Folha do Povo*!

Adquira e Leia, Diariamente, a *Folha do Povo*, Jornal da Paz e da Verdade![31]

39. CUTUCANDO O CÃO COM VARA CURTA

Ainda pela década de 1920 era possível prever que Limoeiro, uma das mais promissoras cidades do Agreste, a 70 quilômetros do Recife, dentro de alguns anos rivalizaria em termos de atividades agrícolas, comerciais, industriais, pecuárias etc. com outras cidades da região. À medida que o tempo passou, duas outras cidades não muito distantes dali – Campina Grande e Caruaru – alcançaram invejável surto de crescimento em todos os ramos de atividades, enquanto Limoeiro, ao contrário do esperado, estagnou.

Por coincidência, nessa mesma década, nas eleições de 1922, Francisco Heráclio do Rego (Bom Jardim, 1885; Limoeiro, 1974), já conhecido como coronel Chico Heráclio – patente da guarda nacional que ele comprara por 90 contos de reis (Heráclio, 1979:66) –, foi eleito prefeito com o apoio do chefe político local, senador Severino Pinheiro, e do governador Estácio Coimbra. A partir de então Limoeiro viveria mais de meio século sob o império de sua liderança política. Chico Heráclio, considerado o último dos coronéis, apelidado de o 'leão das varjadas' (Mota, 1983:101-103), ganhou notoriedade não pelas obras feitas como prefeito e deputado, mas pelas atitudes personalistas e voluntariosas, exóticas, desconcertantes, atrabiliárias e violentas. Por isso, logo se transformou também numa espécie de atração folclórica. Até Gilberto Freyre, sociólogo e antropólogo de aguçada sensibilidade social, lamentou o desaparecimento do coronel do interior, ao afirmar, numa clara alusão ao estilo do coronel Chico Heráclio, que ele estava sendo substituído pelo "senhor dinheiro, uma substituição lamentável, pois o coronel, com todos os seus defeitos, era uma figura patriarcal" (Heráclio, 1979:81).

Há quem atribua a estagnação daquela cidade durante o longo período de 1921 a 1974 às atividades políticas do coronel Chico Heráclio; já outros entendem que ele foi um benfeitor para a cidade. Nesse grupo incluímos o folclorista Mário Souto Maior, admirador da figura do velho coronel das Varjadas,

> homem bom, político que fazia o possível para resolver os problemas de seus correligionários, inclusive os familiares. Depois que comecei a advogar é que mantive contatos com o coronel Chico, que, na minha opinião, além de um político de mão cheia, era também um filósofo popular. Sem haver cursado colégio nem universidade, o coronel Chico Heráclio filosofou a vida inteira... (Rego, 1999:14).

Na primeira semana de setembro de 1954, Limoeiro tomou conhecimento, por intermédio da rádio Difusora local, de que agricultores ligados à cultura do algodão organizavam ali importante Conferência Regional dos Plantadores de Algodão de Pernambuco. Todas as autoridades do município – deputado coronel Chico Heráclio, prefeito, vereadores, igreja, professores, juiz, produtores de algodão e outros cultivos, fazendeiros etc. – ao tomar conhecimento do evento, acharam-no oportuno e, espontaneamente, passaram a apoiá-lo. Em seguida chegaram à cidade três organizadores da conferência: Pedro Duarte, Pedro Renaux e Casimiro Pereira da Silva, que ficaram hospedados no Grande Hotel, na praça da Bandeira, Centro.

O professor Antonio Vilaça, na qualidade de principal homem de letras, intelectual de reconhecida sensibilidade social, foi o primeiro a ser convidado por Pedro Duarte, em virtude de apresentação feita mediante carta do recém-eleito deputado e advogado Francisco Julião, amigo do conceituado mestre limoeirense. Duarte aproveitou a ocasião para homenageá-lo com a presidência de honra do evento. Vilaça aceitou, agradeceu a homenagem e cuidou de dar a boa nova aos amigos, inclusive à família Heráclio. A partir daquele encontro, Duarte manteve contato com vereadores, frei Romeu Perea e outras importantes personalidades.

O coronel Chico Heráclio – o primeiro a apoiar com gesto positivo – prometeu contribuir com vinte mil cruzeiros; além disso, conseguiu o salão solene da Câmara Municipal para o evento. Até o juiz Agripino Ferreira de Almeida, sensibilizado com o convite, apoiou o conclave.

Pedro Renaux, por sua vez, manteve contato com o gerente Júlio Barbosa, da rádio Difusora de Limoeiro, para transmitir o evento e também procurou alguns fazendeiros, a exemplo de Pedro José Monteiro, homem de muito prestígio entre os demais fazendeiros, o qual se comprometeu a ajudar financeiramente nas eventuais despesas de organização e logística da conferência.

Em 13 de setembro o delegado de Polícia de Limoeiro, capitão Jesus Jardim de Sá, recebeu informações sigilosas da Secretaria de Segurança de que os organizadores da chamada conferência eram apenas "elementos comunistas" já conhecidos das autoridades policiais do Recife. A prova, argumentava o capitão, é que eles estavam usando o nome de Julião, também "comunista" e recém-eleito deputado estadual pelo PSB com o apoio do PCB.

O delegado, então, não teve dúvida: reuniu sua guarnição e pessoalmente, por volta das 21 horas, dirigiu-se ao hotel, prendeu os organizadores da conferência e levou para a delegacia todo o material de divulgação, chamado em seu relatório de "copioso material de propaganda vermelha."[32]

A prisão tornou-se um escândalo na cidade. Todas as autoridades e pessoas dispostas a ajudar financeiramente o evento, como o coronel Chico Heráclio, de repente, num passe de mágica, acharam justa a ação policial do capitão Jesus. Se era coisa de "comunistas", então, fizera muito bem.

No dia seguinte, como as pessoas convocadas ainda não sabiam das prisões da noite anterior, começaram a se concentrar na frente do hotel à espera dos organizadores. Quando já se aglomeravam mais de trezentos trabalhadores, procedentes das vilas e propriedades vizinhas e até de outras cidades, a multidão foi cercada pelos soldados comandados pelo capitão Jesus, que, alegando ter sido proibida por se tratar de ato comunista, avisou que não haveria mais conferência. Ordenou que todos se dispersassem imediatamente.

Dois anos mais tarde, quando os mesmos plantadores de algodão organizaram em Limoeiro um encontro mais modesto, de caráter regional, sem a participação de "estranhos organizadores" do Recife, intitulado Semana Ruralista, no ensolarado domingo de 26 de agosto de 1956, com discursos, desfiles, feira de amostras, banquetes, bailes e festas, com apoio de todas as autoridades do município, até com o aval do coronel Chico Heráclio, Julião teve a ideia de voltar àquela cidade, como se quisesse relembrar a frustrada Conferência Regional dos Plantadores de Algodão de Pernambuco.

No dia anterior distribuiu milhares de panfletos concitando o povo de Limoeiro a ir mais além das simples manifestações festivas. Em vez de ir a eventos onde haveria "discursos, desfiles, feira de amostras, banquete, bailes e festas", era preciso aproveitar a ocasião para se fazerem reivindicações mais importantes:

> É o momento mais indicado para o bravo povo de Limoeiro tomar duas resoluções. A primeira delas é contra a ganância da Sanbra (Sociedade Algodoeira do Nordeste Brasileiro) e da Anderson Clayton, esses dois trustes internacionais que tomaram conta do nosso mercado de algodão

e estão matando os nossos produtos na unha. Não só os produtores, mas os fazendeiros de gado e os industriais de tecidos. Os plantadores de algodão devem organizar-se para lutar contra esses dois vampiros. Limoeiro pode e deve ser o ponto de partida para uma companha em todo o Nordeste pela libertação dos plantadores de algodão das garras desses trustes. A segunda resolução a ser tomada é em favor do camponês sem terra que planta algodão para o rico. Há fazendeiros que só querem receber o foro em quilos de algodão. E cobram 150 quilos por um hectare de terra. Isso é esfolar o pobre pelas costas. E matá-lo de fome. Já basta.

Se os plantadores de algodão não se organizarem contra essas duas lagartas famintas – a Sanbra e a Anderson Clayton – nem se dispuserem a tratar o camponês pobre como gente, e não como bicho, de nada valerão as festas, discursos, desfiles e comes e bebes da Semana Ruralista. Tudo não terá passado de conversa fiada e fogo de vista. Limoeiro, 25 de agosto de 1956. Francisco Julião. Deputado estadual.[33]

O coronel Chico Heráclio não gostou daquela intromissão do seu colega de Assembleia Legislativa. Era preciso dar o troco. O capitão Jesus Jardim de Sá, delegado de Limoeiro, por sua vez, também não esquecera os ousados cartões de apresentação que aquele advogado e deputado Francisco Julião dera a alguns "perigosos comunistas", os quais, por pouco, não ludibriaram as autoridades da cidade. Ele não perderia por esperar...

40. OS NOVOS GALILEUS

Como surgiu a sociedade de camponeses que daria origem à mais famosa Liga Camponesa, do Engenho Galileia, em Vitória de Santo Antão, Pernambuco?

Entre o grupo de camponeses que fundara a Sociedade Agrícola e Pecuária dos Plantadores de Pernambuco havia dois remanescentes das antigas ligas de Bongi e Iputinga, do Recife: os irmãos José Ayres dos Prazeres e Amaro, esse apelidado de Amaro do Capim, ambos filiados ao PCB. Eles é que criaram as condições para a organização da sociedade, mas coube ao Amaro do Capim o papel mais importante de liderança da liga de Iputinga.

José Ayres dos Prazeres fora registrado como filho natural de camponesa com senhor de engenho que se recusara a reconhecer a paternidade. Talvez daí seu interesse em defender com tanta determinação os direitos dos irmãos de classe. Cedo mudou do campo para a capital, onde conseguiu emprego na Great Western Railway como condutor de bonde. Ali tomou conhecimento das atividades clandestinas dos socialistas, animados com as vitórias alcançadas pelo povo russo. Suas primeiras atividades remontavam aos tempos do jornal *Terra Livre* (ligado aos anarcossindicalistas de São Paulo, então em campanha para expandir-se por todo o Brasil). Perseguido por haver coletado fundos em benefício do referido periódico, assim iniciou sua conscientização política. Em 1924, o grupo anarcossindicalista negou apoio à campanha conhecida na história como Coluna Prestes. Mais tarde, filiou-se ao PCB e, no levante de 1935, apareceu lutando ao lado dos revolucionários recifenses nos confrontos do Largo da Paz.

De 1945 a 1947, por ocasião da redemocratização do país, Prazeres voltou a atuar na mobilização de camponeses, dessa vez criando a Liga Camponesa de Iputinga. A partir dessa experiência positiva, ele conseguiu arregimentar um maior número de adeptos e ampliar seu raio de ação por vários municípios pernambucanos, inclusive Vitória de Santo Antão.

Em 1966, Prazeres contaria, em carta dirigida ao ex-deputado Clodomir Morais, os detalhes dos primeiros passos para a criação da sociedade (Morais, 1997:63). Tudo começou quando ele foi procurado pelo camponês Hortêncio, expulso da gleba que arrendara do proprietário, porque não conseguira pagar a totalidade do foro ajustado para o fim do ano. Prazeres, então, propôs ao grupo de camponeses, sobretudo aos que trabalhavam no engenho Galileia, de propriedade de Oscar de Arruda Beltrão, a formação de uma sociedade, cujos membros cotizariam o valor que faltava para Hortêncio pagar o foro. Essa era a providência imediata, mas a futura sociedade contaria nos estatutos com outras disposições fundamentais à organização dos camponeses. Em verdade, nascia ali uma espécie de cooperativa rudimentar.

AS LIGAS E A UNIDADE (1955-1959)

A ideia vingou e o grupo, reunido em 1º. de janeiro de 1955, criou a entidade que se chamou Sociedade Agrícola e Pecuária dos Plantadores de Pernambuco. A primeira diretoria provisória ficou assim constituída: presidente: Paulo Travassos; vice-presidente: José Francisco de Souza (Zezé da Galileia); tesoureiro: Romildo José; 1º. secretário: Oswaldo do Vale; fiscais: Oswaldo Campelo, Amaro e João Virgínio (*ibidem*, p.64).

Julião, por essa época, acabara de ser eleito deputado estadual pelo PSB nas eleições de 3 de outubro de 1954. Para tanto fora decisiva a estreita amizade mantida com Josué de Castro, candidato à reeleição para deputado federal pelo PTB. A mesma "dobradinha" ocorreria na eleição seguinte (1958). Daí decorreu o constante apoio que o autor de *Geografia da fome* sempre dispensaria ao movimento camponês brasileiro. A posse ocorreu a 1º. de março de 1955. Continuava com a banca de advogado montada no centro do Recife, já bastante conhecido como defensor de camponeses e até por algumas iniciativas que repercutiram na imprensa local, como, por exemplo, a defesa das prostitutas recifenses.

Quando os membros da sociedade de camponeses encontraram as primeiras dificuldades de ordem jurídica, isto é, registro da sociedade e defesa de seus direitos perante os senhores de engenho, veio à tona o nome de Julião. Àquela altura, vale dizer, estavam negociando com o dono do engenho Galileia o arrendamento de todo o engenho. Então, formaram uma comissão – José Ayres Prazeres, seu irmão Amaro e Zezé da Galileia – e foram à casa de Julião, na rua Cruz Macedo, em Caxangá. A conversa foi direta e franca:

– Dr. Julião, a sociedade está fundada. É uma cooperativa e queremos ver se conseguimos crédito para plantar mais verdura. As terras já estão todas arrendadas. São terras que não dão mais cana. Por isso, o dono, o sr. Beltrão, nos arrendou. E estamos lá. Vimos aqui porque queremos ter um advogado para nos defender, pois sabemos que o senhor defende camponeses (FJ a FGV/CPDOC, 1982:52).

O deputado respondeu de forma taxativa:

– Eu os defenderei. Sou um deputado. O Estado me paga para isso. Vocês não terão de me pagar coisa alguma.

Anos depois, o escritor Antonio Callado, como jornalista destacado pelo *Correio da Manhã*, do Rio, para cobrir o movimento das ligas em Pernambuco, fixaria, em poucas palavras, o sentido da decisão de Julião em defender os camponeses e também o seu exato perfil:

> Se os revolucionários franceses de 89 incitavam a República romana e Cromwell imitava os heróis bíblicos, Francisco Julião imitava Castro Alves. Pálido, longa cabeleira, bigodes caídos, diz que a abolição ficou incompleta sem a reforma agrária e evoca muito o Poeta dos Escravos (Callado, 1960:37).

Julião examinou a minuta dos estatutos, talvez preparada por Prazeres, e verificou que se tratava ainda de um embrião de cooperativa destinada a obter créditos, poder vender melhor as verduras e frutas e mais alguns pontos. Carecia, pois, de algumas correções para atender às finalidades por eles propostas. Marcaram uma reunião para cuidar desses pontos no próprio Engenho Galileia, com a presença de todos os camponeses no domingo seguinte. O engenho abrigava 104 famílias, um contingente de mil e tantas pessoas. Havia, portanto, significativa concentração humana.

Os membros da sociedade organizaram carinhosa recepção para o advogado que aceitara defender seus interesses. Formaram uma comissão e foram esperá-lo na entrada do engenho. Quando ele ultrapassou as palmeiras que ladeavam as margens da estrada, espocaram fogos de artifício. Era o sinal. Chegava um estranho ao engenho. A partir daquele dia, os galileus usaram a senha com duas finalidades: avisar a chegada de estranhos e todos ficarem preparados para qualquer eventualidade, porque o visitante poderia ser o inimigo, o capanga ou o policial. Assim, quando ele chegava à casa-grande do engenho ou à sede da liga, já estava sob a mira dos camponeses por causa do troar dos foguetes. Ninguém seria pego de surpresa. Quando Julião chegou à sede da liga, todos os moradores o esperavam. Ele próprio ficou surpreso com a receptividade – jogaram pétalas de rosas sobre sua vasta e desalinhada cabeleira negra:

Cheguei lá e encontrei um corredor de camponeses e camponesas, com flores, com pétalas de rosas, muitos foguetes, uma verdadeira festa. Eu, então, assumi o compromisso de defendê-los. Usei até uma expressão de que sempre me recordo, porque me emocionou muito ver aquelas velhinhas camponesas, à medida que eu passava, me jogando flores. Eu pensei: "Essa gente tem esperança". Então, eu disse: "Olhe, vou fazer tudo para que essas pétalas não se transformem em pedras". E assumi o compromisso de defendê-los (FJ a FGV/CPDOC, 1982:53).

Por ser a sociedade de natureza civil beneficente e de auxílio mútuo, entre suas principais finalidades constava a fundação de uma escola primária, aliás exigência legalmente assegurada pela Constituição federal de 1946, que obrigava os donos de todas as propriedades agrícolas com mais de cem famílias a manterem estabelecimento de ensino primário gratuito para os filhos dos moradores.

Julião levou à Justiça o registro da sociedade e conseguiu a aprovação do juiz Rodolfo Aureliano, então presidente da Associação Católica do Recife, o qual considerou a associação perfeitamente ajustada à lei.

Os estatutos se referiam, ainda, a outros objetivos, tais como adquirir sementes, inseticidas, instrumentos agrícolas, obter auxílio governamental, assistência técnica etc.

41. VIDA SEVERINA

Entre os itens referentes à cotização de dinheiro para atender a certas necessidades, por aquela época, diante do alto índice de mortalidade infantil na região, ele deu ênfase à iniciativa corrente entre os moradores no sentido de levantarem fundos destinados à aquisição de caixõezinhos de madeira para enterrar as crianças mortas em proporção assustadora. Quando não encontravam tal socorro, normalmente os pais as enterravam de forma clandestina, nos pés de mourões das porteiras dos engenhos ou sob a sombra de árvores frondosas.

A propósito dessa falta de condições dos pobres camponeses e trabalhadores de dar sepultura digna a seus mortos (mais crianças do que adultos), décadas antes o prefeito de Vitória de Santo Antão, José Joaquim da Silva, tentara minorar a gravidade do problema. Adotou, então, prática bastante esperta e revestida de cunho paternalista. Assumiu o compromisso de fornecer caixões de graça às pessoas pobres a fim de enterrarem seus mortos. No entanto, ao perceber o avultado número de óbitos e o crescente aumento da despesa, teve a seguinte ideia: comprovada a morte e o pedido da família interessada, o caixão de madeira seria emprestado para o velório e a condução até o cemitério, onde o defunto era jogado dentro da cova, mas sem o caixão. Depois disso, a família assumia responsabilidade de devolvê-lo limpo e nas mesmas condições em que o recebera do funcionário da prefeitura.

Com pouco tempo a população pobre batizou o caixão do prefeito com o nome de Lolô. Segundo a opinião geral, era tão feio – comprido, pintado de preto, ornado com uma cruz branca desenhada sobre a tampa – que metia até medo nas crianças.[34]

Essa prática, no entanto, passou a ser repudiada, porque os camponeses e os trabalhadores pobres sentiam-se humilhados por não terem sequer condições de enterrar seus mortos com as honras de um caixão, como ocorria com os cristãos mais abastados.

Em função disso, José Augusto Ferrer, ao ser eleito novo prefeito de Vitória de Santo Antão, acabou com aquela humilhante forma de enterrar os mortos:

> Um dos meus primeiros atos (como novo prefeito), quando soube que havia isso (emprestar o caixão para enterrar os mortos pobres), eu ordenei que o primeiro que morresse fosse enterrado com o próprio Lolô, que recebera esse apelido do povo. Fiz isso porque eu tinha outra formação. Fui sempre muito cristão, procurei ser caridoso e sempre ajudar a muita gente, como ainda ajudo, e achei aquele procedimento da autoridade (municipal) uma das coisas mais indignas para com o ser humano.[35]

A ênfase dada por Julião a respeito da falta de meios dos galileus para enterrar os mortos na verdade difundira-se com facilidade porque ele, em um texto, usara a imagem da triste realidade. Talvez algumas pessoas menos infensas a tal tipo de sensibilidade achassem tudo exagerado, por ser, na época, procedimento comum na região.

Essa triste história dos caixõezinhos foi contada pelo jornalista Antonio Callado no *Correio da Manhã* com o objetivo de chamar a atenção sobre o fundamental: a cotização dos pobres camponeses para levantar fundos a fim de fazer face a despesas de diversas naturezas, a exemplo do pagamento da primeira cota do valor do foro devido pelo camponês Hortêncio, do engenho Galileia, e a compra de caixões.

A divulgação do fato também se deveu, em parte, à enorme repercussão que alcançou o livro de Josué de Castro *Sete palmos de terra e um caixão: ensaio sobre o Nordeste, área explosiva*, ao repetir a imagem usada com frequência nas pregações de Julião, segundo a qual os camponeses, por terem tanto amor à terra, viam todas as aspirações acabarem em "sete palmos de terra e um caixão" (Castro, 1960). Ele usava essa expressão para dizer que no fim da vida sobrava para os camponeses apenas aquela reduzida área.

Quase ao mesmo tempo em que Julião dava início ao movimento da Liga Camponesa em Galileia, o poeta João Cabral de Melo Neto, curiosamente, publicava, em 1955, *Morte e vida severina* – Auto de Natal pernambucano (Melo Neto, 1994:183). Batia na mesma tecla com a veemência quase metálica de seus versos:

> Essa cova em que estás,
> com palmos medida,
> é a conta menor
> que tiraste em vida.
> É de bom tamanho,
> nem largo nem fundo,
> é a parte que te cabe
> deste latifúndio.
> Não é cova grande,
> é cova medida,
> é a terra que querias
> ver dividida.

Ou esta outra passagem (*ibidem*, p. 172), na qual o poeta registra os funestos dados dos limites previsíveis da curta vida dos camponeses nordestinos:

> E se somos Severinos
> Iguais em tudo na vida,
> Morremos de morte igual,
> Mesma morte severina:
> Que é a morte de que se morre
> De velhice antes dos trinta
> De emboscada antes dos vinte
> De fome um pouco por dia...
> (de fraqueza e de doença
> é que a morte Severina
> ataca em qualquer idade,
> e até gente não nascida).

Essa forma de abordar poeticamente a realidade levou o professor e crítico literário Ormindo Pires Filho a escrever: "Esta obra (de João Cabral) contribuiu mais para despertar a consciência cristã do Nordeste do que a maioria das pregações anêmicas e desvitalizadas que foram e são pronunciadas em vários de nossos templos católicos e protestantes."[36]

O professor Ormindo, em seu estudo, foi mais explícito sobre o alcance social da obra cabralina, ao ver o arquétipo da versão religiosa confundir-se com a realidade mesma:

> O nascimento do filho de José, mestre carpina, é, sem dúvida, uma alusão ao nascimento daquela criança de Nazaré chamada Jesus. Nascendo também sob o signo da pobreza e da injustiça social, Jesus tornou-se o modelo daquele que, sendo pobre e desesperado, era, apesar disso, o símbolo da esperança, da alegria, da resistência à opressão, da denúncia da injustiça, da vitória contra a escravidão e a morte. João Cabral de Melo Neto quis, evidentemente, estabelecer um paralelo entre o recém-nascido da estrebaria. Como explicar isso? Qual a intenção do autor ao fazer tal aproximação? Suponho que ele queria mostrar que o recém-nascido pobre, de classe social desprezada, era bem a imagem de Jesus de Nazaré, tam-

bém pobre e desprezado, explorado e esquecido. E do mesmo modo que a salvação veio através de um ser fraco e sem nenhuma representatividade social, sem nenhuma influência, sem nenhuma condição para nada, igualmente aquela vida severina, que estava tendo início ali, era um sinal, era um aviso de que nada poderia impedir a vitória final da existência contra a morte, da liberdade contra a escravidão, do direito contra a injustiça. O Auto de Natal pernambucano, como bem subintitulou João Cabral de Melo Neto no poema *Morte e vida severina*, é uma obra de caráter religioso e social, reivindicatório e denunciante.[37] (*ibidem*, p. 31).

Denúncia curiosamente contida numa obra poética que a professora e também poetisa Lucila Nogueira viu como "verdadeiro manifesto literário a favor da reforma agrária, resgatando um espírito natalino cristão em defesa dos pobres e oprimidos camponeses, sobre cujo destino incidia a plataforma de lutas de Francisco Julião" (Nogueira, I, 2009:353).

As coisas corriam de forma tão pacífica que os camponeses do Galileia, num gesto de humildade e de boa vontade, em evidente demonstração de espírito desarmado para com o "demônio" da luta de classes, após constituir a sociedade, convidaram o dono do engenho, Oscar de Arruda Beltrão, para figurar como presidente de honra. Ele aceitou de bom grado a indicação e foi empossado solenemente. Nunca se vira coisa igual. Era o primeiro senhor de engenho a receber tão honrosa homenagem dos próprios moradores. A notícia imediatamente correu por toda a região.

Um dia, os membros da sociedade souberam que o dono do Engenho Galileia, apesar da homenagem, estava bastante desgostoso com o funcionamento e a orientação seguida pelos dirigentes da entidade. Na verdade, além da preocupação dos latifundiários vizinhos, um dos filhos de Oscar Beltrão, João, desejava apossar-se da terra do pai para fazer ali criação de gado; não concordava com a decisão do pai de haver arrendado o engenho aos moradores, porque dali iriam sair novas revoltas camponesas. Aquilo era coisa de comunistas.

Por causa disso, o presidente da sociedade, Paulo Travassos, diante das críticas de Oscar Beltrão, abandonou o cargo. Os associados não gostaram de sua atitude. Sobre esse episódio, anos mais tarde, disse Prazeres: "O Paulo trabalhou muito, porém, quando as autoridades tomaram medidas dramáticas – que foi quando procurei você (Clodomir Morais) –, ele havia vendido a sociedade, por isso foi eliminado, ficando na presidência Zezé, que era o vice" (Morais, 1997:64).

A presidência, segundo os estatutos, passou imediatamente para o vice, José Francisco de Souza, o Zezé da Galileia.

Julião, ao tomar conhecimento da atitude de Oscar Beltrão e da preocupação dos camponeses, começou a agir. Sobre essa fase da luta afirmou:

> Advertido, pouco depois, por outros latifundiários, de que acabara de instalar o comunismo em seus domínios, tomou imediatas providências para impedir o funcionamento da escola. Não quis mais ser presidente de honra da sociedade. Foi além, exigindo a sua extinção. Os camponeses resistiram. Ele os ameaçou de despejo. Os camponeses se dividiram. Uma parte não se intimidou. Era a maioria, a essa altura liderada pelo ex-administrador da Galileia José Francisco de Souza, o velho Zezé, como é conhecido de todo o país, um camponês que tem hoje perto de 70 anos, mais de quarenta morando naquelas terras. Sereno, honesto, respeitado pela bondade e pelo espírito de tolerância, resistiu a todas as ameaças e violências desde então praticadas contra ele e seus liderados, sendo, por isso, conduzido, várias vezes, à presidência efetiva da liga, de que é o chefe pela eleição unânime dos camponeses de Pernambuco (Julião, 1962:25).

Daí começaram as pressões, as intimidações, as chamadas à Delegacia de Polícia sempre de forma humilhante, sem motivo ou culpa formada, intimações para comparecer à presença do promotor, do prefeito, do juiz. Outra tática usada foi assustar e isolar os camponeses mais responsáveis e atuantes, com o claro objetivo de amortecer e quebrar o espírito de resistência da comunidade. Os primeiros pressionados, intimados, presos foram, por exemplo, Manoel Gonçalves, João Vergílio, José Braz de Oliveira, entre dezenas de outros. O cerco apertava-se dia após dia. Nesse momento entrou em cena o advogado e agora deputado Julião, que abriu duas frentes de resistência: a jurídica e a política.

Um dia, os filiados da sociedade decidiram eleger o deputado Julião como presidente de honra em lugar de Oscar de Arruda Beltrão. Nessa nova condição, ele intuiu a importância e o alcance da causa e escreveu o primeiro documento dessa fase de luta – Foreiro de Pernambuco –, simples panfleto para facilitar a circulação de mão em mão, pelas feiras e pela sede da sociedade. Note-se que ele sequer se referia à liga, mas apenas à sociedade. A imprensa e a Polícia ainda não a tinham batizado com esse nome. Tratava-se de singelo convite ao camponês para fazer parte da Sociedade Agrícola e Pecuária dos Plantadores de Pernambuco, que acabara de ser registrada de acordo com a lei. "É o teu guia, conselheiro e amigo de todas as horas!"

O apelo seguia com insistente peroração na ideia da união:

> Entra para a Sociedade, foreiro, e aprende a lutar pelos teus direitos. Junta a tua vontade à vontade de milhares de teus irmãos que moram na terra alheia, porque somente através da união de todos conseguirás uma velhice menos triste e dias melhores para os teus filhos.
>
> A Sociedade quer o que tu queres.
>
> A Sociedade é contra o cambão. O cambão é para boi de carro. Não é para gente. Vem do tempo da escravidão negra. A escravidão negra foi extinta. E o cambão? O cambão continua. Vamos acabar com o cambão. Ninguém dá mais cambão. É a lei que te garante. Já pagas uma fortuna por um pedaço de terra cansada. E ainda há proprietário que exige de teu braço, dez, vinte e até cinquenta dias de cambão no eito dele, de graça, das seis às seis, e a seca.
>
> Fora com o cambão.
>
> A Sociedade é contra o aumento do foro. O foro está caro demais. Vamos lutar por uma lei para estancar a ganância dos donos de terra. Já basta. Não é justo que o dono da terra more na cidade, com todo o conforto, pagando uma ninharia de imposto, à custa da tua miséria, do teu atraso. Tua mulher não pode continuar dando à luz numa esteira de piripiri. Teu filho não deve continuar morrendo, todo ano, de frio e fome, no mês de maio, e o que escapa não deve continuar crescendo como bicho, sem escola, sem remédio, sem dentista. Já há uma lei que proíbe o aumento do aluguel das casas na cidade. É uma lei justa. Também é pre-

ciso vir uma outra lei que proíba o aumento do foro. Só assim tu viverás mais tranquilo. Entra governo e sai governo e essa lei não vem. Por quê? Porque o dono da terra não quer. Mas se todos os foreiros se unirem, eu te garanto como essa lei virá. Não deixarás a terra onde nasceste e regaste com o teu suor. E o teu trabalho que faz a terra produzir. Tu és a abelha que fabrica o mel, mas o dono da terra é quem se lambuza nele.

A Sociedade não te quer ver, depois de velho, pelas estações de ferro, pelas feiras, pelas portas das igrejas estendendo as mãos para a esmola porque já não podes mais dar um dia de cambão.

A Sociedade não te quer ver feito ave de arribação, acima e abaixo, no pau de arara, em busca de um canto mais sossegado, do patrão bom, da boa terra, sem nunca encontrar, porque o dono da terra, quanto mais se diz cristão, quanto mais bate no peito e vai à missa, mais endurece o coração para o pobre. É porque o dono da terra tem Jesus Cristo na boca e Satanás no coração. Quanto mais rico, pior.

A Sociedade só te quer ver agasalhado. Portanto entra para a Sociedade. Junta o teu braço ao braço do teu irmão sem terra, cochicha com ele, ensina o caminho do bem. A Sociedade é a união sagrada dos foreiros. É o feixe de varas que ninguém quebra. É a corda que ninguém parte. O dono da terra tem a sua sociedade. O foreiro também deve ter a sua. Para lhe dar um pecúlio quando morrer o chefe da família. Para não ser expulso da terra. Para não ter a casa destelhada nem a lavoura destruída pela gula do patrão. Para organizar a sua cooperativa. E aprender a lutar contra a ganância do dono da terra.

Contra o cambão! Contra o aumento do foro! Contra o pau de arara!

Contra o atraso! Contra a fome! Viva a União dos Foreiros de Pernambuco!

Viva a Sociedade Agrícola e Pecuária dos Plantadores de Pernambuco![38]

42. VELHAS E NOVAS LIGAS

As ligas, criadas logo após a redemocratização de 1945, tinham por trás o PCB. Essa orientação, quase sempre ostensiva, terminava por transformar a entidade camponesa em célula comunista. Isso lhe impunha certas restrições de mobilidade, já que os passos da entidade dependiam de decisões não alinhadas, na maioria das vezes, às opiniões do grosso dos associados ou da massa camponesa porventura existente. O chamado centralismo democrático do partido poderia muito bem não se harmonizar com a decisão do corpo social da liga. Uma ficção, portanto. A realidade do campo não poderia ser a vivida por pessoas da cidade, quadros valorosos, combatentes, mas sem a vivência dos problemas reais do trabalhador rural ou camponês.

Ademais, em 1947, quando surgiu a inevitável extinção do PCB, esse, como consequência imediata, sofreu um golpe mortal em sua estrutura, o que inviabilizou a continuidade do processo. O governo do general Eurico Gaspar Dutra estabeleceu rígido controle de perseguição à incipiente máquina burocrática do partido em todo o país. Os comunistas, então, foram obrigados a estabelecer prioridades e praticamente deixaram de lado a organização dos trabalhadores rurais; todo o esforço se concentrou na reorganização das bases urbanas esfaceladas pela polícia política.

Alie-se a essas circunstâncias políticas o fato de que, nas ligas criadas, a estrutura orgânica destinava-se, quase exclusivamente, a atividades de produção em regime de cooperação mútua. O melhor exemplo são as de Bongi e Iputinga, em bairros recifenses, que viviam de plantios de verduras e frutas para serem vendidas na cidade. Não havia nelas, portanto, nenhum programa político claro de conscientização nem de reivindicações relacionadas a tópicos inerentes às atividades desenvolvidas pelos trabalhadores rurais. Cogitava-se apenas de ações isoladas e vinculadas diretamente a suas dificuldades e necessidades agrícolas referentes aos cultivos das áreas ocupadas. Ademais, se considerarmos a localização geográfica como critério determinante do caráter camponês, as ligas de Bongi e de Iputinga eram mais urbanas do que rurais.

No alvorecer de 1955, por ocasião da fundação da Sociedade Agrícola e Pecuária dos Plantadores de Pernambuco, que viria se transformar na primeira Liga Camponesa daquela nova fase, quando Julião foi convidado pelos camponeses para orientá-los no registro e na defesa de seus direitos, já na condição de deputado estadual, não só as condições históricas eram outras, isto é, bem diferentes das de 1947, como também ele passou a adotar outras táticas de luta. Em vez de apenas dar orientação jurídica, específica para cada caso, ele cuidou de ver o problema em perspectiva mais ampla, em dimensão geral. Os erros, as mazelas, os descasos a que viviam submetidos os homens trabalhadores do Engenho Galileia eram os mesmos praticados contra os demais trabalhadores de outras cidades, de outros estados, do Brasil inteiro. Começou a aliar à assessoria jurídica a conscientização política apartidária, embora pertencesse ao PSB. Depois, levou o problema e suas proposições à tribuna da Assembleia Legislativa de Pernambuco, onde denunciava e pedia soluções políticas para o problema agrário brasileiro. Abriu, portanto, duas frentes bem nítidas: a jurídica e a política. Assim ele explicou tal procedimento:

> Primeiro, porque eu não considerava a liga como uma célula; eu a dava como um movimento. Eu não falava absolutamente em política; não levava, por exemplo, ideias marxistas para o campo. Eu não falava que os camponeses deviam entrar em um partido político; simplesmente tratava de seus problemas concretos imediatos, de fortalecer a sua unidade, de organizar outras cooperativas, de atrair mais camponeses, de fazer com que se defendessem contra o cambão, de obter uma lei que pudesse medir, também, o aumento do foro, como já havia uma lei que impedia o aumento do aluguel da casa na cidade (FJ a FGV/CPDOC, 1982:30).

43. REFORMA AGRÁRIA: FÁBRICA DE MISERÁVEIS

A eleição do sucessor do governador Etelvino Lins, em 1954, repetiu o esquema da campanha anterior, quando as forças conservadoras se uniram em torno de um candidato que representasse, sem hesitação, seus interesses de classe.

Na eleição de Lins, diante do clima emocional da inesperada morte de Agamenon Magalhães em 24 de agosto de 1952, quase todos os partidos políticos pernambucanos seguiram a mesma candidatura: PSD, UDN,

PR, PTB, PRP, PST e PRT. Essa união, até então, nunca ocorrera na política partidária brasileira. Ficara de fora apenas o PSB, que apoiara a candidatura do jornalista Osório Borba.

O governador Etelvino Lins, em razão da experiência anterior, assumiu o comando da escolha do candidato, perseguindo o mesmo objetivo, como afirmou: "Repetir o episódio de minha escolha, aglutinando as mesmas forças políticas " (Lins, 1977:71) em torno de um nome confiável aos interesses em jogo. Assim, o nome que, naturalmente, reuniria condições de ser escolhido dentro das forças majoritárias do PSD seria o do senador Jarbas Maranhão, que, logo no início das sondagens, terminou preterido. O governador, articulador da campanha sucessória, ao pesar as circunstâncias, resolveu vetar o nome do senador pernambucano pelos seguintes motivos:

> Diante da impossibilidade de ver Jarbas Maranhão em condições de ser o meu sucessor, e já em descrença com a política do Catete, da qual ele se aproximara, é que pensei no nome de Cordeiro de Farias, guardando reservas desse meu pensamento durante dois meses, até mesmo diante dos companheiros mais íntimos. (*ibidem*).

Anos mais tarde, Cordeiro de Farias, ao explicar a razão pela qual o senador Jarbas Maranhão não fora escolhido em 1954 como candidato ao governo de Pernambuco, acrescentou aos motivos apresentados por Etelvino mais um que, no fim das contas, soou como toque deselegante: "[...] o Jarbas – de muitas qualidades morais, não tenho nada contra ele – era incrivelmente preguiçoso para uma campanha eleitoral. Mais preguiçoso do que Cleofas tinha sido" (Farias, 1981:496).

A disputa, no fim, apesar dos esforços de Etelvino Lins no sentido de unir as forças políticas pernambucanas, terminou levando João Cleofas – então ministro da Agricultura do governo Getúlio Vargas – ao rompimento, embora tenha dito anteriormente que apoiaria o general Cordeiro de Farias. Como reação, lançou sua própria candidatura pela UDN, mesmo sem contar com a unanimidade dos convencionais do partido, já que os demais preferiram apoiar o candidato situacionista.

O general, eleito governador de Pernambuco, não era neófito em política, pois de 1938 a 1943 governara o estado do Rio Grande do Sul como interventor em pleno Estado Novo. Tinha, portanto, ambições políticas.

Apesar de gaúcho – nascera na bela Jaguarão, cidade fronteiriça com o Uruguai –, era filho de pai pernambucano, de tradicional família de Goiana. Ingressara no Exército em 1918 e, quatro anos mais tarde, seu nome apareceu como conspirador do grupo denominado Os Dezoito do Forte de Copacabana, embora não tivesse tomado parte ativa do levante. Em 1924, aderiu à Coluna Prestes, tornando-se o mais jovem oficial a comandar um dos grupamentos dos revoltosos. Participou ativamente da Revolução de 1930 e de todas as demais conspirações sucessivas que nas décadas seguintes, por fim, levaram os militares ao poder em abril de 1964.

A ascensão do general Cordeiro de Farias ao governo de Pernambuco coincidiu com a eleição de Julião para o cargo de deputado estadual pelo PSB e também com a fundação da Sociedade Agrícola e Pecuária dos Plantadores de Pernambuco, a entidade que se transformaria na primeira liga pernambucana sob a influência do deputado socialista, mais tarde combatida com firmeza pelo governo Cordeiro de Farias. Aliás, no mesmo dia da posse do general como governador – 1º de janeiro de 1955 –, os camponeses do Engenho Galileia, em Vitória de Santo Antão, sob a influência de José Ayres dos Prazeres, criavam a entidade.

As ideias do general Cordeiro de Farias, forçosamente, o levaram ao confronto com as forças de esquerda, em especial com os seguidores de Julião. Para se ter uma visão mais precisa do pensamento do governador sobre certos aspectos da vida rural nordestina, basta citarmos o coronelismo, fenômeno sociológica e politicamente conhecido como sinal de atraso social nas regiões onde alguns "coronéis" ainda atuavam com domínio absoluto. O general governador, ao contrário dos que viam os "coronéis" como homens retrógrados e nocivos ao desenvolvimento de todas as classes sociais, autêntica praga social, afirmava que "os coronéis atuavam na verdade como benfeitores da comunidade". E assim justificava seu ponto de vista:

E o que (os coronéis) reivindicavam aos poderes superiores? Médicos, hospitais, escolas. Eram os coronéis que forneciam parteiras à população e, nos casos graves, promoviam a transferência de doentes para hospitais de outras cidades. Enfim, batiam-se pelo desenvolvimento de suas cidades; eram os grandes advogados de seu povo. Lamentavelmente não foram substituídos. Seus descendentes não tiveram o mesmo carisma, a mesma energia, a mesma coragem. [...] Testemunhei, em toda a sua extensão, o declínio do coronelismo; os coronéis já impotentes, vergados pela idade, e o vazio deixado por seu desaparecimento (*ibidem*, p. 476 e s.).

Foi mais longe o general governador. Chegou a ponto de reforçar seu raciocínio e lamentar o manifesto declínio do poder dos "coronéis" pernambucanos:

Mas a verdade é que os coronéis se batiam mesmo é por escolas, saúde pública, estradas. E esse era o lado saudável do mandonismo excessivo e nefasto. O saldo, a meu ver, é francamente favorável ao coronelismo e a prova disso é o vazio provocado por seu desaparecimento. Já disse e repito que os coronéis foram os advogados natos dos interesses dos municípios e exerceram aquele mandato natural com dedicação e, muitas vezes, com amor (*ibidem*, p. 478).

O general Cordeiro de Farias governava sem nenhuma dificuldade, porque conseguira folgada maioria na Assembleia Legislativa. A oposição, formada por poucos deputados, era tão reduzida que, na prática, nada podia fazer contra propostas e projetos de iniciativa do governo. Na área dos movimentos sociais, porém, os líderes do PCB e o movimento de Julião começaram a incomodar, porque, logo no início do novo governo, se instalou uma política de perseguição diuturna a todas as ações levadas a cabo pelas organizações populares.

A propósito de tais perseguições, o general Cordeiro de Farias reconheceu que, efetivamente, durante seu governo, ele e seus auxiliares "não deixavam aqueles movimentos crescerem. Na época, para usar a expressão usada pela polícia, destruímos vários 'aparelhos'. Deixávamos

a coisa crescer e, no momento azado... Nada contundente, porém..."
(*ibidem*, p. 482).

Vale, aqui, transcrever um sucinto balanço feito pelo próprio Julião sobre o governo Cordeiro de Farias:

> Temos algo a dizer sobre esse militar que em nada se parece com aquele outro general também gaúcho, Osório, o marquês do Herval, glória do nosso Exército. Quando ele governou Pernambuco, entre 1955 e 1958, apoiava sem reservas a ação dos latifundiários, cujos delitos nunca foram apurados. Transformou Pernambuco num Estado fascista. Uma Espanha de Franco. Um Portugal de Salazar. Um Paraguai de Stroessner. Deixaram sinistra fama, como secretários de Segurança desse governo, o coronel do Exército Bráulio Guimarães e o seu sucessor, bacharel Álvaro da Costa Lima, esse premiado com um cartório. Os operários, os camponeses e os estudantes jamais esquecerão seus algozes. O desrespeito às liberdades constitucionais foi o apanágio daquele governo em que se registrou grande número de prisões políticas: seis vezes mais do que a soma das prisões havidas em todo o resto do país. Somente no ano de 1956, de janeiro a novembro, registraram-se 630 prisões políticas de camponeses, operários, estudantes e ativistas de tendências comunistas, socialistas, trabalhistas, enfim, desde que ligados ao povo. Houve mortes por assassinato até dentro da Secretaria de Segurança. O Recife ainda se lembra do "suicídio" de João Cotó, atirado do pavimento superior da Delegacia Auxiliar. Foi debaixo desse clima de terror que as Ligas Camponesas se desenvolveram. Era tal a falta de garantias, naquele governo, que, pela primeira vez na história política de Pernambuco, a burguesia, a classe operária e o campesinato encontraram um denominador comum para lutar (Julião, 1962:44).

O general atribuía a presença dos ideais comunistas à fome, à miséria e à ignorância. Por isso, em países como o Brasil, afirmava, o perigo comunista era uma realidade.

Quanto à reforma agrária, considerava-a também motivo para penetração de forças esquerdistas, mas ela faria os camponeses ainda mais infelizes. Segundo ele, o camponês nordestino, ao contrário do sulista, não tinha condições de cultivar a terra por ser muito ignorante. Explicou:

> Estou me referindo, é claro, a Pernambuco e ao Nordeste. Se quiserem fazer aqueles camponeses mais infelizes, é só dar a eles um pedaço de terra, porque eles não têm capacidade de se orientar. A não ser que lhes seja dada também, junto com a terra, uma organização técnica, com toda a assistência de agrônomos e professores. Assim é possível. Fora disso, a reforma agrária só fabricará miseráveis (*ibidem*, p. 48).

44. A LIGA TEM PARTE COM O DIABO

A partir de 1955 o sentido da luta travada pelo deputado Julião nos campos ideológico, político e jurídico se limitou a duas reivindicações básicas: abolir o cambão e não pagar o aumento do foro. Delas derivaram todos os conflitos. Essas reivindicações se baseavam nas observações feitas ao longo dos anos vividos em contato direto com os camponeses. Em primeiro lugar, descobriu que, a fim de ganhar a confiança deles, seria imprescindível conviver com eles; ir ao seu mundo, ao seu habitat, falar pessoalmente com cada um, ouvir suas histórias e, daí, tentar conscientizá-los para a resistência legal. Por isso se munira do Código Civil e da Bíblia. Em segundo lugar, deveria ser sincero e jamais prometer o impossível. A reforma agrária, claro, era a promessa fundamental, o objetivo maior, mas dependia de muita luta, de sacrifícios. Antes de qualquer coisa, importava preparar-se para a caminhada em direção a um futuro só possível com a união de todos. Esse proselitismo, feito com tenacidade e paciência, lentamente ia gerando frutos. E o mais importante: estava preparando os camponeses para resistir aos momentos de dificuldades já anunciados: as perseguições, as prisões e até os assassinatos.

A bandeira de luta – abolir o cambão e não pagar o aumento do foro –, segundo argumentava o deputado, tinha uma razão de ser:

Em primeiro lugar porque a Liga, tanto a da Galileia como as demais que se fundaram motivadas por ela no Nordeste do Brasil, congregava, sobretudo ou quase exclusivamente, o camponês que mantinha com o latifundiário relações de locação, e não salariais.

Em segundo lugar, atendendo para o legalismo do camponês, o seu respeito quase místico à lei, uma lei que não é dele, mas contra ele, imposta de cima para baixo, da cidade para o campo, de maneira sistemática, continuada, implacável e irredutível. De tanto ver passar o tempo sem que a sua vida se alterasse, senão para pior, pois se por um lado aumentava a população, por outro diminuía o sitio e empobrecia a terra, terminava por aceitar o mundo como recebera dos antepassados, em que os pobres eram quase todos, poucos os remediados e os ricos, ainda menos. Daí seu conformismo e a sua filosofia fatalista. "A pobreza tanto pode ser um castigo como a riqueza uma cilada de Deus contra os homens". "O caminho do céu tem muitos espinhos, é estreito e difícil. O do inferno é como uma estrada larga". 'É mais fácil um camelo...' "E por aí afora (Julião, 1975:143-145).

De repente, como se não bastassem os latifundiários com seus feitores e capangas, a insensibilidade histórica e anacrônica da ordem jurídica e do governo do general Cordeiro de Farias, que mobilizava todo o seu esquema de segurança pública contra os movimentos sociais, incluídas aqui as ligas que começavam a crescer, apareceu outra frente adversária: o lado tradicionalista da Igreja Católica Apostólica Romana. Os párocos das comunidades por onde se fundavam ligas reagiram com energia.

Um dos latifundiários, até parente próximo de Julião, quando tomou conhecimento da fundação da liga em seus domínios, ficou furioso, porque os moradores – mais de uma centena, com mulheres e filhos – tinham aderido à sociedade. Como era muito católico e amigo do padre, convocou seus moradores para uma procissão. Segurou a imagem do santo de devoção cultuado em sua capela particular e se postou à frente dos camponeses, ali, contritos e respeitosos ao ritual. Andaram por alguns caminhos, por dentro da propriedade, cantando padres-nossos e ave-marias, e, por fim, pararam diante do pátio principal da casa-grande. Ali, o senhor proprietário, em nome de Cristo, pediu que todos se ajoelhassem, no que foi prontamente atendido. Diante da santa obediência, fez o seguinte discurso:

> A terra em que vocês vivem eu herdei de meu pai. E vocês o que herdaram? Nada. Portanto, nem eu tenho culpa de ser rico nem vocês de serem pobres. Tudo foi previsto por Deus. Ele sabe o que faz. Se a mim me deu terra e a vocês negou, todo aquele que não se conformar com isso se rebela contra Deus. Essa rebelião é um pecado mortal. Que todos aceitem a decisão de Deus para não cair na sua ira e não perder a alma. Vocês terão de aceitar a pobreza na terra para ganhar a vida eterna no céu. O pobre já vive na graça de Deus. O rico, não. Desse modo, vocês são mais felizes do que eu, já que estão mais perto do céu. Então porque vocês se desviam do caminho, se negam a pagar o cambão e o aumento do foro? Não é esse o nosso trato? Acaso eu inventei essas obrigações ou elas já existem desde que Adão e Eva foram expulsos do Paraíso?
>
> Ouçam o que eu digo e sigam o meu conselho: Quem já entrou na Liga, saia dela. O mesmo demônio que tentou a Cristo tenta o cristão. A Liga tem parte com o diabo, porque está com o olho na terra que não é dela. Quer desviar o pobre do caminho que leva à salvação da alma... (*ibidem*, p.145).

Semanas depois, o senhor proprietário foi informado de que nenhum dos moradores deixara a liga; ao contrário, todos continuavam a frequentá-la. Irritado com o pouco caso que eles fizeram de seu sermão, recorreu ao delegado policial do município, que mandou prender quase todos os moradores. Julião teve de impetrar *habeas corpus* para libertá-los.

Essa luta cobrou esforços inauditos e até ameaças de morte. Julião sacrificava tudo: a família e a banca. Restavam o consolo de amigos e o testemunho de seus constituintes, vitoriosos ou não nas varas da justiça pernambucana.

45. BATISMO DE SANGUE

Enquanto as perseguições surgiam de todos os lados, a notícia da criação de uma Sociedade Agrícola e Pecuária dos Plantadores de Pernambuco, que todos, por culpa da imprensa, já se acostumavam a chamar de Ligas Camponesas, se alastrava por todos os rincões do estado. De boca em boca, como se fora boato ou notícia ruim, os próprios trabalhadores rurais iam informando aos demais. Assim, a novidade se alastrou de maneira impressionante. As ligas eram fundadas, na maioria das vezes, espontaneamente; só depois Julião ou seus líderes iam tomar conhecimento. Constituíam-se em novas "delegacias" daquela sociedade. Em seguida, providenciavam-se a legalização, a formalização e o registro no cartório competente.

O curioso é que as violências, praticadas ora pelos capangas assalariados, pela mão do latifundiário que reagia ao surgimento da "delegacia" da liga, ora pela própria polícia do estado, também cresceram de maneira assustadora. Conforme salientamos, só de janeiro a novembro de 1956, segundo denúncia levada à Assembleia Legislativa por Julião, 630 prisões de camponeses foram feitas pelas autoridades policiais.

Por volta de novembro de 1955 ocorreu a primeira reação violenta a esse novo processo de conscientização iniciado em Pernambuco. Foi um crime tão brutal que sensibilizou boa parte da população pernambucana, apesar das dificuldades de divulgação pelos meios de comunicação: rádio e jornais.

Animado pelo surgimento da liga e pela possibilidade de organizar camponeses em torno da bandeira da reforma agrária, um pobre camponês, preto e aleijado, João Tomás, decidiu, um dia, atuar na militância do movimento. Uma de suas atividades consistia em angariar assinaturas em defesa da posição nacionalista do general Henrique Lott, que sufocara os golpistas desejosos de impedir a posse de Juscelino, democraticamente eleito. Com certeza, ele já se achava na mira dos senhores de engenho, porque também atuara na fundação da "delegacia" da liga de Goiana, recém-fundada.

João Tomás, por ser paraplégico, percorria as longas distâncias sempre a cavalo. Fora disso, nas proximidades de sua morada no Engenho Serrote, em Goiana, arrastava-se pelo chão, como um batráquio, porque não possuía cadeira de rodas.

Um dia, logo após suas andanças para colher assinaturas e falar sobre as ligas aos companheiros da região, foi surpreendido, nas proximidades do canavial que chegava a invadir o pequeno terreno de sua casa, por dois vigias do engenho armados de cacetes. Como feras desalmadas, desferindo violentos golpes, ambos caíram sobre o indefeso Tomás. Um dos agressores ergueu-se com toda a sua energia e, com as duas mãos firmes a sustentar o cacete, quando ia arremetê-lo sobre a cabeça da pobre vítima – o golpe de misericórdia –, inesperadamente soou um tiro de escopeta. Um dos atacantes caiu mortalmente ferido com uma bala no umbigo. O outro, ainda atarantado, mas com a decisão de completar o crime, elevou o cacete e, num átimo, antes de baixá-lo sobre a cabeça da vítima, um outro caboclo pulou sobre ele e interceptou-o no ar, decepando-lhe, num só arremesso, uma das mãos com certeiro golpe de afiada peixeira. Mesmo ferido, o agressor tentou reagir, mas, por fim, foi morto. Sobre o chão quente do terreiro da cabana jaziam os cadáveres dos capangas.

De imediato, os homens levaram João Tomás para o interior da cabana e prestaram os primeiros socorros. Daí a pouco os vizinhos começaram a aparecer, com as respectivas mulheres, e decidiram não se render. Ali esperariam as consequências daquela brutal agressão. Não esperaram muito tempo. No outro dia, a casa amanheceu cercada por vários praças policiais sob o comando do tenente Zeferino de tal. Antes de qualquer tentativa de diálogo, um dos soldados mandou bala contra a cabana. No entanto, o soldado não teve sorte, porque, sem o saber, estava sob a mira de João Tomás, que o alvejou mortalmente. Em virtude daquela inesperada baixa, o tenente resolveu bater em retirada.

O acontecimento ganhou ampla repercussão e foi explorado negativamente pela imprensa, na tentativa de incriminar e envolver as Ligas Camponesas.

Julião levou o caso ao plenário da Assembleia Legislativa e pediu a formação de uma comissão destinada a investigá-lo e apurar as responsabilidades. Como medida de urgência, ele e mais dois parlamentares – Paulo Viana e Clodomir Morais – deslocaram-se até o local do confronto, com o objetivo de se informar melhor dos fatos e dali retirar João Tomás para lugar seguro, pois corria iminente risco de morte. Quando lá chegaram, encontraram apenas o chapéu de João Tomás jogado num dos cantos. Ninguém soube o que se passara naquele dia. Todos ficaram com a sensação de que talvez os policiais tenham voltado durante a noite e assassinado João

Tomás friamente, levando seu corpo para lugar desconhecido. Nunca mais se soube de seu paradeiro.

Dessa vez, parte da imprensa pernambucana não se calou. O jornalista Amauri Pedrosa escreveu e publicou artigo pungente no *Jornal do Commercio*, denunciando a inominável atrocidade contra o aleijado João Tomás. Por sua parte, Julião mobilizara os cantadores e repentistas para a difusão do movimento. Então apareceu o cordel *Martírio de João Tomás*, escrito por um poeta popular, que assim registrou em suas trovas o suplício vivido pelo líder camponês:

> Lá vem a garça voando
> Co'as penas que Deus lhe deu.
> Contando pena por pena,
> mais penas carrego eu.

E, mais adiante, vendo que João Tomás poderia repetir os versos compostos pelo poeta do povo, "contando pena por pena, (porque) mais penas eram as suas", escreveu:

> Polícia veio de noite
> e assassinou João Tomás.
> Nosso Senhor deu-lhe a bença
> sua alma descansa em paz. (Fonseca, 1962:48) [39]

As manifestações positivas na imprensa e o aparecimento do tema nos cordéis como assunto de interesse popular sinalizavam que começava a ser rompido o cerco imposto pelas classes conservadoras contra o movimento camponês. Com a continuidade do trabalho de conscientização, feito sob a iminência do perigo, mas com pertinácia e determinação de alguns militantes e dos próprios camponeses, suas vozes terminaram sendo ouvidas pela chamada "imprensa sadia". Daí a pouco tempo atingiram outros meios de comunicação, até de porte nacional e internacional.

O trucidamento de João Tomás foi o batismo de sangue do movimento camponês liderado pelo deputado Julião. Visto como séria advertência, apontava para sombrios horizontes a serem vividos ao longo daquela campanha em defesa de uma classe social secularmente esquecida.

46. TODOS SÃO IGUAIS PERANTE A LEI

As investidas dos latifundiários e das autoridades governamentais contra as ligas, por causa da fundação de sociedades camponesas em várias cidades pernambucanas, continuavam a provocar repercussão na imprensa, mas sempre nas páginas policiais, espaço que o deputado Julião chamou, certa vez, de "a página social do camponês" (*ibidem*, p. 182). Repercussão, a princípio, local; depois nacional; logo mais tarde, internacional. Apesar disso, as ligas cresciam rapidamente: do centro irradiador – a Liga Camponesa de Galileia, em Vitória de Santo Antão, na Zona da Mata –, elas partiam para o Agreste e desse para o Sertão.

Ainda em 1955, por volta de novembro, ocorreu um fato novo: a radicalização da perseguição policial. O aparelho policial do governo do estado resolvera intervir com força, vigor e violência contra os integrantes das ligas – reação ao crescimento do movimento social camponês. Qualquer incidente entre camponeses e senhores proprietários, as autoridades não pensavam no diálogo, na lei, na justiça: na primeira hora, convocava-se a polícia. Assim, crescia o poder de intimidação do mais fraco, perdido em seu desamparo, disseminando-se o medo. Essa forma de terrorismo, aos olhos das forças conservadoras, constituía-se no melhor remédio para aquela "enfermidade" social, que preferiam chamar de perigo comunista. Esse efeito eles conseguiam com facilidade. A Polícia e a Justiça eram, aos olhos dos trabalhadores rurais, a própria força da lei.

Daí, Julião, contando com a ajuda de novos advogados incorporados ao movimento para defendê-los, a exemplo de Djaci Magalhães, Jonas de Souza, Costa Pereira, Fagundes de Menezes e Mário Cavalcanti, resolver desencadear a contraofensiva. Consistia em argumentar, didática e pacientemente, com os camponeses que, apesar do secular abandono a que se achavam submetidos, da falta de leis que assegurassem com clareza seus direitos, de uma Justiça que olhasse para seus mínimos direitos, de uma

Polícia que se aliava aos senhores latifundiários, eles tinham um mínimo de direito. Argumentava que desde os tempos coloniais, passando pelo Império e chegando à República, existiram o trabalho escravo, a abolição da escravidão, o trabalho assalariado, mas, infelizmente, o camponês continuava sem a terra para trabalhar. Explicava que as constituições e as leis promulgadas ao longo da história do Brasil, no fundamental, mantinham os princípios que consagravam aquela ordem injusta. No entanto, vez por outra, aqui e ali, deixavam escapar alguns dispositivos que asseguravam aos trabalhadores e camponeses alguns direitos mínimos, às vezes inseridos nos institutos jurídicos relacionados à função social da propriedade e da proteção do trabalho. Embora normalmente não fossem aplicados, era possível forçar os juízes a se pronunciarem sobre tais pontos. E argumentava:

> Entre enunciar um princípio e adotá-lo na prática, as distâncias são imensas e os obstáculos, de toda sorte. Sempre que se trata de reafirmar uma regra legal contra o menos protegido, isto é, o que não tem fortuna nem privilégio, nada mais fácil e rápido. Se, porém, se invertem os termos da questão, ou seja, se o menos protegido é o que invoca a regra legal em seu favor, a justiça não somente cega e emudece de uma vez como passa a caminhar com os pés de chumbo (*ibidem*, p.150).

O esforço, à primeira vista, parecia inglório, mas nas reuniões o deputado Julião repetia que eles tinham algum direito. O objetivo era afastar o fantasma do medo da Polícia do estado, do capanga do latifundiário, do juiz, do promotor e até do sermão do padre contrário às ligas. Descia ao exemplo elementar. Citava a regra geral inscrita na Constituição e no Código Civil:
"Todos são iguais perante a lei", reza o Código Civil, reza a Constituição, rezam todos os códigos e constituições liberais burguesas.
Mostrava os textos, lia-os com clareza e veemência várias vezes, batia na capa dos livros. Convencia. E insistia na argumentação:
— A lei diz *todos*, não diz *alguns*. Se ela diz *todos*, então não distingue o pobre do rico nem o camponês do latifundiário. Mas isso se cumpre?

O tratamento que a lei dá ao rico é igual ao que reserva para o pobre? A autoridade nomeada para cumprir a lei se comporta diante do latifundiário exatamente, igualmente, como em face ao camponês?

Nesse ponto ele esperava a resposta dos ouvintes atentos:

– Não!

Então retomava, com maior vigor:

– Que lei é essa que, embora diga que todos são iguais perante ela, não é capaz de impor essa igualdade? Certamente porque essa lei, ditada para todos, só serve para alguns. E quem são esses alguns? Os pobres?

– Não!

– Ora, se esses *alguns* não são os pobres, só podem ser os ricos. E como entre os pobres, os mais pobres, estão os camponeses, a lei não está a favor de vocês, mas contra. Essa lei, portanto, não é a de vocês, porque não lhes serve, não lhes socorre, não lhes defende. Que é preciso, então, fazer?

Não se ouvia qualquer resposta dos ouvintes. Julião fazia uma pausa e voltava à argumentação anterior, propondo o caminho a seguir:

– Criar uma lei para os pobres, já que a que existe só beneficia os ricos.

Nesse ponto, ele se lembrava da imagem dos dedos na enxada, que, mais tarde, incluiria no documento *Carta de Alforria do Camponês*:

Com um dedo, tu não podes tomar a enxada, o machado, a foice ou o arado. Nem com a mão aberta, porque os dedos estão separados. Tens de fechar a mão para que os dedos se unam. A Liga é a mão fechada, porque é a união de todos os teus irmãos. Sozinho tu és um pingo d'água. Unido ao teu irmão, és uma cachoeira. A união faz a força. É o feixe de varas. É o rio crescendo. É o povo marchando. É o capanga fugindo. É a polícia apeada. É a justiça nascendo. É a liberdade chegando. Com a Liga nos braços. E o Sindicato nas mãos.[40]

Em seguida partia para outro exemplo pertinente aos interesses imediatos dos camponeses: o cambão, os dias de trabalho gratuito que o camponês estava obrigado a dar ao senhor proprietário. Pegava o Código Penal, abria-o num artigo que manda o juiz punir com pena de prisão e de multa aquele que exige de outrem trabalho gratuito e o lia em voz alta. Repetia a leitura devagar. Ele mesmo perguntava e respondia:

– Que é o cambão?
– É trabalho de graça. É sujeição de escravo.
– Quem dá o cambão? É o camponês, o pobre. E a quem o dá? Ao latifundiário, ao rico. Agora queremos saber: quem tem notícias de um rico senhor de terras processado, preso ou multado por causa do cambão?
– Nunca houve. Não consta.
– O Código Penal também diz que "todos são iguais perante a lei". Mas a autoridade encarregada de aplicar esse código passa por cima daquele artigo. Faz pior ainda quando ameaça o camponês, se esse ousa queixar-se de ser expulso da terra, de perder o sítio, se não cumpre com o trato pactuado verbalmente com o latifundiário. Vai além, ao advertir que essa recusa, essa desobediência contra um costume antigo, pode dar margem a um processo penal.

Esse trabalho, persistente e continuado, funcionava como prevenção diante das dificuldades que normalmente iriam aparecer na vida dos camponeses. Era preciso prepará-los, conscientizá-los de que a lei estaria contra eles. Eles não deviam silenciar ou conformar-se com a situação. A liga chegara para auxiliá-los em busca de nova forma de vida.

Apesar de tudo, aquela fase inicial, segundo afirmaria Julião, foi a mais difícil e dramática:

> A fase mais dura da luta, quando tombaram os primeiros camponeses varados pelas balas assassinas dos capangas, aliciados pelo latifúndio, sob a cobertura ostensiva do aparelho policial do estado. É certo que alguns capangas também tombaram e três ou quatro senhores de terra. Nunca, porém, os camponeses se excederam. Todos puderam sempre invocar a legítima defesa da vida e do patrimônio, edificado com imenso sacrifício pelas suas rudes mãos (Julião, 1962:30-31).

47. AS LIGAS NO CONGRESSO DE SALVAÇÃO DO NORDESTE

O Congresso de Salvação do Nordeste, solenemente instalado em 20 de agosto de 1955, num dos mais elegantes redutos sociais do Recife – Clube

Português –, durou uma semana. Estiveram presentes representantes de todos os estados nordestinos, do Maranhão à Bahia, além de delegados de diversas entidades das classes sociais da região.

O objetivo fundamental do encontro era estudar e apresentar propostas viáveis destinadas a equacionar os problemas que afligiam a região. O governo federal não deu importância ao clamor que de Pernambuco se levantava. Foi preciso esperar pela ação do governo Juscelino Kubitschek (1956-1961) para o Nordeste receber incentivos e medidas concretas, no sentido de se eliminarem os fatores determinantes da estagnação econômica da região. O mecanismo encontrado foi a criação do Conselho de Desenvolvimento do Nordeste (Codeno) – instalado no Recife, em 25 de abril de 1959, no Teatro de Santa Isabel –, logo depois transformado na Superintendência do Desenvolvimento do Nordeste (Sudene), ambos dirigidos pelo economista Celso Furtado.

Os organizadores divulgaram um documento de convocação e justificativa do congresso, o qual, entre outras considerações, dizia:

> O Nordeste brasileiro é uma das regiões mais desamparadas do país. Inumeráveis problemas retardam seu progresso e concorrem para fazer penosa a vida de mais de 11 milhões de pessoas que o habitam. Os produtos fundamentais da região, como o açúcar, o algodão, o caroá [bromeliácea fibrosa parecida com o cânhamo, juta ou linho], o agave, o couro e as peles etc. perdem-se por falta de mercados, trazendo consequências desastrosas para sua economia. A utilização do potencial hidroelétrico da Cachoeira de Paulo Afonso, reconhecida, desde há um século, como imprescindível para a redenção do Nordeste, vai-se vendo desfeita como fator de progresso no desenvolvimento de sua indústria. O fenômeno das secas periódicas, os graves aspectos da crise no transporte, as incidências de doenças sociais, a pobreza, responsáveis pelos altos índices de mortalidade e penúria, fazem insuportável a existência do povo (Morais, 1959:17).

A abertura do evento coube ao governador de Pernambuco, general Cordeiro de Farias, que, em sua saudação inicial, teceu considerações gerais sobre a importância do conclave, pondo em relevo a significação do Congresso para as soluções dos problemas relacionados com a economia nordestina. Ressaltou, ainda, sua confiança no êxito do evento, sobretudo pela presença, já assegurada, de técnicos e personalidades representativas das classes produtoras e trabalhadoras (DP, 21/8/1955).

No entanto, o general governador compareceu quase arrastado pelas circunstâncias, porque a iniciativa do congresso coubera, na prática, ao prefeito do Recife, Pelópidas Silveira, com quem Cordeiro de Farias não se dava. As razões das divergências eram de natureza política: Pelópidas fora eleito contra a vontade do governo em memorável pleito que preludiara o fortalecimento da chamada Frente do Recife, a qual iria redundar na eleição do governador Cid Sampaio, que, na prática, significou a derrubada das oligarquias alternantes no poder desde 1930. Como o encontro tratava de temas ligados ao desenvolvimento do Nordeste alinhados à política do governo federal, o governador não passava de presença protocolar.

Por isso, a participação das ligas camponesas, no fundo, desgostou as autoridades do governo; significou provocação, influência dos comunistas e socialistas, que, segundo diziam, ocupavam importantes cargos na gestão municipal de Pelópidas Silveira. Na verdade, a presença de camponeses filiados às ligas representava algo fora do programa dos conservadores. Mesmo assim, eles participaram e até fizeram atos paralelos, por exemplo, a ruidosa manifestação de camponeses e pescadores – iniciativa de José Ayres dos Prazeres, líder organizador dos trabalhadores rurais –, pois Julião aparecia na qualidade de presidente de honra.

A plateia foi numerosa: quase duas mil pessoas no congresso. A representação, bastante diversificada, contava com delegados de todas as áreas de atividades da economia nordestina – indústria, comércio, sindicatos, trabalhadores urbanos, universidades, grêmios e centros acadêmicos, profissionais liberais e, surpreendentemente, os membros das Ligas Camponesas sob a liderança do deputado Julião.

Após a palavra do governador, discursaram o presidente da comissão executiva do congresso, o economista Souza Barros; o deputado Carlos Daniel de Magalhães, em nome da Assembleia Legislativa de Pernambuco; o representante do ministro da Agricultura, Renato Farias; sra. Ida Marinho do Rego; general Edgard Boxbaum; Wilson Carvalho da Silva e o professor Franco Freire. Concedeu-se, ainda, a palavra ao acadêmico Carlos Veloso, da UNE; ao professor Sílvio Marques, representante da delegação da Bahia; e ao vereador José Guimarães Sobrinho.

Observou com acerto o ex-deputado Clodomir Morais que

> cada comissão técnica valia por um congresso independente, tão grande o número de seus participantes. Por exemplo, a Comissão de Problemas da Terra, dirigida pelo padre Brentano, presidente da Federação Brasileira de Círculos Católicos, compunha-se de mais de duzentos delegados, a maioria era de camponeses representantes das Ligas (Morais, 1997:27).

O principal objetivo alcançado por aquela comissão ligada ao problema agrário foi a divulgação de algumas bandeiras com palavras de ordem focalizando a necessidade de se implantar a reforma agrária e a denúncia, sem panos mornos, das tradicionais medidas anacrônicas tomadas pelas estruturas rurais superadas, bem como a condenação das consequências desse estado de estagnação social. As oligarquias agrárias de caráter semifeudal dominantes em todo o Nordeste – enfatizaram os principais delegados – eram responsáveis pelo atraso e subdesenvolvimento.

No fim, os congressistas divulgaram a *Carta de Salvação do Nordeste*, com a seguinte conclusão:

> O Congresso de Salvação do Nordeste conclui pela necessidade inelutável de se eliminarem os entraves ao desenvolvimento regional. Assim, convoca o governo e a iniciativa privada a substituir por empresas nacionais as concessionárias estrangeiras de serviços públicos, inequivocamente incapazes de cumprir os seus encargos para com a coletividade.
>
> Para incrementar a industrialização e obter o bem-estar das populações regionais, o que só se tornará possível com a ampliação do mercado

interno, outros entraves deverão ser afastados, como os efeitos das secas periódicas e o regime da grande propriedade improdutiva.

Urge a ampliação dos mercados exteriores do Brasil. A discriminação das zonas de comércio tem conduzido nossa balança de trocas a uma situação deficitária e dependente das manobras especulativas.

Entretanto, como condição primordial para que sejam removidos os fatores negativos que entravam o progresso do Nordeste, é indispensável o exercício da democracia.

O Congresso de Salvação do Nordeste deposita irrestrita confiança na união de vontades do povo nordestino a todos conclamando para a solução dos seus problemas (Soares, 1982:52).

Como medida prática, quanto à participação das ligas camponesas, surgiu a proposta de realização, em breve, no Recife, do Primeiro Congresso de Camponeses de Pernambuco.

CAPÍTULO IV Ampliação das ligas (1957-1960)

> *Sua memória crescerá com o tempo porque ele (Antonio Cícero) se devotou à causa dos humildes. Não podendo arrancá-lo do povo, arrancaram-no da vida. Mas como o povo sempre fica, ele ficou com o povo, mesmo depois de morto, o que é incomparavelmente mais belo do que ficar vivo, sem ficar com o povo.*
>
> (Francisco Julião, "Carta aberta sobre o brutal assassinato de Antonio Cícero Barbosa de Paula", em 5 de outubro de 1959).

48. PRIMEIRO CONGRESSO CAMPONÊS DE PERNAMBUCO

No mês seguinte à realização do Congresso de Salvação do Nordeste, isto é, em setembro de 1957, o deputado Julião convocou as Ligas Camponesas para o Primeiro Congresso Camponês de Pernambuco, mas a mobilização prática dos filiados ficou a cargo do líder José Ayres dos Prazeres, eleito presidente do congresso. O evento contou, ainda, com outros apoios, como, por exemplo, do professor e deputado federal Josué de Castro, então ocupante do cargo de diretor-geral da Organização das Nações Unidas para a Agricultura e Alimentação (FAO). O local escolhido foi a sede do Clube Náutico, associação desportiva de prestígio na capital pernambucana, à qual compareceram mais de três mil pessoas.

A presidência de honra coube a Julião que, na condição de deputado estadual, convidou Josué de Castro para proferir a conferência inaugural, adiantando, entre outras coisas, que: "Nós vamos escutar aqui uma voz que tem algo da ressonância de Joaquim Nabuco" (Andrade, 2004:69). Castro, por sua vez, conclamou todos a "enfrentar o tabu da reforma agrária – assunto proibido, escabroso, perigoso – com a mesma coragem com que enfrentamos o tabu da fome" (Santiago, 2008:86). Apesar de ser a fome o seu tema preferido, havia anos ele considerava a necessidade de implantação da reforma agrária como uma questão de verdadeiro imperativo nacional. Anos antes, ele organizara um documento em que relacionava dez pontos básicos e indispensáveis para vencer a fome, entre os quais se destacava o "combate ao latifúndio".

A seguir, vinham outros fundamentais, mas sempre ligados à questão da terra: combate à monocultura; aproveitamento racional das terras cultiváveis circunvizinhas aos centros urbanos, sugerindo, nesse caso, a implementação de agricultura de sustentação; substâncias perecíveis, como frutas, legumes, verduras etc.

O congresso terminou provocando celeuma e curiosidade na população, porque, até então, o Recife nunca vira tantos camponeses juntos.

Um curioso ato público promovido durante o encontro, porém fora das dependências do Clube Náutico, foi a marcha pelas principais avenidas. Levas e levas de camponeses desfilaram pelas principais ruas da cidade até a Assembleia Legislativa. Ao longo desse percurso – à frente Josué de Castro, Julião e os demais líderes – ocorreram numerosas manifestações de apoio e de confraternização por parte dos populares, que iam engrossar ainda mais a quantidade de pessoas. Ao chegarem às imediações da Assembleia Legislativa, às margens das tranquilas águas do rio Capibaribe, onde assistiriam a uma sessão especial dedicada a eles, alguém propôs que todos os camponeses se organizassem em filas, formando um cinturão humano, em torno do prédio: era a especial saudação à casa de Joaquim Nabuco em forma de abraço, demonstração de um gesto de paz e de esperança.

Julião recordou que, ao longo da caminhada, ao passarem em frente dos quartéis, ouvira dos militares: "Eles, finalmente, despertaram." Centenas de pessoas comentavam aquela estranha marcha.

Sobre o despertar da classe camponesa, por essa época, muitas pessoas começaram a descobrir a existência da classe dos trabalhadores rurais, não só por parte das camadas mais baixas da população recifense, mas, também, das mais elevadas. Todos se perguntavam: que querem eles vindo até a cidade? A verdade é que, afinal, da noite para o dia, as pessoas pareciam descobrir algo importante: a existência de trabalhadores rurais, homens simples, modestos, pobres, desamparados pelos poderes públicos, mas que conseguiam sobreviver, cultivando a terra.

No entanto, em muitos meios, o termo camponês ainda soava como palavrão. A surpresa foi enorme quando, um dia, no próprio recinto da Assembleia Legislativa, o deputado Julião, ao denunciar as atrocidades cometidas pelo governo Cordeiro de Farias contra os "camponeses", foi aparteado pela deputada Maria Elisa Viegas de Medeiros, educadora, alinhada à situação. Em seu aparte – aliás, respeitoso e compatível com a elevada postura da atividade parlamentar – Maria Elisa pediu ao colega que, por favor, substituísse, em seus discursos, o nome "camponês" pelo de "rurícola". A intenção era clara: o termo "camponês" irritava os colegas deputados latifundiários que integravam a bancada da Assembleia. E não eram poucos.

Julião não atendeu ao pedido, mas justificou-se: "Olhe, dona Maria Elisa, não posso usar essa expressão, porque os camponeses não sabem o que é 'rurícola' e podem pensar que estou dizendo uma palavra feia. Digo 'camponês' porque vem de campo. E a senhora vê que, em qualquer idioma, ela deriva de campo" (Julião, 1962:71).

Mais tarde, ele reafirmaria sua atitude com um toque de elegância:

> Foi, talvez, a única oportunidade em que não pude ser gentil com uma dama. Preferíamos o nome "camponês" porque deriva de "campo"; era simples e tinha sentido radical. Hoje, a palavra que, naquele tempo, ofendia os usineiros e grandes senhores de terra em Pernambuco já é pronunciada por eles mesmos e escutada, sem espanto e com agrado do povo, na cátedra, no púlpito, no pretório, na rádio, na conferência e no comício. Era o sinal do radicalismo de que já se achava impregnado o campesinato. Esse radicalismo se expressava constantemente nas lutas corporais com a polícia e o capanga. Diante da falta de segurança, pois nem os advogados escapavam à violência, o mesmo ocorrendo conosco, apesar das imunidades parlamentares, os camponeses da Galileia organizaram sua força de resistência passiva (*ibidem*, p. 29).

49. OS CRIMES GERAIS E OS ESPECÍFICOS

Se, por um lado, com o passar dos anos, o governo Cordeiro de Farias acumulava, cada vez mais, o quantitativo de ações ilegais de violentas repressões contra o movimento camponês, por outro, tornava-se quase impossível aos líderes do movimento divulgarem as perseguições, os crimes e as atrocidades. A polícia política não dava trégua. Ademais, o noticiário da imprensa local e nacional praticamente não existia. Só se destacava nas grandes revistas e jornais pertencentes aos grupos associados dos meios de comunicação brasileiros a matéria que atacava, de forma histérica, irada e violenta, o movimento camponês.

Durante essa fase, ocorreu quantidade enorme de casos criminosos praticados todos os dias pelos capangas dos senhores proprietários sob as vistas das autoridades, que nada faziam para impedir tais atrocidades. Eram primeiras vítimas, mártires anônimos da reforma agrária. A maioria deles jamais fará parte dos feitos processuais da Justiça; aos pesquisadores do futuro será impossível encontrar os autos documentais desses casos, vários deles hediondos.

Ouçamos o protesto e o desabafo, em 1962, de Julião contra aqueles crimes, referindo-se, então, a um passado não muito distante, exatamente a fase correspondente ao governo Cordeiro de Farias. Aquilo não era tudo. Mais ainda viria a acontecer. Ei-lo:

> Derrubam os casebres e arrancam, de trator, as fruteiras dos camponeses rebelados contra o aumento extorsivo do foro, o "cambão", o "vale do barracão", o "capanga", o salário de fome. Arrastam-nos de jipe, deixando-os em carne viva. Amarram-nos sobre o caminhão como se faz com o gado e passeiam com eles até a cidade. Com um ferro em brasa, marcam-lhes o peito e as nádegas. Um é posto lambuzado de mel sobre um formigueiro. Outro é metido numa cuba cheia d'água, permanecendo noite e dia a pão seco, servindo-se daquela mesma água contaminada pela urina e pelas fezes, onde fica mergulhado até a boca. Um terceiro é caçado como uma raposa e morto a tiros de revólver e de rifle. E quando a família põe uma cruz tosca de madeira, como é o costume, no lugar onde tombara, a fúria do latifúndio se abate sobre a cruz, que é desfeita em pedaços. Tem havido até camponeses mutilados em presença de outros, sendo os pedaços de sua carne oferecidos aos cães para servir de exemplo. Existe o caso de um desgraçado que teve os testículos presos a uma gaveta no interior do seu próprio mocambo de capim, a que atearam fogo em seguida. Em São Paulo, um camponês

teve os dois braços amputados pelo latifundiário enfurecido. Na Bahia, uma aldeia com mais de duas mil pessoas é incendiada por um grupo de jagunços, a mando de um senhor de terras, com a participação ostensiva de um juiz togado e no pleno exercício do cargo.

Todas essas cenas selvagens se passam agora e aqui no Brasil. Não são da época da escravidão. Fulgencio Batista, o cruel ditador cubano, responsável pelo assassinato de 22 mil patrícios e pela emasculação de seiscentos jovens, tem discípulo em toda a América Latina. Isso porque onde há o latifúndio, há o crime. Não falta quem invoque a Deus e a civilização "cristã" para explicar e até justificar esses delitos. A imprensa estipendiada pela reação silencia sobre tudo isso. Mas a Liga nasce, como uma flor, por cima dessa podridão. (*ibidem*, p. 32 e ss.).

Talvez fosse desnecessário colocar, aqui, agora, essa lente de aumento, mas, muitas vezes, a descrença e a dúvida podem induzir algum leitor a pensar que se exagera na dose. Além disso, como certa vez salientou o deputado, houve um momento em que começaram a aparecer os sinais de tênue resistência dos camponeses. Já não suportavam as ofensas, as expulsões, as perseguições, as prisões, as surras, as torturas físicas e psicológicas. Não temiam, sequer, a morte, que os ameaçava como se fora a famosa espada de Dâmocles. A imobilidade, portanto, começava a transformar-se em reação; a passividade secular, em ação.

As histórias de Lao, do velho Mata e o suplício de Manuel, entre tantas, são lamentáveis ilustrações que esperam por justiça. O resumo se impõe. Mas o próprio Julião, arrimado na condição de narrador e de testemunha perante a história, contou o caso do velho Lao, camponês de saúde frágil, franzino, calado, ao lado da numerosa prole. Trabalhava dois dias de eito por semana, sem remuneração, como pagamento da renda do sítio de terras estéreis, praticamente imprestáveis para o cultivo. Vivia, portanto, sob o regime do cambão.

Certo dia, após participar de reuniões da liga, ficou sabendo que o cambão era uma exploração ilegal. Soube mais: o mutirão, a união de todos no trabalho, retornava em favor de todos e se chamava solidariedade. Quando tomou conhecimento de que tudo estava na lei, decidiu após dois dias de meditação: não mais pagaria o cambão. Quando o patrão soube da decisão de seu velho morador, mandou chamá-lo e pediu que ele desocupasse o sítio imediatamente. Lao resolveu resistir e recebeu a solidariedade de seus companheiros da liga.

Surgiram ameaças, tiros contra a casinha do camponês e até um lamentável incidente na porta da igreja, quando um sobrinho do latifundiário, chamado Ênio, afoito bacharel em direito, recém-formado, agrediu violentamente Lao na frente do padre, esmurrando-o no rosto com seu anel de rubi.

Julião anotou o diálogo da vítima e do agressor e o resultado final do incidente:

> Correm todos para conter o agressor. O padre entre eles. "Mas Ênio, você acaba de assistir à santa missa..." Ênio, rijo de compleição, o punho cerrado, se deixa conduzir pelo vigário.
> – Só quis dar um exemplo.
> Lao tombara no solo. E ao se levantar, estonteado, com a mão no rosto ferido, de sua boca só saiu esta palavra:
> – Covarde!
> Depois marchou para casa. Alguns companheiros o seguiram.
> Quando lhe disseram que Lao sangrava, Ênio perguntou:
> – E aquele amarelo ainda tem sangue?
> Olhou para o anel e lhe veio o primeiro sorriso, enquanto comentava:
> – Afinal, para que diabo carrego esse chuveiro?
> A frase ganhou fama. Correu mundo.
> Lao foi ter com a Liga. Rumou para o Recife.
> Esteve na Assembleia Legislativa. Trazia a ferida exposta e o sangue coalhado no rosto. Houve denúncia. Fez-se o inquérito policial clássico e tudo acabou em nada porque o padre pediu pelas chagas de Cristo para não depor. Lao continuou firme. Resistindo. A Justiça o arrancou, violentamente, do seu sítio, porque o cambão, sentenciava o juiz, é uma das modalidades de contrato de arrendamento, consagrada pela praxe. E continua resistindo. Lao é um símbolo. O Brasil tem muitos Laos... (Julião, 1975:166-183).

50. UM NOVO "PLANO COHEN" NO RECIFE?

Em 7 de janeiro de 1956 a cidade foi surpreendida com a notícia, divulgada com estardalhaço em todos os jornais, sobre a descoberta de arsenal de armas privativas das Forças Armadas em poder do PCB. A Polícia, na mesma diligência, teria prendido várias pessoas envolvidas no caso. As explicações foram dadas pelo delegado de Ordem Política e Social, Álvaro da Costa Lima, e pelo coronel Bráulio Guimarães, pertencente à cavalaria do Exército, trazido do Rio Grande do Sul pelo governador Cordeiro de Farias para exercer o cargo de Secretário da Segurança de Pernambuco.

Os líderes de esquerda – socialistas, trabalhistas e comunistas – logo chegaram à evidência de que a descoberta da polícia cordeirista pretendia dar credibilidade à existência de um plano terrorista e revolucionário.

No dia 9, o deputado Julião, ciente da armação política e das prisões arbitrárias de cidadãos suspeitos, resolveu levar o caso ao conhecimento dos deputados e do público em geral, mediante pronunciamento feito no plenário da Assembleia Legislativa. Entre os presos destacou o nome de Ivo Valença, pertencente aos quadros da fábrica Peixe, figura muito bem relacionada nos meios comerciais de Pernambuco. Em seguida, denunciou que os presos, a princípio, foram espancados e continuavam a ser seviciados, dia e noite, nas masmorras da Secretaria da Segurança. Acrescentou que, com tais métodos de flagrante desrespeito à pessoa humana, o governador Cordeiro de Farias tentava impor um estado de tirania e fascismo, usando os mesmos processos adotados por Hitler na Alemanha. Afirmou, ainda, que tudo não passava de "grosseira farsa adredemente engendrada pela Polícia para tentar justificar o seu procedimento criminoso, tudo sob o comando do coronel Bráulio Guimarães" (FP, 10/1/1956).

O deputado chamou, também, a atenção para a ligação daquela denúncia com a grave crise política nacional, em virtude da iminente posse dos novos mandatários brasileiros, democraticamente eleitos: Juscelino Kubitschek e João Goulart, presidente e vice-presidente da República. E justificou:

O sr. Cordeiro de Farias armou essa grosseira provocação na tentativa de fazer voltar a ação do estado de sítio contra homens trabalhadores e ordeiros como Ivo Valença quando, na realidade, o estado de sítio é precisamente para salvaguarda da Constituição, das liberdades democráticas e do governo constituído do sr. Nereu Ramos da sanha de seus inimigos jurados, dentre os quais está o governador de Pernambuco, conforme se pode constatar, através de documentos por ele próprio tornados públicos (*ibidem*).

Requereu, por fim, a formação de comissão interpartidária de deputados para visitar os presos vítimas de espancamentos e torturas encarcerados na Secretaria de Segurança.

No dia seguinte, os jornais destacavam o pronunciamento do parlamentar na Assembleia Legislativa. Um deles estampou a seguinte manchete na primeira página: "Cordeiro imita os métodos de Hitler" (*ibidem*). Por causa disso, na hora da visita à Secretaria de Segurança, o coronel Bráulio Guimarães, irritado e revoltado com o pronunciamento do deputado socialista, tratou de maneira grosseira os deputados que ali compareceram. E fez mais: pronunciou palavras desrespeitosas e ofensivas à honra e à moral, de modo ostensivo e humilhante, da pessoa do deputado Julião. Essa atitude da autoridade policial concorreu para que os ânimos ficassem ainda mais exaltados.

O deputado ocupou a tribuna da Assembleia e requereu nova vistoria nos "porões" da Secretaria de Segurança. Todos os membros da comissão interpartidária viram os sinais dos espancamentos e das torturas nos presos. Dessa vez, a comissão, sublinhou o deputado Julião, deveria constituir-se de deputados médicos com assento na Casa de Joaquim Nabuco, para constatarem, pessoalmente, a gravidade dos espancamentos e das torturas infligidos aos presos,

> antes que desapareçam os sinais de equimoses, hematomas, que se verificam nas faces e pelos corpos dessas vítimas; que a comissão ali compareça, com urgência necessária, e ofereça o respectivo laudo, para que a Assembleia possa apreciar depois de devidamente informada.[41]

Aproveitou, ainda, a oportunidade para apresentar novas informações sobre o episódio da descoberta do arsenal atribuído aos "comunistas pernambucanos". Os argumentos expostos por Julião foram claros, diretos e irrefutáveis. Além de exigir da Polícia a exibição das armas encontradas ao público, qualificou a farsa planejada e dirigida pelo coronel Bráulio Guimarães como "um plano criminoso que visa a transformar o estado de sítio num trampolim para impedir a posse dos eleitos a 3 de outubro, os srs. Juscelino e João Goulart, mesmo correndo o sangue generoso do povo pernambucano" (FP, 10/1/1956).

Fez um confronto detalhado dos pontos essenciais das notícias reveladas à imprensa pelo delegado Álvaro da Costa Lima, o qual denominara a "descoberta" policial de "destrambelhamento do Comitê Regional de Pernambuco". Para tanto, comparou as informações contidas em três jornais recifenses, tomando como ponto de partida o conteúdo do arsenal apreendido. Em cada um dos jornais a relação das armas se apresentava de forma diferente: ora a mais, ora a menos; ora variando a denominação e o tipo de armamentos, ora a quantidade. Não havia coerência sequer sobre o local onde teriam sido apreendidas as armas: ora numa maleta, ora no interior de um automóvel. O assunto prestou-se até para que o deputado Julião, com a experiência de advogado militante, descesse a ironias, que, no fim das contas, funcionavam como interrogantes irrespondíveis. Eis um dos trechos citados pelo delegado: "Procedendo a uma busca no interior do automóvel, o investigador encontrou uma maleta contendo material explosivo, balas de fuzil, figurando entre os primeiros várias granadas de mão e alguns petardos, tudo devidamente relacionado etc. etc." Valendo-se dessa informação contida no relatório do delegado, Julião acrescentou com ironia.

> No relatório policial, apresentado ao delegado executor do estado de sítio pelo megalomaníaco Álvaro da Costa Lima, a questão da "apreensão de armas" está formulada da seguinte maneira: fugiu o delegado auxiliar à afirmação de ter encontrado as prefaladas "armadilhas antitanque" e os "instrumentos bélicos" desconstituídos, porque, em verdade, lhe seria difícil arrumar isso tudo numa maleta. Por outro lado, a propósito

de que, no relatório, apareceu essa maleta, não se pode saber. O que se sabe mesmo é que antes nunca a havia invocado a polícia de Bráulio Guimarães (FP, 11/1/1956).

As informações prestadas pelo delegado a outro jornal, revelou Julião, apontavam noutra direção:

> No *Jornal Pequeno* do dia 7 não era assim que a Polícia falava. Falava da seguinte maneira: "Em chegando à sucursal do PCB à avenida 17 de Agosto, ali prendeu os indivíduos Ivo Valença, Hugo Ferreira, Aristides Pereira Alves e Antonio Silva, apreendendo também boa quantidade de granadas de mão, munição para fuzis do tipo usado pelas Forças Armadas etc." Nota-se que "a apreensão aqui foi feita, não no automóvel de que fala o sr. Álvaro da Costa Lima em seu relatório, mas na casa da Av. 17 de Agosto." A contradição cresce, porém, diante da notícia inserta no *Diário da Noite*, do mesmo dia: "Uma bandeira soviética, um mimeógrafo, selos com a efígie de Luiz Carlos Prestes, e outros líderes vermelhos, flâmulas, granadas de mão, granadas de gazes asfixiantes, armadilhas antitanques, balas de fuzil, balas de revólveres 45, carga dupla etc. (...) foram apreendidos pelas autoridades da Delegacia de Ordem Política e Social, na sede do Secretariado Regional do Partido Comunista (órgão controlador do PC em todo o Nordeste), na Av. 17 de Agosto, 427, nesta cidade." Na última notícia, aparecem as armadilhas antitanques, bem como outros materiais bélicos não falados no relatório policial (*ibidem*).

Para ampliar ainda mais as contradições da autoridade policial, o deputado Julião leu outra notícia veiculada num terceiro jornal, onde o relatório informava que o arsenal bélico fora encontrado noutro local, não mais no comitê do PCB. Vejamos:

> No relatório policial, não faz o sr. Álvaro da Costa Lima menção do local onde foi preso o automóvel em que iam as "armas" e os seus dois ocupantes. Nas suas declarações do dia 8, ao *Diário de Pernambuco*, fala, no entanto, de um cerco ao mesmo na avenida Norte. Novamente de-

clara: "Dentro do carro foi capturado vasto material: granadas ofensivas e de gases asfixiantes, armadilhas antitanques, petardos, detonadores, balas de fuzil metralhador, cartuchos de calibre 45, munições e armas que, em sua maioria, são privativas do Exército" (*ibidem*).

Diante de tanta contradição apresentada pela autoridade policial, com aumento e redução de quantitativos de armamento, inclusão e omissão de itens anteriormente referidos, impossibilidade de saber-se onde, enfim, foram encontradas as armas, Julião, mais uma vez, argumentou com ironia: "Será que o sr. Álvaro da Costa Lima está procurando diminuir a 'culpa' de suas vítimas?" (*ibidem*).

A reação da bancada situacionista na Assembleia Legislativa foi surpreendente: propôs mais uma medida violenta, a cassação do mandato do deputado Julião. O curioso é que, no mesmo requerimento apresentado pela liderança do governo, de quebra incluíram também o nome do deputado Clodomir Morais, inimigo do governo Cordeiro de Farias e sempre alinhado com as denúncias formuladas por Julião contra as ações policialescas do governador.

A repercussão foi enorme e bem maior o clamor levantado na consciência popular. Todos diziam: "Em vez de apurar os fatos, o governo apela para a cassação dos deputados denunciantes!"

Em 10 de janeiro, o Diretório Regional do PSB divulgou documento de desagravo ao deputado Julião com o seguinte teor:

> Juntando-se aos protestos, que têm suscitado as ações policiais, visando à articulação de uma grosseira farsa, um novo "Plano Cohen", e desmascarando, por completo, a posição descortês e antidemocrática do sr. Bráulio Guimaraes, no tratamento que dispensou à comissão parlamentar que esteve na Secretaria de Segurança Pública, o Partido Socialista Brasileiro, através do seu Diretório Regional, fez publicar a seguinte nota oficial: "O Diretório Regional do Partido Socialista Brasileiro, tendo ciência, através do seu representante na Assembleia Legislativa, dos fatos apurados pela comissão parlamentar que visitou a Secretaria de Segurança, verificando atentados cometidos pela Polícia de Pernambuco contra as pessoas aprisionadas nos últimos dias, torna público: a) A sua solidarie-

dade ao deputado Francisco Julião na sua atitude de reiterado protesto contra aqueles fatos, bem como repelir os termos violentos com que foi tratado pelo sr. secretário de Segurança durante aquela visita; b) O seu protesto contra os espancamentos sofridos pelos cidadãos aprisionados sob acusação de atividades subversivas, atentados que demonstram da parte de seus responsáveis absoluta incompatibilidade com o regime democrático e as leis do país; o Diretório Regional se reserva para um pronunciamento mais completo sobre o assunto em ocasião oportuna, salientando, desde já, que a sua atitude está em perfeita consonância com as diretrizes dos órgãos nacionais do PSB (FP, 18/1/1956).

O pedido de cassação dos deputados Francisco Julião (PSB) e Clodomir Morais (PTB) tramitou normalmente e, por fim, foi submetido à comissão executiva da Assembleia Legislativa para efeito de relatoria. Foi indicado relator o deputado Rinaldo Alves, que deu parecer contrário à cassação. Levado o parecer à mesa do plenário em 3 de fevereiro, foi aprovado por unanimidade e, assim, rejeitada a cassação dos mandatos dos deputados.

51. JESUS EM GALILEIA

A batalha judicial sobre a posse do Engenho Galileia prosseguia. Como era natural, a Justiça nada decidia, porque a processualística civil, pródiga em oferecer oportunidades para procrastinar o andamento do feito, normalmente arrastava-se por anos, por décadas. Nesse, caso, porém, a situação beneficiava os moradores do engenho, porque, enquanto não viesse a decisão final, transitada em julgado, eles iriam permanecer em suas casas, a plantar e a colher os frutos de suas lavouras. Era uma das táticas usadas por Julião.

A ação de despejo ou expulsão das famílias do engenho também, naquela época, ganhava forte conotação política. Por trás das disposições meramente jurídicas, havia o interesse do governo do estado em pôr abaixo a ousada iniciativa dos camponeses de criar uma sociedade, conseguir um defensor e se declarar decididos a não arredar pé daquelas terras. Antes, bastaria a cara feia do proprietário; agora não, a situação estava mudando. Mesmo assim, as ameaças e as intimidações cresciam de todos os lados.

Julião, durante os meses anteriores, devido a sua corajosa atuação na Assembleia Legislativa, criticando duramente o general Cordeiro de Farias, atraíra para si a ira dos seguidores do governador. Por isso, corriam insistentes boatos de que estava sendo ameaçado de morte. Os amigos, preocupados com sua vida, pediram-lhe para tomar cuidado e moderar as atitudes. Ele agradeceu os gestos de consideração, mas não abandonou a causa. Estava resolvido a enfrentar todas as consequências e adversidades.

As pressões políticas, porém, em fins de 1956, apresentavam-se bastante exaltadas, porquanto muitos políticos e latifundiários da região manifestaram solidariedade ao dono do engenho, Oscar de Arruda Beltrão, aconselhando-o a buscar no governo medidas de força, de intimidação, traduzidas em espancamentos, humilhações, terror, prisões etc. Se ele não agiu pessoalmente, os amigos tomaram algumas iniciativas. A verdade é que o governo destacou para Vitória de Santo Antão, município a que se achava subordinada a região do Engenho Galileia, o capitão de Polícia Jesus Jardim de Sá, comissionado como delegado local.

Julião ia, com frequência, à sede da Liga de Galileia tratar de vários assuntos relativos aos interesses da sociedade: andamento do processo judicial, solução de conflitos internos, ajuda a entidades de outros municípios etc. No dia 17 de junho, um sábado, de manhã, dezenas de camponeses estavam reunidos com Julião no salão principal da entidade. De repente, o local foi invadido e cercado pelo capitão Jesus Jardim e sua tropa: 12 soldados bem armados e municiados.

Não houve conversa nem qualquer justificativa para aquela diligência. Entraram, dando coronhadas nos trabalhadores, sem que adiantassem os protestos veementes contra aquela arbitrariedade. A sede da liga foi imediatamente cercada pelos soldados. Quando o capitão viu que Julião fora agarrado com firmeza por alguns soldados, até em busca de sua arma, avançou e, com o fito de humilhá-lo perante os presentes, desafiou-o:

– Quero ver se você tem coragem de trocar tiros comigo...

Mesmo agarrado pelos soldados, diante dos camponeses, Julião, sem o revólver, respondeu:

– É pra já. Me dá o meu revólver – disse para o soldado que lhe tomara a arma.

O capitão fraquejou. Olhou para os soldados e os camponeses, andou para um lado e para o outro e não autorizou a entrega do revólver. Julião, pressentindo a frouxidão do militar, falou para todos, mas, em especial, para os soldados:

– Vejam vocês. Esse capitão, a quem vocês obedecem para espancar seus irmãos camponeses, é um covarde. Desafia-me para um duelo a tiro e treme, e foge quando eu aceito (Fonseca, 1962:51).

O capitão Jesus ouviu as palavras do deputado e ficou calado, acovardado. Não sabia o que fazer diante de seus comandados e dos camponeses, que também não arredavam pé. Outra vez, andou para lá e para cá e disse que ia buscar o jipe para levar preso o deputado. Nesse meio-tempo, um dos praças disse:

– Deputado, estou com o senhor.

Julião, comovido, agradeceu o gesto de solidariedade. No entanto, o capitão Jesus fora precavido. Antes de cercar a sede da liga, mandara cortar os fios telefônicos que ligavam Vitória de Santo Antão ao Recife. E mais: pediu ao juiz de Vitória de Santo Antão, dr. Nelson Pereira de Arruda, que fizesse o favor de ausentar-se da comarca. A finalidade era a mesma: evitar que Julião, como advogado, interpusesse *habeas corpus* ou outra medida judicial cabível em virtude daquelas arbitrariedades.

O estranho é que o juiz aceitara a sugestão e desaparecera da cidade. Tudo parecia bem orquestrado desde o Recife. Aliás, a atitude do magistrado, covarde e servil, também se revestia de monstruosa ingratidão, pois, outrora, Julião, na qualidade de advogado e seu primo, o havia defendido num processo infamante, quando Nelson fora tabelião na Comarca de Limoeiro, cidade vizinha de Bom Jardim.

Quando o capitão voltou com o jipe, o deputado foi levado, aos empurrões e sob a mira das armas, para dentro do veículo e conduzido, a princípio, por estradas estranhas e para ele desconhecidas. Depois de muito andarem, descobriu-se no pátio interno do vetusto prédio da Secretaria de Segurança, na rua da Aurora, às margens do rio Capibaribe. Retirado do veículo, Julião ficou custodiado por dois soldados com armas apontadas para ele. O capitão Jesus, que viera no banco dianteiro, saltou e, incontinenti, subiu as escadarias para o primeiro andar, onde recebeu as novas ordens do superior, o chefe de Polícia do governador. As coisas começavam a ficar cada vez mais confusas. Voltaram a colocar o deputado no mesmo veículo e, sem a menor explicação, partiram.

Após algumas horas, por fim, pararam diante da residência do juiz Nelson Arruda, que morava no Recife, o qual, cumprindo ordens dos policiais, desaparecera da comarca de Vitória de Santo Antão. De repente, apareceu ali, como que caído do céu, o coronel Bráulio Guimarães, fingindo espanto e inocência:

– Deputado Francisco Julião, que há com o senhor?
– Não há nada, coronel. Fui apenas sequestrado!
– Que me diz? Ocorre, sem dúvida, um terrível mal-entendido. O senhor não está preso. Tem imunidades. Para onde quer ir?
– Antes de mais nada, quero ir ao palácio, falar com o governador.
– Pois não. Meu carro esta às suas ordens. (*ibidem*, p. 52).

Essa aparente cortesia contrastava com a grosseria cometida pelo secretário de Segurança em janeiro, quando tratara mal a Julião e aos demais deputados integrantes da comissão interpartidária que visitara a prisão daquela secretaria, a fim de averiguar o estado físico de presos espancados e torturados pelos policiais a mando do coronel Bráulio Guimarães.

Rumaram para o Palácio do Campo das Princesas. Sem maiores protocolos, Julião foi imediatamente recebido pelo governador, general Cordeiro de Farias. No encontro, frio e rápido, fingindo desconhecer tudo que acontecera, disse o chefe do Executivo estar bastante consternado. Mesmo diante dessa desculpa, Julião protestou contra a violência. De lá, rumou diretamente para a Assembleia Legislativa, que se encontrava convocada e em funcionamento. Ali, de imediato, pediu a palavra e prestou circunstanciado depoimento sobre o seu ilegal sequestro em Vitória de Santo Antão.

Aparteado por quase todos os deputados presentes, recebeu de seus pares a mais irrestrita e comovida solidariedade, pois, afinal, a própria autoridade governamental, por intermédio de seus agentes policiais, desrespeitara a imunidade parlamentar, a Constituição federal e a do estado, as leis e os princípios gerais de direito, moral e bons costumes, os quais deveriam nortear o bom andamento da coisa pública. Esse foi, em resumo, o tom dos pronunciamentos. Aprovaram, no fim, o seguinte requerimento proposto pelo deputado Barreto Guimarães:

> Tendo em vista o desrespeito ao Poder Legislativo ocorrido hoje em Vitória de Santo Antão, quando foi preso por um delegado de Polícia atrabiliário e violento, capitão Jesus Jardim, o nosso colega deputado Francisco Julião, requeremos à Mesa, na forma regimental, que seja constituída uma comissão parlamentar interpartidária para entrar em entendimento com o Exmo. Sr. Governador do Estado, protestando contra essa medida absurda e procurando inteirar-se das providências que haviam sido tomadas no sentido de punir os culpados.[42]

Integraram a comissão os deputados Barreto Guimarães, Oswaldo Coelho, Arnaldo Maciel, Paulo Viana, Augusto Novais e Antônio Luiz.

Apenas um deputado situacionista se absteve de pronunciar-se e assinar o requerimento apresentado por Barreto Guimarães: José Mixto, representante de Vitória de Santo Antão, eleito pelo ostensivo apoio do usineiro João Cleofas e notório defensor dos interesses dos latifundiários. Aliás, os camponeses de Vitória de Santo Antão chamavam-no de "o deputado Peba", que na linguagem indígena significa, "chato e alongado" em alusão à espécie de tatu que arranca a mandioca e arrasa a lavoura no campo.

Instaurado o inquérito judicial, coube a presidência ao juiz Luis Regueira Pinto de Souza, da Comarca de Jaboatão, como diria Julião, "uma das glórias da magistratura pernambucana" (Fonseca, 1962:53).

O governador, diante do pedido da Assembleia Legislativa e forçado pelas circunstâncias, ordenou a abertura imediata de inquérito.

Curiosamente não foi apenas mais um entre tantos que, no fim, nada apuravam e serviam apenas para inocentar culpados, sobretudo quando esses eram acobertados pelos interesses escusos da baixa política. O magistrado Luis Regueira Pinto de Souza apurou os fatos com isenção e probidade. Na sentença final, responsabilizou, sem titubear, o capitão Jesus Jardim como executor de ordens recebidas de seus superiores, o coronel do Exército Bráulio Guimarães e o próprio governador, general Cordeiro de Farias.

Aconteceu, porém, que a baixa política operou seus nefastos resultados no andamento e julgamento final do inquérito; por tortuosos caminhos, no fim, prejudicou o honesto e premiou o desonesto. Logo depois, ao surgir vaga para o cargo de desembargador do Tribunal, por todos os méritos, antiguidade e merecimento, cabia a vez ao juiz Luis Regueira Pinto de Souza. O governador, general Cordeiro de Farias, porém, em calculado acerto de contas, preferiu preteri-lo e escolher o de menor merecimento, de comarca mais distante, exatamente aquele que colaborara e fora conivente com as turbulentas arbitrariedades em Vitória de Santo Antão, o juiz Nelson Pereira de Arruda.

Julião, mais tarde, do plenário da Assembleia, lamentaria profundamente tal gesto do mandatário pernambucano diante de inesperada e abstrusa ocorrência que vitimou o juiz Luis Regueira:

> O fato de ele (juiz Luis Regueira) não ter sido promovido causou-lhe indiretamente a morte, porque permaneceu em Jaboatão e, desentendendo-se com o prefeito local, morreu por ele assassinado. Chamava-se Aníbal Varejão esse prefeito. Eu prestei à memória de Luis Regueira Pinto de Souza, na época, a mais sentida, a mais profunda homenagem. Homem de bem. Caráter firme (*ibidem*).

As perseguições contra o deputado Julião, em novembro de 1956, não culminaram em sequestro. Na semana seguinte, na sede da Liga de Galileia, novos acontecimentos, talvez mais dramáticos, voltaram a acontecer.

É de perguntar-se: as ações policiais estariam ou não sendo manipuladas diretamente pelo governador? Não se esqueça de que, ao longo do ano, a oposição ao governo na Assembleia Legislativa era exercida com intensidade e rigor, em primeiro lugar, pelos deputados Francisco Julião e Clodomir Morais. Outros também o faziam, mas com iniciativas mais moderadas, como, por exemplo, Miguel Arraes e seus aliados.

A verdade é que a posição de Julião em relação à política do governador não mudara em nada. Ainda em 31 de julho, ao comentar entrevistas dadas pelo governador Cordeiro de Farias e o ex-governador Etelvino Lins ao *Diário de Pernambuco,* nas quais ambos comentavam a conjuntura nacional, Julião foi bastante incisivo e mordaz:

> Esses dois homens se acham tão umbilicalmente ligados um ao outro como irmãos siameses em matéria de opinião pública. Quando um geme, o outro chora. São dois descrentes, dois céticos, dois cavaleiros da triste figura no cenário político nacional. Saudosistas do golpe que o punho firme do general Teixeira Lott, à frente do Exército e das forças populares, deteve no momento preciso em que ia abater-se sobre o Brasil. Felizmente, o jornalista Aníbal Fernandes, com aquela luminosidade própria de um versado nos clássicos da língua francesa, tomando a ironia de Voltaire, o bom senso de Boileau, a serenidade de Pascal e alguns dos melhores personagens imortalizados pelo gênio de Eça de Queiroz, repôs nos seus devidos termos os dois improvisados estadistas em suas respectivas entrevistas. É que nenhum deles mergulhou uma só vez no âmago das questões suscitadas em seus pronunciamentos, mas permaneceram em suas torres de marfim, como donzelas tristes ante o espetáculo contemplado a seus pés. Plainaram no alto, como anjos desterrados, e quando um deles propõe uma saída, é para preconizar a volta do Brasil das capitanias hereditárias, enquanto o "outro" para usar o demonstrativo que Aníbal Fernandes tornou trágico, toma de empréstimo uma Revolução Consentida e a atira às faces do povo desesperado. Soluções líricas, soluções de cúpula, é, nas entrelinhas, mais do que isso, no fundo, na essência mesma do seu pensamento, o que ditam esses pregoeiros do golpe salvador, para frenar, de uma vez por todas, o avanço democrático, a crescente e incessante politização dos brasileiros. Já estamos cansados de ouvir cassandras.[43]

AMPLIAÇÃO DAS LIGAS (1957-1960)

Mesmo assim, o capitão Jesus Jardim, na condição de delegado de Vitória de Santo Antão, ao mesmo tempo que Julião, no Recife, mobilizava a opinião pública contra sua atitude, também mobilizou a opinião pública de Vitória de Santo Antão. Imediatamente começaram a chegar à mesa do coronel Bráulio Guimarães, secretário da Segurança, cerca de 20 telegramas das mais diferentes personalidades da cidade, as quais manifestavam apoio à "ação clarividente" do capitão Jesus, ao afastar a "subversão e o perigo comunista" do município. As mensagens vinham assinadas por vereadores, padres, pastores protestantes, senhores de engenho, funcionários municipais etc., sempre no mesmo tom. Uma das mensagens telegráficas encabeçada por proprietários dizia:

> Povo vitoriense vem protestar junto vossência contra movimentos vermelhos realizados nesta cidade pelo deputado Francisco Julião vg que deste modo trai miseravelmente mandato lhe foi conferido bravo povo pernambucano pt Queremos manifestar nosso reconhecimento ação intransigente defensor nossos direitos pt Atenciosas saudações: Arnaud Gurgel, Severino Ferrer, Antonio Aquino, Gabriel Mesquita, seguindo-se duas mil assinaturas...[44]

52. A VOLTA DAS VELHAS CASSANDRAS

Diante dos inúmeros apoios e gestos de solidariedade dos seus pares na Assembleia Legislativa e do Diretório Regional do PSB, o deputado Julião aceitou comparecer a uma manifestação pública de desagravo que lhe prestariam os membros da Liga Camponesa de Galileia e diversas pessoas de Vitória de Santo Antão. Entretanto, o temor de outras violências serem praticadas por parte da polícia do governo de Cordeiro de Farias, associada a capangas capitaneados por alguns latifundiários da região, obrigou-o a tomar algumas providências: avisou aos membros das ligas para evitarem qualquer atitude que pudesse provocar revide ou vingança, bem como convidou seus amigos mais próximos, e todos os deputados que desejassem a acompanhá-lo àquela cidade. Oito deputados aceitaram ir com ele a Vitória de Santo Antão. A comitiva partiria no sábado, 25 de novembro, de manhã.

O deputado Miguel Arraes, receoso de alguma violência contra a comitiva, por parte da Polícia ou mesmo de capangas contratados pelos senhores de engenho, apresentou à Presidência da Assembleia requerimento com a seguinte justificativa:

> Sr. presidente, de acordo com a publicação que vem sendo feita nos jornais, o Partido Socialista Brasileiro promoverá amanhã, em Vitória de Santo Antão, uma manifestação ao deputado Francisco Julião, de apoio a S. Exa. pela agressão que sofreu naquela cidade. Essa manifestação conta com o apoio de vários deputados, vereadores do Recife, de Olinda e de outras cidades vizinhas, com presidentes e diretores de associações das quais deverão comparecer vários membros desta Casa. Acontece que alguns colegas têm sido notificados de que, com o apoio da Polícia do estado, vários senhores de engenho, proprietários de terra e adversários do deputado Francisco Julião teriam o intuito de perturbar a manifestação a ser promovida amanhã. Diante disso, como vários deputados irão comparecer àquela manifestação, tomei a iniciativa de pedir a palavra para comunicar a V. Exa., à Mesa da Casa e aos srs. deputados, já que vários deputados irão a Vitória de Santo Antão, e, ao mesmo tempo, pediria a V. Exa, como presidente da Casa, que tome a iniciativa de, junto aos poderes do estado, fazer a comunicação que ora transmito à Mesa e pedir providências para que seja garantida a imunidade dos deputados que comparecerão e do povo em geral que irá prestar solidariedade ao nosso colega deputado Francisco Julião.[45]

Apesar da expressa solicitação de Miguel Arraes, no sentido de evitar transtornos e mais violências, não se tem notícia de nenhum documento oficial – quer da Secretaria de Segurança, quer do Palácio do Governo – enviado às autoridades policiais de Vitória de Santo Antão pedindo garantias para que a reunião transcorresse sem atropelos.

Além do pedido de Miguel Arraes, o presidente do Diretório Regional do PSB, Antonio Bezerra Baltar, remeteu ofício, no mesmo dia da sessão da Assembleia Legislativa, ao coronel Bráulio Guimarães, secretário da

Segurança, solicitando apoio e providências no sentido de as autoridades policiais oferecerem as necessárias garantias para que o ato ocorresse dentro de clima de tranquilidade e segurança. Comunicava, também, que o ato público seria "uma manifestação de desagravo ao Exmo. sr. Deputado Francisco Julião, amanhã, a partir das 8 horas, no local onde se verificou a agressão de que foi vítima aquele parlamentar por parte do Delegado de Polícia, Cap. Jesus Jardim de Sá".[46] Adiantava, por fim, que à comitiva do PSB iriam incorporar-se vários deputados, vereadores do Recife e de outras cidades, líderes sindicais, estudantes, oficiais do Exército e demais personalidades.

No dia aprazado (25 de novembro) para a partida a Vitória de Santo Antão, nem todos os convidados compareceram no local do encontro. Dos oito deputados, foram apenas dois: Arraes e Veneziano Vital. Além deles, estavam ali amigos de Julião, vereadores de Recife e de Olinda, o general Viriato de Medeiros e o coronel do Exército Nadir Toledo Cabral.

A recepção à comitiva no Engenho Galileia, como sempre acontecia, foi carinhosa e festiva. Os camponeses soltaram fogos de artifício no momento em que a comitiva apontou na entrada, próximo às palmeiras da margem da estrada. Todos os galileus se mostravam alegres e satisfeitos com a presença de tão ilustres visitantes.

Após as saudações, vieram os preparativos indispensáveis à organização do ato. Por fim, teve início a reunião. De repente, os fogos espocaram novamente, chamando a atenção de todos. Daquela vez, porém, era sinal de perigo iminente, porque não faltava chegar mais ninguém. Daí a pouco, a sede da liga estava cercada por tropa policial com mais de 250 praças, além de aproximadamente cinquenta capangas armados como linha auxiliar da tropa, todos comandados pelo capitão José dos Prazeres, que mais tarde seria nomeado chefe da Casa Civil do governador Cid Sampaio.

Os presentes ficaram assustados com aquela nova ação policial. Que viera fazer ali aquela ostensiva força policial? As imediações da sede da liga ficaram completamente tomadas. Parecia praça de guerra.

De súbito, de dentro do grupo de civis armados (com ares de capanga, porque estavam ali como mercenários contratados pelos senhores de engenho), avançou o latifundiário Alarico Bezerra, conhecido por suas radicais posições contrárias a todos os movimentos sociais e populares, de modo especial, às Ligas Camponesas. A passos lentos, com gestos ameaçadores, fixava seus olhos, vivos e perscrutadores, em cada um dos presentes como se neles visse violentos inimigos. Atento, decidido ao golpe fatal, caminhava, em rodopios, pelo salão.

Em uma das mãos Alarico levava longa corrente de ferro, em cuja ponta havia uma argola com cadeado aberto. Com aquela peça ele desejava prender ou amarrar alguém. Elevava e movia com vigor a corrente. Os movimentos faziam os elos tocarem uns contra os outros e ecoarem sons sinistros e tenebrosos no ambiente, prenunciadores de iminente violência física. Quem seria a vítima daquelas algemas medievais?

Ele continuou a avançar célere em direção ao centro do salão. O perfil do latifundiário, a exibir tão desbordada valentia contra homens indefesos e desarmados, apoiado por força policial de 250 praças e mais de cinquenta capangas armados, seria recordado por Julião como se fora uma daquelas figuras com "ares desafiadores de vilão de cinema em fita de bangue-bangue" (Fonseca, 1962:55).

Por fim, Alarico Bezerra parou no meio do salão, circunvagou os olhos, crente de que amedrontava céus e terra, e quebrou o silêncio com uma indagação em voz rouca de ator de dramalhão:

– Quem é aqui o bandido Francisco Julião?

– Sou eu! – respondeu firmemente Julião (*ibidem*).

A sequência foi rápida e imprevista. Com certeza, Alarico, apoiado em gigantesco aparato policial, imaginou que todos sairiam correndo em disparada, pelos roçados, enquanto outros se entregariam acovardados. Ouçamos, porém, Julião descrever a cena que se seguiu à sua resposta:

> E avancei tranquilo para ele. Tranquilo e desarmado, vendo-o também desarmado. Nisso o general Viriato de Medeiros se interpôs, enfrentou-o e, após uma troca de palavras ásperas, puxou rápido do revólver. Miguel Arraes voou, meteu-se de permeio e afastou Alarico dali, que já guardara o molho de chaves (a corrente) e perdera a pose de vilão de faroeste (*ibidem*).

Enquanto isso, o capitão Prazeres resolveu agir. Voltou correndo para junto de sua tropa, trouxe-a mais para junto da porta da sede da liga, reorganizou os soldados e deu ordem de engatilhar as armas. Todos os soldados se perfilaram, engatilharam as armas e apontaram-nas para dentro do salão. O momento era de absoluta tensão. Como o capitão, de onde estava, isto é, na frente dos soldados, não tinha visão completa do que se passava dentro do salão, aproximou-se e postou-se na entrada da porta principal, olhando ora para os soldados do lado de fora, ora para as pessoas que se achavam dentro do salão.

Então, com raro senso de oportunidade e coragem, o deputado Veneziano Vital aproximou-se do capitão Prazeres e, em ação rápida e inesperada, segurou-o com firmeza pelos braços, imobilizando-o. Em seguida, arrastou-o para dentro do salão, aos tropeções, até junto das demais pessoas, e gritou:

– Caboclo! Se os soldados dispararem, nós morreremos, mas você também morrerá conosco.

Após alguns segundos, o capitão, amedrontado e tomado de pânico, num claro sintoma de covardia, a tremer e com a voz embargada, implorou que o deputado o deixasse livre para ele ir lá fora e dar contraordem aos soldados. Mas o deputado Veneziano Vital, agarrado com firmeza ao corpo do capitão, andou com ele até a porta e dali todos ouviram a sua ordem de recolher as armas e dispersar. A tropa dispersou e o capitão deu ordem de retirada, obedecida também pelos capangas, que retornavam sob os mesmos passos do prepotente Alarico Bezerra, que ia à frente.

Passados tais transtornos, a reunião foi reiniciada sem a ocorrência de qualquer outra anormalidade.

53. CAMPONESES NO DIA DO TRABALHADOR NO RECIFE

Antes de maio de 1957 Julião teve a curiosa ideia de levar camponeses à capital para assistirem as comemorações do Dia do Trabalhador. Essa marcha, composta apenas pelos principais membros das ligas recém-fundadas, tinha claros objetivos: acostumar os camponeses às mobilizações, às reivindicações; revelar aos trabalhadores da cidade e à própria população recifense a existência das ligas, dos camponeses sem terra, de seus problemas e das principais bandeiras de luta imediatas, como o fim do cambão e do aumento do foro; de quebra, falar do projeto mais amplo de acesso à terra, a reforma agrária.

O argumento usado pelo líder dos camponeses para convencê-los a ir à cidade fora simples: "Por que a gente não sai daqui e vai ao Recife? Se vocês vão à Justiça, vão a uma festa, vão a um enterro, por que é que não podem ir ao Recife assistir ao 1º de maio, Dia do Trabalhador, saber o que os operários estão fazendo?" (Julião, 1977:70).

A receptividade à convocação foi surpreendente: aceitaram o desafio como um passeio. Restava solucionar um problema de ordem prática: nem todos podiam pagar o bilhete do trem. Julião manteve contato com os dirigentes da rede ferroviária e os camponeses conseguiram comprar suas passagens, de ida e volta, pela metade do preço. A promoção especial valia apenas para a segunda classe. Resultado: 604 pessoas viajaram de trem, a fim de assistir às comemorações do Dia do Trabalhador em 1º de maio de 1957.

Alegres e entusiasmados, desembarcaram na Estação Central, organizaram-se em fila, de dois em dois, para mostrar que eram ordeiros. Dali iniciaram a marcha até o Teatro de Santa Isabel, onde, durante todo o dia, ocorriam as comemorações dos trabalhadores.

A chegada ao teatro surpreendeu os presentes. Nunca se vira, de uma vez, tantos camponeses. Eles caminhavam devagar, observando o entorno e as pessoas, vivendo, cada um a seu modo, o papel de um trabalhador. Cada um parecia dizer: "Estou aqui para dizer que eu existo e também sou trabalhador..." Entraram no teatro a passos firmes e se misturaram com os trabalhadores da cidade, de várias categoriais profissionais, seus representantes sindicais, os delegados das classes patronais, os vereadores, deputados e senadores. Acontecimento notável! Espontaneamente os trabalhadores manifestavam carinhosa confraternização com a massa camponesa. Se os operários não iam ao campo, os camponeses vinham à cidade para mostrar que existiam. A partir de tal gesto, era possível iniciar-se a aliança operário-camponesa.

Como naquela noite haveria ali representação dramática, Julião conseguiu autorização dos organizadores para os camponeses assistirem à peça *Deus lhe pague*, de Joracy Camargo, na qual o papel principal era desempenhado pelo ator Elpídio Câmara. Pela primeira vez eles viram um espetáculo teatral.

Julião evocaria esse episódio com as seguintes observações:

> Aí é que eu via a diferença das duas culturas: a do camarada que vai para a cidade e que fica muito preso à cultura urbana, ao problema da televisão, do cinema e, sobretudo, do futebol, e a do campo. Os estudantes, quando iam ao campo, era para uma espécie de *weekend* revolucionário. Falavam, diziam muitas coisas, porém isso não se repetia. Então, eu disse: "O camponês tem que ir à cidade." Foi quando pensei na ideia de trazer o camponês, primeiro, das pequenas cidades do interior. Depois, aproveitar as expressivas datas nacionais e coisas assim, importantes, para que o camponês pudesse aparecer e a gente da cidade descobrir a existência dele. Queria que deixassem de vê-lo como uma figura folclórica, que a gente descobre quando toma um trem, vai pela estrada e a vê trabalhando, num quadro muito bucólico, muito bonito. Eu queria que vissem o camponês, mas vissem também o outro lado da vida do camponês (*ibidem*).

54. LEMBRAR A LIBERTAÇÃO DOS ESCRAVOS

As Ligas Camponesas ganhavam, a cada dia, importância no cenário político pernambucano e até nacional. A razão principal era a forma de mobilização defendida por Julião. Toda vez que elas, por iniciativa dos líderes, arregimentavam milhares de camponeses e os concentravam no centro do Recife – via de regra, sob a alegação de que comemoravam data nacional importante –, a entrada e a saída da multidão em marcha, pelas ruas da cidade, chamavam a atenção de toda a população. Havia repercussão na imprensa, porém nem sempre retratava a realidade das ruas. As opiniões divergiam e, em função disso, armavam-se as polêmicas.

Uma coisa, no entanto, parecia indiscutível: tais manifestações davam mais visibilidade ao movimento. As notícias começavam a circular em âmbito nacional.

Seguindo essa estratégia, Julião pensou em trazer ao Recife, em 13 de maio de 1958, cerca de três mil camponeses para comemorarem o dia da libertação dos escravos. Em função disso, suas intervenções, explicações, declarações etc. dirigiam-se à questão da reforma agrária. Insistia em que a vitória alcançada pelo esforço extraordinário de Joaquim Nabuco – a libertação dos escravos em 13 de maio de 1888 – fora incompleta, porque o camponês permanecia escravizado a formas desumanas de exploração do trabalho e não tinha, ainda, acesso à terra.

Logo após haver legalizado a Sociedade Agrícola e Pecuária dos Plantadores de Pernambuco, fundada pelos camponeses de Vitória de Santo Antão – na época, estimulados pela liderança de José Ayres dos Prazeres –, Julião escrevera um documento breve, mas incisivo, em que conclamava os foreiros de Pernambuco a entrarem na sociedade. Nesse panfleto – porque editado de forma volante – já combatia o cambão como forma de exploração escravocrata: "A Sociedade é contra o cambão. O cambão é para boi de carro. Não é para gente. Vem do tempo da escravidão negra. A escravidão negra foi extinta. E o cambão? O cambão continua. Vamos acabar com o cambão."[47]

Considerava a libertação dos escravos importante, mas a incluía no rol de movimentos revolucionários "parciais", incompletos, porque não cortaram o mal social que combatiam. Para justificar sua lógica, vale repetir suas palavras escritas em *Até quarta, Isabela*:

> Uma revolução pode ser total ou parcial. Ela é total quando atinge radicalmente a estrutura interna de uma sociedade ou de um regime. Exemplos: a Revolução Francesa, de 1789, que pôs abaixo o feudalismo, simbolizado na fortaleza da Bastilha, proclamando os direitos do Homem e do Cidadão, ou a Revolução Russa de 1917, que baniu o tzarismo e o capitalismo, dando início à primeira sociedade socialista do mundo. Ela é parcial quando destrói pela base um pilar de um setor apenas da vida de uma sociedade. Exemplos: a Revolução Industrial Inglesa, que

feriu de morte o artesanato e deu início à expansão e consolidação do capitalismo, de um lado, e, de outro, ao aparecimento em forma mais alta e organizada da classe operária. A Abolição da Escravatura Negra, no Brasil, mediante uma lei com dois artigos, síntese de uma luta que já durara um século, confiscando pura e simplesmente aos proprietários de terra e outros senhores, inclusive a Igreja, de que Nabuco tinha queixas amargas, o decreto consagrado plenamente pela lei e pela ordem então vigentes, de explorar o trabalho servil de quatro milhões de negros (*ibidem*).

Aliás, foi no Teatro de Santa Isabel, que Nabuco, em pronunciamento em 30 de novembro de 1884, estabeleceu o paralelo – tantas vezes lembrado – entre o passado e o futuro da luta que se impunha como ideal emancipador:

> De que massa humana sois feitos, pernambucanos, se tão grande injustiça não vos revolta e tão grandes sofrimentos não vos comovem?! Vós, homens pobres, como quereis que os poderosos se compadeçam de vós se não tendes compaixão para entes ainda mais infelizes e desamparados do que vós mesmos?! Não, isso não é possível. Não será com os vossos votos que se manterá por mais tempo uma instituição desumana e cruel, violação perpétua de todas as verdades fundamentais da ciência como da religião, da jurisprudência como da moral, causa de atrofia que pesa, durante séculos, sobre o desenvolvimento das nações, instituição que destrói e avilta tudo o que as instituições sociais têm por fim edificar e engrandecer. Não, senhores, a cidade do Recife acordou do sono profundo de tantos anos de indiferença e de insensibilidade; e neste lugar donde falo, do centro de tantas tradições e de tanto heroísmo, que se não fora a escravidão seria hoje uma República forte e respeitada e que com a escravidão começa a esquecer o passado e a descrer do futuro, dir-se-ia que nós ouvimos uma voz que nos brada: "Basta de perseguições, basta de sofrimento!." É a voz que sobe do solo das vossas batalhas nacionalistas, das vossas revoluções liberais, e é escutando-a e articulando-a que eu denuncio neste momento solene a escravidão ao povo pernambucano como todas as forças de minha alma (Nabuco, 1994:151; DN, 26/11/1956).

Sete décadas depois, o deputado Julião, já bastante experiente no convívio com os camponeses e com ideias mais amadurecidas, escreveu, reescreveu e divulgou vários documentos de doutrinação política destinados, exclusivamente, àquelas pessoas. Conseguiu, na maioria deles, estilo singular e pessoal, por romper a distância entre o homem de formação erudita e o analfabeto. Os trabalhadores recebiam as mensagens pela tradição oral, ao ouvir a leitura de um letrado nas reuniões das ligas ou nas feiras de cidades e vilas. Edições populares de vários documentos, que circulavam aos milhares por todas as cidades, traziam títulos simples e comunicativos, a exemplo dos usados pelos autores de literatura de cordel: *A cartilha do camponês, O guia do camponês, O ABC do camponês, Carta de alforria do camponês* etc.

Começou também a escrever cordéis. Num deles, intitulado *Triste vida do campo*, que o jornalista Antonio Callado (1960:94) revelou ser de autoria de Julião, destacamos versos pungentes:

> Depois José Mariano
> Castro Alves e Nabuco
> Condenaram a escravidão.
> Senzala tronco e trabuco
> P'ra nossa honra nessa luta
> Foi nascida em Pernambuco.
> Lutaram esses três heróis
> Com força extraordinária
> Mas a abolição apenas
> Não achavam necessária
> Agiram p'ra que também
> Viesse a Reforma Agrária.

Por volta de julho de 1957 chegaram à Assembleia Legislativa de Pernambuco convites das embaixadas da União Soviética e de outros países socialistas, tais como Tchecoslováquia, Bulgária, Romênia etc., para os deputados viajarem por ocasião de importantes festividades nacionais ali celebradas.

Cerca de vinte parlamentares enviaram pedidos de registro ou atualizações de passaportes ao serviço de estrangeiros. Entre os interessados em conhecer aqueles países figuravam: Fábio Correia, Moacir Sales, Augusto Novais, Augusto Lucena, Antonio Heráclio do Rego, Clélio Lemos, Veneziano Vidal, Francisco Julião e Clodomir Morais.

Quando o coronel Bráulio Guimarães, secretário de Segurança, tomou conhecimento de tal convite, de imediato começou a agir no sentido de obstaculizar a ida de Julião e Clodomir Morais. Os outros poderiam ir sem problemas, mas esses dois deputados, não. Para isso, o coronel enviou o seguinte rádio-telegrama ao chefe da Divisão de Passaportes do Ministério das Relações Exteriores, no Rio de Janeiro:

> Seguirão próximo domingo 14 vg deputados pernambucanos Francisco Julião Arruda de Paula e Clodomir Santos de Morais vg componentes delegação que irá à URSS pt Estes elementos desempenham papel importante atividades Partido Comunista neste Estado pt Segundo nos consta irão obter passaporte diplomático a fim empreender viagem.[48]

E mais: enviou o mesmo rádio-telegrama ao delegado do Dops do Distrito Federal e a chefe de Polícia da capital.[49]

Apesar dos óbices burocráticos interpostos pela autoridade policial, Julião conseguiu o visto para visitar todos os países do mundo. Assim, ele e Clodomir Morais integraram a delegação de deputados pernambucanos que viajou ao "mundo comunista".

55. ANTECEDENTES DA FRENTE DO RECIFE

O fenômeno das frentes políticas na história não é nenhuma novidade. Desde os tempos mais remotos conhecem-se exemplos de ações políticas tendentes a afirmar condições favoráveis de vitória para um lado em tempos de guerra; de governo para grupos unidos em torno de projetos imediatos em tempos de paz; ou mesmo de sustentação indefinida de regimes políticos ou formas de governo em virtude de manifestas dissidências de grupos ou agremiações partidárias inimigas.

A história do Império Romano está cheia de exemplos de ambos os matizes. Fatos mais recentes e de capital importância para os destinos do mundo, como a Revolução Francesa de 1789, podem ser destacados. No alvorecer do século XX, a Revolução Russa de 1917 demonstrou a associação de interesses de várias tendências em torno do leninismo, por fim vitorioso. Mais recentemente, ainda, se poderia apontar os motivos oferecidos ao povo espanhol pelos partidos políticos em torno da monarquia dos Bourbon com o único fito de manter viva e em funcionamento a democracia parlamentar, objetivo maior alcançado com o conhecido Pacto de Moncloa, firmado após a derrocada da ditadura do generalíssimo Francisco Franco (1939-1975).

Não se pense, porém, que as frentes políticas são feitas para o bem, se como tal consideramos o conjunto de ações destinadas a manter a paz, o bem-estar das populações, o progresso etc. As que marcham em direções opostas a postulados moralmente defensáveis constituem também frentes políticas: nesse sentido, as oligarquias que entre nós têm-se mantido por vários séculos, sob o espectro de autêntico patronato político destinado a dar sobrevida aos "estamentos burocráticos" de poder, para usar a feliz expressão de Raymundo Faoro (1989:47).

Sem dúvida, a frente de partidos políticos em Pernambuco, historicamente mais importante, foi a organizada em 1958, que culminou na eleição do governador Cid Sampaio. O objetivo imediato era opor-se, programática e ideologicamente, às oligarquias de partidos e grupos conservadores que se revezavam no poder desde a chamada Revolução de 1930. Para conquistar a vitória eleitoral de 1958, porém, fizeram-se algumas tentativas no Recife.

A primeira tentativa de união ou de frente ocorreu em 1933, quando houve as eleições para a composição da Assembleia Constituinte, votada no ano seguinte. Não se manteve a unidade nem mesmo dentro das fileiras do PCB. Prevaleceu o espírito personalista de dois grupos: os seguidores da Frente Única Proletária e os da Trabalhador, Ocupa Teu Posto. O resultado foi negativo, porque a direção do partido, ao negar apoio ostensivo à participação de seus membros no processo eleitoral, terminou impedindo a eleição de alguns que insistiram em candidatar-se. Como as discussões sobre a vantagem da formação da frente prosperaram dentro do PCB, no ano seguinte, nas eleições municipais, a frente Trabalhador, Ocupa Teu Posto registrou candidatos. No final da apuração das urnas, ela elegeu três vereadores: Cristiano Cordeiro, Chagas Ribeiro e João Bezerra de Lima (Cavalcanti, 1978:128).

Conforme lembrou Paulo Cavalcanti em suas memórias, tal frente tornou-se popular, demonstrando força ao eleger três vereadores contra apenas um da Ação Integralista Brasileira (AIB). Tão popular se tornara que deu música de carnaval. O maestro Nelson Ferreira compôs a marcha-canção "Coração, ocupa teu posto" (*ibidem*, p. 129), a qual alcançou sucesso nas paradas musicais da época:

> Coração, ocupa teu posto!
> Elege um amor
> Que dê no teu gosto!

A segunda oportunidade de formação de frente política no Recife ocorreu durante as manifestações ligadas ao processo de redemocratização de 1945, após a queda de Vargas. Naquele momento de efervescência política as condições apresentavam-se bastante favoráveis, porque o PCB alcançara, enfim, a legalidade, depois de 23 anos de clandestinidade. As possibilidades eleitorais de um partido popular como o PCB surgiam, de certo modo, desse longo impedimento legal. O interesse por um partido que pugnasse pelos ideais marxistas no Brasil encontrou, de imediato, ampla aceitação entre o eleitorado brasileiro. Em parte, é preciso reconhecer, esse interesse decorria de condições favoráveis reinantes no resto do mundo – vitória do bloco socialista da URSS e dos EUA contra os nazistas na Europa com o fim da Segunda Guerra Mundial; avanço entre as mais diferentes nações da consolidação da democracia; ampliação das lutas das classes trabalhadoras nos diversos continentes e a própria tradição de luta dos comunistas brasileiros, sobretudo com o mito de Prestes desde os tempos da Coluna Prestes, que lhe valeu o epíteto de "O Cavaleiro da Esperança".

Em consequência, como salientou Leôncio Basbaum, "o Partido cresceu rapidamente e em fins de 1945 já possuía cerca de 50 mil filiados, um jornal diário, uma grandiosa sede no centro da Capital do país, o Rio de Janeiro. Três anos antes não teria mais de dois a três mil membros", embora o historiador advirta que,

> na euforia da liberdade, da vitória e da legalidade, nem todos tiveram a cabeça fria necessária para verificar que precisamente aí começava a ladeira pela qual o PCB começaria a rolar. Não era, ainda, como na frase conhecida de Churchill, o começo do fim, mas era, sem dúvida, o fim do começo. E mal haviam começado (Basbaum, 3, 1975:137-138).

Também no Recife o crescimento do PCB foi notável. Legalizado, não só poderia apresentar candidatos, mas aliar-se a outras correntes com certa afinidade ideológica e programática.

Quando surgiram as candidaturas do general Eurico Gaspar Dutra (PSD), do brigadeiro Eduardo Gomes (UDN) e de Iedo Fiúza (PCB) para a Presidência foi uma extraordinária oportunidade para se testarem as possibilidades dos comunistas na capital pernambucana.

Apurados os votos no Recife, o resultado surpreendeu: Iedo Fiúza fora o mais votado. Alcançou 40,26% dos votos, contra 26,35% para Dutra e 33,39% para Eduardo Gomes.

A estratégia adotada pelo PCB recifense para as eleições estaduais de 1947 a governador foi claramente de aliança com os candidatos mais progressistas dos demais partidos. Mesmo assim, a decisão do comitê central pernambucano apontava para uma tática que, na prática, daria bons frutos: a formação de frentes cujos objetivos programáticos apareccessem firmados e consubstanciados em pontos definidos. Assim, as forças comunistas avaliaram as correntes que disputavam o poder dentro das seguintes perspectivas:

> Existem duas correntes que lutam entre si pela hegemonia estadual. A primeira constituída de industriais do açúcar, ligada ao que existe de mais reacionário no estado. A segunda, a dos chefes políticos do Agreste e do Sertão, presos a compromissos políticos, com a situação através de financiamentos públicos... Uma outra corrente é a dos industriais, mas que, devido a uma certa timidez, ainda não resolveu atuar (FP, 8/3/1947).

Essa estratégia não funcionou. Os dois candidatos representantes das correntes acima mencionadas – Barbosa Lima Sobrinho (PSD) e Neto Campelo (UDN) – recusaram o apoio. Diante disso, o PCB pernambucano decidiu-se pela aliança com o PSB, por "não haver sido levados a bom termo os entendimentos com as principais candidaturas devido ao anticomunismo em que elas se apoiam" (FP, 1º/1/1947). Então, a frente entre os dois partidos de tendência popular – PCB e PSB – escolheu como candidato Pelópidas Silveira, sem filiação partidária. Na época, conforme já vimos, Julião seria candidato a deputado federal pelo PR, que lançou Eurico de Souza Leão como candidato a governador.

Ao se observarem as palavras de ordem dessa frente (socialistas e comunistas), nota-se um caráter apenas reformista: defesa e melhoria da agricultura e industrialização; diversificação da produção agrícola; aproveitamento das terras incultas e sua distribuição entre os trabalhadores que se disponham a cultivá-las (FP, 4/1/1947).

O caráter de frente e o extraordinário desempenho de Pelópidas Silveira, ao obter o dobro dos votos dos demais candidatos juntos, foram animadores. O cientista político José Arlindo Soares assim avaliou o pleito:

> Muito embora o programa do Partido Comunista não se definisse por uma clara concepção classista ou por uma proposta de cunho socialista, e daí não podermos ligar seus votos a uma consciência partidária do proletariado, podemos constatar, porém, a tendência do conjunto dos setores populares de manifestar seu apoio a uma organização e a líderes políticos que pelo menos se opusessem às classes dominantes locais e tivessem vínculos com a vanguarda sindical mais combativa (Soares, 1982:37).

Em 1958, depois dos quatro anos de governo do general Cordeiro de Farias, representante da oligarquia conservadora, as forças progressistas e populares chegaram à conclusão de que, para vencer as eleições que se avizinhavam, tornava-se indispensável repetir, com melhor organização e coerência de princípios, as alianças que levaram Pelópidas Silveira à

Prefeitura do Recife. Assim, em abril ocorreu a primeira reunião das forças oposicionistas unidas de Pernambuco. Ao final, os participantes divulgaram nota que justificava as razões de se formar a frente única para participar do próximo pleito eleitoral:

> Os representantes das forças econômicas político-partidárias que esta subscrevem, reunidos hoje na cidade do Recife, manifestam a sua firme disposição de marchar coesos no próximo pleito governamental, visando, acima de tudo, à recuperação econômica e política da região e ao combate a todas as formas retrógradas do exercício do poder público.[50] (*ibidem*, p. 67).

Firmavam a nota os seguintes líderes políticos: Alfredo Ramos, Antonio Figueira, Barros Carvalho (PTB); Cid Sampaio, João Cleofas (UDN e Classes Produtoras); David Capistrano (PCB); Francisco Julião e Pelópidas Silveira (PSB); Miguel Arraes (Esquerda Nacionalista); Monteiro de Morais (Partido Social Progressista [PSP]).

56. JULIÃO E A FRENTE DO RECIFE

Em 1958, a capital pernambucana vivia notável efervescência política. Vários acontecimentos indicavam que as próximas eleições para governador e deputados à Assembleia Legislativa seriam disputadíssimas.

O fim da gestão do general Cordeiro de Farias, praticamente isolado das classes produtoras e vinculado aos grupos que periodicamente dependiam da anacrônica política de "socorro" nas secas periódicas, cada vez mais ampliava o abismo entre a aliança desenvolvimentista da agroindústria e os grupos algodoeiros pecuaristas do Sertão. Além disso, desde o ano anterior, as forças de oposição ao governo estadual, quase que forçadas pelas circunstâncias, tendiam a convergir para um denominador comum: defesa e consecução das propostas básicas defendidas no Congresso de Salvação do Nordeste. No rol dessas alianças incluíam-se os principais líderes partidários, dos trabalhadores urbanos e rurais e das classes produtoras. Assim, do ponto de vista político, as avaliações coincidiam na conclusão plausível: a vitoriosa campanha de Pelópidas Silveira para a Prefeitura do Recife era sinal de que a oligarquia política que se revezara no poder desde 1930 começava a ser vencida eleitoralmente.

A reação das classes produtoras, então sob a liderança do industrial Cid Sampaio, tomara consciência de que as alianças com todas as forças políticas, inclusive as ligadas ao PCB, era o único caminho para a retomada do progresso. Para isso, tornava-se imperioso derrotar politicamente a velha oligarquia algodoeiro-pecuarista.

O argumento do continuísmo levara os grupos governistas vinculados à política pessedista a manter sempre o mesmo esquema. Daí o cientista político José Arlindo Soares identificar o mecanismo da gestão oligárquica no

> confisco cambial a expensas da agricultura de exportação, posto em prática pelo Estado central em benefício da industrialização do Centro-Sul, perfeitamente absorvido pelas oligarquias algodoeiro-pecuarista, que hegemonizaram a máquina estatal em Pernambuco de 1939 a 1958. Esses setores oligárquicos não tinham nenhum interesse no incremento industrial da região, na medida em que isso poderia acarretar a desorganização da estrutura agrária tradicional e, em consequência, desmantelar o seu domínio político (*ibidem*, p.70).

Eis a razão por que os grupos oligárquicos se conformavam com as migalhas dos "socorros" esporádicos e dos benefícios fiscais que o governo central da União estava legalmente obrigado a transferir para os estados da região nordestina. Nesse mecanismo residia o continuísmo pessedista. Por outro lado, os líderes da burguesia industrial, sobretudo a açucareira e têxtil, mais alguns setores do comércio e de serviços, sabiam que o rápido crescimento das formas de produção capitalista nas mais diversas áreas da atividade econômica brasileira implicava, de saída, completa eliminação ou absorção dos recursos das economias regionais. Era, na prática, a lei do mais forte imposta pelo polo hegemônico da economia do país – o bicho grande engolindo o menor (Oliveira, 1977:64).

Os reflexos de tais embates de sobrevivência econômica ganharam importante espaço nos debates políticos. Nesse sentido, os líderes das forças populares, principalmente os do PCB, compreendendo a situação, partiram para a reorganização da Frente do Recife, em função da lógica imposta pela realidade histórica daquela quadra da vida brasileira. Então, o comitê central do mencionado partido expediu documento político em que renunciava a qualquer prática de radicalismo e exigia de seus membros atitudes de aliança e cooperação com o adversário histórico: a burguesia.

> As contradições principais na atual realidade brasileira são entre a nação e o imperialismo e entre o desenvolvimento das forças produtivas e as relações semifeudais na agricultura. As contradições entre o proletariado e burguesia não exigem uma solução radical na presente etapa (Soares, 1982:69).

Ao mesmo tempo, Julião, um dos principais articuladores da formalização das forças de oposição unidas de Pernambuco (espécie de reagrupação da Frente, em 1958), na qualidade de deputado estadual e líder das ligas camponesas, aderiu a todas as formulações propostas, inclusive a indicação de um usineiro, Cid Sampaio, para disputar o governo do Estado.

As reações dos grupos oligárquicos não demoraram a aparecer. Destaquemos duas: uma nacional e outra regional.

Nas discussões feitas no Congresso Nacional para a criação da Superintendência do Desenvolvimento do Nordeste (Sudene), seus mais fiéis representantes se desdobraram na obstrução do andamento do projeto e sua aprovação. Essa atitude visava claramente a impedir que novos métodos de distribuição de recursos na região atendessem a critérios técnico-científicos. Eles prefeririam que as coisas continuassem como estavam: distribuição dos recursos em função das trocas políticas de favores espalhados por uma ampla rede de clientelismo montada pela oligarquia agrária. Tais reações contrárias à criação do órgão de planejamento regional espalharam-se, de imediato, por vários estados nordestinos.

AMPLIAÇÃO DAS LIGAS (1957-1960)

Ao mesmo tempo, em Pernambuco, a reação mais notável foi protagonizada pelo governo do general Cordeiro de Farias, como lembrou Soares, "mais preocupado com as conspirações políticas nacionais do que com os problemas econômicos do estado" (*ibidem*, p. 71). Interpretando os anseios da oligarquia algodoeiro-pecuarista que dera sustentação política ao governo, um de seus representantes na Assembleia Legislativa, deputado Clélio Lemos, apresentou projeto de lei para criar o Código Tributário. Na prática, o código consolidaria os mesmos mecanismos fiscais alimentados pelos velhos métodos de estagnação econômica para o estado. Imediatamente todos os líderes políticos e empresariais se posicionaram contra a aprovação daquele projeto: além da manifestação contrária das classes produtoras – industriais e comerciais – mais de quarenta entidades de trabalhadores vieram a público emprestar-lhes solidariedade. Levantam-se os protestos dos líderes políticos das oposições unidos pela voz de seus deputados.

O ponto culminante dos protestos ocorreu quando as classes produtoras decretaram um locaute, que rapidamente se propagou pelas principais cidades pernambucanas e até afetou as atividades das indústrias açucareiras (as usinas) e os trabalhadores rurais (dos engenhos de cana-de-açúcar etc.)

Esse acontecimento político, de profundas consequências na vida política e econômica de Pernambuco, só se concretizou graças à Frente do Recife. Aliás, na mesma época do referido movimento paredista, todas as lideranças de oposição ao governo Cordeiro de Farias organizaram gigantesca manifestação pública na capital pernambucana, à qual compareceram os signatários do movimento aliancista. Na concentração, Cid Sampaio, presidente da Federação das Indústrias de Pernambuco, falou já como virtual candidato à sucessão do governo do estado.

Deflagrada a campanha eleitoral, Julião candidatou-se à reeleição para a Assembleia Legislativa na legenda do PSB. Para governador, como já afirmamos, a Frente apoiou o nome de Cid Sampaio na legenda da UDN. Aqui reside uma curiosidade política, talvez pioneira: Pernambuco foi o primeiro estado brasileiro a romper a tradição histórica, no sentido de que os grupos moderados de centro e de esquerda – progressistas, trabalhistas, socialistas e comunistas – se aliaram com seus mais ferrenhos inimigos políticos – os udenistas.

No auge da campanha, os comunistas, com o objetivo de reduzir ou neutralizar as críticas dos situacionistas, liderados, agora, pela candidatura do senador pessedista Jarbas Maranhão, argumentavam:

> A luta não é apenas contra Clélio Lemos nem contra Cordeiro de Farias, mas por detrás das aparências políticas está o desejo dos industriais de incrementar um amplo desenvolvimento para suas indústrias e, consequentemente, para o estado. [...] As esperanças dos empresários esbarram num obstáculo sério, que é o domínio político dos grandes proprietários de terras, que, através do PSD e de sua política, entravam este desenvolvimento que é vital para os industriais de Pernambuco (FP, 16/3/1957).

A campanha foi disputadíssima. A Frente mobilizou e explorou todos os meios disponíveis, inclusive o apelo carnavalesco. Outra vez o maestro Nelson Ferreira recorreu ao frevo para colocar a campanha na rua, com este frevo-canção:

> O Bloco da Vitória está na rua
> Desde que o dia raiou.
> Venha minha gente pro nosso cordão
> Que a hora da virada chegou (ô, ô, ô, ô!).
> Quando o povo *decide*
> Cair na frevança, não há quem dê jeito,
> Aguenta o rojão, fica sem comer
> Mas no fim, ei!
> Está tudo OK.
> Neste carnaval, quá, quá, quá, quá,
> O prazer é gargalhar
> E com bate-bate de maracujá
> A nossa vitória vamos festejar!

As divergências entre os candidatos – Cid Sampaio e Jarbas Maranhão – exacerbaram as questões ideológicas. Cada lado, a seu modo, na reta final da campanha, esgrimiu suas armas como último recurso. Os defensores de Cid, os aliancistas da oposição, argumentavam, entre tantos motivos, que Pernambuco não poderia ter um governador que "fora demitido do serviço público por ser dorminhoco e que até hoje vive dormindo – porque, dizem os cidistas, é preguiçoso demais" (Barros, 1965:35). Já os pessedistas, seguidores de Maranhão, alardeavam o fato "escandaloso" de estar Cid Sampaio mancomunado com as hostes comunistas. Repetiam as palavras do arcebispo de Olinda e Recife, dom Antonio Moraes Júnior, dirigidas especialmente ao eleitorado pernambucano:

> Os candidatos que adotam princípios ideológicos e atos contrários à doutrina da Igreja não podem ser sufragados. Nem mesmo aqueles que, de tradicional família católica, tornam-se meros instrumentos dos vermelhos e sobem aos palanques dos comícios orientados pelas mãos tintas de sangue dos líderes comunistas (*ibidem*, p. 34).

Na área da esquerda, dentro da Frente do Recife, a disputa por cadeiras à Assembleia Legislativa foi bastante apertada. Havia, naquela eleição, vários candidatos apoiados pelas forças de esquerda, entre os quais Julião, Miguel Arraes, Clodomir Morais e Miguel Batista. Representavam os partidos integrantes da coligação: UDN, PSB, PTB, Partido Trabalhista Nacional (PTN), PST e PSP. Apesar disso, Julião reelegeu-se com relativa facilidade. Obteve 3.213 votos. Para surpresa geral, Arraes não conseguiu reeleger-se. Cid Sampaio, entretanto, ao assumir o governo em janeiro de 1959, nomeou-o secretário da Fazenda, mesma função que desempenhara durante o governo de Barbosa Lima Sobrinho.

À reeleição de Julião, é bom destacar, não vieram os apoios concretos dos camponeses, de Arraes ou do PCB. Não contava ele com votos dos camponeses porque esses, quase na sua totalidade, analfabetos, não votavam. Não contava com Arraes, porque havia por parte desse político pernambucano uma espécie de aversão a transferir seus votos aos mais fiéis seguidores ou eleger sucessores. Também não contava com o PCB, porque seus melhores quadros, com exceção de Gregório Bezerra, mantinham ostensiva campanha contra os métodos de Julião atuar junto aos camponeses. Tratava-se de uma espécie de convicção ideológica dos comunistas: afirmavam que a força capaz de desencadear a revolução era a classe operária, e não a camponesa.

A propósito do curioso comportamento de Arraes – dificuldade em transferir seus votos – dizia-se que ele dificultava de tal sorte as articulações que terminava criando insegurança no próprio eleitorado. Por ocasião da eleição para a Prefeitura do Recife, Pelópidas Silveira tivera dois terços dos votos. Então, recordando o episódio, o ex-prefeito dizia com humor: "Quando fui suceder a Miguel Arraes, quase perdi a eleição."[51]

Apesar das mencionadas limitações, Julião contou com o decisivo apoio do deputado federal Josué de Castro, com quem fazia "dobradinha" eleitoral. Esforçou-se, ainda, com extrema dedicação, para a vitória de Cid Sampaio.

57. MIGUEL ARRAES NA PREFEITURA

A Frente do Recife teve continuidade com a eleição para a Prefeitura.

As gestões políticas dentro da Frente demandaram cautelosas articulações para que não se fragmentasse a unidade costurada até aquele momento.

Paulo Cavalcanti, um dos articuladores do nome de Arraes, contou em suas memórias os passos iniciais e apontou algumas variantes sobre aquele processo sucessório. Destacou, por exemplo, a indecisão do governador Cid Sampaio de apoiar a candidatura de seu concunhado e secretário da Fazenda à edilidade municipal. A falta de anuência do governador, sem dúvida a mais importante figura da política pernambucana naquela fase e também dentro da Frente, significaria quase uma dificuldade intransponível. Além disso, poderia trazer a completa desagregação da Frente do Recife, já iniciada dentro do governo Cid Sampaio. A prosperar a falta de unidade, no mínimo, a campanha daquela eleição municipal estaria perdida por antecipação (Cavalcanti, 1978:279).

Há, porém, um capítulo curioso nas primeiras movimentações no sentido de se indicar Arraes como candidato a prefeito: a participação de Julião.

Na época, a votação de Julião dentro da legenda do PSB fora tranquila, o que lhe conferiu maior autoridade no Diretório Regional e levou seu nome a ser falado como virtual candidato a prefeito do Recife. Evidentemente, essa movimentação restringia-se ao âmbito do partido. A verdade é que a indicação de Arraes não encontrou imediata ressonância dentro do PSB, porque, segundo muitos convencionais, ele fora derrotado para deputado estadual e não era realmente bom orador, pois apresentava visíveis dificuldades na hora de proferir seus discursos. Claro, tinha reconhecidas virtudes: nacionalismo, honestidade, coragem, fidelidade aos ideais defendidos etc. No entanto, ele próprio desconfiava de suas possibilidades. Assim, sob a frustração da anterior derrota eleitoral, chegara a dizer a Paulo Cavalcanti: "Em matéria de eleição, eu já desencarnei, 'seu' Paulo. Quem teve quinhentos votos no Recife não pode cogitar de ser o seu prefeito" (*ibidem*, p. 280).

Todas as forças que integravam a Frente eram importantes, mas três delas pareciam fundamentais: os progressistas de centro-direita, os comunistas e os socialistas. As demais correntes poderiam até se ausentar, mas sem uma daquelas três a correlação de forças eleitorais se romperia. Por isso, a corrente dos socialistas insistia na indicação de Julião como candidato à Prefeitura do Recife.

Os argumentos dos que apoiavam Julião justificavam a indicação do partido sem ouvir preliminarmente a Frente, sobretudo por ter sido bem votado nas últimas eleições para deputado, por ser conhecido na região, na cidade e na periferia, onde atuara com frequência, proferindo palestras, comícios e debates de todo tipo; por ser bom orador e, ainda, encontrar na classe média recifense expressiva aceitação de suas teses sobre vários temas, por exemplo, a reforma agrária, a sindicalização urbana e rural etc. Aliás, ele conseguira os dois mandatos com os votos da cidade, e não propriamente da área rural.

A verdade é que o próprio Julião, intimamente, não estava convencido de tais argumentos a seu favor. A eleição à Prefeitura do Recife requeria o apoio unânime de todas as forças em torno da Frente do Recife. Ele sabia que dificilmente conseguiria trazer Cid Sampaio para seu lado. As divergências ideológicas com alguns quadros do PCB eram quase ostensivas em relação a sua liderança nas Ligas Camponesas. Ademais, não poderia desconhecer os laços de amizade e até de contraparentesco que uniam Cid e Arraes. Justamente por tais vínculos e também por seu valor pessoal, o governador o nomeara secretário da Fazenda. Diante de tudo isso, e também por estar bem informado dos passos de Paulo Cavalcanti e da preferência dos comunistas, Julião preferiu, naquela hora, ficar com a unidade da Frente. Ao mesmo tempo, porém, não dissuadiu seus companheiros de partido dos apoios que recebia. Esperou convencê-los no dia da convenção.

Antes da convenção socialista procurou reservadamente o amigo Arraes e o pôs a par do que estava acontecendo dentro do PSB. A seguir, pediu segredo e confidenciou: "Você será o candidato da Frente a prefeito. Conta com o meu apoio, mas fique calado, porque vai se travar uma luta tremenda dentro do PSB, para sair dali o candidato. Eu vou defender a candidatura da Frente do Recife (FJ a MIS, RJ, 9/8/1994)."

Não foi fácil demover os convencionais socialistas defensores da candidatura própria. Julião, apesar de ser o nome mais cotado, passou a defender a unidade da Frente. Na véspera da escolha de seu nome para disputar a Prefeitura do Recife, redigiu um manifesto defendendo a escolha de um nome interpartidário no sentido de que a Frente partisse unida. Chamou o advogado Djaci Magalhães, seu colega, e pediu-lhe que levasse o documento para David Capistrano, secretário regional do PCB, publicar no jornal *Folha do Povo*.

Capistrano ficou surpreso e até emocionado, porque sabia que daquele gesto dependia a unidade da indicação de Arraes como candidato da Frente. Gregório Bezerra também ficou satisfeito com o gesto de Julião, já que era um dos articuladores do nome de Arraes, pois os comunistas tentavam esvaziar as especulações sobre o nome do engenheiro Antonio Bezerra Baltar.

Na noite da reunião dos convencionais socialistas, Julião mandou alguém de sua confiança até a redação da *Folha do Povo*, a fim de trazer-lhe exemplares do jornal que circularia na manhã do dia seguinte. A manchete principal da primeira página dizia: "Julião apoia Arraes."[52]

Na convenção do partido Julião entrou decidido a defender a unidade da Frente, o que significava escolher Arraes. Não seria fácil demover a maioria dos convencionais, mas não desistiu. Ele passou horas argumentando, analisando as circunstâncias da realidade política nacional e local, os avanços alcançados, as articulações feitas. Por fim, após a votação, conseguiu 70% de apoio dos convencionais socialistas à unidade da Frente do Recife em torno da candidatura de Arraes.

Arraes foi eleito prefeito do Recife em 1959, tendo como vice Artur Lima Cavalcanti.

58. CHICO HERÁCLIO: "LEÃO VELHO E DESDENTADO"

Chico Heráclio, conhecido coronel de Limoeiro, alcunhado de "o leão das varjadas", adorava política e se elegera algumas vezes deputado estadual. Os próprios correligionários contavam mil e uma histórias curiosas a seu respeito, nas quais sempre sobressaíam situações que definiram seu perfil de homem contraditório, polêmico, autoritário, mandão e teimoso. Uma das histórias dava conta de peculiar maneira de o coronel fazer política: recomendava a seus cabos eleitorais que, ao entregar aos matutos a carta com as cédulas dos candidatos, os advertisse para não abri-las. Então, o cabo eleitoral ao entregar a carta ao matuto dizia: "O coronel disse que o voto é secreto, logo não é pra abrir." (Heráclio, 1979:111).

Certa feita, durante a campanha eleitoral de Cid Sampaio para o governo do estado, Julião, Cid, Jerônimo Cavalcanti e muitos outros integrantes da comitiva eleitoral pró-Frente do Recife fizeram a concentração diante da igreja de Santo Antônio, no centro de Limoeiro. Como Chico Heráclio, na época, era inimigo político de Cid, Julião, em determinado momento, entusiasmado com a presença de tantas pessoas, resolveu dar uma estocada no velho coronel limoeirense. Então, após argumentar que esse teimava em fazer política superada e apoiada em pistoleiros e, por isso, perdera o prestígio em sua própria terra (*ibidem*,

p. 112),⁵³ pronunciou a frase ferina: "Chico Heráclio não passa de um leão velho e desdentado."

Quando o coronel soube do ocorrido, ficou furioso: viajou para a capital, levando consigo boletim virulento contra Julião. Os termos eram tão desproporcionais com a realidade, que os próprios jornais recifenses, todos adversários do movimento camponês, se recusaram a publicá-lo. O coronel não teve dúvida: mandou imprimir numa gráfica milhares de cópias e as distribuiu pelo Recife e em Limoeiro. A peça ditada por Chico Heráclio a seu secretário merece transcrição na íntegra, porque a história deve ser escrita com todas as palavras, as quais, como nas outras vezes, revelam mais o estado de paixões incontroláveis do que qualquer comportamento marcado pelo bom senso ou a possibilidade de moderação.

A Verdade ao Público.
Desejava publicar nos jornais esta Carta, enviada ao sr. Julião, todavia explicado nas redações que a lei de imprensa não permitia sair ao pé da letra a mesma, achei por bem mandar imprimir em boletins e distribuir por onde os jornais chegam. Ficando para responder a qualquer insulto deste pobre indesejável.
Houve um pequeno engano no seu insulto.
Em lugar de Leão, deveria ter me chamado Cobra. Não sabes que sou como cobra, que só morde quando é assanhada. Eu só mordo quando bolem comigo.
Não era preciso Chico, para seres agradável a um tipo de tua qualidade, bolires comigo, satisfazendo-o em seu pedido. Não sabes que te conheço tanto quanto a ele? Não sabes que ninguém mais que eu tem conhecimento que de comunista só tens o nome? Um tipo baixo, indecente, seboso, como és, pode dizer-se comunista?
Eu acompanho tudo com atenção. Ainda não vi falar que no grande número de ladrões de nossa Capital tivesse entre eles um só comunista nem tampouco que tivesse sido um comunista preso por ladrão.
No meu fraco entender, o comunista é aquele que trabalha, sacrifica-se e é capaz de dar seu próprio sangue para ver um dia vencerem suas ideias, que é facultativo a qualquer cidadão brasileiro.
Como comunista és o mais nojento que se pode imaginar.

Também que se pode esperar do bisneto do célebre Antonio Matheus, da Espera, o sanguinário e agitador daqueles velhos tempos? Não era ele que cometia tantas misérias e tamanhas barbaridades, que quando chegava nos Povoados, só ficava (sic) os pagãos nas redes, porque não podiam acompanhar os demais em suas carreiras? Não sabes que o teu bisavô foi morto por tua bisavó que sofria as maiores barbaridades e maltratos (sic), ajudada pelo preto estribeiro que tratava do "Pula Valado", cavalo de estimação de Antonio Matheus? Não sabes que pelas boas qualidades dele, nem a polícia nem tão pouco a Justiça procuraram apurar quem o assassinou, por acharem que foi um grande bem feito ao povo?

Agora sei onde foi (sic) estourar as grandes qualidades do teu bisavô. E rebentou multiplicada em ti, pois saíste muito pior, porque nada de ruim que praticava era a troco de dinheiro, nem tampouco era covarde e tu já apanhaste por duas ou três vezes. Na parte de ser brabo e tirano com a mulher, também não provaste a ele, pois és manso, convencido e conformado em ser como o boi do Piauí, que só faz crescer os chifres e minguar o corpo.

Tenho uma denúncia a fazer ao digno Chefe de Polícia. É que em tua casa diariamente vê-se uma verdadeira romaria de inocentes e miseráveis matutos, que lá, onde é necessário o trabalho de tua mulher, filhas etc., vão com o fim de alistar-se, crentes nas tuas mentiras de que eles com uma entrada de Cr$ 70,00 e mais Cr$ 30,00 mensalmente estão pagando os sítios onde moram, recebendo-os depois de 2 a 3 anos devidamente escriturados sem mais despesas. E além destas, têm os pobres de tirar da boca de seus filhos famintos, ainda, as despesas de viagem todos os meses, para irem levar as mensalidades, mais de cem cruzeiros.

Por que estais iludindo a boa-fé dos pobres miseráveis? Isto é caso de polícia.

Que tens feito com tuas mentiras sebosas e imundas? Não é o que estamos vendo em todo o estado, uma verdadeira guerra entre proprietários e moradores? Não estais a troco de ninharias jogando os pobres em cima dos proprietários, ao ponto de já ter havido mortes?

Respeitas ao menos as boas intenções do digno governador. Estais querendo enriquecer à custa das atenções que ele te presta enganado.

Bem, por hoje basta. Preciso reservar alguma coisa para as futuras, se quiseres continuar indesejável no Brasil.

Tem cuidado que o Leão, mesmo cançado (sic), velho já por conta do atoa (sic), não te alcance com uma patada, quebrando-te os chifres, tua maior fonte de rendimentos.

Limoeiro, 19 de maio de 1959.

a) Francisco Heráclio do Rêgo (Heráclio, 1979:115-117).

Ao tomar conhecimento da distribuição do boletim, o deputado socialista considerou os termos usados pelo coronel extremamente graves e ofensivos à sua dignidade pessoal. Foi à tribuna da Assembleia Legislativa e proferiu contundente discurso que condenava aquele vil e covarde expediente. Concluiu afirmando que como o coronel havia descido ao terreno do ataque pessoal, abandonando o político, só lhe restava uma saída: desafiá-lo para um duelo. E mandou-lhe o recado: "Fica a critério do coronel a escolha das armas." (*ibidem*)

Além disso, exigiu que seu discurso e o desafio para o duelo constassem dos anais da Assembleia Legislativa.

Os deputados ficaram assustados com o desafio e suas consequências. No entanto, ninguém tentou conciliar os dois inimigos políticos. Ao contrário, o deputado Agripino Ferreira de Almeida pediu um aparte a Julião para maldosamente pôr mais fogo na fogueira: "Nobre colega, não vejo necessidade disso tudo. Fica mais simples Vossa Excelência se dirigir a Limoeiro que encontrará Chico Heráclio passeando pela cidade sozinho. Garanto que Vossa Excelência não ficará decepcionado." (*ibidem*, p. 112).

Curioso e estranho conselho. Por que acirrar mais a animosidade entre os deputados enfrentados, sugerindo a esdrúxula ida de Julião a Limoeiro para, ali, no próprio reduto eleitoral e sentimental do coronel Chico Heráclio, enfrentá-lo possivelmente numa emboscada montada pelos conhecidos pistoleiros a serviço do Leão das Varjadas?

A verdade é que, apesar de toda sua fama de valentão, o coronel não aceitou o desafio e preferiu referir-se a ele com a mesma metáfora usada no boletim ofensivo (*ibidem*, p. 113): "Quanto às armas, já estão escolhidas. Eu entro com as patas e Julião entra com os chifres."

Chico Heráclio sempre mandava terceiros cumprirem suas ordens violentas contra desafetos, mas nunca foi pessoalmente praticá-las. Não exageramos. Todos em Limoeiro conheciam suas recomendações nesse tom: "Fulano, vá na casa de beltrano e faça um *pantim*."

A expressão tanto poderia servir como senha para aplicar simples advertência, pisa ou surra, mas também, a depender do caso, para dar cabo da vida de alguém.

Ouçamos um de seus parentes, que contou, em seus mínimos detalhes, curioso *pantim*, simples susto, em pobre velho que se recusava a desocupar certo imóvel de propriedade de amigo do coronel. O homem dirigiu-se à presença do coronel e argumentou que não sabia mais o que fazer. O velhinho – relatou o parente do coronel – estava quase chorando.

– Deixa de chororó aqui perto de mim, homem! Vou dar um jeito – respondeu o senhor de baraço e cutelo. – Ô Fernando? Chama João Batatinha e vai cum caminhão no sítio desse velho, lá em Feira Nova, trazer uma carrada de telha. Vá lá cum eles e mostre lá qualé a casa que os meninos vão destelhar. – Foi a ordem (*ibidem*, p. 114).

Temendo piores consequências, o velho argumentou que não, por Nossa Senhora, porque já se havia metido no caso um advogado etc. O coronel respondeu-lhe (*ibidem*):

– Home, vá simbora. Deixe de conversa mole. Eu num já disse que resolvo. Quero lá saber de advogado.

À noitinha chegou o Chevrolet carregado de telhas.

– Cadê o home, Fernando? Deu brabo? – perguntou Chico Heráclio.

– Nada, coroné! Quando a gente chegou, eu dei uns tiros numa lagartixa que tava passeando na parede da casa. Só derrubei a bicha no terceiro. O home correu com medo.

– Home! Tás ruim de dedo que só a peste – comentou o senhor das Varjadas.

Assim agia o coronel Chico Heráclio. Na defesa de seus interesses encontrava sempre alguma justificativa. Durante a campanha eleitoral de 1962, quando toda a ala conservadora da política pernambucana e nacional considerou Arraes, candidato a governador, perigoso comunista, o coronel opinou: "Potoca esse negócio de que o dr. Miguel Arraes é comunista. Em Pernambuco basta um homem ser de bem, preocupar-se com os pobres, para ser chamado de comunista" (Rego, 1999:50-51).

A mesma lógica, no entanto, não valia para Julião, também político, não comunista, fiel aos princípios socialistas, defensor dos pobres e dono de conduta irrepreensível em todas as atividades e funções públicas exercidas. O coronel via nele, como aludido acima, "comunista mais nojento que se pode imaginar" e nas ligas camponesas "uma vergonha para o Brasil". E acrescentava enfático:

> Considero (a liga) fonte do maior banditismo. Vive ela a espalhar a desordem, a intranquilidade e o terror para, desta maneira, conseguir tudo de mão beijada. Dizem que há grupos de camponeses chefiados por padre. É o caso de perder a esperança de pegar dias melhores (*ibidem*, p. 53).

59. QUESTÃO JUDICIAL DO ENGENHO GALILEIA

Em 1959, pouco tempo depois da posse de Cid Sampaio como governador, Julião e seus advogados associados (Djaci Magalhães, Jonas de Souza, Clodomir Morais, Costa Pereira, Fagundes de Menezes e Mário Cavalcanti) intensificaram várias providências processuais na tentativa de vencer as dificuldades na lenta tramitação do processo judicial interposto por Oscar Beltrão, proprietário do Engenho Galileia, ainda em 1955, quando fora instado por seu filho e amigos proprietários da região a pedir em juízo o despejo de todos os antigos moradores do engenho.

A contraofensiva visava a garantir a posse da terra aos moradores que a ocupavam havia anos. Para tanto, ele se baseou em uma lei recém-promulgada (nº. 3.085, de 1956), que dispunha sobre locação rural e outros temas correlatos. A consistente defesa impediu, durante anos, o despejo dos antigos moradores do engenho, o que inquietou os senhores donos de terras da região. Abria-se, assim, perigoso precedente, considerado grave ameaça para suas propriedades. Se a sentença fosse dada, a partir daquele exemplo poderia firmar-se, em breve, sólida jurisprudência capaz de estimular a ocorrência de casos assemelhados.

AMPLIAÇÃO DAS LIGAS (1957-1960)

Mesmo sem a conclusão do feito, Julião passou a referir-se ao impedimento do despejo das famílias como conquista singular. Pela primeira vez um senhor de engenho não conseguia despejar de suas terras, com facilidade, os camponeses. Aquela vitória parcial transformara-se numa bandeira. Suas palavras, a partir de então, não caíam mais em simples retórica, pois tinha um exemplo, experiência concreta resultante da luta e da união dos trabalhadores.

No plano político, ampliou sua mensagem. Aquela pequena área de terra cultivável do Engenho Galileia, com cerca de 140 famílias, as quais o dono não conseguira expulsar nem com o beneplácito da Justiça, virou notícia, correu todo o Nordeste e chegou ao resto do Brasil como uma chispa. Muitas agências noticiosas internacionais também passaram a dar destaque ao acontecimento. Por sua vez, Julião tornou-se o líder inconteste, ampliou suas propostas políticas e até abriu novos espaços de atuação para as ligas em outros estados nordestinos, como ocorreu com a fundação da Liga Camponesa de Sapé, na Paraíba, sob a liderança do pastor protestante João Pedro Teixeira, seu amigo. Segundo lembrou o historiador Manuel Correia de Andrade,

> desse fato se aperceberam não só os estudiosos de nossos problemas sociais, como também os políticos, o clero e o próprio povo, uma vez que o espírito de revolta externado de quando em quando nos pontos mais diversos do Nordeste e as formas embrionárias de organização vêm surgindo dia a dia. Os proprietários de terra, alarmados, temem a reação camponesa, temem a reforma agrária preparada por políticos e técnicos, receiam os planos de recuperação econômica e nada fazem visando à melhoria da produtividade de suas terras, aumentar verticalmente a produção, a fim de poder liberar para as culturas de subsistência as áreas que fossem gradualmente liberadas pela grande cultura, sobretudo a canavieira (Andrade, 1986:219).

As desinformações sobre o avanço da luta dos camponeses pernambucanos liderados por Julião, apesar de tudo, ainda eram enormes. No entanto, após as mobilizações, as vitórias eleitorais da Frente do Recife, em cujos programas estavam incluídas novas propostas relativas à questão da terra e os pronunciamentos de políticos e técnicos preocupados com o subdesenvolvimento do Nordeste etc., a atenção da imprensa brasileira começou a ser despertada.

No Rio, o jornalista Hélio Fernandes, em sua coluna Fatos & Rumores, escrevia:

> Há muita confusão sobre esse caso das Ligas Camponesas de Pernambuco, cuja organização é atribuída aos comunistas. O monsenhor Olímpio de Melo, com toda sua autoridade e insuspeição, no entanto, reivindica para si a fundação dessas ligas, em 1914, quando era vigário de Camaragibe, em Pernambuco (DN, 5/6/1959).

No mesmo dia o *Correio da Manhã* anunciava o início de uma série de reportagens sobre as ligas camponesas, sob a responsabilidade do jornalista Alexandrino Rocha. A preocupação do jornalista, desde logo, foi mostrar as duas versões difundidas pelos principais protagonistas envolvidos no conflito: a história dos senhores de engenho, usineiros e fazendeiros e a dos agricultores.

> Os primeiros acusam os integrantes das ligas de agitadores, de perturbadores da ordem, comunistas, fora da lei. Os últimos queixam-se da exploração a que estão sujeitos, percebendo salários miseráveis e não tendo o que comer. Talvez devido a essa profunda divergência de pontos de vista, se torne quase impossível se dizer quem está com a verdade. O orientador das Ligas, deputado Francisco Julião, declara que o movimento é inocente e de interesse dos próprios patrões. Apenas, os homens do campo estão ficando mais esclarecidos, conscientes de seu valor e intransigentes na defesa de seus direitos (CM, 6/6/1959).

No dia seguinte, o jornal carioca voltou ao tema das ligas, trazendo a público a opinião das autoridades policiais e do Exército, as quais, como sempre acontecia, viam o movimento apenas como organização destinada a promover agitação política "por trás" das reivindicações inocentes dos trabalhadores (*ibidem*).

O jornalista, após entrevistar uma das autoridades, que não quis ser identificada, registrou sua opinião:

> No Congresso dos Trabalhadores do Campo o Partido Comunista fundou um órgão central, localizado na capital pernambucana, com a finalidade de supervisionar todas as atividades dos camponeses, através das ditas ligas, visando a um melhor cumprimento das ordens emanadas da direção central do Partido. O órgão central tem a denominação de Federação dos Trabalhadores Assalariados Agrícolas dos Camponeses do Estado de Pernambuco. [...] Queixam-se os proprietários de terra que elementos da Sociedade Agrícola e Pecuária dos Plantadores de Pernambuco (SAPPP) estão agindo livremente, impunemente. Fazem passeatas, provocam discussões, perturbam o trabalho e nada lhes acontece. Semanalmente, reuniões são realizadas nas delegacias da Sociedade. Programam protestos e saem às ruas com faixas, cartazes e discursos intermináveis (CM, 7/6/1959).

As entidades ruralistas de Pernambuco também começaram a se movimentar com intensidade contra as ligas camponesas. A reação desencadeada agora se revestia de caráter político. Acusavam o governador Cid Sampaio de ser conivente com a agitação das ligas. Expediram nota assinada por Antonio Montenegro, representante da Federação das Associações dos Agricultores de Pernambuco, na qual condenavam a ação das "ligas supostamente redentoras do camponês, no intuito de contrapor irreconciliavelmente o trabalhador e o arrendatário da terra ao proprietário rural" (JC, 23/6/1959).

A resposta do principal líder das ligas não demorou:

> Se preciso for – disse Julião –, farei uma marcha pacífica até o Recife com 50 a 100 mil camponeses, destinada a afastar todo e qualquer caráter subversivo, conforme acreditam os latifundiários empedernidos e autoridades pouco versadas em História e Sociologia. As ligas significam apenas o primeiro passo a favor da sindicalização rural, da organização dos camponeses sem terra, pequenos e médios proprietários em cooperativas. Estamos prontos para convocar não só o governador

do estado, mas também todas as demais autoridades civis, militares e eclesiásticas a fim de ouvirem os reclamos e as mais sentidas aspirações dos camponeses (JC, 29/6/1959).

A respeito dos propósitos do governador Cid Sampaio, Julião afirmou

> crer em primeiro lugar nas boas intenções do governador, pois o considero um homem obstinado, de visão e interessado em diminuir, na medida do possível, o sofrimento das massas camponesas. Toda a sua pregação na campanha passada girou em torno da industrialização e da criação de novos processos para a agricultura e pecuária, contra tudo o que se vem fazendo até agora (*ibidem*).

Essas notícias apenas sinalizavam para o início de muitas outras reportagens a propósito da repercussão das atividades das ligas. Dentre tantas, as mais importantes começaram a aparecer no *Correio da Manhã*, assinadas pelo jornalista e escritor Antonio Callado, entre 10 e 23 de setembro e, mais tarde, a partir de 29 de novembro até 2 de dezembro. Essas reportagens causaram profunda repercussão nos mais diferentes setores da vida brasileira, inclusive no âmbito do Congresso. A partir de então, ninguém mais poderia desconhecer a existência das Ligas Camponesas e de seu líder Julião.

Em 1960, Antonio Callado reuniu as reportagens no livro *Os industriais da Seca e os Galileus de Pernambuco*.

60. ANTONIO CALLADO E O GRITO DA IMPRENSA

Após cinco anos de luta do movimento das Ligas Camponesas – de 1955 a 1959 – lideradas por Francisco Julião, a realidade social e política do Nordeste havia mudado muito pouco, mas, em compensação, surgiu nova conscientização política que, direta ou indiretamente, sensibilizava os principais segmentos sociais. Para tanto, convém esclarecer, concorreram não apenas as ações ousadas do movimento camponês, até então nunca vistas, mas também as diretrizes desenvolvimentistas apregoadas pela campanha eleitoral de Juscelino e sua real implementação. Havia no país uma espécie de febre por mudanças, porque o presidente demonstrava, com seu obstinado esforço de construir Brasília, que estava ali para fazer o que prometera.

Em relação ao Nordeste, o presidente ordenara à equipe técnica, sob a chefia de Celso Furtado, a execução de medidas práticas destinadas a implantar as bases do tão esperado "desenvolvimento regional". Para isso, criou a Conselho de Desenvolvimento Econômico do Nordeste (Codeno), que o jornalista Antonio Callado considerou como "uma das últimas oportunidades que tem o Nordeste de se redimir" (Callado, 1960:58). Tal comissão de especialistas mais tarde seria transformada na Superintendência do Desenvolvimento do Nordeste (Sudene).

Julião, no entanto, por aquela época, se posicionava criticamente em relação às ações desenvolvimentistas preconizadas pelo governo Juscelino Kubitscheck quanto ao Nordeste e também às outras áreas de seu governo, a exemplo da construção de Brasília. Sobre o Nordeste, entendia que as medidas tomadas pelo governo federal eram apenas paliativas; elas surgiam por causa do crescimento e da repercussão do movimento camponês – organizado havia poucos anos e já em manchete dos grandes jornais e revistas –, o que preocupava vivamente a burguesia nacional e autoridades do governo norte-americano. Por isso, insistia o líder pernambucano:

> Cria-se a Sudene. Inventa-se a Aliança para o Progresso. Através desses dois instrumentos busca-se impedir que a fogueira ateada no Nordeste se transforme em um incêndio que se alastre pelo país.
>
> A oligarquia dominante preocupa-se menos com os problemas da classe operária de São Paulo, do Rio ou de Belo Horizonte, problemas que procura solucionar com o círculo vicioso do aumento dos preços dos gêneros alimentícios de primeira necessidade, das manufaturas e dos salários, do que com o despertar das massas camponesas, convencidas, como já se encontram, de que elas poderão desatar um processo político capaz de conduzir o país à revolução social (Julião, 1962:66).

A propósito da construção de Brasília, sua opinião era mais radical ainda.

> Juscelino foi o governo mais entreguista do Brasil e o mais insensível aos problemas angustiantes do homem do campo. Empobreceu-os violentamente durante os seus quatro anos de governo. Matou-os. Brasília foi edificada sobre centenas de milhares de cadáveres de camponeses. Se outras classes do povo brasileiro não sofreram com a construção dessa cidade, não podem as massas campesinas dizer o mesmo: seus ossos serviram de alicerce aos palácios que lá se erguem agora. Impõe-se, como imperativo de consciência, que se decrete imediatamente a reforma agrária radical que preconizo, para redimir o nosso país desse pecado, dessa hecatombe criminosa (Fonseca, 1962:65).

Anos mais tarde, após voltar do exílio mexicano, ele atenuaria suas críticas aos governos de Juscelino e Jango. Veria o interesse pelo Nordeste como um processo natural, mas ainda eivado de muita curiosidade. Reconheceria, até que por volta do fim da década de 1950 procedia a resistência ao capitalismo internacional levada a cabo pela burguesia nacional, sobretudo a ligada às atividades industriais, claramente interessada em vencer as disparidades regionais e em promover o efetivo desenvolvimento para todas as classes sociais envolvidas no processo econômico. Com isso, ela também sairia do atraso e alcançaria posições mais firmes e sólidas. O movimento camponês, em boa parte, evoluiu e chegou a ser conhecido graças ao apoio recebido de boa parte da burguesia nacional.

Em virtude dessa euforia, muitos viram nas mobilizações camponesas a possibilidade de transformação das condições de trabalho do homem do campo, tradicionalmente submetido ao atraso, vivendo, inexplicavelmente, sob o império de formas de exploração feudal herdadas de figuras arcaicas de servidão e de escravidão, tais como a *clientela* dos romanos, o *colonato* dos séculos III e IV d.C. *e o precarium*, que remonta à Idade Média, origem do humilhante cambão e de outras formas de arrendamento leonino da terra. O Nordeste – como disse Julião – ainda era "a região malsinada, a grande chaga do Brasil" (FJ a FGV/CPDOC, 1982:67).

Nesse clima é que os jornais brasileiros começaram a interessar-se pelo movimento camponês das ligas. Heráclio Sales, do *Jornal do Brasil*, escreveu uma série de reportagens chamando a atenção para o drama do Nordeste. Em seguida, *O Estado de S. Paulo* pediu ao próprio Julião que escrevesse artigos, dando sua opinião sobre o movimento das Ligas Camponesas. Foram publicados quatro artigos.

O jornalista Antonio Callado foi a Pernambuco como enviado especial do *Correio da Manhã*. As reportagens de Callado, de saída, chamaram a atenção porque focalizaram temas fundamentais. Ele associou o movimento das Ligas Camponesas com os desafios do Nordeste. O drama do Engenho Galileia, ponto irradiador dos conflitos, não foi tratado como algo isolado, singular, insólito ou folclórico, mas na inteireza de sua verdade, com o realismo que simbolizava os sofrimentos dos trabalhadores do campo de todos rincões nordestinos. Viu os males da seca e as benesses da irrigação não propriamente pelo condicionamento do líquido precioso para os locais mais carentes, mas em função de clientelismos políticos – o sistema funcionava como um autêntico desvio de recursos públicos. A falta de água na região, portanto, passara a ser matéria-prima dos "industriais da seca", problema que se arrastava por vários momentos da vida nacional brasileira, a exemplo da ideia secular de construção do açude Orós, no Ceará, iniciado no governo Epitácio Pessoa e só retomado por JK. As curiosas histórias do Departamento Nacional de Obras Contra As Secas (Dnocs) pareciam concluir que, afinal de contas, o órgão federal fora criado para "não dar água a ninguém", concluiu o jornalista carioca.

Com senso crítico e faro mordaz, Antonio Callado tocou nos pontos fulcrais que, secularmente, agravavam o drama nordestino, às vezes, com forte presença de humor, se a situação não fosse tão trágica e lamentável.

> Em todo o Nordeste – mas muito especialmente no Ceará – federal é sinônimo de coisa grande, fabulosa. Tanto no bom sentido: 'Fulana é uma pequena federal', como no sentido do grandioso catastrófico: "A festa acabou num sururu federal." A algum dicionarista interessado em apurar a origem dessa incorporação ao federal à gíria nordestina sugiro que a fonte são os feitos do Departamento Nacional de Obras

Contra As Secas (Dnocs), são os colossais açudes, as estradas e os escândalos" (Callado, 1960:11).

Os partidos políticos e seus representantes nos parlamentos e nas câmaras figuravam como causadores de uma situação insustentável para o futuro da região, a exemplo do PTB, que, segundo o jornalista, funcionava "como juiz de ausentes e abastados". Suas reportagens, de fato, são o "retrato sem retoque do Nordeste" (*ibidem*, p.123).

Ao tratar especificamente do caso do engenho Galileia, Antonio Callado tocou de maneira incisiva no problema das condições de trabalho no campo do Nordeste:

> Se uma agência responsável solicitasse das Nações Unidas uma investigação sobre as condições de trabalho no Nordeste do Brasil íamos passar por uma vergonha. As Nações Unidas nos incluiriam entre as zonas do mundo onde ainda permanece em vigor o trabalho escravo. Suas investigações poderiam começar pelos acontecimentos de há quatro anos, no Engenho Galileia, município pernambucano de Vitória de Santo Antão, famoso como centro de produção da cachaça Pitu (*ibidem*, p. 33).

Quando Callado foi ao Engenho Galileia encontrou um clima diferente. Havia quatro anos os moradores viviam a experiência nunca sequer sonhada de trabalhar a terra para eles, sem a preocupação de pagamento de cambão e de foro, e ainda mais: sem o temor da presença do capataz, do capanga, da Polícia ou do oficial de justiça. Se esses viessem (e vez por outra apareciam), quem os enfrentaria era o advogado da "sociedade", palavra mágica que sintetizava a longa denominação da entidade que Julião registrara na Justiça: Sociedade Agrícola dos Plantadores e Pecuária de Pernambuco (SAPPP), que a Polícia e a imprensa chamaram simplesmente de Ligas Camponesas.

A questão judicial contra o antigo proprietário se arrastava, havia anos, na comarca de Vitória de Santo Antão, enquanto as ligas cresciam e se expandiam por outros estados nordestinos. Mesmo diante da incerteza da decisão da Justiça, para os galileus o simples fato de o antigo proprietário não ter podido expulsá-los como fazia antes – às vezes, aos gritos e com ameaças de destelhar a casa e de chamar a Polícia – já se constituía numa vitória. Por isso, o jornalista carioca escreveu que "dessa grande miséria saltou a chispa criadora. De todo o Nordeste que visitei, só no Engenho Galileia vi caras de homens livres, entre lavradores. Caras de gente de verdade, de gente que acordou" (*ibidem*, p. 34).

Mesmo assim, a situação dos camponeses, sobretudo a dos que se associavam às ligas, nas demais cidades pernambucanas não era nada alentadora. Os proprietários e usineiros, há meses, vinham organizando-se e promovendo reuniões em suas associações de classe.

Ainda em junho de 1959 o *Jornal do Commercio*, divulgava em destaque: Proprietários rurais estão preparando declaração contra ligas: responsabilizam Cid:

> Para traçar um plano de combate às Ligas Camponesas, pelo perigo que representam para os proprietários de terra, e estranhar a onda de pronunciamentos favoráveis à reforma agrária, reuniram-se ontem os dirigentes de várias associações rurais do estado. Fizeram-se representar pelos próprios presidentes: as Associações dos Fornecedores de Cana de Pernambuco e dos Cafeicultores, as Sociedades Auxiliadora de Agricultura dos Criadores, de Médicos Veterinários e Nordestina de Criadores, além do Serviço Social Rural. Em meio aos pronunciamentos contra as Ligas Camponesas, falou-se da necessidade de uma orientação sadia para que se possa fazer algo pela agricultura de nossa terra (JC, 12/06/1959).

As conclusões dos representantes de cada entidade patronal esbarravam no mesmo jargão: as ligas eram simples movimento subversivo. Eudes Teixeira, representante da Associação Pernambucana dos Criadores (Apec), após longa explanação sobre a atuação das ligas no município de Bonito, afirmou não conhecer outros objetivos nas discutidas organizações salvo o de "cunho subversivo e extremista", vez que são dirigidas por elementos "reconhecidamente comunistas que, segundo as autoridades da Secretaria de Segurança, são fichados desde 1935" (*ibidem*).

Já Luiz Gonzaga Xavier de Andrade, presidente da Associação dos Fornecedores de Cana, após demorada análise da situação da agricultura em face da política financeira do governo federal, taxada de prejudicial e inconcebível, culpou não só o governo, mas também as próprias entidades de classe de Pernambuco, os agricultores e os próprios rurícolas, que eram "explorados pelas associações de camponeses" (*ibidem*).

Os representantes das classes produtoras rurais chamaram à reunião um técnico, especialista em planejamento econômico, para a agricultura de Pernambuco, o bacharel Heraldo Souto Maior, que, em suas considerações, atribuiu aquela desorganização social do trabalhador do campo à deficiência socioeconômica do meio em que viviam, "pois as estradas põem-nos em contato com a civilização quando não estão eles preparados para recebê-la, tal o medievalismo da nossa agricultura". Afirmou ainda Souto Maior que, como a indústria, a agricultura precisava encarar cientificamente seus problemas, pois, do contrário, não encontraria a receptividade desejada nos círculos oficiais para ter suas reivindicações atendidas.

Por fim, os membros das entidades resolveram divulgar, na semana seguinte, uma declaração sobre a situação da lavoura pernambucana, no sentido de que fossem tomadas medidas particulares e governamentais, visando à melhoria de vida do rurícola sem nenhuma interferência das Ligas Camponesas. Na mesma declaração, responsabilizavam o governo do estado por qualquer prejuízo causado por elas, caso não houvesse da parte do governo providências imediatas, vez que tais associações eram meios de agitação comunista (*ibidem*).

Diante dessas exigências, alguns proprietários de terras tomaram medidas particulares, como a adotada por Adolfo Pereira Carneiro: exigiu de seus foreiros que assinassem documentos, nos quais declaravam desistir de suas terras e direitos sem qualquer indenização. Os foreiros recusaram-se a assinar os papéis e foram à liga de Jaboatão pedir ajuda. A reação do proprietário não tardou: contratou capangas e, sob a mira de rifles, deu o ultimato para assinarem os documentos e abandonarem as casas, que iam ser destelhadas. Os camponeses resolveram reagir a tão brutal ameaça: cercaram os capangas e tomaram algumas armas. Adolfo Pereira Carneiro, revoltado com a ousadia, recorreu à Polícia e formalizou a denúncia. No dia do julgamento do inquérito, ao ser indagado pelo juiz sobre a origem das armas de uso exclusivo das Forças Armadas, o senhor de engenho declarou enfaticamente: "Os rifles são do deputado federal José Lopes de Siqueira Santos. Isso não fica assim não. Ele quer as armas de volta."

Antonio Callado, ao relatar o episódio, esclareceu melhor o assunto:

> Esse deputado é do PTB, naturalmente. No Ceará, com Parsifal e seu sogro Chico Monte (que já matou dois, um adversário político e um jornalista enxerido), como em Pernambuco, o PTB é contra lavrador "metido a besta". Lavrador tem de ser besta de verdade (Callado, 1960:50).

61. PACTO PARA ASSASSINAR JULIÃO

À medida que crescia o movimento das Ligas Camponesas, seus membros e, de modo especial, seus líderes eram ameaçados de morte. As notícias desse tipo de intimidação partiam de vários lugares. Vez por outra, sucediam as tentativas e até mesmo mortes consumadas, mas, na maioria dos casos, já ninguém se lembrava de que antes haviam corrido de boca a boca as ameaças. Muitos consideravam-nas apenas boatos.

As ameaças dirigidas a Julião eram constantes. Viraram rotina. A princípio, ele se mantivera em silêncio; nunca revelara em público qualquer opinião a respeito do assunto. Apesar disso, tomara certas precauções pessoais; por exemplo, andava armado com um .38, carga dupla, pendurado num coldre sob o braço esquerdo e, na medida do possível, fazia-se acompanhar de pessoa de sua absoluta confiança. Uma delas era, curiosamente, dono de engenho, Laurindo Brito, que havia anos fora defendido pelo deputado advogado em disputa de terras com um dos vizinhos no município de Cortez, Zona da Mata pernambucana. Conforme lembrou o jornalista Vandeck Santiago, Laurindo era forte como um armário e com a reputação de uma valentia capaz de enfrentar qualquer perigo; costumava acompanhá-lo nas viagens e nos comícios. Também andava armado, disposto a reagir contra qualquer tentativa de ataque ao seu líder. Em algumas situações – como nos comícios, em que não era raro o pipocar de alguma confusão – a tensão era tanta, segundo o próprio Laurindo, que se alguém perto do palanque colocasse a mão no bolso para tirar uma carteira de cigarro, ele, precavido, trataria logo de colocar a sua no cabo do revólver. (Santiago, 2001:51).

Em razão de todos esses perigos, os parentes e os amigos mais próximos viviam sempre preocupados com a vida de Julião. Daí, certa vez, seu amigo Francisco de Oliveira ter-lhe dito com proverbial humor, ainda quando ambos viviam no exílio mexicano: "Todo sujeito tem um anjo da guarda, mas você tem dois, e já estão com a língua de fora de tanto te proteger."[54]

Somente em 1962, em longa entrevista concedida ao escritor Gondim da Fonseca, divulgada logo a seguir em livro, Julião revelaria publicamente ter sido "muitas vezes ameaçado de morte. Uniram-se os latifundiários e resolveram desencarnar-me" (Fonseca, 1962:50).

Essa ameaça, ocorrida por volta de julho de 1959, coincidiu com o momento de intensa mobilização dos usineiros, donos de engenho, grandes produtores rurais etc., os quais ele generalizou, chamando-os de latifundiários. Isso antecedeu às reportagens do jornalista Antonio Callado, publicadas pelo *Correio da Manhã* e algumas revistas de grande circulação nacional, à vitória da revolução cubana e ao desencadeamento da campanha para desapropriação do Engenho Galileia.

Além do mais ocorreu um fato curioso, aparentemente sem importância, mas causador de profunda impressão nos usineiros e donos de terra de Pernambuco. Por aquela época, estreara nos cinemas recifenses o filme *Viva Zapata*, em que Marlon Brando vivia o papel de Emiliano Zapata, herói e mártir da Revolução Mexicana de 1910, símbolo inconteste da reforma agrária. A película chamou a atenção do grande público. Todo mundo queria ver e comentar a história.

AMPLIAÇÃO DAS LIGAS (1957-1960)

O jornalista Clóvis Melo publicou no *Diário da Noite* matéria em destaque, com a seguinte manchete: "Viva Zapata". Todos pensavam tratar-se apenas do sucesso do filme, porém o jornalista aproveitou a oportunidade para traçar um paralelo entre Zapata e Julião, a causa da reforma agrária mexicana e a defendida pelas ligas camponesas. A repercussão foi enorme, porque veio somar-se às preocupações que os líderes das classes produtoras rurais vinham alimentando contra o movimento camponês.

É preciso dizer que o jornalista Clóvis Melo teve a intenção de exaltar e valorizar a causa de Julião, porque até mantinha com ele amizade, mas, de fato, provocou efeito contrário, ou seja, os inimigos do movimento tomaram a matéria como advertência ou indício de que as Ligas Camponesas poderiam realmente, mais cedo ou mais tarde, transformar-se em força apta a provocar consequências imprevisíveis. Por isso, seus inimigos resolveram agir.

Se antes ele sofrera várias ameaças e não tomara nenhuma providência, por que agora iria precaver-se de maneira tão sistemática? Seria, de verdade, iminente a consecução do atentado mortal? Se a ameaça partia efetivamente dos latifundiários, como soubera de tal informação?

A informação veio-lhe por mero acaso. Aconteceu que, desde cedo, ele se especializou na defesa de camponeses. Ao lado disso, durante muitos anos, também se dedicou ao direito de família, razão pela qual ficou conhecido como bom advogado na defesa de ações de desquite e investigação de paternidade.

Por essa época, uma senhora amiga de Julião, que mantinha estreitas relações com importantes usineiros pernambucanos, lhe apresentou uma cliente especial. Sua história deveria correr em segredo de justiça, pois se vinculava a relacionamento amoroso com membro de rica família pernambucana, gente proprietária de usinas e indústrias. Ela precisava mover uma ação judicial de investigação de paternidade contra um membro daquela influente família, mas, segundo afirmava, os advogados do Recife se recusaram a atuar contra a tal família. Então, ela encareceu que Julião aceitasse a causa e a defendesse. Ele aceitou o encargo sem problemas.

Tempos depois, essa cliente encontrou a amiga de Julião e lhe revelou um importante segredo: "Olhe, avise ao seu amigo dr. Julião que ele está condenado à morte. Eu venho te avisar porque você fala tão bem dele, está defendendo minha causa e vai salvar meu patrimônio." (*ibidem*)

Então, a amiga não perdeu tempo. Deslocou-se até a casa de Julião – já tarde da noite para não ser vista – e, muito alterada, com a voz embargada, contou-lhe detalhadamente o plano preparado pelos usineiros, fornecedores de cana e donos de engenho de Pernambuco para matá-lo. Eram cerca de vinte que se haviam reunido secretamente numa das sedes de suas entidades associativas. Mas a mulher dera o nome de todos eles, os quais Julião anotou numa folha de papel (Fonseca, 1962:50).

Imediatamente procurou seu amigo Pelópidas Silveira, prefeito do Recife, membro do PSB, e comunicou os detalhes da ameaça. A reação do amigo, porém, o deixou desapontado. Em vez de oferecer meios concretos de garantias de vida, o prefeito preferiu pedir que ele se retirasse para lugar incerto e não sabido e abandonasse a causa. Julião respondeu-lhe que jamais abandonaria a causa de defesa dos camponeses. Em seguida, fez-lhe um pedido que, naquela hora, pareceu irritar Pelópidas Silveira:

– Se eu aparecer morto por aí, você vá lá num desses bairros miseráveis de Casa Amarela, o mais miserável que tiver, monte uma escolinha municipal e escreva assim: "Escolinha Francisco Julião". Pode ser que daqui a uns cinquenta anos apareça por lá alguém e pergunte: Quem foi esse louco? (*ibidem*).

Aí, Pelópidas levantou-se e disse:

– Vou me embora.

Saiu indignado, porque o amigo não aceitou recuar diante da iminência da morte.

No dia seguinte, procurou outro amigo e compadre, o professor Amaro Cabral de Siqueira, corretor de seguro e fez elevado seguro de vida na sucursal pernambucana da Companhia Internacional de Seguros, pois não queria deixar na miséria a família. O seguro, válido por um ano, vigorou das 12 horas de 18 de julho de 1959 até igual hora, dia e mês do ano seguinte. Em caso de morte, o prêmio seria de um milhão de cruzeiros pagáveis à sua esposa, Alexina Lins Crespo de Paula e, na ausência dela, aos filhos do casal. Previa, ainda, no caso de hospitalização, a cobertura de 180 diárias, cada uma até o valor de quatrocentos cruzeiros.[55] Ademais, redigiu um testamento político, uma carta dirigida ao prefeito Pelópidas Silveira, na qual expunha as razões de suas atividades políticas e os nomes dos responsáveis pelas ameaças do atentado, já que, no contato anterior, não fora muito feliz. Reuniu o testamento, a carta e a apólice de seguro e levou-os para seu grande amigo Nelson Valença, de Limoeiro, inimigo declarado de Chico Heráclio, recomendando-lhe guardar tudo em seu cofre e só abri-lo se ele fosse morto. E acrescentou: "Olhe, Nelson, se eu for abatido, entregue uma cópia à Ordem dos Advogados do Brasil, outra ao presidente do Tribunal de Justiça, outra você publique na imprensa. A carta é para Pelópidas Silveira. Aí está tudo." (FJ a FGV/CPDOC, 1982:66)

Julião, no entanto, não alterou sua rotina de vida. Diariamente comparecia à Assembleia Legislativa e cumpria a agenda política. Entretanto, vivia em clima de profundo desgaste psicológico, pois a qualquer momento poderia cair abatido por tiros disparados por um pistoleiro frontalmente, ou de emboscada.

Anos depois ele soube de maiores detalhes sobre a trama preparada pelos usineiros, fornecedores de cana e donos de engenho. A revelação fora feita por um serventuário de um dos cartórios do foro do Recife e amigo íntimo de certa pessoa que caíra enfermo de doença fatal. Antes de morrer, não mais suportando o dilacerante remorso, contou que fora encarregado de matar Julião: ele era um dos vinte latifundiários reunidos, anos antes, em uma das sedes das entidades de classe dos produtores rurais; naquela reunião haviam decidido matar Julião o mais rapidamente possível. Mas um dos presentes fez outra proposta:

– Só temos dois caminhos. Primeiro, preparar um cheque em branco e dar a esse camarada para ele abandonar o Nordeste, ir-se embora, viver no Rio de Janeiro, em Paris ou em outra parte. A gente dá a ele o cheque em branco, ele preenche e vai embora. O outro, é matá-lo o mais rápido possível. Do contrário, que devemos fazer?

Outro, colega de Julião nos tempos de Faculdade de Direito, que herdara do pai uma usina, pediu a palavra e argumentou:

– Conheci Julião de perto. Ele foi uma pessoa muito serena no tempo de faculdade. Estou certo de que ele é incorruptível. Eu proponho que se lhe mate. (*ibidem*).

Todos os demais concordaram e partiram para a discussão da maneira prática de cometerem o assassinato. Outra vez o ex-colega de Julião tomou a palavra e deu a sugestão:

– Nós sorteamos. Não devemos mandar ninguém. A gente se sorteia aqui. (*ibidem*).

Segundo revelaria o próprio Julião, a sorte tocou a um cidadão casado na família Guerra e capitão da Marinha recém-reformado, herdeiro de terras justamente em Bom Jardim, onde vivia já com problemas, porque seus moradores se filiaram à liga local. Rico e bom na pistola, a ele coube a tarefa; tinha completa liberdade para decidir o dia e a forma do assassinato.

Ouçamos o curioso desenlace da tentativa de assassinato contada pela própria vítima, Julião:

> Chegou o dia em que a sentença seria executada. O encarregado de executá-la tomou o automóvel dele com o motorista e saiu. Eu devia, nesse dia, falar na Assembleia. Os temas dos discursos dos deputados eram anunciados com antecedência. No dia anterior davam-se os assuntos que iam ser falados no dia seguinte e a gente tinha que se inscrever antes. Então ele sabia que eu ia denunciar uma arbitrariedade cometida contra um camponês de uma propriedade de um parente dele. O camarada (o capitão) saiu e no meio do caminho, de repente, disse ao motorista: "Volte para casa." O motorista obedeceu. Mais tarde, quando ele estava perto de morrer, fez uma confissão a uma pessoa que depois veio a mim transmiti-la. Era um escrivão e como eu trabalhava como advogado, no Palácio da Justiça, ele veio a mim e disse: "Olhe, fui muito amigo de fulano, que acaba de morrer, e ele me confessou isso. Agora posso contar a você". E ele me contou que esse senhor havia-se convertido ao espiritismo meses antes e havia contado que, quando viajava, sentiu que algo lhe dizia: "Não mate este homem." E por isso ele

regressou. É interessante esta história, porque revela essas coisas todas que se passam na vida de uma pessoa. Eu poderia ter sido abatido nesse dia, mas aconteceu isso (ibidem).

62. A MORTE DE ANTONIO CÍCERO

Antonio Cícero Barbosa de Paula (1916-1959) fora mais do que simples agricultor preocupado com os cultivos de sua pequena gleba de terra em Barroncos, um dos sítios integrantes da Fazenda Espera, onde nascera Julião. Artesão finíssimo, inigualável contador de histórias, benfeitor de mendigos, pobres caminhantes e prisioneiros, almocreve nas estradas do Agreste e do Sertão pernambucano, além de outras qualidades pessoais testemunhadas por todos os seus parentes e amigos. Primo e melhor amigo de infância de Julião, Antonio Cícero era filho de João Barbosa de Paula, irmão do major Adauto Barbosa de Paula, e de dona Maria Farias de Paula, primeiro de uma prole de 18 filhos.

Seu brutal assassinato, para Julião e seguidores, fora mais do que um soco no rosto; representou dura advertência, porque aquele homem, então, era o principal líder da Liga Camponesa de Bom Jardim. As características do crime, urdidas com premeditação, curiosamente, a depender da visão ou do ponto de vista do observador, poderiam preponderar como indícios políticos ou passionais, ou ambos ao mesmo tempo.

Antonio Cícero, desde a década de 1940, quando Julião começara a advogar e a militar na política, vinculara-se às atividades do primo. A princípio, distribuía panfletos e difundia as ideias de Julião junto aos camponeses da região; depois, com o advento das ligas, filiou-se ao movimento.

No plano estritamente pessoal, logo após a ocorrência do crime, muitas pessoas lembraram alguns casos de indisposições e queixas de vizinhos de Antonio Cícero em geral, em virtude de suas posições políticas. Umas mais recentes; outras antigas. Vieram à tona, inclusive, boatos sobre possíveis desentendimentos com o tio Pedro Barbosa de Paula, também seu vizinho. Aliás, essa desavença familiar ligava-se à antiga questão de limite de terra entre o pai de Julião, major Adauto, e seu irmão Pedro. Certa feita, por volta de 1944, Pedro ameaçara cercar, sem prévia anuência ou acerto de cobrança de "condições" (pagamento de foro de moradores), áreas de terra arrendadas ao irmão Adauto. Diante da ameaça, Julião, em nome do pai, enviou carta ao tio, afirmando, entre outras ponderações, que "um prévio entendimento é sempre bom aviso a fim de evitar juízos precipitados".[56]

Na década seguinte, a partir de 1955, Antonio Cícero voltou a atuar com Julião de maneira mais ostensiva, filiando-se à liga camponesa como o mais fiel escudeiro na região. Pedro Barbosa de Paula, por ser fazendeiro e frequentar as hostes políticas adversárias do movimento camponês, transformou-se em seu declarado inimigo.

Talvez por isso, logo após o crime, quando um jornalista recifense foi a Bom Jardim colher informações sobre o assassinato, o delegado de polícia, Antonio Cabral, informou que a vítima tinha vários inimigos. Curiosamente, o delegado estava considerando inimigos apenas aquelas pessoas que não concordavam com a posição política de Antonio Cícero. Entre elas, o delegado arrolou o nome de Pedro Barbosa de Paula e disse:

> Será ouvido, ainda, o sr. Pedro Barbosa, tio do morto, de quem divergia politicamente, por causa das Ligas Camponesas. O sr. Pedro Barbosa, que é fazendeiro e banqueiro naquele município, conforme chegou ao conhecimento da autoridade, havia sido jurado por Antonio de Paula, que teria dito que o mataria onde o encontrasse (JC, 21/10/1959).

Para quem conhecia o temperamento e a formação familiar de Antonio Cícero, aquela informação soava como um absurdo, um disparate.

Em virtude disso, Julião, valendo-se da condição de parlamentar, líder das ligas e advogado, pediu ao governador que fosse designado um delegado especial para investigar o caso, vez que Cabral deliberadamente parecia mais interessado em embaralhar os indícios que poderiam levar aos suspeitos (DP, 3/12/1959). O governador Cid Sampaio atendeu ao pedido e nomeou o capitão Siqueira Campos. Apesar de seus esforços, não chegou aos responsáveis pelo crime (DP, 19/12/1959).

Não se pode deixar de destacar o comportamento da esposa de Antonio Cícero, a qual, segundo sabia toda a vizinhança, aparecia como suspeita de infidelidade conjugal. Todas essas informações convergiram para o surgimento de indícios difusos. Apesar disso, Julião preferiu dar ênfase aos indícios que apontavam para crime político. Os motivos passionais apenas eram levados em conta como simples tentativa de confundir ou mascarar o real móvel do crime:

> Aparentemente, o assassinato foi um crime passional. Em verdade, no fundo, foi um crime político. Era como que uma advertência para mim: "Olhe, estamos abatendo esse, e você, por conseguinte, se cuide". Era como se fosse um aviso. Foi terrível. Esse homem foi-se metendo nessas coisas (Ligas Camponesas) e chegou o momento em que fazia uma tremenda propaganda, em toda a parte, com os documentos e as ideias que eu defendia em favor dos camponeses. Então, ele se comprometeu muito comigo e acabou se metendo também na política. Era uma espécie de cabo eleitoral que dizia: "Olhe, temos que votar nos candidatos que defendem a reforma agrária". Ele fiscalizava as eleições, comparecia. Naturalmente, sendo um homem valente, criou conflitos com o sistema, com os latifundiários da região. Ele acabou atraindo muito ódio. Ele era casado com uma camponesa, tinha dois filhinhos. Uma pessoa se acercou, tornou-se amante da senhora e preparou o delito muito bem preparado. É uma história que poderia ser transformada num conto dramático pela sutileza com que esse assassinato foi feito. Por trás havia uma inteligência diabólica que orientou para que o crime parecesse passional quando, em verdade, era de natureza política. [...] Era o amante da mulher dele. A mulher, simulando tudo. Mas esse assassino estava ligado a uma pessoa que era meu inimigo político de vida e de morte, um inimigo político tremendo (FJ a FGV/CPDOC, 1982:11).

Como se deu o crime?

Depois de um dia de faina em seu sítio, Antonio Cícero voltou para casa pelas sete horas da noite. De imediato, sua mulher colocou o jantar na mesa próxima de uma janela. Antonio sentou-se para comer. Os filhos se aproximaram dele, mas logo foram atraídos pela mãe para outro local da sala. De repente, mesmo com as janelas e as portas fechadas àquela hora da noite, ouviu-se um tremendo tiro, parecia um petardo, bomba poderosa. Antonio Cícero tombou imediatamente. Seu tórax fora varado por trinta graúdos caroços de chumbo e uma bala de espingarda de grosso calibre. O coração e os demais órgãos ficaram estraçalhados. Um buraco na madeira da janela, previamente arranjado por alguém, permitiu ao perverso atirador meter ali o cano da arma e, quase à queima-roupa, não errar o alvo. Depôs Julião: "Ele caiu de tal forma que no dia seguinte o caixão teve de ficar aberto, porque a mão dele ficou rígida. Ele foi levado por centenas de camponeses pedindo vingança. Era muito querido" (*ibidem*).

Por ocasião da missa de trigésimo dia, em Bom Jardim, Julião redigiu uma carta aberta, em tom dramático, intitulada "Em memória de um homem do povo", e a distribuiu para a população da cidade. Ei-la:

> Segunda-feira, 5 de outubro, às 7 horas da noite, tombou em Barroncos, Bom Jardim, sua terra natal, um soldado fiel e destemido da Reforma Agrária. Chama-se Antonio Cícero Barbosa de Paula, meu primo e amigo de infância. [...] Parti, no dia imediato, ao encontro dele. E quando chego à sua casa humilde ali vejo centenas de camponeses. A revolta contra sua chacina seca a lágrima nos olhos de todos. Sobre uma tábua, coberto com um lençol branco, uma mão fechada e a outra de dedos crispados, os braços em cruz, um sorriso de lado, os olhos semiabertos, a expressão quase feliz, de quem traz a consciência tranquila, eis como vi o bom companheiro, mensageiro incansável e defensor vigilante de uma vida nova, sem latifúndio, sem opressão nem fome. Diante do seu cadáver, como de uma bandeira já não agitada pelo sopro da brisa, recobro mais força e decisão para a luta sem trégua que começamos juntos pela libertação do camponês. Ajudo a conduzi-lo pelos tristes, estreitos, ladeirosos e ínvios caminhos que levam ao cemitério da cidade. Gente a pé e a cavalo na fila indiana debaixo do imenso e rutilante sol de outubro. Dentro daquele caixão montado sobre os ombros dos camponeses que se revezam não vai um homem morto. Vai um símbolo. O troféu de uma batalha: uma espada. Quem não sentiu a sua morte?

AMPLIAÇÃO DAS LIGAS (1957-1960)

Somente a traição, a covardia, a emboscada, o latifúndio. A alma simples e generosa do povo cala atônita e dolorida. Vejo e ouço no rosto e pela voz da gente rude o quanto ele é querido. Todos clamam por vingança. Quem como ele, na sua humildade, pode ter sido melhor? Indagai do cego que veio de longe acariciar seu rosto e derramar sobre ele uma torrente de lágrimas. Escutai os lamentos dos que foram ter às grades da cadeia e receberam de suas generosas mãos um pouco de pão e da sua boca uma palavra de consolo e esperança. Ou ide perguntar por ele à pobre mulher a quem ajudou a cobrir a palhoça ou ao tropeiro de quem consertou os arreios onde quer que o encontrasse. Indagai também das crianças que divertiu com mil brinquedos e as suas narrações sobre caçadas. Dele guardo lembranças indeléveis. Lá pelo ano de 1932, durante meses, na vila para mim inesquecível e grata de Gravatá do Jaburu, vinha ele, todas as manhãs, trazer à minha mãe o copo de leite espumoso e suave na esperança de salvá-la de uma moléstia cruel. Foi ainda ele quem lhe fechou o túmulo, há cinco anos, túmulo que agora se abre para recebê-lo. Cedo ou tarde saberemos quem armou a mão do celerado para abatê-lo na hora sagrada em que o homem senta à mesa para a ceia.

Seja quem for o certo, é que tomba o soldado de uma grande e gloriosa causa. Sufocaram a sua voz, mas as palavras que ele deixou semeadas pelo campo haverão de brotar e crescer como aquela seara de que nos fala Jesus Cristo em famosa parábola. Ou aquela outra que Castro Alves exalta nos seus versos.

Muitos passarão com a sua fortuna e a sua vaidade, mas Antonio ficará porque amava o bem, tinha coragem e era simples. Deu-se inteiramente à causa do povo e por onde ele andou anunciava aos escravos do latifúndio o próximo advento da liberdade. A paixão por essa causa pode ter apressado a sua morte, mas foi essa paixão que o trouxe sempre feliz e abnegado diante do mundo. Tomemos o facho que rolou de suas mãos e continuemos a iluminar com ele o caminho dos oprimidos. Sopremos como ele soprou as cinzas do desalento e aticemos as brasas da esperança sempre em busca da labareda que alimenta a vida.

Sua memória crescerá com o tempo porque ele se devotou à causa dos humildes. Não podendo arrancá-lo do povo, arrancaram-no da vida. Mas como o povo sempre fica, ele ficou com o povo, mesmo depois de morto, o que é incomparavelmente mais belo do que ficar vivo sem ficar com o povo.

Bom Jardim, 5 de novembro de 1959. Francisco Julião.[57]

Poucas vezes Julião atingiu estilo tão elevado como nesse texto, no qual há notável coerência entre o sentimento da perda irreparável e a justeza da causa defendida pelo indigitado primo. E o mais curioso: apesar da brutalidade do crime, Julião não se deixou levar pelo sentimento de vingança. Quase vinte anos após, ao prestar amplo depoimento à historiadora Aspásia Camargo, da Fundação Getúlio Vargas, falou demoradamente sobre a morte do seu primo Antonio Cícero. Então, ao ser indagado se sabia quem fora o assassino ou mandante do crime, respondeu:

> Eu sei quem é o assassino. Eu prefiro não dar o nome, porque essa pessoa ainda vive. Passaram-se muitas coisas e eu tenho hoje ligações com os filhos dessa pessoa. É um homem cujos filhos evoluíram muito, embora ele seguisse sendo o mesmo. Os filhos se ligaram, depois, a mim. Alguns passaram para o lado de cá e começaram a trabalhar, *incluso* no movimento, onde se comprometeram muito. Então, em respeito aos filhos, prefiro não dar o nome dessa pessoa. Isso significa que sou um homem de esperanças e não guardo rancor. Não sou revanchista. É preciso deixar isso bem claro. Creio que a gente deva estar sempre olhando para frente (FJ a FGV/CPDOC, 1982:13).

Sobre seu primo Antonio Cícero, Julião, ainda no exílio mexicano, disse que foi

> um homem como poucos! Um daqueles exilados em sua própria pátria. Era analfabeto, mas sabia fazer tudo. Sela, freio, rede de pescar, esparrela, tamborete, pilão, faca, quicé e facão. Antonio Cícero negociava com açúcar e cachaça entre o brejo e o sertão. E quando tinha dinheiro comprava fumo, pão, cigarro, cachimbo, rede e outros objetos. Chegava a uma cidade, ia à cadeia e dava tudo aos presos. Se via um cego pedindo esmola, levantava um mocambo numa encruzilhada de caminhos e o cego deixava de peregrinar pelas feiras (Cavalcanti; Ramos, 1978:296).

Um dia, em Cuernavaca, no México, Julião caminhava por uma das colinas da vetusta cidade asteca. De repente, tocado pela lembrança de seu primo Antonio Cícero, teve a sensação de que ouvia o chiar de suas alpargatas de couro cru sobre o chão agreste. Parou e anotou, ao correr da pena, o longo poema sobre a trajetória do seu querido amigo e combatente do movimento camponês brasileiro. Eis alguns versos:

> Meu irmão Antonio Cícero
> Para essa gente do brejo
> Da caatinga e do sertão
> Tu serás como o tição
> Que o vento sopra e acende
> Serás a eterna canção
> Do bico de um sabiá
> Serás o melhor sermão
> Para o tempo que virá
> Porque teu corpo é a terra
> Onde uma flor nascerá. (*ibidem*)

63. A DESAPROPRIAÇÃO DO ENGENHO GALILEIA

Em resposta à pressão política dos adversários do movimento camponês Julião buscou, no fim do ano de 1959, maior aproximação com o movimento operário. Para tanto, encontrou apoio de vários setores políticos, inclusive a participação direta do vice-prefeito, Artur Lima Cavalcanti, que, pessoalmente, integrou a frente da mobilização articulada em 7 de dezembro, como parte do Congresso dos Municípios Pernambucanos, naquele mesmo dia.

Dentre as figuras representativas integrantes da comissão organizadora da concentração operário-camponesa destacavam-se, além do vice-prefeito e de Francisco Julião, os deputados Cunha Primo e Carlos Luis de Andrade, os advogados das Ligas Camponesas, Clodomir Morais e Djaci Magalhães, o líder sindical Barbosa

Vasconcelos e demais líderes trabalhistas, petebistas, comunistas, socialistas e estudantes.

O local escolhido para o encerramento da mobilização foi a Praça da República, defronte do palácio do governo. Entre os vários assuntos debatidos – combate ao aumento dos impostos e dos preços dos gêneros alimentícios (campanha denominada Prato Vazio), teses sobre questões específicas de interesse das edilidades municipais – surgiu a desapropriação do Engenho Galileia (JC, 29/11/1959).

Antes da formalização do projeto de lei à mesa da Assembleia, os deputados socialistas Francisco Julião e Carlos Luis de Andrade, além de outros membros da direção do partido, tiveram audiência com o governador Cid Sampaio, quando lhe apresentaram o projeto de desapropriação do Engenho Galileia. Julião fez a exposição ao governador dos pontos principais do projeto, salientando a forma de cooperativa proposta para Galileia em consonância com os cânones tradicionais do sistema do cooperativismo brasileiro. Para seu espanto, Cid Sampaio respondeu:

– Olhe, não vou fazer uma coisa dessas, porque o que você está me propondo é uma espécie de comuna popular.

Julião insistiu:

– Governador, leia o projeto.

Mais tarde, quando novos problemas surgiram com o andamento das gestões administrativas entre o Engenho Galileia e as autoridades do governo, o deputado ficou convencido de que o governador, além de não ter lido seu projeto, preferira adotar medidas regulamentares destinadas à aplicação da lei que, na prática, visavam a dividir o movimento (FJ a FGV/CPDOC, 1982:75).

A base fundamental do projeto consistia em transformar o engenho em cooperativa. A essa altura já não havia a menor possibilidade de vitória jurídica do proprietário, porque a desocupação exigiria prévia indenização a todos os camponeses ali residentes. Assim, criara-se um caso social de difícil solução; além do mais, a Constituição mandava proteger o interesse coletivo em detrimento do individual. Baseados nessa normas Francisco Julião e Andrade estudaram o caso e redigiram o projeto de lei de desapropriação do Engenho Galileia.

AMPLIAÇÃO DAS LIGAS (1957-1960)

A proposta, em verdade, antes mesmo de ir a votação, suscitara muitas divergências. A oposição ao governo usou todos os artifícios jurídicos, regimentais e ideológicos para obstruir o andamento. Os socialistas, apoiados por parte dos deputados governistas, defendiam a tese de que a desapropriação era a única saída para solucionar o impasse. Insistiam: antes de qualquer consideração, a desapropriação visava a resolver, de uma vez por todas, a pendência judicial que se arrastava havia cinco anos, causando prejuízos e incertezas aos moradores e ao proprietário do engenho, e também a evitar que dali se originassem conflitos imprevisíveis entre as partes. Ocorreram, também, outros fatos políticos que pesaram negativamente, como, por exemplo, as conturbadas divergências entre os líderes políticos e o governo Cid Sampaio, em virtude do desencadeamento da campanha eleitoral para a Presidência. Dois virtuais candidatos – Marechal Henrique Lott e Jânio Quadros – provocaram, imediatamente, adesões dos principais líderes políticos pernambucanos, inclusive dentro da própria frente da mobilização operário-camponesa.

Diante de todas essas dificuldades Julião partiu para a pressão popular. Convocou os líderes e afiliados das Ligas Camponesas mais atuantes da região (Galileia, Limão, Esperança, Cova da Onça, Miroeira etc.). Os camponeses atenderam prontamente à convocação.

Em 26 de dezembro – portanto, no apagar das luzes de 1959 –

> desceram sobre a cidade do Recife cerca de três mil camponeses. Concentram-se desde o amanhecer em torno da Assembleia Legislativa. A batalha durou todo o dia e entrou pela noite. Houve passeata até o palácio do governo. O governador desceu as escadarias para falar aos camponeses. Os deputados se revezavam na tribuna, aplaudidos quando defendiam o projeto e vaiados, se o combatiam. O presidente da Assembleia, deputado Antônio Neves, teve um comportamento digno da gratidão dos camponeses: convocou sessões extraordinárias para que a lei fosse definitivamente aprovada naquele dia (Julião, 1962:27-28).

Apesar dos esforços dos deputados da situação, que formavam a maioria no recinto, a verdade é que naquela noite alguns deles ficaram bastante impressionados com o tema da desapropriação do Engenho Galileia e não se decidiam. Pareciam ouvir o canto ideológico dos opositores a defender a velha oligarquia conservadora. Reticentes, por causa de tais argumentações, faziam o jogo dos inimigos da causa camponesa. Resultado: as horas passavam, a madrugada se aproximava e todo o esforço da mobilização camponesa se esvaía. O projeto de desapropriação corria o risco de ser rejeitado.

As mulheres das Ligas Camponesas, neste passo de nossa narrativa, merecem uma menção especial. Vamos relembrá-las introduzindo aqui um parêntese talvez impróprio, mas, no fim, elucidativo.

Dona Marieta, a esposa do velho Zezé da Galileia, havia mais de quarenta anos ao seu lado, viveu todas as emoções das lutas dos galileus. Em alguns momentos decisivos, aconselhando-o ou dando o exemplo, ela sempre funcionou como conselheira daquele que seria imortalizado pelos próprios companheiros como o timoneiro do movimento camponês nos duros rincões das ligas. Em dois deles, pelo menos, dona Marieta figurou de frente, dando o grito, indicando o caminho certo, o norte a seguir.

O primeiro exemplo se deu quando Julião, precisando ampliar a luta dos camponeses além dos limites do Engenho Galileia, não conseguira entrar no vizinho Engenho São Bento. Nenhum camponês desse engenho ousava filiar-se à liga, porque o proprietário era um homem muito reacionário e violento. Todos o temiam.

Esse homem, um dia, adoeceu gravemente. Por falta de sorte, a moléstia o atacou justamente em maio, quando mais ele precisava cuidar de sua lavoura, mês de chuvas, ocasião em que se faz necessário limpar o mato para que o milho, o feijão, a mandioca etc. nasçam, cresçam e depois comecem a florescer.

Então Julião, certo dia, foi ao Engenho Galileia, convocou os moradores para uma reunião e disse:

– Precisamos ganhar o proprietário do Engenho São Bento para a causa da Liga Camponesa; só assim poderemos entrar no seu engenho e fundar ali uma sociedade.

Após tais considerações, todos queriam saber como entrar lá. Julião disse que soubera de fonte fidedigna que o proprietário, sr. Cruz, estava gravemente doente.

– Eu gostaria de tirar, dentre vocês, aqui, apenas vinte homens para irem de enxada, somente com enxada, ninguém leva nem uma peixeira, para limparmos o mato do sítio dele. Vocês também têm que ir muito disciplinados, passar o dia lá, limpar todo o mato. É preciso salvar a lavoura desse homem e deixar uma ajuda para ele. A liga vai fazer aqui uma cota e vamos levar uma ajuda para ele poder alimentar os filhos, pois tudo indica que está passando fome, necessidade.

Julião ficou esperando a manifestação dos camponeses. Olhou para cada um deles. Silêncio absoluto. Ninguém se moveu. Todos, evidentemente, temiam a violência do proprietário do Engenho São Bento. De repente, dona Marieta levantou-se e disse para um que estava junto dela:

– Oh, José, se tu não tens coragem de ir então, me dá as tuas calças que eu te dou o meu vestido e eu vou!

Na sala havia mais de duzentos camponeses. Todos, de imediato, se puseram de pé, deram um passo adiante e disseram:

– Vamos lá, agora mesmo, doutor.

Julião, porém, voltou a falar:

– Não. Eu só preciso de vinte homens.

E assim aconteceu. Lá fizeram o mutirão e conquistaram o Engenho São Bento para a causa (FJ a FMIS, RJ, 9/8/1994).

O segundo exemplo dado por dona Marieta ocorreu durante os debates na Assembleia Legislativa sobre a desapropriação do Engenho Galileia, aos quais nos referimos acima. Altas horas da noite, os deputados já se achavam cansados, com má vontade para aprovar o projeto de lei, e, ao mesmo tempo, estavam temerosos de adiar a votação ou de rejeitar a proposta. Também temiam a reação de mais de três mil camponeses que continuavam cercando a Assembleia, à espera do resultado.

Lá para as tantas, dona Marieta se levantou nas galerias e perguntou, quase aos gritos, a Julião, que se achava no plenário:

– Doutor, quando chegar a hora, o senhor diga, pra gente levar esses deputados que não querem votar nossa lei pra dar um banho no Capibaribe.

Àquela hora da madrugada, efetivamente, as águas do rio Capibaribe provenientes do Atlântico deveriam estar bem frias.

Todos os deputados foram atraídos para as palavras daquela mulher que se erguera decidida numa das galerias. E talvez porque alguns deles não tenham compreendido o que dissera dona Marieta, ela repetiu, com voz mais forte ainda:

– Doutor Julião, diga daí quando é que a gente deve dar um banho nos deputados, pra esfriar a cabeça deles e aprovarem a nossa lei, que é uma lei justa.

Temeroso de que aquela advertência se transformasse em protesto de consequências imprevisíveis, Julião, de imediato, dirigiu-se ao presidente da Assembleia e, aos seus ouvidos, informou que a partir daquele momento, se a votação demorasse muito, nem ele, o presidente das ligas, teria condições de controlar os camponeses. E por isso acrescentou, em tom dramático:

– Aqui, agora, só há um deputado que poderá sair e conversar lá fora com os camponeses: sou eu. Ninguém mais pode sair, porque eles não vão permitir. Estão todos morrendo de fome e todo mundo aqui vai morrer de fome com eles (*ibidem*).

O presidente, assustado com o que ouvira de dona Marieta e com a advertência de Julião, chamou os líderes e juntos começaram a negociar a saída honrosa: a aprovação do projeto de lei. Não demorou muito e começaram a votação. No fim, o presidente da Assembleia, Antônio Neves, proclamou o resultado: a lei foi aprovada. O Engenho Galileia estava desapropriado mediante o pagamento de preço justo. Só um deputado votara contra.

A massa camponesa, que até então permanecera silenciosa sob o frio da madrugada, às margens do rio Capibaribe, de repente, impulsionada pelo raio da esperança, explodiu em calorosos gritos de alegria.

CAPÍTULO V Dimensão nacional (1960)

> *Jânio Quadros se tornará um Hitler mirim se chegar a ser presidente da República.*
>
> (Francisco Julião. Discurso na Assembleia Legislativa de Pernambuco, em 6/9/1960)

64. JUSCELINO, ARMANDO FALCÃO E AS LIGAS CAMPONESAS

O comandante do IV Exército, sediado no Recife, general Honorato Pradel, organizou um dossiê reservado e o enviou ao ministro da Guerra, general Henrique Lott. Entre outras considerações, afirmava o oficial superior que as Ligas Camponesas – sobretudo agora, com a desapropriação de terras no Engenho Galileia e as constantes agitações da região – constituíam grave situação, pois seu objetivo final seria a deflagração da guerrilha rural.

O alarmista dossiê militar, após despacho do ministro da Guerra, foi parar na mesa do ministro da Justiça, Armando Falcão, que, imediatamente, tratou do assunto com o presidente Juscelino. "Não hesitei" contou Falcão, "opinei pela decretação do fechamento das ligas, sem perda de tempo, usando o governo a legislação existente" (Falcão, 1989:187).

Juscelino aprovou a sugestão do ministro, mas argumentou que preferia tratar do assunto com cautela, por partes.

> Como o governador Cid Sampaio é da UDN, e para não dizerem que estamos intervindo à revelia dele no estado de Pernambuco, converse primeiro com o deputado Magalhães Pinto, presidente nacional da UDN. Exponha-lhe os fatos, manifeste a preocupação do governo, fale no relatório do Exército e diga-lhe qual é a nossa opinião. Depois volte e me fale (*ibidem*).

Armando Falcão falou com Magalhães Pinto, expôs todos os fatos e ele achou que realmente era preciso agir o quanto antes, porque senão as Ligas Camponesas daqui a pouco estarão agindo não somente no estado de Pernambuco, mas no país inteiro, perturbando a ordem. Tudo indica que fazem parte de um plano para jogar as instituições no chão. Façamos o seguinte", prosseguiu o político mineiro, "vou pedir ao governador Cid Sampaio que venha ao Rio, a fim de termos uma conversa tripartite: eu, você e ele (*ibidem*, p. 188).

Dias depois, Cid Sampaio foi ao Rio. Reunidos, os três examinaram o relatório do comandante do IV Exército. Falcão e Magalhães Pinto emitiram suas opiniões e, por fim, pediram a opinião do governador pernambucano. "Bem, de fato essas Ligas Camponesas estão proliferando lá no meu estado. Já surgiram alguns incidentes. Mas sou contra o fechamento delas. O problema tem como causa a fome. E só acabando com a fome se acaba com a agitação" (*ibidem*).

Falcão não gostou da posição de Cid e, no mesmo instante, reagiu com firmeza:

> Governador, o enfoque do Ministério da Justiça é outro. Eu cuido da ordem interna, não da fome em Pernambuco. Assim, se depender de mim, as Ligas Camponesas serão sumariamente fechadas, por ato do Executivo federal. Entretanto, transmitirei o seu pensamento ao presidente da República (*ibidem*).

E assim o fez.
Juscelino recuou. Não autorizou o fechamento das ligas. Lott também ficou apenas observando o rumo dos acontecimentos. Cid Sampaio, por sua vez, prevenido e pensando nos riscos que corria seu governo de ser acusado de conivência com as ações das Ligas Camponesas, mudou de tática e passou, gradual e lentamente, a controlar com cuidado as ações do movimento camponês.

DIMENSÃO NACIONAL (1960)

65. DEPOIS DAS FESTAS, A DURA REALIDADE

Ao começar 1960, continuou a repercutir em todas as áreas a notícia da desapropriação do Engenho Galileia. Tudo parecia festa. Após a promulgação da lei, assinada pelo governador em solenidade nas escadarias do palácio do governo, com a presença de milhares de camponeses, as comemorações prosseguiram, inclusive no próprio engenho. Os preparativos, programados com especial carinho pelos membros das ligas, tinham sentido de gratidão: homenagearam também o governador do estado e os deputados pela aprovação da lei.

Por causa da repercussão nacional, ato inédito na história política do país, ao Engenho Galileia foram convidadas autoridades e pessoas ligadas à imprensa, deputados e líderes políticos e sindicais de São Paulo e do Rio de Janeiro. Mereceu destaque especial a vinda do jornalista Antonio Callado à frente da caravana do Distrito Federal. De São Paulo, o deputado Cid Franco, do PSB, veio acompanhado de outros colegas paulistas. Compareceu também uma caravana de líderes sindicais do Recife, além de membros das Ligas Camponesas de Goiana, Bom Jardim, Belo Jardim, Tacaimbó, Escada e Sertânia.

O programa dos festejos organizados pelos galileus para aquele domingo (14 de fevereiro de 1960) contou com algumas iniciativas do próprio Julião, como, por exemplo, visita ao comandante da Polícia Militar, coronel Expedito Sampaio, a fim de convidá-lo para a homenagem, de quem conseguiu, na oportunidade, dois caminhões-tanque do Corpo de Bombeiros destinados ao abastecimento d'água ao Engenho Galileia durante os festejos.

Curiosa também a ajuda oferecida pelo deputado Constâncio Maranhão, dono dos engenhos Bento Velho, Mocotó e Tamatamirim, todos encravados nas proximidades da região do Galileia: doação de bois para o churrasco dos galileus e convidados.

A alegria contagiou a todos os presentes. Cumpriu-se o seguinte programa: às 4 horas, alvorada festiva ao rufar de zabumbas e música de pífanos; às 6h, hasteamento dos pavilhões do Brasil e de Pernambuco com salvas de 21 tiros de bacamarte; às 9h, missa campal celebrada por frei Tito; às 10h, filmagem do desfile de camponeses; às 12h, homenagem ao governador do Estado e à Assembleia Legislativa; às 13h, churrasco; às 15h, procissão, do Engenho Bento Velho para o Galileia; às 17h, início das danças folclóricas; às 20h, bailes que se estenderam até o dia seguinte (DP, 13/2/1960).

Apesar das festas, as reações à singular conquista das Ligas Camponesas começaram a encontrar eco na imprensa. Surgiam de vários lugares do país e com as mesmas características das divulgadas anteriormente.

No domingo seguinte, apareceu no *Diário de Pernambuco* matéria paga, intitulada "Galileia", assinada por alguém que se ocultou nas iniciais G.F. A abordagem do tema começou de modo equilibrado, mas logo descambou para evidente perplexidade.

> Finalmente, consumou-se a desapropriação do Engenho Galileia. As festanças que se seguiram mostram que a medida tomada agradou inteiramente a inúmeras pessoas. Foi um ato de humanidade, a que não se podia furtar o governador, nem a Assembleia. Mas há muita gente também de cara amarrada, achando que aquilo superou as raias do absurdo. Principalmente, o direito privado de todos os cidadãos foi atingido, é o menos que pensam da resolução que partiu do palácio (DP, 21/2/1960).

Destacou o articulista, de maneira arbitrária e inusitada, que *O Estado de S. Paulo*, ao noticiar o assunto, informara que a medida desapropriatória, de certo modo, não agradara ao deputado Julião pela maneira como se processara, apesar do apoio do referido jornal ao deputado, ao publicar até seus artigos (pagos).

A informação era capciosa. Ao leitor comum poderia parecer que Julião pagara ao jornal paulista a publicação de quatro artigos, quando o inverso é que é verdadeiro: o jornal pagou (e bem) ao deputado. A propósito da repercussão das ligas na imprensa nacional, Julião declarou:

> *O Estado de S. Paulo* havia mandado o seu correspondente no Recife, me pedir uma série de artigos, antes mesmo da ida do Sales e do Callado.

Eu escrevi vários artigos para *O Estado de S. Paulo*, que me pagou por eles muito bem. Foram uns quatro ou cinco artigos sobre o significado das Ligas Camponesas e o fenômeno camponês no Nordeste. Isso está lá, publicado com destaque, no *Estado de S. Paulo* (FJ a FMIS, RJ, 9/8/1994).

O articulista, aparentemente tão bem informado em suas observações sobre a questão da reforma agrária e, por extensão, da agricultura, de repente caiu em considerações decepcionantes, pois confundiu a "mania de granjas que entusiasmou o recifense semiaburguesado, anos atrás" com os resultados de uma política agrária que levasse em conta medidas profundas e capazes de alterarem o secular sistema fundiário brasileiro. Alegou que as tais granjas

> não resultaram para o aumento da produção agrícola; nem para as finanças de seus proprietários. As granjas foram adquiridas sob geral animação. Construiu-se a casa de campo, pequena, mas confortável; levantou-se a cerca, que foi pintada de branco, um ou dois galinheiros instalados; enquanto se abriam covas de tamanho regular para plantio racional de laranjeiras e abacateiros. Feito o que, o feliz granjeiro sentou-se na rede, convidou os amigos para umas buchadas aos domingos e preparou-se para abarrotar a praça com os seus produtos. De tudo, valeram as buchadas, até hoje recordadas; o resto, o sol, o mato, a ferrugem, a lagarta comeu e destruiu (DP, 21/2/1960).

As propostas de Julião – inclusive para o processo de desapropriação que se inaugurava em virtude de sua ação política em Pernambuco, cujo exemplo mais plausível era o do Engenho Galileia –, apontavam para outra direção. Ele não queria disseminar a existência de "granjas", mas ampliar as medidas no sentido de introduzir políticas e técnicas agrárias para todo o Brasil.

> Galileia tornou-se, assim, conhecida em todo o país como o embrião da reforma agrária. Daquelas terras pobres e ladeirosas e daqueles camponeses unidos em torno da primeira liga verdadeiramente filha de sua vontade,

tiramos a chispa para alastrar o movimento pelo Nordeste. Com essa chispa iluminamos a consciência de milhares de camponeses (Julião, 1975:188).

A partir da experiência do processo de desapropriação do Engenho Galileia, Julião compreendeu que não bastava dar a terra ao camponês; era preciso implementar outras medidas de política agrária fomentadas pelo governo. Por outro lado, ele começou a resistir, com maior ênfase, à ideia de se efetivarem as desapropriações mediante o pagamento em dinheiro, no ato. Essas terras, na prática, em seguida, seriam revendidas aos camponeses, buscando-se sempre seu justo valor, e não o histórico ou declarado para efeito de imposto. Segundo ele, se fosse adotado tal processo, em quase todos os casos, o governo estaria comprando terras impróprias para a agricultura, completamente exauridas e enriquecendo os proprietários à custa dos recursos do Tesouro Nacional. Seria uma forma indireta de extorsão dos recursos pagos pelos milhares de contribuintes ao Erário. E mais: se as ligas tomassem semelhante caminho, terminariam contando com o apoio da maioria dos latifundiários brasileiros. Por isso, afirmou:

> Tínhamos que resistir a essa manobra, que acabaria por transformar a liga numa arena voltada, comodamente, contra os próprios camponeses. E resistimos. Não foi uma tarefa fácil, quando se tem em conta a inclinação natural do próprio camponês de possuir, a qualquer preço, o seu pedaço de terra, porque para ele isso representa a liberdade. Galileia serviu como caminho para forjar na consciência dos camponeses da região a ideia de que a reforma agrária não consiste na desapropriação da terra pura e simples, mas na sua entrega a quem nela trabalha sem outro ônus que não seja o de seguir cultivando-a com as próprias mãos. De tanto falar e escrever sobre isso, logramos, se não na prática, porque as condições subjetivas predominantes ainda não o permitiam, mas, em princípio, convencer a maioria do campesinato de não se deixar iludir pela promessa de obter um pedaço de terra contra o pagamento de um preço absurdo com os juros inclusos sob a amortização parcelada, sujeito, ainda, às exigências que não só lhe tiravam a liberdade de dispor da terra sem qualquer restrição como lhe impunham uma série de sanções suficientes para perdê-la, afora o trabalho, se uma dessas sanções não se cumpria (*ibidem*).

Nem tudo, porém, era incompreensão ou cegueira ideológica. Após amplos debates, acusações infundadas, violências policiais e outras atitudes inconfessáveis praticadas pelos adversários ou inimigos do movimento camponês, vez por outra apareciam na imprensa manifestações de apoio, como se deu com o editorial no *Diário de Pernambuco* assinado pelo jornalista Aníbal Fernandes intelectual de reconhecida coragem já testada em outros memoráveis embates da vida pernambucana. Com a lógica de quem sabe se conduzir com imparcialidade, Fernandes resolveu esclarecer alguns pontos fundamentais sobre a desapropriação do Engenho Galileia e da própria reforma agrária que ora se iniciava de maneira incipiente.

A saída para os inimigos da reforma agrária, talvez por falta de argumentos mais convincentes, consistia em jogar a pecha de comunista em Julião, seus seguidores ou mesmo naqueles que defendiam a medida como remédio necessário à solução da questão da terra no Brasil. Além disso, tais analistas confundiam programas e ações dos socialistas com os defendidos pelos comunistas, como se fossem a mesma coisa. Escreveu Aníbal Fernandes:

> Não creio que pelo fato de pensar numa reforma agrária, em Pernambuco e no Brasil, mereça alguém ser chamado de "comunista". O comunista se caracteriza por uma filosofia. Os partidos socialistas, nos países da Europa Ocidental, também se batem por uma melhor distribuição das terras; e estão distanciados dos comunistas, como água do vinho (DP, 11/9/1960).

Após tecer várias considerações sobre os critérios usados pelos israelitas na solução do problema da terra, sobretudo com a implantação de kibutzes, concluía com razão que "falar em reforma agrária não é adotar o formulário marxista, porque podemos fazer nossa reforma numa concepção democrática. O principal é vencermos a miséria, a incultura e a doença. Todos esses fatores ajudam a desagregação social (*ibidem*).

66. AS NOVAS ESPERANÇAS

Por essa época, vários acontecimentos de significação social e política sensibilizaram a vida brasileira. Alguns deles diziam respeito, especificamente, ao Nordeste, como a criação da Sudene por Juscelino e a indicação de Celso Furtado para o cargo de superintendente. Por sua vez, a campanha eleitoral para a Presidência da República, polarizada entre os candidatos Jânio e Lott, empolgava o Brasil. Ao mesmo tempo, a consolidação da Revolução Cubana provocava adesões de setores da esquerda brasileira, como se deu com Julião, e repulsas de líderes da direita. Esses fatos foram marcantes no desenrolar dos comportamentos políticos pernambucanos.

A criação da Sudene levou para o Nordeste, a partir de sua instalação (15 de janeiro de 1960), muitas esperanças. Aliás, foi essa a imagem usada por Celso Furtado para encerrar seu discurso de posse no gabinete de Armando Falcão, ministro da Justiça, ao lado de Sette Câmara, chefe da Casa Civil da Presidência, além de elevado número de políticos principalmente do Nordeste.

> A tarefa que teremos de enfrentar é árdua. Mas nós, os nordestinos, não desesperamos da luta porque ela seja difícil. Para nos vencer, é preciso primeiro tirar-nos a esperança. E quem luta para construir um mundo melhor na sua própria terra não perderá jamais a esperança (DP, 16/1/1960).

A fim de fazer justiça à verdade histórica, convém dizer que a criação da Sudene decorreu da pressão de movimentos sociais vinculados aos setores de esquerda e centro-democráticos (comunistas, socialistas, trabalhistas), que, por exemplo, em Pernambuco, havia dois anos, mobilizavam a sociedade civil em torno do Congresso de Salvação do Nordeste, inclusive, com o apoio das ligas camponesas. A denúncia dos graves problemas sociais que secularmente afetavam o Nordeste e a falência de métodos políticos adotados pelos governos de todas as instâncias forçaram o presidente Juscelino a prometer a elaboração de projetos salvacionistas para a região. A verdade é que nas últimas décadas a classe política nordestina apenas se preocupava com a prática de medidas assistencialistas, assim mesmo vinculadas a interesses localizados e dependentes da troca de certos apoios políticos locais. Era a chamada política das calamidades, geralmente provocadas pelas secas ou chuvas periódicas. De acordo com a falta ou o excesso de precipitação pluviométrica, apareciam ou não as "ajudas", os "auxílios".

A propósito desse velho método de administração da coisa pública, ao lado da recente notoriedade do problema da reforma agrária, surgido em virtude do movimento liderado por Julião, o jornalista Antonio Callado, em suas reportagens, apontara o problema da seca e as consequências práticas da destinação de recursos para tais fins. Após denunciar descasos e desvios de verbas que seriam aplicadas nas obras dos açudes de Orós, Banabuiu e Pilões, providências misteriosas do Dnocs etc., informou:

> A loteria dos açudes, com seu bilhete negro de um lado e de outro, tem criado em todo o Nordeste açudado uma classe de proprietários ausentes. Deixam a terra irrigada rendendo e vão frequentar o Náutico ou o Ideal em Fortaleza, vão morar no Recife ou vêm diretamente para o Rio. São, por definição, os industriais da seca. [...] O importante para o Dnocs é fazer obras gigantescas para presidente e governadores inaugurarem. É servir à política nordestina, e não ao Nordeste. É servir às famílias importantes da região. O sr. José Cândido Castro Pessoa, diretor-geral do Dnocs, talvez ache que eu exagero. Mas que me diz ele a respeito do açude desconhecido, secreto pode-se dizer, que o Dnocs está fazendo em Quixeramobim? (Callado, 1960:11-12).

Talvez tenha sido por esse tipo de gestão do Dnocs e de outros órgãos que, em seu discurso de posse como superintendente da Sudene, Celso Furtado tenha dito:

> Com a criação da Sudene o governo federal equipou-se para formular a sua política de desenvolvimento no Nordeste, dentro de diretrizes unificadas. Os investimentos federais na região deverão ser agora submetidos aos mesmos critérios de essencialidade, critérios esses consubstanciados

num plano diretor a ser apresentado pelo senhor presidente da República ao parlamento.

Outro aspecto do discurso de Furtado, que também saltou aos olhos e pareceu recado mandado aos responsáveis políticos pela gestão da coisa pública naquela região, diz respeito ao uso da máquina oficial como "coisa particular" de alguns políticos, e não de interesse da *res publica*, ou, noutras palavras, a gestão do clientelismo:

> Essa reforma política é de profunda significação, pois o problema do desenvolvimento do Nordeste é menos de formulação de planos tecnicamente aceitáveis do que de acertado e oportuno encaminhamento político das soluções. Sabemos todos que a liberdade de ação do governo federal numa região pobre como o Nordeste está profundamente comprometida pela pressão de grupos locais, cuja perspectiva se projeta no plano da política estadual. (*ibidem*)

No emblemático discurso de Furtado não apareceu a menor referência ao problema crucial do Nordeste: a questão agrária. Julião notou a lacuna. Jornalistas, técnicos e historiadores também viram na omissão uma espécie de cautela política. No entanto, quase um ano mais tarde, Celso Furtado falaria sobre a questão da terra com absoluto domínio do assunto:

> Se se tem em conta que três quartas partes do Nordeste passam fome todos os dias do ano, que essa miséria resulta de que o homem nordestino não tem oportunidade de utilizar sua capacidade de trabalho e que ao mesmo tempo as melhores terras do Nordeste são subutilizadas e os capitais formados na região tendem a emigrar, resulta que o sistema econômico está socialmente condenado, devendo ser modificado em suas bases. Ora, não é possível modificar as bases de um sistema de organização econômica e social senão mediante métodos revolucionários. Historicamente, essas transformações ocorrem espontaneamente, sob forma de cataclismo. Hoje, estamos em condições de diagnosticar uma situação histórica, identificar suas tendências predominantes e condicio-

nar o seu desenvolvimento. Portanto, estamos em condições de dirigir uma revolução (*O Cruzeiro*, 9/12/1961).

Mais tarde, Furtado, ao analisar o tema da revolução brasileira, destacou uma dualidade no processo revolucionário. Enquanto os operários, disse,

> têm direito de organização e participam de uma sociedade aberta, os camponeses, não possuindo qualquer direito, não podem ter reivindicações legais. Se se organizam, infere-se que o fazem com fins subversivos. A conclusão necessária que temos a tirar é a de que a sociedade brasileira é rígida em um grande segmento: aquele formado pelo setor rural (JC, 22/3/1962).

De tudo isso, há de se concluir, como o fez Manuel Correia de Andrade, que Celso Furtado, revelando-se profundo conhecedor da realidade rural nordestina

> não teve a lembrança de procurar auscultar as necessidades mais prementes do trabalhador rural nordestino e de aconselhar o atendimento de suas reivindicações mais urgentes, como a necessidade de que lhes fosse estendida a proteção da legislação trabalhista, nem de procurar regular no campo os contratos de arrendamento e de parceria (Andrade, 1986:220).

Quem teve de auscultar e arrostar com a responsabilidade de levar a cabo esse projeto social, sem contar com qualquer apoio político (teve justamente o contrário), foi, sem dúvida, o movimento das Ligas Camponesas, sob a imediata liderança de Julião.

A área mais passível de atrito, curiosamente, começou a se dar na política fundiária adotada pelo governo Cid Sampaio. O pomo da discórdia era o procedimento adotado para ocupação das terras recém-desapropriadas no Engenho Galileia. Os objetivos pretendidos pelos moradores não se coadunavam com os métodos de colonização preconizados pelos técnicos do governo estadual. Ao mesmo tempo, a política de mobilização adotada por Julião em relação às Ligas Camponesas não se limitava à desapropriação de uma área como a do Engenho Galileia, com pouco mais de 500 hectares. A problemática da terra no Brasil o levava a pensar em termos nacionais. O problema, dizia ele, não era municipal, nem estadual, nem nordestino. A reforma agrária era uma "chaga" nacional.

A par dessa constatação, o aparecimento de ligas ultrapassava as fronteiras pernambucanas, atingia outros estados, como, por exemplo, a Paraíba. Ademais, começaram a surgir vários conflitos entre camponeses e proprietários com as mesmas características do Engenho Galileia e a imprensa veiculava abertamente o aparecimento de tais casos. A impossibilidade de solução terminava atraindo a intervenção policial, o que, na prática, aprofundava as diferenças entre o movimento camponês, o governo Cid Sampaio e a base política, já fragilizada, da Frente do Recife.

A questão da violência policial contra os camponeses fora o único ponto exigido por Julião para que o movimento camponês apoiasse Cid Sampaio ao governo do estado na campanha eleitoral de 1958. Nos comícios, o usineiro, ao lado de Julião, dissera várias vezes que cumpriria a palavra de não perseguir o movimento camponês.

A propósito da promessa, diria Julião mais tarde: "A única coisa que eu pedi a ele foi: o senhor no palanque ao meu lado vai dizer que durante o seu governo jamais um soldado de polícia irá à casa de um camponês. Poderá ir um oficial de justiça com um mandado do juiz, mas não um policial" (FJ a FMIS, RJ, 9/8/1994). Cid Sampaio cumpriu a promessa nos primeiros meses de seu governo, mas depois, diante das pressões dos usineiros e latifundiários, e também por causa das novas alianças com outras forças políticas, recuou.

Por essa época, talvez não tenha o líder dos camponeses pressentido o risco que as ligas correram quando Armando Falcão, tendo nas mãos o relatório do comandante do IV Exército, general Honorato Pradel, quase conseguira autorização de Juscelino para fechar, por decreto, as Ligas Camponesas, nem tampouco tomado conhecimento da corajosa posição contrária assumida pelo governador Cid Sampaio.

67. CAMPANHA LOTT *VERSUS* JÂNIO

No Recife e nas demais cidades brasileiras, a disputa presidencial assumiu polarização com características bem definidas. O colégio eleitoral recifense apresentava-se marcado por tradicional preponderância da esquerda – não só a cidade em si, mas também o chamado Grande Recife. Normalmente essa região decidia a eleição. Etelvino Lins chegara a dizer que ninguém ganharia eleição em Pernambuco se não contasse com o apoio da esquerda ou dos comunistas. Tal realidade ampliava-se para o interior do estado e influenciava o resultado eleitoral da Zona da Mata, do Agreste e do Sertão, sobretudo, em disputa de âmbito nacional como a eleição para a Presidência.

A candidatura de Jânio teve como palavra de ordem a expressão: "Jânio vem aí..." Essa frase curta e direta, como se fora um aviso claro a acenar para mudanças, sempre aparecia acompanhada do símbolo da vassoura, imagem que, em certas circunstâncias, valia por muitos discursos. Diante de tal apelo, de imediato, o eleitor ficava sabendo da imperiosa necessidade de varrer-se, de uma vez por todas, a corrupção e o descalabro reinantes em todos os níveis da administração pública – tarefa que caberia a Jânio. Segundo argumentavam seus seguidores, com ele, por fim, o Brasil iria passar pelas mesmas transformações progressistas ocorridas em São Paulo. O argumento era forte e convincente.

Seu trabalho como governador do mais rico estado da federação coroava, ainda, uma carreira política impressionante, iniciada em 1947, quando, ao completar 30 anos, se elegera suplente de vereador pela capital paulista. Após ocupar cadeira na Câmara Municipal, beneficiado pela cassação dos mandatos de vereadores comunistas, em virtude da extinção do registro em todo território nacional, decorridos apenas três anos, nas eleições estaduais foi o deputado estadual mais votado. Depois de mais três anos, elegeu-se prefeito de São Paulo, a maior capital brasileira. Nas eleições seguintes, realizadas no curto período de um ano – 3 de outubro de 1954 –, candidatou-se a governador. Após empolgante campanha, sensibilizou de tal sorte o eleitorado, que, com facilidade, se elegeu governador de São Paulo.

Com essa fulminante trajetória política, embora nunca tivesse concluído os mandatos para os quais fora eleito, seu nome, já nas eleições presidenciais de 1955, despontara como virtual candidato à Presidência, porquanto o cargo de governador do estado de São Paulo, então, representava legítimo passaporte para tal aspiração. Jânio, porém, preferiu terminar o mandato de governador. Assim, além de acumular experiência na gestão da coisa pública na condição de governador, não frustrou os que nele confiavam e teve tempo suficiente para realizar o programa eleitoral prometido. Desse modo, acumulava positivas credenciais e concretas possibilidades de disputar as eleições presidenciais de 1960.

Já o marechal Henrique Lott, lançado pela coligação PSD-PTB, de imediato foi identificado pelos seus opositores como o candidato da situação.

A participação do marechal na vida política nacional começou a ser notada por volta de novembro de 1944, quando, então no posto de general de brigada, na qualidade de comandante da Infantaria de Santa Maria (RS), apoiou o movimento militar que destituiu o presidente Getúlio Vargas em 29 de outubro de 1945. A partir daí, o militar mineiro Henrique Batista Duffles Teixeira Lott ficaria conhecido como um homem de hábitos rigorosos, extremamente preocupado com a hierarquia e a disciplina no seio das Forças Armadas, com a manutenção da ordem pública e o irrestrito cumprimento das normas preconizadas pela Constituição federal. Antes de qualquer coisa, considerava-se um legalista.

Em 1954, no mesmo dia do suicídio de Vargas, João Café Filho, ao tomar posse da Presidência, com o intuito de evitar qualquer retrocesso institucional, nomeou Lott para o cargo de ministro da Guerra, exatamente por levar em conta suas posições de militar legalista com autoridade suficiente para manter a disciplina militar. Com a eleição de Juscelino, em 3 de outubro de 1955, Lott foi mantido no cargo de ministro da Guerra. No ano seguinte, logo após a posse de JK e de seu vice, Jango, o general enfrentou a rebelião militar denominada Revolta de Jacareacanga, sufocando rapidamente o movimento e assegurando a legalidade constitucional.

A propósito de intervenção de militares na política, por meio de golpes, Lott chegou a declarar que a pior tirania era a imposta por militar, porque o militar é treinado em função da violência, circunstância que o torna um ser perigoso quando assume o papel histórico de ditador. Por isso, entendia o marechal que a ditadura é um governo de terror, principalmente se de índole militar.

Assumiu várias atitudes políticas corajosas e de tom nacionalista, as quais lhe valeram críticas, sobretudo, de adversários conservadores. Defendeu o projeto de lei que assegurava o direito de voto aos analfabetos e manifestou-se a favor da manutenção do sentido nacionalista dado ao estatuto da Petrobras, pronunciando então – quando ficou patente o perigo de intervenção estrangeira –, a famosa frase: "A Petrobras é intocável." Quando as forças políticas agrupadas em torno da chamada Frente Parlamentar Nacionalista, organizadas no Congresso com o apoio de representantes de todo o território nacional, escolheram seu nome como candidato à Presidência, Lott, já marechal, a princípio, recusou a indicação, talvez por simples escrúpulos de militar disciplinado e adicto às regras de comportamento moral: ele achava que não poderia ser candidato na ativa. No entanto, a partir de 11 de fevereiro de 1960, quando passou para a reserva, considerou-se desincompatibilizado e aceitou a indicação de seu nome às eleições presidenciais.

Essas duas candidaturas, com programas políticos bem delimitados em função das correntes em coligação – os lottistas vinculados à situação e os janistas, à oposição –, ao ser deflagrada a campanha eleitoral, logo se posicionaram em função de seus argumentos: de um lado, o continuísmo e, do outro, a renovação.

Os dois candidatos não se diferenciavam apenas por esse viés. Havia neles, em maior ou menor grau, algo da curiosa observação de Beaumarchais, segundo a qual se deve chamar de política ou entender como código de comportamento do político: fingir ignorar o que se sabe e fingir saber o que se ignora; fingir entender o que não se compreende; não ouvir o que se escuta e poder mais do que suporta suas próprias forças; manter como segredo a falta de segredos; parecer profundo, quando não há nele outra coisa não seja vacuidade ou inanidade; representar melhor ou pior o papel de um personagem; semear espiões e pôr traidores a seu soldo; esforçar-se em enobrecer a pobreza dos meios com a importância dos fins.

Apesar do aparente exagero da comparação, a verdade é que tais características sobravam em um dos candidatos e faltavam, quase por completo, no outro.

A desenvoltura de Jânio, aliada à oratória transbordante, alimentada por frases inesperadas, aparentando, sempre, ser alguém inflamado, enérgico, com gestos bruscos, tocava a todos. Convencia de imediato e afastava do eleitorado, nos primeiros contatos, qualquer suspeita de demagogia. Exemplo disso ocorreu em seu discurso na convenção realizada no Palácio Tiradentes, no Rio, quando sua candidatura foi homologada pela cúpula da UDN.

Ao entrar no recinto, Jânio viu o clima hostil de alguns seguidores de Juracy Magalhães, decepcionados pela impossibilidade de apresentarem-no como candidato, vez que o governador de São Paulo não era filiado àquele partido, e ainda temerosos com a gestão pouco recomendável de vários políticos da UDN, considerados por críticos como "entulhos" a serem varridos da vida pública brasileira. Um deles era Juracy Magalhães. Aliás, tal ideia deu origem ao *jingle* que marcou o rumo da campanha e encantou aqueles eleitores cansados de tanto desmando e corrupção:

> Varre, varre,
> vassourinha
> Varre, varre a bandalheira
> Que o povo já está cansado
> De sofrer desta maneira
> Jânio Quadros é
> a esperança
> deste povo abandonado.

Pois bem, apesar de sua deficiência visual, Jânio divisou, de pronto, a enorme faixa exposta nas galerias pelos udenistas: "A UDN não precisa de vassoura. Juracy é limpo!"

A advertência era clara: a UDN queria dizer a Jânio que o partido não poderia ser atacado pela impactante imagem da vassoura.

Então, ao ouvir o resultado da convenção, ele se levantou sob os aplausos e começou seu discurso com esta consigna: "Em minhas mãos, a bandeira da UDN não cairá."

Depois, diante do efeito positivo de suas palavras, dominou o ambiente e o sentimento dos indecisos. Ao dissertar, com veemência, usou da famosa peroração do "não creio" e do "creio". E, com gestos quase convulsos, bradou:

> Não creio nas concessões demagógicas. Não creio nas mentiras das promessas. Não creio nos desmaios da autoridade. Não creio no pensamento coarctado. Não creio na incontinência orçamentária. Não creio na desordem administrativa. Não creio nas soluções centralizadoras. Não creio na tolerância das filosofias e das confissões. Não creio nas ditaduras de qualquer tendência. Não creio na previdência das espórtulas constrangedoras. Não creio no latifúndio antissocial. Não creio no tráfico de influências. Não creio nos privilégios ao arrepio da lei. Não creio na farsa da intervenção dos preços, com o desprezo da produção agônica. Não creio na indisciplina que desmancha hierarquia e ofende a estabilidade dos governos. Não creio na distorção da liberdade, que se desanda em licença. Não creio, enfim, no que se vê ao nosso alcance e à nossa roda, como se fora democracia, quando é a sua caricatura, a sua cárie!

Num giro de lógica e de postura gestual, sob aplausos, deixou o tom negativo e entrou na afirmação categórica, elevando-se para o alto:

> Creio, sim, no império da Constituição. Creio na nobreza da Magistratura Suprema. Creio na sentença dos Tribunais. Creio na autenticidade das Casas Legislativas. Creio na eficiência e na moralidade burocráticas. Creio na moeda sadia, com a qual se pague a despesa corrente e se amealhe o pecúlio do amanhã. Creio no proletariado consciente. Creio na opinião garantida pelas franquias e limitada pelos códigos. Creio na pátria que se desenvolve harmonicamente, fraternalmente, sem a atitude

bifronte do pai e do padrasto. Creio na agricultura e na indústria, que se justapõem e se completam no progresso coincidente, permissivo dos mercados interno e externo. Creio na livre empresa, embora circunscrita pela vantagem da comunhão. Creio na nossa maturidade, que nos impõe caminhar pelo mundo sem tutelas ou temores. Creio na defesa do nosso solo e, por isso, na Petrobras, que é sua melhor expressão, na do nosso acervo espiritual e da nossa soberania. Creio nos cuidados ao homem do campo e na integração das suas virtudes de operosidade e inteireza, à família nacional. Creio na infância e formação para a nossa perpetuidade. Creio na força incoercível do povo, manifestação da Onipotência Divina! Aí tem no que eu creio e no que descreio (Silva, 1998:45-46).

Essa empolgada retórica faltava a Lott. Faltavam-lhe, ainda, o poder de convencimento pela palavra fácil, a leveza de gesto e o porte físico dos que fascinam nos palanques, nos auditórios e no contato pessoal com o eleitor. E o mais importante: o marechal não tinha a capacidade de prometer sem parecer demagogo. E mais: faltava-lhe o fundamental de qualquer político: a astúcia para engolir certos sapos. Depois, era demasiadamente verdadeiro; chegou, por exemplo, a declarar-se contrário a duas tendências apoiadas pela maioria de seu eleitorado potencial: o sentimento nacionalista e a intolerância ao apoio dos comunistas. Em primeiro lugar, ao nacionalista, naquele momento histórico, não bastava dizer que a Petrobras era intocável; tornava-se indispensável, pelo menos, não se declarar a favor da penetração do capital estrangeiro no Brasil ou, no mínimo, silenciar sobre a questão. Em segundo lugar, recusar publicamente o apoio dos comunistas, como o fez Lott, era um suicídio eleitoral.

Apesar disso, curiosamente, Prestes, diante da impossibilidade de apoiar Jânio, com tino político e senso de liberalidade, declarou: "O Partido Comunista do Brasil apoia o marechal Teixeira Lott porque ele representa o pensamento da nossa agremiação e, desta forma, o pensamento de todos os comunistas brasileiros" (*ibidem*, p. 55). Sobre essa adesão ocorreu um episódio que, de certa forma, definiu bem o caráter do marechal e, segundo opinião de muitos políticos, concorreu para ampliar a sua derrota.

Passemos a palavra ao próprio Julião, testemunha ocular do acontecimento:

> Um dos nossos últimos encontros com Lott foi aqui, no Recife, sobre um palanque armado na Pracinha do Diário. Ele não era um orador fluente. Sóbrio e cortante, como quem dita Ordens do Dia, sua palavra não empolgava, mas tinha sobre o seu principal adversário a vantagem de não mistificar, de não ficar nas meias verdades, nos claros-escuros, nas reticências, tão do gosto da demagogia populista. José Martí costumava dizer que a palavra existe para exprimir o pensamento, ao contrário de Maquiavel, que a usava para ocultá-lo. Foi exatamente na Praça do Diário onde Lott perdeu a eleição para Jânio na cidade do Recife, muito embora contasse, entre nós, com o apoio das lideranças populares mais expressivas. Um janista disfarçado de lottista, bem diante do palanque, se a memória não me falha, perguntou ao candidato se, eleito, daria legalidade ao Partido Comunista. Ele disse simplesmente: "Não!" Metade da praça ficou vazia, pois o PC era forte, tinha unidade e exercia sobre a população pobre do Recife uma influência decisiva. Depois, quando falou sobre a reforma agrária, fez outra afirmativa que o incompatibilizou com os usineiros, senhores de engenho e fazendeiros, ligados ao PSD e ao PTB, entre eles José Lopes de Siqueira Santos, deputado federal e inimigo número um das ligas. Foi quando sustentou:
> "São justas as pretensões do Deputado Francisco Julião sobre a reforma agrária." Ora, nós éramos, então, um dos muitos políticos satanizados pelo clero e pela poderosa oligarquia rural, porque havíamos abraçado a causa do camponês sem terra, do escravo da cana, do servo do cambão. Se o analfabeto votasse – e Lott queria o voto para o analfabeto – teria sido vitorioso, como candidato, na Zona da Mata de Pernambuco e da Paraíba, tal era a influência que as ligas exerciam sobre os despossuídos da terra.[58]

O curioso é que Jânio sabia disso. Pouco antes de viajar para Cuba com sua comitiva, da qual faziam parte Julião e Clodomir Morais, numa conversa a propósito de sua ida ao Recife para fazer comícios, disse, em tom de provocação, que não havia necessidade, porque toda vez que Lott fosse lá, quando falasse ao povo, perderia metade de seus votos para ele (William, 2005:335).

A partir desse momento a campanha janista alastrou-se por todo o Brasil, animada sobretudo pela eficiência de seus admiradores, que criaram o Movimento Popular Jânio Quadros (MPJQ).

68. "A CUBA COM JÂNIO; ÀS URNAS COM LOTT."

Em fevereiro de 1960, Fidel Castro, na condição de comandante supremo da Revolução Cubana e de primeiro-ministro, com o objetivo de aproximar o novo governo de outros países sul-americanos, convidou os candidatos à Presidência Jânio e Lott, com suas respectivas comitivas, a visitarem a ilha.

O marechal, de pronto, recusou o convite do governo cubano. A razão decorria da falta de tato por não relevar pequenas coisas no contato com personalidades singulares. Quando Fidel veio ao Brasil, em maio de 1959, logo após a vitória da revolução, fez uma visita de cortesia a Lott, então no cargo de ministro da Guerra do governo JK. Durante a reunião, aparentemente amistosa, o comandante cubano fumara no gabinete do Ministério, sem interrupção, com fortes baforadas, o seu charuto de elevada pureza. As emanações voláteis do fumo impregnaram todo o ambiente e irritaram profundamente o marechal. Esse mal-estar concorreu para avivar mais ainda a ojeriza do velho militar pelos ditadores. Consta que comentou com os parentes e amigos que aproveitara o encontro com Fidel Castro para lhe dar uns conselhos: disse-lhe que admirava a campanha dos rebeldes em Sierra Maestra, mas abominava as mortes que se seguiram no famoso "paredón". Advertido que violência gera violência, Castro teria justificado que numa revolução esses fatos são inevitáveis (*ibidem*, p. 297).

Jânio, bem mais hábil e diplomático, aceitou de bom grado o convite de Fidel Castro para visitar Cuba e, desde logo, passou a organizar sua comitiva. O convite, em verdade, calhou bem com o estado de espírito de Jânio, que, então, vivia os efeitos negativos de uma situação pessoal quase depressiva, pois chegara até a renunciar à candidatura, após os inúmeros esforços para vencer a convenção da UDN. Seu gesto inesperado ocorrera pouco depois da convenção de 9 de novembro, no Rio. Renunciara mediante um simples bilhete escrito ao presidente da UDN, Magalhães Pinto. Dizia:

> Nesta data renuncio à minha candidatura à Presidência da República. Não consegui, como é do conhecimento de V. Exa. e da opinião pública, reunir, em torno do meu nome, as diversas legendas e correntes políticas que procuram novos rumos para o país, com a unidade e a harmonia indispensáveis ao êxito de nossa jornada (Silva, 1998:51).

A mania dos "bilhetes" de Jânio já era conhecida por boa parte dos políticos que com ele conviviam desde a Prefeitura e o Governo do Estado de São Paulo. Ao ocupar a Presidência, Jânio exacerbou de tal forma a prática que, no curto período de sete meses de seu governo, mandou 340 só para Clemente Mariani, seu ministro da Fazenda. (Campos, 1994:423).

Como bem observou o jornalista e acadêmico Murilo Melo Filho, o Jânio que foi a Cuba era, então, um político pessimista, marcado por dois fortes acontecimentos: a inauguração de Brasília e o efeito negativo de sua recente renúncia à candidatura. A sensação de todos, naquele momento, era a de que a campanha não decolava, enquanto seu adversário crescia nas pesquisas.

> Mas quando Jânio voltou de Cuba era um homem inteiramente diferente e animado. A visita revertera o quadro sombrio. Sua chegada a Havana teve uma repercussão consagradora. Na volta ao Brasil ele estava tão animado que fez o primeiro programa de televisão em *link* entre o Rio e São Paulo. Levou o Lott de cambulhada e ganhou a eleição com aquela maioria estrondosa de seis milhões de votos. Então, essa viagem foi muito importante para a campanha do Jânio. Quatro meses depois estava com a eleição garantida.[59]

A organização da viagem coube ao deputado federal Castilho Cabral e ao secretário particular de Jânio, Augusto Marzagão. A comitiva, no fim, ficou bastante eclética. Entre vários integrantes, destacamos as principais figuras: senador Afonso Arinos de Melo Franco; deputados federais Castilho Cabral, José Aparecido de Oliveira, Paulo de Tarso e Seixas Dória; governador de Pernambuco Cid Sampaio e deputados estaduais pernambucanos Murilo Costa Rego e Francisco Julião; deputado estadual baiano Juracy Magalhães Júnior; jornalistas João Dantas, Carlos Castello Branco, Hélio Fernandes, Villas Bôas Corrêa, Pinheiro de Lemos, Rui Marchucci, Carlos Mesquita, Márcio Moreira Alves, Moniz Bandeira, Rubem Braga, Fernando Sabino, Murilo Melo Filho, José Costa, Castejón Blanco e José Carlos de Morais, além de Augusto Marzagão e outros secretários de Jânio.[60] (Melo Filho, 2005:203). O Superconstellation fretado, pilotado pelo comandante Antônio Schitini, partiu do Rio e fez escala em Fortaleza, pois Jânio queria visitar as obras do açude Orós, no interior do Ceará. A repercussão em Pernambuco da inclusão de Francisco Julião na comitiva de Jânio foi enorme. Todos queriam saber, afinal, a quem ele apoiava: Jânio ou Lott? Julião, instado por um jornalista, respondeu de maneira terminante: "A Cuba com Jânio; às urnas com Lott." Ficava claro que ele aceitara o convite do político udenista para ir a Cuba, mas sem arredar um milímetro de seu compromisso com a campanha do marechal Lott.

69. O VOO ETÍLICO E O FURTO DA ARMA DE FIDEL

Mesmo sabendo que Julião apoiava Lott, Jânio não desistiu da possibilidade de atrair o líder dos camponeses para sua campanha, razão por que mantivera o convite. Fizera mais: durante o longo voo à ilha revolucionária (com escala na Cidade do México), em determinado momento de descontração levantara-se de sua cadeira e com o olhar vesgo, o corpo bamboleante, lentamente se aproximou de Julião e sentou-se ao seu lado.

Conversaram bastante sobre a realidade nacional e, em particular, o movimento camponês. Jânio queria saber os detalhes da campanha de Julião nas Ligas Camponesas. Em determinado momento, aproveitou o tema complexo das relações internacionais com os países socialistas vividas pelo Brasil e informou que logo após sua posse como presidente da República iria restabelecer as relações diplomáticas com a União Soviética. E, de imediato, para surpresa de Julião, acenou com uma oferta que, na essência, funcionava como sutil cooptação política, segundo confessaria Julião mais tarde:

> (...) até me perguntou se eu não aceitaria, por exemplo, ser o seu primeiro embaixador do Brasil na União Soviética. Naquela ocasião eu disse que não, que as minhas pretensões eram muito humildes; eu queria apenas ter garantias dele para continuar organizando os camponeses sem terras, os que arrendavam terras. Depois que esses camponeses estivessem todos organizados no Brasil inteiro (eu esperava contar naturalmente com a ajuda dele e principalmente de advogados sensíveis à questão com o social), só então eu poderia aceitar convites. Mas até que se organizasse isso, eu não poderia nem queria deixar o Brasil (FJ a FMIS, RJ, 9/8/1994).

Enquanto Julião e Jânio conversavam durante o longo voo de Fortaleza a Havana, no interior do Superconstellation ocorriam cenas curiosas. As conversas mantidas pelos integrantes da delegação janista, depois de algumas horas, não mais obedeciam ao tema da política. Em determinado momento da jornada, os diálogos ou as argumentações, com raras exceções, deixaram de ser confiáveis, porque abandonaram as raias da prudência e entravam no imprevisível território dos bêbados. As garrafas de uísque escocês corriam de mão em mão. A festa etílica parecia infindável. Mas nem todos tinham a ela aderido. Entre as raras exceções encontrava-se Julião. Sua abstenção alcoólica decorria não de mero capricho ou de comportamento ético ou moral, mas do medo de sucumbir, após os primeiros tragos, aos terríveis efeitos de uma das duas moléstias que o perseguiram durante toda a vida: a enxaqueca e a xistossomose. Por isso, também jamais fumou.

A situação mais lamentável ficou por conta do baiano Juracy Magalhães Júnior: chegou a Havana em estado de coma. Do aeroporto levaram-no diretamente ao hospital. Essa cena ficou gravada na memória de todos, porque também assustou os anfitriões cubanos. Depois de recuperado, Juracy voltou a integrar a comitiva e a participar da programação. Seus amigos, no entanto, logo cuidaram de justificar o triste episódio: o mal-estar fora provocado pela mistura de cortisona com o álcool, pois, dias antes, afirmavam, ele se ferira num dos dedos e fora medicado com aquela droga. O coma, portanto, não fora provocado pelo excesso de álcool.

Julião, ao comentar décadas mais tarde o episódio da "festa etílica" da caravana janista, ainda se revelava impressionado com a resistência de Jânio. Seus comentários decorreram do fato de evocar a amizade que dispensava ao deputado Adauto Lúcio Cardoso, então colega na Câmara dos Deputados, por ocasião do golpe militar de 1964, justificando a impossibilidade de apoiar a candidatura de Jânio à Presidência:

> Nós temos divergências, mas somos amigos, nos tornamos amigos, pois se mostrou um homem muito educado, muito fino. Durante a campanha insistiu muito para que eu votasse no Jânio, mas eu lhe disse que não votaria de forma nenhuma, porque era um irresponsável, um tomador de uísque. Levou toda a viagem (a Cuba) tomando uísque de uma maneira tremenda. Uísque puro, enquanto os outros convidados, que também se excederam, desembarcaram embriagados em Cuba. Foi uma coisa vergonhosa, porque houve quem saísse de maca diretamente para os hospitais... (*ibidem*).

Recordou que Jânio baixou as escadas do avião, depois de beber mais do que todo mundo, tranquilo, firme, cabeça erguida para o alto, sem se apoiar sequer no corrimão. Andou em direção ao comandante Fidel Castro e a seguir cumprimentou o então presidente Oswaldo Dorticós. Pegaram o carro oficial, acompanhados por ministros e os demais membros da comitiva, com destino ao Centro, onde se erguia o Monumento a José Martí, na Praça da Revolução. Ali, todos pararam e Jânio depositou flores ao pé do herói cubano. Em seguida, cumprindo rigorosamente o ritual, adiantou-se um pouco e, apesar da enorme quantidade de uísque que bebera, sem o menor gesto de descaimento fez um dos mais belos discursos jamais ouvido por seus acompanhantes, inclusive o próprio Julião.

O que mais impressionou as autoridades revolucionárias cubanas não foi a "bebedeira" dos integrantes da comitiva janista, mas o furto da pistola de estimação de Fidel Castro. Como se deu tal proeza? Ouçamos o relato de um membro da comitiva janista, o jornalista Murilo Melo Filho, presente às festas da embaixada brasileira:

> Na antevéspera de nossa partida de Havana, o embaixador Vasco Leitão da Cunha ofereceu a Jânio e à sua delegação uma recepção na embaixada brasileira, bastante truncada com a presença de muitos refugiados políticos, que lotavam quase todas as dependências. Fidel, que viajara 200 quilômetros, desde Sierra Maestra, para estar presente àquela recepção, deu pela falta de sua pistola, apanhada de cima de um móvel onde a deixara enquanto ia a uma sala vizinha... Essa pistola era de muita estimação para Fidel, pois a recebera de presente do líder soviético Anastas Mikoyan, mas passou às mãos de um brasileiro colecionador de *souvenirs*. Eu sei quem foi ele, porque o surpreendi colocando a arma na cintura, por baixo do paletó. Mas se enquanto viveu jamais revelei o seu nome, muito menos o revelaria agora, que ele já não vive e nem pode mais confirmar, ou desmentir, essa revelação. Fidel procurou disfarçar ao máximo seu desgosto por aquele sumiço (Melo Filho, 2005:204).

No entanto, o jornalista Carlos Chagas deu outra versão ao furto da arma de Fidel. Como o comandante chegara à embaixada brasileira vestido a caráter, isto é, fardado, em trajes de campanha – de coturnos, cinturão exposto com sua pistola com cabo de madrepérola no coldre –, logo ao entrar, num gesto de cortesia em relação ao anfitrião, embaixador Vasco Leitão da Cunha foi ao banheiro e ali deixou a arma pendurada num dos cabides. Informou Chagas

> Quando ia se retirar, voltou e não a encontrou. Fez um escarcéu, lembrando que a pistola o acompanhava desde Sierra Maestra, que não sairia de lá sem ela. Um corre-corre dos diabos, a perspectiva de humilhante revista em todos os presentes e nos aposentos, e, de repente, alguém a

encontrou num banco de jardim da embaixada. Tempos depois, um jornalista de uma estação de rádio paulista, o Tico-Tico, confessara ter tirado a arma do banheiro e escondido no jardim apenas como pilhéria..." (Chagas, II, 2001:819).

70. CONSEQUÊNCIAS DA VIAGEM A CUBA

A Revolução Cubana, desde sua deflagração, com pouco mais de oitenta revolucionários que subiram a Sierra Maestra e dali rumaram, lenta e ininterruptamente, em direção a Havana, conseguindo, em cada cidade, adesões da população, empolgou o mundo. Com a vitória, Fidel Castro transformou-se numa espécie de herói. As restrições ideológicas só apareceriam quando ele, forçado a buscar apoio junto ao bloco comunista em virtude das agressões dos Estados Unidos da América, declarou-se fiel a Moscou. Antes disso, Fidel era, na América do Sul e, particularmente, no Brasil, admirado e reverenciado por todas as facções políticas e ideológicas. Essa a razão por que, em clima de campanha presidencial, ele era considerado um grande eleitor. Jânio intuiu essa circunstância e procurou galvanizá-la para sua campanha. Lott, por não querer apoiar o grupo de jovens revolucionários que tomavam o poder, preferiu recuar.

O próprio Julião reconheceu, também, que a aproximação de um candidato à Presidência com Fidel Castro, como fizera Jânio, significava positivos logros eleitorais. "Todo o Brasil sabia que, naquela época, Fidel Castro ainda não havia se declarado um marxista-leninista. Por isso, ele era ou se tornara o principal 'cabo eleitoral' da América Latina. Todo mundo votaria num candidato indicado ou apoiado por Fidel Castro" (FJ a FMIS, RJ, 9/8/1994). Aliás, exatamente pela mesma razão, Julião aproveitaria a oportunidade para também se aproximar do líder cubano e conseguir apoio para o movimento das Ligas Camponesas.

Ao explicar as razões pelas quais aceitara visitar Cuba na companhia de Jânio, Julião, em verdade, manifestara motivos de interesse pessoal, de curiosidade de conhecer a ilha, mas também queria ver de perto as primeiras experiências de reforma agrária levadas a cabo pelo novo regime.

Na hora de partir combinou-se que ficaríamos oito dias em Cuba. Eu radiante! Examinaria as cooperativas, estudaria ali a reforma agrária, conversaria com os camponeses. Mal, porém, Jânio tomou alturas e percebeu nosso objetivo, saiu às pressas de Havana e dirigiu-se à Venezuela. Ficamos apenas cinco dias incompletos nas terras de Fidel Castro. Em Caracas, Jânio alojou toda a delegação no Hotel Tamanaco e correu, veloz, para o palácio de Nelson Rockefeller, nos arredores da cidade, onde deu o serviço do que observara em Cuba, recebendo, em troca, ao que me garantiram, vultoso pacote de "cédulas eleitorais" para auxílio da sua campanha (Fonseca, 1962:62).

Por tais declarações, mais tarde, quando a campanha presidencial se aproximava do fim, Julião teve de responder à interpelação judicial formulada pelo Partido Libertador (PL) e pelo Movimento Popular Jânio Quadros (MPJQ). Isso porque as agremiações políticas consideraram infamantes as declarações do deputado pernambucano. Daí recorreram ao Tribunal Regional Eleitoral de Pernambuco, alegando o seguinte:

> (...) segundo o jornal *Última Hora*, do Rio, na edição de 29 de setembro, o candidato à Presidência da República Jânio Quadros sempre teve sua carreira política financiada por Rockefeller, com quem se encontrara secretamente, em Caracas, quando do retorno de sua viagem a Cuba e de quem recebia ordens, como governador de São Paulo. De acordo com essas declarações, Jânio Quadros seria um homem vendido aos trustes americanos. Tais afirmações, integralmente inverídicas e manifestamente injuriosas, formuladas para exercer influência perante o eleitorado, constituem crime capitulado no artigo 175, do Código Eleitoral. Por esse motivo o Partido Libertador e o Movimento Popular Jânio Quadros, pelos seus representantes infra-assinados, solicitam a imediata instauração do competente processo penal, para punição daquele deputado (DP, 30/9/1960).

A acusação formulada por Julião ao jornal carioca fora bem clara. Denunciara que as intenções de Jânio eram totalmente contrárias aos interesses nacionais, porque se achavam em conluio com o magnata

Nelson Rockefeller. E ainda: Jânio, após encontro reservado de duas horas, a portas fechadas, com Fidel Castro, antecipara o retorno ao Brasil. No entanto, quando partiram de Cuba, o avião, por inesperada ordem de Jânio, foi desviado para o aeroporto de Caracas, onde "não havia nenhum representante do governo para recebê-los, o que afasta a hipótese de um convite oficial ao candidato udenista, que o forçasse a fazer escala em Caracas na brusca viagem de retorno" (UH, 20/9/1960).

A interpelação judicial promovida pelo movimento janista, porém, não surtiu nenhum efeito prático.

71. CAMPANHA PRESIDENCIAL EM PERNAMBUCO

O desenrolar da campanha presidencial, com pouco tempo, envolveu o eleitorado brasileiro. No meado do ano, os janistas alardeavam que em alguns estados o cenário político era bastante favorável a Jânio. No entanto, quando os lottistas levavam em conta os maiores colégios eleitorais – São Paulo, Rio de Janeiro, Minas Gerais e Rio Grande do Sul –, as pesquisas mostravam forte percentual de indecisos, o que revelava um quadro de difícil prognóstico. Em outras palavras, só após a eleição de 3 de outubro, e com a contagem dos votos, se poderia saber quem sairia vitorioso. A campanha no Nordeste, porém, por apresentar um eleitorado menos politizado e forte concentração de analfabetos, revelava vantagem para Jânio. Em virtude dessa constatação, à medida que se aproximava a data do pleito, os integrantes da coligação eleitoral da campanha de Lott no Recife passaram a discutir novas estratégias a fim de mudar a situação. Julião, como um dos principais representantes do PSB, integrante da coligação pró-Lott, teve a ideia de propor a imediata criação de "comandos Lott-Jango" em todas as cidades nordestinas. A medida visava a flexibilizar a campanha de baixo para cima, isto é, sem a dependência de grandes comícios ou concentrações, geralmente custosos e com a presença do marechal. Os "comandos" tinham caráter popular e democrático. Poderiam nascer numa associação, numa rua, num centro gremial ou cultural etc. Os próprios líderes locais se envolveriam diretamente na campanha.

Julião verificou que sua proposta só seria levada em prática em todo o Nordeste se fosse recomendada pela direção nacional da campanha pró-Lott-Jango. Os integrantes da coligação, se agissem isoladamente, no máximo poderiam aprovar a iniciativa a nível local. Por isso, em julho, viajou a Brasília para reunir-se com a direção nacional da campanha presidencial e propor a imediata formação dos "comandos Lott-Jango", os quais atuariam da Bahia até o Ceará.

Aceita a proposta, na prática, porém, os resultados foram pífios. Em verdade, só Julião, em Pernambuco, atuou com determinação nas diversas cidades. Na própria veiculação pela imprensa da criação e formação dos "comandos", o líder dos camponeses adiantou que o objetivo fundamental era "intensificar a propaganda eleitoral dos candidatos populares em todo o Nordeste", vez que se tornava urgente "anular o esforço de penetração que está sendo tentado pelos candidatos oposicionistas" (DP, 3/7/1960).

As ações de Julião, no entanto, não se limitaram às grandes e pequenas manifestações públicas em favor da chapa Lott-Jango. Por volta do fim de agosto, iniciou no púlpito da Assembleia Legislativa de Pernambuco uma série de pronunciamentos intitulados "radiografia de Jânio Quadros", nos quais criticava duramente o passado político do ex-governador de São Paulo, seus possíveis vínculos com o capitalismo internacional, sobretudo o norte-americano, desvios de dinheiro para o exterior, recebimento irregular de comissões de empresas multinacionais, favoritismos e concessões para realização de obras públicas irregulares, impugnação das prestações de contas de sua gestão ao Tribunal de Contas do Estado de São Paulo etc.

Os debates começaram a assumir importância quando o deputado Felipe Coelho, líder da bancada governista e comprometido com a candidatura de Jânio, resolveu rebater com veemência os ataques desferidos por Julião, cujo propósito era fazer naquela Assembleia, em virtude das eleições presidenciais que se aproximavam,

> a radiografia da candidatura do sr. Jânio Quadros. É um compromisso que assumimos com nossa consciência de patriota e com o nacionalismo

em nossa pátria, convencido de que esta candidatura constitui um perigo às instituições democráticas do Brasil, convencido de que ela representa, neste instante, em que a consciência nacional desperta para a luta pela emancipação econômica da pátria, um entrave e um golpe, não só contra as instituições democráticas, mas contra o avanço, contra a conquista de melhores dias para o Brasil.[61]

Julião, a partir de determinado momento, recorreu a uma frase capaz de sensibilizar, no bom e no mau sentido da palavra, os seus ouvintes. Usava-a reiteradamente, quando se referia a Jânio como "um homem bifronte, contraditório, dúbio, versátil".[62] Essas características lembravam, segundo ele, a imagem empregada por Lott que também definira seu adversário político como o pêndulo de um relógio, pois ora estava à direita, ora ao centro, ora à esquerda.

Ao longo dos debates, Julião mostrou que a política preconizada por Jânio para a reforma agrária significava tremendo retrocesso em relação aos avanços alcançados até então. E argumentou:

> S. Exa. entende que é anticristão e que é subversivo desapropriarem-se terras para formação de pequenas glebas que devem ser distribuídas a camponeses sem terras. S. Exa. acha que o que se deve fazer é inverter grandes somas e fazer financiamentos para o latifúndio improdutivo. Em nenhum governo do mundo, em nenhuma parte do mundo, há alguém que seja capaz de levantar tese tão absurda, tão inconsistente, tão retrógrada, tão reacionária como esta. Hoje, qualquer economista, qualquer estudioso dos problemas agrários do mundo atual entende que o caminho para a reforma agrária não é, absolutamente, a reaglutinação de latifúndios, mas sua divisão, porque somente através dessa divisão é que podemos dar uma dinâmica diferente à estrutura agrária. Isso é o que sustentam os economistas, os agrônomos. É o que entendem os estudiosos da questão agrária mundial. Não é problema apenas do Brasil, mas do mundo inteiro. O sr. Jânio Quadros ainda pensa como um escravocrata do século passado, quando defende o latifúndio improdutivo, e quem quer defender o latifúndio improdutivo quer, consequentemente, o aviltamento do camponês, quer impedir que esse camponês tenha

condições para fixar-se à terra e poder dar a sua contribuição em favor do desenvolvimento dessa terra. Por isso, não podemos apoiar, de sã consciência, uma candidatura reacionária e que é vinculada ao que o Brasil tem de mais retrógrado, que é o latifúndio improdutivo.[63]

A partir desse momento, o debate na Casa de Joaquim Nabuco ganhou relevância pelas contestações feitas pelo deputado Felipe Coelho

> O sr. Jânio Quadros declarou em Pernambuco, na minha presença e daqueles que faziam sua campanha, não o que foi dito aqui, mas a compra de terrenos improdutivos dos grandes latifundiários para redistribuir com aqueles que não têm terras para trabalhar no Brasil. Foi isso o que ele pregou em Pernambuco. O que esse nacionalista que V. Exa. cita vem dizer [Coelho referia-se ao editorialista do jornal *Semanário*], não representa o pensamento do candidato nacionalista Jânio Quadros, que será a 3 de outubro levado à Presidência da República pelo povo esclarecido do Brasil. V. Exa. vai ver e verificar a reforma agrária no Brasil feita pelo sr. Jânio Quadros.[64]

Rebateu Julião, afirmando que suas informações não se baseavam no editorial assinado pelo jornalista Oswaldo Costa, do *Semanário*, "uma das maiores probidades e inteligência mais lúcida que o Brasil tem dentro do jornalismo, homem de passado limpo, de honra intacável e cuja pena tem sido posta unicamente a serviço do nacionalismo, a serviço das grandes causas." Referia-se à matéria veiculada no jornal carioca *Correio da Manhã*, periódico, acrescentou o deputado socialista, comprometido com a campanha janista. Ali estava transcrito o pronunciamento de Jânio a respeito da reforma agrária.

> S. Exa. [Jânio] não quer perder os milhões que está recebendo dos cafeicultores do norte do Paraná e de São Paulo; S. Excia. não quer perder apoio dos grandes latifundiários, que estão hoje inteiramente ao seu lado, defendendo a sua candidatura, candidatura vinculada ao que há de mais retrógrado, de mais atrasado neste país. Ninguém ignora a aliança incondicional dos *trusts*, do capitalismo internacional, que é justamente

o latifundiário, não é o industrial nem o sindicato, o estudante, as classes populares nem os partidos políticos desvinculados de compromissos com esses *trusts*, mas, precisamente, o latifúndio que quer a manutenção dessa estrutura agrária, produzindo matéria-prima para ser vendida a preço que ele bem taxe contra nós. Então, é naturalmente consequente que sendo Jânio Quadros um candidato que está sendo subvencionado pela Sanbra, Anderson Clayton, Esso, Rockefeler (...), é natural que esse *trust* não deseje que o Brasil possa ter a sua estrutura agrária diferente, capaz de formar um grande mercado interno e com poder de absorver produtos industrializados aqui em nossa pátria.[65]

Os debates na Assembleia seguiram durante várias semanas e conseguiam galvanizar a atenção de boa parcela da população recifense. Julião, em todas as ocasiões, era obrigado a responder às mais diferentes questões, ora ligadas às denúncias graves de malversação de fundos públicos por parte do governo de Jânio em São Paulo, ora sobre o tema da reforma agrária, ora quanto às chamadas "orgias" durante as longas viagens empreendidas por Jânio a diversos países.

Outra questão que suscitou interesse durante tais debates foi a relacionada às denúncias de desvios de dinheiro dos cofres públicos do Governo de São Paulo e às comissões, em dólares, depositadas no exterior em favor do ex-governador paulista. A certa altura denunciou Julião:

> O sr. Jânio Quadros é um homem que assumiu perante o povo de São Paulo o compromisso de sanear as finanças daquele estado e de pagar sua dívida pública. No entanto, não sou eu quem o diz, mas o Diário Oficial do Estado de São Paulo, o Tribunal de Contas do Estado de São Paulo, cujos membros foram nomeados pelo sr. Jânio Quadros, inclusive o sr. Carvalho Pinto que é seu sucessor. São esses órgãos, aquele Diário Oficial e aquele Tribunal de Contas que afirmam o que vou ler aqui, para mostrar a desfaçatez, a coragem e o bifrontismo do sr. Jânio Quadros, homem que vai à praça pública e que, ainda hoje, diz: "Saneei as finanças do estado de São Paulo, paguei sua dívida pública, fiz um governo de recuperação", palavras que devemos hoje pronunciar com muito cuidado, com muita cautela aqui no estado de Pernambuco.[66]

Apesar da gravidade das denúncias, ao debate não interveio o deputado Felipe Coelho nem outros defensores da candidatura janista. Apenas a curiosidade e o silêncio dos habituais contestadores.

Em certo momento, a respeito dos objetivos das viagens de Jânio, afirmou Julião:

> O sr. Jânio Quadros viajou ao Japão, mas não foi a convite oficial do governo japonês. Ele foi receber a comissão de cinco por cento, gorda, suculenta comissão, que daria para S. Exa. fazer, realmente, uma viagem faustosa ao Oriente, como o fez, mas não foi a convite do governo do Japão. S. Exa. também foi à Inglaterra, ao grupo Rothschild e lá também recebeu uma comissão de 2,5% daquele poderoso grupo, ou seja, aproximadamente 120 milhões de cruzeiros. E o mais grave até hoje é que não foi desmentido pelo sr. Jânio Quadros. S. Exa. em Paris, aproveitando suas imunidades, sua condição de governador do estado de São Paulo, condições de homem público, governante de um dos estados mais poderosos da federação, cambiou, vendeu dólares no câmbio negro. Quem o denunciou foi o secretário da embaixada na França, sr. Oswaldo Orico. Até hoje S. Exa. não desmentiu esse fato.[67]

Julião, ao concluir suas palavras, informou que Jânio, durante aquele curto período, recebera cerca de "cinco milhões de dólares".[68]

72. JÂNIO FAZ CAMPANHA EM ENGENHO PERNAMBUCANO

Curiosamente a ida de Jânio ao Recife para o encerramento de sua campanha terminou vinculada a uma já distante declaração de Julião a propósito da nova orientação que o governador Cid Sampaio adotara em relação ao movimento camponês. Agora, no fim da campanha eleitoral para a Presidência, Cid, aproveitando-se da presença de Jânio, a quem apoiava com entusiasmo, resolvera dar o troco a Julião.

A referida declaração, feita em meados de junho, parecia dirigida diretamente às autoridades do governo Cid Sampaio e continha certo sentido de ameaça. Dissera o líder dos camponeses que, na esteira da ampla repercussão da desapropriação do Engenho Galileia, outros engenhos, em breve, teriam igual fim, principalmente porque aí se constatavam os mesmos impasses. Em entrevista à imprensa, foi mais além: citou os engenhos Pindobal, Tacaimbó, Limão e Manassu como as áreas de notória gravidade social a requererem pronta intervenção do poder público.

Em relação a um deles – Engenho Pindobal – referiu-se às iniciativas tomadas pelo governo Cid Sampaio com o claro objetivo de dificultar a associação e a prestação de assistência aos camponeses.

> Em Pindobal, por exemplo, o governo acaba de criar um Comissariado de Polícia. Como a Polícia não enche a barriga de ninguém, o caminho é desapropriar as terras e liquidar com o Comissariado, e fazer uma festa maior do que a do Galileia, para se receber com flores e palmas os deputados que apoiarem o projeto de desapropriação e o governador que o sancionou (DP, 12/6/1960).

Ao fim da campanha presidencial, impressionado com as declarações de Julião, Cid resolveu levar Jânio e sua comitiva ao Engenho Pindobal, Paudalho, próximo da capital pernambucana, exemplo típico de área marcada pelo conflito social da luta de classes desencadeada pelas ligas camponesas. Em todos os meios sociais, a surpresa foi enorme. Por que, de repente, Jânio, com seu candidato a vice Milton Campos, Cid e seus principais auxiliares iam até um engenho de pouca tradição no plantio da cana-de-açúcar para assinalar o fim de uma campanha eleitoral para a Presidência?

A visita do candidato presidencial ao Engenho Pindobal, propriedade que vivia sob o impacto de graves conflitos entre os moradores e o proprietário, ganhou espaço na imprensa e no eleitorado. Divulgou-se até que a manifestação dos camponeses daquele engenho era de espontâneo apoio a Cid e à candidatura de Jânio. O *Diário de Pernambuco* estampou manchete, afirmando que a "expressiva solidariedade do trabalhador rural" era uma "manifestação dos trabalhadores do Engenho Pindobal ao governador Cid Sampaio" (DP, 2/10/1960). No entanto, desde o dia anterior, todos os moradores do engenho e de outras localidades vizinhas foram convocados para comparecer à casa-grande do mencionado engenho, de propriedade do sr. José Aymar, a fim de receber Cid e o futuro presidente Jânio Quadros.

Depois das demoradas saudações e cumprimentos de praxe levados a cabo pelos presentes e integrantes da ilustre comitiva, organizou-se, diante da casa-grande, um comício relâmpago. O tom dos discursos sempre pendia para declarações de manifesta solidariedade e confiança no trabalho feito por Cid no sentido de consolidar e robustecer a já vitoriosa chapa Jânio Quadros-Milton Campos. Em determinado momento, como se todos tivessem se esquecido do verdadeiro adversário político – o marechal Henrique Lott –, passaram a criticar a ação do movimento camponês, evidência de que aquela reunião tinha por finalidade levar ao dono do engenho o irrestrito apoio do governo do estado e do futuro presidente. No fundo, na verdade, tratava-se de contundente resposta às veladas ameaças de Julião. Cedamos a palavra ao repórter de jornal recifense escalado para cobrir o acontecimento:

> Aqueles homens do campo, que repudiam as chamadas "Ligas Camponesas", ante as constantes ameaças e desrespeito que sofrem por parte de uma minoria que daquele engenho recebe a orientação de elementos comunistas, tinham programado essa deliberação para levar ao conhecimento do sr. José Aymar. Fizeram-no em uma comissão, entre os que não têm a manhã tomada com o compromisso da feira do município. Na oportunidade, vários expuseram os motivos que os levaram a tal decisão, entre eles Marcionilo Joaquim de Santana, líder da maioria que luta contra a agitação e a desordem no meio rural. Marcionilo, em trajes típicos do camponês e falando à sua maneira, disse ao proprietário do engenho: "Pelo qui estou vendo, esse negócio de comunismo e liga camponesa não me agrada. Não querer trabalhar e ficar com o que é dos outros, foi coisa que meu pai não me ensinou. Acho que o homem só tem direito àquilo que compra. Não estou de acordo nem acredito nessa lei de camponês tomar a casa-grande do patrão e distribuir as terras de graça para os trabalhadores. Confiamos

nas garantias do governo. Vivo ninguém sai daqui. Morto somente no mesmo caixão do sr. Aymar.[69]

Após as palavras do camponês Marcionilo, acolhidas com entusiasmo pelos presentes, falou o proprietário do engenho, agradecendo a comovente homenagem e a solidariedade prestadas pelo governo do estado. Tocado por viva emoção, o orador aproveitou o ensejo para dizer que qualquer pessoa poderia comprovar o bom acolhimento que ele dispensara aos seus trabalhadores; jamais demitiu nem expulsou de suas terras nenhum deles. Muito ao contrário, enfatizou, "há morador que há dez anos não me paga um centavo pelas terras que ocupa. Entretanto, em que pese essa situação, eu nunca os forcei a trabalhar nem os ameacei de expulsão. Continuo ajudando a todos."[70] Ele lembrou ainda à ilustre comitiva que a discórdia reinante entre alguns moradores começara por volta de fevereiro, quando alguns elementos reconhecidamente comunistas haviam ocupado, de modo violento, imóveis pertencentes ao engenho e ali passaram a fazer agitação e a subverter a ordem. Daí passou a justificar suas atitudes em função da própria conjuntura econômica. Fora obrigado, por exemplo, a adotar o mesmo procedimento dos demais proprietários por causa do irrisório preço do açúcar que o obrigava a pagar salário de fome aos trabalhadores. Por isso eles resolveram parar com o plantio da cana e dividir as terras para outras plantações. Mesmo assim não exigiam o cambão; apenas que os moradores trabalhariam na sua lavoura, percebendo diária de 80 cruzeiros.

As coisas prosseguiam maravilhosamente, continuou Aymar, até que um dia apareceu no seu engenho a "famigerada Liga Camponesa e começou a atuar entre os trabalhadores, conseguindo a adesão de pequeno grupo menos esclarecido, desorientando o ritmo normal do trabalho.

> Eles não querem terra para trabalhar; eles desejam somente pregar a desordem e a perseguição a trabalhadores honestos. Tanto é verdade que, com o aumento político e absurdo do açúcar, prova insofismável de que o produto há anos carecia de um aumento para sobrevivência dos plantadores, resolveram os trabalhadores voltar ao plantio da cana

para receberem melhores salários; mas, ao contrário disso, os elementos das Ligas Camponesas não só impedem o trabalho normal do engenho como incineram as casas..."[71]

Registrou ainda o repórter algumas opiniões de camponeses presentes ao ato político, como, por exemplo, a de Maria Susana da Conceição, moradora havia 43 anos do Engenho Pindobal, a qual, por temer tanto as ameaças das "ligas camponesas" rezava três vezes ao dia.[72]

Num dos discursos proferidos durante a campanha eleitoral, Julião, de certo modo, fora profético em relação ao extravagante e arbitrário comportamento de Jânio. Dissera, então, que voltaria à tribuna da Assembleia tantas vezes fossem necessárias para completar a radiografia de Jânio, "que se tornará um Hitler mirim se chegar a ser presidente da República".[73]

73. ENCERRAMENTO DA CAMPANHA DE LOTT NO RECIFE

A campanha presidencial em favor da chapa Lott-Jango em Pernambuco ganhou maior amplitude a partir de amplas concentrações promovidas por Julião, que tomou a iniciativa de convocar os camponeses das ligas e concentrá-los no Recife. Antes disso, ao se aproximar o final da campanha, os membros das ligas fizeram vários comícios preparatórios nas principais cidades do interior, a exemplo de Caruaru. Na prática, durante uma semana, fizeram-se inúmeros atos políticos dentro do espírito preconizado pelos "comandos Lott-Jango". A semana, denominada de "arrancada da vitória", foi encerrada com a presença de Lott (FP, 24/9/1960).

A mais ampla demonstração de apoio dos pernambucanos à chapa Lott-Jango foi liderada por Julião, quando organizou, em fins de setembro, gigantesca passeata de camponeses pelas ruas do Recife, a qual coincidiu com o encerramento da campanha na capital. Os camponeses, oriundos de várias cidades pernambucanas, chegaram de trem. O local escolhido para concentração foi a Estação Central, situada ao lado da cadeia pública. Ali permanecia Julião, desde as primeiras horas da manhã, na companhia dos estudantes Pedro Mota, Zaira Ribeiro e João Alfredo dos Anjos; dos líderes comunistas Gregório Bezerra e David Capistrano; dos correligionários Djaci Magalhães, Júlia Santiago, Adalgisa Cavalcanti, Aluízio Falcão e Carlos Luiz de Andrade; do radialista Jungman, da rádio Olinda; dos jornalistas Geraldo Seabra, Hiran Pereira, Aníbal Pereira e mais uma legião de pessoas do Recife que integravam a caravana de recepção aos camponeses.

Por volta das 10h, Leonel Brizola, governador do Rio Grande do Sul, chegou à estação ferroviária para incorporar-se à comitiva, onde já se achava o ministro da Agricultura, Barros Carvalho. Ambos foram efusivamente saudados pelos presentes. Brizola tentou subir em uma das cadeiras para proferir um discurso, mas Julião o demoveu de tal propósito, informando-o que ele deveria falar na hora certa, isto é, na praça Dantas Barreto, para onde sairiam dali a alguns minutos. Brizola limitou-se, então, a agradecer aos presentes a calorosa salva de palmas.

Após alguns minutos, chegou um trem. Quando os camponeses começaram a descer, ouviu-se um som estranho a ecoar pelo espaço da velha estação; que lembrava os traços vitorianos da arquitetura inglesa. Entre os camponeses, mais ou menos quinhentos índios da nação xukuru, oriundos da Serra de Ororubá, em Pesqueira, saltaram, já dançando e tocando alto seus instrumentos de sopro e percussão. À frente vinha o engenheiro agrônomo José Alexandre de Melo. O cacique xukuru, com seu cocar – enorme penacho com variadas penas dos pássaros da região –, exibia longos colares de sementes brancas e pretas entrançados pelo pescoço e adornos com tintas rubra e azulada no rosto, braços e demais partes do corpo. Os demais integrantes usavam seus trajes típicos e, animados e sorridentes, dançavam um marcado toré.

Sob sol escaldante de domingo, foi dada a ordem para a multidão se organizar em plena rua e marchar em direção ao local da manifestação: a praça Dantas Barreto. À frente do cortejo apareceram, erguidos para o alto, sete amplos painéis pintados pelo artista plástico Abelardo da Hora, apresentados na seguinte ordem: João Goulart, Francisco Julião, Luiz Carlos Prestes, Fidel Castro, Miguel Arraes, Barros Carvalho e

Henrique Lott. Também foram erguidas centenas de faixas alusivas às seguintes palavras de ordem: reforma agrária, revolução cubana, críticas ao imperialismo norte-americano e referências às palavras de ordem dos partidos políticos integrantes da Frente do Recife. Ao mesmo tempo eram distribuídos broches representando enxadas e exemplares da Cartilha do Camponês.

A multidão caminhou, em passeata, pelo seguinte itinerário: ponte Velha, cais José Mariano, rua da Aurora, ponte Princesa Isabel, rua do Sol, avenida Guararapes e avenida Dantas Barreto, onde, no fim, foi erguido o improvisado palanque para o último comício de apoio aos candidatos nacionalistas Lott-Jango. Os camponeses, unidos aos populares presentes à manifestação, portavam enxadas e espadas modeladas de forma simbólica, em clara alusão à luta pela reforma agrária e às enérgicas ações nacionalistas defendidas por Lott.

Os manifestantes, ocupando toda a rua, seguiam a pé. À frente deles, sobre um jipe em marcha lentíssima, às vezes empurrado pelos camponeses, iam Julião e Brizola, ambos também empunhando, para o alto, a enxada e a espada, recebendo os aplausos e as aclamações dos seus seguidores. Quando se aproximaram da praça Dantas Barreto, o povo, que aguardava a passagem do cortejo, saudou e aplaudiu os camponeses, durante mais de dois minutos consecutivos.

Nesse momento, foi ouvido, em fortes e exaltados brados, o nome de Julião. De imediato, dentre os manifestantes, surgiram vários camponeses que se aproximaram dele e o carregaram nos braços até o palanque, de onde, logo depois, se dirigia aos seus liderados e ao povo em vibrante e emocionado discurso.

A ausência de Lott fora justificada por ter ele de fazer comícios no Sul do país no mesmo dia – lacuna de certo modo recompensada com a presença de Brizola, governador do Rio Grande do Sul.

A coligação recifense, parte formada pelos principais membros da Frente do Recife, que apoiava a chapa nacionalista, escalou vários oradores para a ocasião, entre os quais destacamos os seguintes: Miguel Arraes, prefeito; Carlos Duarte, presidente da Câmara Municipal do Recife; deputado Carlos Luis de Andrade, representante do ministro da

Agricultura, Barros Carvalho; o camponês José João, que aproveitou a ocasião para declamar um poema de exaltação aos camponeses presentes; Barreto Guimarães, prefeito de Olinda; Luiz Antonio de Barros Barreto, presidente do PTN, e a acadêmica de direito Maria Ceailes, assessora jurídica das Ligas Camponesas.

O comício prosseguiu sob clima de absoluta animação. A cada intervalo, ao serem anunciados os nomes dos oradores já presentes no palanque, o povo irrompia em estrepitosos aplausos, sobretudo quando o apresentador se referia a Julião, Arraes, Prestes, além dos ausentes Lott e Jango.

Julião iniciou seu discurso pedindo apoio para a candidatura de Lott, porque ele abriria "caminho para a emancipação nacional", pois se tratava de um "homem patriota e honrado, que não vacilou em dar um pontapé em dois presidentes para salvar a pátria das mãos dos entreguistas, a serviço dos monopólios norte-americanos" (FP, 29/9/1960). Acrescentou ainda, mediante argumentação, que "os imperialistas vão fazer exigências ao marechal Lott quando ele chegar ao governo. E nessa ocasião ele precisará do apoio do povo para resistir a essas exigências. Precisará do apoio dos camponeses do Brasil" (*ibidem*). No encerramento do discurso, agradeceu a presença dos manifestantes, destacando a firme demonstração de respeito aos princípios democráticos e de unidade dos camponeses e demais trabalhadores, inclusive os da Paraíba, que tinham ido prestigiar o comício.

Em seguida, ao ser anunciado como próximo orador o líder comunista Luiz Carlos Prestes, repetiram-se as prolongadas manifestações de apoio carinhoso do povo recifense, como antes acontecera com outros oradores, especialmente em relação a Arraes. O comício foi encerrado por volta das 12h, sob um sol de rachar. Enquanto os participantes se dispersavam, com entusiasmo, portando bandeiras, enxadas e espadas, os camponeses seguiram em passeata até o restaurante do Saps (Serviço de Alimentação da Previdência Social), no bairro do Recife Velho, onde lhes foi servido almoço. Depois, da mesma forma, marcharam até a Estação Central e pegaram o trem de volta para suas respectivas cidades.

Segundo registro da parte policial feito pelos investigadores do Dops que cobriram o comício, não houve "nenhum incidente a registrar" durante a concentração.[74] No entanto, alguns investigadores notaram que tinham sido fotografados pelo "comunista Geraldo Menucci, teatrólogo, cantor e jornalista, que em revide tirou algumas fotos dos SS."[75] Esperaram terminar o comício e seguiram o maestro Menucci até certo local para tomarem, se possível à força, a máquina fotográfica e os filmes.

> O referido elemento foi seguido de perto pelos SS, por mim (agente policial Vanderlino Bezerra de Lima – nº. 320) e pelo investigador Guerra. Tendo o acompanhado entrado na Agência Cruzeiro do Sul, na rua da Palma, ali os SS o procurou (sic) para um entendimento, tendo Geraldo Menucci (segundo declarações dos próprios SS) se comprometido a não divulgar as fotos e devolvê-las logo que fossem reveladas os outros filmes. Mesmo assim alguns dos SS mais exaltados queriam, depois, tomar a pulso os negativos, porém, foram aconselhados pelo investigador Guerra no sentido de evitar violências e maiores explorações no caso, podendo se tornar o caso em escândalo para proveito político.[76]

Convém destacar que, no fim do comício, à saída da praça, quando os camponeses aguardavam o momento de sair para o almoço no bairro do Recife Velho, um repórter perguntou a uma senhora camponesa de 60 anos se valera a pena vir de tão longe para, sob aquele sol inclemente, ouvir aqueles políticos. Ela, sem titubear, respondeu-lhe: "Com o deputado Julião e com seu Luiz Carlos Prestes, isso pra nós não é sacrifício. É obrigação. É coisa que a gente faz como quem cuida dos filhos."[77]

Anos mais tarde Julião exaltaria esse importante acontecimento político que fizera convergir para a capital,

> procedentes do interior da Paraíba e de Pernambuco, nada menos de 10 mil camponeses, viajando, em sua maioria, de trem, enquanto outros 10 mil se apinhavam nas estações e pelas estradas, disputando um lugar. A liga era pobre. Não dispunha de recursos suficientes para deslocar de uma só vez tanta gente a uma distância que variava entre 50 e 300 quilômetros. O espetáculo que o Recife assistiu foi dos mais empolgantes (Julião, 1975:209).

74. APÓS A DERROTA ELEITORAL, AS VIAGENS

Talvez por coincidência, logo após o pleito Julião viajou para a Europa, onde se demorou por quase três meses. A princípio, seu destino foi Sófia (Bulgária), com escala em Paris.

Ele viajou na condição de convidado especial da coordenação do Congresso Internacional dos Juristas Democráticos realizado naquele país socialista como parlamentar jurista representante da Assembleia Legislativa de Pernambuco. Outros parlamentares pernambucanos também integraram a comitiva brasileira, composta por representantes de vários estados.

No aeroporto dos Guararapes, antes de Julião embarcar, houve intensa movimentação em torno de sua partida. Além de Arraes, compareceram o jornalista Paulo Cavalcanti, o deputado Carlos Luis de Andrade e inúmeros líderes socialistas e comunistas. Na ocasião, instado por jornalistas, falou demoradamente sobre vários temas, inclusive a respeito da vantagem de votos alcançada por Jânio sobre Lott. Julião declarou de maneira enfática e em tom de desafio: "Quero ver o novo governo (de Jânio) fazer baixar o preço da manteiga e do feijão em passe de mágica, como prometeu em campanha" (DP, 5/10/1960).

Informou ainda que de Sófia, após o encerramento do congresso, viajaria para Moscou, onde permaneceria por cerca de duas semanas. Depois rumaria para a China, a convite do governo de Mao Tse-tung. Ali demoraria mais de um mês, a fim de conhecer de perto as soluções adotadas em relação aos complexos problemas da reforma agrária implantada após a revolução de 1949. Além do mais, estava bastante curioso para conhecer a experiência chinesa, vez que ali as populações camponesas viviam profundas transformações sociais, em virtude da implantação das chamadas propriedades-colmeias em substituição aos grandes latifúndios. Nessas unidades produtivas, empregavam-se novas e avançadas técnicas quanto à divisão equitativa de terras e a formas de trabalho coletivo. Os resultados, segundo divulgavam as autoridades chinesas, eram surpreendentes. E mais: alimentava a esperança de ver, em futuro próximo, aquela modalidade de reforma agrária aplicada no Brasil. Para tanto acreditava já haver lançado a semente fundamental e pronta a dar os frutos necessários para o surgimento de um programa político de natureza socialista: as Ligas Camponesas.

Enquanto isso, no Brasil e, particularmente, em Pernambuco, o clima político mudara por completo com a eleição de Jânio. O governo Cid Sampaio, sem prévio aviso, começou a alterar a aplicação das normas de implantação dos projetos de colonização e reforma agrária previstos para o Engenho Galileia e outros locais com focos de conflitos sociais.

No exterior, as atividades de Julião se intensificavam. Ele era solicitado, com frequência, para proferir palestras, participar de debates em centros políticos e sindicais, escrever artigos, dar entrevistas a jornais e revistas, comparecer a programas de rádio e de televisão, manifestações populares, congressos camponeses, além de encontros com políticos, estudantes, intelectuais e operários. Em virtude dessas constantes atividades e desses contatos, no ano seguinte, ele justificaria suas viagens ao estrangeiro:

> Não foi com outro objetivo que nesse período de tempo viajei para o exterior; duas vezes à União Soviética, gloriosa pátria de Lênin, e uma vez à China de Mao Tsé-tung, bem mais cristã do que os países do Ocidente que se dizem cristãos; três vezes a Cuba, único território do continente americano livre do imperialismo, do latifúndio e do analfabetismo; uma vez à Bulgária, desse martelo de ouro da classe operária que foi Dmitrov; e uma vez ao Uruguai, de Artigas, o Libertador (Fonseca, 1962:80).

Apesar de tão intensa agenda, Julião, em claro tom de modéstia, manifestaria um lamento que também poderia ser tomado como frustração: "Cada minuto que perco nesta batalha é um minuto de angústia. Se mais não faço é porque os recursos não dão, a saúde não deixa e a inteligência não sobra" (*ibidem*).

75. A VOLTA DA CHINA

O retorno de Julião a Pernambuco, depois de 45 dias na China, chamou a atenção da imprensa pernambucana. Ele desembarcou na semana prénatalina. No aeroporto, assim como ocorrera na partida, foi cercado pelos jornalistas e, apesar de declarar-se cansado, terminou concedendo longa entrevista, durante a qual forneceu detalhes curiosos sobre suas andanças e observações a respeito do país e do governo de Mao Tse-tung.

Sem esconder forte otimismo em relação ao que alcançara o governo comunista chinês, revelou-se satisfeito diante do extraordinário êxito vivido pela nova China diante da velha e ultrapassada. Ali ele vira de perto a pujança de um povo que, dia a dia, vencia a difícil luta contra o pauperismo e a miséria, outrora vistos como obstáculos intransponíveis pelos dirigentes daquela nação multissecular. De acordo com o entendimento do deputado, em boa parte poderia ser explicada pela sabedoria de sua gente, a mais viva e permanente entre todas as civilizações do mundo. "Tudo o que se pensar sobre a China sem que se tenha visto de perto é vão e ridículo ante a magnificência da realidade, que salta à vista de todos", disse (DP, 15/12/1960). Ali, após o contato físico com a gente e a terra, tudo parecia diferente, até das leituras de livros publicados a respeito do povo chinês. "Tudo se desvanece quando a gente chega lá e passa a observar e a contemplar de perto a realidade."

Julião ficara tão impressionado com o que vira na China que prometeu, para breve, publicar suas impressões sobre aquela viagem: "Penso escrever sobre a China e o farei dentro de pouco tempo. Em quinze dias, um mês, terei escrito minhas impressões daquele povo, graças ao diário que organizei especialmente para servir de roteiro dessa obra." E arrematou: "A China merece ser vista pelos brasileiros, porque tem problemas semelhantes aos nossos e entre muitos deles está a reforma agrária" (*ibidem*). Ousou, ainda, arriscar um juízo profético sobre o papel desempenhado pelas duas maiores nações socialistas da terra: a União Soviética e a China. "A China dará, dentro em breve, lições à própria União Soviética. Há muita coisa que se faz agora na China que, mais tarde, os russos aplicarão no seu país. Não tenho a menor dúvida de emitir esse conceito. O tempo dirá da veracidade de minhas observações" (*ibidem*). Em verdade, só mais tarde, o mundo tomaria conhecimento de muitas coisas que o governo chinês fazia no início da década de 1960 e que Julião, apesar de sua acuidade e percepção política, não conseguira ver.

Quais os principais erros cometidos precisamente na área que mais interessava a Julião – a reforma agrária e a produção agrícola?

Desde 1959, os mais achegados colaboradores de Mao Tse-tung, a exemplo de Liu Shao-Chi, o segundo na hierarquia do poder, ou do ministro da Defesa, Peng De-huai, começavam a perceber o grave erro da política agrária do governo: confisco de quase totalidade da produção agrícola, o que deixava as populações rurais sem víveres suficientes para a própria sobrevivência. A consequência não tardou a se instaurar na casa de cada um dos trabalhadores rurais: a escassez trouxe a fome, que, por sua vez, provocou verdadeira epidemia. Como ninguém tinha coragem de denunciar o elevado percentual do confisco da produção agrícola, as informações liberadas pelo governo, veiculadas interna e externamente, davam conta de que ali se vivia num mar de rosas, inclusive porque a produção de grãos atingia patamares extraordinários. Assim, o governo chinês se dava ao luxo de exportá-los para vários países europeus, inclusive para a Alemanha. Os dados oficiais, porém, eram manipulados.

O próprio Mao, ao receber figuras importantes, como François Mitterrand, presidente da França, dizia-lhe que na China não havia fome. Pierre Trudeau – mais tarde primeiro-ministro do Canadá –, após visitar a China na mesma época, chegou a se entusiasmar tanto com as informações governamentais que escreveu o livro *Dois inocentes na China Vermelha*, impressionado com os extraordinários resultados alcançados pelos chineses na agricultura. E repetia com ênfase: não há fome na China. Lord Boyd-Orr, então à frente da diretoria geral da Organização das Nações Unidas para a Agricultura e a Alimentação (FAO), meses antes da ida de Julião escrevera em seus relatórios que a produção de alimentos, de 1955 a 1958, crescera de 50% a 100% e que o país alimentava bem a população. Até o marechal de campo inglês Bernard Montgomery, após visitar a China na mesma época em que Julião também a visitava, disse que não havia fome, apenas alguma escassez em certas áreas, pela qual Mao não era responsável.

A China, com o propósito de manter a política de cooptação de alguns países que lutavam pela libertação nacional na África, na Ásia e na América Latina e, assim, reduzir a influência soviética, também atraiu o governo de Fidel Castro. Por isso, quando Julião visitava a China, por lá também chegou o comandante Che Guevara. Após algumas gestões, Che conseguiu um empréstimo de 60 milhões de dólares para o governo revolucionário cubano. Chou En-lai, ministro das Relações Exteriores, na ocasião informou a Guevara que Cuba não precisava pagar aquela dívida.

Diante de tantos disparates, a realidade econômica chinesa vivia grave crise. A população rural padecia uma das mais lamentáveis catástrofes jamais vividas pela humanidade. Enquanto a fome campeava pelo interior do país, Mao autorizava o governo a exportar produtos alimentícios, acumulava recursos para execução de projetos faraônicos e financiava países socialistas e outros que lutavam por sua libertação nacional. Albânia, Indochina e Argélia, por exemplo, foram os mais favorecidos pela estranha liberalidade dos chineses. O número de mortos durante o longo período da epidemia da fome foi assustador: 38 milhões! Ao mesmo tempo, o governo gastou cerca de 4,1 bilhões de dólares com a bomba atômica, que ficou pronta em 1957. Essa fabulosa soma daria para salvar a vida de quase todos os mortos se com o dinheiro fosse comprado trigo para alimentar os famintos que morriam de inanição diariamente (Chang; Halliday, 2006:598).

76. DEU NO *THE NEW YORK TIMES* OU COMO OS NORTE-AMERICANOS VIAM JULIÃO

Enquanto Julião e Che Guevara, por coincidência ou não, visitavam a China quase ao mesmo tempo, as autoridades dos Estados Unidos, por intermédio da Agência Central de Inteligência (CIA), seguiam de perto seus passos.

Esse mesmo cuidado vinha sendo dispensado aos países centro-americanos e latino-americanos em relação à expansão de ideias preconizadas pela vitoriosa Revolução Cubana.

Entre os assessores do presidente John Fitzgerald Kennedy crescia a convicção de que o "fidelismo" se convertera em espécie de nova doutrina revolucionária exportável para alguns países. O "fidelismo" aparecia como algo inconsistente do ponto de vista histórico, mas, para certos especialistas preocupados com a Guerra Fria, constituía-se em um misto de conceitos políticos, econômicos e sociais ligados aos ideais revolucionários de Fidel Castro. Em verdade, eles temiam que tais princípios, mais cedo ou mais tarde, invadissem as hostes políticas da América do Sul. Não se pode deixar de atribuir a essas avaliações fortes doses de emotividade social, a depender do avaliador. Lincoln Gordon, por exemplo, na condição de embaixador dos Estados Unidos no Brasil, veria, nas ações de Miguel Arraes, logo após sua eleição para o cargo de governador de Pernambuco, um político de "extrema esquerda". Exatamente por ver no líder pernambucano uma condição inexistente – pois Arraes sempre se comportara como um político tradicional –, o embaixador, ainda nesse processo eleitoral, autorizou a distribuição de recursos financeiros a todos os candidatos considerados favoráveis aos interesses norte-americanos em Pernambuco. E justificou:

> Essa preocupação me levou a endossar a sugestão da CIA de que se fornecesse dinheiro a candidatos amigáveis, seguindo o precedente da Itália logo após a guerra, que, segundo se acreditava amplamente, tinha impedido uma vitória eleitoral dos comunistas naquele país. Há alguns anos declarei publicamente que lamentava essa decisão, embora soubéssemos que fundos originários de Cuba e do movimento comunista internacional estavam ajudando os candidatos da extrema esquerda, assim como organizações estudantis. Nosso financiamento provavelmente teve, na melhor das hipóteses, um efeito muito pequeno no resultado das eleições e o equilíbrio no Congresso entre esquerda e direita não se modificou substancialmente (Gordon, 2002:328-329).

Essa atitude, com maior ou menor grau de importância ou intensidade, ocorreu nos demais países sul-americanos e centro-americanos, mesmo quando o movimento político se distanciava dos objetivos pretendidos por Fidel, isto é, transplantar para os Andes os efeitos de ações guerrilheiras empreendidas em Cuba, sob inspiração da frase pronunciada nas comemorações do último aniversário da Revolução – 26 de julho: "A Cordilheira dos Andes será a Sierra Maestra das Américas."

A disseminação desse ideal revolucionário, segundo dados coligidos pelos avaliadores da administração norte-americana, no início da década de 1960, passou a ser medida pelo termômetro das agitações políticas. Em cada cenário surgiam prognósticos diferenciados: uns, suscetíveis de causar preocupações; outros, por serem irreais, mais sombrios, aparentemente incontroláveis e, portanto, passíveis de atingir o paroxismo. Em todos os casos, porém, as conclusões apoiavam-se mais em meras suspeitas, pois, como mais tarde a história viria a confirmar, Cuba seria um caso singular. Apesar disso, os exageros e a desproporção das medidas tomadas em âmbito continental redundaram na adoção de uma política externa dos Estados Unidos capaz de fomentar e estimular a eclosão de golpes militares de extrema direita, gerando graves prejuízos para a democracia latino-americana, a exemplo de Brasil, Argentina e Chile. Segundo observações feitas por Tad Szulc, então correspondente no Brasil do prestigioso *The New York Times*, os apelos e suportes oferecidos pela Revolução Cubana representavam grave perigo para a política de transição moderada (*The New York Times*, 27/11/1960).

Os norte-americanos, ao estudar a situação política latino-americana, estabeleceram desde logo uma espécie de mapa de conflitos onde havia a possibilidade de implementação das ações do "fidelismo". Em El Salvador, uma elite governamental ligada à produção do café e unida às Forças Armadas foi jogada fora do poder em outubro de 1960 por um golpe sangrento, porquanto os norte-americanos alimentavam fortes suspeitas de que os integrantes da junta do novo governo nutriam simpatias por Fidel Castro e seus métodos. As suspeitas decorriam de simples simpatias, às vezes manifestadas isoladamente por alguma retórica ocasional, como, por exemplo, os protestos contra o imperialismo e a influência forçada dos ianques na condução da política dos países centro-americanos, considerada como forma de continuísmo do regime colonialista.

Uma irresponsável ação dos cubanos gerou verdadeira comoção. Essa forma de "fidelismo" – pensavam os inimigos do comunismo – poderia ser imediatamente incentivada pelos diplomatas cubanos nos mais diferentes postos de países da América Latina, os quais, da noite para o dia, se transformariam em propagandistas profissionais, como já acontecia, afirmavam, com os correspondentes da agência de notícias cubana Prensa Latina. Enfim, de Havana floresciam potencialmente contingentes de esquerdistas a proclamarem suas ações subversivas.

Não faltavam exemplos curiosos e exagerados de parte a parte. Alguém em Cuba, na hora de mandar suprimentos às vítimas dos terremotos no Chile, em maio de 1961, obedecendo ou não à ordem de Fidel Castro, resolveu meter dentro dos sacos de açúcar e das pilhas de roupa panfletos e livretos de propaganda. Um dos livretos tinha o seguinte título: "A guerra de guerrilhas", do comandante Ernesto Che Guevara. O livro estava impresso com voltas azuis nas quais se formava a legenda "Nuestra América" circulando todo o mapa da América Latina. Se isso ocorreu exatamente assim nunca se pôde saber com absoluta certeza. O fato é que foi descoberto pelos militares chilenos, converteu-se em valioso motivo de exploração e passou a ser difundido no resto do mundo. O "fidelismo" invadia a América Latina.

No Panamá, o novo embaixador de Cuba, José A. Cabrera, possuidor de maviosa voz de barítono, passou a cantar em igrejas das vilas do interior, enquanto incitava os paroquianos a formarem grupos locais chamados "Amigos de Cuba". Resultado: o governo panamenho declarou-o *persona non grata* e o obrigou a abandonar o país.

Os norte-americanos descobriram que no norte do Peru eram organizados clubes de caça ou de tiro integrados por disfarçados "fidelistas", aparentemente organizados para treinar táticas de guerrilha. Esses grupos seriam integrados por membros do Partido Comunista e de "rebeldes" do partido mais forte do país, a Aliança Popular Revolucionária Americana (Apra), de tendência esquerdista, porém, na prática, em sua maioria, anticomunista. Um dos líderes dos "rebeldes apristas" era a ex-esposa de Che Guevara, a qual, então, residia em Havana.

Os relatórios da inteligência norte-americana indicavam, porém, que a região mais explosiva era a Venezuela. Ali, a união formada por estudantes e trabalhadores manteve o país mobilizado por quase dois anos. A substituição do ditador Marcos Pérez Jiménez pelo presidente eleito Rómulo Betancourt não reduziu as suspeitas de simpatias de alguns dirigentes por Cuba. As constantes instabilidades políticas decorrentes das dissidências entre grupos partidários da Ação Democrática e comunistas e radicais de esquerda nacionalista alimentavam a eclosão de conflitos armados de graves proporções.

Até a Guiana britânica, fronteiriça com a Venezuela, foi vista como porta de entrada do "fidelismo", quando governada pelo primeiro-ministro Cheddi Bahrat Jogan. A pobreza dos trabalhadores das usinas de açúcar da colônia durante toda a década de 1950 causava constantes preocupações. A partir de 1953, o dentista Cheddi Jagan, descendente de indianos, pela sua atuação política entre os trabalhadores, passou a ser considerado ativista comunista. Em virtude de suas gestões políticas, após visitar Londres e ver fracassar a tentativa de obter ajuda econômica para seus liderados, visitou Cuba e recebeu de Fidel Castro o pronto empréstimo de cinco milhões de dólares. Tal aproximação com Havana foi revelada pelas autoridades de Washington como consequência da estreita vinculação de sua esposa, Janet, de nacionalidade norte-americana, filiada ao Partido Comunista. Um outro caso de perigo de infiltração do "fidelismo" era a Bolívia, em virtude da extrema miséria ali reinante. As constantes revoltas sociais protagonizadas pelos mineiros desestabilizaram quase permanentemente o controle governamental. O presidente eleito, Paz Estensoro, não nutria simpatias por Fidel Castro, mas havia forte corrente de "fidelistas" nas fileiras de seu movimento político, se consideradas as notícias veiculadas pela agência cubana Prensa Latina, segundo as quais o ministro da Educação, Feldman Velarde, se declarara simpatizante da Revolução Cubana.

O jornalista Tad Szulc, apesar de cauteloso analista da política da América Latina, quando se referiu à situação do Brasil enfatizou que talvez o movimento mais puro do "fidelismo" estivesse emergindo entre os camponeses do Nordeste do Brasil. Fez, então, dantesca síntese do destino histórico vivido pela região: contavam-se cerca de 20 milhões de habitantes, população geralmente atacada por letais estiagens e virtualmente, ao longo dos séculos, condenada ao abandono pela miséria sub-humana. Afirmou, sem retoques, que esse quadro de desamparo social gerara, de maneira rápida, as Ligas Camponesas e seu próprio líder, um "pequeno Fidel", numa pessoa de 43 anos: Francisco Julião – um homem pequeno, com a tez mais morena que branca, de estrutura débil e feições de oriental indiano.[78] (*ibidem*).

As comparações com Fidel Castro eram inevitáveis. Advogado (como Fidel), filho de tradicional família de latifundiários (como Fidel), autor de um livro de contos e de um romance (ao contrário de Fidel), Julião era de temperamento cativante, emocional e místico (outra vez como Fidel), sempre disposto a falar horas seguidas com absoluto domínio dos temas abordados e com a capacidade de prender a atenção de seus ouvintes. Para confirmar ainda mais as tendências "fidelistas" do líder brasileiro, em abril ele visitou outra vez Havana e observou demoradamente o trabalho feito pelos seguidores de Fidel. Voltou mudado. As Ligas Camponesas, enquanto isso, se ramificavam pelo Nordeste, com afiliadas ou delegacias noutros estados.

Julião começou a radicalizar o programa da reforma agrária e a proclamar as supostas virtudes dos regimes de Fidel Castro e Mao Tsetung. Deu entrevistas e escreveu panfletos e cordéis.

Os observadores norte-americanos, por meio de certas interpretações sociológicas, começaram a associar a liderança de Julião a algumas figuras da tradição popular nordestina, heróis populares, como Lampião, Padre Cícero e Antonio Conselheiro. A lembrança desses nomes nascia, em verdade, da necessidade de fixar a imagem de Julião como símbolo capaz de traduzir exatamente aquele lastro histórico marcante da própria vida nordestina.

77. CARTA ABERTA DE JULIÃO AO GOVERNADOR CID SAMPAIO

Logo após sua volta da China, Julião foi informado pelos advogados das ligas, assessores e líderes locais, em detalhes, sobre as violências cometidas pelas forças policiais do governo Cid Sampaio. Apesar dos protestos formais apresentados ao governo, as violências continuavam; parecia que os antigos compromissos firmados em torno dos princípios da Frente do Recife nada mais valiam. O rompimento seria inevitável.

Na verdade, ocorriam conflitos armados nas mais diferentes cidades pernambucanas e paraibanas. O mais grave de tudo, porém, acontecia no Engenho Galileia, onde, após quase dois anos de desapropriação, o governo Cid Sampaio criara um mecanismo de administração que, na prática, frustrara o sentido inicial da posse conquistada pelas centenas de famílias. Os entraves da burocracia impostos pelos técnicos da Companhia de Revenda e Colonização (CRC) terminaram gerando tantos desentendimentos que as resistências dos camponeses eram tidas como atos subversivos. Enquanto eles sonhavam com o próprio sítio, os técnicos falavam em racionalidade como meio de implementação da "reforma agrária". Como bem lembrou Elide Rugai Bastos,

> os dois sentidos da mobilização – o defensivo e o ofensivo – apontam para o aspecto contraditório da luta. Essa tem, ao mesmo tempo, um aspecto conservador e um aspecto contestador: a luta não é propriamente pela propriedade coletiva, mas se encaminha contra a concentração da terra e, portanto, para uma específica forma de desenvolvimento do capitalismo na agricultura (Bastos, 1984:35).

Após os inúmeros conflitos ocorridos no Engenho Galileia (e também em outras áreas), as autoridades do governo passaram a ser vistas pelos camponeses como adversárias; estabeleceram-se, assim, condições objetivas para que a luta pela afirmação da posse dos colonos voltasse ao mesmo nível da luta anterior. As desigualdades, aos olhos deles, perduravam. E os conflitos também.

Essa contradição nascia do pragmatismo governamental exercido dentro do sistema capitalista anacrônico. A colonização das terras do Engenho Galileia, apoiada na prática de venda e revenda dos poucos produtos produzidos em gleba quase imprópria para cultivo em larga escala, inviabilizava o processo, ao mesmo tempo que alimentava os dois lados envolvidos em questão política de difícil solução. Os entusiasmos iniciais da desapropriação, em certo sentido, produziram efeitos contrários ou negativos, porque, como lembra com razão Elide Rugai,

> não foi o êxito que fez diminuir a eficiência do primeiro núcleo de ligas: à dispersão dos membros soma-se a constatação de que a vitória fora, na verdade, uma derrota. O projeto primeiro, do trabalho autônomo, fora destruído. O conflito fora reduzido a dimensões da classe dominante – a questão agrária é enfocada, apenas, do ângulo da reforma agrária – de modo a que o valor essencial para o capitalismo fosse preservado: a propriedade privada dos meios de produção. Mas no nível da consciência dos camponeses o caráter das relações sociais fica claro. Por isso o fetiche "terra" perde sua eficácia. A aparente perda de interesse é decorrência da solidão que resulta das lutas traídas (*ibidem*, p. 41).

Julião naturalmente intuiu o sentido tático das iniciativas do governo Cid Sampaio em relação ao problema da reforma agrária. O objetivo não era, a rigor, estabelecer projetos e programas tendentes a resolver a situação do escoamento dos bens produzidos em Galileia, mas esvaziar o movimento camponês. As atitudes tomadas naquele campo experimental apontavam para essa orientação. Estava sinalizado o caminho: o enfoque técnico-administrativo dado à questão da reforma agrária visava apenas a redirecionar a luta do campesinato nos moldes em que ele vinha pregando havia anos. Por isso, ele resolveu generalizar suas afirmações e considerar as violências cometidas contra os camponeses como comportamento político diametralmente oposto aos princípios adotados pelo governo Cid Sampaio. Ademais, depois da vitória eleitoral de Jânio, a conjuntura política nacional impunha novas acomodações e perspectivas, razão por que o governo estadual se distanciava dos antigos compromissos de dialogar com o movimento camponês.

Após ratificar e reforçar as denúncias e os protestos já feitos pelos advogados, assessores e membros das ligas ao governo do Estado, sem lograr a menor satisfação de qualquer autoridade estadual, Julião remeteu a carta a Cid. Como também não recebeu nenhuma resposta em prazo razoável, enviou cópia à imprensa pernambucana, a qual, de imediato, deu amplo destaque ao fato. Aliás, ele sempre recorria a esse meio toda vez que encontrava obstáculos para divulgar seus princípios pela imprensa: ora remetia cartas abertas aos jornais, ora escrevia panfletos, ABCs, cartilhas, recados, manifestos etc. e os distribuía de mão em mão.

Na carta aberta dirigida a Cid, marcada por tom irônico, escreveu:

> Os jornais estão repletos de notícias sensacionalistas sobre os últimos choques ocorridos em vários locais onde as Ligas já se encontram organizadas. Dir-me-á Vossa Excelência que, outrora, isso não se verificava, querendo responsabilizar as Ligas como um fator de perturbação da "ordem", mas, outrora, Excelência, também não havia regime democrático, nem o sindicato, nem a liberdade de pensamento, nem a China Popular que Vossa Excelência visitou e tanto elogia, nem a Cuba de Fidel Castro que o candidato de Vossa Excelência à Presidência da República, sr. Jânio Quadros, também visitou comigo e de onde voltou encantado.
>
> Vossa Excelência precisa compreender que as Ligas estão montadas no lombo da História. Ninguém deterá a sua marcha, porque ninguém detém a História.
>
> Bem sabe Vossa Excelência que naqueles dois países os camponeses levaram séculos carregando a cruz do Cristo, sendo, afinal, convencidos pelos próprios latifundiários de que o melhor meio para conquistar a sua liberdade era usar o chicote que Ele empunhara no templo, ou a espada de Pedro, o Apóstolo.
>
> Não veja Vossa Excelência no que acabo de dizer uma ameaça, sobretudo nestes dias em que paira sobre nós o Espírito do Natal. Esse Espírito, desgraçadamente, não prevalece para o policial atrabiliário, nem para o capanga do latifundiário que começa a substituir, em nosso estado, a ação da Polícia e continua a prevalecer-se da omissão da Justiça para investir com fúria contra os camponeses sacrificados em seus direitos.
>
> No momento em que redijo a presente carta, com a Assembleia Legislativa em recesso, e, portanto, sem a tribuna do povo, que é a minha trincheira para clamar, denuncio a Vossa Excelência e a Pernambuco que há mais de cem famílias de camponeses debaixo dos pés de pau, violentamente despejados dos engenhos Pindobal e Malemba e da propriedade Caiçara com a ostensiva participação da Polícia e do capanga

a serviço da civilização ocidental e cristã. Não se exibiu um só mandado judicial para a prática de todos esses crimes nem se puniu um só de seus autores. Tudo isso por quê? Somente porque os camponeses ingressaram nas Ligas, rebelam-se contra o cambão, o aumento astronômico do foro, o salário de 30 a 50 cruzeiros, a jornada de dez a doze horas, o roubo de seu trabalho, da sua liberdade e da sua vida.

Enquanto se instaura sob as vistas complacentes do governo de Vossa Excelência esse regime condenado pela consciência universal – porque nisso estão de acordo comunistas e cristãos –, cresce o êxodo dos campos para a cidade, provocado pelo latifúndio, o índice de mortalidade infantil sobe como o de criminalidade. Sobe tudo, até o imposto que pesa sobre a bolsa do povo, o imposto contra o qual Vossa Excelência se levantou, em 1958, como um leão, o imposto que foi o maior cabo eleitoral de Vossa Excelência. Só uma coisa desce: é o pau no espinhaço do povo. Aqui é Cosme e Damião. No campo é o capanga que está tomando ostensivamente o lugar da Polícia. Pior do que no tempo de Etelvino, cuja oligarquia nós trabalhamos juntos para botar abaixo. Igual à época em que o assassino punha a mão na porteira do engenho e esse simples gesto era suficiente para deter o polícia que ia em sua perseguição.

Perdoe-me a franqueza. Não sei dizer as cousas pela metade. Não gosto de panos mornos. O secretário de Governo, sr. João Monteiro, sabe, como sabe o secretário de Segurança, como sabe o delegado auxiliar, dr. Fernando Tasso, como sabe Vossa Excelência, como sabe meio mundo, que mais de uma centena de famílias de camponeses estão sendo assassinados, lentamente, pela fome, porque não podem tomar chegada, sequer, nos sítios onde deixaram, por força do trabuco, seus miseráveis casebres e toda a sua lavoura. Se Vossa Excelência duvidar do que afirmo, eu trarei essa gente para comer, em Palácio, o peru de Natal com Vossência e cada um contar a sua dolorosa história.

Aí estão os fatos. Vossa Excelência é o governador. Tem o poder nas mãos. Se fosse eu que estivesse no lugar de Vossa Excelência, quem deixaria a terra era o latifundiário. Os camponeses, nunca. Porque a terra deve ser de quem trabalha, e não de quem faz dela um meio para oprimir e aviltar o próximo. Deixo aqui o meu protesto, que é também uma advertência, sr. governador. Se Vossa Excelência não se colocar do lado dessas miseráveis famílias de camponeses, será, mais cedo ou mais tarde, julgado pelo povo. E tenho a certeza de que a opinião pública ficará do lado dos camponeses, pela ação do operário que derramou, muitas vezes, o seu sangue generoso para conquistar os direitos que, hoje, levam o homem do campo a se organizar nas Ligas, pela solidariedade do estudante que conserva uma gloriosa tradição de lutas contra toda e qualquer forma de tirania. Não faltará também o apoio do cristão, não daquele que tem Cristo na boca e Satanás no coração, mas do autêntico, do que não debulha apenas ladainhas para salvar a alma, do que não teme ser classificado de comunista, de agitador, de carbonário, como ocorreu, por exemplo, com Joaquim Nabuco, o Apóstolo da Liberdade, quando defendeu os escravos e acusou os latifundiários de seu tempo.

Mostre Vossa Excelência que é um governo progressista e cristão, colocando-se sempre ao lado do fraco, do oprimido e do espoliado, ao invés de alarmar o país com o fantasma do comunismo. Fique com a causa dos camponeses de todos os "Pindobais", "Malembas" e "Caiçaras" de Pernambuco, se quer fazer reformas de base, se pretende salvar o estado, se se sente orgulhoso em ostentar o título de "Estadista do Nordeste", que a escritora Rachel de Queiroz conferiu a Vossa Excelência... Se, ao contrário, Vossa Excelência teme ser taxado de comunista ou não quer perder o apoio dos latifundiários, deixe o campo para nós outros que vamos de rio abaixo, transpondo as cachoeiras, na certeza de que buscamos um futuro melhor para a nossa pátria.

Sou de Vossa Excelência o humilde coestaduano, Francisco Julião. Recife, 23 de dezembro de 1960.[79]

78. CID SAMPAIO: "REFORMA AGRÁRIA SEM VIOLÊNCIA"

O governador mantivera silêncio em relação aos protestos de Julião até o momento da publicação da carta aberta no *Jornal do Commercio*, de 23 de dezembro, quase véspera de Natal, circunstância que, de certo modo, esvaziava a repercussão da polêmica.

Agora, divulgada a carta, Cid veio a público, também pela imprensa, responder a Julião. Em síntese, destacou dois pontos fundamentais: primeiro, a reforma agrária não deveria transformar-se em arma de voto; segundo, deveria ser feita sem violência.

A acusação de que o parlamentar almejava apenas objetivos "caracteristicamente políticos e publicitários" esbarrava num dado concreto indiscutível: a esmagadora maioria dos camponeses era formada por analfabetos. Como esses não votavam, a insinuação do governador não parecia consistente. E mais: conforme registravam os jornais e as revistas, em quase todos os noticiários, apesar do limitado espaço destinado a esse tema, a violência sempre partia de ações repressoras da Polícia do governo, que, aliás, nunca se preocupava em reprimir também os capangas ou prepostos assalariados pelos donos de terra que se sentiam ameaçados pelo movimento camponês.

Apesar disso, o mandatário pernambucano argumentou que o problema da estrutura agrária "tem mais de cem anos e que após Nabuco nenhum governo pernambucano procurou resolvê-lo, ou pelo menos atacá-lo convenientemente". Reconheceu a aflitiva situação dos camponeses sem terra, ao afirmar:

> Sei como é pesada a cruz dos que nesses 100 anos trabalham sem terra, sem assistência, sem técnica e sem nada. Tenho procurado todas as vezes que posso minorar os atritos, auxiliar os mais fracos e dar à ação do meu governo o sentido de coibir a violência, a prepotência e o abuso do poder (DP, 31/12/1960).

Reconheceu ainda o governador que a situação agrária em Pernambuco era difícil, porque faltava um programa de amparo à agricultura e essa ausência de meios e de técnica apropriados na região trazia pesados sacrifícios ao trabalhador do campo. Insistiu na necessidade de efetivo planejamento para solucionar tais problemas.

Ao finalizar, Cid Sampaio reafirmou alguns princípios de justiça social e da democracia reinante.

> Responsável é o proprietário, quando não tem sensibilidade bastante para compreender que o problema é delicado e precisa de uma solução

humana e pronta. Responsável é o político quando, por omissão ou medo, finge ignorar a questão, ou por ambição ou cálculo exacerba as paixões, jogando uns contra os outros, no propósito inglório de capitalizar eleitores. Senhor deputado, estou consciente da parcela de responsabilidade que me cabe e não temo o julgamento da História (*ibidem*).

Curiosamente, 36 anos depois, Cid mantinha a mesma ideia a respeito do problema agrário e da luta política levada a cabo por Julião. Ao ser indagado sobre o que achava do papel histórico das Ligas Camponesas, declarou:

> As Ligas Camponesas, em Pernambuco, foram a exacerbação de males que até hoje (1996) prejudicam o desenvolvimento do Nordeste, principalmente em Pernambuco. Desses males, um deles é o temperamento dos políticos: o desejo dos políticos, a ambição dos políticos, que pretendem usar os fatos, usar as dificuldades, usar a pobreza, usar o sofrimento dos outros em benefício de suas promoções políticas, em benefício eleitoral para angariar votos.[80]

Nessa visão do ex-governador, os problemas sociais residiam no temperamento de alguns políticos ou, o que dá no mesmo, nos seus interesses eleitorais, e não no bojo de uma ordem social injusta que, no caso do Brasil, perdura há mais de cinco séculos.

CAPÍTULO VI Tempos de radicalização (1961-1962)

> *É preciso arrojo. Impõe-se que nos convençamos de uma coisa: a sociedade brasileira está como a estrebaria de Augias. Convoquemos Hércules – e Hércules é a imagem do povo – para remover o entulho, edificando uma nova sociedade, uma outra civilização, uma humanidade em que haja humanismo.*
>
> (Francisco Julião, *Que são as Ligas Camponesas?*)

79. RETALIAÇÕES CONTRA AS LIGAS CAMPONESAS

Uma simples passagem de olhos sobre o noticiário da imprensa recifense durante o curto período do governo Jânio seria suficiente para assinalar substancial mudança de postura dos governos federal e de Pernambuco em relação às Ligas Camponesas.

Era apenas o começo de ampla campanha de intimidação. Os adversários políticos não atacavam apenas no plano político. Partiam também para o ataque às famílias de camponeses, inclusive a de Julião. No início de 1961, ele recebeu ameaças de sequestro do filho mais novo, Anacleto, de 8 anos. Ficou desesperado, mas não sabia como evitar esse tipo de terrorismo. Julião diria, anos depois, que a informação chegara ao conhecimento de Fidel Castro, que, então, ofereceu-lhe quatro bolsas de estudos para seus filhos em Havana.

A mudança, em muitos aspectos, desequilibraria a família e representava passo arriscado em relação ao futuro das crianças. Como dos males era o menor, ele perguntou à mãe e aos filhos se queriam ir. Então, ocorreu um fato imprevisto. Eles aceitaram estudar em Cuba, mas os meninos impuseram uma condição curiosa: que com eles também fosse um amigo apelidado Una que morava em frente da casa, em Caxangá, que todos os dias brincava com eles. O pai do menino era motorista de caminhão e tinha já mais de dez filhos submetidos a tremenda pobreza. Julião explicou a situação ao pai do garoto e ele concordou que seu filho também fosse para Cuba. Providenciou o passaporte do menino, que se juntou aos outros. No ano seguinte Julião lembrou-se de João Pedro Teixeira, recentemente assassinado na Paraíba. Foi à Paraíba e obteve o consentimento da mãe, Elizabeth Teixeira, para levar um de seus filhos. O escolhido foi Isaac. Julião, então, levou seus quatro filhos e mais Luiz Albino da Silva, o Una, o filho do motorista vizinho e Isaac. O primeiro fez carreira na Marinha cubana. O segundo formou-se em medicina.

De qualquer sorte, o clima de insegurança continuou. As manchetes dos principais jornais recifenses – *Diário de Pernambuco* e *Jornal do Commercio* – refletiam, quase sempre, clima alarmista em função da suposta postura revolucionária assumida pelas Ligas Camponesas. Vez por outra surgiam pronunciamentos de Julião e de outras pessoas ou entidades em defesa do movimento, mas, na verdade, pouco relevantes em relação à avalanche de informações no sentido contrário. Nem os pronunciamentos equilibrados, isentos de ideologia e de partidarismo político, feitos pelos bispos do Nordeste, a propósito da questão agrária, conseguiam arrefecer os efeitos alarmistas plantados pela insistente divulgação de supostas ações "incendiárias e revolucionárias" das Ligas Camponesas.

Reunidos na Faculdade de Filosofia do Recife, os prelados nordestinos, a convite da Juventude Universitária Católica (JUC), discutiram os mais importantes temas ligados ao problema social do Nordeste. Falando sobre a reforma agrária, dom José Távora disse que

> em termos doutrinários, não há nenhuma dificuldade de nossa parte em nos manifestar a favor da reforma agrária. A sua justificação, através de toda a doutrina social da Igreja Católica, sobretudo de Leão XIII para cá, é de uma clareza meridiana. E nenhum católico esclarecido pode contestar essa verdade. No entanto, o aspecto técnico da legislação e da implantação prática de uma reforma agrária é da competência do poder público, em articulação com as diferentes classes sociais a que tal reforma se dirige. De minha parte mesmo, se tivesse de fazer um voto pessoal, minha posição seria um clamor pela vinda imediata de uma reforma agrária justa, humana, cristã, que pudesse trazer à comunidade brasileira um equilíbrio econômico-social capaz de produzir a justiça e tranquilidade entre os homens (DP, 24/1/1961).

Quanto à política agrária, o governo Jânio, logo ao assumir, manifestou, por intermédio de sua assessoria, a intenção de implantar um clima oposto à "euforia leviana e à irresponsabilidade que caracterizaram a administração do sr. Juscelino Kubitschek", pois entendia que, mais do que quaisquer medidas de ordem material, essa "correção psicológica" seria indispensável não só à afirmação do seu estilo político, distinguindo-o do antecessor, como ao próprio êxito das providências saneadoras e impulsionadoras do progresso do país, que vem procurando adotar (JC, 24/2/1961). Essas orientações divulgadas com alarde pela imprensa brasileira poderiam ser tomadas como resposta à carta de dom José Távora, que escrevera diretamente ao presidente da República, pedindo medidas urgentes e concretas sobre a questão agrária brasileira.

A política janista, porém, nesse particular, revelava-se surpreendente. As medidas tomadas pelo novo presidente logo após assumir o cargo diziam respeito a abstrusos atos expedidos pela administração federal regulando atividades dos jóqueis clubes, das rinhas de brigas de galo, dos jogos carteados, entrada de menores em programas de rádio, proibição de espetáculos de hipnotismo e letargias etc. Diante de algumas críticas, o porta-voz de Jânio veio a público justificar tais medidas, qualificando-as como formas de combate à "euforia leviana" e tendentes a restabelecer a "correção psicológica" da vida nacional. Esse propósito, no entanto, até o fim dos sete meses do curto mandato presidencial, marcaria o contraste de Jânio não apenas quanto à orientação política de seu antecessor, mas também quanto à execução de seu próprio programa de governo, debatido com o eleitorado durante a campanha.

Ao mesmo tempo, por contingência natural do avanço do movimento camponês liderado por Julião (que também compareceu à Conferência de Punta del Este como livre observador), o tema da reforma agrária entrava na pauta dos graves problemas políticos da ordem do dia, inclusive a de Jânio. Por aquela época, aliás, o movimento camponês no Nordeste enfrentava profundas dificuldades, pois as tensões sociais cresciam a olhos vistos e tudo indicava que sérios conflitos eclodiriam a qualquer momento se os governos – estaduais e federal – não agissem com rapidez e equilíbrio. Por isso, a campanha contra seus líderes e, de modo especial, Julião cresceu. A Igreja Católica também entrou nas discussões.

Quando Julião, de passagem para Punta del Este, fez escala em Porto Alegre, a imprensa e os meios políticos destacaram sua presença, sobretudo porque a recente carta pastoral dos bispos brasileiros emitira comunicado com restrições às atividades das Ligas Camponesas. Entre outras observações, a carta dos prelados alegava que Julião fora à China de Mao Tse-tung receber instruções sobre luta armada. Indignado com a informação, ele procurou justificar-se junto ao arcebispo dom Vicente Scherer. Quando um repórter insistiu sobre a justificativa que ele apresentara ao bispo, disse: "Para lutar pelo Brasil, bastaria receber as lições que os pernambucanos deixaram, há trezentos anos, quando expulsaram os holandeses" (JC, 22/8/1961).

Foi sob o impacto dessas tensões que Jânio declarou enfaticamente à imprensa:

> Proclamo aquilo que toda nação reconhece: está caduca a estrutura rural brasileira. A reforma agrária já não é, assim, tema de discurso, mas objeto de ação imediata; ação legislativa e executiva. A afinidade entre as linhas fundamentais dos estudos do grupo de trabalho presidido pelo senador Milton Campos e do parecer do Conselho Nacional de Economia, com o projeto da Comissão Especial da Câmara é indicativa de que está formada uma consciência nacional sobre a solução do problema. A primeira etapa é eliminar o latifúndio e condicionar a posse da terra e a monocultura ao interesse social, inclusive para respeitarmos imperativo constitucional. Para executar essa medida inicial e medular, o dispositivo sugerido pelo deputado José Joffily, relator daquele órgão parlamentar, parece possuir as características necessárias: simplicidade, elevado nível administrativo, rigoroso critério de composição, flexibilidade de movimentos, tempo integral de trabalho e ação direta em cada região. Se assim o entenderem o grupo de trabalho presidido pelo eminente senador e a Comissão Federal de Reforma Agrária, transformando o projeto em lei, terá o máximo apoio do meu governo, cujo compromisso é tornar efetiva a reforma agrária integral, que corresponde às necessidades sociais, econômicas e técnicas do país (JC, 3/8/1961).

Aparentemente havia solução à vista. Ledo engano. Os adversários do projeto estavam preparados para oferecer centenas de emendas ao plenário com o objetivo de adiar indefinidamente a discussão e, por fim, prevalecer o que já se via em relação à Sudene, que também enfrentava sérias dificuldades para viabilizar o projeto inicial proposto por Celso Furtado.

80. CAMPONESES DAS LIGAS VÃO A CUBA

A visita de Julião a Cuba, em abril de 1960, integrando a comitiva de Jânio, contribuiu para estreitar mais ainda os laços de solidariedade entre as Ligas Camponesas e líderes daquele povo irmão. Assim, a vitória da Revolução Cubana trouxe ao movimento camponês do Nordeste notável reforço. Desde o momento em que Fidel Castro, com os seus barbudos, entrou em Havana, libertando o seu povo do regime cruel de Fulgencio Baptista, as ligas ganharam maior visibilidade na pátria de José Martí. Tendo sido a reforma agrária a espinha dorsal daquela revolução, seu eixo, sua alma, os camponeses nordestinos imediatamente passaram a defendê-la nas demonstrações de massa, passeatas e comícios.

Quando da invasão de Cuba pelos mercenários treinados em solo americano, com armas, aviões e barcos fornecidos pelo "cristão" Kennedy, conforme ele próprio se viu obrigado a confessar, os camponeses das ligas marcharam sobre Recife e ali fizeram ruidosas demonstrações de protesto contra os Estados Unidos e de solidariedade a Cuba. Um imenso retrato de Fidel Castro, pintado pelo artista Abelardo da Hora, foi carregado pelos camponeses e estudantes até a praça General Dantas Barreto, onde se fizeram as concentrações populares. Ali, sob chuva torrencial e à luz de centenas de archotes, o imperialismo norte-americano foi condenado pela voz de milhares de humildes camponeses e considerado o inimigo número um da humanidade.

Uma semana depois, numerosa delegação de camponeses, operários e estudantes viajava para Cuba a fim de assistir, em Havana, às comemorações do Dia do Trabalho. Pela primeira vez descia no aeroporto dos Guararapes, no Recife, um avião cubano para receber os convidados nordestinos para visitar a ilha liberta. Pouca gente soube que, em represália, as companhias distribuidoras de petróleo (Esso, Texaco, Atlantic e Shell) se negaram a abastecer a aeronave. Foi preciso que os camponeses, operários e estudantes ameaçassem explodir os depósitos de uma delas. Coube à Shell a tarefa de fornecer combustível, impondo o pagamento em dólares e à vista.

Ao regressar ao Brasil, quase todos camponeses integrantes daquela delegação sofreram perseguições, violências e prisões. Um deles, Pedro Fazendeiro, da Liga de Sapé, na Paraíba, foi emboscado por um capanga, que o baleou duas vezes. Ficou aleijado de uma perna.

81. O MOTOR DE KENNEDY

Não era segredo para ninguém a posição de hostilidade do governo John Kennedy em relação a Cuba, bem como a preocupação com que os ideais revolucionários inspirados nas ações de Fidel Castro influíssem grupos políticos de alguns países da América Latina. A conjuntura internacional motivaria, como se efetivou em janeiro do ano seguinte, a segunda Conferência de Punta del Este convocada pela Organização dos Estados Americanos (OEA). Assim, os ministros de Relações Exteriores dos Estados americanos a ela associados e que formavam o grupo gestor do Tratado Interamericano de Assistência Recíproca (Tiar) reuniram-se com a finalidade de apreciar a conjuntura política e propor urgentes medidas aptas a enfrentar as ameaças à paz e à independência política dos Estados americanos.

Daí nasceram as sanções contra Cuba e a implantação das medidas práticas do programa de ajuda financeira da Aliança para o Progresso como consequência direta da preocupação da administração Kennedy com o "fidelismo". No entanto, indiretamente tais sanções se apoiavam em precedentes plausíveis, como, por exemplo, os efeitos recentes dos passos dados na escalada da chamada "Guerra Fria" pelos blocos soviético e norte-americano.

TEMPOS DE RADICALIZAÇÃO (1961-1962)

Antes da anunciada Conferência de Punta del Este, em fins de julho, Francisco Julião acabara de chegar de Cuba, onde participara das comemorações do Primeiro de Maio em companhia de uma delegação de camponeses brasileiros, a convite do governo cubano. Logo ao retornar ao Brasil, resolveu deslocar-se para o sul do país, a fim de integrar a comitiva que, por conta própria, viajaria ao Uruguai para unir-se aos organizadores de uma grande marcha até o local da referida conferência em solidariedade à posição de Cuba e para protestar contra as ameaças e retaliações propostas pelo governo dos Estados Unidos da América.

Nessa mesma ocasião, anunciou-se a vinda ao Brasil de Edward Kennedy, o irmão mais novo do presidente Kennedy, na condição de assessor especial da Casa Branca. Ele viria com a expressa incumbência de visitar Pernambuco. Evidentemente a repercussão da notícia foi imensa. Muitos se perguntaram: que faria no Nordeste personalidade tão ilustre? Qual o seu imediato interesse?

O governador Cid Sampaio apressou-se em convocar seus assessores e até o superintendente da Sudene, Celso Furtado. Formou-se, então, um "comitê" especial de recepção ao assessor presidencial norte-americano. Organizaram agenda extraordinária, da qual constavam visitas a pontos privilegiados e de atração turística do Recife e do interior do estado. Afinal de contas, o importante era causar boa impressão ao ilustre visitante.

A comitiva de Edward Kennedy desembarcou no aeroporto dos Guararapes em 30 de julho, um domingo, circunstância que facilitou o imediato deslocamento para o Palácio do Campo das Princesas, onde Cid recepcionou o jovem político e acompanhantes. A parada fazia parte de longo périplo por vários países latino-americanos, por isso, a permanência duraria apenas 42 horas; não havia, portanto, tempo a perder com visitas a locais ou entrevistas que não atendessem aos interesses do visitante.

A comitiva, formada por quatro pessoas – John V. Tunney, colega de Edward desde os tempos de faculdade (mais tarde se tornaria deputado federal e senador pelo estado da Califórnia e o mais íntimo colaborador), um historiador especializado em assuntos latino-americanos, um homem de negócios do Texas e um jornalista –, apresentava-se bastante ampliada com demais autoridades ligadas ao Consulado Americano no Recife.

Ao ser apresentada a importante agenda de visitas e contatos, o governador e seus assessores ficaram surpresos quando Edward Kennedy demonstrou vivo interesse pela ação política de Julião e as Ligas Camponesas. Então, Celso Furtado se dispôs, de imediato, a levá-lo, juntamente com sua comitiva, ao Engenho Galileia, a fim de que conhecessem de perto não só a mais importante liga camponesa da região, mas também o próprio líder Julião. Os assessores do palácio e da Sudene tentaram fazer contatos com o deputado, mas as informações eram desencontradas: umas davam conta de que ele fora a Cuba para assistir às comemorações do Primeiro de Maio; outras diziam que ele já viajara para o Uruguai a fim de observar os trabalhados da Conferência de Punta del Leste.

Segundo Celso Furtado revelaria, mais tarde, em suas memórias, seu interesse em levar o irmão do presidente Kennedy ao Engenho Galileia vinculava-se a dois pontos básicos: em primeiro lugar, ele não acreditava na eficácia dos projetos da Aliança para o Progresso, porque tinham caráter paternalista e se baseavam em programas marcados nitidamente por "ações de impacto", contrários aos princípios adotados pela Sudene e "visavam a desviar a atenção do que era realmente importante" (Furtado, II, 1997:205); em segundo lugar, entendia o economista, as iniciativas dos norte-americanos

> eram uma tentativa de esvaziar as Ligas Camponesas, nas quais víamos um esforço de organização dos trabalhadores, portanto, algo positivo. A verdade é que a síndrome de Cuba impedia os norte-americanos de ver a realidade. Era natural que os jornalistas carregassem nas tintas e apresentassem à opinião pública norte-americana Julião como um novo Fidel Castro. Mas quem tomava contato com a realidade logo percebia que o movimento camponês do Nordeste era um protossindicalismo de reivindicações sobremodo modestas (*ibidem*).

Na mesma ocasião, Celso Furtado, diante de Edward Kennedy, nas dependências da Liga do Engenho Galileia, concedeu entrevista a jornalistas norte-americanos. Ao ser indagado se as ações da Sudene funcionavam como remédio contra as ligas, respondeu: "A Sudene é uma tentativa de solucionar o problema do desenvolvimento. As Ligas são uma tentativa do trabalhador agrícola para organizar-se, e como tal não podem ser combatidas. A Sudene pode ser um remédio contra a exploração das Ligas pelos demagogos." A outro jornalista que queria saber se, afinal de contas, o Nordeste era um vulcão prestes a entrar em erupção, Furtado respondeu que o Nordeste, naquele momento, era mais uma advertência do que um vulcão (*ibidem*, p. 206).

No entanto, Celso Furtado, em suas memórias, referiu-se ao gerador doado por Kennedy aos camponeses de Galileia, mas não contou toda a história. Narremo-la.

Ao tomar conhecimento da vinda dos norte-americanos, apesar de não dispor de tempo para convocar todos os afiliados, Zezé da Galileia ainda conseguiu reunir cerca de cinquenta camponeses para recepcioná-los na sede da liga. Ao chegarem ao Engenho Galileia, entre os presentes estabeleceu-se certa descontração, porque Edward Kennedy, sem maiores formalidades, de mangas de camisa, à vontade, circulou e apertou as mãos dos camponeses. Junto dele seguia Celso Furtado, que lhe servia de intérprete, Cid Sampaio e seu séquito de assessores (DP, 1º/8/1961). Em certo momento o clima ficou tão descontraído que Edward Kennedy se dirigiu diretamente a alguns camponeses que se juntavam ao redor de Zezé. O visitante, então, lhes perguntou:

– Como desejam ver seus filhos quando eles crescerem?

Ninguém ousou responder, de imediato, àquela indagação. Ficaram calados. Mas, para não parecer que eles não estavam gostando de tão ilustre visitante, Zezé tomou a palavra e, com voz lenta, porém firme, disse:

– Doutor, o que desejamos é o que senhor peça a seu irmão presidente para dr. Cid tirar a Polícia daqui. Não existe desordem e a Polícia é desnecessária.

Constrangido, Cid, ao lado, ouvira o pedido do líder daquela liga camponesa. Na época, os camponeses do Engenho Galileia resistiam às medidas tomadas pelo governo do estado no sentido de desalojar boa parte deles. Alegavam os técnicos não comportar a propriedade mais de uma centena de famílias. Surgiram vários conflitos e o governo, em vez de dialogar e buscar medidas conciliatórias, preferiu intervir com o envio de força policial, a qual, a partir de então, se instalou dentro da propriedade. A presença da Polícia causava profundo constrangimento aos galileus.

Convém explicar que, três dias depois, diante da repercussão da aparente ingenuidade de Zezé – o governo do estado, mediante comunicado à imprensa, justificou a presença da Polícia naquela comunidade camponesa:

> A presença da Polícia no Engenho Galileia, do Núcleo Colonial de Vitória de Santo Antão, é motivada pela necessidade de garantir os camponeses que aceitaram ou venham a aceitar o plano da Companhia de Revenda e Colonização (dez hectares, em vez de dois, a cada família, com assistência técnica e social daquela instituição) (DP, 4/8/1961).

Informavam, ainda, fontes do governo que a providência buscava evitar concretizarem as ameaças de morte ou de espancamentos por parte de elementos contrários à solução apresentada pela Companhia de Revenda e Colonização aos três primeiros colonos que aceitaram o plano da CRC.

Observava-se pela nota do governo do estado que a medida oficial – retirada de antigos moradores para outros locais sem garantias dos direitos adquiridos em Galileia – não recebera a aprovação da maioria, ou seja, no universo de centenas de famílias, apenas três haviam aceitado. Mesmo assim, conforme adiantava a nota,

> premidos pelas ameaças, dois deles, depois de aceitos, desistiram de concordar com a CRC, para recebimento dos títulos de posse da terra, desapropriada pelo estado. Um terceiro, apesar das ameaças, resolveu aceitar, mas foi preciso a presença da Polícia para garantir a integridade física sua e da família. Seis soldados somente fazem o trabalho de policiamento de toda a propriedade (*ibidem*).

Então, frente ao silêncio após as palavras de Zezé, um dos presentes resolveu quebrar o gelo, dizendo que em uma das cidades vizinhas havia problemas com o fornecimento de energia elétrica e que, ali, no Engenho Galileia, não havia energia elétrica.

Edward Kennedy tirou do bolso uma caderneta de notas, apontou algo e informou a seu intérprete especial, Celso Furtado, que quando chegasse a Washington mandaria para aquela comunidade um gerador de energia elétrica. A promessa, de imediato, ganhou ampla repercussão, embora boa parte dos moradores pensasse que aquilo não passava de mais uma promessa de político. Tempos depois, porém, Cid Sampaio foi surpreendido com a informação da Alfândega de Pernambuco: viera dos Estados Unidos da América, remetido pela Casa Branca, um gerador de energia, movido a gasolina, em nome do governo do estado, mas destinado à Liga Camponesa de Galileia.

O governo apressou-se em liberar o gerador. No entanto, talvez por questões políticas ou mesmo por sutil retaliação do governador, que ouvira calado o inconveniente desabafo de Zezé diante do emissário do presidente John Kennedy, Cid não entregou o gerador à comunidade. O gerador ficou estocado em um dos departamentos do governo. Somente dois anos mais tarde, já no governo de Miguel Arraes, alguém se lembrou da história do gerador. Então o governador fez, com inauguração e discurso, a solene entrega do equipamento aos moradores do Engenho Galileia.

Apesar da alegria dos camponeses, após a entrega do gerador, eles descobriram que não podiam usá-lo diariamente, porque, além da falta de meios para instalá-lo de acordo com certas normas técnicas, não havia dinheiro para comprar gasolina. O gerador ficou inoperante. Em 1965 os moradores resolveram, enfim, cedê-lo a uma escola que funcionava na comunidade durante os três turnos (Page, 1972:149-150).

82. JULIÃO, JÂNIO E CHE GUEVARA

Ao se instalar, na primeira semana de agosto, a Conferência de Punta del Este, armou-se no cenário latino-americano o debate entre Cuba e os Estados Unidos da América. De um lado, os defensores dos ideais dos revolucionários da pequena e irredenta ilha de Cuba com ampla recepção na opinião pública internacional (e, de modo especial, perante os países latino-americanos); de outro, o esforço da todo-poderosa administração Kennedy de reduzir, ou mesmo eliminar, os efeitos políticos da influência do "fidelismo", que poderia espraiar-se, da noite para o dia, pela América Latina.

O trunfo do presidente Kennedy era o lançamento da Aliança para o Progresso, com um orçamento de 20 bilhões de dólares a serem distribuídos aos países amigos em dez anos. Em virtude disso, a referida conferência chamou a atenção de todos, mas, para surpresa dos analistas internacionais, a figura mais discutida e cortejada durante o evento foi, sem dúvida, o comandante Ernesto Che Guevara, representante do governo revolucionário de Cuba, que compareceu fumando charutos e vestido com o uniforme verde-oliva de guerrilheiro. Seu principal rival, o representante do presidente Kennedy, o assessor especial Richard Goodwin, com apenas 29 anos, portanto quatro a menos do que Che, ficou de certo modo ofuscado pelo magnetismo que irradiava a estrela solitária da boina do revolucionário argentino e também pela força de seu mito pessoal, que, então, não parava de crescer.

Todos os políticos latino-americanos, de alguma maneira, buscaram espaços naquela conferência, com a finalidade de dar maior transparência às suas ideias e propostas. Mesmo os que não tiveram voz no plenário oficial das discussões, por estar reservado às delegações dos governos convidados, compareceram com o objetivo de assistir às conferências e manter contatos políticos, como foi o caso de Julião, que mobilizou alguns ativistas da juventude gaúcha para formar uma caravana disposta a ir até Punta del Este, a fim de protestar contra a aprovação da Aliança para o Progresso.

Até Jânio aproveitou a oportunidade para convidar Guevara a Brasília, a fim de condecorá-lo com a mais elevada distinção honorífica da República brasileira: a Ordem Nacional do Cruzeiro do Sul.

Essa surpreendente atitude de Jânio, como disse Roberto Campos, de "dar uma no cravo e outra na ferradura", revelava bem sua dubiedade ou tentativa de contemporizar situações políticas adversas e irreconciliáveis (Campos, 1994:418).

Bastará ver a formação da delegação brasileira presente ao Hotel São Rafael, em Punta del Este, local das conferências, para sentir o estilo de governar de Jânio: o chefe foi o seu ministro da Fazenda, Clemente Mariani, conservador em política e economia; para seu assessor especial, Jânio convidou o governador do Rio Grande do Sul, Leonel Brizola, que mantinha posições políticas diametralmente opostas ao ministro-chefe da delegação e ao próprio presidente; indicou ainda, como membros, o ministro da Indústria e Comércio, Arthur Bernardes, e Luís Simões Lopes, presidente da Fundação Getúlio Vargas, ambos conservadores; e, por fim, foram convocados como assessores Celso Furtado, Hélio Beltrão, Ernane Galvêas e José Luís Bulhões Pereira.

Ainda que a presença de Julião na conferência de Punta del Este tenha decorrido sem convite oficial, dois acontecimentos marcaram, de alguma forma, sua passagem pelo evento: o interesse de Che Guevara por ele e pelas Ligas Camponesas, relatado nas memórias de Celso Furtado; e o comparecimento de Julião na condição de líder popular brasileiro para participar das mobilizações paralelas em favor da Revolução Cubana e, de modo especial, de apoio a Che Guevara.

Aliás, há, no relato de Furtado a respeito de seu encontro com Che, algumas referências e insinuações que se prestam a várias interpretações, principalmente quando o tema das conversas foi Julião:

> Guevara recebeu-me com simpatia e disse-me, em tom de burla, que tantas foram as vezes em que meu nome apareceu em suas conversas com Noyola[81] que chegara a ter ciúme de mim. Meio encolhido na cadeira, mantinha na mão a bombinha contra asma. Estava descontraído, mas um ar meio constrangido que não o abandonava parecia encobrir alguma dor física. Talvez fosse uma maneira de manter-se em posição de reserva contra perguntas indiscretas ou incômodas lisonjas. Seus olhos pareciam recobertos por uma sombra de tristeza, mas seu olhar era incisivo e penetrante. A conversa encaminhou-se para o Nordeste e logo pude me dar conta de que ele havia absorvido a visão mítica que

Francisco Julião transmitia a interlocutores que tudo ignoravam da região. Ele imaginava as Ligas Camponesas como vigorosas organizações de massa, capacitadas para pôr em xeque qualquer iniciativa de direita visando a modificar a relação de forças em benefício próprio. Superestimava Julião como líder e como organizador e subestimava as estruturas de poder enraizadas secularmente no Nordeste. A ideia que eu fazia de Julião era muito distinta: um homem sensível, poeta, sujeito a crises psicossomáticas periódicas, capaz de perder o rumo por influência de uma mulher, mais um advogado astucioso e brilhante do que um líder capaz de dirigir as massas em ações violentas. Evitei aprofundar o assunto. Procurei explicar-lhe as peculiaridades do quadro nordestino, que não deve ser isolado do complexo problema brasileiro (Furtado, II, 1997:188-189).

Terá o economista brasileiro dito ao curioso comandante Che todas essas informações sobre Julião? Se o fez, teria o direito de descer aos detalhes da vida pessoal? Será verdade que Julião perdia "o rumo" por causa de uma mulher? Poderia um homem com tal comportamento liderar um movimento tão importante, que, naquelas circunstâncias, jogava um papel decisivo no confronto político da vida brasileira? Em verdade, disse o economista que evitou "aprofundar o assunto" com o comandante Che. Se assim ocorreu, até onde foi? Lamentável visão... Por que isso? Furtado teria disputado com Julião alguma bela mulher e perdido para o líder dos camponeses a preferência feminina? Ou estaria o superintendente da Sudene com algum ressentimento por haver Julião se recusado a recepcionar Edward Kennedy? De fato, Julião preferira deslocar-se ao Uruguai a fim de participar da organização das mobilizações em favor da Revolução Cubana, dos países da América Latina e de apoio político à participação de Che Guevara na Conferência de Punta del Este. Ou, quem o sabe?, estaria Furtado chateado com a resposta dada pelo líder Zezé da Galileia a Edward Kennedy. Ou fora o economista tocado por algum laivo de ciúme em virtude do inesperado interesse demonstrado pelo comandante Che em relação a Julião? Talvez ele desejasse saber se o que dissera o jornal *O Globo* a respeito do líder dos camponeses, com o objetivo de atacar o sentido e o alcance do movimento das ligas, era verdade ou não.

Naqueles dias o jornal carioca publicara acerba crítica a Julião, ao comentar entrevista que esse dera ao periódico *Tribuna da Imprensa*:

> Ela (a entrevista) começa com um autorretrato, no qual se pinta apenas com estas cores: "Sou, quando muito, um agitador social de ideias tranquilas e definidas". Mas essa modéstia é apenas aparente, pois logo abaixo enumera as personalidades com as quais se assemelha: "Um agitador social, como o foram Cristo, Spartacus, Lincoln, Joaquim Nabuco ou o Padre Vieira". Aí há de tudo desde o Redentor até um dos maiores oradores de todas as épocas, o famoso jesuíta luso-brasileiro.

E prossegue o editorialista de *O Globo*, enumerando sua maneira de viver, o nome e a idade dos filhos, sua profissão de advogado e até o fato de hospedar-se, no Rio, em bom hotel. Na longa confissão feita à *Tribuna* pelo inspirador e financiador (isso está lá escrito) das Ligas Camponesas, há um trecho que merece ser retido:

> Se pudesse, juntaria todos os pensamentos de Cristo, de Buda, de São Francisco de Assis (grande figura da Igreja pela sua humildade com os pobres), de Lincoln, de Lênin, de Mao Tse-tung e Fidel Castro. Faria uma síntese de todos e teria encontrado a solução para os problemas do Brasil.

Arremata o articulista: "Não seria preciso acrescentar qualquer comentário. O autorretrato mental do sr. Julião aí está completo. Por ele ficam os brasileiros habilitados a saber o que pretende o homem que mistura Cristo com Lênin, Mao Tse-tung e Fidel Castro" (JC, 19/7/1961).

Dez anos mais tarde, ao referir-se a esse significativo momento da vida política latino-americana recordou Julião sua participação naquele evento.

Em mais de uma ocasião estivemos no Uruguai, sempre para unir-nos, em momentos excepcionais, à sua juventude, aos seus trabalhadores, ao seu povo de irradiante simpatia e combatividade, tantas vezes posta à prova. Em uma dessas oportunidades, a que mais exaltou a nossa condição de latino-americano, participamos da grande marcha que levou milhares de uruguaios de Montevidéu a Punta del Este para aplaudir Ernesto Che Guevara pela sua magistral intervenção diante do Conselho Interamericano Econômico-Social, que realizou, ali, a sua conferência, em agosto de 1961. Todos temos bem presente que, naquela conferência, o presidente John F. Kennedy lançava as bases do programa, sob o sugestivo título de Aliança Para o Progresso, e onde se falava de revolução pacífica. Como poderia imaginar o próprio Kennedy que dois anos mais tarde teria que pagar com a vida o preço de sua iniciativa, destinada a impedir que o exemplo de Cuba se espalhasse por todo o continente? Que terrível ironia! O petróleo e o aço, senhores da guerra, temiam o pacifismo de John Kennedy, que não foi tão pacífico, como atestam o Vietnã e a Baía dos Porcos (*Siempre!*, 27/11/1972).

Ao ser concedida a palavra a Che Guevara, houve enorme expectativa. Não iria falar um político convencional. Tudo nele era imprevisível. Para começar, contrariando a postura dos demais conferencistas que falavam sentados de suas cadeiras de ministros, Che levantou-se e falou de pé. Usando dicção clara, expondo argumentos com gestos vigorosos, sustentou suas ideias durante duas horas e quinze minutos, repetindo, assim, o mesmo processo persuasivo inaugurado por Fidel Castro em Havana. Ao longo de tanto tempo, não deixou de dizer o que os Estados Unidos sabiam, mas não queriam ouvir: "Não podemos parar de exportar um exemplo, como querem os Estados Unidos, porque um exemplo é algo que transcende fronteiras." E mais: Cuba garantia não exportar revoluções; que nem um só fuzil sairia de Cuba, nem uma única arma sairia de Cuba para ser usada em combate, em qualquer outro país da América. Entretanto, deixou uma advertência: não podia garantir que o exemplo cubano não seria rivalizado, a menos que os países vizinhos melhorassem suas condições sociais, caso em que o exemplo de Cuba iria inevitavelmente "pegar fogo" e, como já dissera Fidel Castro "a

Cordilheira dos Andes será a Sierra Maestra das Américas" (Anderson, 1997:587).

Julião, a 8 de agosto, ao escutar Che, guardou consigo a lembrança de uma imagem que, anos mais tarde, resumiria com absoluta precisão:

> Escutando o Che, naquela ocasião, levantar a voz solitária na defesa de milhões de pobres de toda a América, o nosso pensamento retrocedeu a um passado já distante, de nada menos do que 150 anos, para evocar a figura de outro homem, que ele, por sua valentia e total identidade com a causa dos injustiçados, encarnaria: a de José Artigas. Os tempos, ainda que distanciados por séculos e milênios, identificam-se e se confundem, sempre que permanecem junto dos oprimidos. Percorre, leitor, a longuíssima história da civilização humana, que se assemelha a um imenso mosaico, em que se alternam a guerra e a paz, e facilmente identificará esses homens singulares, síntese e expressão dos melhores sentimentos e das aspirações mais legítimas dos povos.
>
> Pois bem, o Che que acabaria como o condor, abatido em pleno voo, lá estava, naquele agosto de 1961, frente a uma águia, defendendo o direito das andorinhas de possuir um espaço vital, uma existência livre, o beiral de uma casa e não somente a latrina que constituiu uma das mais fortes preocupações dos técnicos da Aliança Para o Progresso (*Siempre!*, 27/11/1972).

83. CID, JÂNIO E A REFORMA AGRÁRIA

O discurso e a indiferença do governador Cid Sampaio, em relação aos clamores dos camponeses sem terra e perseguidos pela sua polícia, capangas e capatazes de alguns proprietários de terras, assemelhavam-se, em tudo, aos pronunciamentos e atitudes de Jânio.

Nos primeiros meses do governo Jânio, os ataques contra as Ligas Camponesas cresceram de maneira impressionante, sobretudo em Pernambuco e na Paraíba, justamente onde o movimento se mostrava mais organizado. Fora nomeado para chefe do Estado-Maior das Forças Armadas (EMFA) o general Cordeiro de Farias, ex-governador de Pernambuco, inimigo declarado do movimento camponês, que vira seu candidato ser derrotado por Cid Sampaio, pela força eleitoral da Frente do Recife.

As ações do Exército pareciam obedecer a sistemático objetivo político. As batidas – antes normalmente feitas, em caso de denúncia, pela Polícia Militar – a partir de então passaram a ser executadas pelo Exército, isto é, pelas Forças Armadas, que têm atribuições específicas definidas pela Carta Magna. Assim, tanto na Paraíba como em Pernambuco, sob o pretexto de apreender metralhadoras, fuzis e outras armas proibidas, choças de camponeses foram invadidas e vasculhadas, causando pânico e pavor aos pobres moradores. Embora nunca tenham encontrado armas privativas das Forças Armadas em poder de camponeses, as batidas viraram rotina. Às vezes encontravam uma espingarda tipo pica-pau, de caçar passarinho, além de foice, facão ou enxada, instrumentos indispensáveis à lida diária do trabalhador do campo. Mesmo assim, levavam tais objetos, o que causava grave prejuízo ao camponês, já sacrificado.

As perseguições ampliaram-se e ganharam novas situações. O Exército, em franca atividade policialesca, passou a prender também os líderes camponeses mais conhecidos e ativos e a fazer vista grossa ante inúmeras arbitrariedades cometidas pela polícia, por capangas e outros prepostos.

Enquanto esse descaso ocorria, o governador Cid Sampaio dava entrevistas à imprensa, alegando plausíveis motivos que justificavam a existência das ligas camponesas.

> Durante dezenas de anos a agricultura foi esquecida no Brasil. A política cambial fixava o dólar como padrão de venda do produto agrícola exportável em 18, depois 60 e 100 cruzeiros, enquanto o agricultor comprava o que precisava para viver a 40, 120, 200 e 300 cruzeiros e só assegurava preço compensatório ao café. Durante dezenas de anos se omitiu o poder público no que concerne à técnica agrícola e ao financiamento da produção, em todas as fases. Durante dezenas de anos permitiu-se que, na vigência de uma política desenfreada e insuportavelmente inflacionária, uma grande região do país fosse privada de mantimentos, de ajuda financeira, de planos de desenvolvimento, de

tudo. O trabalhador agrário, o que está na base da escala social, é que suportou mais fortemente as consequências dessa política especulativa. Sem beneficiar-se com o salário mínimo, sem estabilidade no emprego pela própria natureza do trabalho rural, sem aviso prévio quando é dispensado, sem terra, sem financiamento e, às vezes, dono da terra – sem demais recursos, o camponês das regiões mais pobres do Brasil vive uma vida miserável (JC, 14/3/1961).

A argumentação bastante simplista do governador, no sentido de que as ligas só faziam sucesso junto aos camponeses porque esses eram ingênuos, bons e crentes, era, em parte, verdadeira: em tese, bons e crentes, mas não ingênuos. Eles aderiam aos apelos dos líderes camponeses não por serem "ingênuos", mas porque almejavam atingir outro horizonte na vida. Essa circunstância aparecia escamoteada no raciocínio do governador, porquanto não admitia, direta e claramente, o tema: a imperiosa necessidade dava ao homem do campo novo status social, no qual ele tivesse a oportunidade de realmente ter acesso à terra. No entanto, ele reconhecia, como autoridade máxima do governo pernambucano, que

> a miséria em que vive o levou a se congregar, como meio de defesa. O motivo central dessa associação (a Liga), a meu ver, não foi nenhuma razão de natureza ideológica, mas a extrema penúria de suas vidas. Estou certo de que, se o governo do estado contar com o auxílio necessário para realizar o seu plano de racionalização da agricultura e de colonização, já estruturados, nenhuma ameaça de convulsão social persistirá. E democraticamente, como tantas vezes tenho dito e repetido, poderemos realizar, sem o perecimento das liberdades humanas, as reformas indispensáveis à revitalização do regime (*ibidem*).

Essa lógica, todavia, não era a mesma na hora de agir como autoridade, quando os conflitos surgiam no campo. O principal empecilho eram as ligas camponesas, sempre vistas como associações de comunistas, agitadores subversivos da ordem pública. O remédio encontrado para tais conflitos, via de regra, era a ação policial, nunca a busca de conciliação, do entendimento, da discussão pacífica.

Curiosamente, as palavras do presidente, de quem Cid esperava ajuda, continham o mesmo sentido. Desejava ele a solução do grave problema da questão agrária, até afinara-se, politicamente, aos ideais da Revolução Cubana, que vivia radical experiência quanto à implementação da reforma agrária. Condecorara o comandante Ernesto Che Guevara, a maior figura revolucionária daquela nação centro-americana depois de Fidel Castro. No entanto, Jânio, como salientamos, se limitou a autorizar o Exército sediado no Nordeste a perseguir as Ligas Camponesas, como se às Forças Armadas estivessem reservadas constitucionalmente atribuições de policiamento militar.

Para que não pairem dúvidas, vejamos o que Jânio declarava (quando, em um fim de semana, se recolhera para descansar na mansão do magnata Ermírio de Morais, na enseada de Bertioga) a uma agência de notícias, na mesma semana de agosto em que ocorria a Conferência de Punta del Este, justamente a propósito da questão agrária brasileira: "Penso que esta é a última oportunidade de as grandes democracias ajudarem os países da América Latina a lutar contra o subdesenvolvimento" (JC, 15/8/1961). Mais adiante, após comentar a importância da referida conferência e a ajuda que os países da América Latina iriam receber dos Estados Unidos a fim de combater a ignorância e a miséria, argumentou o presidente: "Este Brasil de grandes latifundiários, abusando de humildes trabalhadores do campo, precisa acabar. Não se concebe mais o caos que é constatado em Pontal de Paranapanema. Os latifúndios terão o seu fim, também. A terra é para a produção e para que se dividam os seus frutos com todos" (*ibidem*).

Apesar da retórica janista, o saldo da ação governamental era outro. No ano seguinte à sua estranha e turbulenta renúncia, Julião analisaria as ações do governo em relação ao movimento camponês com pessimismo:

> Jânio Quadros, o falso libertário, ao ocupar a Presidência da República, mandou prender os camponeses nordestinos e, até, alguns elementos conservadores que os acompanharam, recolhendo-os a quartéis. Fascista incorrigível, apoiado noutro incorrigível fascista, o general Cordeiro de Farias, então chefe do Estado-Maior das Forças Armadas, Jânio ordenou

que os camponeses fossem encurralados e espancados. Serviu-lhe de algoz um tal major Serpa, que ainda anda por aí. Pessoas desligadas do nosso movimento em si, como, por exemplo, Portela de Carvalho, prefeito de Palmares e suplente de deputado, amargaram dias atrozes de cárcere, só porque cometeram o crime de visitar Cuba ao lado dos pobres nordestinos. A mando dos *trusts*, exploradores insaciáveis de povos indefesos, Jânio determinou que tropas do nosso glorioso Exército invadissem as Ligas Camponesas, prendessem os seus líderes e varejassem as suas casas. Só não morremos fuzilados ou estourados a rebenque, porque não um, nem dois, mas dezenas de oficiais e sargentos se solidarizaram bravamente conosco (Fonseca, 1962:65).

Na luta pela reforma agrária, Julião não estava só. Vez por outra, na própria imprensa pernambucana tão hostil à causa, começavam a aparecer vozes favoráveis à reforma, como aconteceu em alguns editoriais do *Jornal do Commercio*.

A curiosa evocação histórica do articulista tinha um objetivo imediato: denunciar a falta de interesse do parlamento brasileiro em aprovar a lei da reforma agrária que então tramitava na Câmara dos Deputados, como aludimos acima.

> Até aqui, porém, não temos saído da mentira demagógica de vésperas do pleito; correm, pelo Congresso, cerca de 200 projetos, diz uma revista especializada, todos tratando do problema agrário, mas nenhum, até aqui, foi sequer discutido, dormindo nas comissões o sono dos anjos, o que talvez se explique pelo fato dessa massa imensa de pequenos lavradores desprotegidos não ser eleitor e a política de nossos dias estar sendo prática, trocando o "homo economicus", de Marx, pelo "homo elector" que pode servir no dia das pugnas das urnas (*ibidem*).

84. JULIÃO, PRESTES E O PCB

Não se sabe a data certa em que Julião conheceu pessoalmente Prestes. Com certeza ocorreu durante os anos seguintes à campanha de redemocratização de 1945, quando o líder comunista visitou várias vezes o Recife e Julião começava sua trajetória política.

Embora ele se mantivesse fiel à corrente política dos socialistas pernambucanos, suas relações com membros do PCB sempre foram estreitas e amistosas. Ainda no fim da década de 1940, participou ativamente de várias campanhas de iniciativas dos comunistas recifenses, inclusive a destinada a arrecadar fundos para a manutenção do jornal *Folha do Povo*, órgão pertencente a PCB. Quando se elegeu deputado estadual, em 1954, pelo PSB, era notória no âmbito da Assembleia Legislativa sua aliança e colaboração com os deputados considerados comunistas, embora filiados a outras legendas, como, por exemplo, Paulo Cavalcanti e Clodomir Morais. A mais próxima e efetiva ligação com o PCB, na década de 1950, se deu precisamente com o Clodomir, logo depois de eleito deputado estadual na mesma legislatura para a qual fora eleito Julião. Clodomir era membro do comitê estadual do partido e um dos principais editores de *Folha do Povo*. E mais: a primeira viagem oficial de Julião, na qualidade de deputado, ao mundo comunista – União Soviética, Polônia e Tchecoslováquia – foi feita na companhia de Clodomir e convidados oficiais, inclusive de outras partes do Brasil. Em geral, as indicações ou convites passavam sob o crivo do comitê nacional do PCB, do qual Prestes era o dirigente máximo.

Suas relações com Prestes e demais líderes comunistas continuaram firmes, inclusive durante a campanha presidencial de 1960. Na concentração de encerramento da campanha no Recife, com a presença de milhares de camponeses, organizada por ele, as duas atrações principais foram Leonel Brizola, governador do Rio Grande do Sul, representando Lott, e Prestes.

A ida de Julião a Cuba na companhia de Jânio, ocorrida durante a campanha presidencial, não provocou divergências intransponíveis nas relações entre ele e os comunistas. Como já vimos, o líder socialista teve a cautela de esclarecer, por meio da imprensa, que seu apoio ao marechal era incondicional: "A Cuba com Jânio; às urnas com Lott."

Em verdade, antes de ir a Cuba, Julião não conhecia, em detalhes, os resultados já alcançados, em apenas dois anos, pelo governo revolucionário de Fidel Castro. Depois que visitou a ilha, mesmo por poucos dias, devido à inopinada decisão de Jânio de retornar ao Brasil via Venezuela, ele gostou tanto dos resultados da administração de Fidel, que, ao chegar ao Brasil, se tornou um político diferente. Sem dúvida, um fato novo começou a amadurecer na consciência política do líder dos camponeses: a positiva experiência revolucionária vivida pelo povo cubano. Ficara sensibilizado com diversos projetos ali postos em prática, mas destacava a reforma agrária. Por isso, passou a indagar com insistência: por que uma pequena ilha como Cuba, perdida no Caribe, se libertara do imperialismo e o Brasil, um gigante adormecido, não despertava para libertar o seu povo explorado há mais de quatro séculos?

A partir de então, em quase todos os momentos de suas intervenções políticas, Julião manifestaria a necessidade de proclamar sua solidariedade, e, por extensão, do camponês brasileiro, à luta do povo cubano. Encontrara, por fim, nova bandeira. Como bem lembrou Gondim da Fonseca,

> essa sua atitude pioneira arrastou outras, quebrou o gelo dos receosos, moveu partidos, repercutiu na imprensa. Homem de ação, combinou uma visita ao marechal Teixeira Lott, na companhia de Barbosa Lima Sobrinho, Domingos Velasco e diversos membros do seu partido, o PSB – e entregou-lhe um exemplar da Lei de Reforma Agrária, de Fidel, proclamando-se admirador dos barbudos (Fonseca, 1962:64).

Julião, no entanto, fez mais. Dedicou-se a organizar vários atos públicos no Recife e nas demais cidades brasileiras, sempre mobilizando as massas camponesas e motivando-as com o exemplo da Revolução Cubana.

> A manifestação dos camponeses do Brasil a Fidel forçou a imprensa estrangeira a voltar-se para o Nordeste e a examinar os seus problemas. Aí os *gangsters* de Wall Street se movimentaram e, com o objetivo flagrante de combater os ímpetos de independência do povo da nossa terra, inventaram a tal "Aliança para o Progresso". Para o progresso deles,

dos colonialistas escravocratas. Aliança de espoliados para o progresso do espoliador (*ibidem*, p. 63).

Com essa nova visão política, isto é, a incorporação do exemplo revolucionário de Cuba ao seu discurso, e com o crescimento do movimento camponês com clara repercussão internacional, as relações com os comunistas começaram a sofrer profundas restrições. Ele não era mais aquele simples aliado, um político regional que mobilizava camponeses sob o império das Ligas Camponesas dentro de um espectro de mobilização de massas, com a perspectiva de alcançar a chamada "aliança operário-camponesa". Seus gestos e atitudes passavam a denunciar o desejo de alçar voos até então impensáveis.

As conversas amistosas mantidas com Prestes até 1960, diante dos acontecimentos políticos do ano seguinte, portanto, exigiam novas análises e interpretações. A correlação de forças mudou com muita rapidez.

Quando Julião, no fim da campanha de Jânio e de Lott, viajara aos países socialistas europeus e dali para a China, ao passar por Xangai enviou a Prestes um carinhoso cartão-postal que refletia bem o clima de camaradagem reinante entre os dois líderes. Escreveu Julião:

> A China já é mais do que tudo quanto ouvi do ilustre amigo. Pelo que tenho visto e sentido, dentro de dez anos este povo terá construído a mais perfeita sociedade sem classe sobre a terra, porque é dono de um potencial inesgotável em todas as matérias-primas à sua disposição. Tudo isso conduzido com humildade, eficiência e sabedoria. Com as saudações do Julião. Xangai, 7 de novembro de 1960.[82]

Enquanto isso, as críticas dos comunistas às suas atividades políticas chegaram às reuniões do comitê central. À medida que as dissidências oriundas dos congressos internacionais do Partido Comunista da União Soviética (PCUS) começavam a crescer, fizeram-se sentir imediatamente seus reflexos dentro do movimento comunista brasileiro. Em consequência, as novas tendências alinhadas ao maoismo ou ao fidelismo predominaram dentro das Ligas Camponesas.

TEMPOS DE RADICALIZAÇÃO (1961-1962)

Tais tendências ficaram mais evidentes quando Julião, em fins de 1960, passou meses na China, aproximando-se claramente dos ideais maoistas. Se bem que a discussão ideológica se prendesse a questões circunstanciais e aparentemente sem importância para o público externo – como, por exemplo, saber se a revolução brasileira se daria a partir do campo, como preconizavam os julianistas, ou, ao contrário, eclodiria nas cidades por causa do potencial revolucionário do operariado, como queria boa parte da direção comunista –, uma coisa era certa: o movimento camponês criara condições políticas para ser levado em conta pelos aliados e pelos naturais inimigos.

Assim, depois da renúncia de Jânio, quando as forças de esquerda foram obrigadas a buscar novos aliados e a definir novo programa de alianças com o governo Jango, desde os primeiros dias o alinhamento com o PCB não ultrapassava a prudência de um reformismo, medidas traduzidas na expressão "reformas de base", entre as quais a principal e mais polêmica era a agrária.

Diante desse quadro de influências dos comunistas em torno do presidente, Julião avançou mais à esquerda e chegou a propugnar ações radicais a serem levadas em prática pelas Ligas Camponesas.

Os principais líderes comunistas brasileiros, ao analisar a realidade política, passaram a ver no líder dos camponeses mais um perigo do que um aliado. Em reuniões do comitê central a propósito do relacionamento com Julião, Carlos Marighela afirmou: "Não podemos apenas ouvir. Precisamos encontrar um *modus vivendi*. Devemos nos entender. Não fazer críticas ao aliado, como se fosse inimigo. Não devemos nos atacar publicamente. Chegar a um entendimento" (Moraes; Viana, 1982:177). Dinarco Reis, outro membro do comitê central, afirmava ser indispensável

> levar em conta duas frentes em que Julião estava atuando: primeira, a Frente de Libertação Nacional; e, segunda, a do trabalho camponês, onde ele é um líder. A atuação tem sido altamente nociva (no movimento camponês). Tem como preocupação nos dar rasteira, fazer manobra. Prefiro que nos entrosemos com Julião, mas não tenho ilusões (*ibidem*, p. 177-178).

Prestes contra-argumentava que Julião era aliado, embora não mantivesse com ele qualquer pacto. Eram livres para agir. Ao mesmo tempo, Giocondo Dias afirmava que para qualquer coisa que Julião quisesse fazer teria de consultar o Partido. A voz mais conciliadora era a de Mário Alves: "Precisamos compreender o Julião." A essa observação Ramiro Luchesi acrescentava: "Divisionismo é divisionismo e (como tal) precisa ser combatido. Somos contra a organização precipitada de guerrilhas." E Orlando Bonfim, mais incisivo, dizia: "É ilusão pensar em *modus vivendi* com Julião." (*ibidem*)

Mesmo assim, depois de algumas tentativas fracassadas, Prestes e Julião encontraram-se secretamente em algum lugar do Rio para discutir a problemática criada com o *modus vivendi* do movimento das Ligas Camponesas com as ações do PCB. Julião desconhecia a extensão e o tamanho da preocupação dos líderes do comitê central, mas não considerou o interesse dos comunistas apenas como uma consequência natural de convivência das duas correntes da esquerda brasileira. Sabia que, no fundo, ocorriam graves divergências sobre o enfrentamento da crise política brasileira.

O resultado da pretendida união de esforços, como mais tarde, já no exílio, relataria Julião ao historiador norte-americano Joseph A. Page, seria a junção das Ligas Camponesas com a União de Lavradores e Trabalhadores Agrícolas do Brasil (Ultab), a fim de se formar uma espécie de "movimento nacional camponês unificado". Para tanto, ambas as correntes teriam de, em princípio, aceitar algumas condições.

> A proposta não conseguiu tentar Julião no mínimo aspecto, visto que ele compreendia muito bem o que tais condições representavam para a sua posição de liderança. Ele também sabia que, naquele momento, suas Ligas eram muito mais dinâmicas e possuíam um potencial de crescimento muito maior do que a Ultab. Ele reagiu, insistindo para que Prestes aceitasse o desenvolvimento de grupos e líderes camponeses em várias partes do país, argumentando que a diversidade poderia trazer mais força ao movimento do que a concentração de todas as organizações de camponeses dentro de uma estrutura monolítica. Assim sendo, um

programa conjunto poderia ser forjado, de forma democrática, numa conferência nacional. Prestes, que acreditava firmemente nas necessidades hierárquicas da organização revolucionária, não ficou satisfeito com a proposta de Julião (Page, 1982:106).

Apesar de todas essas divergências, sempre alimentadas no campo ideológico, Julião nunca hostilizou o PCB ou se afastou da direção ou das bases do partido. Mantinha bom relacionamento com todos. Não se tratava apenas de atitude de consideração a antigas amizades pessoais, mas também de manifestação de gratidão ao partido que o apoiara no início de sua carreira política, quando se elegera, pela primeira vez, deputado estadual nas eleições legislativas suplementares de 1955.[83] Sobre tal apoio Prestes, décadas depois, ao comentar as críticas feitas pelo partido às posições radicais de Julião, reconheceria que ele "foi eleito por nós. Era um pequeno advogado lá do Recife que defendeu alguns camponeses e acabou virando dirigente das Ligas Camponesas" (Moraes; Viana, 1982:181).

As discordâncias de métodos de trabalho junto ao movimento camponês entre as duas correntes políticas foram, lentamente, se agravando. O desenlace do confronto só seria resolvido durante as discussões e votações das teses sumariadas na Declaração do Primeiro Congresso de Lavradores e Trabalhadores Agrícolas, em novembro de 1961, em Belo Horizonte – considerado, historicamente, um momento de ajuste de contas entre Julião e o PCB quanto à condução política das massas camponesas no Brasil.

85. CONSEQUÊNCIAS DA RENÚNCIA DE JÂNIO

A mais grave de todas foi a crise deflagrada pelos três ministros militares – marechal Odylio Dennys, almirante Sylvio Heck e brigadeiro Gabriel Grün Moss –, que se recusaram a aceitar a posse do vice-presidente Jango.

O impasse criado teve o mesmo tamanho do impacto da renúncia de Jânio. Se para o primeiro logo se ergueu o clamor pelo descumprimento da norma estatuída na Carta Magna, para o segundo foi quase absoluto o número daqueles para quem, como diria o ex-ministro Armando Falcão, a renúncia não passou de um ato tresloucado. Parece assistir razão ao político cearense, pois os mais fortes motivos que poderiam ter influenciado Jânio – a denúncia de Carlos Lacerda veiculada na imprensa, no sentido de que Jânio autorizara seu ministro da Justiça, Pedroso Horta, a sondar deputados ligados ao governo para unirem-se a um golpe de Estado e a existência das "forças ocultas", traduzidas, de saída, na insatisfação das Forças Armadas – não existiam. E se algum deles pudesse ser posto em prática, com certeza seria facilmente abafado. Aliás, até hoje, nunca se soube quais as verdadeiras "forças ocultas" que, mais tarde, em ampla entrevista, Jânio se limitaria apenas a chamá-las por outro eufemismo lapidar: "terríveis pressões."

Além disso, acrescente-se a circunstância de que os ministros militares, logo após tomar conhecimento do ato de renúncia, imediatamente foram até o gabinete de Jânio apelar para que reconsiderasse o gesto, porque estavam dispostos a combater todo e qualquer obstáculo. Sua resposta, no entanto, foi terminante:

– Não, não posso atender ao apelo dos senhores ministros militares. Não nasci presidente da República. Nasci, sim, com a minha consciência. É a essa que devo atender e respeitar. Ela me diz que a melhor fórmula que tenho agora, para servir ao povo e à pátria, é a renúncia" (Silva, 1998:125-126).

Pesou também a circunstância de que a data, 25 de agosto de 1961, era Dia do Soldado. Quase todos os oficiais superiores das Forças Armadas estavam em Brasília para a já tradicional parada militar com a presença do presidente na esplanada dos ministérios. Ao correr a notícia da renúncia, quase todos eles se dirigiram ao gabinete do ministro da Guerra, Odylio Dennys. Ali, tomados de emoção, discutiram a situação nacional. Surgiram várias sugestões para solucionar o impasse constitucional da posse do vice-presidente Jango. Prevaleceu a decisão de que Jango não poderia tomar posse. Como estava na China em missão oficial, a pedido de Jânio, ficara impedido de entrar no país. Integravam a comitiva de Jango quatro representantes do Congresso – os senadores

Franco Montoro e Barros de Carvalho e os deputados Dix-Huit Rosado e Gabriel Hermes –, além de Evandro Lins e Silva, Dirceu di Pasca, João Etcheverry, Raul Ryff e alguns membros da representação comercial.

No Congresso, no mesmo dia, foi empossado o terceiro na linha da sucessão presidencial, o presidente da Câmara dos Deputados, Ranieri Mazzilli – solução provisória, pois o sucessor natural e legal era Jango, mas os conspiradores aproveitaram sua ausência para somar o máximo de apoio em torno de seu impedimento. Procuraram ouvir até Juscelino. O encarregado para sondar a opinião do ex-presidente, potencial candidato em 1965, portanto, futuro concorrente de Jango nas urnas, foi Armando Falcão. A opinião de JK foi taxativa:

> O Jango não pode ser chefe de Estado, porque é chefe de quadrilha. Além do mais, hoje em dia, o chefe do comunismo no Brasil não é mais Luiz Carlos Prestes, e sim ele, Jango. Por isso, eu compreendo a posição radical dos ministros militares e, em princípio, estou de acordo com o veto. Ainda outro ponto a considerar: a última coisa que um brasileiro pode fazer é contribuir para desmoralizar as Forças Armadas, guardiãs da ordem e da soberania. Em todo caso, antes de assumir uma atitude definitiva, quero ouvir o nosso amigo e seu conterrâneo, dom Hélder Câmara (Falcão, 1989:219-220).

Convém observar que dom Hélder era, então, arcebispo do Rio e vivia em modesta casa de Botafogo, longe das pompas e circunstâncias do palácio episcopal, mesmo procedimento que adotaria quando, logo após o golpe militar de 1964, foi transferido para o Nordeste, na condição de arcebispo de Olinda e Recife.

Juscelino, Falcão e dois colaboradores da confiança desse, José Bonifácio da Silva Câmara e João Luiz Soares, deslocaram-se para a humilde residência de dom Hélder. O bispo, após ouvir, em absoluto silêncio, as ponderações do ex-presidente e de seu ministro da Justiça, bradou com energia: "Absurdo! Isso é um movimento de cúpula, sem base! A Constituição tem de ser respeitada! O Jango é o novo presidente e os ministros militares vão ficar falando sozinhos" (*ibidem*, p. 220).

Os políticos imediatamente deixaram a casa do prelado e Juscelino, a caminho de volta, lamentava sua ideia e desabafava desconsolado: "É. Está tudo perdido. Nosso dom Hélder está comunizado" (*ibidem*).

Nesse lapso de tempo, Brizola, governador do Rio Grande do Sul, mobilizou suas forças políticas e conseguiu a adesão da Brigada Militar, da Polícia Militar do estado, e do comandante do III Exército, general José Machado Lopes. A seguir, veio o apoio de Mauro Borges, governador de Goiás. Formou-se, então, a Rede da Legalidade, cadeia de emissoras de rádio que transmitia, sem interrupção, discursos inflamados contra a intervenção dos ministros militares e em favor do cumprimento da Carta Magna. Com isso ficou neutralizado o andamento do golpe e assegurada a posse de Jango.

Enquanto isso, o Congresso recebia pedido de impedimento contra a posse do vice-presidente. Em 29 de agosto tal pedido foi rejeitado. A partir de então, melhorado o clima político, iniciou-se a discussão de uma solução conciliatória para o impasse.

Diante das novas condições políticas, em 1º de setembro Jango entrou no Brasil, chegando a Porto Alegre, onde foi recepcionado por expressiva manifestação popular. No dia seguinte, o Congresso aprovou a emenda constitucional que instituía o regime parlamentarista no Brasil. Ficavam, portanto, reduzidos os poderes presidenciais. Jango viajou, de imediato, para Brasília, protegido por forte esquema de segurança pessoal. Em 7 de setembro assumiu o cargo de presidente. A partir de então, desencadeou entendimentos com quase todas as forças políticas, com o objetivo de criar condições para o país voltar à normalidade: pretendia formar base sólida destinada a assegurar uma política de conciliação nacional caracterizada pelo diálogo com todos os partidos representados no Congresso.

O poder passou a ser exercido por um primeiro-ministro. O escolhido foi o mineiro Tancredo Neves, político já bastante conhecido. Sobre ele o historiador Leôncio Basbaum afirmou:

> O sr. Tancredo Neves nada tinha que o credenciasse para o cargo, a não ser o fato de haver sido amigo e ministro de Getúlio. Fora isso, era apenas

um respeitável membro do respeitável PSD, conservador, mais ou menos liberal, mais ou menos favorável a algumas reformas, contanto que não se mexesse na terra. [...] Tancredo Neves, um conservador, amava a tranquilidade e preferia ser apenas deputado, amava as manobras políticas, mas só sabia trabalhar nos bastidores (Basbaum, 4, 1977:25 e ss).

A renúncia de Jânio, na verdade, trouxe temporariamente, de certa maneira, alívio ao movimento camponês. Afinal de contas, desapareciam, em âmbito governamental, as ameaças e as perseguições desencadeadas sistematicamente contra as ações das Ligas Camponesas. Ao mesmo tempo surgia a imperiosa necessidade de avaliar a situação política a fim de estabelecer condições de convivência com os novos ocupantes do poder. Nesse caminho, Julião encontrou sérios obstáculos interpostos por seus tradicionais inimigos da direita. O que ele não esperava é que as dificuldades viessem também do centro, de boa parte da Igreja mais reacionária e da esquerda, isto é, os aliados do PCB.

86. A INESPERADA CHEGADA DE REGINA

Era na Cinelândia que Julião, quando visitava o Rio, costumava ficar. Hospedava-se no Hotel Serrador, preferido por políticos. Nele, tomaram-se importantes decisões nacionais. Na imprensa até apareceram, algumas vezes, críticas por ele se hospedar em tão luxuoso hotel. Talvez os severos críticos achassem que um líder de camponeses, defensor de pobres trabalhadores rurais, sem terra e sem perspectiva de futuro no seu próprio país de dimensão continental, devesse hipocritamente hospedar-se na mais humilde pensão carioca. A ideia de desprezo à classe camponesa era tão arraigada que, de plano, não lhe merecia usufruir o conforto material, a fruição da arte e da cultura nem os comezinhos direitos então assegurados pela Carta Magna: "Todos são iguais perante a lei."

Um dia, Julião foi convidado por Jáder de Andrade, diretor de Agricultura e Abastecimento da Sudene, hospedado no mencionado hotel, para discutirem alguns problemas ligados à questão agrária. Com ele estavam alguns servidores da agência regional nordestina, seus auxiliares. Entre os quais o advogado Gilton Albuquerque e sua mulher, Regina Castro, também advogada. Após as apresentações, Julião descobriu que Regina era a mesma pessoa que escrevera, havia meses, artigos numa revista especializada sobre reforma agrária. Por conta disso, conversaram um pouco sobre o assunto.

O tema da reforma agrária, porém, de imediato, foi posto de lado. Nenhum dos dois, no entanto, falou da força que os movia a olhar um para o outro com interesse diferente: natural e espontânea atração recíproca. Em verdade, ele, por ser um homem público, bastante conhecido, chamara a atenção de Regina, mas de modo superficial. Quando ela falara com ele a propósito da questão agrária, afastara, de vez, o preconceito que compartia com os cariocas em relação aos nordestinos e, de modo particular, ao líder dos camponeses: um tipo simplório ou rude, sem traquejo na conversação, a vestir-se mal. Muitos, sem o conhecer pessoalmente, viam nele apenas o perfil de um político místico e até messiânico a lembrar Antonio Conselheiro.

Dois ou três dias depois, por coincidência, encontraram-se na Associação Brasileira de Imprensa (ABI), onde foram assistir a uma sessão de cinema de arte: *Hiroshima, mon amour*, película de sucesso. Outra vez trocaram olhares e poucas palavras. Mas, agora, ambos sentiram algo mais forte entre si. Não sabiam o que os movia a tão forte sentimento. Só mais tarde se descobriria: Regina, naquela época, estava separada de seu marido, com quem tivera um casal de filhos; ela resistia às constantes tentativas de reconciliação.[84] Julião, por sua vez, havia mais de três anos também se separara, de fato, de sua esposa Alexina Crespo de Paula, com quem tivera quatro filhos. Só as pessoas mais íntimas sabiam de sua real situação. Aliás, meses antes ele levara seus filhos para Cuba, onde também ficara sua mulher, pois corriam sérias ameaças de morte em Pernambuco. Ambos, portanto, de certa forma encontravam-se livres e desembaraçados para assumir novos compromissos amorosos. Eis a razão da mútua atração que, de repente, começou a existir entre ambos. E sem necessidade de confissão ou palavras. Bastaram-lhes as furtivas miradas.

Quem era Regina? Regina Coelis Carvalho de Castro, carioca, advogada, 29 anos, era filha de pais brasileiros e neta de avó alemã com avô português. Frequentava a esquerda de Copacabana e Ipanema e se especializara em assuntos agrários.

Depois dos dois encontros fortuitos no Rio, em um dia de novembro de 1961, ela leu na imprensa que Julião estava levando para o I Congresso Nacional de Lavradores e Trabalhadores Agrícolas, em Belo Horizonte, centenas de delegados das Ligas Camponesas. Regina não teve dúvida: viajou para Belo Horizonte e hospedou-se no mesmo hotel onde estava Julião.

Na manhã seguinte, na hora do café, Julião percebeu que aquela moça que ele conhecera no Hotel Serrador, na Cinelândia, e reencontrara na sessão de cinema de arte da ABI estava tomando café, sozinha, em uma das mesas ao lado. Ela sabia o que queria. Por isso ele escreveria, anos mais tarde, do exílio:

> Para principiar, digo-te que tenho o coração em paz e suavemente iluminado. Aquela inseparável sensação de encantamento que já experimentamos, tu e eu, se apodera, outra vez de mim; com menos arrebatamento, mas em compensação com mais profundidade. Chego a pensar – nisso estou de acordo contigo – que o nosso amor, ou, para ser mais exato, o meu amor em relação a ti, não foi o fruto de uma longa gestação, mas de uma súbita descoberta. Tu me viste primeiro do que eu a ti. Me quiseste antes (FJ a Regina Castro, 7/1/1971).

Assim nasceu o seu novo amor. Ele fora conquistado por Regina.

87. CONGRESSO NACIONAL DE CAMPONESES EM BELO HORIZONTE

Entre as várias preocupações do presidente Jango talvez a mais urgente tenha sido a implementação das reformas de base. Elas funcionavam como novo norte não apenas para sua administração, mas, também, para o próprio destino do Brasil. A oposição a esse projeto, sobretudo das forças unidas em torno da UDN, logo se fez sentir de maneira veemente. As críticas mais audazes, como preconizavam Carlos Lacerda e seus principais seguidores, traduziam-se na afirmativa de que aquele projeto nacional não passava da tentativa de implantar no país uma "República Sindicalista". Para tanto, a imprensa vinculada a esses grupos – *Tribuna da Imprensa* e *O Globo*, no Rio, e *O Estado de S. Paulo*, os mais influentes – secundava sistemática campanha de descrédito e desmoralização do novo presidente antes mesmo que ele oferecesse um programa de governo consistente e tentasse agir na prática. Os principais argumentos se vinculavam ao velho jargão da presença de comunistas em todos os níveis da administração federal, circunstância que se harmonizava com a ideia de o governo haver-se aliado à Confederação Geral dos Trabalhadores (CGT) e a outras organizações sindicais dominadas pelo PCB. Daí, a insistente veiculação de que o objetivo final era instaurar a "República Sindicalista".

Quando as vozes de outros movimentos mais à esquerda, a exemplo das Ligas Camponesas, insistiram na defesa da reforma agrária como a principal solução para o problema brasileiro, Jango entendeu que, realmente, a questão da terra no Brasil era o ponto nevrálgico da própria economia e a partir dele, uma vez resolvido, todas as outras reformas viriam como direta consequência. Então, arregimentou as bases políticas do governo e ordenou a convocação de todas as entidades preocupadas com a questão da terra – sindicatos, federações, entidades religiosas e, como não podia deixar de ser, as próprias Ligas Camponesas. Daí surgiu a sugestão, logo encampada pelo presidente da República, de realização, em Belo Horizonte, do I Congresso Nacional de Lavradores e Trabalhadores Agrícolas.

Embora apresentassem enormes lacunas e falhas os dados estatísticos conhecidos, a situação agrária brasileira, por aquela época, revelava um quadro extremamente preocupante. Cerca de 10 milhões de pessoas viviam da labuta diária nos campos das imensas regiões geográficas brasileiras. Desse enorme contingente, se considerarmos o quantitativo populacional da época, mais ou menos 2 milhões eram proprietários. O restante formava o verdadeiro grupo dos agregados, parceiros, colonos, arrendatários, posseiros e assalariados – trabalhadores que viviam entregues à própria sorte, quase como marginais, sem usufruir da menor proteção jurídica e de nenhum amparo de seguridade e previdência social. Não havia, sequer, no plano dos embates eleitorais, as conhecidas promessas dos políticos, já que esses, para se eleger, não contavam com os analfabetos, condição que, em verdade, dizia respeito exatamente aos camponeses e demais trabalhadores rurais.

Os dados estatísticos sobre a agricultura da época indicavam uma população rural de cerca de 38 milhões, dos quais só 2.065.000 eram proprietários de terras. Aproximadamente 300 mil possuíam 86% de toda a área agrícola do país. Nesse número estavam incluídas 70 mil propriedades latifundiárias, que representavam 3,39% do total dos estabelecimentos agrícolas existentes, mas que possuíam 62,33% da área total ocupada do país. Chegou-se à conclusão de que o solo brasileiro, na prática, pertencia a essa porção reduzida de privilegiados. Além dessa elevadíssima concentração da propriedade privada, convém destacar, muitos donos de terras sequer trabalhavam em suas propriedades nem deixavam ninguém trabalhar; preferiam oferecê-las como garantias de polpudos empréstimos bancários tomados à rede oficial de crédito do Banco do Brasil e empregar o capital em atividades especulativas, fora, portanto, da órbita da agricultura e dos objetivos a que se destinavam os recursos públicos. Como se isso não fosse nada demais, era comum ainda, diante de algumas situações anunciadas como de calamidade pública, via de regra provocadas por secas periódicas ou inundações ocasionais, obterem os devedores o perdão da dívida.

Sob o impacto dessa realidade é que mais de 1.600 delegados, escolhidos entre os membros dos movimentos rurais de todo o Brasil, foram convocados em meados de novembro para ir a Belo Horizonte, discutir os problemas agrários e oferecer ao governo federal as soluções para a reforma agrária brasileira. Como o evento fora encampado pelo presidente, manifestou-se de saída grande interesse de políticos de todos os níveis – deputados federais, estaduais e vereadores –, além de líderes sindicais da Ultab, membros das Ligas Camponesas, estudantes e público em geral.

Entre os delegados e demais participantes ou observadores do conclave estabeleceram-se, desde logo, sérias divergências políticas e ideológicas entre os pontos de vista defendidos pelos membros da Ultab, atrelados à orientação do PCB e os dos filiados às Ligas Camponesas. Tal disputa evidentemente não constava do rol das questões básicas da agenda do encontro, mas acontecia nos bastidores. Era, de certa forma, o confronto entre *reformistas*, defensores da política janguista, e *radicais*, ligados ao pensamento julianista. Curiosamente esse confronto terminou servindo como motivo propício para as duas correntes políticas resolverem o impasse criado no ano anterior, quando Prestes propusera a Julião que as ligas fossem incorporadas à Ultab. O líder dos camponeses preferira que os movimentos dos trabalhadores rurais brasileiros atuassem sob o império da diversidade: cada qual encontraria seu caminho, o que proporcionaria condições cada vez mais favoráveis e positivas para a vivência do princípio democrático.

À medida que os debates avançavam e as comissões aprovavam os tópicos das questões fundamentais ligadas à reforma agrária, os reformistas começaram a notar, a se julgar pela euforia dos delegados, que esses se inclinavam para o lado dos julianistas. Os assessores de Jango, então, terminaram aconselhando o presidente a buscar um entendimento com Julião; argumentavam que poderia haver, na hora da votação final, vitória dos pontos de vista radicais defendidos pelos filiados das ligas. Segundo anotou um historiador norte-americano,

> enquanto a reunião ainda estava em progresso, o presidente Goulart fez-lhe uma oferta concreta, a qual, apesar de nenhum dos dois jamais ter revelado os termos exatos da proposta, colocaria Julião na posição de utilizar e beneficiar-se de recursos do governo federal. Por mais tentadora que tal possibilidade pudesse ser, Julião recusou-a, pois temia que, aceitando-a, viesse a comprometer sua independência e se tornar um mero agente pago do governo. Deste momento em diante, João Goulart fez tudo quanto pôde para se descartar de Julião (Page, 1982:107).

O radicalismo de Julião apoiava-se em algumas razões plausíveis, como, por exemplo, a expansão das ligas por vários estados da federação, a derrota dos golpistas que tentaram impedir a posse de Jango (considerada expressiva vitória da esquerda), a consolidação da Revolução Cubana e, por fim, as bases defendidas na I Conferência de Camponeses e Trabalhadores Rurais de Pernambuco, realizada havia três meses no Recife, na qual foram aprovadas propostas constantes de um manifesto em que se exigiam progressivas mudanças para a política agrária. Agora, em âmbito nacional, se dava o passo adiante com o desfraldar da bandeira da "reforma agrária radical". Essa nova bandeira empolgou bastante os delegados, pois o discurso de Julião, em resumo, defendia a

> radical transformação da atual estrutura agrária do país, com a liquidação do monopólio da propriedade da terra exercido pelos latifundiários, principalmente com a desapropriação, pelo governo federal, dos latifúndios, substituindo-se a propriedade monopolista da terra pela propriedade camponesa, em forma individual ou associada, e a propriedade estatal (Julião, 1962:81-87).

No momento da votação das propostas discutidas pelas comissões do congresso, os julianistas impuseram fragorosa derrota aos reformistas, apesar de Julião ter levado apenas 215 delegados camponeses contra cerca de 1.400 dos comunistas. Ocorreu que suas teses empolgaram os delegados comunistas e boa parte dos integrantes do Movimento dos Agricultores sem Terras (Master), liderado pelo governador Leonel Brizola, do Rio Grande do Sul, também representado. Os julianistas ganharam não só todos os pontos principais das teses discutidas, mas também o direito de redigi-las e submetê-las à aprovação da assembleia geral. A declaração, no fim do evento, foi aprovada sem nenhuma restrição.

As palavras de ordem cantadas e, muitas vezes, pronunciadas aos gritos pelos delegados terminaram, inclusive, acolhendo duas possibilidades: de um lado, a contemplada pelos reformistas, como sinalização de obediência à lei; do outro, o tom do radicalismo preconizado pelos julianistas, que acenavam com o emprego da pressão das massas ou força, isto é, se preciso fosse, na marra. Essa última condição poderia, em verdade, ser entendida como um apelo à revolução, mas os adeptos de

Julião afirmavam que não passava de advertência. Eis o brado que mais se ouviu durante o congresso: "Reforma agrária na lei ou na marra!"

O radicalismo passou a ser a nota dominante logo nos primeiros parágrafos da declaração:

> As massas camponesas oprimidas e exploradas de nosso país, reunidas em seu I Congresso Nacional, vêm, por meio desta Declaração, manifestar a sua decisão inabalável de lutar por uma reforma agrária radical. Uma tal reforma agrária nada tem a ver com as medidas paliativas propostas pelas forças retrógradas da nação, cujo objetivo é adiar por mais algum tempo a liquidação da propriedade latifundiária. A bandeira da reforma agrária radical é a única bandeira capaz de unir e organizar as forças nacionais que desejam o bem-estar e a felicidade das massas trabalhadoras rurais e o progresso do Brasil. O I Congresso Nacional de Lavradores e Trabalhadores Agrícolas, após os debates travados durante todo o período de sua realização, definiu os elementos básicos que caracterizam a situação atual das massas camponesas e fixou os princípios a que se deve subordinar uma reforma agrária radical (*ibidem*, p.81).

Apesar da retórica radical e dos princípios defendidos na Declaração de Belo Horizonte, o movimento das Ligas Camponesas ficou diante de um impasse de difícil solução: os limites constitucionais para o governo desapropriar terras de particulares sem o prévio pagamento em dinheiro e a impossibilidade, a curto e a longo prazos, de dotar o Congresso de representantes eleitos pelos camponeses brasileiros, porquanto boa parte desses era analfabeta e, por isso, não votava. Mas a declaração, antevendo as dificuldades, consignou propostas com indicações precisas sobre o tema:

> Imediata modificação pelo Congresso Nacional do Artigo 147 da Constituição federal, em seu parágrafo 16, que estabelece a exigência de "indenização prévia, justa e em dinheiro" para os casos de desapropriação de terras por interesse social. Esse dispositivo deverá ser eliminado e reformulado, determinando que as indenizações por interesse social sejam feitas mediante títulos do poder público, resgatáveis a prazo longo e a juros baixos (*ibidem*, p. 86).

Outras medidas também foram propostas, como, por exemplo, a desapropriação, pelo governo federal, das terras não aproveitadas das propriedades com área superior a quinhentos hectares, a partir das regiões mais populosas, das proximidades dos grandes centros urbanos, das principais vias de comunicação e reservas de água.

As reações às proposições constantes da Declaração de Belo Horizonte surgiram de vários lugares. A imprensa, de repente, abriu espaços para a questão agrária. Os deputados, de imediato, se movimentaram. Na Câmara, onde vários projetos dormiam nos escaninhos das secretarias, a questão agrária entrou na ordem do dia. Alguns parlamentares argumentavam que a Câmara teria de aceitar o desafio e demonstrar sua capacidade de sustentar o regime parlamentar. Para tanto, nada mais coerente e justo do que se transformar no organismo institucional responsável pela aprovação imediata das reformas de estrutura que muitos deputados chegavam a elencar como pontos básicos da fundamentação para convocação de uma Constituinte.

A principal iniciativa coube ao deputado Aurélio Viana, ao propor uma emenda à Constituição para permitir que as desapropriações de terras, por interesse social, fossem feitas mediante indenização com títulos da dívida pública, exatamente como propusera a Declaração de Belo Horizonte. O requerimento da emenda de Viana imediatamente começou a circular pelo plenário. O principal argumento era que, diante dos graves acontecimentos ligados à questão agrária – conflitos, invasões, assassinatos e outras ameaças à ordem pública, partidas justamente do meio rural –, fosse dado o mesmo tratamento dispensado à reforma de que resultara, em setembro daquele ano, a instituição do sistema parlamentar de governo.

Do ponto de vista das formulações de propostas no âmbito do parlamento, a emenda Aurélio Viana colocava na ordem do dia a questão agrária. Era uma sinalização no sentido de que realmente se rompia com a posição demagógica de dizer uma coisa e, na prática, fazer outra, como vinha acontecendo com a condução do problema agrário. Na verdade, com o disposto do parágrafo 16, do artigo 141, da Constituição, que só autorizava as desapropriações de terras com pagamento do justo valor da propriedade, em dinheiro vivo e efetuado previamente, ficava claro que qualquer lei sobre reforma agrária esbarraria na impossibilidade de sua execução prática. Seria a vitória de Pirro. Ou, como insistia Viana, serviria apenas para pôr água na fervura do desespero das populações rurais, adiando para um pouco mais tarde o agravamento irremediável da crise crônica que se desejava atacar (JC, 19/12/1961).

Outra reação curiosa, merece destaque, veio da própria área do principal líder dos grandes proprietários rurais. Iris Meinberg, presidente da Confederação Rural Brasileira, afirmou que "o deputado Francisco Julião e suas Ligas Camponesas vivem na base de fantásticas promessas, acenando "para os lavradores com as terras, os bois e os bens da vizinhança" (JC, 7/12/1961). Fez mais: enviou ao Congresso um relatório sobre o que vira e ouvira em Alagoas, Pernambuco e Paraíba.

Entre outras insinuações, escreveu no relatório que as ligas arrecadavam toda semana Cr$ 25 de cada camponês, enquanto os membros da entidade que ele dirigia, formada por grandes e médios proprietários de terras, pagavam apenas Cr$ 20 por mês. Segundo Meinberg, as Ligas Camponesas ofereciam outra coisa que as associações rurais não podiam dar a seus membros: esperança. E, com tais recursos, conseguiram, em Sapé, onde nascera o movimento de Julião, cerca de 8 mil adeptos, enquanto a Confederação Rural Brasileira só tinha 800 sócios. Entendia Meinberg que a reforma agrária deveria ser feita, mas por meio de várias leis, não por uma só. Uma delas, por exemplo, recomendava Meinberg ao Congresso, deveria cuidar da desapropriação, outra do aspecto social e assim por diante. Além disso, de modo enfático, ensinava: "Não poderá ser feita da noite para o dia" (*ibidem*).

Pelo exposto, Meinberg, ao afirmar que as Ligas Camponesas nasceram em Sapé, no mínimo mostrava estar bastante desinformado, pois sequer sabia onde tudo havia começado: não na Paraíba, mas no Engenho Galileia, em Vitória de Santo Antão, Pernambuco.

Enquanto isso, os mais categorizados intelectuais – economistas, engenheiros, agrônomos, sociólogos, juristas etc. – ligados ou não ao governo estudavam e opinavam sobre a conveniência ou não da reforma agrária.

Na área de especialistas, nos dias antecedentes à realização do I Congresso Nacional de Lavradores e Trabalhadores Agrícolas em Belo Horizonte, coube ao sociólogo José Arthur Rios, quando convidado para proferir conferência no Conselho Nacional de Economia, comentar o anteprojeto oficial de reforma agrária proposto pelo conselho. Afirmou o sociólogo "que a redenção do homem do campo é que deve constituir o objetivo maior de uma reforma agrária no Brasil, e não o simples aumento da produtividade rural, como está indicado no artigo primeiro do trabalho dos ministros". Depois de apresentar seu ponto de vista global sobre reforma agrária, analisou artigo por artigo o conteúdo do anteprojeto que o Conselho Nacional de Economia elaborara, assessorado por comissão especial de reforma agrária, ainda por incumbência do ex-presidente Jânio (JC, 19/10/1961).

José Arthur Rios insistiu na necessidade imperiosa de se aprovar a reforma da estrutura rural, não para transformar o homem do campo em proletário, mas torná-lo consciente, produtivo, útil e participante. Citou o exemplo da reforma venezuelana na estrutura rural, mediante uma lei cujo primeiro artigo condenava o latifúndio, considerando-o um obstáculo na integração do homem do campo no processo da vida social ativa. Disse ainda ser a favor da reforma agrária por compreender que a história do Brasil vinha mostrando, havia séculos, sua necessidade. Acrescentou que essa necessidade fora recomendada e compreendida até pelos abolicionistas, pois Joaquim Nabuco e Tavares Bastos pregaram a extinção da escravatura com a paralela modificação do sistema jurídico da terra. (*ibidem*)

Na mesma ocasião do congresso de Belo Horizonte, a voz mais conservadora da Igreja Católica também veio à tona por intermédio de Eugenio Salles, então bispo auxiliar de Natal. Sua declaração minimizou a importância das Ligas Camponesas, alegando que, pelo que já tinha visto e observado, *in loco*, elas só tinham reconhecimento no estrangeiro. Por isso, afirmou: "Nessas condições, devo olhar as Ligas não somente pelo que anunciam de público, mas examinar os objetivos ocultos. Elas visam sinceramente à promoção do homem do campo, ou, pela agitação, objetivam interesses inteiramente opostos ou diversos?" (DP, 19/11/1961).

88. ATAQUES DA ESQUERDA

A esmagadora vitória de Julião no congresso de Belo Horizonte assustou a direita, o centro, os reformistas, os comunistas e a Igreja. Todos, de repente, pareciam diante de um dilema: que fazer com as Ligas Camponesas?

Para complicar mais ainda as coisas, quase na mesma semana do evento ocorria em Cachoeiras de Macacu, estado do Rio de Janeiro, um incidente entre proprietários (grileiros) e camponeses que passara a ser explorado pela imprensa com exacerbado sensacionalismo.

Na Cinelândia, praça central do Rio, local preferido para atos públicos, alguns ativistas, liderados por um tal de Mariano Baser, autodenominado chefe de um "Comando Revolucionário", pediam dinheiro e apoio moral para "a guerra revolucionária" que começava a ser travada em São José da Boa Morte (Cachoeiras de Macacu). Segundo a imprensa, apareceu ainda José Nascimento de Assis, dizendo-se chefe de um movimento agrário e falando em compra de armas para os camponeses etc. Diante dessas informações, os jornais estamparam manchetes atribuindo aqueles fatos às Ligas Camponesas. "Amotinam-se os Colonos no Estado do Rio – Ligas Camponesas à Frente do Movimento" (JC, 21/11/1961). O próprio presidente Jango pediu maiores detalhes sobre os incidentes e que o mantivessem informado sobre os acontecimentos.

Os camponeses formaram uma comissão para se avistar com o governador Celso Peçanha e expor os verdadeiros fatos ocorridos na região de Cachoeiras de Macacu. Entretanto, informados de que agentes do Dops os esperavam na Estação das Barcas, em Niterói, para prendê-los, resolveram retornar. Ao anoitecer – noticiara a imprensa –

> reuniram-se com outros colonos e resolveram subir a serra de Magé, onde estão refugiados e prontos para repelir qualquer ataque. Enquanto isso, o delegado Wilson Costa Vieira, de Cachoeiras de Macacu, aguarda o reforço policial que solicitou ao sr. Gouvêa de Abreu, secretário de Segurança. Até a manhã de hoje (22 de novembro), nenhum contingente havia chegado àquela cidade, estando a situação, desse modo, inalterável com a perspectiva de violentos choques (DP, 22/11/1961).

Vozes alarmistas informavam à imprensa dados que não retratavam a realidade. E as palavras de ordem publicadas nas manchetes seguiam o mesmo jargão: "É a revolução!, informou o Comando Revolucionário; Comando da Revolução Agrária... Passar nas Armas etc."

O jornal O Globo, depois de divulgar ampla matéria com manifesto clima de sensacionalismo sobre os fatos de Cachoeiras de Macacu, a certa altura, estampou:

> AL PAREDON! – Os prisioneiros foram levados para um terreno espaçoso, em Água Branca, e colocados de pé frente a uma barreira. A três metros de distância, postaram-se vários colonos, munidos de rifles e garruchas. Francisco de Assis, comunista fichado e um dos líderes da sedição, iniciou um julgamento sumário com a visível intenção de instigar o assassinato dos prisioneiros. Em sua arenga, procurava despertar o ódio dos colonos contra os cinco homens. Enquanto isso, o cabeça do movimento, Mariano Baser, que se declarava líder da União das Ligas Camponeses do Estado do Rio de Janeiro, em brados, conclamava os colonos a determinar pena máxima: "*Al paredon!*" (O Globo, 20/11/1961).

De fato, tratava-se de tentativa de vincular os acontecimentos de Cachoeiras de Macacu aos fuzilamentos no *paredón* da Revolução Cubana. O curioso é que, apesar de tais preparativos de fuzilamentos referidos pelo jornal, não houve nenhuma morte, sequer lesões corporais nos envolvidos nos conflitos. Sem dúvida, com tais exageros facilmente se difundia falsa imagem das Ligas Camponesas e se intensificava uma espécie de paranoia coletiva, cuja finalidade era colocar em xeque aquela entidade.

Aliás, o próprio Julião declarou que o tal líder Mariano não pertencia ao movimento camponês e suas atividades pareciam suspeitas e provocativas.[85]

E foi o que aconteceu. Esses fatos e outros acumulados contra as ações das ligas, verdadeiros, falseados ou inventados, levaram os comunistas ao rompimento público com o movimento camponês de Julião.

Logo depois do congresso de Belo Horizonte surgiram na imprensa carioca (sem provas confiáveis) acusações contra o líder dos camponeses que visavam a denegrir sua imagem como político. Daí, classificarem-no como "enigma Julião", o agente mais "promovido", nos últimos tempos, na imprensa e no rádio, e ao qual se outorgam os títulos de líder dos camponeses, revolucionário, pregador e iniciador da reforma agrária no Brasil, precursor da revolução fidelista etc., não obstante tratar-se de autêntica "flor do asfalto", que somente nos últimos cinco anos veio a travar conhecimento com os problemas sociais da região em que está agindo, concluía o articulista (*O Jornal*, 5/2/1962).

Em função disso, o *Diário de Pernambuco* apressou-se em divulgar telegrama de Clóvis Melo, conhecido jornalista recifense, a quem a matéria do jornal atribuía a condição de líder do PCB, em Pernambuco. A mensagem telegráfica tinha o seguinte teor: "As viagens internacionais do deputado socialista da Assembleia de Pernambuco resumem-se num negócio que traz vantagens pessoais a Julião, e nada mais."

A mesma matéria citava ainda declarações de um oficial comunista não identificado de que o deputado socialista era apenas "impostor e oportunista" (*ibidem*). Logo depois, o jornalista, por meio de "carta à redação" do mesmo jornal, veio a público negar que fosse líder do PCB em Pernambuco e que tivesse feito, por qualquer meio, referências ofensivas a Julião. O desmentido, porém, ainda que publicado no vetusto diário pernambucano, não surtiu o mesmo efeito junto ao público que lera a primeira versão.

Essas acusações ocorreram quando o líder de camponeses visitava a ex-esposa e os filhos em Havana.

Ao lado daquelas desdenhosas e falsas informações, apareceu outro telegrama proveniente, segundo o jornal, de Montevidéu. Não havia indicação de remetente nem destinatário. Afirmava-se que o texto fora

> calcado num relatório secreto aceito como bom pelo Conselho de Ministros do Uruguai, no qual se afirmava que a conquista do Brasil pelas forças comunistas tinha em Julião a sua viga mestra, já que homens

treinados em Havana e Moscou, disfarçados de membros das Ligas Camponesas, dariam início à fase de guerrilhas, aparentemente defendendo o direito à terra, com a cobertura ideológica do fundador das Ligas (*ibidem*).

As matérias veiculadas traziam ainda curiosos comentários que, no fim das contas, significavam atiçamento da já "perigosa" responsabilidade de Julião diante daquela inusitada situação. Conforme o articulista, a conhecida disciplina comunista, que não permite a ninguém falar sem ter antes recebido instruções específicas, explicava, à primeira vista, a contradição entre os dois telegramas. E a dúvida sobre a autenticidade dos telegramas fica veladamente sugerida. E concluía:

> No primeiro caso [isto é, a opinião do jornalista Clóvis Melo] tratar-se-ia, apenas, de uma indiscrição a ser punida oportunamente, pois veio trazer a público um estado de espírito que é ainda de exclusiva "propriedade" da cúpula do Partido Comunista, mas que o tempo se encarregará de demonstrar até onde chega. Mas é certo e já está decidido que, mesmo a serviço dos interesses de Cuba e da União Soviética no Brasil, consciente ou inconscientemente, Julião só durará mais alguns meses, enquanto puder ser útil (*ibidem*).

Ao retornar ao Brasil, suas atividades políticas continuaram no mesmo ritmo. Antes de participar, em Minas Gerais, da instalação da primeira liga mineira, em Três Marias, a propósito das críticas que se ampliavam de todos os lados, principalmente dos comunistas, ratificou sua condição de socialista e negou ser comunista, como veiculavam alguns jornais brasileiros. Criticou os reformistas de gabinete e disse que era socialista "para valer", e não "de gabinete". Naquele momento, segundo Julião, mais do que nunca, fazia-se imprescindível nova "Inconfidência Nacional". Para não o interpretarem como um carbonário, esclareceu que com o termo "inconfidência" queria dizer que o povo brasileiro já estava impregnado da consciência da necessidade das reformas de base e lutaria por elas inexoravelmente (DP, 26/4/1962).

Atendendo a convite do governo cubano, Julião viajou a Cuba para assistir às comemorações do Primeiro de Maio. Ficou surpreso ao ser informado que suas divergências com o PCB já eram do conhecimento de Fidel. Com a intenção de reaproximar os líderes brasileiros, Fidel Castro convidou Julião a acompanhá-lo até o aeroporto a fim de recepcionar Prestes, que vinha para as mesmas solenidades. Apesar das profundas divergências entre ele e o líder comunista, Julião, por questão de educação e boa camaradagem, acompanhou Fidel. Quando Prestes desembarcou e viu Julião com Fidel, fechou a cara e, sem o menor pejo, aproveitou a oportunidade para repreender as atitudes do líder socialista brasileiro, inclusive sem disfarçar relativa rudeza, atitude imprópria para quem, como ele, ostentava a legenda de "Cavaleiro da Esperança".

Mais tarde, em conversa reservada com o mandatário cubano, no hotel onde também se hospedara o líder comunista brasileiro, Julião narrou-lhe detalhadamente os motivos que provocaram aquela censura tão desproporcional. Na mesma hora, Fidel decidiu visitar Prestes com o objetivo de esclarecer alguns pontos e tentar a reconciliação entre os dois líderes. Logo depois retornou para onde deixara Julião e desconsolado, com um leve movimento de ombros, disse-lhe: "O Cavaleiro está lá, mas toda a esperança se foi" (Page, 1982:109).

No Brasil, meses depois, Julião reconheceria publicamente que suas relações com os comunistas estavam rompidas por completo. Não mais contava com o apoio deles, porque se recusara a ser fantoche do partido. Por isso, criticou seus dirigentes e outras correntes nas quais, naturalmente, se incluíam os reformistas de todos os matizes que integravam ou seguiam o governo Jango. O mais estranho é que insinuou que a propalada "República Sindicalista", jargão pregado a quatro ventos pela direita, estaria na agenda de Jango (JC, 11/9/1962). Nunca ninguém explicou, com provas cabais, essa pretensão do presidente Jango.

Um dos jornais comunistas do Recife, em duas ocasiões, respondeu, de maneira incisiva, às declarações de Julião. Os comunistas insistiam no argumento de que as Ligas Camponesas, sem o apoio do partido, corriam sérios riscos de ser esmagadas pelas forças reacionárias. E, em comentário breve, com a intenção de desqualificar o longo trabalho desenvolvido pelo líder dos camponeses, aduzia que as ligas nada mais eram do que a renovação ou reestruturação das ligas camponesas criadas pelo PCB depois da redemocratização de 1945, com a queda da ditadura de Getúlio Vargas (*A Hora*, 15 e 29/11/1962).

Em dezembro, os comunistas, após examinar a situação política, divulgaram mais uma resolução na qual diziam ter chegado à conclusão de que havia no país contínuo aguçamento da luta entre as forças nacionalistas e democráticas, de um lado, e as reacionárias e entreguistas, de outro. Reconheciam a elevação da consciência política, do grau de unidade e de combatividade manifestada em sucessivas crises de governo e choques entre as próprias classes dominantes. Entendiam que, nesses processos, as forças nacionalistas e democráticas haviam fortalecido suas posições e obtido novos êxitos.

Entrementes, enquanto os comunistas concitavam seus filiados e aliados para combater as forças que costumavam conciliar com o inimigo, convocavam também todos a participarem das mobilizações de trabalhadores e populares contra tal prática conciliatória. Argumentavam que era o momento de dedicar-se, com maior decisão e energia, ao trabalho de conquistar o aliado fundamental da classe operária – as massas camponesas –, pois somente a aliança operário-camponesa poderia dar base firme ao movimento anti-imperialista e democrático (Carone, 2, 1982:255-256).

Como se observa, os comunistas silenciavam ou ignoravam por completo a existência das Ligas Camponesas em seus documentos doutrinários. A aliança não mais se dava com essas associações, mas com a "massa camponesa", expressão no mínimo vaga ou anódina, quando se levava em conta a trajetória do movimento camponês brasileiro e, dentro dele, a liderança exercida por Julião.

89. ATAQUES DA DIREITA

No jogo da política, infelizmente, resta sempre a impressão de que tudo vale, ou, dito de outra maneira, no jogo da política, a depender de certas situações, tudo pode transformar-se num "vale-tudo".

Quando a cúpula do PCB, por questões ideológicas, resolveu criticar duramente as ações políticas de Julião e tentou isolá-lo, a direita aproveitou a oportunidade para atacá-lo e desencadear uma campanha nacional com o objetivo claro de denegrir-lhe a imagem. Em toda a imprensa publicavam-se matérias apócrifas, em clima de sensacionalismo, inclusive com o apoio de periódicos de grande circulação, como O *Jornal*, de Assis Chateaubriand.

Com o objetivo de mostrar até que ponto chegava a animosidade de tais informações, destacamos a seguir alguns casos divulgados.

A dissidência com o PCB aparecia vinculada diretamente a Prestes e insistiam na afirmação de que Julião, até ali, apenas servira ao líder comunista.

Sua ação política, considerada desordenada e sem planos, apenas retardaria, em alguns anos, a marcha da revolução por ele sonhada. E mais: os comunistas não o tinham mais como líder autêntico, e sim como impostor, oportunista, sequer tinha a bravura pessoal e indispensável para sustentar a luta árdua até mesmo no plano ideológico. Como exemplo, citavam sua fuga vergonhosa, em Goiana, havia alguns meses, da qual todo o Brasil tomara conhecimento. Por isso, o alto-comando vermelho decidira alijá-lo, esperando apenas a oportunidade mais conveniente, àquele momento.

Outro ponto destacado nos ataques foi o resumo da trajetória de Julião, recordada com palavras e termos depreciativos, como, por exemplo,

> obscuro advogado e pacato burguês sem maiores ambições que as naturais dos tipos de sua classe, que fora, de uma hora para outra, promovido ao primeiro plano no palco dos acontecimentos políticos, o que lhe dá certa intimidade com Fidel Castro, Che Guevara, Cárdenas, Ghioldi, Toledano, sem falar nos líderes brasileiros que realmente acreditam no seu prestigio eleitoral (O *Jornal*, 5/2/1962; JC, 6/2/1962).

Lembrou também o jornal que em 1955 Julião fora eleito à Assembleia Legislativa de Pernambuco por um desses acasos reconhecidos pela legislação eleitoral: obtivera apenas 480 votos. No entanto, não acrescentou o anônimo articulista – que se valia da guarida de *O Jornal*, dos Diários Associados –, que o PSB era uma pequena agremiação, sem lastro no eleitorado. Além disso, a própria legislação eleitoral, como ainda acontece hoje, mantém o equilíbrio da representatividade democrática dos pequenos partidos, estabelecendo-se a eleição de seus representantes pela aplicação do quociente eleitoral.

Narrou, ainda, uma série de episódios em que Julião sempre aparecia como uma pessoa "sem princípios ideológicos", preocupado em "atacar os senhores de engenho, acusando-os de pouco interesse pela sorte dos trabalhadores" (*ibidem*).

O mais sensacional foi o caso montado para apresentá-lo como latifundiário que desejava fazer reforma agrária nas terras dos outros, mas não nas suas. Diziam que Julião só mandava invadir engenhos de indefesas viúvas ou de pessoas que, por viver de outras atividades, estavam afastadas das propriedades. Jamais invadiu engenhos dos latifúndios das usinas de açúcar nem de fornecedores de cana, pois sabia bem que isso não capitalizaria nada em seu favor. Muito pelo contrário...

Uma das falsas histórias contadas pelo diário carioca teve como ponto de partida a discussão mantida por Julião na Assembleia Legislativa, com o deputado Francisco Falcão, representante dos usineiros e proprietários de terras de Pernambuco. Referiu-se Falcão ao "engenho magnífico de propriedade de Julião, em Bom Jardim, a menos de 100 quilômetros do Recife". O objetivo era comparar o tratamento dado aos supostos colonos, meeiros e empregados de Julião com os de outros deputados proprietários de terras.

Aproveitando-se dessa discussão, um dos amigos de Falcão, Paulo Rangel, diretor do Serviço Social Contra o Mocambo, irritado com as constantes invasões de propriedades alheias promovidas pelo deputado socialista e seus adeptos das Ligas Camponesas, planejou também a invasão do engenho de Julião, com 1.500 hectares, em Bom Jardim.

> Encheu dois caminhões de lavradores e os despejou dentro das magníficas terras do líder. Esse proferiu alguns discursos na Assembleia, protestando contra o esbulho e valendo-se da oportunidade de o seu correligionário

sr. Pelópidas Silveira ter assumido o governo, na ausência do sr. Cid Sampaio, compareceu ao Palácio das Princesas para se queixar... conseguindo a desocupação do engenho (*ibidem*).

A notícia, evidentemente, ganhou muita difusão. Afinal, por que Julião reagira assim? Por que ele invadia as propriedades alheias e não permitia a ocupação das suas?

A verdade é que Julião não era proprietário de nenhum "engenho magnífico com 1.500 hectares". Esse a que se referia, de maneira sensacionalista, *O Jornal* era o mesmo engenho declarado "de fogo morto" desde os primeiros anos da década de 1930, quando se transformara em simples fazenda de criação de gado, pastagem e outros cultivos. Possuía apenas 330,96 hectares e fora herdada por Adauto Barbosa de Paula de seus pais. Mais tarde, com a morte de dona Maria Lídia Arruda de Paula, esposa do major Adauto, em 1954 a propriedade foi dividida entre os sete filhos. Coube a cada um o quinhão de 47,28 hectares, mas gravados com a cláusula de usufruto para o seu marido, major Adauto Barbosa de Paula, que viveu até maio de 1964. Assim, Julião só passou a ser dono de seu quinhão de 47,28 hectares após a morte do pai. A propriedade era administrada por Manuel Tertuliano Arruda de Paula, seu irmão.

Como se observa, a proclamada invasão da Fazenda Espera foi apenas um esbulho do ponto de vista jurídico e, de quebra, lamentável provocação política. Além do mais, é preciso convir que naquela região do Agreste propriedade com menos de 50 hectares era (e ainda é) considerada apenas granja ou sítio, e nunca "um engenho magnífico", como veicularam as grandes revistas e jornais da época, com o objetivo de retratar o líder das Ligas Camponesas como latifundiário, o qual mandava invadir as propriedades alheias, mas ficava furioso quando ameaçavam ou invadiam as suas.

Em virtude da separação de fato de Julião de sua mulher, Alexina de Crespo Paula, desde 1961 (mas só formalizada juridicamente no México em 1976 e homologada no Brasil em 1984), aquela gleba de terra de 47,28 hectares seria dividida em duas partes, cabendo a cada um dos ex-cônjuges exatos 23,64 hectares. Eis, portanto, as reais dimensões do que os inimigos da reforma agrária e do movimento camponês chamavam de "engenho magnífico com 1.500 hectares"[86] pertencente a Julião.

90. OS DISPOSITIVOS CLANDESTINOS OU "ESQUEMA MILITAR"

Entre a realidade e o sonho há enorme abismo, onde cabem todos os desatinos, acertos e virtudes. A formação de "aparelhos" ou "dispositivos militares" clandestinos para servirem de base às pretensas ações revolucionárias atribuídas às Ligas Camponesas, para alguns observadores mais críticos, pode ser enquadrada no primeiro caso, isto é, absoluta falta de tino, de juízo e de correta avaliação da realidade. Para outros, como Clodomir Morais, a presença de dispositivos militares representava medida fundamental, porque "havia um enorme exército de miseráveis e famintos, sem incluir o que os economistas de esquerda denominam 'exército de reserva' formado de desempregados. Imagine o que ocorreria se armassem os famintos do Nordeste" (DP, 2/3/2004).

Inspiradas na teoria do "foco", procedimento que abortou inúmeras tentativas revolucionárias na década de 1960 e até pôs fim ao sonho de Che Guevara na Bolívia, as sublevações originadas de motivações personalistas, sem o devido apoio popular, redundaram em fracassos. Não é por outra razão que a história das revoltas, ao longo dos tempos, tem confirmado a tese de que a sociedade não se articula horizontalmente, mas no sentido vertical. Isso significa que, modernamente, as sublevações populares só alcançam a vitória quando contam com o apoio da sociedade e nascem de baixo para cima. Tornava-se indispensável, portanto, que os interesses imediatos da população coincidam com os argumentos e os esforços levantados por seus líderes. A propósito, a antropologia histórica tem privilegiado a ideia da inquietação coletiva ou do medo endêmico como força capaz de dar sustentação ao êxito das iniciativas revolucionárias. Foi o que se deu na Europa durante a longa fase do Antigo Regime.

A Revolução Francesa, um dos mais emblemáticos acontecimentos dos tempos modernos, foi antecedida de levantes em cerca de 330 paróquias na região da Aquitânia, só de dezembro de 1789 a janeiro de 1790. Na Europa Ocidental ocorreram mais de 275 acontecimentos entre 1735 e 1800. Em nenhum deles houve consolidação de poder com institucionalização de governo; em todos havia motivações claras que eram sentidas na própria pele pela população revoltada.

A montagem de "aparelhos" pelo Brasil, da forma pensada e levada à prática por alguns líderes das Ligas Camponesas, foi um processo completamente divorciado da população; sequer havia clima psicológico favorável entre a massa camponesa, naquele momento, para a eclosão de qualquer movimento de sublevação civil. As forças que poderiam apoiá-lo pugnavam pela consolidação da aliança com a burguesia nacional, a fim de tornar possíveis as reformas de base defendidas pelo presidente Jango. Ainda que tais reformas nunca tenham sido iniciadas na prática, a verdade é que constituíam bandeira nacionalista das forças progressistas. Para tais tentativas o governo Jango contava com o decisivo apoio das esquerdas, sobretudo as lideradas pelo PCB, que, nas ações políticas mais abertas, atuava por meio de centrais de trabalhadores, como a Ultab e outras associações e centros operários unidos ao mesmo projeto de reformas.

Os pontos principais das reformas vinham sendo defendidos desde o V Congresso do Partido Comunista Brasileiro, em 1960:

> O objetivo culminante da revolução nacional e democrática reside na instauração de um poder das forças anti-imperialistas e antifeudais sob a direção do proletariado. A tarefa de alcançar este poder não se resolve com a simples propaganda, mas através de um processo de acumulação de forças, de mobilização e organização de massas de milhões na cidade e no campo, de efetivação de soluções positivas e reformas de reestrutura, de afirmação crescente do papel hegemônico do proletariado. É um processo indissoluvelmente vinculado à luta por um governo nacionalista e democrático, ou seja, pela reforma política que as condições do regime atual tornam possível como perspectiva mais próxima (Carone, 2, 1982:233).

Na parte específica da questão da terra, isto é, a reforma agrária, o PCB recomendava a luta por medidas parciais, como, por exemplo, a desapropriação de grandes propriedades incultas ou pouco cultivadas, com base no preço da terra registrado para fins fiscais, e loteamento das terras entre pequenos agricultores sem terra ou com pouca terra, mediante pagamentos módicos e a longo prazo; por forte aumento da carga tributária sobre as grandes propriedades e isenções fiscais para as pequenas etc. Ao mesmo tempo, insistia na necessidade de organizar as massas de arrendatários e parceiros na luta pela regulamentação legal dos contratos.

Essas medidas, de tom excessivamente reformistas, contrariavam as diretrizes do movimento camponês liderado por Julião. Seus adeptos, em geral oriundos do próprio PCB, sobretudo em decorrência de dissidências internas ocorridas durante as discussões das teses políticas do V Congresso do partido, passaram a pugnar pela organização prática dos "dispositivos revolucionários" ou "esquema militar das Ligas" (DP, 2/3/2004).

Segundo informou Clodomir Morais, a responsabilidade pela criação do "esquema militar das Ligas" não coube a ele, mas aos líderes Adauto Freire, Mariano da Silva, Adamastor Bonilha, Osias Ferreira e Amaro Luiz de Carvalho, alcunhado de Capivara (*ibidem*).

Os "esquemas militares" – a se julgar pela estrutura e os líderes apontados, quer na época em que as forças de segurança do governo descobriram e desmantelaram toda a estrutura organizacional, quer, posteriormente, quando reveladas por Morais – não tinham a menor consistência tática nem política; estavam completamente isolados, quer dos movimentos de esquerda da época, quer da opinião pública brasileira.

Desde 1961, segundo informou Morais, "as Ligas seguiam sendo um organismo bicéfalo. Uma cabeça era o antigo grupo de comunistas divergentes que atuava na organização dos camponeses e que passou a organizar o esquema guerrilheiro. A outra cabeça era Julião, o propagandista urbano da luta armada" (Morais, 1997:40).

Clodomir, ao qualificar Julião apenas como líder de massa, sem condições, portanto, para organizar e eventualmente dirigir a luta armada, na verdade afirmava que o líder desconhecia o que ocorria no âmbito dos "dispositivos militares clandestinos". E mais: justificou tal circunstância, ao alegar ainda que os objetivos de Julião eram apenas eleitoreiros. Disse que ele se envolvia facilmente com grupos esquerdistas, os quais, na maioria das vezes,

> insinuavam-lhe a possibilidade de uma campanha eleitoral para o governo de Pernambuco ou para a Vice-Presidência da República. Por isso, os comícios, as conferências e outros atos públicos que aqueles pequenos grupos preparavam para Julião tinham, como exclusivo interesse, recrutar militantes das Ligas e de infiltrar-se no Setor Armado. Dessa maneira, não se multiplicavam as Ligas Camponesas, senão que robustecia cada vez mais os grupos esquerdistas aludidos (*ibidem*).

Na verdade, Julião não era homem afeito a tarefas de administração ou de organização. Era, até, de temperamento arredio a esse tipo de controle. Não tinha sequer a preocupação de acompanhar de perto ou delegar a pessoa de confiança tal tarefa. Pensava sempre em visão macro e a rigor, na prática, depois de certo momento sequer tinha tempo de deter-se nas atividades de controle do movimento que crescera de maneira extraordinária. A verdade é que ele perdeu o controle. Essa situação seria mais tarde, em um de seus depoimentos em inquérito policial-militar, confirmada por ele.

Julião, portanto, ignorava o que ocorria no outro braço ou cabeça clandestina das Ligas Camponesas. O tipo de ação política desempenhada por Julião, segundo Clodomir, trazia perigo para o esquema militar, pois "se não conseguiram infiltrar-se no esquema guerrilheiro das ligas foi porque Julião nada sabia do setor armado". Daí ter essa cautela evitado o pior, pois "a falta de vigilância e de segurança revolucionárias é comportamento típico dos intelectuais pequeno-burgueses, sem nenhuma experiência na atividade clandestina". Justamente por isso, "os comunistas divergentes que dirigiam as Ligas informavam a Julião somente as coisas que estavam relacionadas com a agitação das massas" (*ibidem*).

Cabe aqui uma pergunta: quem foi o responsável pela criação e estruturação do chamado "esquema militar das Ligas Camponesas"?

TEMPOS DE RADICALIZAÇÃO (1961-1962)

Apesar de bem informado sobre todos os atos e passos dessa "cabeça armada ou setor militar" das ligas, Morais nunca se declarou membro integrante do grupo dirigente de tal organização. No entanto, em sua *História das Ligas Camponesas do Brasil*, esclareceu detalhadamente como funcionava o esquema, dando até a impressão de que tal organização não tinha comando central:

> Assim, do Setor Armado, somente sabiam aqueles que, efetivamente, estavam trabalhando no esquema guerrilheiro e, inclusive, segundo consta, esses conheciam exclusivamente o que correspondia à sua área de ação. Os subsetores funcionavam em compartimentos estanques isolados e hermeticamente fechados. Os militantes de um campo de treinamento de guerrilha sabiam somente o que ocorria nesse campo. Porém, a guerrilha das Ligas não se concretizou. Só num campo de treinamento houve choques com o corpo de paraquedistas e fuzileiros navais, nos primeiros dias de novembro de 1962, e isso só porque os militares surpreenderam os futuros guerrilheiros (*ibidem*, p. 41).

Mais adiante veremos que o grupo que invadiu a fazenda das ligas não foi dos paraquedistas e fuzileiros navais, mas apenas 12 agentes integrantes de um grupo especial do governo de Goiás de combate ao contrabando.

Essa tendência ao "foquismo" nas ligas, deve-se reconhecer, decorreu da direta influência dos saldos positivos alcançados pela vitória da Revolução Cubana. O exemplo era palmar. Já Fidel Castro e seus oitenta revolucionários, sob o império das táticas de guerra de guerrilhas, subiram a Sierra Maestra, deram o grito de sublevação e de lá desceram em direção a Havana. Aqui, os teóricos brasileiros defensores da ação militar dentro do movimento camponês argumentavam, de forma semelhante, que a melhor resposta às teses reformistas dos comunistas seria fomentar a estruturação do "esquema militar".

Outro fato que fortaleceu tais argumentos foi a invasão de Cuba pelas forças norte-americanas no episódio conhecido como "Baía dos Porcos". Difundiu-se, então, a argumentação de que urgia organizar a resistência armada no Brasil, para fazer face às tentativas de agressão e até, se fosse o caso, de golpes contra a democracia de alguns países latino-americanos.

Há fortes indícios de ter sido Julião contrário à montagem de tais "esquemas". Ele se dedicara ao que sempre fizera: ações legais de mobilização da massa camponesa. Aliás, como destacou o historiador Fernando Antonio Azevedo,

> Francisco Julião, temendo a perda completa do comando político das Ligas, articula, numa tentativa de reunificar e restabelecer a unidade de ação sob um comando único, o Movimento Tiradentes, lançado através de uma proclamação à nação brasileira, lida, em ato público, no Morro da Queimada, em Ouro Preto (MG), no dia 21 de abril de 1962 (Azevedo, 1982:94).

Esse movimento teve curta duração e, quando surgiu, pouquíssimas pessoas sabiam que por trás dele havia a ideia de instalar-se dispositivo militar em funcionamento. Plano nunca levado à prática.

Os indícios sobre as discordâncias de Julião a propósito da criação do "esquema militar" baseiam-se em dois fatos. Em primeiro lugar, por não estar de acordo, terminou expulso do Movimento Tiradentes em janeiro de 1963, o que implicou também o seu natural desligamento do "esquema militar", na hipótese de que tivesse conhecimento dele. Em segundo lugar, ele se posicionaria contrário à luta armada dentro do movimento camponês nas condições propostas por Clodomir Morais antes e depois do golpe militar de 1964.

Em 1977, no México, a propósito dessa fase, Julião esclareceu detalhadamente sua posição:

"Alguns elementos das Ligas partiram para um processo... (de luta armada). Sempre tratei de desalentá-los, mas era impossível, porque por trás estavam muitos interesses. Nessa época, na América Latina, havia a ideia do foquismo. Não era só um fenômeno do Brasil. Eu partia do princípio de que tínhamos absolutas liberdades democráticas no país. Não havia prisioneiros políticos, não havia nada, podíamos mobilizar grandes massas. Havia, naturalmente, choques entre grandes senhores de terra e camponeses, mas as denúncias sempre contribuíam para aumentar o movimento do camponês. Esses grupos partiram para isso e criou-se um problema. Afinal de contas, a coisa não funcionou, não foi para diante; e não havia possibilidade de funcionar. Combatiam a quem? A um governo que tinha uma linha populista e vinha aceitando a mobilização de grandes massas?" (FJ a FGV/CPDOC, 1982:94).

Por essa época, alguns acontecimentos trouxeram profundas alterações nas atividades das ligas: o desmantelamento dos "aparelhos militares", com graves prejuízos para a imagem do movimento camponês, e o aproveitamento de alguns quadros que se haviam envolvido no "esquema militar" na campanha política de Julião para deputado federal.

O deslocamento de quadros para a campanha eleitoral de 1962, em Pernambuco, duramente criticado por aqueles líderes ligados ao esquema militar das Ligas, segundo disse Julião, visou a reduzir os efeitos danosos ao movimento das Ligas provocados pelo fracasso da tentativa de organização dos mencionados dispositivos.

Apesar de Clodomir Morais ter dito em seu depoimento às autoridades militares, ao ser preso logo após o golpe de 1964, que sua atuação "se restringiu ao campo profissional de advogado destinado a pesquisar e determinar o âmbito legal das atividades das organizações camponesas jungidas às Ligas Camponesas do Brasil",[87] sua participação nos esquema dos "aparelhos clandestinos" ultrapassou os limites de meras atividades jurídicas, pois quando Julião, em 1962, por fim, ordenou o desmantelamento de tais aparelhos, o fez por intermédio de Clodomir Morais, o principal articulador e "comandante do esquema militar", conforme depoimento de inúmeros participantes: Pedro Porfírio,[88] pintor Antonio Alves Dias[89] e demais integrante do grupo de Dianópolis, em Goiás, como, por exemplo, Amaro Luiz de Carvalho, o Capivara, Cleto Campelo Filho, Adauto Freire e outros. Aliás, no mesmo sentido, informou Julião:

> Imediatamente tratei de pôr uma pessoa em contato com o Clodomir para lhe dizer: "Vocês estão cometendo uma série de erros gravíssimos, que podem comprometer o movimento. Afinal de contas, consegui tirar toda essa gente dos dispositivos e liquidar com tudo isso. Mas eles vinham

muito acelerados e era preciso metê-los em um grande movimento de massas, para ver se desaceleravam um pouco. Por isso que os meti na campanha de Pernambuco e da Paraíba e tive que aguentar o radicalismo da sua linguagem, para tratar de amenizar e de contemporizar. Isso influiu muito para a diminuição dos meus votos e para aumentar o ataque que era feito contra mim e, na Paraíba, contra a Elizabeth Teixeira" (FJ a FGV/CPDOC, 1982:116).

Diante da crise causada entre os dissidentes seguidores de Clodomir e a falta de interesse ou desconfiança da efetividade da organização de tais "aparelhos revolucionários" por parte de Julião, o resto da estrutura – alguns quadros, equipamentos, armas e pontos logísticos – passou ao comando de Tarzan de Castro, então na direção do comitê central do Partido Comunista do Brasil (PC do B), facção dissidente do PCB, recém-organizada (Azevedo, 1982:94).

Como se não bastassem tantos adversários de peso, dentro do próprio espectro político-ideológico do movimento das ligas surgiram ainda grandes divergências e rompimentos por causa da "aventura revolucionária", ação que o jornalista Flávio Tavares preferiu resumir como "esquizofrênica aventura armada das Ligas Camponesas" (Tavares, 1999:79).

Essa experiência começou a se esboroar por duas acidentais descobertas: os dispositivos de Dianópolis (Goiás) e os de Petrópolis (estado do Rio). Ambos, no entanto, causaram efeitos opostos. No primeiro, perplexidade, porque Mauro Borges como governador de Goiás, na prática, revelara-se aliado das esquerdas. No segundo, regozijo, porque Carlos Lacerda, na condição de governador do Rio de Janeiro, mais do que opositor, na verdade, comportava-se como feroz inimigo das esquerdas.

O desmantelamento do dispositivo de Dianópolis começou quando um oficial da confiança do governo Jango, designado pelo governador Mauro Borges para dirigir o serviço de repressão ao contrabando, recebeu a denúncia de que enormes caixotes contendo geladeiras estavam sendo remetidos para uma fazenda, no interior goiano, onde não havia energia elétrica.

TEMPOS DE RADICALIZAÇÃO (1961-1962)

Quando os homens do serviço de repressão ao contrabando invadiram a fazenda, depararam-se com inusitada cena: os caixotes continham bandeiras cubanas, retratos e textos de Fidel Castro e de Julião, manuais de instrução de combate, além dos planos de implantação de outros futuros focos de sabotagem e informações sobre a origem dos fundos financeiros enviados por Cuba.

Mauro Borges enviou minucioso relatório ao presidente Jango, justamente nos dias em que vivia a crise política desfechada pela renúncia do primeiro-ministro Brochado da Rocha. Temendo maiores consequências, Jango reclamou diretamente a Fidel. Depois, Fidel enviou a Brasília o emissário Zepeda, presidente do Banco Nacional de Cuba, na condição de ministro de Estado, com poderes especiais para negociar com o Brasil a formalização de acordo energético. A missão era apenas um pretexto. Na verdade, o suposto ministro viera com o objetivo de apagar o incêndio provocado pelo caso de Dianópolis, em Goiás.

Jango entregou ao ministro o relatório com a documentação apreendida para mostrar ao governo cubano.

> O ministro cubano despediu-se de Jango e pegou um avião da Varig para ir ao México e de lá retornar a Havana. Nunca chegou, porém. Antes de aterrissar na escala em Lima, no Peru, o Boeing caiu e morreram todos os passageiros. A pasta de couro em que o ministro Zepeda levava a documentação foi encontrada entre os destroços e entregue à CIA, que divulgou os documentos num carnaval acusatório a Cuba pelas três Américas (*ibidem*, p. 78).

Entre os nomes de ativistas das ligas figurava o do jovem militante Carlos Franklin Paixão de Araújo.

Se a descoberta do dispositivo de Dianópolis decorreu da falsa remessa de geladeiras para uma fazenda onde não havia energia elétrica, a de Petrópolis, no estado do Rio, ocorreu por causa de um pneu furado na Avenida Brasil.

Ciente de que os dissidentes dos aparelhos militares haviam se filiado ao PC do B e estavam indo a certos locais onde se guardavam armas e munição, equipamentos e outros materiais de propaganda e de treinamento, Clodomir Morais e sua companheira Célia, acompanhados do motorista Zé Bronqueira, dirigiram-se numa caminhonete para aqueles locais, a fim de recolher as armas e os equipamentos antes da chegada dos dissidentes liderados por Tarzan de Castro.

Cumprida a tarefa, ao voltarem pela Avenida Brasil, na altura de Bonsucesso, o pneu da caminhonete estourou. Por mera coincidência, passava pelo local guarnição da rádio-patrulha e abordou os ocupantes. Ao notar o vultoso carregamento, removeram a lona e deram com algumas armas e outros apetrechos de propaganda.

A repercussão foi enorme. O secretário da Segurança, coronel Gustavo Borges, e o diretor do Dops, Cecil Borer, exibiram todo o material para a imprensa como se fosse resultado "de um poderoso esquema de vigilância contra a subversão" (Porfírio, 2004:140-141).

Embora em ambos os casos tenha havido forte repercussão na imprensa, com nítido sensacionalismo, o argumento mais grave e divulgado com destaque era a afirmação de que as armas tinham sido enviadas ao Brasil pelo governo cubano diretamente para as Ligas Camponesas. Apesar das informações, inclusive com imagens publicadas nas páginas dos principais jornais brasileiros, nunca foram divulgados documentos comprobatórios de que as armas procediam de Cuba.

Anos mais tarde, Clodomir Morais, em ampla entrevista, revelaria que por aquela época os responsáveis pelo "esquema militar" das ligas não tinham nenhum problema para adquirir armas. Aqui, no Brasil, sobravam armas. O movimento as conseguia até de graça. Informou ainda que a principal ajuda financeira recebida pelas Ligas Camponesas fora dada pela Associação Nacional de Pequenos Produtores (Anapp)".[90] Não procediam, portanto, as informações de que o dinheiro do movimento vinha do governo cubano.

O envolvimento de Clodomir Morais no episódio das armas do dispositivo do estado do Rio de Janeiro provou que sua participação no movimento não se limitava a meras atividades jurídicas, como ele declararia em seu depoimento perante a 7ª Auditoria Militar do Recife, após o golpe de 1964.

Apesar de negar sua participação na organização dos dispositivos, há, entre os diversos depoimentos de participantes do movimento camponês, inclusive de Julião, o consenso de que Clodomir Morais desempenhou as mais elevadas tarefas de organização política dentro dos chamados "esquemas armados" das ligas camponesas.

91. "NÃO VAMOS ENTERRAR UM HOMEM; VAMOS PLANTÁ-LO."

Enquanto isso, as Ligas Camponesas da Paraíba, inspiradas nas formas de luta desenvolvidas pelos líderes pernambucanos, logo descobririam novas táticas e motivações e passariam a trilhar caminho diferente.

A primeira criada no estado vizinho foi a de Sapé, em fevereiro de 1958. O líder camponês João Pedro Teixeira já figurava como seu vice-presidente. Entre outros, eram seus companheiros na primeira diretoria Pedro Inácio de Araújo (Pedro Fazendeiro) e João Alfredo Dias (Fuba), líderes que, mais tarde, iriam demonstrar importante trabalho junto aos camponeses da Paraíba e, acima de tudo, revelar, ao longo de suas atividades, dedicação, fidelidade, honestidade e coragem diante das adversidades enfrentadas por ocasião do golpe militar de 1964.

A entidade, filiada à Ultab, registrada como Associação dos Lavradores Agrícolas de Sapé, no entanto, logo após as primeiras iniciativas, foi denominada de "Liga Camponesa de Sapé". E assim passou a figurar em todos os atos públicos e na veiculação da imprensa. Nesse sentido, o fenômeno assemelhou-se ao ocorrido em Pernambuco.

Seu primeiro desafio: incorporar 1.500 filiados, todos liderados por Alfredo Nascimento e moradores do Engenho Miriri, de propriedade de Pedro Ramos Coutinho, irmão de Renato Ribeiro Coutinho. As filiações funcionaram como positivos exemplos para os moradores de outras fazendas da região. A reação não demorou: os latifundiários e os usineiros passaram à ofensiva com métodos já conhecidos – derrubar os casebres, expulsar os moradores, ameaçá-los com a Polícia, o capanga ou o pistoleiro quando havia maior resistência.

As formas de luta também se foram ampliando e diversificando por parte dos filiados. Por volta de 1961, diante de toda sorte de perseguição, os camponeses criaram o "delegado", geralmente um líder atuante dentro da propriedade onde vivia, encarregado de relatar, com rapidez, os acontecimentos diante do coletivo da liga. Assim, com pouco tempo de atividades, duas formas de luta marcaram a diferença em relação às experiências vividas pelas ligas pernambucanas: o combate ao cambão e ao cabocó.

O cambão, já sabemos, era a herança da "corveia" feudal em pleno Nordeste. O termo lembrava a canga colocada no pescoço dos animais para puxar o carro de boi. A imagem da madeira amarrada com cordas ao animal simbolizava a obrigada vinculação do camponês ao senhor da terra. Ter um pedaço de terra com casebre e a autorização do senhor para morar e plantar o mínimo que proporcionasse subsistência exigia-lhe trabalhar de graça alguns dias em benefício do proprietário. Essa forma ilegal de prestação de trabalho, a depender de certas regiões, poderia ser chamada de diária, obrigação, sujeição ou condição.

Com o crescimento das ligas, os líderes paraibanos passaram a adotar uma tática de pressão pacífica aos fazendeiros no sentido de acabar com o cambão. Ao tomar conhecimento de que uma determinada propriedade usava tal forma de exploração, os camponeses filiados às ligas faziam-lhe visita surpresa e, mediante o diálogo, exigiam do senhor a eliminação daquela forma de trabalho. As decisões para isso, eles as tomavam coletivamente nas reuniões. Francisco de Assis Lemos, um dos líderes das Ligas Camponesas da Paraíba, assim definiu a nova estratégia de luta contra o cambão:

> Escolhida a área, marcava-se o dia, o local e a hora do encontro dos camponeses. Geralmente, as fazendas, objetos daquela ação, ficavam ao lado das estradas que ligavam a cidade – Sede da Liga – a um distrito ou entre dois distritos. Os camponeses normalmente compareciam ao local combinado com seus instrumentos de trabalho: foices, facões e espingardas. Temiam encontrar alguma resistência e assim poderiam se defender. Reuniam-se de 500 a 5.000 camponeses, em local determinado

para o encontro. Saíam pela estrada, entrando nas fazendas. Quando se aproximavam da casa-grande da fazenda, faziam uma parada, a uma distância de 200 a 300 metros, e, em seguida, todos corriam, cercando-a (Lemos, 1996:66).

O cabocó também mantinha uma espécie de resquício do castigo infligido ao escravo. Remontava, portanto, ao tempo da escravidão. Ocorria, com frequência, no interior das usinas de açúcar. Consistia em colocar o trabalhador dentro de um tanque escuro com água, até a altura da boca, durante o tempo suficiente para que, depois de tantas horas, o infeliz começasse a sentir o martírio de afogar-se em suas próprias fezes e urina. Iam ao cabocó aqueles que cometessem faltas consideradas graves, como, por exemplo, reclamar das condições de trabalho, do salário, ter votado nas últimas eleições contra os candidatos recomendados pelos usineiros etc. Depois disso, as reprimendas ou os castigos ficariam por conta dos capangas, o braço armado dos senhores latifundiários e usineiros da região.

As ligas paraibanas assumiram, ainda, uma forma de luta menos ofensiva do que as de Pernambuco, pois davam prioridade a reivindicações de melhoria de trabalho e assistência médica, sobretudo quando assumiu o poder o presidente Jango, momento em que boa parte dos líderes passou a adotar postura reformista, distanciando-se, de certo modo, das palavras de ordem do movimento de Julião – "reforma agrária na lei ou na marra" – e do fracasso das tentativas de organização dos dispositivos de apoio à luta armada. Eram, na prática, as consequências da luta interna desencadeada entre os comunistas da Ultab e os julianistas das ligas. Mesmo assim Julião mantinha forte influência sobre as de Sapé e Santa Rita, as mais bem organizadas e com maior número de associados.

João Pedro Teixeira, desde o aparecimento da Liga de Sapé, se impôs como um líder inconteste. Era tão hábil que mesmo na condição de pastor protestante conseguia manter incólume sua liderança entre pessoas majoritariamente filiadas à Igreja Católica. João Pedro não foi o único a alcançar tal proeza, pois os líderes Joaquim Camilo e José Evangelista, ambos protestantes, também comandavam a Liga de Jaboatão, em Pernambuco, com esmagadora maioria de filiados católicos.

A Liga de Sapé, sob o comando de João Pedro Teixeira, cresceu e frutificou de tal sorte que dentro de pouco tempo todas as demais seguiam sua experiência – tornou-se modelo. Em certo sentido, pode-se dizer, Sapé funcionou como Galileia, embora, conforme observou Julião, os líderes de Galileia não fizessem trabalho de massa como os paraibanos. Mas, convém destacar, os camponeses de Sapé, em particular, e da Paraíba, em geral, encontraram o caminho aberto pelo exemplo das lutas desenvolvidas, desde 1954, em Pernambuco. Além do mais, na região, não havia grandes propriedades, o que reduzia, em boa medida, o número de graves conflitos. Em compensação, havia usinas nas quais trabalhavam assalariados que buscavam a Liga a fim de encontrar ajuda e assistência para suas reivindicações. Em dois anos de existência a Liga de Sapé chegou a ter mais de dez mil associados (Page, 1982:110).

Em 2 de abril de 1962 João Pedro Teixeira, de manhã, deslocava-se até João Pessoa a fim de resolver uma pendência judicial sobre o arrendamento do sítio Antas do Sono, que, tempos antes, firmara com seu sogro, Manoel Justino da Costa. A questão judicial dizia respeito ao fato de que Justino, no curso do arrendamento, sem aviso prévio, vendera o sítio a Antonio Vitor. Ao retornar para casa, nas proximidades do sítio Antas do Sono, onde morava, João Pedro foi emboscado e alvejado por cinco balaços de fuzil desferidos pelo cabo Antonio Alexandre. Segundo o exame pericial, uma das balas traspassou os cadernos e livros que comprara para seus 11 filhos e abriu enorme rombo em seu peito. A notícia imediatamente atingiu todos os rincões da Paraíba, do Brasil e do mundo.

À noite, os estudantes paraibanos concentraram-se no Ponto de Cem Réis, no Centro de João Pessoa, e fizeram comício de protesto contra o brutal assassinato do líder camponês. Falaram Malaquias Batista, coronel Jocelyn Brasil, Antônio Augusto Arroxelas, Jomar Souto, Agassiz Almeida, Hamilton Gomes, Raimundo Asfora e Francisco de Assis Lemos, os quais, emocionados, exigiram apuração e a consequente prisão dos criminosos.

João Pedro Teixeira foi enterrado às 10 horas de 3 de abril. Dentre os vários oradores que se revezaram dirigindo-lhe as últimas palavras diante de sua tosca sepultura, o deputado Raimundo Asfora, a certa altura, profetizou:

> Não vamos enterrar um homem; vamos plantá-lo. Julgam que desapareceste, e estás, agora, em toda parte. Eras a silhueta de um homem no asfalto e passas a ser a sombra que se alonga pelos canaviais, que bate nas portas dos engenhos, que frequenta, uma forma de remorso, as reuniões dos poderosos, que, hirtamente imóvel, se posta à frente da memória daquele que te matou e da consciência dos que mandaram matar (Lemos, 1996:53).

Não foi difícil chegar-se aos assassinos e mandantes. O chefe de Polícia, Francisco Maria Filho, designou o capitão Geraldo Gomes da Silva para presidir o inquérito que indicou como autores do crime o cabo Antonio Alexandre da Silva, o soldado Francisco Pedro da Silva e Arnaud Claudino, vaqueiro da confiança de Agnaldo Veloso Borges, que desaparecera. O soldado, ao ser preso, denunciou como mandantes o suplente de deputado Agnaldo Veloso Borges e os proprietários de terra Pedro Ramos Coutinho e Antonio Vitor.

Ao mesmo tempo, o deputado Joacil Pereira iniciou a contraofensiva em defesa dos acusados diretamente do plenário da Assembleia Legislativa da Paraíba. Entre outros argumentos, disse: "Foi o Partido Comunista que mandou assassinar João Pedro" (*ibidem*, p.54).

A Assembleia Legislativa, acolhido o requerimento do deputado, instituiu uma comissão parlamentar de inquérito (CPI) sobre o assassinato de João Pedro Teixeira. Todavia, a fim de proteger o acusado Agnaldo Veloso Borges, sexto suplente de deputado, seus pares combinaram adoecer, entrar de licença ou ser indicados para outros cargos etc., de tal sorte que Borges assumiu a cadeira de deputado e beneficiou-se da imunidade parlamentar.

Enquanto o inquérito policial avançava com todas as controvérsias que um caso rumoroso como aquele impunha, a imprensa abriu espaço para a polêmica travada entre o deputado federal José Joffily, da Frente Parlamentar Nacionalista, e Borges. As trocas de acusações culminaram com a publicação de nota desse último, que afirmava ser Joffily um caluniador. Dizia: "Fui seguramente informado que, no comício comunista, realizado domingo último, em Sapé, o deputado José Joffily Bezerra apontou-me como coautor do homicídio praticado na pessoa do inditoso João Pedro Teixeira, ex-presidente da Liga Camponesa daquela cidade. A leviandade com que o caluniador barato faz uma imputação tão grave, sem apoio e sem provas de qualquer natureza, mesmo sem meros indícios, obrigar-me-ia a chamá-lo à responsabilidade perante a Justiça, se não fosse o amparo de suas imunidades parlamentares, garantindo-lhe a impunidade. [...] Faço questão, enfim, de assegurar ao deputado José Joffily, essa alma infecunda e estéril aos nobres sentimentos, que, se tivesse, um dia – Deus me livre –, de manchar as mãos com sangue humano, não seria nunca com o de um pobre homem como o falecido João Pedro Teixeira. Esse, bem ou mal encaminhado, era um produto de vários outros fatores incoercíveis" (*O Norte*, 18/4/1962).

No dia seguinte, Joffily respondeu a Borges no editorial intitulado "A fera acuada", do *Correio da Paraíba*, com os seguintes argumentos:

> Agredido, defendo-me, mas não vou aceitar provocações para manter polêmica com sub-homens, sem nenhuma dimensão moral. A diferença entre o facínora Arnaud Claudino e seu patrão é que um se escondeu no mato e o outro na Assembleia Legislativa. Estão ambos de mãos encharcadas do sangue de João Pedro Teixeira. Basta ler os documentos aqui reproduzidos – a prova judiciária do inquérito (já que não se lavra ata de autoria intelectual de homicídio) e a ata da 41ª. Sessão Extraordinária da Assembleia (CP, 19/4/1962).

A pronúncia dos acusados, proferida pelo juiz Walter Rabelo ocorreu em 27 de março. Foram indiciados pelo assassinato de João Pedro Teixeira o cabo Antonio Alexandre da Silva, o soldado Francisco Pedro da Silva e o vaqueiro Arnaud Nunes Bezerra (Claudino), Antonio José Tavares e Pedro

Ramos Coutinho, todos incursos no art. 121, do Código Penal. Em relação ao acusado Agnaldo, informou o juiz:

> O quarto, Agnaldo Veloso Borges, deixou de ser qualificado em virtude de ter-se acobertado com o "manto das imunidades parlamentares" que não concedeu a devida permissão para que o mesmo tivesse seu sumário criminal prosseguido, como pode se ver às fls. 194, por ofício n°. 64/62, endereçado ao Sr. Presidente da Assembleia Legislativa do Estado" (Lemos, 1996:53).

O Tribunal condenou apenas o cabo e o soldado. O vaqueiro foi dado como evadido.

Os camponeses da Liga de Sapé ergueram, à margem da estrada, nas proximidades do Café do Vento, um singelo monumento em homenagem ao ex-companheiro João Pedro Teixeira.

Um dia, logo depois da vitória do golpe militar de 1964, ouviu-se prolongado estrondo em direção ao Café do Vento. As pessoas acorreram ao local e, assustadas, viram que o monumento de João Pedro fora dinamitado. No ano seguinte, 8 de março, chegou ao fim o julgamento do pedido de revisão do processo que condenara os assassinos de João Pedro interposto pelos advogados de defesa dos condenados: todos foram absolvidos.

92. TEMPOS DE IMPUNIDADE

Na semana seguinte ao assassinato de João Pedro Teixeira, com o objetivo de levar ao conhecimento do ministro da Guerra, Segadas Viana, a gravidade da situação reinante na Paraíba e, principalmente, na região de Sapé e Santa Rita, Julião, em 9 de abril, escreveu-lhe a seguinte carta aberta:

> Quando V. Exa. esteve, recentemente, na Paraíba, noticiaram com destaque que um grupo de grandes senhores de terra daquele estado

procurara V. Exa. e pedira a interferência do Exército contra as Ligas Camponesas, recebendo, como era de esperar, a resposta de que a questão não podia ser colocada nesses termos. Acrescentam os jornais que V. Exa. foi além, ao declarar que o que se impunha era a reforma agrária já tão reclamada pela nação.

A resposta lembra-me o marechal Lott, quando ministro da Guerra, colocando-se ao lado dos posseiros contra os grileiros e a favor das Ligas Camponesas, porque, no seu modo de ver, "se elas estão legalmente constituídas, valem tanto quanto o sindicato operário, a associação de funcionários, o centro de indústrias ou o clube de oficiais.

A seguir, Julião teceu considerações de natureza jurídica, lembrando à autoridade militar que para os camponeses não havia justiça, pois "sempre foram tratados como párias, escravos, alimárias, impiedosamente espoliados, vendidos, expulsos da terra que é o seu sonho, quando não são assassinados impunemente".

Depois, afirmou que a civilização "cristã" estava ameaçada, que a lei e a ordem estavam abaladas, que a "democracia" corria risco, sobretudo porque atitude cristã não era o que estava aí –

> o lucro de cinco mil por cento, a infância sem futuro, a velhice sem passado, a jogatina, o prostíbulo, o roubo de tudo, até da consciência. Como se "democracia" fosse essa farsa contra a economia do povo, essa ditadura disfarçada de legalidade, esse carnaval sem máscara, com o pobre catando no lixo os restos de comida que sempre sobram da mesa da família "cristã".

Recordava que apenas

> dois por cento de brasileiros permaneçam na posse das terras cultiváveis do país, e somente dez por cento dessas terras sejam utilizadas, enquanto seus donos vão para o Senado, para a Câmara, para as Assembleias, para as páginas dos grandes jornais, para os extensos programas de televisão, para as missas em ação de graça e para as festas de caridade, atirar Cristo contra Marx. O certo é que nenhum deles tem Cristo no

coração nem Marx na consciência, porque para cada um deles o próximo de que falava Cristo é ele mesmo e Marx é a ralé, é a canalha, é um caso de polícia que um Borer ou um Ardovino qualquer sabe como tratar.

Afirmou, ainda, que as autoridades pareciam ver ou imaginar a existência de guerrilhas em todas as ações do movimento camponês. A partir de tal raciocínio, Julião voltou a denunciar a violência praticada na Paraíba.

> Em curto espaço de tempo foram feridos vários líderes camponeses e dois deles acabaram de ser ceifados. Um em Mamanguape, outro em Sapé. José Martins e José Pedro Teixeira são mártires da luta pela reforma agrária. Sabe-se quem são os mandantes e mandatários. Exibem metralhadoras e mosquetões, portam armas de calibre 45, passeiam por toda parte enquanto se toma a espingarda pica-pau de cano de chapéu de sol, que o camponês carrega pala boca com um dedo de pólvora e cinco caroços de chumbo. Breve tomar-lhe-ão as unhas para que ele não tenha mais nada com que cavar a terra.

Finalizava sua carta-aberta encarecendo do ministro da Guerra "um pronunciamento franco à nação antes que as massas desesperadas se lancem numa insurreição sem rumo, cumprindo aquela profecia do grande americano Thomas Jefferson –

> É preciso de quando em vez regar a liberdade com o sangue dos tiranos. (Fonseca, 1962:91 e ss).

Nunca se teve notícia de que as autoridades, de todos os níveis, militares ou civis, tenham procurado investigar e punir os que portavam armas privativas das Forças Armadas na Paraíba, como denunciara Julião. Por isso, nos primeiros dias de janeiro de 1964, ocorreu a lamentável tragédia de Mari, onde foram mortas 11 pessoas.

Quatro meses após a morte de João Pedro Teixeira, o repórter mexicano Luis Suárez, da famosa revista *Siempre!*, chegou ao Recife para entrevistar Julião. Por essa época, a fama do líder dos camponeses corria mundo e, ao lado dela, sobretudo a imprensa norte-americana (*The New York Times*) colara uma expressão que, na prática, tentava queimá-lo como se ele fora o "novo Fidel Castro brasileiro", no Nordeste – conforme escreveu o jornalista mexicano, "a região da fome", considerada no mundo como a zona explosiva da revolução armada – o homem a quem a propaganda norte-americana apresentava como um terrível agitador, capaz de converter o Nordeste do Brasil em "uma nova Cuba" (*Siempre!*, 15/8/1962).

Julião estava dando a longa entrevista a Suárez, na companhia de Paulo Cavalcanti, em uma das salas da Associação de Imprensa de Pernambuco (AIP), quando um de seus amigos levou exemplar de um jornal paraibano cuja terrível manchete dava conta de que em Sapé um capanga, a mando dos latifundiários, havia atirado em Pedro Paulo Teixeira, de 9 anos, filho de João Pedro Teixeira. Acrescentava o periódico que Elizabeth Teixeira, viúva de João Pedro, mesmo chocada pelo segundo crime, assumira a direção da Liga de Sapé. Informava ainda o jornal que tudo levava a crer que o capanga confundira o menino com a mãe e acertara o tiro na testa dele quando trabalhava no roçado próximo de casa. Não era verdade. O alvo fora mesmo o menino, que, levado pelo ódio aos assassinos do pai e pela manifesta impunidade, prometera vingar-se quando crescesse. Aquele segundo crime era, portanto, a vingança antecipada.

Julião, ao ler o jornal, suspendeu a entrevista e rumou imediatamente para Sapé, onde encontrou, ao chegar, uma situação quase incontrolável: mais de 5 mil camponeses queriam linchar a todo custo o capanga assassino, a serviço dos latifundiários.

A impunidade não gerou apenas a indignação de milhares de pessoas na região e no resto do Brasil; produziu também efeitos irreparáveis na mente de uma garota de 15 anos, também filha de João Pedro Teixeira, a qual, anos mais tarde, ao ver todos os assassinos de seu pai e seu irmão serem absolvidos e ficarem livres, como se nada tivesse acontecido, um dia, silenciosamente, pôs fim à própria vida. Mais um crime que praticava a mão invisível do algoz dos camponeses.

João Pedro Teixeira recebeu, no ano de sua morte, uma homenagem que a intolerância dos golpistas não poderia acabar nem com o uso da força da dinamite, como ocorrera ao humilde monumento erigido pelos seus irmãos camponeses de Sapé: a dedicatória do livro *Que são as Ligas Camponesas?*, de Francisco Julião. Homenagem estendida a outro leal lutador da causa – Zezé da Galileia. Nesse ensaio, Julião escreveu:

> À custa do sangue de milhões desses heroicos e desgraçados camponeses e do sacrifício da maioria de seus chefes indomáveis, muitas das instituições feudais foram abolidas. Seu sacrifício não foi em vão como não foi em vão, o sacrifício de João Pedro Teixeira, o bravo camponês de Sapé, emboscado pelo latifúndio, e, antes dele, o de milhares e milhares de seus irmãos, sobre cujos túmulos anônimos pesa o silêncio dos séculos e se debruça a face cruel da justiça feudal. Tanto não foi em vão o martírio dos camponeses alemães que afinal levou a abolir o dízimo eclesiástico, a Justiça passou a ser local, instituiu-se a liberdade religiosa, indo cada cristão para a sua Igreja, sem o risco de ser queimado vivo (*ibidem*).

CAPÍTULO VII Esperanças e desilusões (1962-1964)

Agitador, sim! Como é possível conceber a vida sem agitação? Porque o vento agita a planta, o pólen se une ao pólen de onde nasce o fruto e se abotoa a espiga que amadurece nas searas. O gameto masculino busca o óvulo porque há uma causa que o agita. Se o coração não se agita, o sangue não circula e a vida se apaga. Que dizer da bandeira que se hasteia ao mastro e não se agita? É uma bandeira morta. (...) É agitando que se transforma a vida, o homem, a sociedade, o mundo. Quem nega a agitação nega as leis da natureza, a dialética, a ciência, a justiça, a verdade, a si próprio. Sabe o físico que para manter a água cristalina tem de agitá-la antes de lhe derramar o sulfato de alumínio que toma as partículas de impureza e desce com elas para o fundo. Manda o médico que se agitem certos remédios no momento de tomá-los e o farmacêutico chega a escrever nas bulas este aviso: Agite antes de usar.

(Francisco Julião, *Cambão, a face oculta do Brasil*)

93. CRÍTICAS À REFORMA AGRÁRIA DE JANGO

Se Julião, por essa época, foi extremamente crítico e até duro ao traçar o perfil de certos adversários políticos, ao ser preso por ocasião do golpe militar de 1964 mudou completamente de postura na forma de tratar seus desafetos, inimigos e até torturadores. Chegou a recusar-se a revelar os nomes de seus torturadores. Alegou proceder dessa forma por não querer envergonhar os parentes deles, pois, amanhã ou depois, que poderiam dizer seus descendentes quando descobrissem que seus pais, tios, primos ou até avós foram pessoas que se comportaram de maneira tão vil, covarde, ignóbil e abjeta?

Antes, porém, nem sempre agira assim. Aos opositores políticos ele nunca poupou acerbas críticas. Muitas vezes atingia-os com a zombaria e a dura ironia, nunca, porém, com a ofensa caluniosa. Tudo se dava no plano político. Quando, por exemplo, debateu, por todo o Brasil, o sentido e o alcance da reforma agrária proposta pelo governo Jango, aproveitou a oportunidade para descer aos pontos básicos do projeto presidencial, mas traçou, sem reservas, um retrato bastante negativo da pessoa do primeiro mandatário. "João Goulart é manhoso, sabido, trapaceiro. Não encara ninguém de frente, na menina do olho. Mira de esconso, como Judas outrora havia de mirar Jesus Cristo. [...] Jango não terá coragem de me declarar de frente, na bucha, mesmo fugindo com o olhar, que é honesto, que não está no papo dos magnatas ianques da Aliança para o Progresso, que defenderá a Petrobras contra as manobras dos trustes" (Fonseca, 1962:99).

Como veremos, Julião errou ao considerar Jango unido ao capitalismo internacional e a seus agentes internos. Se procedesse seu julgamento, o golpe militar de 1964 não teria sido especialmente dirigido contra a política do governo Jango.

No entanto, Julião foi mais além no julgamento de Jango.

> O homem não tinha nada, ou pouco tinha, ao entrar para a política. Hoje dispõe de uma fortuna territorial imensa no Rio Grande do Sul. Comprou fazenda e palácio em Araraquara, palácio em Porto Alegre, sítio e palácio em Jacarepaguá, sítio e palácio em Brasília, um avião próprio, e nada menos de sete automóveis, no Rio – sete automóveis seus, pagos do seu bolso – para o servirem, a ele e aos amigos. Economizou muito! Seu apartamento no Rio é deslumbrante. Vai ao estrangeiro quando quer, nada em ouro. Não duvido de que se alie amanhã ao Carlos Lacerda, que muitas vezes o classificou de traidor à pátria e de gatuno, pois ambos se encontram sob a égide dos mesmos escravistas ianques da Aliança para o Progresso (*ibidem*, p. 100).

Esse duro julgamento de Jango por parte de Julião não foi definitivo. Na maturidade do exílio, diante da notícia da morte do ex-presidente, mudou completamente a ideia. Considerou o governo de Jango mais importante para o Brasil do que o de Juscelino, mesmo levando em conta as diferenças de tempo de mandato.

> Jango perdurará por mais tempo na memória do povo brasileiro do que Juscelino. Vale a pena sublinhar o contraste. Jango nasceu em berço de

ouro. Filho de um rico fazendeiro de São Borja, sempre viveu na abundância. As terras que herdou e acrescentou se perdiam de vista. E as manadas de gado cresciam com tanta exuberância no pampa riograndense que para separar os rebanhos destinados às charqueadas e à exportação tinha que contá-los de um aviãozinho. Juscelino era o último ou o penúltimo filho de uma humilde professora de origem polonesa. Fez-se através da força de vontade e da inteligência. Foi um obstinado. O contraste aqui está. O homem que nasceu de um ventre humilde preferia olhar para os arranha-céus onde vivia uma fauna preocupada pelos grandes negócios e o sucesso fácil. Foi, sem dúvida, o mais dinâmico, simpático e eficiente advogado dos interesses da grande plutocracia nacional. Apesar de ser médico-cirurgião, não quis extirpar o tumor de que padece o Brasil. Até hoje. Preferiu levantar Brasília, a obra faraônica que custou mais de um bilhão de dólares, estimulou a corrupção, acelerou a inflação e provocou o genocídio por inanição de centenas de milhares de camponeses. Se em lugar de Brasília houvesse levantado uma cidade industrial, teria sido menos espetacular, menos decorativo, mas mais útil e decisivo para a independência do país (*Siempre!*, 22/12/1976).

Décadas depois, ao fazer sua autocrítica sobre Jango, disse:

> Crítico consequente de Goulart, cuja amizade cultivei desde quando caminhamos juntos durante a campanha presidencial do marechal Henrique Teixeira Lott, desse mesmo Goulart de quem me afastei politicamente no último ano de seu governo, por não concordar com as vacilações e os erros que vinha cometendo e que contribuíram para acelerar sua queda, quero aqui, do exílio distante, render meu tributo de pernambucano, que tantas afinidades históricas tem com o gaúcho, ao presidente morto, na certeza de que este gesto humilde e sincero poderá contribuir como uma gota de água para fazer crescer a torrente de solidariedade e de unidade de que o povo brasileiro necessita para enfraquecer o regime de opressão e de humilhação que domina o Brasil desde 1964 (*ibidem*).

Já em relação ao ministro da Agricultura de Jango, o seu conterrâneo Armando Monteiro Filho, executor da política agrária defendida pelo governo federal, Julião, ao responder a insinuação do escritor Gondim da Fonseca no sentido de o ministro pernambucano realmente pensar no camponês, foi cáustico e demolidor:

> De fato, Gondim, ele pensa nos pobres camponeses. Mas para os esfolar, para lhes sugar o sangue. Em sua casa, o luxo é deslumbrante. Bebidas caras, iguarias finas, *grooms* nas cocheiras, criados de farda servindo à mesa, escanção atento à lista dos vinhos preferidos pelos convivas, charutos especiais, ambiente de Mayfair. Seus rendeiros, porém, morrem de fome. São os camponeses mais miseráveis de todo o Nordeste. Vivem de macaxeira e de jaca verde. Não comem terra porque terra não se digere e mesmo porque se a comessem, Armando Monteiro mandaria prendê-los e esculachá-los declarando-se roubado (Fonseca, 1962:24).

Muitas décadas mais tarde, Julião faria autocrítica exatamente a respeito do equívoco juízo que fizera de Jango:

> Eu tenho que fazer uma autocrítica, eu combati o governo de Jango porque eu considerava que a reforma agrária dele era uma reforma agrária que eu chamava de "beira de rodagem". Porque ele queria realmente aproveitar essa faixa. Minha opinião era que isso não atendia à necessidade de mais de 14 milhões de camponeses sem terra no Brasil. Achava que ele devia aprofundar. A autocrítica eu faço depois que verifiquei, constatei que ele estava no caminho certo. A reforma de base era realmente o caminho que se devia ter adotado naquele tempo. Eu faço a autocrítica e vou colocá-la nas minhas memórias. Rendo homenagem à memória desse homem, que teve a visão de fazer reforma agrária, reforma urbana, reforma do ensino e outras reformas necessárias. Eu tinha uma posição mais radical. Eu estava avançando demais o sinal. A época histórica não comportava isso (FJ a FMIS, RJ, 9/8/1994).

Já em relação ao ministro Armando Monteiro Filho, caberia citar algumas passagens do próprio Julião, a propósito de mudanças de comportamento dos políticos. Além disso, após a abertura política, Julião retornou ao Brasil e, em Pernambuco, ironicamente teve de filiar-se ao mesmo partido de Armando Monteiro Filho, de quem carecia de apoio. E não só isso. Mais tarde, nas eleições de 1986, foi obrigado a apoiar José Múcio Monteiro, membro da família Monteiro, ao governo de Pernambuco, em detrimento do velho amigo Miguel Arraes.

Depois, escreveria um curioso documento, em tom de elevada crônica, sob o título *Quem não muda é burro*, no qual, a certa altura, afirmava, entre outras assertivas:

> mudar é próprio do ser humano. A natureza aí está, dando-nos suas lições. Muda o dia pela noite e vice-versa. O céu muda de cor. E o mar. E as árvores. Essas, além de trocar o verde de uma estação pelo ouro de outra, se balançam, para cá e para lá, ao sabor do vento, que também muda de rumo. O camaleão muda de cor, segundo ambiente. É a lei do mimetismo. Lei da sobrevivência. Até o tatu muda de buraco, se pressente que dentro dele o espera um inimigo mortal. Os pássaros, não só mudam de plumagem como mudam de habitat, segundo as necessidades próprias da espécie. Os peixes também.[91]

As alusões encaixam bem nas diatribes disparadas contra Monteiro e Jango, mas, em verdade, também se aplicavam aos políticos em geral.

Mais adiante Julião fez a ressalva, mas, no caso, a soar como tardio mea-culpa:

> Deixemos, porém, os burros em paz. E tratemos do político. Este, seja qual for a posição que adote, como conservador, liberal, social-democrata, socialista ou comunista (excluímos o nazi-fascista, porque, aí, não se trata de burrice, e sim de paranoia!), pode, perfeitamente, mudar, desde que use as armas da inteligência, da razão e da lógica, além da honestidade, é claro, para medir o passo que vai dar. Quem avança em direção ao futuro, quem marca o seu passo pelo passo da História, quem se inclina ante o povo e a nação, para submeter-se aos seus desígnios, não merece a classificação de burro. Dentro dela fica quem prefere continuar com os tampões na cara e o cambão no pescoço![92]

94. CAMPANHA ELEITORAL: "REFORMA AGRÁRIA NA LEI OU NA MARRA"

A principal justificativa para a candidatura de Julião à Câmara, em 1962, foi a de que, na qualidade de líder máximo do movimento camponês, necessitava de tribuna bem mais ampla, de caráter nacional, para continuar defendendo a causa, além da indispensável imunidade parlamentar.

A sua candidatura coincidiu com a disputa para o cargo de governador de Pernambuco, para o qual concorreram João Cleofas, Miguel Arraes e Armando Monteiro Filho.

As ações dessas forças políticas no cenário partidário pernambucano foram dirigidas, num primeiro momento, como era natural, para a conquista do poder local e de cadeiras na Câmara. Num segundo momento, os partidos desejavam acumular forças para chegarem à próxima disputa da Presidência com vantagens na mesa de negociação.

Ao enfrentar a campanha eleitoral, as Ligas Camponesas talvez fossem, entre as demais forças políticas, o movimento mais desorganizado, até sem os meios adequados para a contenda eleitoral. Faltavam-lhe possibilidades de barganhar acordos e de formalizar alianças confiáveis, meios fundamentais para sensibilizar, com maior facilidade, o eleitorado. Apesar disso, era o mais temido e combatido, pela coerência histórica de suas bandeiras de luta.

A fragilidade eleitoral das ligas era notória e decorria dos últimos embates vividos pela organização, como, por exemplo, a ruptura com o PCB e a nova orientação do governo Jango em relação à criação de sindicatos rurais. Essas ações afetaram os campos ideológicos e reduziram as táticas de luta estabelecidas.

A questão agrária, tratada com efetividade no âmbito do governo federal, encontrava na nova sindicalização rural dois poderosos e atuantes agentes: os comunistas e os católicos. Embora ambos buscassem objetivos aparentemente semelhantes, na verdade, a Igreja, na hora da criação dos sindicatos rurais, mudava a orientação ideológica, pois tinha um enfoque mais paternalista.

Algumas comunidades camponesas, sobretudo de Pernambuco e da Paraíba, conseguiram ainda manter um clima de colaboração de sadia convivência com líderes de sindicatos rurais menos afetados pelo caráter ideológico preconizado por membros do PCB, mas essas alianças, via de regra, surgiam em função de objetivos circunstanciais, como, por exemplo, as lutas por melhoria salarial, eleições de diretorias de sindicatos ou das próprias ligas. Esse tipo de colaboração, num primeiro momento, ocorreu na área de atuação dos liderados pelos padres Antonio Melo e Paulo Crespo.

Para complicar ainda mais a situação política de Julião, sobretudo a partir do meado do ano, ele teve de arrostar com as consequências negativas da aventura guerrilheira praticada por seus seguidores em alguns estados. Por isso, ao iniciar-se a campanha eleitoral, convocou os "quadros remanescentes desses dispositivos guerrilheiros". O resultado, reconheceria mais tarde, foi desastroso:

> O movimento se dividiu bastante, porque os próprios companheiros que conduziam a campanha tinham uma linguagem muito violenta. Quando falavam nas concentrações, usavam uma linguagem tão violenta que perdíamos votos. Quem queria votar não podia, porque era o camponês analfabeto. Eu explicava para que falassem uma linguagem um pouco mais flexível, mais aberta, para ganhar o voto dessa gente. Eu dizia: "Estamos em campanha, e não em uma guerra. Vocês falam como se estivessem em uma guerra. As palavras de vocês são palavras de quem está comandando um processo violento. Nós estamos em uma campanha eleitoral onde existem eleitores mais ou menos preocupados com a posição dos candidatos. Esses eleitores, evidentemente, não querem uma guerra; querem é votar, nas urnas, em candidatos que defendam os seus interesses" (FJ a FGV/CPDOC, 1982:75).

As dificuldades eleitorais não ficaram por aí. Os inimigos das Ligas Camponesas, aproveitando-se da divulgação de cartazes com o slogan "Reforma agrária na lei ou na marra", nos quais aparecia o retrato de Julião ao lado de muitas mãos e de enxadas, imediatamente pediram a cassação do registro de sua candidatura. O pedido formal ao Tribunal Regional Eleitoral de Pernambuco foi formulado pelo vereador Wandenkolk Wanderley, ex-policial bastante conhecido por suas truculências de torturador e outras práticas de arbitrariedades contra os direitos humanos. À primeira vista, com o amplo sensacionalismo da imprensa parecia procedente. Argumentava Wandenkolk que a expressão "na marra" era uma consigna revolucionária, comunista e subversiva, porque insuflava o povo à revolução mediante o uso de fuzis e outras armas com o objetivo de derrubar as instituições etc.

Intimado para defender-se, Julião ofereceu sua defesa no prazo legal, argumentando, entre outros pontos, que a expressão "na lei ou na marra", além de viril, de máscula, de afirmativa,

> é popular e folclórica e será lembrada, no futuro, pelo historiador, como uma demonstração palpável do povo brasileiro de se libertar, a qualquer preço, do regime cruel de servidão, todos os assalariados agrícolas e camponeses de nossa querida pátria. Até mesmo nos símbolos que a Justiça, representada por uma donzela de olhos vendados, sustenta em cada mão – a balança e a espada – encontro a tradução das duas palavras. A balança é a lei. A espada é a marra. Aquilo que o povo não consegue pela lei alcança pela espada no dia em que a empunha para se libertar da opressão e da tirania.[93]

Argumentou ainda Julião, perante o Tribunal, que a inscrição já se tornara popular não só em Pernambuco, mas por todo o Brasil. Ademais, em tom de ironia, informou que o Instituto Brasileiro de Ação Democrática (Ibad)

> que não é brasileiro nem é democrático, porque se mantém com o dinheiro da embaixada norte-americana e tem por objetivo a corrupção eleitoral, já o Ibad, dizia, vem, através de agentes bem pagos, destruindo não só esses, mas aqueles outros cartazes de minha propaganda onde há inscrições que, para honra da Justiça Eleitoral de Pernambuco, não foram condenadas, tais como: "O mundo marcha para o Socialismo"; "Camponês sem terra é operário sem pão; panela vazia é tambor da Revolução."[94]

Além do mais, a consigna "reforma agrária radical na lei ou na marra" fora já consagrada durante o I Congresso Nacional dos Camponeses do

Brasil, em Belo Horizonte, recebendo os aplausos mais entusiásticos dos 1.600 delegados de vinte estados e dos 10 mil assistentes e convidados, entre os quais se destacaram o presidente da República, o primeiro-ministro, o ministro das Relações Exteriores, o ministro de Minas e Energia, Gabriel Passos, o governador e vice-governador de Minas Gerais, os notáveis padres Francisco Lages, de Belo Horizonte, Arquimedes Bruno, do Ceará, frei Eugênio, do Rio Grande do Sul, trinta deputados federais e dezenas de outras autoridades, desde o general Amaury Kruel ao prefeito de Belo Horizonte.

Julião lembrou aos desembargadores que até o presidente Jango, ao ouvir a multidão gritando aquela consigna, sorrindo, indagou-lhe:

– Qual o significado da expressão "na marra"?

– "Na marra" quer dizer no peito, na raça. Pelo menos é assim que o povo a traduz, na sua linguagem rude, mas honesta, sem subterfúgio, sem sutileza, sem hipocrisia. É que para o povo a palavra foi feita para exprimir o pensamento.

Informou, ainda, aos desembargadores que não tinha de que se penitenciar, por causa da expressão "na lei ou na marra", posta em termos de opção.

> Se o bom senso pode levar à erradicação do latifúndio (no Brasil, 2% apenas de brasileiros são donos de 85% das melhores e das mais ricas terras, pasme V. Exa.), que se faça na lei, mas se o egoísmo humano não transige, que se faça na marra, contanto que se liberte a terra para completar a obra que Nabuco, o paladino da Abolição, acoimado, no seu tempo, de agitador social, de carbonário, de petroleiro, de traidor e por aí abaixo, deixou pela metade.[95]

O Tribunal, por unanimidade, desconsiderou a impugnação do vereador Wandenkolk Wanderley.

Mesmo assim, alguns integrantes do grupo político que participaram do "esquema militar das Ligas Camponesas", ressentidos com a nova orientação, não concordaram com o desvio de recursos do movimento para a campanha eleitoral de Julião. Alegavam, entre outras razões, que a eleição não passava de uma "farsa constitucional e era contraditória à perspectiva do caminho armado da revolução brasileira" (Azevedo, 1982:94).

Por causa desse radicalismo, Julião compreendeu que não poderia subir no palanque de Miguel Arraes, sob pena de correr o risco de prejudicá-lo com mais radicalização. Preferiu fazer sua campanha "em faixa própria". Daí ter o cuidado de procurar Arraes e explicar sua situação: "Olhe, Miguel, não posso fazer a campanha com você. Há problemas aqui dentro das Ligas e, então, é melhor que eu faça em faixa própria." Depois do pleito, Arraes procurou Julião e reconheceu a validade de sua atitude política. A propósito, Julião resumiria assim os argumentos de Arraes, que lhe disse dever sua eleição a duas pessoas em Pernambuco:

> Primeiro, a José Ermírio de Morais, que deu o dinheiro para a campanha e que, depois, foi um fator de equilíbrio como candidato a senador, porque era um grande industrial em São Paulo e usineiro em Pernambuco. Segundo, a mim, Julião, que realmente lhe atraiu o voto mais radical. A diferença da vitória de Arraes foi de cerca de 15 mil votos. Na apuração, apareciam muitas chapas aqui no Recife onde só tinha o nome de Miguel Arraes para governador e o meu para deputado. Foram uns 16 mil votos. Assim, acredito que esse voto radical, que consegui canalizar, através da campanha em faixa própria, foi a diferença de que Arraes necessitava para ganhar de Cleofas, que veio do interior com uma grande votação, mas no Recife foi demolido (FJ a FGV/CPDOC, 1982: 77).

Clodomir Morais, anos mais tarde, ao apreciar o resultado eleitoral alcançado por Julião, que se elegeu deputado federal, foi bastante crítico.

> A campanha eleitoral das Ligas foi um desastre. Julião não conseguiu mais do que o último lugar entre os eleitos. Os outros candidatos das Ligas não chegaram a alcançar nem a suplência. Além disso, havia perdido grande parte da direção de várias organizações de massa, inclusive a própria direção do jornal *Liga*, recém-fundado no Rio de Janeiro (Morais, 1997:43).

O desastre eleitoral preconizado por Morais não procedia. A votação de Julião, dentro do contexto partidário da época, foi uma das mais expressivas, não só no estado mas também dentro do PSB, a que pertencia: 16 mil votos. Superou todos os seus colegas de partido, inclusive Pelópidas Silveira, experiente político com densidade eleitoral no Recife e arredores, ex-prefeito da capital e vice-governador durante o mandato de Cid Sampaio, candidato do mesmo partido, que ficou apenas na primeira suplência. Além disso, não se pode esquecer que o candidato do PTB, apoiado pelo governo Jango e pelos comunistas recifenses, também concorrendo à Câmara nas áreas frequentadas por Julião, não conseguiu se eleger. No Recife, teve apenas cerca de 2.500 votos, enquanto Julião conseguiu 10 mil. Ademais, no interior do estado, onde seus potenciais eleitores não votavam por ser camponeses analfabetos, Julião, na maioria dos municípios, foi mais votado do que nomes como Aderbal Jurema, Clélio Lemos, Etelvino Lins (ex-governador de Pernambuco), Gileno de Carli e Petronilo Santa Cruz, todos do PSD. Não esquecer que os candidatos a cargos majoritários e a deputado, pessedistas, udenistas e de outros partidos aliados, receberam gordas e polpudas ajudas de milhões de cruzeiros do Ibad.

95. INTERFERÊNCIA DO IBAD NAS ELEIÇÕES

A eleição de 1962 figurou como uma das mais disputadas entre todas as da história recente de Pernambuco. Como se não bastassem as acirradas confrontações ideológicas ocorridas entre os aliados da esquerda de Miguel Arraes, integrantes da Frente do Recife, e os seguidores de candidatos conservadores, como João Cleofas e Armando Monteiro Filho, ambos usineiros, sem problemas de arregimentação financeira para fazer face às despesas com a campanha. Além disso, surgira o Ibad, braço financeiro do empresariado e de organismos ligados aos interesses norte-americanos, como, por exemplo, a Aliança para o Progresso e a Alimentos para a Paz. Essas entidades despejaram em Pernambuco extraordinárias somas de dinheiro, fato que concorreu para fomentar a corrupção eleitoral no estado de maneira assustadora. Ampliemos esse foco.

A origem do Ibad, com ação em todo Brasil, remonta ao meado da década de 1950. No entanto, só se tornou uma entidade mais visível a partir da ascendência do populismo de Jango.

Por essa época, um grupo de intelectuais orgânicos de interesses econômicos ligados às multinacionais e seus associados no Brasil fundou o Instituto de Pesquisas e Estudos Sociais (Ipes), que passou a atuar em conjunto com o Ibad. A estrutura e o funcionamento dessas entidades curiosamente baseavam-se nos argumentos do pensador italiano Gramsci, segundo os quais é possível organizar-se uma força social capaz de controlar seus próprios interesses corporativos e até outros grupos subordinados.

Nas eleições de 1962 o grupo dirigente Ipes/Ibad, tendo em vista a gravidade da situação política, tomou para si a tarefa de evitar o avanço das forças políticas contrárias a seus interesses. O caminho mais curto foi a prática de ações de aliciamento de candidatos às Câmaras Municipais, Assembleias Legislativas e ao Congresso, bem como a eleição de candidatos a cargos majoritários nos principais estados. As ações eram ostensivas e ousadas. Os dirigentes do Ipes/Ibad contaram com o apoio incondicional de nomes de projeção nacional, como Carlos Lacerda (governador da Guanabara), Adhemar de Barros (governador de São Paulo), Cid Sampaio (governador de Pernambuco), Aluísio Alves (governador do Rio Grande do Norte) e Magalhães Pinto (governador de Minas Gerais).

Essas iniciativas logo contaram com a simpatia e o apoio de outras forças poderosas, a exemplo da administração John Kennedy, bastante preocupada com a adoção das reformas de base preconizadas pelo governo Jango. John McCone, diretor da CIA, em relatório enviado a Kennedy, informava que havia "um crescimento significativo do sentimento esquerdista e nacionalista no Brasil. Esses elementos provavelmente ampliariam de maneira substancial sua atual força no Congresso". (Parker, 1977:46).

Segundo René Armand Dreifuss,

> para começar, as eleições brasileiras de outubro de 1962 foram consideradas o auge de uma das mais expressivas operações políticas jamais

empreendidas pela Divisão Ocidental da CIA americana. Em quase todo o ano de 1962, a estação do Rio de Janeiro e suas muitas bases nos consulados distribuídos pelo país, que muito oportunamente haviam sido aumentados em número, encontravam-se comprometidos numa campanha de milhões de dólares para financiar a eleição de candidatos anticomunistas aos disputados postos federais, estaduais e municipais. (Dreifuss, 1987:325).

A presença de agentes da CIA em Pernambuco foi tão notória que o Consulado dos Estados Unidos no Recife chegou a ter, ao mesmo tempo, 14 vice-cônsules, formando, assim, estranho corpo diplomático para uma cidade com reduzida movimentação, quer no âmbito administrativo, quer no econômico (Cavalcanti, 1978:299; Page, 1982:174).

As interferências não se deram apenas em Pernambuco, mas por todo o Brasil. Sugeridas pela agência de informação norte-americana, foram acatadas pelo embaixador norte-americano:

> Essa preocupação me levou a endossar a sugestão da CIA de que se fornecesse dinheiro a candidatos amigáveis, seguindo o precedente da Itália logo após a guerra, que, segundo se acreditava amplamente, tinha impedido uma vitória eleitoral dos comunistas naquele país. Há alguns anos declarei publicamente que lamentava essa decisão, embora soubéssemos que fundos originários de Cuba e do movimento comunista internacional estavam ajudando os candidatos de extrema esquerda, assim como organizações estudantis. Nosso financiamento provavelmente teve, na melhor das hipóteses, um efeito muito pequeno no resultado das eleições e o equilíbrio no Congresso entre esquerda e direita não se modificou substancialmente, embora Pernambuco tenha elegido um governador de extrema esquerda, Miguel Arraes (Gordon, 2002:328).

Joseph A. Page resumiu bem as atividades do Ibad durante o curso da campanha eleitoral de 1962 em Pernambuco:

> Uma das principais funções do Ibad era canalizar fundos para uma cidade ou estado, com o objetivo de influenciar o resultado das eleições locais.

Logo no começo da campanha, o Ibad montou uma sede no Recife. Cid Sampaio, que estava dirigindo a campanha de Cleofas, indicou um de seus cunhados para atuar como ligação entre o Ibad e as forças anti-Arraes e pró-Cleofas. Sua atividade não constituía segredo e forneceu a Arraes um bom assunto. Ele utilizou-o ao máximo, queixando-se bem alto da presença do Ibad. Havia até rumores de que as firmas americanas que tinham negócios no Brasil canalizavam dinheiro para o fundo que o escritório do Ibad no Recife tinha à sua disposição (Page, 1982:142).

Além do apoio direto do Ibad, à campanha de João Cleofas vieram fundos provenientes das companhias de petróleo Texaco e Shell; dos grupos farmacêuticos Pfizer, Ciba, Gross, Shering, Enila e Bayer; dos bancos Nacional do Norte, Irmãos Guimarães e Novo Mundo; das instituições e companhias comerciais Herman Stolz e Lojas Americanas; do grupo têxtil Tecidos Lundgren; das companhias alimentícias Coca-Cola e Standard Brands; das multinacionais General Electric Co., IBM, Perfumes Coty e Remington Rand; da Companhia Siderúrgica Belgo-Mineira, da AEG e da Federação Comercial do Recife. (Dreifuss, 1987:331)

Lincoln Gordon, embaixador no Brasil durante a fase do governo Jango, rememorando as ajudas de dólares a candidatos "amigos" às eleições de 1962, em Pernambuco, disse que

> certamente foi muito mais de 1 milhão de dólares; e eu não ficaria surpreso se tivesse chegado a 5 milhões de dólares. Mas não era uma importância enorme, não eram dezenas de milhões de dólares. Havia um teto por candidato. Basicamente, era dinheiro para comprar horários de rádio, imprimir cartazes, esse tipo de coisas. E pode estar certo de que havia muito mais pedidos do que os que foram atendidos (*Veja*, 9/3/1976).

Após a eleição, Arraes prestou depoimento à CPI destinada a apurar as irregularidades cometidas pelo Ibad e, na ocasião, ofereceu prova irrefutável – documentos e até cópias de cheques descontados em vários bancos recifenses – de vultoso volume de capital gasto na campanha eleitoral:

O superintendente do Ibad em Pernambuco era o sr. Frutuoso Osório Filho. Com procuração ampla para atuar em Pernambuco dos senhores Marcel Hasslocker, Carlos Levino Reis e Bartelmy Beer, diretores da S.A. Incrementadora de Vendas, o sr. Osório movimentou em Pernambuco, entre 30 de maio a 1º. de outubro de 1962, nada menos do que Cr$ 308.067.100 e, possivelmente, mais Cr$ 107.000.000 de que temos algumas referências (Barros, s.d.:173).

Entre todas as campanhas eleitorais brasileiras, a mais disputada – quer pelos interesses em jogo, quer pela publicidade alcançada em torno de supervalorização das consequências – foi a de Pernambuco. Basicamente a preocupação da chamada elite orgânica conservadora era impedir, a todo custo, a eleição de Arraes para governador e de Julião para deputado federal.

96. FUNDAÇÃO DO JORNAL *LIGA*

Em outubro de 1962, foi fundado por Julião, no Rio, o jornal *Liga*. O objetivo principal era dar sustentação política e ideológica ao movimento camponês.

O hebdomadário, com circulação nacional, vendido em bancas, tinha formato tradicional. Os textos, claros, diretos e dosados com apelos ideológicos, harmonizavam-se com a natureza do movimento. Diagramado em colunas impressas em preto e branco, trazia o título *Liga* em branco dentro de um retângulo vermelho, logo abaixo do lema: "Ou ficar a Pátria livre ou morrer pelo Brasil", do Hino da Independência, de dom Pedro I.

Rodado inicialmente na *Folha Carioca*, depois passou a ser impresso nas rotativas da *Tribuna da Imprensa*.

Julião escolheu o jovem jornalista pernambucano Antonio Avertano Barreto da Rocha para o cargo de editor responsável. Egresso das hostes udenistas, em virtude das lutas estudantis, Avertano, com apenas 15 anos, começou a participar da Associação dos Estudantes do Colégio

Estadual de Pernambuco, mais conhecido como Ginásio Pernambucano. Por ocasião do Congresso de Salvação do Nordeste, ao assistir às explanações de vários líderes políticos, principalmente Arraes, Julião e Clodomir Morais, passou a tomar maior consciência política dos problemas nacionais. Mais tarde, participou da fundação da Academia Pernambucana Estudantil de Letras, no bairro do Caçote, em Areias, uma das áreas mais pobres da periferia recifense. Por volta de 1957, presidiu o Centro dos Estudantes Secundários de Pernambuco (Cesp), fase em que aderiu à liderança de Julião, dentro do movimento denominado de Aliança Operário-Estudantil-Camponesa, do qual faziam parte membros do PCB. O principal objetivo da aliança era o de politizar os estudantes secundaristas, levando-os a participar ativamente das greves, como ocorreu, por exemplo, durante o movimento paredista dos tecelões, quando os estudantes solidarizaram-se com eles, oferecendo-lhes até apoio material (alimentos, remédios, roupas etc.). Participou ativamente das lutas políticas contra a oligarquia pessedista liderada por Etelvino Lins e Cordeiro de Farias, quando a Frente do Recife apoiou a candidatura de Cid Sampaio para o governo do estado. Então, os estudantes universitários eram liderados por Fernando Mendonça Filho e os secundaristas por Antonio Avertano.

Juntamente com Antonio Avertano, no primeiro momento houve alguns importantes colaboradores, mais entusiasmados com os aspectos políticos do movimento camponês do que propriamente com os atrativos de retribuição salarial, como José Pessoa, Wanderley Guilherme, Ferreira Gullar, Jânio de Freitas, Cláudio Bueno Rocha, Zuenir Ventura e Luciano Martins. O jornal contava, ainda, com a colaboração de outros jornalistas fora do Rio, a exemplo da sucursal do Recife.

A primeira crise do jornal surgiu após a edição do quarto número. Os motivos das divergências decorreram de boatos sobre os desmandos que ocorriam nos "dispositivos clandestinos". Segundo depoimento de Antonio Avertano, "os boatos davam conta de que Clodomir Morais e seus 'guerrilheiros' viviam praticando grandes orgias, inclusive no Rio. Diziam, entre outras coisas, que Clodomir possuía 12 apartamentos no Rio, comprados com o dinheiro mandado por Cuba para as 'guerrilhas'.

Ainda eram citados como envolvidos nas orgias Amaro Luiz de Carvalho, também apelidado de Palmeira, e Tarzan de Castro, além de outros que viviam à tripa forra".[96]

Avertano, então, ficou tão impressionado e decepcionado com os boatos que, em certo momento, pensou até em matar-se. Ao refletir melhor, resolveu deixar o cargo de editor do jornal e viajar ao Recife, a fim de prestar contas a Julião e expor os motivos que o levaram a tomar aquela atitude.

Como juridicamente tinha poderes para representar a empresa jornalística em questões de logística e de administração, retirou o saldo da conta bancária, colocou numa mala e levou para Julião.

Ao chegar, após entregar o dinheiro e relatar os motivos que determinaram sua demissão, até carregando em negras tintas os detalhes de tudo que soubera a respeito das iniciativas tomadas por Morais e seu grupo, ouviu de Julião apenas a terminante e enigmática afirmativa: "Clodomir é o sol e vocês são os pirilampos."[97]

A história do jornal, porém, não terminou com esse episódio.

Quando os seguidores de Morais, no dispositivo de Petrópolis, tomaram conhecimento das acusações feitas pelos integrantes do jornal, considerados "intelectuais pequenos-burgueses de Ipanema", organizaram um comando sob a chefia do ativista Mariano da Silva, o Loyola, "deslocaram-se para o Rio de Janeiro (outubro de 1962) e, a mão armada, reconquistaram o jornal *Liga*, que estava sendo dirigido por um grupo de intelectuais. Dentre eles o poeta Ferreira Gullar e o politólogo (*sic*) Wanderley Guilherme" (Morais, 1997:44).

Esse episódio, décadas mais tarde, seria recordado com indisfarçável azedume por Ferreira Gullar, numa entrevista publicada pela *Folha de S. Paulo*. Ao criticar duramente as supostas ações negativas praticadas por Morais, o autor de *João Boa-Morte, cabra marcado para morrer* (cordel de 1962, aliás, escrito no mesmo ano de sua colaboração no jornal *Liga*) proclamou sua recusa em participar de qualquer movimento político armado. No entanto, naquela mesma época, ao se aproximar de Julião, como declarou Gullar, o fez motivado exatamente por causa da possibilidade de viver a experiência da luta armada:

> Eu primeiro me liguei a Francisco Julião, às Ligas Camponesas, porque eu achava que o PC não era de nada. Todo mundo dizia isso e eu também achei. O Julião me dissera que tinha 300 homens que podia armar a qualquer momento e fazer a revolução. E eu, com a minha cabeça de pequeno-burguês inexperiente, achei que aquilo era o caminho, que era a verdade. Era tudo mentira do Julião. Ele não tinha ninguém armado. Quando eu descobri isso, entrei para o partido (FSP, 28/8/1994).

As discordâncias de Gullar, como ocorrera com Avertano, vinculavam-se aos boatos que circulavam no Rio a respeito dos desmandos praticados por Morais. Gullar, convidado por Julião, por meio de um amigo, passou a integrar o corpo de redação do jornal.

> Entrei lá em função disso. Mas rompi, porque houve uma série de coisas que mostrou que aquilo ali era uma brincadeira. Na verdade, o Julião era um autoritário. E nós descobrimos que o Clodomir, organizador das Ligas e o braço direito de Julião, tinha uma amante no Rio, outra em Belo Horizonte, outra em Goiânia e vivia de casa em casa... Ele tinha dólar, que recebia de Cuba, e aí cooptava as garotas que participavam do movimento, as camponesas. Quando nós descobrimos o que estava havendo, fomos levar isso ao conhecimento do Julião. O Julião falou: "Não quero saber de vocês; intelectual para mim não vale nada. Eu prefiro o Clodomir mesmo." Caímos fora. Então, é claro que aí o pessoal do partido me procurou (*ibidem*).

Essa dissidência entre "ativistas" e "intelectuais de Ipanema" só terminou com a efetiva intervenção de Julião. A solução foi convocar um jornalista experiente para o cargo de editor e criar um conselho de direção formado por membros do movimento político das ligas.

Ocorreu que, meses antes, Julião estivera em Cuba e ali entrara em contato com o jornalista cearense Pedro Porfírio Sampaio, então com apenas 20 anos, mas já coordenador e produtor de programa radiofônico dirigido especificamente ao Brasil e transmitido pelas ondas curtas da rádio Havana. Impressionado com o trabalho de Sampaio, Julião o

convidou para retornar ao Brasil e integrar-se à luta do movimento das ligas camponesas. Seu argumento fora decisivo:
– Aqui, a coisa já está resolvida. Você não tem muito que fazer. No Brasil, não. Precisamos de gente decidida como você. Sua revolução é lá.

O entusiasmo do ex-líder estudantil que abandonara o Brasil embalado pelo fervor da retumbante vitória da Revolução Cubana não resistiu ao convite de Julião. Aliás, a propósito, escreveria anos mais tarde em suas memórias:

> A todos Julião encantava com sua afinada sensibilidade literária. Era um poeta, como foi o presidente Madero, no México, com quem alguns o achavam parecido. Era científico no diagnóstico, religioso no tratamento e intuitivo nas previsões. Eu me sentia mais uma vez um jovem privilegiado e já me imaginava a subir montanhas e a cruzar cidades com o trabuco bem municiado, levando a cada um o novo catecismo da justiça social (Porfírio, 2004:114).

Ao voltar ao Brasil a realidade encontrada por Sampaio, porém, era bastante diferente. Inicialmente teve de atuar fundando ligas no interior do Estado do Rio e de Mato Grosso. Enquanto os dias passavam, cada vez mais se angustiava pela impossibilidade de encontrar o caminho da sonhada luta armada (*ibidem*, p.129).

Um dia, diante da crise do jornal, Julião convocou Sampaio para dirigi-lo na condição de editor-chefe. Para ajudá-lo, designou um conselho editorial formado por membros da organização política das ligas: padre Alípio de Freitas, Adauto Freire da Costa, Mariano José da Silva e Ozias Ferreira (Morais, 1997:44).

A parte administrativa ficou a cargo do jornalista e pintor José Hugo Arruda de Paula, irmão de Julião.

A estrutura do corpo do jornal, além dos normais espaços destinados aos noticiários de fatos ligados ao movimento camponês, à política nacional e internacional, contemplava, ainda, várias seções permanentes de interesse dos camponeses, tais como festas religiosas, horóscopo, santos do dia, provérbios camponeses, informações sobre agricultura etc.

Havia, sempre, espaço aberto para a literatura de cordel, pois o próprio Julião, como poeta cordelista, inclusive usando alguns pseudônimos, estimulava a divulgação desse gênero como eficaz instrumento de divulgação dos ideais da luta pela reforma agrária e conscientização das massas camponesas.

A circulação do jornal *Liga* seguiu, sem interrupção, até o golpe militar de 1964, quando sua sede, na rua Alcindo Guanabara, na Cinelândia, centro do Rio, foi invadida e totalmente destruída pelas forças policiais e militares.

Em 1969, diante da impossibilidade de se encontrar no Brasil exemplares do jornal *Liga*, vez que foram alijados dos arquivos e das bibliotecas públicas, bem como eliminados pelas pessoas que temiam perseguição policial por guardar coleções em suas residências, Julião coordenou, no Centro Intercultural de Documentación (Cidoc), fundado e dirigido pelo padre filósofo Ivan Illich, a edição fac-símile de boa parte dos números de *Liga*.

Ao justificar tal iniciativa, entre outros pontos, desde seu exílio, destacou o líder dos camponeses:

> Os trabalhos que dão corpo a este *Cuaderno* foram extraídos e selecionados do semanário *Liga*, que fundamos em outubro de 1962 e dirigimos até 1º de abril de 1964, data em que se implantou, no Brasil, a ditadura militar. [...] Desse modo o cronista de amanhã encontrará neste *Cuaderno* uma boa fonte de informação para reconstruir um dos aspectos mais vivos da grande mobilização do povo brasileiro em busca de uma democracia real, e não apenas legal. [...] Confiamos em que o material recolhido alcance um duplo objetivo, ou seja, o de informar, de instruir e ilustrar sobre uma das fases mais densas da vida do campesinato brasileiro, além de oferecer aquela outra dimensão, sem dúvida mais ambiciosa, isto é, a de convencer a todos os homens de que dentro de cada um deles existe um camponês. Estamos seguros de que se isso se logra, não é o camponês o único a vencer, a ganhar, a crescer, a se afirmar, mas, antes de mais nada, o homem (Julião, 1969:3-5).

97. "AGITAR É UMA BELEZA. ORGANIZAR É QUE É DIFÍCIL"

A frase dita por Julião ao jornalista Antonio Callado foi: "Seu Callado, agitar é uma beleza. Organizar é que é difícil."

Esse reconhecimento, de certo modo, refletiu a tardia descoberta do líder dos camponeses, bem como um certo ar de impotência (Callado, 1979:84).

Em verdade, ele nunca foi um homem talhado para ações pragmáticas, um organizador, circunstância que ele mesmo reconheceria em diversas ocasiões. Seu perfil jamais poderia ser comparado com o de alguns revolucionários, como, por exemplo, Che Guevara e Fidel Castro, homens feitos e vividos na execução de ações aparentemente opostas e irreconciliáveis: teóricos e planejadores e, ao mesmo tempo, agitadores e executores de iniciativas práticas de comando revolucionário.

O que ele melhor fazia era agitar. Quando falava, convencia as massas. Esse trabalho, é preciso reconhecer, não era de somenos importância, porque, talvez, por esse caminho ele poderia atingir resultados positivos no atacado, embora jamais tenha sido capaz de descer ao varejo, isto é, aos detalhes de organização minuciosa e paciente, ao chamado trabalho de "sapo". Não. Julião era o tipo do líder feito para os pronunciamentos, as metáforas tocadas por uma lógica incontestável. Andava armado com a força do verbo, da palavra fácil, mas, quase sempre, propenso a descambar para a utopia, o quimérico. Daí suas bandeiras, embora prenhes de verdades, penderem para as generalizações, quando não se alinhavam aos propósitos de um socialismo utópico. Não foi por outra razão que seus amigos e admiradores preferiam vê-lo como um poeta, um romântico.

Essa forma de agir, num determinado momento de sua trajetória, obrigou-o a deter-se diante de algumas encruzilhadas.

A primeira delas foi quando, sem avaliar bem a realidade nacional, deixou-se levar pelo canto romântico das "guerrilhas", influenciado pelo êxito dos cubanos, e não imaginou até que seus escudeiros, não tão fiéis, agiriam em seu nome, sem que ele tivesse qualquer possibilidade de comando ou de avaliação da eficácia da elaboração do "esquema militar".

Nesse sentido, o próprio destino conspirou contra o movimento. Quando ele falava em "reforma agrária na lei ou na marra", em "revolução social ou socialista", referia-se, no seu íntimo, com toda sinceridade, a mudanças impostas pela vontade das massas. Todos, porém, pensavam na sua vanguarda revolucionária que se organizava secretamente.

A segunda foi quando, acuado pelas novas formas de organização dos camponeses – claramente estimuladas pelo governo Jango e controladas pelos comunistas e pela Igreja –, descobriu que boa parte de seus interlocutores preferia ouvir outros líderes, pois sua retórica começava a cair no vazio.

Houve, ainda, uma terceira situação, quando Julião permitiu que atuassem, sem controle, dentro das Ligas Camponesas, até usando suas bandeiras, grupos trotskistas e revolucionários social-nacionalistas, à primeira vista descomprometidos com partidos ou grupos. Esses setores começaram a praticar ações discutíveis e, no mínimo, embaraçosas para o bom relacionamento com aliados, a exemplo do governo Arraes. Os mais notáveis foram os casos do jovem trotskista Paulo Roberto Pinto, alcunhado de Jeremias, e seus demais companheiros e dos estudantes Joel Câmara, João Severino da Silva, o Joca e João Alfredo dos Anjos. Esses militantes, é preciso reconhecer, desempenharam trabalho de apoio meritório junto aos camponeses, quando lhes prestavam assistência social, jurídica e de conscientização política. No entanto, alguns deles, por falta de diretriz e de comando, quando bem entendiam, radicalizavam e punham em risco o sentido do movimento e a própria vida dos seus liderados. As consequências, portanto, não demoraram: Jeremias e vários camponeses foram barbaramente assassinados, em També, por capangas de um latifundiário local e Joel Câmara, após várias ações ousadas, terminou processado e encarcerado durante boa parte do governo Arraes.

Essas atividades, tocadas sem o controle superior da própria hierarquia das ligas, por um lado, encontraram terreno fértil nos ideais do "cubanismo ou castrismo" e, por outro, criaram falsa euforia revolucionária. De tudo isso, tinha-se a impressão de que o único resultado era ver nos jornais as proezas e as peripécias de alguns líderes lembrando

Bisavô materno, tenente-coronel José Francisco Arruda, senhor do engenho Cachoeira de Taepe. Surubim, Pernambuco.

Dr. Henrique Pereira de Lucena Filho, barão de Lucena.

Avô materno, dr. Manuel Tertuliano Travassos de Arruda, senhor do engenho Passassunga. Bom Jardim, Pernambuco.

Avó materna, dona Flora Gonçalves Lins de Arruda.

Avôs paternos, dona Maria Minervina Barbosa de Paula e capitão Francisco de Paula Gomes dos Santos, senhor do engenho Boa Esperança, atual Espera.

Os pais: major Adauto Barbosa de Paula e dona Maria Lídia (Neném), 1943.

Da direita para a esquerda, sentados: major Adauto, dona Neném com Maria Eunice (Nicinha) no colo, Maria Minervina (Diuzinha), Maria José (Zita), Antonio Maurino (Toinho); em pé: Sebastião Cirilo (Tão), Francisco Julião (Chico), Manuel Tertuliano (Dequinho), José Hugo (Zezé). Chalé da Fazenda Espera, 1931.

Caricatura de Julião. Revista *Siempre!* México, 1977.

Julião aos 20 anos.

Rosa Clemente.

ARQUIVO DO AUTOR

Chalé da Fazenda Espera. Julião ao centro entre os irmãos, 1940.

ARQUIVO DO AUTOR

Pátio do colégio Monsenhor Fabrício em Olinda. Da esquerda para a direita: Antonio Alcoforado, Julião, Sindulfo Alcoforado, Lauriston Monteiro e José Hugo.

À ESQUERDA Julião. Bacharel pela Faculdade de Direito do Recife. Turma de 1939.

ABAIXO Festa de formatura de Julião na Fazenda Espera. Bom Jardim, PE, 1939.

Julião no dia da prisão em Bauzinho. Goiás, 1964.

Julião em seu gabinete de trabalho. Caxangá, Recife, 1947.

Julião adere à Frente do Recife, 1958.

Julião na Liga Camponesa de Galileia, 1959.

Julião discursa aos camponeses sob o olhar atento de Miguel Arraes. Liga Camponesa de Galileia, 1959.

Reconstituição do assassinato de Antonio Cícero, primo de Julião. Bom Jardim, PE, 1959.

ARQUIVO DP / DA PRESS

Josué de Castro discursa ao lado de Julião na Liga Camponesa de Galileia, 1961.

Mao Tsé-tung recebe Alexina, mulher de Julião, e as filhas Anatailde e Anatilde. 1961.

Julião manda os filhos (Anatailde, Anatilde, Anatólio e Anacleto) para Havana, Cuba, em 1961.

Camponeses do engenho Galileia jogam flores sobre as cabeças de Julião e Zezé.

Julião na sede das Ligas Camponesas no Recife.
Ao fundo, painel de Abelardo da Hora.

Fidel Castro, décadas depois, recebe Anatólio,
Anatilde e Anacleto. Havana, 1986.

Julião entre
Salvador Allende e
Fidel Castro. Cuba,
1962.

Julião e Leonel
Brizola, 1961.

Edward Kennedy na sede da
Liga Camponesa de Galileia.
Vitória de Santo Antão, PE,
1961.

Gerador doado à Liga
Camponesa de Galileia pelo
governo Kennedy dos EUA,
1961.

Da esquerda para a direita: Julião, Tancredo Neves, presidente Jango (ao centro), Arnaldo Cerdeira e o governador Magalhães Pinto. Primeiro Congresso Nacional de Camponeses. Belo Horizonte, 1961.

Julião, Regina Castro e a filha Isabela no exílio. México, 1966.

Julião e seu cão. México, 1974.

Fidel Castro ladeado por Julião e Alexina. Havana, Cuba, em 1961.

Maria Angélica, terceira mulher de Julião, e Madalena Aguiar. Recife, 1978.

Julião e o jornalista Luis Suarez. México, 1979.

Julião e a irmã Zita (Maria José). Cuernavaca, México, 1974.

Julião no exílio. Cuernavaca, México, 1977.

Julião retorna ao Brasil. Aeroporto dos Guararapes. Recife, outubro de 1979.

CLÓVIS CAMPÊLO

Julião aos 77 anos, em 1992.

Marta Ortiz. Recife, 1986.

Cajazeira centenária da Fazenda Espera, atingida por um raio logo após a morte de Julião.

ESPERANÇAS E DESILUSÕES (1962-1964)

irrefreável quixotismo. Aliás, tais exacerbações, percebidas com medida inteligência pelos adversários políticos e inimigos do movimento camponês, no fim das contas, foram mostradas à opinião pública pelos que alimentavam a necessidade do golpe militar, já em andamento nos porões dos conspiradores de abril de 1964, como prenúncio de um caos social que precisava ser exterminado.

A propósito desse caos, devido à falta de organização referida pelo próprio Julião, o jornalista Antonio Callado advertiu:

> Sobre a fase de seu cubanismo e de suas guerrilhas – e principalmente sobre auxílio de Cuba – Julião é reticente. Ele andou despachando turmas de estudantes para Goiás, Mato Grosso, Bahia, Paraná e outros estados para adquirirem propriedades, ou invadirem as mais distraídas, e ali fazerem a promoção das Ligas e de novos métodos de resolver o problema social do campo. Alguns dos rapazes caíram na farra, outros tentaram organizar guerrilhas de qualquer jeito e o projeto, em geral, não funcionou nada bem (*ibidem*, p. 85).

Há, na afirmação do jornalista carioca, verdades, mas, também, ao mesmo tempo, algumas variantes simplistas, como, por exemplo, atribuir a Julião a criação e organização dos "focos guerrilheiros". Conforme já demonstrado noutra parte deste livro, justamente por falta de poder de organização das ligas, Julião sequer tinha conhecimento do que estava acontecendo em tais "dispositivos guerrilheiros", como afirmou um de seus idealizadores, Clodomir Morais. No entanto, diante do estrondoso fracasso e na hora de assumir responsabilidades, os defeitos, as mazelas e os reproches recaíram sobre os ombros de Julião. Diante da casual descoberta da armação dos "dispositivos guerrilheiros", verdadeira obra de fancaria montada em alguns estados da Federação, quase num ato de suicídio político, veio a público defender Morais, embora esse, mais tarde, tenha declarado, em seu depoimento perante o inquérito policial-militar após o golpe de 1964, que fora apenas "assessor jurídico das Ligas Camponesas".[98]

98. INJÚRIAS CONTRA JULIÃO

Para avaliar o tamanho do estrago causado à liderança de Julião e ao movimento camponês nesse momento difícil da vida política brasileira – quando Jango conseguira maiores poderes com a volta ao presidencialismo e, por isso, na mesma proporção reunira contra si ampla pletora de inimigos conspiradores – bastará ver a lista dos adversários políticos que se posicionavam quase numa silenciosa frente única contra ele: o governo Jango, as forças de esquerda lideradas pelo PCB, a dissidência de corte stalinista agrupada em torno do reestruturado PCdoB e a Igreja Católica, quer a dos ultramontanos, quer a do centro, quer a da esquerda.

Quando, em março de 1963, o presidente Jango promulgou a lei criando o Estatuto do Trabalhador Rural,[99] ao mesmo tempo ficaram estabelecidas as condições legais para a extensão de vários direitos aos trabalhadores do campo, tais como a sindicalização, a aplicação da legislação trabalhista e previdenciária nos mesmos moldes dos assegurados aos trabalhadores urbanos. Essa lei, no início, não deve ter causado surpresa no meio rural, especialmente aos latifundiários, porque no Brasil as leis nunca foram cabalmente cumpridas. Era mais uma a ter o destino de tantas outras: ser esquecida como letra morta.

Essa medida, no entanto, surpreendeu Julião. Com a sua experiência de advogado e vendo o alcance das reivindicações sociais que seu movimento causara até então, sabia que daquele instituto poderiam advir sérias consequências. Se com as parcas disposições do Código Civil ele conseguira avançar com as ligas, que dizer de um instrumental específico destinado aos trabalhadores rurais?

Compreendera também outros aspectos daquela iniciativa do governo Jango. Antes do I Congresso Camponês de Belo Horizonte, o governo federal já buscava encontrar saída para enfrentar a questão da terra. Julião, por sua vez, sabia que a preocupação do governo federal, no fundo, não era apenas com a questão agrária, mas com o avanço vertiginoso do movimento pela reforma agrária nos moldes propostos pelas Ligas Camponesas.

SPERANÇAS E DESILUSÕES (1962-1964)

Goulart, que presidira a sessão de encerramento do grande Congresso, em Belo Horizonte, compreendeu que só havia uma maneira de frear o impulso do homem do campo: sindicalizá-lo para submetê-lo ao controle do próprio governo. Deu o passo definitivo nessa direção, criando para tanto um organismo supervisionado por políticos ambiciosos em aparecer como líderes dos trabalhadores do campo, desde que não se desviassem dos limites por ele traçados. Exemplo perfeito desse tipo de liderança pela sua docilidade ao presidente e comportamento demagógico para com os camponeses foi o do superintendente da Supra (Superintendência da Reforma Agrária), João Pinheiro Neto (Julião, 1975:249).

Após o encerramento do Congresso de Belo Horizonte, as coisas pareceram mais evidentes quando, em toda a imprensa, da noite para o dia, surgiram notícias difamatórias, injuriosas e até caluniosas contra Julião. Tudo fazia crer que se tratava de uma campanha com o objetivo de desacreditá-lo perante a opinião pública, com incisivas manifestações até do seu próprio partido.

Uma das calúnias atribuídas a ele era o assassinato de um lavrador, que ligava a falsa notícia aos episódios dos "esquemas militares das Ligas Camponesas" desbaratados pelas autoridades no ano anterior. O *Diário de Pernambuco* estampou a seguinte manchete: "Francisco Julião fuzilou lavrador por traição."

> Dirigentes comunistas denunciaram que o deputado Francisco Julião adquiriu várias fazendas em Goiás, com o dinheiro dos países socialistas e da burguesia industrial brasileira, é o que revela a *Tribuna da Imprensa*, em sensacional reportagem. Disse mais que o sr. Francisco Julião está treinando os guerrilheiros e já fuzilou um lavrador por traição. As informações foram reveladas por deputados do PTB ao presidente da República. Adianta que o Conselho de Segurança está minuciosamente informado a respeito. O PTB afirma que o parlamentar pernambucano, com sua aventura do tipo fidelista e seguindo os ensinamentos de Mao Tse-tung, poderá provocar uma tremenda reação militar que liquidaria inapelavelmente o movimento esquerdista nacional. O sr. Miguel Arraes, ao que se diz, já teria rompido com o sr. Francisco Julião (DP, 19/12/1962).

No mesmo dia, o influente *Correio da Manhã*, do Rio, abria amplo espaço com nota destinada a denegrir sua imagem:

> O sr. Julião já foi apontado pela imprensa internacional como agente de Fidel Castro. Era a ameaça vermelha que surgia no Nordeste. Quando veio ao Rio, surpreendeu a todos pela amplitude de sua ignorância em questões agrárias, primarismo das ideias e um certo ar burguês de satisfação com o próprio êxito. Toda a sua figura desandava: "Sou um agitador que se fez por mim mesmo." Essa independência irritou os setores da esquerda. A irritação cresceu e, hoje, o sr. Sérgio Magalhães o aponta como "agente de Lacerda, homem da direita". [...] Revela-se aí toda a superficialidade, leviandade e falta de convicções de nossa liderança política. Uma liderança a que chega o sr. Julião e que com ele se preocupa não pode ter capacidade para dirigir este país. Pode apenas ser empurrada, para fora, pelo povo (CM, 5/1/1963).

As invectivas lançadas por Magalhães, à primeira vista, pareciam carecer de qualquer sentido. Como poderia, de repente, Julião aceitar o papel subalterno de transformar-se em agente de Carlos Lacerda e ainda mais para se mancomunar com o governador carioca na elaboração de um "Plano Cohen" destinado a depor o governo Jango, constitucionalmente eleito. Era algo insensato, mas uma provocação dessa natureza, veiculada pela imprensa, no mínimo causaria enorme confusão na cabeça de milhares de leitores.

A resposta de Julião não se fez esperar. Desafiou Magalhães a divulgar as provas de suas ligações com Lacerda: "Se for necessário deixarei todos os meus afazeres em Pernambuco para vir debater com o deputado Sérgio Magalhães, que me acusou – conforme fez questão de frisar – de estar aliado ao lacaio do imperialismo, Carlos Lacerda."

Enquanto isso, Sérgio Magalhães passou a divulgar a informação de que o PSB ultimava as providências legais e necessárias à expulsão de Julião. E fez mais: distribuiu nota à imprensa, em resposta ao desafio que lhe fez Julião na véspera, baseada em argumentos meramente retóricos, sem oferecer qualquer prova plausível:

> Reafirmo que Francisco Julião se tornou um agente provocador e marchou consciente ou inconscientemente para o policialismo. Os fatos que me conduziram a este pronunciamento sobre a conduta do sr. Francisco Julião, nestes últimos tempos, são públicos e notórios. Se não houvesse muitos outros, dos quais tenho conhecimento, bastaria lembrar alguns: 1 – Na sua campanha pela pura e simples abstenção no plebiscito, ele seguia a mesma linha do sr. Carlos Lacerda, da UDN. Procurar enfraquecer o regime e o governo quando as esquerdas não têm possibilidade de vencer é entregar o país à reação e o poder ao sr. Lacerda. 2 – Outro fato ainda: a prisão do sr. Clodomir Morais em circunstâncias suspeitíssimas, fornecendo ao sr. Lacerda elementos para forjar o seu Plano Cohen, é criar condições para um golpe de direita. 3 – Os ex-companheiros do sr. Francisco Julião, que até agora estiveram a seu lado e que com ele romperam, advertiram-no quanto à falta de serenidade como ele se comportava e ele não os ouviu. 4 – E ainda mais as calúnias contra jornais como *Novos Rumos* e *O Semanário*, procurando confundir as esquerdas, são outro exemplo típico de provocação. 5 – *O Semanário*, em seu último número, publicou uma declaração contra ele (Julião) e o PSB, antes de minha denúncia, já estava tratando de sua expulsão, tendo-o advertido por nota, conforme revelou ontem (DP, 5/1/1963).

A resposta definitiva sobre a improcedência das calúnias imputadas a Julião veio da própria direção nacional do PSB:

> O sr. João Mangabeira informou à reportagem que o sr. Francisco Julião não será expulso do PSB. Afirmou que o deputado pernambucano é um homem íntegro e que as acusações contra ele partem de um partido que está há muito fora da lei. Referiu-se claramente ao PCB, mas nada disse sobre o pronunciamento do deputado Sérgio Magalhães (DP, 9/1/1963).

Mesmo acossado por vários flancos, Julião partiu para a reorganização das Ligas Camponesas. As últimas experiências vividas pelo movimento, agora, diante de uma nova realidade – a restauração do presidencialismo e a posse de Miguel Arraes como governador de Pernambuco – impunham-lhe outros horizontes.

Antes de Julião reunir os membros das ligas camponesas para discutirem a reestruturação orgânica do movimento, no começo de março, viajou a Cuba juntamente com Prestes, a fim de participarem de reunião na Confederação de Trabalhadores de Cuba. Os líderes brasileiros foram recebidos, separadamente, por Fidel Castro. Prestes declarou-se impressionado com sua conversação com Fidel, "que é para os brasileiros e para o povo de toda a América Latina a encarnação do espírito de luta", disse (DP, 3/3/1963). O chefe comunista brasileiro declarou que no seu encontro tratara com Fidel de temas vinculados aos problemas latino-americanos. Já Julião nada revelou sobre suas conversações com Fidel.

99. REESTRUTURAÇÃO DO MOVIMENTO CAMPONÊS

Ao retornar de Cuba, Julião, apesar dos inúmeros problemas políticos, sobretudo os decorrentes do novo contexto social agrário sinalizado pelas iniciativas do governo Arraes e as diretrizes introduzidas pelo Estatuto do Trabalhador Rural, em pleno vigor, começou a trabalhar na redefinição dos objetivos políticos das Ligas Camponesas.

A primeira preocupação foi estabelecer com seus pares uma intensa discussão interna como medida preparatória para a realização de uma conferência no Recife, da qual deveria surgir a nova estrutura orgânica das ligas. Essa revisão deveria levar em conta o papel a ser jogado diante das forças políticas que se opunham às ligas e as reais expectativas e os objetivos do movimento social como um todo, que, indiscutivelmente, a partir daquele momento, decidira palmilhar caminhos diferentes às alternativas oferecidas pelas ligas nas etapas anteriores.

As novas perspectivas das lutas sociais assumiam características singulares também a nível nacional, sobretudo a partir do momento em que os líderes envolvidos no processo acenavam concretamente com a possibilidade imediata de partir para a implantação das reformas de base, bem divulgadas e assimiladas pela campanha desencadeada pelo governo federal. Essa campanha, com boa receptividade na maioria dos estados, formava, a olhos vistos, uma espécie de rolo compressor que punha em xeque e, de certo modo, isolava o bloco político defensor do antigo sistema agrário dominante, comprometido historicamente com a imobilidade social do campo. Os sinais de que seriam rompidos os laços da burguesia nacional com essa velha política agrária pareciam evidentes a partir de positivas alianças firmadas com parcelas expressivas da burguesia industrial nacional e o aval das classes populares.

Diante dessa conjuntura, era impossível para as Ligas Camponesas manter a antiga postura política de desconhecimento das alianças, ainda que passageiras, com essas forças. No mínimo teriam de acenar com outras bandeiras capazes de articular ações e iniciativas passíveis de serem entendidas e seguidas pela massa camponesa. Nesse sentido, como observou o sociólogo Fernando Antônio Azevedo

> as Ligas defrontam-se, portanto, com um novo movimento social agrário, no qual não mantêm mais a hegemonia, e com uma conjuntura nacional e regional que se transformou e se transforma de modo extremamente rápido, exigindo a cada momento novas articulações políticas e respostas imediatas e flexíveis, sob pena de ser ultrapassado pelos acontecimentos (Azevedo, 1982:101).

Por compreender a urgência da reestruturação orgânica do movimento, Julião, em verdade, desde outubro do ano anterior, já tomara algumas medidas práticas, como, por exemplo, o desmantelamento dos esquemas militares estruturados por Clodomir Morais e seus auxiliares mais ligados ao PCdoB e a fundação de um jornal (*Liga*), de circulação nacional, destinado a difundir e documentar os passos mais decisivos da história do movimento agrário. Com esses instrumentos, imaginava ele, seria possível manter sob controle as ações mais gerais do movimento camponês e ampliá-lo para novas bases, nas quais a consolidação de uma vanguarda revolucionária se apoiaria sobre um programa radical capaz de reunificar as propostas divergentes então defendidas pelas diversas correntes de esquerda: progressistas e nacionalistas.

O plano era bastante ambicioso. Na primeira fase, após as discussões internas, Julião redigiu um documento – "Teses para debate: unificar as forças revolucionárias em torno de um programa radical" – e divulgou-o pelo jornal *Liga*. Como preâmbulo, num estilo inconfundível, marcado por imagens de convincentes sínteses dos graves problemas da realidade brasileira, assim ele justificava suas teses:

> Uma forte rajada de esperança sopra pela América Latina, sacudindo as cinzas do silêncio e da inércia acumulada sobre as grandes massas oprimidas dos campos e das cidades. A liberdade, como um facho aceso, ateia chamas à consciência dos povos que vivem entre as margens do rio Grande e os gelos da Patagônia. Dentro desse cenário colossal, 240 milhões de seres humanos carregam sobre os ombros humilhados a arca de ouro do imperialismo e o caixão de chumbo do latifúndio. O Brasil, que se estende quase pela metade desse continente submetido ao senhor dos dólares e ao senhor das terras, contribui com um terço dos escravos na condução da arca e do caixão. Nossa Pátria, imensa e bela, possuindo recursos inesgotáveis, riquezas fabulosas, um solo ubérrimo e excelente clima, em condições de alimentar, vestir e calçar oitocentos milhões de pessoas, ainda exibe, nesta segunda metade do século da ciência e da técnica, do planejamento e da energia atômica, os índices mais tristes de pauperismo, de atraso, de miséria, de desemprego, de prostituição, de analfabetismo, de degradação e de fome contra seus oitenta milhões de habitantes (Liga, 12/6/1963).

As teses propostas, no essencial, reeditavam o esquema seguido pela Carta de Ouro Preto, de 1961, que lançara o fracassado Movimento Radical Tiradentes (MRT). Assim, ao privilegiar uma espécie de visão bivalente para as forças políticas que atuavam no espectro político brasileiro, caía no enfoque simplista de ver apenas duas forças antagônicas. E chegou a defini-las no ponto denominado de "As forças em choque". Para tanto, deixou de lado o conhecido critério de análise das classes e camadas sociais que compõem o povo brasileiro e viu, claramente, duas forças em choque: as reacionárias e as revolucionárias e progressistas. Essas forças antagônicas, segundo entendia Julião, se polarizavam na medida em que uma delas busca a defesa de seus interesses. As forças reacionárias procuravam por todos os meios submeter as forças revolucionárias e progressistas.

ESPERANÇAS E DESILUSÕES (1962-1964)

Admitia, ainda, que da ameaça do golpe, para preservar o princípio de autoridade, à mistificação da realidade, para garantir a continuidade da democracia representativa, havia todo "um sórdido processo urdido com inteligência fria e calculada, tendo sempre o mesmo objetivo: a manutenção dos privilégios com a exploração e a espoliação das massas" (*ibidem*).

Ao se verificar o conteúdo programático das reformas propostas por Julião, logo se constatava que surgia o termo "radical" a simbolizar atitude diferenciada em relação às reformas de base preconizadas pelo governo Jango. A reunificação ou reaglutinação dessas "reformas radicais" na ação política propriamente dita deveria se dar, segundo Julião, sob a égide de um Movimento Unificado da Revolução Brasileira (Murb), algo semelhante, como sugerido, ao propósito anteriormente defendido por ocasião da divulgação do Movimento Radical Tiradentes (MRT). As reformas, todas radicais, isto é, marcadas por um ou mais passos adiante no que se refere às propostas das reformas de base do governo Jango e de sua base política, contemplavam as seguintes áreas: agrária, urbana, industrial, bancária e do ensino.

Identifiquemos, sumariamente, esses passos adiante. Na reforma agrária radical, entre várias medidas tendentes à transformação da estrutura agrária do país, destacava-se a desapropriação das terras mediante indenização paga com títulos do poder público, resgatáveis a longo prazo e a juros baixos.

A reforma urbana radical seria, em primeiro lugar, dirigida aos operários, aos pequenos funcionários públicos, aos comerciantes, aos soldados, aos marinheiros, cabos, sargentos, suboficiais e oficiais patriotas, aos pequenos produtores, aos pequenos comerciantes e a todos os favelados. As medidas propostas iam desde a redução de 50% dos aluguéis das habitações urbanas à transformação de cada inquilino em promitente comprador do imóvel ocupado, nos termos de projeto já em tramitação do deputado Sérgio Magalhães, o mesmo que atacara Julião pela imprensa. Além disso, contemplava desapropriação de grandes companhias imobiliárias, pensão vitalícia às pessoas atingidas pelas medidas da reforma urbana radical e criação do Instituto Nacional de

Reforma Urbana, destinado a planificar e executar a construção de casas próprias.

A reforma radical do ensino privilegiava, em primeiro lugar, os estudantes, depois os professores. A regra fundamental era a adoção do ensino gratuito para qualquer grau; participação dos estudantes, de qualquer grau, nos conselhos escolares e universitários; abolição definitiva da chamada indústria do ensino; coexistência de todas as orientações religiosas e filosóficas, facultando-se aos pais a escolha da orientação que desejasse dar aos filhos; criação de cursos de aperfeiçoamento profissional nos próprios locais de trabalho e formação de maior número de técnicos de nível médio; articulação estreita e permanente entre o Ministério da Educação e o Instituto Brasileiro de Reforma Agrária; aparelhamento e melhoria das escolas e faculdades de agronomia, veterinária, arquitetura, medicina, administração, educação etc. e elaboração de programas intensivos de bolsas de estudos, para professores e alunos, junto aos países mais adiantados e sem qualquer discriminação.

Para a implantação da reforma industrial radical requeria previamente a consulta aos trabalhadores, mas consistiria, no mínimo, na encampação das grandes indústrias (nacional ou estrangeira), além de imprimir desenvolvimento acelerado às indústrias de base; auxílio técnico financeiro à pequena indústria; cumprimento da regra constitucional que preceitua a participação dos trabalhadores nos lucros das empresas; formação de comissões mistas destinadas à administração das empresas; e elaboração de um plano de industrialização nacional destinado a eliminar o desemprego e a elevar o nível de vida do povo.

A quinta reforma, a bancária radical, deveria ser precedida de audiências para se ouvirem os bancários, economistas, atuários e contabilistas, em lugar dos banqueiros, e os camponeses e assalariados agrícolas em lugar dos latifundiários, os trabalhadores urbanos em lugar dos capitães de indústria, os pequenos comerciantes e pequenos produtores em lugar dos atacadistas, especuladores, intermediários e agiotas. Além disso, propunha Julião em suas teses a transformação do Banco do Brasil em Banco Central, com o encargo de executar a política monetária, creditícia e bancária, por meio de um conselho em que os trabalhadores estariam representados; nacionalização dos estabelecimentos de crédito; seleção do crédito, de modo a promover o desenvolvimento equilibrado do país, e proibição de remessa de lucros para o exterior.

Defendia, ainda, outras reformas adicionais, tais como reorganização das Forças Armadas, das polícias militares, do Poder Judiciário, revogação da Lei de Segurança Nacional, extensão do voto aos analfabetos e revisão de todos os códigos de direito público e privado e da legislação correlata, adaptando-os às transformações políticas, econômicas e sociais.

As principais críticas feitas por alguns observadores às propostas formuladas por Julião à direção do movimento camponês foram, de certa forma, pelo fato de ter ele adotado o critério da simplificação, isto é, reduzir o problema político a duas correntes antagônicas.

> Nada importa que entre essas forças figurem pessoas, grupos e partidos que lutem entre si pela posse do poder político ou que adotem posições mais ou menos distantes uns dos outros, esses de extrema direita, aqueles do centro, havendo até quem sustente que a carta magna é intocável e até quem queira reformá-la, se todos no fundo, na essência, defendem os mesmos princípios e desfrutam dos mesmos privilégios. Dessa forma Julião não viu nenhuma gradação política entre os setores liberais e os setores mais à direita (Azevedo, 1982:103).

Levadas as teses por Julião à Conferência do Recife, em 3 de outubro de 1963, as discussões, basicamente, centraram-se em torno dessas propostas e as oferecidas pelo padre Alípio de Freitas e seus aliados. No essencial, a mudança proposta pelo militante sacerdote consistia em alterar a estrutura orgânica proposta por Julião, no sentido de que o Conselho Nacional do movimento tivesse uma composição predominantemente operário-camponesa e que as ligas se transformassem em Ligas Camponesas do Brasil com duas áreas de atuação: a de massa (Organização de Massa – OM) e a de política (Organização Política – OP).

A primeira, justificava padre Alípio, deveria agir como órgão nitidamente de massa, popular, e, assim, admitir todos os que estivessem de acordo com as teses propostas por Julião, o que, na prática, significava ser um autêntico movimento aberto e amplo, com a finalidade de mobilizar as forças revolucionárias e progressistas em torno das bandeiras do movimento.

Já a OP deveria estruturar-se em obediência aos padrões de um partido marxista-leninista, tendo como princípio fundamental o centralismo democrático e admitindo em seu seio apenas os militantes reconhecidamente preparados do ponto de vista intelectual, político e ideológico. A OP, por fim, caberia a função de entidade dirigente de todas as atividades das Ligas Camponesas do Brasil.

Consolidadas as propostas, os dirigentes das ligas presentes à Conferência do Recife marcaram nova reunião para janeiro do ano seguinte, quando, então, o Conselho Nacional, já formado, ratificaria e aprovaria a criação da nova estrutura organizativa das Ligas Camponesas do Brasil. Essa nova orientação, na prática, representava a criação de um partido político agrarista de corte radical.

Enquanto isso, no campo da luta social, sobretudo em Pernambuco, em virtude das iniciativas do governo Arraes no campo, Julião e seus aliados enfrentavam duros embates com as novas correntes – governistas, comunistas e padres – que a todo instante ganhavam terreno na organização dos camponeses, agora todos contando com instrumentos legais e políticos eficazes: o Estatuto do Trabalhador Rural (ETR).

100. DE NABUCO A JULIÃO OU DE MASSANGANA A TIRIRI

Em mais de uma ocasião temos aproximado os perfis de Nabuco e Julião. Tal raciocínio, à primeira vista, poderá ser considerado por algum purista radical como absurdo, mas essa vinculação ou parentesco não decorre de meus caprichos pessoais, que são muitos, mas da própria História. A História também tem seus caprichos. Com a função de registrar exemplaridades entre as ações dos seres humanos, na maioria dos casos o que ela faz é aproximá-los ou distanciá-los. Os exemplos de ações praticadas por homens como Adolf Hitler e Winston Churchill dificilmente poderiam ser aproximados. Caberia destacar distanciamentos, oposições, e nunca aproximações, porque se situam no âmbito da História em polos opostos.

No entanto, no caso de Nabuco e Julião, apesar da distância geracional entre ambos, é notável exemplo de aproximação. Registro aqui que não sou o primeiro a falar nessa semelhança histórica. O jornalista Sócrates Times de Carvalho, em 1956, logo após Julião dar os primeiros passos em defesa do camponês pernambucano e diante das incompreensões e ameaças de morte, veio a público, pela imprensa, denunciar os que desejavam, a todo custo, calar a voz e o exemplo do novo líder:

> Vezes sem conta Nabuco foi considerado comunista e nem por isso os reacionários conseguiram impedir a libertação dos escravos negros. O mesmo roubo que Nabuco denunciava com tanta veemência em defesa de uma raça, Francisco Julião vem combater, 72 anos depois, em favor de uma classe. A História guardou o nome de Joaquim Nabuco, assim como o de José Mariano e de dona Olegarinha – do mesmo modo que deu um banho de soda cáustica e apagou o nome de todos os reacionários daquela época. Assim, também, daqui a 100 anos – e 100 anos não significam nada no calendário da História – os reacionários e os sicários que acusam Julião de comunista, e pretendem abatê-lo, estarão esquecidos pelos próprios descendentes. E o deputado doente e franzino do Partido Socialista Brasileiro será lembrado como o político que se imolou pela libertação dos camponeses pernambucanos, se o reacionarismo cavalar insistir nesse programa de emboscadas, provocações e atentados, ignorando que nenhuma violência é capaz de reprimir a força de um ideal (DN, 26/11/1956).

Essa comparação torna-se mais evidente, despidas de certos juízos ideológicos, se a tomamos pelas semelhanças e diferenças existentes entre esses dois políticos pernambucanos. Ambos defenderam causas fundamentais com profundas consequências para o destino político do Brasil: Nabuco, a libertação dos escravos nas últimas décadas do século XIX; e Julião, a reforma agrária por volta do meado do século XX.

Ambos, inteligentes e cultos, revelaram-se excelentes advogados e grandes oradores. Ambos foram egressos de classes opostas aos interesses dos escravizados e dos camponeses sem terra, ou seja, não tinham nenhum compromisso com suas condições de filhos de senhores donos de terra. Ambos desprezaram o acúmulo de riquezas como forma de ostentação ou prazer pessoal.

Entre eles, porém, houve uma diferença: Nabuco foi vitorioso na defesa de sua nobre causa, enquanto Julião, aos olhos de seus inimigos, um simples agitador social "derrotado". E mais do que isso: perseguido, preso, torturado e exilado de sua pátria durante a ditadura militar instaurada a partir de 1964.

Essa indiferença por parte de nossos historiadores parece arrimar-se na velha tendência que induz esses estudiosos a escreverem a História na perspectiva do positivo, e não na do negativo, como nos lembra Benedetto Croce em seu ensaio *La historia como hazaña de la libertad*. Noutras palavras: é melhor e mais rentável escrever sobre os vitoriosos, pois falar dos "derrotados" constitui um incômodo.

Nesse ponto de nosso relato ocorre mais uma aproximação curiosa, dessa vez não propriamente entre os personagens Nabuco e Julião, mas entre suas ações num determinado espaço físico, conforme sugerimos no título deste capítulo.

Que aproximação poderíamos, agora, estabelecer entre esses dois curiosos topônimos?

Massangana, que também aparece grafada como Maçangana, significa *cachaça*, segundo o vocabulário popular pernambucano. Tiriri, forma evoluída de siriri, assume vários sentidos, como no caso dos substantivos *sururu* (confusão, barulho feio etc.) e *pantufo* (cupim novo, quando ainda não tem asas e é branco). Prefiro, porém, destacar o sentido de dança de roda, ação lúdica que aparece sugerida na sonoridade vocabular e lembra criança e inocência.

Nessa última imagem, gostaria de situar a presença da infância de Nabuco no Engenho Massangana, o mesmo espaço onde, 114 anos mais tarde, centenas de camponeses liderados pelas Ligas Camponesas de Julião iriam viver talvez a experiência de convivência cooperativa mais emblemática de todo o processo histórico do movimento camponês brasileiro: a Cooperativa Agrícola de Tiriri.

Com quatro meses de vida, Nabuco foi levado em dezembro de 1849 para o Engenho Massangana, de propriedade de seus padrinhos, Joaquim Aurélio Pereira de Carvalho e sua mulher, dona Ana Rosa. É que no mesmo dia o pai da criança, Joaquim Tomás de Araújo, partia com sua família para o Rio a fim de tomar assento na Câmara. A criança, portanto, por curiosa decisão dos pais, ficou com os padrinhos durante oito anos, isto é, até 1857.

Nabuco jamais esqueceu esses bem vividos oito anos. Esses anos de infância vinham-lhe pejados de lembranças, como as aulas do mestre contratado no Recife, as missas na capelinha do engenho dedicada a São Mateus, os amigos filhos de escravos, os banhos no rio Ipojuca, as festas de Natal etc.

Um acontecimento, porém, como se fora o seu primeiro alumbramento libertário, marcaria definitivamente aquele garoto. Certa vez, de modo inopinado, ele ouviu de acordo com Carolina, a filha biógrafa

> o apelo desesperado do escravo desconhecido que, fugindo de um senhor cruel, viera um dia se atirar a seus pés, pedindo para servi-lo. Nesse incidente que terminou com a compra, em seu nome, do negro foragido, presente de madrinha, o que se lhe revelou, de modo impressionante, foi o lado trágico, que ele ignorava, da instituição que cercara sua infância de dedicação feliz (Nabuco, 1979:17-18).

Assim evocou Nabuco a famosa propriedade de Massangana

> Nunca se me retira da vista esse pano de fundo que representa os últimos longes de minha vida. A população do pequeno domínio, inteiramente fechado a qualquer ingerência de fora, como todos os outros feudos da escravidão, compunha-se de escravos, distribuídos pelos compartimentos da senzala, o grande pombal negro ao lado da casa de morada, e de rendeiros, ligados ao proprietário pelo benefício da casa de barro que os agasalhava ou da pequena cultura que ele lhes consentia em suas terras.

Pois bem, um novo alumbramento libertário, dessa vez de milhares de camponeses, aconteceu no mesmo cenário da infância de Nabuco: o Engenho Massangana. Ali, em julho de 1963, foi instalada a Cooperativa Agrícola de Tiriri. Quando os camponeses e seus líderes responsáveis pelo milagre da formação dessa cooperativa chegaram à entrada da casa-grande, alguém leu os dizeres de uma placa de bronze, já gasta, colocada, em 1938, à direita de quem entra, com este aviso: "Aqui nasceu a inspiração abolicionista de Joaquim Nabuco."

Os camponeses e seus líderes, a 30 de julho de 1963, dia da instalação da Cooperativa Agrícola de Tiriri, com a presença de Jango, Arraes, Celso Furtado, Julião e outras autoridades, mandaram cunhar uma placa de bronze com os seguintes dizeres:

> Nas terras de massapé do velho Engenho Maçangana, onde Joaquim Nabuco viveu a infância e inspirou-se para a campanha libertária dos escravos, realiza-se hoje, um século depois, a campanha libertária da terra, sob a inspiração do presidente João Goulart, através da Sudene e do entendimento cristão e democrático dos trabalhadores rurais e dos proprietários deste engenho (Callado, 1979:166).

Que fatores determinaram a criação da cooperativa em tão emblemático cenáculo?

Três, pelo menos concorreram diretamente para isso. Primeiro, a politização exercida por Julião junto aos camponeses da região por vários anos, os quais, animados pela consigna "reforma agrária na lei ou na marra", um dia terminaram ocupando amplas franjas de terra das margens de uma velha ferrovia abandonada. Essas terras, anteriormente pertencentes ao Engenho Tiriri, passaram à Great Western, que dali retirava madeira para fazer carvão. Quando as invasões das áreas começaram a ocorrer, a Rede Ferroviária Federal, herdeira da concessionária inglesa, não se incomodou.

Quando as ocupações atingiram 150 hectares, onde viviam cerca de trinta famílias, produzindo, basicamente, carvão vegetal e sem condições de combater as saúvas que devoravam com rapidez as lavouras de subsistência, um dia a Sudene, por intermédio de seu Departamento de Agricultura, chefiado pelo agrônomo Jáder de Andrade, amigo de Julião e simpatizante do movimento camponês, resolveu ajudar a comunidade dos assentados de Tiriri.

Ao mesmo tempo, os dirigentes da agência norte-americana Alimentos para a Paz logo chegaram ao local com ajudas importantes para as famílias assentadas. Foi quando surgiu a ideia de organizar uma cooperativa. Auxiliados por técnicos da Sudene, passaram a estruturá-la. O mecanismo era simples: em vez de ficar ali apenas consumindo o que recebiam, deveriam iniciar atividades de plantio e de armazenagem de bens para vender noutros locais e com o dinheiro comprar novos instrumentos de trabalho e insumos necessários. Assim, em abril de 1963, a cooperativa estava criada e juridicamente oficializada. Os camponeses, então, poderiam produzir bens, comprar e vender.

Como por essa época fora aprovado o Estatuto do Trabalhador Rural, todos os camponeses começaram a falar e a sonhar em receber de seus patrões o salário mínimo. Por isso, o campo andava em pé de guerra. Naquela região, o maior salário pago a um trabalhador rural era Cr$ 200 por dia. Com a vigência do Estatuto, passou a ser de Cr$ 503. Como os donos de engenho e os usineiros não pagavam, os camponeses e os trabalhadores passaram a se filiar, em massa, aos sindicatos e às ligas e a organizar protestos e outros tipos de mobilização. Essas atividades, mais tarde, culminariam com a deflagração de greves.

Foi por essa época que os irmãos Rui e Válter Cardoso, filhos dos proprietários das usinas Santo Inácio e Salgado e dos engenhos Tiriri, Massangana, Algodoais, Serraria e Jasmim, todos na região, um dia foram surpreendidos com a ida de milhares de camponeses à usina. Iam com suas foices, enxadas, estrovengas e outros apetrechos de uso corrente no campo. Pararam diante do portão principal com o objetivo de reivindicar o pagamento do novo salário mínimo e do 13º.

Em qualquer outro local, diante de tal situação, a atitude mais imediata e normal do usineiro ou do preposto administrador seria chamar a Polícia ou valer-se de sua milícia particular.

Naquele dia, porém, Rui Cardoso mandou abrir os portões para a multidão entrar. A seguir, dialogou demoradamente com os manifestantes. Seus argumentos foram convincentes e facilmente entendidos pelos camponeses.

Tomando como ponto de partida a circunstância de que os camponeses se encontravam organizados em torno da Cooperativa Agrícola de Tiriri, Rui Cardoso propôs arrendar os engenhos das usinas – Tiriri, Massangana, Algodoais, Serraria e Jasmim – à cooperativa recém-legalizada. Assim, a função dos cooperados seria, dali para frente, a de fornecedores de cana para as usinas. Os camponeses aceitaram a proposta e partiram para a formalização do contrato de arrendamento, para o que contaram com o apoio técnico-financeiro da Sudene.

Por que os usineiros, de repente, resolveram agir de maneira tão cordata? Temiam a prática de ações violentas cometidas pelos camponeses? Meses antes uma lamentável tragédia ocorrera em situação semelhante não muito longe dali, na Usina Estreliana, de Ribeirão.

Rememoremos. Um grupo de camponeses, em comissão pelas mesmas razões, na manhã de 7 de janeiro foi ao escritório do deputado federal José Lopes de Siqueira Santos, do PTB, dono da Usina Estreliana, reivindicar o pagamento do salário mínimo e do 13º. Eram cerca de oitenta camponeses, acompanhados de mulheres e crianças, todos trabalhadores dos engenhos Esperança, São Miguel e São José dos Palhados, pertencentes à usina.

Como ninguém se dignara a atendê-los, depois de algumas horas os camponeses começaram a cochichar palavras de desagrado com aquela situação. De repente, Santos, acompanhado por vários capangas armados, apareceu diante deles com um fuzil na mão. Aos gritos, o deputado mandou que os manifestantes se dispersassem, porque ele não pagaria coisa nenhuma a ninguém.

Diante do propósito dos trabalhadores de permanecerem no local, os ânimos se exaltaram e dentro de pouco tempo ouviram-se tiros. Começou a debandada. Mulheres e crianças choravam e corriam sem direção certa. Segundo testemunhas, a luta foi violenta e desigual, porque os camponeses, desarmados, com medo de ser alvejados, partiram para cima dos capangas e do deputado. Alguns, é possível, levavam suas facas. Não houve tempo para nada, porque os capangas e o próprio deputado dispararam à queima-roupa contra a multidão.

No local, após a total dispersão, ficaram mortos quatro camponeses e dezenas com ferimentos leves. Levados ao hospital mais próximo, um deles veio a falecer.

Os cinco mortos foram: Antonio Farias da Silva, Zacarias Batista do Nascimento, seus filhos Israel e Ernesto Batista do Nascimento e mais um não identificado. Todos baleados pelas costas.

Nem o deputado nem seus capangas foram processados. A Polícia, no entanto, ao abrir o inquérito, conseguiu prender vários camponeses acusados de terem participado do conflito, pois prevalecera a versão de que o usineiro e seus homens tinham sido agredidos pelos camponeses subversivos.

Agora, poucos meses depois dessa tragédia, os usineiros Rui e Válter Cardoso agiam diferentemente. Abriam os portões da usina, dialogavam com os componeses e prometiam formalizar contratos de arrendamento de seus engenhos, transformando seus antigos trabalhadores em fornecedores de cana.

De onde vieram esses jovens usineiros? Quem eram eles? Por que resolveram tratar dessa forma seus trabalhadores?

O pai de Rui e Válter, conhecido na região como "o velho Cardoso", começara a vida como balconista de uma loja de tecidos. Depois, abraçou a carreira de caixeiro-viajante e nessa condição andara por quase todas as estradas de Pernambuco, Alagoas, Paraíba e Rio Grande do Norte.

Um dia, cansado de tanto viajar, estabeleceu-se como comerciante em Campina Grande. Dentro de alguns anos conseguiu reunir uma fortuna, com a qual resolveu comprar as usinas Salgado e Santo Inácio. Era, portanto, um homem que viera da pobreza. Os filhos se orgulhavam dessa trajetória paterna.

Quando os fornecedores de cana e usineiros de Pernambuco souberam que os irmãos Cardoso estavam arrendando os engenhos aos camponeses, ficaram furiosos e horrorizados. Imediatamente convocaram os rapazes para uma reunião no Recife. Eles precisavam de conselhos. Disseram-lhes que, com aquela atitude, eles começavam a matar a lavoura canavieira e praticavam o haraquiri. Não podiam conciliar com camponeses comunistas. A imprensa dos Diários Associados chegou a divulgar que os dois irmãos tinham sido comprados pela Sudene por apenas 17 mil contos de réis para que os camponeses montassem seus "dispositivos esquerdistas em Tiriri" (*ibidem*, p. 170).

Rui não cedeu às pressões de seus pares.

> Nessa reunião não tentei amolecer nenhum coração. Quis apenas provar que a cooperativa era a melhor solução capitalista para os usineiros. Ou as usinas demitiam o excesso de mão de obra, agravando o perigo de comoções sociais, além de aumentar a conta das indenizações a pagar, ou guardaria esse excesso de braços, aumentando os custos de produção (*ibidem*).

Os usineiros presentes à reunião não aceitaram as explicações. Insistiam na argumentação de que a experiência da Cooperativa Agrícola de Tiriri era uma loucura, abriria um precedente perigoso. Curiosamente, só uma voz se pronunciou não propriamente a favor da iniciativa, mas de modo compreensivo em relação ao direito que tinha o jovem usineiro de fazer o que bem lhe aprouvesse com o que era seu: o deputado federal José Lopes de Siqueira Santos responsável pelo massacre de camponeses já referido. Disse aos colegas usineiros: "Eu sou pela livre iniciativa. A terra é deles. Podem fazer o que quiserem com ela."

O contrato de arrendamento com os camponeses da Cooperativa Agrícola de Tiriri foi formalmente celebrado a 23 de julho de 1963. Todas as pendências legais restaram resolvidas e a região de Tiriri, com seus demais engenhos, inclusive o Massangana, ficara livre dos transtornos provocados pelos conflitos sociais que se armaram nas demais usinas e nos engenhos pernambucanos por ocasião da maior greve então deflagrada no Brasil, em fins daquele ano. Rui e Válter Cardoso faziam história e também provavam que era possível acabar com o latifúndio sem violência.

Será que esses entendimentos entre usineiros e seus trabalhadores, inusitados para a época, estariam, de certo modo, afetados pelo espírito libertário de Joaquim Nabuco?

101. TEMPO DE GRANDES ESPERANÇAS

Outro acontecimento político importante ocorrido em 1963, no âmbito do movimento, foi a deflagração da greve geral dos camponeses pernambucanos. Ela, porém, não se deu de repente. Foi antecedida por muitos outros fatos.

Nesse sentido, todas as forças políticas – governos municipais, estadual e federal, ligas e sindicatos rurais – agiram levadas pelo mesmo propósito. Era a primeira vez que as ações ligadas aos camponeses e aos trabalhadores rurais eram capazes de aglutinar as mais diferentes forças políticas, levando-as até a agir harmônica e conjuntamente, como se de repente abandonassem os personalismos de seus líderes principais, suas vaidades e diferenças ideológicas. Era sinal de que algo de novo começava a medrar no meio rural. Essa possibilidade de ação conjunta dos vários líderes das áreas rurais de Pernambuco e da Paraíba, e também de outros estados, foi consequência direta, em primeiro lugar, do trabalho paciente e diuturno de Julião desde 1955. Outros importantes líderes também atuavam de maneira decisiva, sobretudo na zona canavieira, a exemplo de Júlio Santana, que conseguia mobilizar 25 mil camponeses nos municípios de Rio Formoso, Serinhaém e Barreiros, ou de Gregório Bezerra, que já conseguira mais de 35 mil em Palmares. Além disso, a Igreja, em vários locais, com os padres Antonio Melo, Paulo Crespo e Caricio, continuava a arregimentar adeptos nos sindicatos de sua influência mais direta.

Na primeira semana de agosto ocorreu um acontecimento jamais imaginado pelas autoridades governamentais: uma greve de solidariedade. Como era possível camponeses analfabetos, sem conscientização política e ideológica, manifestarem-se por meio de ações tão ousadas?

Tudo começou quando uma "volante" da Polícia Militar de Pernambuco deteve Júlio Santana, presidente do Sindicato Rural de Barreiros, com jurisdição em mais dois outros municípios, Rio Formoso e Serinhaém. Dias antes Santana fora elevado, na marra, ao cargo de presidente do sindicato por uma massa de três mil camponeses, que acusara a diretoria anterior de mancomunar-se com os empregadores.

Apesar das gestões mantidas entre os camponeses e o delegado regional do Trabalho, com a participação do presidente do Sindicato dos Trabalhadores na Indústria do Açúcar de Pernambuco, a "volante militar" alegava cumprir ordens do governador Miguel Arraes no sentido de prender e levar Santana "de qualquer maneira" para o Recife.

Quando a "volante" encontrou Santana, esse recusou-se a acompanhar os policiais, sendo agarrado e metido num automóvel. Um grupo de camponeses, ao presenciar a cena, marchou para o veículo, sendo, porém, dispersado a tiros de fuzil, disparados para o ar.

A seguir, os camponeses se mantiveram em assembleia permanente na sede do sindicato e decretaram greve de protesto e de solidariedade a Santana, levado preso para o Recife (JC, 13/8/1963).

Após vários incidentes, o delegado auxiliar, Francisco Souto, informou aos camponeses que Santana não fora preso, mas apenas levado ao Recife para conversar com Arraes a respeito de uma greve reivindicatória que estava para ser deflagrada de sábado para domingo.

Efetivamente, o dirigente camponês conversou com o governador e retornou ao interior. Esse incidente, no entanto, não era algo isolado. O governador convocou Julião para auxiliá-lo na mediação do conflito. Nas primeiras tentativas de conciliação e apaziguamento dos ânimos em Barreiros, Julião reconheceu que

> certos grupos estavam interessados em criar problemas para o governo Arraes. Esses grupos estavam vinculados às Ligas Camponesas, meteram-se no movimento e criaram um problema seriíssimo com a grande massa de trabalhadores do campo, a ponto de jogar os trabalhadores contra a classe obreira, contra os trabalhadores das usinas. Ameaçaram, inclusive, invadir a usina, destruí-la e liquidar com os trabalhadores. Como essa massa de camponeses era imensa, o conflito tornou-se tão sério que o próprio governador me pediu para que eu fosse lá tentar amainar (FJ a FGV/CPDOC, 1982: 112).

Ao comparecer a Bezerros, Julião falou para cerca de dez mil camponeses. A situação era tensa. Curiosamente, a usina principal, temendo as depredações dos camponeses mais exaltados, em vez de dificultar as coisas, preferiu ajudar, colocando seus veículos à disposição dos camponeses para se deslocarem até a cidade para ouvir Julião. Toda a região foi mobilizada.

Julião falou cerca de quatro horas seguidas. O objetivo era justificar seus pontos de vista, e não simplesmente contrariar os interesses dos trabalhadores do campo, explicando-lhes detalhadamente os problemas e mostrar que esse conflito não poderia se dar naquela direção, isto é, jogar o trabalhador da usina contra o trabalhador do corte de cana. Ambos viviam as mesmas dificuldades. Apenas mudavam os locais de trabalho.

Ademais, diante das graves ameaças feitas pelos liderados de Santana no sentido de depredar as instalações das usinas e tocar fogo nos canaviais dos engenhos, Julião foi enfático:

> A usina é um patrimônio que deve ser cuidado, porque os camponeses não podem destruir aquilo que foi obra, sangue e sacrifício desde o tempo dos escravos. Eles, os camponeses e os demais trabalhadores do campo, edificaram essa usina e o canavial também. Não se pode tocar fogo em um canavial, porque é como se vocês estivessem tocando fogo em vocês mesmos. Afinal de contas, bem ou mal, é daí que vocês tiram o salário para viver[100] (*ibidem*).

A partir daquele momento, Santana, achando que Julião traíra a luta dos camponeses, passou a repudiá-lo e a contestar sua liderança. Preferiu seguir a orientação política de grupos trotskistas que atuavam dentro das Ligas Camponesas.

Foi sob esse novo impulso que, por volta de outubro, os liderados de Santana conseguiram mobilizar os camponeses e os trabalhadores de 12 usinas e mais de cem engenhos para decretarem mais um foco grevista. Os choques entre facções dirigentes do sindicato rural – contra e a favor da permanência de Santana – foram renovados. Um dia Santana tomou a direção do sindicato rural à mão armada, por pouco não provocou derramamento de sangue.

Grupos de camponeses fiéis a Santana, conduzindo bandeiras vermelhas, a pé e em jipes, passaram a percorrer grande parte das propriedades da zona açucareira do estado. Espalhavam os mais desencontrados boatos. Um deles dava conta de que Arraes precisava da solidariedade e do apoio dos camponeses para não ser deposto. Afirmavam, ainda, que o presidente e os ministros militares estavam forçando o Congresso a decretar estado de sítio, com o objetivo de depor o governador de Pernambuco. E gritavam a seguinte palavra de ordem: "Parem o trabalho e vamos para o Recife" (JC, 9/10/1963).

Em virtude dessas atitudes, Santana terminou preso e processado por infringir dispositivos da Lei de Segurança Nacional. Foi um dos primeiros presos políticos do governo Arraes. Antonio Callado registrou esses episódios e até o visitou na Casa de Detenção do Recife, afirmando que

> Júlio Santana (era) um misto de líder político e cangaceiro, que largou as Ligas e o Sindicato e pôs-se a brigar por conta própria, e os rapazes trotskistas. [...] É um anarquista de primeira. Blusão e calça cáqui, óculos escuros, sandálias japonesas e três canetas-tinteiro no bolso, Júlio é um crioulo que teria o maior êxito no cangaço, nos antigos tempos de pouca estrada e muita caatinga. Júlio não tem a vida atrapalhada pela intervenção de nenhuma ideia. Está vivo e basta. Pegou no voo as noções de greve, Ligas, sindicatos camponeses, e pôs-se a viver sua aventura (Callado, 1979:123).

Esse tipo de aventura não ficou por aí. O trotskista João Severino da Silva, o Joca, resolveu fazer justiça com as próprias mãos e punir os responsáveis pela prisão de Santana: o delegado de Barreiros, tenente João Bezerra e o delegado especial da região, tenente Nelson Lucena. A ação foi rápida e ousada. Os militares acabavam de jantar no hotel da cidade quando, de repente, irromperam na dependência Joca e um companheiro, armados de revólveres, renderam os dois. Ali mesmo, Joca procedeu a demorado interrogatório dos dois militares, querendo saber detalhes sobre as razões que os levaram a prender Santana. No fim, deu a ordem de prisão:

– Considerem-se presos.

– Eu? – estranhou o tenente.

– Sim, senhor. Vamos os dois agora para a sede do sindicato.

Joca conseguira prender a própria Polícia. De posse da metralhadora do tenente, levou os presos para a sede do sindicato rural. No caminho, por um descuido de Joca e do companheiro, o tenente Nelson conseguiu evadir-se. Revoltado, o trotskista conservou o motorista João Severo como refém com o delegado Lucena.

Logo depois a sede do sindicato foi cercada por forte contingente policial. Joca, ao ver-se sozinho, resistiu durante horas, disparando contra os policiais.

Alta madrugada, vendo que a munição se esgotara, Joca tentou fugir pelos fundos do prédio, usando o motorista Severo como escudo, mas foi preso.

Esse tipo de ação não ajudava em nada o movimento camponês. Julião se insurgira contra isso, mas as iniciativas dos grupos trotskistas cada vez mais cresciam em vários lugares de Pernambuco e da Paraíba.

A insatisfação dos camponeses decorria da falta de cumprimento das condições estabelecidas pelo Acordo do Campo, promovido pelo governo Arraes. Desde julho, os representantes dos produtores de cana e de açúcar, da Federação dos Trabalhadores Rurais, dos sindicatos autônomos e das Ligas Camponesas, com a presença de Arraes e seus assessores e do delegado do Trabalho em Pernambuco, concordaram em aprovar as novas tabelas de tarefas de campo a serem cumpridas nos engenhos e nas usinas. Os trabalhadores, até então, nunca tinham recebido salário mínimo nem qualquer amparo da previdência social. O mais humilhante era o quantitativo de tarefas a ser executado diariamente, sem respeito ao horário de trabalho de oito horas, repouso semanal etc. A aprovação de novos critérios pelo Acordo do Campo, louvável iniciativa do governo Arraes, na verdade assustava os donos de engenhos e os usineiros. Pela primeira vez, em Pernambuco, os conflitos sociais deixavam de ser resolvidos pelo tradicional emprego da força policial.

Outro sinal da insatisfação camponesa surgiu exatamente contra o absurdo de vários engenhos e usinas, apesar do Estatuto do Trabalhador Rural e do Acordo do Campo, exigirem o corte de duzentos feixes com vinte canas cada um. Essa tarefa era considerada incompatível com o cumprimento de uma jornada de oito horas.

Assim, os trabalhadores rurais de Carpina, Timbaúba, Glória de Goitá, Vicência, Aliança, Paudalho, Condado e Nazaré da Mata resolveram suspender suas atividades normais, declarando-se em greve até a solução do impasse.

Os grevistas exigiam a tarefa de 150 feixes com vinte canas, no máximo. Alegavam os proprietários que a tarefa de duzentos feixes fora aprovada em acordo entre as duas classes e as autoridades governamentais. No entanto, os líderes sindicais apressaram em rebater no sentido de que a tabela variava entre três gradações: para cana boa, de duzentos feixes de vinte canas cada; para cana média, de 150 feixes de vinte canas cada; e, para cana fraca, de cem feixes de vinte canas cada. E, além do mais, essa gradação fora aprovada à guisa de sugestão, ficando, portanto, sujeita à homologação dos sindicatos rurais, podendo ser modificada conforme as diferenças verificadas nas diversas zonas açucareiras, a depender da situação da área do canavial.

Enquanto isso, a mobilização continuava em todas as áreas de líderes rurais. O líder comunista Gregório Bezerra, atuando no Sindicato Rural de Palmares, percorria as propriedades rurais e convidava os trabalhadores da cana-de-açúcar para uma nova greve, dessa vez geral, para que se conseguisse o aumento de no mínimo 50% sobre os vencimentos estipulados no Acordo do Campo, aprovado em julho no palácio do governo.

Toda essa mobilização começou a inquietar as indústrias e os fornecedores de cana-de-açúcar, que mobilizaram seus órgãos de classe e reclamaram das sucessivas greves e desordens, medidas que afetavam as moagens na zona açucareira de Pernambuco. No fim de seus comunicados, terminavam apelando a Arraes no sentido de que fossem tomadas providências policiais. Queriam retornar aos velhos métodos, quando os problemas sociais eram tratados como casos policiais.

A questão básica era simples: os donos recusavam-se a pagar o salário mínimo ao trabalhador da usina e ao camponês do engenho. A propósito desse impasse, afirmou Julião:

> Este salário mínimo nunca lhe foi pago, a não ser em Pernambuco durante o último ano do governo de Arraes. Assim mesmo, somente ao camponês que cortava a cana – somente em Pernambuco e em uma parte da Paraíba –, porque as massas começaram a levantar uma greve nas usinas. Mas Vargas decretou o salário mínimo para o camponês no

dia 1º de maio de 1943. São datas de que não esqueço, porque eu estava preocupado com que o salário mínimo chegasse também ao camponês. E nunca lhe foi pago (FJ a FGV/CPDOC, 1982:109).

102. A PRIMEIRA GREVE CAMPONESA DE PERNAMBUCO

Em virtude de numerosos conflitos sociais, marcados pela falta de cumprimento de disposições legais vigorantes desde março, as reivindicações dos trabalhadores rurais são chanceladas pelas ligas e pelos sindicatos rurais. Ao mesmo tempo, a busca de solução para o impasse social tornava-se medida prioritária e urgente para o governo Arraes, razão por que foram elaboradas tabelas de novos critérios de retribuição e gestões da Secretaria Assistente e da Assessoria Sindical do Governo, com permanente mediação da Delegacia do Ministério do Trabalho em Pernambuco. O comparecimento de donos de engenhos, fornecedores de cana, usineiros, representantes das ligas e de sindicatos rurais e autônomos, por outro lado, definiu os atores nas mesas de negociação no Palácio do Campo das Princesas, sob a coordenação do próprio Arraes. Dessa iniciativa nasceu o Acordo do Campo.

Apesar dessas providências, 1963 se aproximava do fim e cada vez mais os conflitos no campo se agudizavam. Era o sintoma claro de que os donos de engenho, fornecedores de cana e os usineiros recusavam-se a cumprir a lei e as diretrizes aprovadas pelo governo Arraes. Levantamento feito pelo *Jornal do Commercio* do Recife (JC, 1º/1/1964) indicou 48 greves no campo pernambucano, dado revelador de intensa mobilização. Além do mais, aparecia a preocupante quantidade de confrontos entre camponeses e capangas ou prepostos de donos de engenho, usineiros e policiais, dos quais lamentavelmente se contabilizavam inúmeras mortes, feridos e prisões, sempre a pender para o lado dos mais fracos, isto é, os trabalhadores rurais.

Esses acontecimentos, curiosamente, em vez de reduzir os ânimos, provocavam efeito contrário. As ligas e os sindicatos fechavam o cerco, ampliando o raio de suas mobilizações, inclusive para reivindicações além das vantagens meramente salariais, a exemplo de greves por solidariedade a militantes e camponeses presos. O avanço dessas manifestações terminava por provocar tensões entre o movimento camponês e o governo Arraes, principalmente em relação às ligas, as quais mantinham posição mais crítica ao governo de Pernambuco.

A posição de Julião em relação ao governo Arraes, apesar dos compromissos assumidos como um dos signatários da Frente do Recife, na verdade eram menos críticos do que a assumida pelo governo Jango.

As observações de Julião dirigiam-se a dois alvos: ao próprio Jango e ao seu governo. Para mostrar o caráter dúbio e a fraqueza pessoal de Jango, Julião, em entrevista a uma revista cubana, destacou a revelação que o presidente fizera a seu ministro Celso Furtado logo após assumir o cargo: "Sinto-me como um menino que trata de encontrar seu guarda-chuva preto dentro de um quarto escuro." Acrescentou, ainda, que via o presidente como "um homem simples e cordial, mas sem uma ideia firme e definida acerca de nenhum dos grandes e graves problemas do país. Marcha à mercê dos acontecimentos. Improvisa soluções. Modifica a linguagem segundo as circunstâncias" (*Alma Mater*, abril/1963).

Curiosamente, essa visão ambígua de Jango sobre os problemas também fora percebida pelos agentes diplomáticos brasileiros quando informaram ao presidente John Kennedy sobre a forma de Jango encarar as relações com os EUA:

> Goulart parece querer cavalgar simultaneamente dois cavalos: a) ganhar a simpatia e o apoio dos Estados Unidos, graças ao trabalho de ministros amigáveis, como Moreira Sales (Fazenda), Costa Lima (Agricultura) e Afonso Arinos (Relações Exteriores); b) atacar os Estados Unidos violentamente no cenário interno, por meio de esquerdistas extremados, como Brizola e o "grupo compacto". E mais adiante, no mesmo relatório, ao se referirem ao interesse do presidente em restaurar o presidencialismo, acrescentaram: "Goulart parece disposto a levar o país à beira da anarquia" (Gordon, 2002:326).

Informaram, ainda, que Jango se revelara incapaz de levar a cabo as reformas de base que prometera ao povo. Na prática, insistia Julião, a mudança do regime parlamentarista para o presidencialista não alterara em nada o cenário político brasileiro, porque os homens que ocupavam o poder em todas as suas instâncias eram os mesmos.

Essa posição demasiadamente crítica em relação ao governo federal, traduzida, no essencial, nas diretrizes políticas adotadas pelas Ligas Camponesas, levava, de certo modo, o movimento camponês ao progressivo isolamento. A aproximação com as demais entidades se dava não em função de frente política de caráter permanente, mas decorria de circunstância ocasional: o movimento paredista do campo em busca de melhores condições salariais.

Mesmo assim, a gestação da greve foi de responsabilidade de todas as entidades envolvidas na organização do campesinato. As ligas, talvez devido ao seu forte protagonismo ao longo de dez anos e ao sentido carismático de seu líder, chamavam mais a atenção. Entre as centenas de manifestações que repercutiam na imprensa, as atribuídas às ligas ganhavam mais espaço. Quando, por exemplo, os camponeses de vários engenhos começaram a ser mobilizados para a greve, os do Engenho Arandu de Baixo, próximo do Engenho Galileia, em Vitória de Santo Antão, mobilizaram-se aos gritos de "Viva Cuba! Viva Julião!". Os brados, na verdade, embora nascidos sob o calor do entusiasmo do movimento paredista, em defesa, portanto, de melhoria de salários, exaltavam também a Revolução Cubana e o líder Julião. O dono do Engenho Arandu de Baixo, Antonio Bezerra de Albuquerque Filho, assustado com aquela manifestação, abandonou sua propriedade e dirigiu-se, de imediato, para a Delegacia de Polícia, a fim de prestar denúncia. Suas declarações tomadas a termo, entre outros tópicos, afirmavam que os camponeses "ameaçavam esfolar todo aquele que se recusasse a tomar parte da organização e procuraram demonstrar, com argumentos, que eram muito capazes do que afirmavam" (JC, 12/11/1963).

Em meados de novembro, foi deflagrada a greve geral em todo o estado de Pernambuco. Julião assim relatou o movimento paredista:

Na greve reivindicava-se um aumento de salário, o repouso semanal remunerado, férias e o 13º. A greve englobou tudo. De um dia para o outro, quando o ministro do Trabalho, Amauri Silva, chegou a Pernambuco para solucionar a greve, houve os entendimentos e todos estavam ali: as ligas, os sindicatos, os partidos, Arraes. Todos reunidos. Nesse momento, a frente era completa e absoluta, não havia nenhuma discrepância. Nas ligas, inclusive, discutiram-se muito os problemas do plantador de cana, do que metia o rebolo de cana dentro do buraco, do que cortava... Foram detalhes que custavam muito a entrar em discussão, porque era preciso distinguir o salário deste e daquele etc. Mas foram detalhes. Duzentos mil camponeses em greve. Havia piquetes bem organizados. O movimento realmente foi belíssimo. Paralisaram-se todas as atividades das usinas, de tal forma que se proibiu até que se cortasse o capim para dar ao cavalo do usineiro, o seu cavalo de preferência, aquele no qual passeava. Até isso se proibiu: "Não, o cavalo tem que passar fome, como nós estamos passando" (FJ a FGV/CPDOC, 1982:110).

103. "BENÇA, MÃE"

É preciso recordar que a sindicalização e a extensão do salário mínimo ao trabalhador rural foram, anteriormente, concedidas por Getúlio Vargas por volta de 1943. No entanto, essas disposições, aprovadas por meio de decreto-lei, viraram letra morta. Quem desejasse criar um sindicato teria de enfrentar complicada burocracia perante o Ministério do Trabalho, circunstância que, na prática, inviabilizava o prosseguimento do processo. Para se ter uma ideia das dificuldades encontradas pelos interessados, dez anos depois só existiam cinco sindicatos rurais em todo o país: dois em São Paulo, um no estado do Rio de Janeiro, um na Bahia e outro em Pernambuco, em Barreiros.

Isso prova que a classe dos trabalhadores rurais vivia completamente esquecida. A rigor, as classes emergentes e interessadas na vida política brasileira eram apenas as situadas nos grandes centros urbanos.

ESPERANÇAS E DESILUSÕES (1962-1964)

A iniciativa de Vargas fora feita para atender à corrente política propugnadora de concessão de pequenas vantagens aos trabalhadores rurais, mas desde que eles se conformassem com o estabelecido pelas leis e pelas diretrizes tendentes a darem plena estabilidade social e política ao governo. Essa pequena e insignificante abertura à sindicalização por parte da ditadura, na verdade, objetivava neutralizar as ações mais efetivas e recalcitrantes de líderes anarquistas e comunistas que reivindicavam direitos bem mais amplos (Dias, 1977:206).

Logo após a aprovação do Estatuto do Trabalhador Rural, os setores políticos ligados à Ultab, outras agrupações de esquerda e conservadoras, principalmente os líderes vinculados à Igreja, passaram a criar sindicatos rurais, facilitados pela regulamentação da lei com menos entraves burocráticos para a criação de sindicatos. Isso permitiu a rápida proliferação de entidades sindicais por todo o Brasil.

Em seguida, de 15 a 20 de julho de 1963, realizou-se em Natal a primeira Convenção Brasileira de Sindicatos Rurais, quando nasceu a Confederação Nacional dos Trabalhadores Rurais.

No mesmo ano, um grupo de líderes ligado à Igreja se reuniu no Recife e criou nova entidade: a Confederação Nacional dos Trabalhadores na Agricultura (CNTA). (CONTAG, 1993:8).

Com essas medidas, as ações das Ligas Camponesas ficaram mais reduzidas, já que os sindicatos disputavam os trabalhadores filiados ou não às ligas nos mesmos locais. Exemplo disso ocorreu com certa rapidez na Paraíba, onde as ligas de Sapé, Mari, Itabaiana, Alhandra, Mamanguape e Rio Tinto, as mais expressivas, transformaram-se em sindicatos rurais. Em várias outras cidades, os comunistas e os católicos passaram a criar e a instalar sindicatos.

Ainda que Julião tenha, a princípio, feito várias críticas às medidas legais aprovadas pelo governo Jango para a sindicalização rural, alegando que o objetivo era submeter o movimento camponês ao controle do Ministério do Trabalho e favorecer a penetração do "peleguismo" no meio rural, com pouco tempo mudou de ponto de vista e passou a incorporar a sindicalização como nova forma de luta. Associara as vantagens da sindicalização com a possibilidade de agregar ganhos trabalhistas e previdenciários ao camponês sindicalizado, mas sem desistir da luta pela terra, bandeira que considerava essencial. Essa tarefa continuou sendo a razão de ser das ligas.

Daí ter Julião resumido em um curioso documento, intitulado "Bença, mãe", os pontos essenciais à coerência de sua argumentação política. Naquelas circunstâncias, sua peroração singela, de fácil compreensão para o homem do campo, escrita num estilo claro, revelava a lógica natural imposta pelo próprio devenir histórico: a liga era a mãe do sindicato.

O texto começava com esta afirmativa direta e de contundente apelo pela união. "Temos dito e repetido: quem for da Liga entre para o Sindicato, e quem entrar no Sindicato fique na Liga. Não é de agora que falamos isso. É de longe. Está no 'Guia do camponês', no 'ABC do camponês', na 'Carta de alforria do camponês'. É só pegar e ler." [101]

A seguir, proclamava o vínculo maternal das entidades sindicais.

> A Liga é a mãe do Sindicato. Foi de suas entranhas que nasceu esse filho. Por isso ela tem de cuidar dele e ele dela, como a mãe cuida do filho e o filho cuida da mãe. Têm que andar juntos. Sofrer juntos. Vencer juntos. A mãe que abandona o filho é desnaturada. E o filho que deixa a mãe é ingrato. Por isso, a Liga quer estar sempre perto do Sindicato. Para ensinar a ver o bom caminho. Para aconselhar quando ele estiver errado. Para tirá-lo do mau guia que bota na perdição. E o Sindicato, para mostrar que é bom filho, tem que lhe estender a mão todo santo dia e dizer para ela "Bença, mãe!" E escutá-la com atenção. Sim, porque, assim como a mãe quer ver o filho forte e sadio, a Liga quer ver o Sindicato forte e sadio.[102]

Passou a enumerar algumas vantagens do sindicato e também da Liga.

> O sindicato, organizando, pedindo mais salários, 13º, férias, aposentadoria, indenização, escola, hospital, maternidade, casa decente. E uma volta, outra não, fazendo greve, para encostar o latifúndio no canto da cerca, acabar com a goga dessa gente. A greve tem gosto de fel para o patrão, mas para o proletário é doce de coco. A greve não é invenção do

rico. É invenção de pobre, de operário, de quem trabalha, de quem sua para ganhar o pão. A liga, que não depende do Ministério do Trabalho, vai na frente abrindo o caminho, fazendo a picada, e gritando para o sindicato, para o latifúndio, para o governo, para todo o mundo: "O salário é bom, mas não resolve. O 13º, também não. Tudo serve, mas não basta. É migalha. O que resolve é a TERRA. Isso sim. Enquanto houver camponês sem terra, neste país, haverá liga. Porque a terra é pão. E pão é paz. Para ter pão é preciso ter terra. E para ter terra é preciso fazer a reforma agrária radical. Vejam bem. A radical. [...] Somente a reforma agrária radical arrasta as outras atrás de si, como a locomotiva arrasta os vagões."[103]

Em "Bença, mãe" Julião deixou provas evidentes de que suas posições, cada vez mais, radicalizavam-se. Abandonou a cautela e a parcimônia de uma linguagem moderada, usada noutros documentos dessa natureza, e desceu a certos extremos na parte destinada aos "conselhos".

Ao relacioná-los em forma de abecedário, recomendou, entre tantos temas, a união e o associativismo. Era, ainda, de boa prudência desconfiar de certos chavões religiosos ("É preciso sofrer na Terra para alcançar a salvação no céu; o mundo está dividido entre ricos e pobres; Deus no céu e os homens ricos na Terra" etc.).

Chegou ao extremo de recomendar a invasão de terra desocupada "porque a terra existe para ser cultivada". E foi mais além: defendeu a lei de Moisés: olho por olho e dente por dente.

Justificou a expropriação de bens como, por exemplo, o gado:

> Se o latifundiário meter o gado no teu roçado contra a tua vontade, junta os teus irmãos, retira o gado e leva à prefeitura a fim de tomar providências e punir o invasor do teu roçado. Se o latifundiário não for punido e invadir o teu roçado pela segunda vez, prende uma cabeça de gado, a mais gorda, abate no teu terreiro, faz uma festinha e vai com os teus companheiros buscar o latifundiário e a família dele para comer o churrasco. Não adianta procurar justiça para te indenizar dos prejuízos e meter o latifundiário no xadrez, porque não há justiça para o pobre nem latifundiário no xadrez.[104]

Pediu, ainda, para o camponês manter uma foice amolada ou outra "ferramenta" atrás da porta para defesa pessoal. Insistiu no respeito à mulher e às filhas dos companheiros da liga ou do sindicato; que não beba, nem jogue, nem frequentes lugares suspeitos, "porque o inimigo não dorme e está sempre alerta"; que não ande sozinho nem mal acompanhado.

Combateu veementemente a invasão pura e simples da propriedade alheia, a "não ser a do latifundiário que destruir a tua, para que ele sinta na carne a tua dor". Manifestou-se contrário aos incêndios de canaviais, cacauais, arrozais e outras lavouras de largo cultivo, bem como as fábricas que transformam essas lavouras, "porque todos esses bens foram edificados por ti, custaram muito sacrifício dos trabalhadores e deverão um dia, quando o Brasil for um país socialista, passar às tuas mãos..."[105]

Apesar de todas essas restrições, Julião foi o fundador dos primeiros sindicatos rurais de Pernambuco: Jaboatão, Palmares, Cabo e Gameleira.

O texto "Bença, mãe!", lido diante de atenta multidão, calculada em 10 mil pessoas, metade composta por camponeses e assalariados e a outra por pessoas do Recife, concentradas na Praça Dantas Barreto, no Centro, dia 2 de janeiro de 1964, serviu de mote para comemorar o quinto aniversário da vitória da Revolução Cubana.

SEGUNDO LIVRO Paixão e morte

CAPÍTULO VIII Golpe militar de 1964 (janeiro-abril)

> *Ao deixar pela última vez a Casa do Congresso, vi diante dela os tanques que vieram 'garantir' o seu funcionamento e assegurar a tranquila 'eleição' do novo Presidente, um marechal do Exército. O episódio lembrava aquele outro, ocorrido há quase século e meio, quando Pedro I dissolveu a Câmara, guarnecendo-a de canhões, o que deu ensejo a que os Andradas, que eram deputados, reverenciassem essas peças como se fossem sua Majestade.*
>
> (Francisco Julião, *Até quarta, Isabela.*)

104. ANTECEDENTES, BOATOS E VERDADES

No final de 1963, a aparente tranquilidade reinante no Recife fora abalada com a recordação de tristes acontecimentos. Como destacavam os jornais diários ao fazer o balanço dos marcantes acontecimentos do ano, a ordem pública e a paz social continuavam ameaçadas. Entre vários episódios, lembravam a crescente ampliação dos conflitos da Zona da Mata Sul: as greves de Barreiros, Palmares e Serinhaém com mais de duzentos mil camponeses de braços cruzados, fato inédito no Brasil; o cruel assassinato do estudante Jeremias (Paulo Roberto Pinto) na Zona da Mata Norte; a chacina da usina Estreliana, em Ribeirão, praticada pelo usineiro José Lopes de Siqueira, deputado federal do PTB pernambucano, e seus capangas, além de outros atos violentos vinculados à luta pela terra.

Apesar dessas lamentáveis ocorrências, o novo ano começava com esperanças para Julião, sempre otimista. Mesmo diante das crises políticas vividas nos últimos dois anos, dentro do próprio movimento camponês suas atividades pessoais cresciam de tal sorte que lhe tomavam completamente a agenda. Além da necessidade de comparecer a Brasília, chegavam-lhe convites para participar de reuniões em cidades do interior de Pernambuco, nos outros estados e até no estrangeiro. Mal iniciara 1964 e em 2 de janeiro organizara concentração de camponeses no Recife, a fim de discutir as novas relações das ligas com os sindicatos rurais e lançar as bases para o primeiro congresso de camponeses do Nordeste. De quebra comemorariam o quinto aniversário da Revolução Cubana. Ao mesmo tempo, surgiam mais ligas no Rio Grande do Norte, em Minas Gerais, São Paulo e Paraná. Ampliavam-se, ainda, as ligas urbanas, novas entidades criadas com o objetivo de encampar as reivindicações mais imediatas das classes sociais de rendas médias e baixas situadas nas periferias de importantes cidades.

Sua prioridade, no entanto, era reorganizar a estrutura política das ligas, em âmbito nacional, nos moldes das propostas apresentadas à conferência de líderes no ano anterior, no Recife. Ao lado dessas preocupações, despontava a nova estratégia de luta em relação à disputa política com os sindicatos rurais, fundados em número cada vez maior, inclusive nos mesmos locais onde existiam ligas. Os reflexos de tal disputa política e ideológica com os comunistas e demais reformistas começavam a ocorrer, mais frequentemente, na Paraíba, onde boa parte de seus seguidores, integrantes das diretorias de antigas ligas, passava a ser do sindicato recém-instalado.

Depois do ato político no Recife, o jornal *Liga* estampou editorial sobre o problema da sindicalização rural, sob o título "Sindicato & Liga", tentando mostrar que as duas entidades exerciam as mesmas finalidades. As diferenças tornavam-se insignificantes diante das semelhanças no essencial: a organização da classe camponesa. É verdade que em muitos pontos programáticos se poderiam discutir aspectos divergentes, sobretudo quando o caráter e a personalidade do líder fossem propensos a esse tipo de divisão. Tal diretriz visava a chamar a atenção sobre o nefasto papel que certos sindicalistas, conhecidos como "pelegos", exerciam no meio. A advertência contida no texto do jornal, porém, era velada:

> Em primeiro lugar, deve ficar claro que nem sempre uma cúpula representa o verdadeiro pensamento das bases. Um sindicato rural – ou mesmo urbano – pode ser apenas o biombo por trás do qual se esconde a reação para combater a ação dos trabalhadores quando essa se torna incômoda. A diversificação de manobras existente para o controle de um órgão representativo é tão complexa que permite o assomo à direção

de elementos muitas vezes guiados tão somente por ambições pessoais ou de grupos estranhos às bases da organização. Um verdadeiro líder é aquele que leva sua classe à vitória, sem aventureirismo, mas possuído de uma vontade inabalável de dar aos seus liderados o que eles, por direito, devem possuir. A verdadeira liderança só pode ser exercida por autênticos representantes da classe, alguém que já tenha dado provas sobejas da pureza de seu pensamento. Todo cuidado é pouco, porque qualquer recuo pode significar anos de novas lutas para chegar-se ao ponto perdido (Liga, 8/1/1964).

Essa advertência começava a difundir-se em todos os meios frequentados pelos líderes das ligas, porque os adversários do movimento julianista, declarados ou não, usavam o sindicato como antídoto capaz de barrar o crescimento das ligas.

Entre os pontos básicos a serem discutidos no congresso, destacou o projeto de reforma agrária defendido pelo governo Jango:

A reforma agrária do governo burguês não passa de uma esfarrapada bandeira de demagogia e um desmoralizado estribilho de promessas. O latifúndio avança em seu monopólio da terra, mantendo-se cada vez mais à custa de sangue. O governo, acovardado diante dos latifundiários, recua da reforma da *Constituição* e não tem coragem sequer para uma reforma agrária de beira de estrada, com indenização a peso de ouro, o que repudiamos como uma negociata para dar rios de dinheiro do governo e dinheiro do povo. Portanto, nenhum tostão devemos permitir seja pago aos latifundiários. As terras que eles monopolizam já estão pagas milhares de vezes pelos direitos do trabalhador secularmente roubado (Liga, 29/1/1964).

Enquanto isso, os boatos de que as Forças Armadas começavam a se movimentar, com intensidade, em diversas unidades, eram explicados pelo governo como medidas de rotina. As mobilizações, no entanto, apoiavam-se em outros motivos: desde o primeiro momento em que Jango assumiu o governo, as forças interessadas no golpe, exatamente as que se opuseram à sua posse, passaram a se organizar estimuladas pelos ex-ministros do governo Jânio: general Odylio Dennys, almirante Grün Moss e brigadeiro Sílvio Heck.

Os motivos para a insatisfação militar eram antigos, mas a revolta dos sargentos da Marinha e da Aeronáutica, das guarnições de Brasília, em 12 de setembro de 1963, trouxera claros descontentamentos no seio dos oficiais das Forças Armadas. Afinal, com aquela revolta, quebravam-se os laços da disciplina, pedra angular da vida militar. E mais grave ainda: os rebelados haviam provado que era fácil parar as atividades militares dos quartéis e, em boa parte, do próprio país. Isso assustou os comandos superiores e pôs em xeque o próprio governo. Que fazer? Como agradar às duas correntes? Além do mais, vivia-se já um clima de campanha presidencial, no qual os interesses políticos se acendiam de maneira acentuada.

Um dos pretextos para a eclosão do inesperado movimento dos sargentos foi a recusa do registro da candidatura de um suboficial nas eleições municipais no Rio Grande do Sul. Interposto o recurso extraordinário ao Supremo Tribunal Federal, entendeu a corte de confirmar a impugnação da candidatura do militar. Na prática, a indisciplina da revolta significava outra falta extremamente grave: a recusa em aceitar e cumprir a decisão judicial prolatada pela corte suprema do país.

Os argumentos dos sargentos eram discutíveis, e mais ainda a eclosão da revolta. A situação tornou-se de repente alarmante para ambos os lados e sem a possibilidade de diálogo. A partir de então, o episódio transformou-se em exemplo real de quebra da disciplina, fato suficiente para levar os militares a conspirarem, com maior entusiasmo, contra o governo que consideravam fraco e com tendências esquerdistas e comunistas.

Curiosamente as ações conspiratórias, até então, se davam em diversas unidades das guarnições militares, mas sem coordenação central. Havia, na prática, verdadeiro "arquipélago conspirativo", como se cada unidade fosse formada por ilhas com ideários e planos autônomos. De uma dessas "ilhas" emergiu a mais notória figura de conspirador, general Olimpio Mourão Filho, comandante da guarnição militar de Juiz de Fora, Minas Gerais. No entanto, em razão do seu polêmico passado militar, responsável, por exemplo, pelo preparo e desencadeamento do fracassado "Plano Cohen", em 1938, e outras tentativas golpistas, todas abafadas, não conseguira, de imediato, polarizar o apoio dos colegas militares.

A real liderança do movimento, sobretudo desde o momento em que se agravaram os conflitos políticos do governo Jango, a partir de janeiro de 1964, coube ao general Humberto de Alencar Castelo Branco, então chefe do Estado-Maior do Exército. Castelo, tido como militar inteligente, a desfrutar a fama de intelectual, de índole reservada e possuidor de indiscutível prestígio dentro da tropa, conseguiu ser ouvido e respeitado. Suas ações, todavia, operavam-se sob estrito sigilo. Apesar disso, por motivos compreensíveis, assim que se consolidou a liderança do processo conspiratório, imediatamente tal fato chegou ao conhecimento do embaixador norte-americano Lincoln Gordon e do seu adido militar general Vernon Walters. Ambos, desde logo, firmaram amizade com Castelo Branco e passaram a trocar informações permanentes e simultâneas sobre o andamento da conspiração.

Os políticos, porém, sobretudo de esquerda, ainda que suspeitassem da possibilidade da conspiração, prefeririam dedicar-se mais a seus projetos eleitorais. Com a campanha para a presidência praticamente deflagrada, os pré-candidatos cogitados pelas mais diversas correntes políticas – o próprio presidente Jango, o ex-presidente Juscelino Kubitschek e os governadores Carlos Lacerda e Miguel Arraes – movimentavam-se com vivo interesse. Cada um procurava tirar proveito da situação. As eleições estavam ainda longe, mas o jogo de alianças entre os partidos mais fortes começara e agitava os meios políticos dos estados.

Dessa movimentação também participava Julião, na condição de deputado federal, pois se mantinha informado dos principais passos dados pelas forças políticas, quer de seu próprio partido, quer dos demais. Daí, ter viajado para o Rio e São Paulo, ainda em janeiro, por onde Arraes, já em ritmo de campanha eleitoral, também circulava, com frequência.

Nesse ínterim, Julião, antes de ir para São Paulo, demorou-se no Rio a fim de cumprir compromisso assumido com a nova companheira, a advogada Regina Castro: casar-se com ela e comunicar o fato aos amigos e admiradores mais íntimos. Tal relacionamento, iniciado em fins de 1961, desde o I Congresso Nacional de Camponeses em Belo Horizonte, não havia chegado ao conhecimento do grande público. De repente, porém, ganhou destaque nas páginas da imprensa:

"O líder camponês Francisco Julião casou-se pela segunda vez e viajou para o Rio de Janeiro, onde passará a lua de mel. Desconhecem-se os motivos que o levaram a romper com Alexina, sua primeira esposa" (FSP, 15/1/1964). Na verdade, não houve casamento formal, porque o divórcio com Alexina só se daria décadas mais tarde. Houve a declaração perante os amigos do início de uma relação estável com Regina Castro. O relacionamento marital com Alexina de Paula Crespo, havia mais de cinco anos, estava desfeito, apesar de que ambos procuravam manter as aparências.

Logo após a imprensa divulgar a nova relação amorosa, ele viajou para São Paulo, a fim de participar da fundação de ligas urbanas. Nessa ocasião, anunciou que o programa das novas ligas se concentraria no combate ao elevado custo dos aluguéis e aos latifúndios ainda existentes nas periferias das grandes cidades.

No dia seguinte, interessado nas eleições presidenciais, a imprensa paulista abriu-lhe espaço, indagando sobre seus contatos políticos em São Paulo. Ele, então, se limitou a sair pela tangente: "Passarinho não canta quando faz ninho." Já sobre os últimos decretos assinados pelo presidente Jango, foi taxativo: "Só tiro o chapéu para o decreto da encampação das refinarias, pois o da Supra, nesse passo tímido, não é, em hipótese alguma, a reforma agrária pretendida pelos camponeses."

Diante das intensas atividades desenvolvidas pela Supra, órgão do governo federal, sobretudo com iniciativas junto aos camponeses da Paraíba vinculados aos sindicatos rurais, Julião começou a defender posição mais crítica: "Embora constitua um passo para a reforma, um passo tímido, carece de projeto melhor. Deveria tratar da desapropriação das terras marginais aos rios onde se concentram os maiores latifúndios."

Julião opinou, ainda, sobre o governo de Adhemar de Barros e as próximas eleições presidenciais. "Adhemar não é o que foi. Perdeu muita substância popular. Hoje é um homem confinado e superado. Não está identificado com as forças populares que, afinal, foram as que o projetaram e o levaram ao poder." Sobre as eleições, opinou: "Podemos ter eleições ou não" (FSP, 17/1/1964).

Em relação a Adhemar de Barros, errou redondamente, porque o governador paulista revelou-se um dos principais articuladores civis da conspiração golpista. Não era confinado nem superado. Estava ativo. Segundo escreveu o historiador Leôncio Basbaum,

> vez por outra recebia visitas de representantes de grupos militares, nos quais pontificavam até mesmo marechais e almirantes, como Nélson de Melo, Cordeiro de Farias e Sílvio Heck. Mas Adhemar de Barros não se limitava a conspirar: preparava-se para tomar o poder. Reforçara a Polícia Militar, a Força Pública do estado, agora constituída de nada menos de 60 mil homens, conforme deixava transparecer em suas conversas ao pé do fogo nas emissoras de rádio e televisão, e encomendara carros blindados a uma fábrica paulista (Basbaum, 4, 1977:41).

Quanto à incerteza das eleições, Julião acertou. Os golpistas cassaram não só os potenciais candidatos à Presidência, mas até a própria eleição.

105. A TRAGÉDIA DE MARI

A política do governo norte-americano em relação ao Brasil, desde a morte de Kennedy, mudara por completo. O presidente Lyndon Johnson, em vez de acompanhar pessoalmente os acontecimentos políticos ligados à América Latina, como fizera Kennedy, preferiu delegar poderes especiais a Thomas Mann, seu assessor especial comissionado no Departamento de Estado.

As consequências, de imediato, foram visíveis em relação ao Brasil. Mantidos o embaixador Lincoln Gordon e o adido militar Vernon Walters, ampliaram-se as tarefas desses altos funcionários. Suas principais preocupações referiam-se ao processo conspirador em marcha contra o governo Jango e às intervenções diretas na condução da economia brasileira, haja vista as duras restrições daquele governo à lei de remessa de lucros para o exterior, assinada em 17 de janeiro.

Advertido por seus conselheiros no sentido de que tal medida poderia acarretar prejuízos para seu governo, Jango preferiu argumentar que os inconformados eram "os mesmos que planejaram o golpe contra Getúlio Vargas e, mais recentemente, tentaram impedir-me de assumir a Presidência". De modo incisivo, completou: "Nosso dilema não é de reforma ou golpe. [...] Sabemos que o Brasil enfrenta um único e verdadeiro dilema, já definido por aquele jovem e grande estadista John Kennedy: reforma ou revolução" (Parker, 1977:81).

Enquanto essas forças, cada vez mais organizadas, agiam nos gabinetes e nos quartéis, a esquerda e, de modo especial, o movimento camponês enfrentavam lutas internas e viviam profundas divisões. Tentavam reorganizar suas estruturas em torno de dois eixos fundamentais: as Ligas Camponesas, espalhadas por quase todos os estados, privilegiavam a mobilização das massas e radicalizavam a reforma agrária; e os sindicatos rurais (em parte unidos aos comunistas), estimulados pelo governo Jango, abraçavam o programa das reformas de base. Havia, ainda, grupos de militantes progressistas ligados à Igreja Católica, os quais atuavam nas áreas de centro-direita ou mais conservadoras.

A Paraíba, em razão da liderança do deputado estadual Francisco de Assis Lemos – originário das Ligas Camponesas e anteriormente seguidor de Julião –, se aliou ao governo Jango e se dedicou em especial à fundação de sindicatos rurais. As formas de luta adotadas pelos sindicatos paraibanos, na prática, eram quase as mesmas dos tempos de João Pedro Teixeira, líder da Liga de Sapé, assassinado em 1962. Essas lutas travadas pelos inúmeros sindicatos rurais e ligas provocaram ali tragédias com profundas consequências para os grupos envolvidos e as forças políticas interessadas na derrubada do governo Jango. Esses trágicos acontecimentos, em verdade, foram capitalizados por todas as forças políticas, mas, de maneira radical, pelos conspiradores, que agiam incansavelmente.

Aliás, os latifundiários e os usineiros paraibanos, a rigor, não faziam distinção entre as ações praticadas pelas ligas e pelos sindicatos: consideravam um e outro apenas movimentos comunistas interessados na subversão da ordem social. Por isso, cuidaram de fazer justiça com as próprias mãos. E, o pior, em muitos casos com a conivência ou a omissão de autoridades policiais, de servidores do governo estadual, alguns membros da Assembleia Legislativa e até de comandantes militares.

A chacina de Mari, município distante apenas 70 quilômetros de João Pessoa, veio pôr a nu as constantes denúncias feitas pelos líderes camponeses no sentido de que os latifundiários e os usineiros estavam se armando, até com armas privativas das Forças Armadas, com a finalidade exclusiva de atacar os camponeses. No ano anterior, ainda durante o governo parlamentarista, o primeiro-ministro Tancredo Neves, ao receber tais denúncias, limitara-se a declarar que a tensão social na Paraíba colocava a reforma agrária em evidência no país (Lemos, 1996:169). Por falta de maior vigilância, João Pedro Teixeira fora brutalmente assassinado.

Aliás, logo após esse assassinato, Julião enviou carta aberta ao ministro da Guerra, Segadas Viana, denunciando a existência de armas pesadas, privativas das Forças Armadas, em poder dos usineiros e dos latifundiários.

> É o que está acontecendo com mais frequência na Paraíba. Em curto espaço de tempo foram feridos vários líderes camponeses e dois deles acabam de ser ceifados. Um em Mamanguape, outro em Sapé. José Martins e João Pedro Teixeira são mártires da luta pela reforma agrária. Sabe-se quem são os mandantes e mandatários. Exibem metralhadoras e mosquetões, portam armas de calibre 4.5, passeiam por toda parte enquanto se toma a espingarda pica-pau de cano de chapéu de sol, que o camponês carrega pela boca com um dedo de pólvora e cinco caroços de chumbo. Breve tomar-lhe-ão as unhas para que ele não tenha mais nada com que cavar a terra (Fonseca, 1962:95).

A Liga Camponesa de Mari foi transformada em sindicato rural, mas manteve a diretoria, presidida pelo camponês Antonio Galdino da Silva, mais conhecido como Carioca.

A principal forma de luta estabelecida pelos líderes consistia em orientar a formação de comissões destinadas a discutir com os proprietários das fazendas a possibilidade de firmarem contratos de arrendamento de áreas de terra para o plantio. Em geral, esses contratos vigoravam por prazos determinados, por obedecer a cultivos de ciclos vegetativos curtos. O ano de 1964 começara com boas chuvas e os plantios, na maioria dos municípios da região, normalmente ocorriam após 19 de março, dia de São José, considerado o padroeiro dos agricultores. Quando chove nesse dia é certeza de que o inverno vai ser bom. Caso negativo, é sinal de ano de seca. Os camponeses, então, anteciparam o plantio para janeiro.

Uma dessas comissões, organizada na Liga de Mari, em 15 de janeiro encaminhou-se à Fazenda Santo Antonio – da família Renato Ribeiro Coutinho, na época dirigida por dona Anunciada –, a fim de acordar o contrato de arrendamento de plantio. Ao chegar ao portão da fazenda, foram impedidos de entrar pelo administrador, Arlindo Nunes da Silva, ostensivamente armado com um revólver Smith & Wesson DA calibre .45, privativo das Forças Armadas. No momento, ele se fazia acompanhar do capataz de campo Severino João Gomes.

A comissão, porém, não se intimidou. Diante da violenta reação do administrador, cercou-o e, apesar de desarmados, por medida acautelatória, resolveu, em ação rápida e inesperada, tomar a perigosa arma. Um dos camponeses guardou a arma. Como corria a versão de que Arlindo se pavoneava de homem corajoso e afirmava que se os "comunistas" viessem invadir a propriedade de seu patrão, seriam recebidos a bala, a comissão resolveu "enchocalhar" o valentão – prática já repetida várias vezes pelos camponeses. Era uma espécie de trote, que consistia em colocar um chocalho no pescoço da vítima e, a seguir, soltá-la, como se fosse um animal. Isso provocava estrondosas gargalhadas e vivas, às vezes com a própria conivência da pessoa "enchocalhada". Mas Arlindo tomou o trote como ofensa, insulto. Sentiu-se humilhado e desmoralizado.

Terminado o "enchocalhamento", os camponeses se dividiram e foram a outra fazenda vizinha, a Olho d'Água – de Manuel de Paula Magalhães, onde o presidente do sindicato, Antonio Galdino, com mais de trezentos camponeses, liderava um mutirão de preparo de terreno para plantio de sementes em terras arrendadas por prazo determinado. Queriam entregar ao presidente Galdino a arma apreendida. E isso aconteceu.

Minutos depois, quando o administrador relatou o ocorrido aos proprietários da Fazenda Santo Antonio, imediatamente a família Ribeiro Coutinho, dona das principais usinas paraibanas, tomou a iniciativa de comunicar o caso ao governador, Pedro Gondim.

As providências cabíveis foram tomadas pelo governador: ordenou que o coronel Luiz de Barros, responsável pelo policiamento da região de Mari, adotasse as medidas necessárias a fim de resolver o impasse: recuperar a arma em poder dos camponeses, pois tal incidente representava a prova cabal de que os empregados de usineiros e latifundiários paraibanos portavam armas privativas das Forças Armadas.

A recuperação da arma teria de ser imediata, a fim de se evitar que ela fosse exibida na imprensa como troféu dos líderes camponeses. Seria um escândalo. Esse trunfo, no entanto, não passou pela cabeça dos camponeses envolvidos no conflito; ao contrário, Antonio Galdino estava ansioso para devolver a arma à proprietária da fazenda, dona Anunciada, ou ao próprio Renato Ribeiro Coutinho. O Smith & Wesson que passara das mãos de um militar para as de um usineiro, dessas para as de seu capataz metido a valentão e agora estava nas mãos de Antonio Galdino, "um preto enorme, natural de Goiana, Pernambuco, cumprindo missão do Partido Comunista, segundo rumores que corriam naquele tempo em toda a região" (Coelho, 2004:49).

Não se sabe a razão, mas o fato é que a autoridade policial designada pelo governador para solucionar o impasse não foi em busca de Galdino logo após receber a determinação. Quem tomou tal iniciativa foi o próprio Renato Ribeiro Coutinho. Para tanto, convocou o economista Fernando da Cruz Gouveia, administrador de suas usinas, homem de absoluta confiança, para recuperar o revólver o mais rapidamente possível.

Gouveia, sem perda de tempo, reuniu cerca de dez homens de sua inteira confiança, todos com armas pesadas, inclusive duas metralhadoras belgas. Entre eles havia três membros da Polícia Militar da Paraíba e o capataz Arlindo, o "enchocalhado" pelos camponeses. Quando Gouveia e seus homens chegaram, às 10 horas, à Fazenda Olho d'Água, dirigiram-se imediatamente ao local onde Galdino trabalhava. Vale reafirmar: Galdino estava decidido a entregar a arma sem nenhuma complicação, conforme testemunho de pessoa que presenciou e viveu a tragédia. Aliás, tudo indica que Galdino sequer sabia ou suspeitava ser a arma privativa das Forças Armadas, nem tampouco de sua marca afamada.

A testemunha ocular dos acontecimentos (*ibidem*) memorizou o seguinte diálogo entre o economista e Galdino:

– Galdino, você tem a arma que os seus homens tomaram, nesta manhã, do administrador da fazenda de dona Anunciada?

– Tenho, doutor Fernando – respondeu Galdino.

– Eu vim buscar a arma. Ela pertence ao doutor Renato – retrucou Gouveia.

– Eu só sei que o revólver estava na cintura do administrador de dona Anunciada – disse Galdino.

– Os seus companheiros "enchocalharam" o rapaz sem necessidade – ajuntou Gouveia. Nesse momento, aos gritos, Arlindo tomou a palavra:

– Foram eles que me agrediram.

– Este homem vive ameaçando os camponeses, doutor Fernando – replicou Galdino.

– Deixa de conversa, homem, entrega logo o revólver – ordenou Gouveia, também aos gritos.

– Pois, não, doutor. Aqui está a arma – respondeu Galdino, levando a mão ao alforje que conduzia pendurado à bandoleira, para dele retirar o revólver e entregá-lo a Fernando Gouveia.

> Até aquele momento tudo fazia crer – confessou a testemunha Pedro Arimateia da Silva, vulgo Canário, um arrumador de abacaxi que trabalhava comigo para a firma de Antonio Iazetti, de São Paulo, 15 anos depois – que o caso já estava encerrado. Na minha posição ouvia a conversa, prestava atenção nos gestos dos homens. Pude ver o nervosismo do sargento, parece que o Pinto, portando um rifle, cujo cano era cheio de buracos. E foi justamente esse militar que gritou para o doutor da usina, dizendo para enchocalhar Carioca. Havia outro militar também

armado. Ele (Galdino) não merecia aquela afronta. Era um homem pacato, temente a Deus! E aí, meu amigo, foi um horror. Tiroteio e gritaria. O pobre do Carioca tombou com a mão no coração. O doutor Gouveia teve a cabeça achatada com um golpe de enxada. Valeu tudo. Enxadas, enxadecos, chibancas, foices, facas, facões, chuços, tudo se transformou em arma mortal naquela brigalhada toda. Era sangue para todo lado. Gente morrendo. Pessoas feridas, gemendo. Um alarido. O fim do mundo. Depois, um milagre: caiu uma pesada chuva, um aguaceiro de dez minutos. (*ibidem*)

No meio da tremenda confusão, um camponês, em dado momento, conseguiu apoderar-se de uma das metralhadoras, mas, após disparar dois tiros, não soube mais manejá-la. Esse fato alimentou a hipótese de que as mortes teriam sido provocadas por balas disparadas pelos homens que acompanhavam Gouveia. Assim, os mortos do lado do usineiro seriam resultado de "fogo amigo".

Balanço final: do lado dos camponeses, morreram sete, todos casados e analfabetos (José Feliciano, 38 anos; Antonio Barbosa, 35; Vicente Amaro, 45; Antonio Galdino da Silva, 35; Pedro Cardoso da Silva, 30; Genival Fortunato Felix, 25; José Barbosa do Nascimento, 45); do outro, morreram quatro homens (Fernando da Cruz Gouveia, 45 anos, casado; Cleudo Pinto Soares, 40, casado, sargento da PM; Abdias Alves dos Santos, 55, casado, sargento da PM, e José Tomaz da Silva, 28, soldado da PM). Ficaram gravemente feridas quatro pessoas: do lado dos camponeses, Manuel Fernandes da Silva, 40 anos, e Antonio Galdino Pessoa, 50 anos, ambos casados e analfabetos; do outro lado, José Daniel Vieira de Lima, 40 anos, engenheiro-agrônomo, e José Daniel Acioly Lima, 17 anos, estudante. (*ibidem*, pp. 68-71)[106]

As consequências políticas começaram no mesmo dia. Na Assembleia Legislativa, o deputado Batista Brandão, do Partido Democrata-Cristão (PDC), ao tomar conhecimento do confronto, bradou do plenário: "Tudo obra dos camponeses, dos comunistas liderados por Assis Lemos! Começa a revolução. Estou vivo porque corri dos tiros!" (*ibidem*, p. 81) Logo depois de tais declarações, ficou provado que o deputado não estivera no local do confronto. As acusações de Brandão contra o deputado Assis Lemos também eram infundadas, porque, além de o parlamentar Lemos não ter estado na fazenda conflagrada naquele dia, não tivera nenhuma responsabilidade, direta ou indireta, pelo trágico desfecho. Apesar disso, em todas as discussões, com exceção da posição corajosa de Assis Lemos, nenhuma voz se levantou para defender os camponeses. Ao contrário, eles foram apontados como responsáveis pela chacina de Mari.

Instaurado o inquérito policial, ocorreram estranhas irregularidades após o processo ter sido encaminhado à autoridade judicial. Apareciam como acusados apenas sete camponeses dentre os mais de trezentos participantes do conflito; nenhum sobrevivente do grupo liderado por Gouveia foi indiciado. Além do mais, nem a Promotoria nem o juiz pediram ou determinaram a necessária juntada das armas usadas – as metralhadoras belgas e o revólver. Aliás, essa circunstância foi confirmada pelo comandante do IV Exército, Justino Alves Bastos, mediante ofícios enviados ao secretário de Segurança da Paraíba, coronel Renato Macário.[107] Tais ofícios também não foram juntados aos autos do processo.

O julgamento dos acusados ocorreu em 24 de maio de 1966. Os sete camponeses indiciados foram condenados a dois anos de detenção.

Quanto à história do fatídico revólver, anos mais tarde, em depoimento ao jornalista Nelson Coelho, o usineiro Renato Ribeiro Coutinho declarou:

> Esse revólver foi um presente que recebi de um general. Na Paraíba, ninguém pode desconhecer as minhas ligações com os militares. Tenho um título de comendador conferido pelo Exército. Recebi algumas outras condecorações, em virtude dos serviços que tenho prestado, segundo portarias, repletas de considerandos, assinadas por eminentes chefes militares. Não vejo nada demais ter sido presenteado com aquela arma. Aliás, julgava-me merecedor daquele mimo. Existem diversos políticos paraibanos que possuem armas privativas. Elas foram presenteadas, em mais de dez unidades, pelo almirante Cândido Aragão, quando da sua visita ao estado nos anos de 1962 e 1963 (Coelho, 2004:257).

106. AS GUERRILHEIRAS PERFUMADAS

Para os inimigos das Ligas Camponesas e dos sindicatos rurais, os conflitos sociais ocorridos no campo eram sinais de desgoverno, de subversão da ordem, de agitação comunista, ações, portanto, praticadas por pessoas interessadas no caos social, ou seja, no "quanto pior melhor".

Os líderes das ligas e dos sindicatos rurais, no entanto, pensavam exatamente o contrário. As ocorrências de lamentáveis tragédias refletiam medo das forças reacionárias de perder seus privilégios. Por isso, entravam em desespero e, em vez de recorrer ao diálogo, preferiam responder, com violência, às classes menos favorecidas. Com base nessa avaliação, boa parte dos líderes de esquerda via a direita sem condições de mobilizar a população a fim de desencadear o golpe contra o governo Jango. Alguns chegavam a admitir ser inimaginável tal possibilidade. Sequer a presença de centenas de senhoras, entre as quais esposas de usineiros e senhores de engenho, foi motivo suficiente para sinalizar o perigo que se avizinhava.

As mulheres concentraram-se no pátio interno do Colégio São José, na avenida Conde da Boa Vista, centro do Recife. Convocado para falar, o professor Paulo Maciel, perante centenas de senhoras, disse que elas estavam ali para sustentar a bandeira da liberdade e da democracia. Discorreu, ainda, demoradamente, sobre os problemas políticos e sociais da atualidade e destacou o perigo das pregações comunistas e do auxílio dos inocentes úteis. Argumentou, ainda, que as mudanças constitucionais propostas visavam a implantar no país um novo sistema de poder totalitário.

No fim das palavras de Maciel, as mulheres, exaltadas, gritaram várias palavras de ordem, todas condenando a subversão da ordem pública; exibiram cartazes e faixas alusivas à democracia, à liberdade, à família, a Deus e, de modo especial, em defesa da propriedade privada. O maior cartaz, conduzido na linha de frente, dizia: "Movimento feminino pela libertação – A mulher pernambucana continua fiel às heroínas de Tejucupapo."

A referência às heroínas de Tejucupapo remontava a um fato ocorrido em 24 de abril de 1646, quando naquela vila pernambucana as mulheres, em virtude da ausência de seus maridos, que trabalhavam no campo, portanto, longe de suas casas, repeliram ataque de cerca de seiscentos holandeses à vila onde moravam. A verdade histórica do acontecimento, com o passar do tempo, ganhou novas interpretações. Uma delas, de certa forma, desvirtuava o sentido real da ação daquelas mulheres. Naquela época, os holandeses, praticamente derrotados pelas forças pernambucanas, já não tinham o domínio de boa parte do território e viviam em áreas reduzidas e fustigadas pelos inimigos; não mais dispunham, portanto, de tempo suficiente para o cultivo regular de alimentos. Daí, partirem para a expropriação de alimentos, atacando vilas e fazendas. O próprio Recife começava a sofrer os efeitos da escassez de alimentos de primeira necessidade.

Como a vila de Tejucupapo, próximo a Goiana, organizada em forma de quilombo, dedicava-se ao cultivo e fabrico de farinha de mandioca, além de outros bens alimentícios, os holandeses arriscaram atacar a vila e conseguir tais gêneros. Urdiram o plano. Aos domingos, os homens do vilarejo costumavam ir ao Recife, a cavalo, vender os produtos agrícolas e também de pesca (caranguejos e moluscos). Assim, os holandeses admitiram estar a vila completamente desguarnecida. Mas algumas pessoas, tendo sabido ou suspeitado dos preparativos, chegaram à vila antes dos invasores. As mulheres mais ativas – Maria Camarão, Maria Quitéria, Maria Clara e Joaquina – liderariam a reação, valendo-se, sobretudo, do elemento surpresa: puseram água com pimenta para ferver em tachos, caldeirões e panelões de barro e alguns poucos homens receberam os invasores a bala.

Os holandeses, certos de que não haveria nenhuma reação, entraram na vila despreocupados. As mulheres, escondidas em trincheiras improvisadas e usando outros anteparos rústicos, jogaram a mistura de líquido fervente nos olhos dos holandeses. Diante da confusão, iniciou-se a batalha por algumas horas. Os poucos homens do reduto, com algumas armas de fogo, fustigaram os atarantados soldados batavos que sofriam com os olhos a arder, como se alcançados por brasas vivas.

Há várias versões sobre o resultado final do combate. Sem se descartar os exageros, uma delas fala da retirada de parte da tropa invasora;

outra, da elevada baixa: trezentos cadáveres espalhados pelo vilarejo, a maioria de flamengos.

As mulheres recifenses, naquele 6 de março de 1964, evocavam as heroínas de Tejucupapo como referência política, mas talvez ignorassem que as combatentes dos holandeses não agiram em defesa das forças pernambucanas nem, a rigor, contra os holandeses, nem tampouco em virtude de ideais políticos ou religiosos. A razão principal era defender suas vidas e a dos filhos ameaçados e salvaguardar os produtos alimentícios de primeira necessidade pretendidos pelos invasores.

Após a intervenção dos oradores, as mulheres recifenses, sob a orientação de dona Carminha Miranda, ocuparam a avenida e caminharam em direção ao Centro. Lentamente a multidão avançava. Após algumas paradas, as militantes mais exaltadas proferiam proclamações, animando as demais manifestantes. Por fim, alcançaram o destino previamente estabelecido: a sede do IV Exército, na praça da Faculdade de Direito do Recife. Até curiosos integravam a multidão.

Como se tudo estivesse combinado, houve intensa movimentação na parte interna do quartel-general. De repente, diante do edifício surgiu o general Justino Alves Bastos, acompanhado por oficiais de seu estado-maior. Postaram-se frente à multidão e ouviram a leitura do manifesto das mulheres pernambucanas, feita por dona Carminha Miranda, líder do movimento feminino pela liberdade:

> Somos um agrupamento de mulheres convencidas de que não devemos distorcer a evidência de nossos destinos e de nossa sensibilidade social, mas que devemos também realizar todos os atributos da nossa condição. Reunimo-nos sem consideração de classe ou cor, de grupo ou de categoria econômica, de crença ou de partido, para uma posição política no sentido mais alto do termo, uma opção quanto a um sistema de poder. E com uma ponderação feminina legítima que procuramos contribuir neste momento grave da vida nacional, sob pena de fugirmos ao nosso dever de encarar, em uma perspectiva própria e complementar, o destino da sociedade em que vivemos. Não há aqui preocupação de excessos, nem desejamos ser expressão suplementar de qualquer outra atitude;

aspiramos simplesmente a tornar público o que vimos observando e que há muito vinha sendo debatido nos convívios familiares, entre famílias ou profissionais. É um esclarecimento público de que já existia, em ambientes privados, os preferidos de nossa atuação. Houve nessa aglutinação vitória sobre o respeito humano, desacomodação de hábitos, sacrifícios mesmo; mas tomamos essa atitude quando compreendemos que as nuances do ridículo com que a propaganda totalitária procura predispor os movimentos femininos, somente, e paradoxalmente, nos atingiriam se permanecêssemos segregados nos estreitos círculos de nossas intimidades (DP, 7/3/1964).

Após a leitura do manifesto, na qual foram expostas as diretrizes do movimento que se dizia destinado a defender as liberdades democráticas contra as pregações totalitárias, abertamente realizadas em Pernambuco e no Brasil, o general Justino Alves Bastos afirmou, entre outras coisas, que, com satisfação, ouvia aquelas palavras dirigidas às Forças Armadas; que todos os corações vibram quando se discutem os problemas nacionais. Por isso, ele se sentia emocionado ao ver, diante de seu quartel-general, a mulher pernambucana sob a égide do movimento feminino pela libertação. Augurou, ainda, ser aquela cruzada útil aos destinos do Brasil, a qual asseguraria "a união de Pernambuco e do Brasil dentro do regime democrático" (*ibidem*).

Após as palavras do general, ouviram-se calorosos aplausos. As militantes femininas elevaram faixas e cartazes alusivos ao perigo comunista, enquanto outras pessoas acenavam lenços brancos. Em seguida, cantaram o Hino Nacional.

Alguns setores da esquerda recifense logo qualificaram o protesto das mulheres pernambucanas como ação de autênticas "guerrilheiras perfumadas". A expressão, conquanto guardasse certo sentido beligerante, atenuava pelo qualificativo, aliás bastante apropriado para senhoras da alta sociedade dispostas a vir a público manifestar suas preocupações com a situação política.

Esse acontecimento não passou despercebido por Julião. Enquanto visitava as Ligas Camponesas pernambucanas, com o objetivo de mobilizá-las para o primeiro congresso de camponeses do Nordeste, tomou conhecimento da marcha das mulheres contra a agitação e a subversão comunista. Então, teve a ideia de também reunir milhares de mulheres camponesas – esposas, filhas, parentes e agregados de camponeses – para marcharem sobre o Recife. Na prática, a manifestação funcionaria como resposta à marcha das "guerrilheiras perfumadas". Somente mulheres. Nenhum homem.

A propósito desse evento, Julião confessaria mais tarde:

> Eu próprio não iria absolutamente participar dessa marcha exclusivamente de mulheres descalças, com suas vestes pobres, levando os produtos de seus sítios. Nós tínhamos condições de reunir, pelo menos, cinco mil mulheres das Ligas Camponesas de Pernambuco para a realização dessa marcha (FJ a FMIS, RJ, 9/8/1994).

A contrarreação das seguidoras das ligas às senhoras recifenses seria contundente. As ligas levariam 5 mil mulheres camponesas contra quinhentas senhoras de usineiros e de senhores de engenho. A divulgação de tal notícia na imprensa chamou a atenção dos adversários do movimento camponês, que imaginavam estarem as massas camponesas e operárias organizadas e conscientizadas politicamente para reagir, em conjunto ou separadamente, a qualquer eventualidade. A marcha fora programada para abril.

Ao mesmo tempo, ganhavam destaque nacional as manobras políticas do governo Jango com o objetivo de derrotar, no Congresso, o projeto de reforma agrária de Aniz Brada. A crise, já anunciada, surgiu quando os senadores da bancada do PSD, partido com três ministérios no governo federal, uniram-se de maneira imprevisível aos senadores da UDN a fim de derrotar as pretensões do Palácio do Planalto. De fato, estava evidente o esfacelamento do esquema de sustentação política de Jango. Quando o tema posto em mesa se revestia de fundamental importância para os interesses da oposição desapareciam até as divergências históricas ou ideológicas de pessedistas e udenistas. Aquela manobra deixava clara a impossibilidade de aprovação das reformas de base e, de modo especial, a agrária.

107. DAS SOMBRAS À LUZ DO DIA

Ao iniciar-se março, a realidade política, a julgar pelos pronunciamentos de seus principais líderes, à primeira vista dava a impressão de viver em verdadeiro caos. As principais correntes políticas pareciam conspirar. Cada uma, de per si, cuidava de acusar as demais de prepararem o golpe. Ainda que alguns analistas mais cautelosos previssem a possibilidade de eclosão de um "incêndio" capaz de destruir as instituições democráticas, nenhuma voz se levantava, com firmeza, no sentido de convencer a nação da imperiosa necessidade de convocar os "bombeiros" para preveni-lo ou apagá-lo quando fosse o caso. Havia, de fato, a aposta no caos. Ao mesmo tempo, as forças políticas movimentavam-se intensamente, em torno de alianças e acordos no sentido da campanha presidencial que se aproximava.

Em Pernambuco, a movimentação política, mais do que em outros estados, apresentava-se bem visível. Arraes, enfraquecido nas eleições municipais, de outubro de 1963, não conseguira eleger o vice-prefeito, Antonio Carlos Cintra do Amaral. A própria eleição de Pelópidas Silveira a prefeito ocorrera com a vantagem de apenas cinco mil votos.

Arraes chamou de tal sorte a atenção dos demais candidatos – Jango, Juscelino e Lacerda – que, entre esses, o mais preocupado com o futuro político do governador pernambucano talvez tenha sido Jango. Essa preocupação, aliás, nascera bem antes, isto é, logo depois de sua posse na Presidência. Crescera nos meios políticos a versão, nunca desmentida, de que Jango acalentara o desejo de depor, de uma só vez, aproveitando-se da instauração do estado de sítio, Lacerda e Arraes. A propósito dessa versão, escreveu Paulo Cavalcanti:

> O cerco em torno de Arraes estreitava-se com a omissão do governo federal, se não com a sua tácita anuência. Quando Jango pensou em enviar ao Congresso o pedido de estado de sítio, não visava exclusivamente, como parecia à primeira vista, ao foco golpista comandado por Carlos Lacerda, no Estado da Guanabara; com uma cajadada só, João Goulart arquitetava derrubar também o governo de Miguel Arraes, em Pernambuco. Era o que se comentava, intramuros (Cavalcanti, 1978:331).

A movimentação política de Arraes incluiu contatos com as mais diferentes tendências: no Rio, encontrou-se com Julião; em Belo Horizonte, com o governador Magalhães Pinto; em Brasília, com o grupo de parlamentares integrantes da Frente Parlamentar Nacionalista.

Ao retornar de Brasília, chegou ao Recife convencido de que os integrantes da frente estavam todos cooptados pelo governo Jango. As preocupações de Arraes limitavam-se ao golpe – não dos conspiradores de direita, pois, como ignorava o governador pernambucano, efetivamente, sob relativo sigilo, seguia em andamento: os mentores aguardavam, apenas, a melhor oportunidade para desencadeá-lo. O temor de Arraes, porém, era em relação a Jango. O bem informado jornalista Carlos Castello Branco, em 19 de março, anotou no seu diário: "Pretende o Governador (Miguel Arraes) conversar em São Paulo com os srs. Carvalho Pinto e Jânio Quadros a respeito do assunto, pois entende do seu dever alertar quantos possam resistir ao golpe em marcha" (Branco, 1975:203).

As conversações e os entendimentos na vida política são curiosos e imprevisíveis. Se, por um lado, Arraes, político de tendência esquerdista, procurava apoios em áreas ostensivamente contrárias, inclusive de direita, como, por exemplo, Magalhães Pinto, principal articulador civil do golpe militar, por outro, a imprensa divulgava o apoio de Julião à candidatura do marechal Osvino Alves à presidência.

A informação, diante das diversas articulações feitas pelos outros candidatos e os grupos políticos que os apoiavam, significava claro afastamento de Julião da postulação de Arraes, seu amigo e aliado em Pernambuco. E mais: na mesma entrevista, disse o líder dos camponeses que o apoio ao marechal significava avanço do "movimento revolucionário do Brasil", no caso revolução "pacífica", feita pelo voto, vez que – concluiu Julião – "o governo João Goulart não tentou qualquer saída, quer para a direita, quer para a esquerda, e muito menos para a revolução" (DP, 26/1/1964).

Quem era Osvino?

O currículo político do marechal não ensejava qualquer possibilidade de vitória diante dos virtuais candidatos. Ostentava a condição de ter comandado o I Exército, no Rio, em 1961 e tomara medidas consideradas favoráveis às forças populares como conselheiro de Jango, em janeiro de 1964, além de ter presidido a Petrobras. Nada mais importante revelava o seu currículo político.

108. SEXTA-FEIRA, 13

Como o Congresso estava em recesso e, de modo inexplicável, adiara a reabertura dos trabalhos no começo do ano, Jango suspeitou de que as atitudes dos líderes de bancada, sobretudo das mais conservadoras do Senado, a exemplo de PSD e UDN, assim agiam por se achar vinculados aos interesses dos conspiradores. Por isso, resolveu contra-atacar. Programou gigantescas concentrações no Rio de Janeiro, em São Paulo, Minas Gerais, Pernambuco e Porto Alegre. Seu objetivo era duplo: levar o conteúdo das reformas ao conhecimento da população – espécie de "prestação de contas" – e, ao mesmo tempo, forçar o Congresso a aprovar as reformas sem maiores obstáculos.

Os temas a serem discutidos nessas manifestações populares eram as reformas de base, entre as quais o presidente destacava a agrária como a mais importante, justamente a que, de saída, continha o pomo da discórdia na concepção das classes conservadoras.

O fato de o presidente convocar especialistas para assessorá-lo na discussão e redação final do documento básico a ser usado como a própria mensagem presidencial remetida ao Congresso causou inúmeras especulações nos meios políticos e também nos meios de comunicação. Essa atitude trouxe especial preocupação dentro do próprio Ministério, por não ter participado das discussões. Tudo aconteceu como se, em determinado momento, os assuntos discutidos e consolidados na redação final da mensagem presidencial fossem segredos de Estado até para seus ministros.

A propósito desse exagerado sigilo, que visava a preservar o governo de desgastes com vazamentos de informações sobre o encaminhamento da mensagem das reformas de base ao Congresso, o ministro da Justiça, Abelardo Jurema, escreveu:

Essa mensagem de início de sessão legislativa, em 1964, foi cuidadosamente preparada pelo *staff* presidencial sem a participação de qualquer dos ministros, cuja elaboração foi a de rotina, fornecendo elementos para a parte expositiva. O conteúdo político era segredo de Estado. Só nas vésperas é que o professor Darcy Ribeiro fez chegar exemplares, bem encadernados, aos ministros. Por muito tempo a boataria campeou e se tinha a impressão de que coisa mais grave iria conter a mensagem, lida, afinal, no Congresso, sem maiores *frissons* (Jurema, 1964:142-143).

A gigantesca concentração da Central do Brasil, no Rio, marcada para 13 de março, por coincidência uma sexta-feira (tomado pelos supersticiosos como dia aziago), fora decisão de Jango, que dava início à divulgação do seu plano de reformas de base.

Ainda que a principal reforma, segundo entendia o presidente, fosse a agrária, as Ligas Camponesas não figuraram como integrantes da comissão organizadora, formada por quase todas as entidades nacionais de trabalhadores, apesar de Julião participar como membro da Frente Parlamentar Nacionalista. A convocação, entre outras considerações, afirmava:

> As entidades sindicais e organizações que subscrevem esta convocação, na qualidade de autênticas e legítimas representantes de todas as categorias profissionais de trabalhadores da cidade e do campo, dos servidores públicos civis e militares, dos estudantes e das demais camadas e setores populares, juntamente com a Frente Parlamentar Nacionalista, convocam os trabalhadores e o povo em geral para participarem da concentração popular que será realizada no próximo dia 13 de março (sexta-feira), com início às 17h30, na Praça da República (lado da Central do Brasil) e para a qual está convidado, e comparecerá, o senhor presidente da República. Os trabalhadores e o povo em geral demonstrarão, nessa oportunidade, que estão decididos a participar ativamente das soluções para os problemas nacionais e manifestarão sua imbatível disposição a favor das reformas de base, entre as quais a agrária, a bancária, a administrativa, a universitária e a eleitoral, que querem ver concretizadas neste ano de 1964 (Silva, 1978:321).

A convocatória da concentração adiantava ainda alguns pontos fundamentais discutidos pelas autoridades convidadas e destacava a adoção de medidas concretas sobre o fortalecimento do monopólio estatal do petróleo e a consequente ampliação da Petrobras, a efetivação da reforma agrária, a partir da declaração de utilidade pública ou de interesse social para efeito de desapropriação e entrega aos camponeses sem terra das áreas inaproveitadas situadas às margens dos açudes, ferrovias e rodovias. Essas medidas legais seriam assinadas pelo presidente durante a concentração.

Ocorreram muitas provocações dos adversários políticos de direita: tentativa de incendiar o palanque na madrugada de 12 para 13; afixação de faixas ostensivas e alarmistas que pregavam a reeleição de Jango; a legalidade para o PCB; forca para os "gorilas militares"; além de outras ofensivas a Carlos Lacerda, como "traidor da Pátria"; e ainda "fora os yanquees"; "Gordon, lacaio do imperialismo" etc. Essas e outras provocações foram, de certa forma, inibidas pela polícia, mas, no fim, causaram confusão perante as mais de duzentas mil pessoas presentes à concentração.

No longo discurso, Jango, após abordar demoradamente os temas da democracia, da liberdade de opinião, da revisão constitucional e das reformas de base, explicou que a reforma agrária assinada mediante decreto da Supra era feita naquele momento, "com o pensamento voltado para a tragédia do irmão brasileiro que sofre no interior de nossa pátria, ainda não é aquela reforma agrária pela qual lutamos". Nesse ponto, como se estivesse a se lembrar da consigna levantada por Julião no documento intitulado *Carta de alforria do camponês*, desde os primeiros passos de sua campanha nas Ligas Camponesas, Jango parecia mandar um recado para os homens do campo:

> Ainda não é a carta de alforria do camponês abandonado. Mas é o primeiro passo: uma porta que se abre à solução definitiva do problema agrário brasileiro. O que se pretende com o decreto, que considera de interesse social, para efeito de desapropriação, as terras que ladeiam eixos rodoviários, leitos de ferrovias, açudes públicos federais e terras

beneficiadas por obras de saneamento da União, é tornar produtivas áreas inexploradas ou subutilizadas, ainda submetidas a um comércio especulativo, odioso e intolerável. [...] Não podemos fazer, por enquanto, trabalhadores, como é de prática corrente em todos os países do mundo civilizado: pagar a desapropriação de terras abandonadas em títulos da dívida pública e a longo prazo. Reforma agrária com pagamento prévio de latifúndio improdutivo, a vista e com dinheiro não é reforma agrária. Reforma agrária, como consagrado na Constituição, com pagamento prévio e a dinheiro é negócio agrário, que interessa apenas ao latifundiário, radicalmente oposto aos interesses do povo brasileiro. Por isso o decreto da Supra não é a reforma agrária. Sem reforma constitucional, trabalhadores, não há reforma agrária autêntica. Sem emendar a Constituição, que tem acima dela o povo, poderemos ter leis agrárias honestas e bem-intencionadas, mas nenhuma delas capaz de modificações estruturais profundas. (...) Não receio ser chamado de subversivo pelo fato de proclamar a necessidade de revisão da *Constituição* que não atende mais aos anseios do povo. Essa *Constituição* é antiquada, porque legaliza uma estrutura socioeconômica já superada, injusta e desumana (*ibidem*, p. 461).

As reações de Carlos Lacerda à concentração na Central do Brasil não se limitaram apenas a manifestações verbais; o governador havia convocado para o mesmo dia e hora comício noutro local e decretado feriado estadual, com intuito de esvaziar a manifestação do governo federal. No dia seguinte à concentração, declarou a *Tribuna da Imprensa*:

O comício foi um assalto à Constituição, ao bolso e à honra do povo. O discurso do sr. João Goulart é subversivo e provocador, além de estúpido. O candidato furou ontem a barreira da Constituição. O pavor de perder o controle sobre as negociatas e escândalos de toda a ordem, que abafa com sua autoridade presidencial, fê-lo perder a cabeça. Esse homem já não sabe o que faz.

A simulação da briga com o cunhado (Brizola) ficou ontem desmascarada. Um simula estar mais à esquerda para fingir que me situa na direita, e assim, no centro, no falso centro, com o apoio dos comunistas e dos oportunistas não "radicalizados", ele conta ficar no poder. As máscaras ontem caíram.

A guerra revolucionária está desencadeada. Seu chefe ostensivo é o sr. João Goulart, até que os comunistas lhe deem outro. Triste foi ver as forças de segurança nacional, a pretexto de que o sr. João Goulart é o seu comandante em chefe, ficarem de sentinela para o ato totalitário de ontem.

Acho que o Congresso deve levantar-se e defender o que resta da liberdade e da paz neste país. Então as Forças Armadas compreenderão o que o povo já sentiu: acima das ambições e leviandades de uma pessoa ocasional estão a Constituição e a paz do povo brasileiro (TI, 14/3/1964).

A advertência de Lacerda no sentido de ficarem as forças de segurança nacional de sentinela não correspondia bem à verdade dos fatos. O chefe do Estado-Maior das Forças Armadas, Castelo Branco, assistira a todo o comício – de 17h30 a 1h30 da madrugada – do outro lado da rua, isto é, em uma das dependências do edifício-sede do Ministério da Guerra. Segundo opiniões mais autorizadas, inclusive a do general Vernon Walters, adido militar da embaixada norte-americana no Rio, foi naquele momento que Castelo Branco decidiu depor Jango. Naquela mesma noite, os dois se encontraram e trocaram ideias sobre a concentração na Central do Brasil:

"– Você viu o comício na televisão?

Ante a resposta afirmativa de Walters, Castelo comentou:

– Os únicos símbolos que eu vi foram foices e martelos" (Parker, 1977:87).

Enquanto se desenrolava o comício na Central do Brasil, o embaixador norte-americano, Lincoln Gordon, ia para o aeroporto do Galeão, a fim de pegar o avião com destino a Washington, para onde levaria informações atualizadas e receberia instruções do Departamento de Estado sobre os passos a seguir em relação à política brasileira. Ouviu os discursos pelo rádio do automóvel, durante o percurso.

A conferência de Washington destinava-se a traçar a nova doutrina do presidente Johnson para os embaixadores destacados nos países latino-americanos. A ela compareceram, entre outros, o secretário de Estado, Dean Rusk, o secretário-assistente Thomas Mann, o administrador da Agência para o Desenvolvimento Internacional (Usaid), David Bell, e o procurador-geral Robert Kennedy. Não houve surpresas. O presidente reafirmou o propósito de dar prosseguimento à política da Aliança para o Progresso. De imediato, pretendia reduzir os efeitos das preocupações entre os principais líderes latino-americanos de que seu governo diminuiria o apoio àqueles países.

Apesar disso, em relação à doutrina até então adotada pelo governo Kennedy, as mudanças foram importantes. Em primeiro lugar, o novo presidente não mais se ocupava diretamente com o tema, porque delegara a seu assessor especial, Thomas Mann, a responsabilidade de decidir sobre o melhor caminho a adotar. Mann, ao assumir, desde logo indicou a nova postura: "Os Estados Unidos não mais procurariam punir as juntas militares por derrubarem regimes democráticos" (*The New York Times*, 19/3/1964).

Tal virada diplomática harmonizava-se com as atividades conspirativas feitas por Gordon e Walters na embaixada norte-americana. Na verdade, era o reverso da doutrina Kennedy, a qual, entre outras providências, negara, categoricamente, o reconhecimento de relações diplomáticas e apoio econômico a regimes militares recém-criados, a menos que oferecessem plenas garantias de restabelecimento das franquias democráticas em futuro próximo.

As declarações de Mann causaram repercussão, quer nos Estados Unidos quer nos demais países latino-americanos. Os políticos que já viviam situações de exceção ou pretendiam conspirar contra as instituições democráticas se sentiram aliviados e até livres para prosseguir com as iniciativas ilegais de conspirações. No Brasil, a propósito, o prestigioso jornal *O Estado de S. Paulo* destacou: "As ditaduras militares e de direita não seriam mais punidas (pelos Estados Unidos) com o não reconhecimento quando derrubassem regimes democráticos" (ESP, 20/3/1964). A partir de então, os critérios diretivos de apoio norte-americano, inclusive de ordem militar, seriam o interesse nacional e as circunstâncias decorrentes da própria situação.

Em 22 de março, Gordon retornou ao Rio e, imediatamente, reuniu todo o *staff* para discutir a realidade brasileira e definir nova posição a ser assumida pelo governo norte-americano. Na reunião, Walters exibiu o manifesto lançado por Castelo Branco aos oficiais das Forças Armadas, incitando-os a que se opusessem à pretendida assembleia constituinte defendida pelo governo Jango, fato que levaria ao fechamento do Congresso e à instauração de uma ditadura, pelo que concitava todos a defenderem a Constituição e a lei. Informou ainda o adido militar que Castelo Branco já assumira a liderança do movimento militar contra o governo Jango (Parker, 1977:92). Quase todas as opções foram analisadas pelos assessores de Gordon. Ao final da reunião, segundo as informações privilegiadas de Walters, prevaleceu o ponto de vista de que Castelo Branco apenas aguardava o melhor momento psicológico para dar o golpe. Esse momento decorreria das medidas tomadas pelo governo Jango ou pelo próprio presidente da República.

O momento chegaria na semana seguinte: a revolta dos marinheiros e o consequente discurso de Jango no Automóvel Clube do Brasil, no Rio.

109. O LEVANTE VEIO DE MINAS

Em uma hora tão conturbada como aquela, dois fatos chamaram a atenção: a ida de Jango para retiro prolongado de Semana Santa no Rio Grande do Sul e a reunião de mais de mil marinheiros na sede do Sindicato dos Metalúrgicos, no Rio, a fim de protestarem e exigirem a imediata libertação de 11 colegas presos, por terem reivindicado direitos políticos e melhoria de condições de trabalho.

A rebelião, considerada pelos adversários políticos do governo como provocação, causou imediatas reações nas Forças Armadas, especialmente na Marinha. Convocado, Jango interrompeu o retiro e retornou ao Rio, onde passou a intermediar a solução do conflito. Em vez de apoiar as sugestões do seu ministro da Marinha, Sílvio Mota, preferiu ouvir líderes sindicais: autorizou a concessão de anistia aos marinheiros rebelados. Resultado: o ministro pediu demissão, o que ampliou a crise.

Mas o presidente foi mais além: acolheu sugestão do comando dos trabalhadores e nomeou para ministro da Marinha o almirante reformado Paulo Mário Cunha Rodrigues.

Em verdade, Jango minimizou ou não percebeu alguns sinais conspirativos bastante evidentes e bem articulados. Em São Paulo, no dia de São José, 19, cerca de 300 mil para uns, 500 mil pessoas para outros, encheram as ruas nas proximidades da Catedral da Sé. Era a Marcha da Família com Deus pela Liberdade, idealizada de boa-fé pela freira irmã Ana de Lurdes, mas logo capitaneada pelo deputado Cunha Bueno, que a transformou em ato político. Além disso, Jango fora um dos primeiros a tomar conhecimento do manifesto de Castelo Branco, mas se recusou a tomar qualquer providência.

Quando os marinheiros organizaram, no dia 30, a manifestação pública diante do Automóvel Clube do Brasil, Jango, apesar de advertido por alguns assessores para não comparecer, participou da concentração e ainda proferiu discurso, de improviso, bastante explosivo, diante de aproximadamente 2 mil militares – sargentos, cabos e marinheiros – insuflados pelo cabo Anselmo, obscuro ex-militante do movimento estudantil que, da noite para o dia, após ingressar na Marinha, notabilizara como líder daqueles militares sublevados. Anos mais tarde, ficaria provada pelas próprias declarações do cabo sua atuação durante a fase inicial de repressão do regime militar como delator de seus próprios amigos de militância clandestina de esquerda, entre os quais se infiltrara na condição de agente duplo. Os principais líderes políticos – Brizola, Arraes, Prestes e Julião – descobririam que as infiltrações de agentes e informantes dos órgãos de segurança, inclusive da CIA, eram rotineiras. Muitos deles não se precaveram de tais ações nefastas em suas hostes. Após o golpe de 1964, o cabo Anselmo chegou a gozar da confiança de Brizola, que, sem saber dos perigosos desígnios do ex-marinheiro, o escondeu em seu próprio apartamento em Montevidéu.

A propósito do tema das infiltrações de agentes, Julião declarou:

> Sabe-se hoje que muitas pessoas foram utilizadas – ou se deixaram utilizar, conscientemente, como é o caso, por exemplo, do cabo Anselmo e

possivelmente de muitas outras pessoas que não apareceram ainda. [...] E uma das causas imediatas (para a eclosão do golpe) foi aquela rebelião dos sargentos e a dos marinheiros. Aquilo foi uma provocação bem articulada, bem estudada, que criou um clima realmente de intensa emoção dentro das Forças Armadas, o que levou àquelas passeatas com Deus, pela Família, pela Pátria. O padre Payton, que veio especialmente para comandar essas passeatas no Rio, em São Paulo aproveitou o momento de grande emoção e excitação e até mesmo de histeria do setor da classe média para criar a base social de sustentação para o golpe (Andrade, 2004:106).

Quando os militares conspiradores viram, pela televisão, o discurso de Jango concluíram que era o momento ideal para deflagrar a deposição do presidente. Castelo Branco articulara com os demais comandantes o dia 2 de abril para iniciar o movimento golpista. No entanto, conforme registrou o historiador Thomas Skidmore, no dia seguinte, 31, o general Mourão Filho,

> o homem que forneceu o infame Plano Cohen em outubro de 1937, mobilizou suas tropas em Juiz de Fora (parte do I Exército, com sede em Minas Gerais). Ao alvorecer disse a seus comandados que marchariam sobre o Rio de Janeiro. O governador Magalhães Pinto, de Minas Gerais, já expedira um manifesto no dia 30 de março convocando os mineiros "para a restauração da ordem constitucional comprometida nesta hora" (Skidmore, 1976:362-363).

Naquele dia, enquanto as tropas de Mourão se deslocavam em direção ao Rio, tanto as forças do governo quanto as dos conspiradores aguardavam, com ansiedade, a decisão de Amaury Kruel, comandante do II Exército, em São Paulo, ainda indeciso. Tropas comandadas pelo general Cunha Melo partiram do Rio em direção a Minas com ordens para deter as forças rebeladas de Mourão.

Ao mesmo tempo, Jango manteve contato com Justino Alves Bastos, comandante do IV Exército, no Recife, o qual informou que ali as tropas estavam de prontidão; tudo seguia na mais completa ordem. A verdade, porém, era outra: Justino dera ordem para a tropa cercar o Palácio do

Campo das Princesas e manter Arraes sob estrita observação. Ordenara, ainda, que o Exército desencadeasse o plano de ocupação das principais cidades de Pernambuco e da Paraíba, onde existiam focos mais expressivos das Ligas Camponesas. Por fim, o presidente entrou em contato com Kruel, em São Paulo. Quando pensava ouvir do general o pedido de instruções, na prática, deu-se o inverso, isto é, recebeu o ultimato: "Se o presidente quiser salvar a situação, deverá fazer imediatamente um pronunciamento condenando o comunismo, o Comando Geral dos Trabalhadores (CGT) e afastar alguns assessores mais próximos" (Basbaum, 4, 1977:59).

Jango recusou-se a trair os amigos. Segundo o historiador Basbaum, Kruel se manteve neutro. Não ordenou a mobilização de suas tropas, nem para o ataque nem para a defesa. Diante dessa situação, o governador Adhemar de Barros ganhou ânimo novo e partiu para a ofensiva.

Já Skidmore deu outra versão:

> Certo é que, durante a terça-feira, Kruel ainda fazia repetidos apelos por telefone a Jango insistindo para que renunciasse ao CGT comunista. Se fizesse isso, dizia Kruel, podia ainda "salvar o seu mandato". Mas Jango não podia voltar atrás. Respondeu por fim:
> – Não posso deixar de lado as forças populares que me apoiam.
> Essa recusa terminante veio aliviar afinal a consciência de Kruel:
> – Então, presidente – disse ele –, nada podemos fazer.
> Na tarde de 31 de março, Kruel finalmente deu ordens para que seus tanques se deslocassem rumo ao Rio. Essa manobra era essencial para a revolta, devido à importância do Vale do Paraíba em caso de uma guerra civil (Skidmore, 1976:363).

Enquanto todos aguardavam o confronto das duas facções armadas e a eclosão da guerra civil, nos mais importantes centros do país – Minas Gerais, São Paulo, Rio, Paraná e Rio Grande do Sul – ninguém mais tinha dúvidas sobre a fidelidade aos sublevados por parte dos respectivos governadores: Magalhães Pinto, Adhemar de Barros, Carlos Lacerda, Ney Braga e Ildo Meneghetti. Apenas os dois últimos mantinham posições menos ostensivas. A única dúvida persistente era saber qual a posição de Arraes e de seus seguidores mais à esquerda, bem como qual o potencial de reação das Ligas Camponesas.

110. AJUDA MILITAR DOS ESTADOS UNIDOS DA AMÉRICA

Desde os acontecimentos de 30 de março a Embaixada dos Estados Unidos no Rio e o Departamento de Estado norte-americano mantinham permanente contato. Atendendo à sugestão de Gordon e Walters, o secretário Dean Rusk ordenou que o comando Sul das Forças Armadas dos Estados Unidos e a CIA acelerassem as providências de ajuda aos chefes militares sublevados contra o governo Jango. Instruiu ainda todos os consulados norte-americanos no Brasil a ficarem vigilantes durante 24 horas e informarem Washington sobre "qualquer ocorrência significativa referente à resistência militar ou política ao regime Goulart" (Parker, 1977:100).

Enquanto isso, em Washington, na manhã de 31, fazia-se importante reunião para discutir a crise política do Brasil. Compareceram Dean Rusk e seus principais assessores; o secretário de Defesa, Robert McNamara; o chefe do Estado-Maior, Maxwell Taylor; o comandante-chefe das Forças do Sul, tenente-general Andrew P. O'Meara; o diretor da CIA John McCone e outros altos funcionários. Após examinarem os relatórios e as exposições a respeito da crise militar brasileira, pôs-se em mesa a questão fundamental: como os Estados Unidos poderiam pôr em prática imediato plano de ajuda aérea e naval aos militares sublevados contra o governo Jango? No fim das discussões aprovaram plano de emergência bem mais amplo do que o proposto pela Embaixada dos Estados Unidos do Brasil, que preconizava apenas o envio de petróleo e frota de porta-aviões. Além dessas providências, ficou acertado que os Estados Unidos remeteriam também armas e munição aos conspiradores (*ibidem*, p. 101).

Na parte da tarde, as providências necessárias ao envio da ajuda militar começaram a ser executadas: o porta-avião *Forrestal*, de ataque pesado, dotado até de dispositivo com mísseis teleguiados, com destróieres, rumaria em direção às águas brasileiras. A principal finalidade desse porta-aviões seria marcar de imediato a presença da força-tarefa norte-americana nas proximidades do Brasil, para não só intimidar psicologicamente as forças leais ao governo Jango, mas também, diante de qualquer emergência concreta, pôr em prática as iniciativas de apoio militar aos conspiradores brasileiros. Os navios com petróleo, munição e mantimentos partiriam na manhã seguinte e a previsão de chegada às águas do porto de Santos estava estimada para 11 de abril. Denominou-se Brother Sam a secretíssima operação, cujo comando coube ao general de divisão George S. Brown (*ibidem*, p. 104).

No dia anterior à reunião das autoridades norte-americanas, já em Washington, Gordon monitorava de perto o discurso de Jango no Automóvel Clube aos marinheiros na noite do dia 30 de março, ocasião em que o embaixador recebera precisas instruções sobre o andamento do golpe.

A propósito desse episódio, o historiador Moniz Bandeira informou alguns detalhes interessantes:

> A CIA (Agência de Inteligência dos Estados Unidos) promoveu artificialmente a radicalização das lutas sociais. E a afirmativa do embaixador Lincoln Gordon de que a derrubada de Goulart foi realizada pelos militares brasileiros sem a assistência ou a aprovação dos EUA não corresponde à realidade. No dia 30 de março, enquanto Goulart discursava para os sargentos no Automóvel Clube, o secretário de Estado, Dean Rusk, lia para o embaixador Lincoln Gordon, pelo telefone, o texto do telegrama n°. 1296, informando-o de que, como os navios, carregados de armas e munições, não podiam alcançar o Sul do Brasil antes de dez dias, os EUA poderiam enviá-las por via aérea, desde que fosse assegurado campo de pouso intermediário no Recife, ou em qualquer outra parte do Nordeste, capaz de operar com grandes transportes a jato, e manifestou o receio de que Goulart, o deputado Ranieri Mazzilli, os líderes do Congresso e os chefes militares alcançassem naquelas poucas horas uma acomodação, fato que seria "profundamente embaraçoso" para o governo norte-americano (Barreto; Ferreira, 2004:88).

Diante de situação tão crítica, no Recife tudo parecia seguir sem nenhuma anormalidade. Arraes, mesmo com o Palácio do Campo das Princesas cercado pelas tropas do IV Exército, na manhã de 31 de março dava a impressão de absoluta tranquilidade, pois não apareceu o menor sinal de efetiva resistência na capital ou no interior do estado.

111. O SENTIDO DE UMA METÁFORA: "500 MIL CAMPONESES CONTRA OS 'GORILAS'"

Enquanto isso, as mobilizações camponesas em Pernambuco seguiam a marcha normal, até com ameaças de deflagração de novas greves. No plano nacional, o ponto mais conflitante era, sem dúvida, a votação do projeto de anistia dos sargentos e civis implicados no levante de Brasília. A votação se transformara em autêntica queda de braço entre a situação e a oposição. Essa pela negação do benefício; aquela pela concessão. Em razão desse conflito, todos os deputados federais foram chamados por seus líderes com urgência a Brasília.

Julião, convocado pela base aliada da Frente Parlamentar Nacionalista, como, até aquele momento, se mantivera afastado das sessões da Câmara, por entender que sua efetiva tribuna era fora dali, continuava no Recife dando cumprimento à sua apertada agenda política. No entanto, recebeu telegrama de sua mulher, Regina Castro, convocando-o à Câmara com argumentos inquestionáveis. Então, ele viajou imediatamente para Brasília. No dia seguinte, inteirado dos detalhes do projeto de anistia dos sargentos, compareceu à Câmara. Em 31 de março, surpreendido pela velocidade dos acontecimentos, não teve mais condições políticas nem psicológicas de ausentar-se do Congresso, pois ali, a partir daquele dia, estava a tribuna sendo usada por todos os parlamentares comprometidos com a defesa das instituições democráticas e, naturalmente, seus opositores.

Julião, convém lembrar, logo depois de eleito deputado federal, declarou, em várias oportunidades, que, em vez da tribuna da Câmara, preferia a das praças públicas de cidades e do campo, onde continuaria a pregar suas ideias e a ampliar a luta pela reforma agrária. Por isso, não temia ser considerado parlamentar ausente. Ao iniciar-se a legislatura de 1964, ele ali compareceu, sem interrupção, de 27 de março a 7 de abril – portanto, 12 sessões –, quando, então, se ausentou na companhia do deputado Adauto Lúcio Cardoso, líder da UDN.

Em 31 de março, antes de os deputados tomarem conhecimento do levante militar, o presidente da Câmara Ranieri Mazzili, tentou acalmar os ânimos, bastante exaltados, sobretudo em virtude das intervenções do udenista Herbert Levy contra argumentos dos situacionistas de vários partidos. Mazzilli, indiferente às vozes elevadas no recinto, continuou a concitar os colegas em tom pedagógico:

> Atenção, senhores deputados! É com gravidade que digo à Casa que, mercê de Deus, durante seis anos de presidência e no sétimo ano de mandato, jamais tive de levantar uma sessão por tumulto ou por intolerância no plenário. Vejo neste momento que talvez não possa prosseguir neste critério, porque, por mais que apele, todos mais se apaixonam e não é possível continuarmos e esta Casa possa neste momento, mais uma vez, se afirmar como órgão legítimo de representação popular.
>
> A reclamação trazida pelo nobre deputado Herbert Levy vai ser imediatamente objeto de averiguação por parte da Mesa, a fim de que não haja dois pesos e duas medidas na irradiação desses trabalhos e que a nação possa, como deve, tomar conhecimento dos trabalhos de seus representantes, quaisquer que sejam aqui as suas ideias, quaisquer que sejam as suas correntes de opinião, porque a presidência existe efetivamente para isto: garantir o uso da tribuna pelos srs. deputados. (*Palmas*).
>
> Portanto, apelo aos meus bravos colegas que colaborem comigo na manutenção da ordem, a fim de que esta sessão prossiga na grandeza da hora em que vive a nação brasileira.[108]

Restabelecida a ordem, Adauto Lúcio Cardoso, na condição de líder do bloco da minoria, pediu a palavra, mas, em seguida, a transferiu ao Padre Godinho, anteriormente citado por Almino Afonso.

Após o discurso de Padre Godinho, no qual se limitara a criticar duramente a posição do governo e os adeptos das reformas de base, o presidente concedeu a palavra a Julião. Antes, porém, de subir à tribuna,

Doutel de Andrade pediu-lhe um aparte, alegando ter importantíssimo comunicado a fazer naquele momento: as rádios do Rio

> divulgavam proclamação oficial do eminente ministro da Guerra, general Jair Dantas Ribeiro, pela qual se sabe que o velho soldado, embora enfermo, vem de deixar o seu leito para reassumir efetivamente a pasta da Guerra, onde acaba de assinar ato exonerando o general sedicioso, Olímpio Mourão, do comando da 4ª. Região Militar, sediada em Belo Horizonte. Acaba ainda de dizer à nação, de dizer aos insurretos que a ordem legal será mantida, para felicidade nossa, em todo o território nacional, seja qual for o seu preço.[109]

A informação trazia aos democratas e governistas pálida esperança, pois os fatos se sucediam com velocidade e ali ninguém tinha condições de acompanhá-los, sobretudo por causa dos crescentes boatos na mesma proporção.

A seguir, diante de clima tão tenso, Julião proferiu discurso condenando e denunciando o golpe militar já anunciado em Minas Gerais. A certa altura, tomado pela emoção, disse:

> Se amanhã alguém tentar levantar os gorilas contra a nação, já podemos dispor – por isso ficamos no Nordeste o ano todo – de quinhentos mil camponeses para responder aos gorilas como os gorilas quiserem: na lei, como desejamos; na marra, se eles quiserem. Sabemos que no momento em que deflagrarem um golpe reacionário direitista contra o Brasil haverá guerra civil, e a guerra civil não será absolutamente em benefício daqueles que querem continuar desfrutando os privilégios odiosos, mas em favor daqueles que querem tirar o Brasil da miséria e fazer deste Brasil um país capaz de competir com as maiores nações do mundo. Temos a força da inteligência do nosso povo, temos riquezas que estão aí desafiando essa inteligência. Um Brasil, em suma, que há de ser não dos privilegiados, mas dos humildes. Não queremos que seja deflagrado esse processo, mas se ele se deflagrar, não será contra os humildes, será contra os potentados, contra os poderosos.[110]

Naquelas circunstâncias, com a situação política indefinida, em face de pronunciamentos tão graves e de desconhecidas reações do governo federal, de governadores estaduais, de anunciadas mobilizações de setores organizados da sociedade contra o golpe que se iniciara em Minas e da eventualidade de guerra civil, que, de repente, tomara conta da própria consciência política, o pronunciamento chamou a atenção de todos. Assim, para algumas áreas, o sentido de suas palavras fora declaração de guerra contra as Forças Armadas. Entre os autênticos democratas e seus aliados poucos pensaram no verdadeiro alcance do pronunciamento. Não perceberam que, diante daquelas circunstâncias, alguém deveria advertir os responsáveis pelo desencadeamento da cruzada golpista sobre a possibilidade de resistência, a curto ou a longo prazos; mas resistência democrática, inclusive com participação da massa camponesa, como pensara e afirmara Julião. Fora esse o objetivo imediato de suas palavras em momento de indecisão. Apelara com a lógica voltada para o recurso da palavra de ordem tantas vezes por ele usada – "reforma agrária na lei ou na marra" – aplicando-a à situação, porém ressalvando a alternativa, conforme claramente sugeria a conjunção "ou".

Naquele dia e nos que seguiram, no Congresso Nacional, algumas pessoas, sobretudo aquelas com voz nos meios de comunicação, preferiram ver apenas o efeito bombástico da afirmação. Interpretaram a metáfora como se fosse a realidade verdadeira dos fatos.

Essa interpretação ao termo "marra", aliás, não se dava pela primeira vez. Dois anos antes, quando Julião se candidatara a deputado federal pelo PSB, em Pernambuco, fora denunciado formalmente à Justiça Eleitoral por seu inimigo político, o vereador udenista Wandenkolk Wanderley, sob a alegação de ter o candidato usado a frase subversiva nos cartazes, panfletos e demais materiais de propaganda. O general Artur da Costa e Silva, quando à frente do comando do IV Exército, diante das mesmas acusações feitas pelos inimigos das Ligas Camponesas sobre o uso da frase, também preferiu minimizar o episódio e alegar apenas que Julião era um blefador. Em verdade, também exagerava o general, pois o perigo real não residia no uso direto da força, mas na suposição de que a convocação, pela via democrática, das massas um dia poderia alterar as correlações da luta. Aí estava o poder da força, isto é, a marra. Ademais, todos sabiam – e com razão aquele comandante – que não havia nenhum "exército de camponeses" disposto à resistência armada.

Apesar disso, não foram poucos os que interpretaram a metáfora de Julião – quinhentos mil camponeses contra os "gorilas" – ao pé da letra. Até o experiente jornalista político Flávio Tavares, que viveria o drama do exílio em virtude da forçada troca de prisioneiros políticos pela liberdade do embaixador norte-americano Charles Burke Elbrick, sequestrado no Brasil, escreveu a propósito da metáfora de Julião:

> Quase sem vozes duras para rebater a UDN, o governo acabou sendo defendido pelo deputado Francisco Julião, que naqueles dias aparecia no Congresso pela *primeira vez desde a sua eleição, exatamente para evitar perder o mandato por ausências acumuladas* (grifo nosso). Ferrenho opositor do governo e do próprio Jango, a quem chamava de "latifundiário e lacaio do latifúndio", Julião (eleito pela legenda do PSB de Pernambuco) *falou como um general no comando de tropas e ameaçou "deter o golpe com a mobilização dos 60 mil homens armados das Ligas Camponesas", 5 mil dos quais – acrescentou triunfante – em Goiás, junto ao Distrito Federal* (grifo nosso). Com isso, gerou terror e medo entre os indecisos. Tudo irreal. As Ligas Camponesas só se mobilizaram no papel para publicidade na imprensa e, após o golpe, seu líder não teve sequer como e onde esconder-se: alertado pelo udenista Adauto Cardoso, Julião *fugiu* (grifo nosso) de Brasília num esquema pessoal montado pelo advogado Miguel Pressburger e por mim. O exibicionismo sobre essas inexistentes *milícias rurais armadas* (grifo nosso), porém, soara assustador num momento em que a guerra civil era um espectro ambulante (Tavares, 1999:150).

O conteúdo das informações contidas nas memórias do jornalista não corresponde à realidade dos fatos ou das fontes históricas. Comecemos pela alegada ausência de Julião aos trabalhos da Câmara. Segundo o jornalista, ele "aparecia no Congresso pela primeira vez desde a sua eleição, exatamente para evitar perder o mandato por ausências acumuladas".

Essa afirmação não condiz com a verdade documental. Primeiro, porque ele comparecera para tomar posse em 1º de fevereiro de 1963.

Depois, porque durante o primeiro ano de mandato compareceu em várias outras oportunidades, desde 27 de março até 7 de abril. Ademais, participou de outras sessões importantes, por exemplo, a que culminou com sua indicação para integrar a Comissão Permanente de Finanças da Câmara, na condição de suplente.[111]

Apesar disso, como se Julião soubesse das críticas de seus adversários políticos por ter-se ausentado do plenário da Câmara, em 31 de março assim justificou sua posição:

> Senhor presidente, tenho estado ausente desta Câmara, mas tenho estado presente ao povo, aquele povo que eu me propus defender. Quando senti desde muito jovem o seu clamor, vi os seus farrapos, compreendi a necessidade de fazer algo por aquela gente que devia ter encontrado da parte do orador que me antecedeu (Padre Godinho), um vigário de Cristo, maior preocupação. Causa-me espanto ouvir de um homem, de um sacerdote, uma linguagem que não aquela que ele tinha o dever de transmitir a esta Casa, porque não é a linguagem dos humildes, mas linguagem de quem se sente farto, de quem está satisfeito. Ali não falou, absolutamente, um sacerdote, ali falou um deputado que está comprometido com a estrutura arcaica (muito bem), uma estrutura que derrubaremos de qualquer forma, porque a vontade do povo prevalecerá, com o Congresso ou sem o Congresso, pois o povo, afinal de contas, é quem tem de dirigir os destinos deste país. [...] Por isso, continuaremos com a nossa pregação lá fora e esperaremos que mais cedo ou mais tarde o ajuste de contas seja feito. [...] Nós queríamos prestar contas dos nossos serviços, dos nossos trabalhos, junto a essas massas espoliadas, durante aquele ano em que estivemos ausentes desta Casa, num discurso pensado para que a Casa visse que se não conseguimos falar nesta tribuna, conseguimos falar para mais de um milhão de pessoas, de gente que não era até agora considerada, tida como participante do processo de transformação social e econômica do Brasil. Nós falamos diretamente a essas massas e não estamos arrependidos de nossa ausência desta Casa, porque ela não significa, absolutamente, a falta de vigilância, nem de interesse, pela solução de graves e grandes problemas da pátria. A nossa ausência significa que uma voz a mais ou a menos no Parlamento não iria contribuir para que o processo brasileiro

se desenvolvesse pacificamente. Contribui para esclarecer e trazer para as praças públicas, para os grandes comícios e concentrações populares aqueles que não foram convocados, mas que agora estão sendo temidos pela reação, pelos empedernidos, pelos rebeldes, pelos eternos golpistas, por aqueles que não querem transigir em coisa alguma, na esperança de que poderão ainda enganar o povo brasileiro. [112]

Alegou, ainda, o jornalista Flávio Tavares que Julião *"falou como um general no comando de tropas e ameaçou deter o golpe com a mobilização dos 60 mil homens armados das Ligas Camponesas, 5 mil dos quais – acrescentou triunfante – em Goiás, junto ao Distrito Federal"* (grifo nosso). (Tavares, 1999:150). Essa afirmação atribuída a Julião simplesmente não existiu no seu discurso de 31 de março, publicado na íntegra no Diário do Congresso Nacional do dia 10 e, anos mais tarde, divulgado como um dos mais importantes momentos da vida política do Congresso.[113] Repitamos o que disse Julião: "Se amanhã alguém tentar levantar os gorilas contra a nação, já podemos dispor – por isso ficamos no Nordeste o ano todo – de 500 mil camponeses para responder aos gorilas como os gorilas quiserem: na lei, como desejamos; na marra se eles quiserem."[114]

Onde Tavares foi buscar os "60 mil homens armados das Ligas Camponesas" e "as milícias rurais armadas"? Depois, o argumento retórico de Julião ficava restrito a uma condicional.

A verdadeira situação das Ligas Camponesas no momento do golpe militar seria revelada pelo próprio Julião dez anos mais tarde, quando, em carta, respondeu à indagação feita pelo filho Anacleto, então exilado na Suécia: "Creio que em uma carta breve não vou poder explicar o que muita gente, por ignorância ou má-fé, sempre indaga: por que as Ligas não se levantaram em armas para opor-se ao golpe militar de 64? Ouça essas razões muito sintetizadas: 1ª) As Ligas não eram um partido, senão um movimento limitado a uma região, já que, fora de Pernambuco e da Paraíba, não tinham quase expressão; 2ª) As Ligas não se haviam preparado para a luta armada porque havia muito o que fazer antes de chegar a esse ponto culminante, já que o Brasil tem um sentimento nacionalista e de unidade geográfica e geopolítica muito forte (basta ler a sua história) e seria fatal lançar-se em uma aventura desse tipo sem considerar o resto do país, porque tal luta acabaria em separatismo, como a Confederação do Equador, a Revolução de 1817, a Guerra dos Farrapos, o Movimento Constitucionalista de São Paulo etc. e, consequentemente, em muito derramamento de sangue e derrota. 3ª) O próprio movimento (das Ligas) se encontrava muito infiltrado e dividido (Linha Cubana, Linha Chinesa, Linha Soviética, Linha João XXIII, Linha Trotskista), cada uma delas lutando pela hegemonia, o que levaria a um desastre fatal. 4ª) Finalmente porque a quase totalidade do povo brasileiro estava absolutamente convencida de que o próximo presidente seria um nacionalista de esquerda com a força suficiente para fazer as reformas de base e reforçar a luta contra o imperialismo. Isso conduziu a todos, sem exceção, ao eleitoralismo e à mobilização de todo o povo para aquele objetivo" (FJ ao filho Anacleto, 27/8/1978).

112. RESISTÊNCIA DE VITÓRIA DE SANTO ANTÃO

Apesar da constatação histórica de que não houve, em Pernambuco, qualquer reação organizada ao golpe militar de 1964, quarenta anos depois o ex-deputado Clodomir Morais veio a público afirmar que, em 1º. de abril daquele ano, os líderes

> Luiz Serafim, Miro, Rochinha e a professora poetisa Maria Celeste no comando de três mil, dos cinco mil associados da Liga Camponesa de Vitória de Santo Antão, sem gastar uma bala, tomaram de assalto essa cidade e o distrito de Pombos. Eles renderam os trinta efetivos policiais do quartel local e no mesmo ônibus que conduziu os policiais ao Recife foi colocada também, sãos e salvos, meia dúzia dos mais odiados latifundiários da região (JC, 2/3/2004).

Acrescentou ainda que a operação se revestira de características especiais, pois, durante os dois dias e duas noites, isto é, 2 e 3 de abril, ficaram sob o controle dos líderes da liga a estação de rádio, os silos de alimentos da Companhia de Armazéns Gerais de Pernambuco (Cagep), todos os postos de combustíveis, padarias, serviços de água potável, serviço de energia elétrica, farmácias e hospitais. Nesse período, continuou Clodomir,

> a professora Maria Celeste e Luiz Serafim *ficaram roucos* (grifo nosso) de tanto usar o microfone da estação de rádio com proclamações contra o golpe militar e de tanto chamar por telefone o Palácio das Princesas (governo do estado), a Escola de Marinheiros e o Quartel do Derby pedindo armas e munição para o povo. Inútil, porque todos, consoantes suas ideologias, não estavam dispostos a arriscar a pele (*ibidem*).

Essas informações não coincidem com a verdade histórica. Em primeiro lugar, a professora Maria Celeste, segundo suas declarações prestadas em depoimento em inquérito policial-militar (IPM),

> na noite de 31 de março para 1º. de abril dormiu normalmente em sua residência, ignorando totalmente o que se estava passando pelo Brasil; que, no dia seguinte (1º. de abril), foi normalmente, de manhã, dar o seu expediente no Grupo Escolar Oliveira Lima (de Vitória de Santo Antão), só tomando conhecimento dos acontecimentos às 11h30, quando, ao regressar a sua residência, encontrou-se com um grupo de pessoas que comentavam a prisão do governador.[115]

Em seguida, Maria Celeste dirigiu-se à sede da liga e dali, acompanhada do seu presidente, Luiz Serafim, foi à estação da rádio Jurema. Ali, após insistentes argumentos, conseguiram entender-se com a direção da emissora e cada um falou, ao vivo, durante cinco minutos. Primeiro usou da palavra Luiz Serafim, o qual, em depoimento constante do inquérito policial-militar (IPM) instaurado pelas autoridades do IV Exército, assim resumiu os termos de seu pronunciamento: "Cerca de cinco minutos, pondo os camponeses cientes do que estava se passando no Brasil e particularmente em Pernambuco, concitando-os a permanecerem calmos em

suas residências, aguardando confiantes a ação das Forças Armadas."[116]
Em seguida, a professora Maria Celeste, durante cinco minutos, também ao vivo, pelas ondas da mesma emissora, concitou os camponeses a se manterem solidários ao governo legalmente constituído, a ficarem com seus rádios ligados, no aguardo de novos esclarecimentos sobre o desenrolar dos acontecimentos; apelou para que as Forças Armadas garantissem a Constituição e a Igreja permanecesse ao lado do povo e contra o golpe desencadeado pelos inimigos do governo.[117]

Depois desses rápidos e pacíficos pronunciamentos, as autoridades militares – Exército e Polícia Militar – aproximavam-se da cidade de Vitória de Santo Antão. Na mesma tarde de 1º. de abril, a professora Maria Celeste, após ter visitado os engenhos Arandu de Cima, Boa Sorte, Ana Vaz e Bento Velho, com a finalidade de "reunir todos os camponeses da região, munidos da Bandeira Nacional e aí (em Vitória) esperarem unidos e cantando o Hino Nacional Brasileiro à chegada do Exército, foi a mesma presa nas proximidades de sua residência".[118]

Assim, observa-se, nos depoimentos dos dois líderes indiciados, não aparecer, em nenhum momento, qualquer menção às ações referidas pelo ex-deputado Clodomir dos Santos Morais, quer por parte dos inquiridores – encarregado do IPM, coronel Elisiário Paiva, e o escrivão, capitão Roberto Carneiro Leão –, quer dos próprios depoentes.

113. DEPOSIÇÃO DE ARRAES

O cerco militar ao Palácio do Campo das Princesas, na Praça da República, no Centro do Recife, ocorreu de modo rápido e tranquilo. Ainda, hoje, passadas algumas décadas, tem-se a impressão de que o governador Miguel Arraes, de imediato, naquelas primeiras horas, sentiu-se seguro e até protegido com a presença das tropas do IV Exército, comandadas pelo general Justino Alves Bastos. Esse sentimento também foi manifestado pelo general, quando escreveu em suas memórias: "Arraes estava docilmente confinado em seu palácio, já quase impossibilitado de nos trazer perturbações. Sua empáfia anterior, o mito de seu grande prestigio, a ilusão da força de que se julgava possuidor já estavam desfeitos." (Bastos, 1965: 357)

Tais indícios, suficientes para produzir essa afirmação, foram transmitidos pelo prefeito Pelópidas Silveira, que informou ao governador na madrugada de 31 de março ter conversado com Justino, de quem recebera a garantia de que o IV Exército estava ao lado da legalidade. A mesma posição já fora manifestada ao governador pelo almirante Dias Fernandes. Eis a razão por que o governador se recusou a aceitar os argumentos contrários de seus principais assessores, sobretudo dos que desconfiavam das afirmações do general e do almirante. Os fatos do dia seguinte provaram que ambos mentiam, porque faziam parte do processo conspiratório.

Assim, não procediam as especulações no sentido de que Justino, de início, permanecera ao lado das forças legais e só quando o golpe se consolidou nacionalmente mudou de posição. Isso não aconteceu. Muito antes, o general e boa parte de seus oficiais articulavam e punham em prática planos de ação conspiratória. Não agiram, em nenhum momento, de forma improvisada. A propósito de tal articulação, ouçamos o próprio Justino:

> Já à tarde desse dia 31, eu via a necessidade de lançar, como é de regra, uma proclamação e arrematar o movimento com a deposição de Arraes. Transferi por algumas horas, porém, tais medidas, primeiro porque desejaria que o documento básico da revolução fosse assinado pelos comandantes das três Forças Armadas, no Recife. Um deles estava ausente, no Rio, de onde chegaria de momento a outro. Era meu grande amigo, meu instrutor de pilotagem aérea em épocas anteriores, o major-brigadeiro Homero Souto de Oliveira, sereno e forte, que ligara estreitamente a 2ª. Zona Aérea, de seu comando, ao IV Exército (*ibidem*).

Além do mais, havia dias o general vinha mantendo contatos e entendimentos com políticos de sua confiança, sobretudo os ligados aos líderes do PSD e da UDN, Paulo Guerra e Cid Sampaio.

> Pareceu-me preferível firmar a solução política, consequente à deposição, antes de realizá-la. Nossa escolha já se definira pelo vice-governador

Paulo Guerra, em ligação conosco desde antes da Revolução. Mas sempre há minúcias a acertar em problemas políticos importantes como o que ali nos estava a desafiar (*ibidem*).

Entre as "minúcias a acertar", naturalmente, destacavam-se as providências relativas à prisão de pessoas pertencentes a várias correntes políticas, direta ou indiretamente, capazes de influenciar o surgimento de alguma reação ao golpe.

Uma das principais providências desencadeadas meses antes do golpe foi a criação de comandos, nas cidades e nos campos, ligados à polícia e, em muitos locais, a arregimentação de capangas por latifundiários. Esses agentes estavam destinados a levantar áreas com os respectivos nomes dos líderes, não só em Pernambuco, mas também nos demais estados do Nordeste sob a jurisdição do IV Exército. Era comum verem-se bandos de capangas fortemente armados, até acompanhados por pessoas estranhas à região, percorrendo estradas, levantando nomes e colhendo informações. As sedes e imediações das Ligas Camponesas e dos sindicatos rurais foram visitadas por tais grupos. Por isso, começava a correr toda sorte de boatos. Um desses grupos de capangas armados fora organizado pelo usineiro e deputado José Lopes de Siqueira, responsável pelo massacre da Usina Estreliana. Este bando que, por acaso, ao encontrar Gregório Bezerra a circular por estrada da Zona da Mata pernambucana, prendeu-o e o levou para o Recife. Entregue às autoridades militares, foi torturado pessoalmente pelo coronel Ibiapina na 2ª. Companhia de Guardas e, a seguir, interrogado por Justino. Depois, levado para o quartel do Parque de Motomecanização, em Casa Forte, o líder político, praticamente nu, amarrado pelo pescoço com uma corda, foi, covarde e cruelmente, torturado e seviciado pelo coronel Darcy Villocq Vianna e seus subordinados. Não satisfeitos, fizeram-no desfilar pelas ruas do bairro.

Anos mais tarde, o coronel disse em depoimento que, entre todos (os comunistas), "Gregório é que foi homem". Defendeu-se, ainda, afirmando que não o torturara:

> Eu soube que, quando foi preso, lhe deram uns apertos. Quem era que não dava, em um homem daquele? Eu não dei, mas era para ter dado umas pauladas nele. Não dei porque não havia onde dar; ele já tinha apanhado tanto, estava todo quebrado. Tive pena dele. Ele apanhou muito, lá, em Palmares. [...] Palavra de honra que não toquei nesse homem. (Barreto; Ferreira, 2004:233-234).

Apesar da jura do coronel Villocq, em depoimento na mesma época (1982), a propósito do episódio, Gregório Bezerra afirmou:

> Então, me levaram para o Parque de Motomecanização, no bairro de Casa Forte. Lá fui recebido pelo coronel Villocq. Quando fui descendo o pé direito no chão, o esquerdo ainda estava no estribo do carro, o coronel Villocq veio de lá já babando e me desfechou um cano de ferro na cabeça, eu caí. Aí foram coronhadas de fuzis, chutes, socos por toda parte. Depois, todo ensanguentado, fui arrastado por uma perna para dentro do xadrez, uma cela grande, e lá começaram as torturas, os espancamentos, coronhadas de fuzis, chutes, socos e cano de ferro. Não sei o tempo que durou esse massacre... [...] Villocq gritou lá por um militar. Trouxeram três cordas e amarraram no meu pescoço; cada um puxava para um lado e para trás. Eu ainda fazia contração muscular no pescoço para evitar que a corda me apertasse mais. Aí saíram me arrastando... (*ibidem*, p. 231).

As referidas ações, aliás, obedeciam a planos bem estruturados e coordenados pelas próprias forças militares conspiradoras do IV Exército, conforme depoimento de seu ex-comandante, general Justino:

> Enquanto isso, naquela noite de 31 para 1º. de abril, nossas tropas lançavam-se pelo interior do Nordeste, atingindo com surpreendente rapidez os pontos de maior teor comunista e subversivo, caindo de surpresa sobre aqueles patrícios que havia tempo vinham sendo preparados para um levante generalizado. Colhidos nas malhas desapontadoras do inopinado, nem Arraes, nem Julião, nem Gregório Bezerra, nem os numerosos presidentes (de ligas) e diretores de sindicatos, ninguém pôde opor-se às

armas do IV Exército, presentes por toda aquela vasta região do Brasil, como se seu destino grandioso as tivesse feito cair do céu... (*ibidem*).

O resultado dessas operações "foi ultimado no dia 31, com um total aproximado de mil prisioneiros, entre os quais Gregório Bezerra" (Silva, 1978:408).

Então, diante do cerco do palácio do governo, restava a Justino apenas lançar seu manifesto e depor Arraes. Assim, em seu manifesto, também em nome de seus generais, oficiais, subtenentes, sargentos e praças, ele justificou tal providência:

> Não seria possível que a evidência de uma infiltração comunista insólita e consentida pelo governo, culminada com os lamentáveis acontecimentos do dia 26 próximo passado, deixasse de provocar a revolta generalizada a que estamos assistindo, revolta que, partida do coração de todos os brasileiros, lhes armou o braço para esta ação brava e consciente, que já de constituir um dos maiores serviços prestados ao Brasil por suas Forças Armadas (Bastos, 1965:359).

O clima no Palácio do Campo das Princesas era confuso e desolador. Muitas pessoas ligadas ao governador ainda puderam chegar até ele e compartir suas perplexidades. Que fazer naquelas circunstâncias? Uma delas, Celso Furtado, superintendente da Sudene, pela proximidade da sede do órgão com o palácio do governo, foi ao encontro de Arraes. Em virtude das circunstâncias – o governador sitiado pelas tropas militares, notícias desencontradas do Sul do país –, segundo informou Furtado,

> às 3 horas, Arraes recolheu-se para repousar e, passadas as 4 horas, decidi ir até minha residência, onde vivia sozinho, tendo como única companhia um cachorro. Aqui e acolá cruzei tanques de guerra, mas em nenhum momento meu carro, de placa do governo federal, foi convidado a parar. Às 8h30 da manhã estava de volta à cidade, dirigindo-me à Sudene (Furtado, II, 1997:292).

Nessa manhã, Furtado voltou ao Palácio do Campo das Princesas e, apesar do forte policiamento, conseguiu entrar, avistar-se com Arraes e acompanhar, a partir de então, todo o desenrolar da crise.

Mais tarde, o governador recebeu a visita do almirante Dias Fernandes, comandante do III Distrito Naval, e dos coronéis João Dutra Castilho, Rui Vidal de Araújo e Ivan Rui de Andrade Oliveira. Arraes trancou-se com eles no seu gabinete na presença de Pelópidas Silveira e Celso Furtado. O almirante comunicou ao governador que eclodira a revolução contra o governo Jango com o objetivo de depô-lo e pôr fim à "baderna reinante no país"; que as forças militares do estado estavam solidárias naquele mister e, por isso, a partir daquele momento, a Polícia Militar de Pernambuco passaria ao comando do IV Exército.

O governador ouviu com atenção e sem interrupção a exposição do almirante Dias Fernandes. No momento de falar, conforme relatou Paulo Cavalcanti, disse Arraes:

> – Senhor almirante, talvez neste momento eu já seja um prisioneiro do IV Exército. Talvez eu já atravesse a porta deste gabinete preso. Mas nunca os senhores conseguirão que o atual governador de Pernambuco saia desmoralizado desta sala. Eu tenho um mandato que me foi conferido não pelos senhores, mas pelo povo, e que termina em data certa. Os senhores não me podem tomar essa representação que o povo me conferiu. Poderão, no entanto, impedir-me de exercê-la, pela força.

E acrescentou, solene, com o sobrecenho carregado de emoção:

> – Enquanto eu for governador de Pernambuco, não aceitarei a menor limitação às minhas prerrogativas constitucionais.
>
> Nesse momento, o ambiente era de respeitoso silêncio, todos atentos às palavras do governador nos derradeiros minutos do seu mandato.
> Então, Miguel Arraes arrematou, com voz segura, sem inflexões:
> – Além disso, eu tenho nove filhos, que precisarão saber no futuro como foi que o pai se comportou nesta hora. (Cavalcanti, 1978:340-341)

Na parte da tarde, os fatos se precipitaram. O *Repórter Esso* veiculou a informação de que o IV Exército convocara o vice-governador Paulo Guerra para assumir. Isso, na prática, implicava a renúncia ou a deposição de Arraes. Imediatamente Arraes gravou mensagem para o rádio, afirmando continuar no governo e confiar na vitória das instituições democráticas. A mensagem foi enviada para o Rio e transmitida pela rádio Mayrink Veiga.

Após terminar a rápida reunião do seu secretariado, inclusive com a presença de Celso Furtado, pessoas de confiança de Arraes, parentes, a exemplo de sua irmã Violeta Arraes, diante de vários argumentos e sugestões no sentido de resistir ao golpe, o governador não se decidiu por nenhuma providência prática.

Por volta das duas horas da tarde, foram ao palácio dois oficiais do Exército: os coronéis João Dutra Castilho e Ivan Rui de Andrade Oliveira. Arraes, ao lado da irmã Violeta, de Celso Furtado e de outros amigos, recebeu os oficiais com cortesia. A cena, segundo registrou Furtado em suas memórias, foi curta e nervosa (Furtado, II, 1997:298). O coronel Castilho parou a certa distância e, empertigado, como se buscasse a correta frase para a ocasião, disse em voz forte e sonora:

– Governador, o senhor está deposto por ordem do IV Exército.

– Deposto, não. Poderei estar preso – respondeu Arraes.

– O senhor está livre, podendo dirigir-se a qualquer parte do país ou do estrangeiro.

– Ninguém pode retirar meu mandato que me outorgou o povo. Considero uma desatenção que me hajam cercado enquanto conferenciávamos a portas fechadas.

– Não houve cerco. Apenas mudança de guarda. O senhor pode retirar-se para sua residência.

Arraes, conforme testemunhou Furtado, deu alguns passos à frente, inclinado, como se estivesse tropeçado em algo, e, diante do sinal de desaprovação da irmã Violeta, Arraes parou e disse:

– Aqui é minha casa, só saio preso.

O coronel, moderando a voz, quase em tom conciliador, respondeu:

– Perdoe-me, não sabia que esta é a sua residência. Pode permanecer.

Mais ou menos à mesma hora ouviram-se vários disparos próximos dali. As tropas do Exército, ao longo da avenida Dantas Barreto, abriram fogo contra a multidão que, vindo da pracinha do *Diário de Pernambuco*, se dirigia ao palácio. À frente, destacavam-se centenas de estudantes. Os tanques avançaram, lenta e paulatinamente, enquanto a multidão recuava e se dispersava. No fim da rápida ação dos militares, dois jovens tombaram mortos.

Às quatro horas da tarde voltaram os militares e prenderam Arraes. Escoltado pelos oficiais, foi levado num Fusca, dirigido pelo cunhado Valdir Ximenes, para o quartel do Socorro, em Jaboatão. Dali, sem demora, o governador foi levado para o presídio de Fernando de Noronha. Enquanto isso, o movimento de deposição do governo Jango chegava ao fim com a completa vitória dos militares. Jango e Brizola foram de Brasília para o Rio Grande do Sul, onde não obtiveram condições favoráveis à resistência. Tudo estava terminado.

Em 2 de abril, do Rio, o embaixador Lincoln Gordon apressava-se em comunicar a seu governo, em Washington, que acabara "de receber confirmação de Castelo Branco de que cessara toda a resistência em Porto Alegre e as forças democráticas controlavam inteiramente o Rio Grande do Sul. Isso elimina o último foco de resistência militar" (Parker, 1977:109).

Em consequência, o esquema da ajuda militar dos Estados Unidos aos golpistas – homens, armas, munição, petróleo e apoio logístico de tanques, porta-aviões etc. – foi suspenso. Ao mesmo tempo, Gordon insistia, junto ao Departamento de Estado, para que o presidente Johnson reconhecesse imediatamente o novo governo. Alegava, entre outras razões, a não existência de ruptura da Constituição. Isso significava que o golpe fora legítimo e visava a preservar a democracia. Em menos de 18 horas o presidente dos Estados Unidos reconheceu o novo regime. Manifestou "calorosos votos de felicidade" e elogiou "a vontade resoluta da comunidade brasileira de resolver [...] as dificuldades dentro de uma estrutura democrática constitucional e sem luta civil". Esperava, ainda, manter "a cooperação intensificada no interesse do progresso econômico e da justiça social para todos, da paz no hemisfério e no mundo" (*ibidem*, p. 114).

114. A ESCAPADA DO CONGRESSO NACIONAL

Em 7 de abril, o senador Aarão Steinbruck, informado de que, naquela tarde, Julião seria preso, imediatamente o procurou para comunicar tal fato e acrescentou:

— Olha, Julião, você será preso aqui na Câmara. Há ordens para os militares ou os agentes ingressarem na Câmara para prendê-lo; de maneira que você procure uma forma de deixar a Câmara ainda hoje. Procure uma embaixada. O seu e o mandato de outros parlamentares serão cassados logo mais. Não há garantias!

Mesmo sabendo do risco que corria naqueles instantes, Julião foi ao plenário e, em aparte ao deputado Tenório Cavalcanti, ainda fez um novo pronunciamento contrário ao movimento golpista. Ao terminar a sessão, no fim da tarde, ele não mais poderia permanecer no recinto da Câmara, pois, com certeza, já estava sendo procurado pelas forças de segurança. Com certa cautela, buscou a saída do prédio e teve a sorte de avistar, a alguns metros, o deputado Adauto Lúcio Cardoso, líder da UDN e seu amigo, que esperava o automóvel. Julião rapidamente se aproximou, cumprimentou-o e postou-se ao seu lado.

Enquanto esperavam o carro, o diálogo (FJ a FMIS, RJ, 12/07/1994) entre os dois foi rápido:

— Você para onde vai? — perguntou Cardoso. Julião disse para onde ia, indicando a quadra. — É a minha direção. Você tem automóvel?

— Não tenho. Estou esperando um táxi.

— Haveria algum inconveniente de você vir comigo? O carro não é meu, pertence à Câmara.

— Nem que fosse seu. Eu não tenho esses escrúpulos, afinal de contas eu separo muito a questão da amizade da questão política.

Aceitou o gentil convite do líder udenista e entrou no automóvel. Sentou-se atrás junto do amigo, porque na frente já estava outra pessoa que Julião não conhecia. Justamente por isso, a conversa entre os dois deputados, a partir daquele momento, passou a ser discreta e, de certa forma, cifrada.

Os crepúsculos de Brasília eram impressionantes e atraíam a atenção de quem seguia pela longa reta da Esplanada dos Ministérios. Em dado momento, sob o impacto da deslumbrante paisagem, Cardoso escreveu algo sobre a primeira página do jornal que levava e, discretamente, passou-a para Julião. Dizia: "Está tudo perdido!"

Julião leu a frase e, com a mesma discrição, devolveu o jornal para o amigo. A partir daquele instante, os dois ficaram em silêncio. Ao cabo de alguns minutos, Cardoso, olhando para o horizonte, por onde se descortinava o lento crepúsculo brasiliense, falou:

– Esta cidade deveria se chamar Belo Horizonte!

Naquele momento, Julião decidiu abandonar Brasília o mais rapidamente possível e seguir para Belo Horizonte.

Ao chegar à quadra onde ficava seu apartamento, agradeceu a carona de Cardoso e desceu do carro sem demora. Então, começou a arquitetar o plano de fuga, ou melhor, de resistência, como dizia para si mesmo.

CAPÍTULO IX Resistência (abril-junho 1964)

> *A única posição correta e digna que temos que adotar é esta: organizar a resistência nos cárceres, nas universidades, nas fábricas, nos campos, nas praias, nos quartéis, no exílio ou no coração da pátria onde nos internamos para sentir mais próximo as suas batidas.*
>
> (Francisco Julião. *Manifesto aos Patriotas e ao Povo do Brasil*, em 11 de abril de 1964. Primeiro manifesto contra a Ditadura. Publicado em *Marcha*, de Montevidéu, com introdução de Eduardo Galeano).

115. SAUDADES E VONTADE DE VIVER

Depois de uma semana confinado no Congresso, dormindo pouco e alimentando-se mal, usando a mesma roupa, Julião chegou ao apartamento no fim de tarde de 7 de abril de 1964 e logo explicou à sua mulher, Regina Castro, no oitavo mês de gestação, os motivos pelos quais decidira ausentar-se de Brasília o quanto antes. Cuidou de comunicar-se imediatamente com alguns amigos de absoluta confiança para pedir um favor especial: ajudá-lo a sair do seu apartamento e seguir para um esconderijo seguro.

A quem recorrer? Para onde ir? Que levar consigo? Partir sozinho ou acompanhado? Essas interrogações exigiam respostas imediatas. Não podia perder nem um minuto. A partir daquele momento, ele e a mulher teriam apenas de discutir o plano de fuga e executá-lo. A decisão era irrevogável, porque, àquela altura, a polícia política já o procurava. Muita sorte se o apartamento não estivesse sob vigilância. A qualquer hora ele poderia ser surpreendido com a prisão ou mesmo atentado contra sua vida. No dia anterior, soubera de notícias de mortes inexplicáveis praticadas contra camponeses, como a de Albertino José de Oliveira, presidente das Ligas Camponesas de Vitória de Santo Antão, vizinha à de Galileia, desaparecido logo após o golpe militar. Dias depois seu corpo, em adiantado estado de putrefação, foi localizado nas matas do Engenho São José. Em nota oficial, a Secretaria de Segurança Pública de Pernambuco informou tratar-se de suicídio por envenenamento, sem, contudo, exibir aos parentes as provas médico-legais.[119]

Naquelas circunstâncias, era imprescindível escapar ao cerco policial. Não sabia como proceder diante daquela difícil situação. Sabia apenas ser imprescindível dar o primeiro passo em direção à resistência ao movimento militar que, rapidamente, caminhava para a consolidação da ditadura.

Enquanto ele dava à mulher essas rápidas explicações, mal notara sua angústia, desapontamento e repentino desespero. Tudo lhe surgia de modo grave, inclusive o tom de voz, quando, quase em sussurros, lhe pediu um beijo. Afinal, nem foi preciso declarar tal desejo. Ele intuiu a preocupação da mulher amada, pois entrara em casa sem sequer perguntar a ela como estava passando; suas primeiras palavras carregavam o impacto da gravidade da situação política.

Em seguida, como se arrependido do gesto inicial, voltou-se para ela, abaixou-se um pouco sobre o seu ventre e o segurou com firmeza, já volumoso e proeminente a prenunciar o oitavo mês de gestação. Pensou no pior: como reagirá essa criança diante do susto que a mãe acabara de sofrer com aquela inesperada notícia de fuga? A mãe, como se adivinhasse os íntimos pensamentos do marido, limitou-se a dizer que a criança começava a mexer-se em sua barriga com maior insistência e determinação.

O plano concebido por Julião, à primeira vista, parecia simples. No entanto, a execução requeria muitos cuidados logo nos primeiros passos. A questão básica, portanto, mais complicada e difícil, era como dar os primeiros passos sem ser preso ao descer do edifício onde se situava o apartamento funcional. Por isso, temia recorrer a amigos, a fim de evitar a suspeita dos policiais que, com certeza, deveriam estar à espreita nas imediações da quadra residencial.

No entanto, era impossível agir só. Foi obrigado a pensar nos amigos que pudessem ajudá-lo naquelas circunstâncias especiais. Quem? Após rever a relação de pessoas amigas, deteve-se nos nomes dos jornalistas Flávio Tavares e Antonieta Santos e do advogado Miguel Pressburger (Tavares, 1999:150). Eles não apresentavam, aparentemente, nenhum antecedente com a luta política desenvolvida por Julião. Ao mesmo tempo, eram pessoas de absoluta confiança. Felizmente, após os primeiros contatos, eles se dispuseram a ajudá-lo.

À realidade nacional, naquelas horas, não cabia mais reparos: os golpistas militares haviam consolidado as posições de poder nos planos nacional e estadual. Não se sabia de onde poderia partir alguma reação capaz de dissuadir os golpistas. A ordem constitucional fora golpeada e as liberdades democráticas cassadas.

Quanto ao seu destino, todos estavam de acordo com que, naquela conjuntura, era indispensável tomar as providências para preservar-lhe a liberdade e a vida. As discordâncias surgiram quando ele se recusou a exilar-se, sem observar a possibilidade de outras ações. A resistência era a única reação plausível. Deveria ser construída racionalmente, com tenacidade e persistência. Mesmo arrostando todas as dificuldades materiais e políticas da ocasião, alguém teria de iniciar o processo. Ele não esperaria que outros tomassem a iniciativa; faria a sua parte; não se entregaria a seus algozes. A questão era: como iniciar a resistência? Quais os primeiros passos? Julião, então, afirmou:

– Vou fugir de Brasília amanhã cedo.

A escolha do destino coube somente a ele: Belo Horizonte. Os detalhes – como sair do apartamento, ganhar as quadras residenciais brasilienses, atingir a rodovia principal que o conduziria a Belo Horizonte – poderiam ser discutidos com os amigos. A decisão de partir, porém, era só dele.

Anos mais tarde, justificaria sua decisão de marchar, imediatamente, a pé, para Belo Horizonte: "Imediatamente me surgiu na cabeça a ideia de escapar para Belo Horizonte. Quem podia imaginar que eu iria precisamente para a boca da onça, a cidade de onde partiu o Mourão Filho com a sua tropa para depor o Jango, aqui no Rio de Janeiro?" (FJ a FMIS, RJ, 12/7/1994).

Após discutir todos os ângulos práticos da fuga, concluíram que Julião deveria partir, logo nas primeiras horas da manhã, disfarçado de candango. Para tanto, seria indispensável conseguir a roupa adequada, ou seja, a camisa, a calça, as botas e o capacete. Mas como conseguir tudo isso àquela altura da noite? A missão coube ao advogado Miguel

Pressburger; a Antonieta, num prazo mais longo, as providências relativas aos contatos necessários à aquisição de uma propriedade rural para seguro refúgio, pois havia a possibilidade de o processo de resistência ao golpe militar se estender por um período bem maior do que as previsões iniciais; a Regina Castro, Julião atribuiu, carinhosamente, a tarefa fundamental de suportar a situação com força, determinação e equilíbrio emocional suficientes para dar à luz a criança dali a, no máximo, três ou quatro semanas com saúde e segurança.

Já tarde da noite, Pressburger chegou com o vestuário completo. Com certeza, não lhe fora fácil conseguir a roupa e um par de botas (com certo tempo de uso) nas dimensões adequadas ao corpo de Julião: um tipo magro com pouco mais de 1,60 m de altura. Após vestir a roupa de candango, calçar as botas, colocou na cabeça um chapéu do chile, escuro, já usado e um tanto amarrotado, pois a Pressburger não foi possível encontrar um capacete. Os objetos caíram de maneira extraordinária em seu corpo franzino. Parecia um autêntico candango. Só o rosto, a revelar a pele fina, poderia levantar suspeita para quem o conhecesse pessoalmente ou por fotografia. Regina, de imediato, colocou no rosto dele, na altura do queixo, pequeno esparadrapo em forma de cruz, como se encobrisse um corte ou cataplasma contra dor de dente aguda. O disfarce igualmente lhe caiu bem. Nada mais lhe faltava, a não ser descansar um pouco e esperar que viesse a manhã para ele partir. Sairia a pé em direção à rodovia principal que conduzia a Belo Horizonte. O plano era simples: após o trevo da rodovia, depois de caminhar cerca de três ou quatro horas em ritmo normal, alguém da confiança de Pressburger em um automóvel Volkswagen o abordaria e o levaria até Belo Horizonte. Ali, buscaria o esconderijo. São e salvo, aguardaria novos contatos e novas ordens das demais pessoas envolvidas na resistência ao golpe militar.

Uma coisa, de ordem pessoal, com fortes reflexos na sua disposição psicológica para iniciar aquela nova fase da vida, o inquietava: a lembrança de seu querido pai, dali a pouco mais de um mês completaria 86 anos. A imagem do pai se fixou com tanta nitidez na mente de Julião, que ele admitiu não poder partir sem lhe escrever uma carta. No entanto, a hora avançara com rapidez e não havia mais tempo. Um bilhete, pelo menos. Seu pai, o major Adauto, representava o que havia de mais amado e querido na sua vida. Foi à máquina de escrever e datilografou um bilhete, simples, direto, objetivo:

> Papai: Este amigo é de confiança. Poderá fazer um relato do que está ocorrendo aqui. Devo partir logo mais para um lugar qualquer. Levo comigo os mesmos ideais e propósitos de lutar pelos humildes e pela pátria. Se não tiver mais a ventura de vê-lo, fique tranquilo porque guardarei até o último dia de minha vida a sua imagem bondosa. Recomende-me a todos, especialmente a Nicinha, Valentina e ao irmãozinho dela que vem por aí. Peço todo carinho para os filhos de Eneida.[120] Ela vai separar-se de mim, mas será por pouco tempo. Senti, como se fosse a um irmão, o que fizeram com Gregório.
> Viva a pátria atraiçoada!
> Viva a Revolução!
> Do filho que nunca o esquece,
> Francisco Julião. Em 6/4/64.[121]

A seguir, pediu a Regina que, por favor, buscasse certo amigo de confiança, o qual, no dia seguinte, partiria para o Recife. Esse amigo faria o bilhete chegar, o mais rapidamente possível, às mãos de seu pai. A noite foi intranquila para todos no apartamento. Ninguém conseguiu dormir. De qualquer sorte, ele se deitou e descansou algumas horas.

Mais tarde, Regina o acordou. Os primeiros raios de sol já iluminavam o quarto. Era a manhã a anunciar a hora da despedida. Tomou café com sanduíche reforçado, conferiu a pequena maleta com alguma comida, par de meias, cuecas, toalha pequena, pasta, escova dental e um radinho de pilha. No meio de tudo apenas um livro: a Bíblia Sagrada. Ao envolvê-la com a toalha e colocá-la entre os demais objetos, Julião disse para si mesmo: aqui vai minha biblioteca. Vestiu a roupa de candango, calçou as botas usadas, andou um pouco para lá e para cá e, por fim, postou-se diante do espelho: não reconhecia a si próprio. Invadiu-lhe uma profunda tristeza: viveria estranha situação que, em vários sentidos, lembrava algo teatral, cenas de um drama, que, àquela altura, não se sabia se terminaria em lance trágico ou cômico. Melhor que fosse cômico. Por isso, deixou escapar um leve sorriso para Regina, que, apreensiva, dava os últimos retoques na roupa do candango.

Por fim, a hora de partir. Antes de sair, porém, ele pediu a Regina que fizesse a última vistoria nos arredores do prédio. Da janela do apartamento viam-se pessoas postadas diante do prédio, enquanto outras circulavam ao redor da quadra. Seriam policiais disfarçados? Ela, então, a pretexto de comprar leite e pão, desceu e, dali a alguns minutos, retornou com as informações precisas.

– Está tudo cercado, porque os tiras a gente conhece pelo corte do cabelo – disse Regina, com relativo desalento.

A quadra estava bem policiada. Ele não poderia sair. Que fazer? Recordaram ambos, de imediato, que às primeiras horas da manhã, todos os dias começavam a passar por aquela quadra levas de candangos em direção a seus postos de trabalho. A solução para despistar a polícia era a seguinte: Julião, em dado momento, aproveitaria a passagem dos candangos e se meteria entre eles, como se fosse mais um.

Por volta das 6h, em uma das levas de candangos, segurando sua maletinha, ele esperou por trás da coluna do prédio a aproximação do grupo de homens que marchavam para o trabalho e entrou no meio deles. Depois de percorrer alguns metros, passou tranquilamente diante dos policiais, sem ser reconhecido. Bem adiante, após alguns quilômetros, quando os candangos começaram a se dispersar para os locais de trabalho, Julião também tomou a direção da rodovia para Belo Horizonte. Vencera a primeira barreira. Fisicamente não estava preparado para enfrentar aquele desafio, mas, como escreveria mais tarde, em *Até quarta, Isabela*, pegou a estrada. Com ele levava apenas "saudade e uma imensa vontade de viver" (Julião, 1986:20).

116. EM PLENO CERRADO

Apesar do sucesso dos passos iniciais, o desafio era desolador. Por isso, após as primeiras horas de caminhada, ditou à sua mente uma ordem expressa: caminhar, caminhar, caminhar. Não se limitaria a pensar apenas nessa ação verbal, mas também pronunciaria a palavra, a fim de ouvir a própria voz como se fosse um comando autômato. Alimentava a esperança de que desse gesto pudesse arrancar algum elã ou estímulo. Além disso, com tal concentração, esperava afastar qualquer ideia de desânimo, cansaço, desalento.

Depois de várias tentativas, sentiu que reforçava sua força interior, veio propulsor que o impelia para frente, quando olhava o horizonte; mas a realidade era outra: a imensa rodovia à sua frente ora se perdia em curva distante, ora diante de longa reta, dava a impressão de que as linhas laterais se encontravam no infinito. Então, voltava a sentir a atroz angústia, traduzida em surda indagação: por que passar por aquela provação? A sensação do ridículo crescia quando se via impotente para tal aventura física. Algo humilhante ia e vinha em sua mente quando desviava a vista para baixo e via seus pés metidos naquelas botas velhas, ásperas, quentes. Os calos começavam a dar o sinal do desconforto absoluto. Não estava acostumado àquele tipo de marcha. Ao mesmo tempo, quando se lembrava de sua responsabilidade como líder político, voltava a encorajar-se e achar que seu gesto se revestia de significado. As palavras de ordem que levantara e justificara perante a classe camponesa, a esperança que despertara na consciência de tantos homens do campo, trabalhadores rurais secularmente desfavorecidos pela sorte, herdeiros de uma ordem social injusta, diziam-lhe que seu esforço valia toda sorte de sacrifícios. Se fosse preciso exibir ao mundo um sacrificado, ele seria o primeiro a apresentar-se. Caminhar, caminhar, caminhar. O ânimo lhe retornava. Os pés pareciam anestesiados, já nem os sentia como fonte de dor. Levantava, outra vez, a cabeça e a imensidão da estrada se anunciava desafiadora em pleno cerrado. Na noite anterior, olhara um mapa da região e constatara a distância entre Brasília e Belo Horizonte: exatamente 741 quilômetros. De acordo com o combinado com Miguel Pressburger, o roteiro seria o seguinte: Luziânia, Cristalina, Paracatu, João Pinheiro, Paraopebas, Sete Lagoas e Belo Horizonte.

Ainda era muito cedo para começar a olhar, com frequência, para os veículos que vinham pela sua retaguarda, a fim de identificar o carro guiado pelo enviado de Pressburger. Como ocorreria a abordagem? Em princípio, o motorista que o interceptaria num Volkswagen deveria parar ao seu lado na rodovia e, após troca de algumas palavras combinadas como senha, Julião entraria no carro. Quantas horas já caminhara? Perdera a conta. O sol, bastante alto, indicava que talvez já passasse do meio-dia. Estava cansado. Resolveu, então, parar e descansar um pouco, debaixo de um arvoredo, à margem da rodovia.

Após sentir-se refeito da primeira jornada, Julião levantou-se decidido a retomar a caminhada. Ainda teria de andar centenas de quilômetros. Não bastava confiar nos pontos combinados com Pressburger. Afinal, não estava certo de que todos funcionariam a contento. Em verdade, tudo era possível, até algo sair errado. Isso também fazia parte do jogo da vida. Era preciso continuar fazendo sua obrigação: caminhar, caminhar, caminhar. Além disso, convinha manter a caminhada pela mão direita da rodovia, por onde, de uma hora para outra, poderia aparecer o carro, em sua retaguarda, para apanhá-lo. Não podia esquecer também que o homem da confiança de Pressburger o alcançaria antes de chegar à divisa do Distrito Federal com Goiás. Ali, com certeza, as forças de segurança da polícia e do Exército estariam controlando os carros e seus ocupantes.

Nas discussões da noite anterior, no apartamento de Regina, em Brasília, concluíram ser demasiado difícil para ele, disfarçado de candango, passar a pé pelo ponto de controle das forças de segurança sem levantar qualquer suspeita. Com certeza seria submetido a minuciosa inspeção dos documentos pessoais.

De carro, não; o procedimento era diferente: os policiais limitavam-se a olhar para os passageiros e raramente pediam documentos pessoais.

Retomou, então, seus apetrechos. Conferiu o interior da maletinha e, ao ver que nada ficara sob a acolhedora sombra do arvoredo, ganhou outra vez a estrada. Os passos agora eram mais firmes. Sentia-se menos cansado. De instante a instante virava-se para trás, na expectativa de ver se o tal Volkswagen por fim se aproximava dele. Nem sinal. Vinham muitos veículos, até do modelo esperado, mas passavam ao largo, indiferentes ao destino daquele andarilho solitário.

117. CHEGADA DO AMIGO

Ao transpor uma elevação e superar acentuada curva, ao olhar para trás ele viu um carro diminuir a marcha e vir em sua direção. Talvez fosse o esperado emissário. Avançou ainda mais para a direita do acostamento e alegrou-se, porque, realmente, se tratava de um Volkswagen. Parou. Esperou o motorista manobrar e estacionar. Ao olhar com atenção o motorista, verificou, com surpresa, que não se tratava do emissário, mas do próprio Pressburger, que gritava:

– Entra, entra!
– Que surpresa revê-lo! O que aconteceu?
– O contato falhou e eu vim em seu lugar.

Sem maiores delongas, partiu em frente e disse em tom terminante:

– A partir de agora você passará a chamar-se Antonio. Para todos os efeitos, é meu empregado, meu caseiro. Vou levá-lo para o meu sítio...

Não havia tempo a perder. Julião arrumou a maleta no banco traseiro e respirou aliviado. Enfim, a viagem para Belo Horizonte tomava outro ritmo. Dentro de algumas horas enfrentariam a primeira barreira policial instalada na divisa do Distrito Federal com Goiás.

A viagem ficou mais animada. Durante o percurso, conversaram muito. Revisaram todos os detalhes do plano de fuga. Pressburger discutiu também a possibilidade de arranjar um refúgio mais seguro para Julião logo após o nascimento da criança esperada por Regina, talvez no fim do mês. Era exatamente o tempo necessário para os acontecimentos políticos ficarem mais definidos e surgirem novos contatos com líderes políticos importantes, como Jango e Brizola. Insistia Julião ser indispensável estabelecer um plano para a resistência em âmbito nacional.

Então, começaram a aparecer as primeiras placas de sinalização a anunciar a aproximação do posto policial. Àquela hora da tarde a movimentação não era tão intensa. Pressburger retirou do porta-luvas do carro os documentos e os juntou a seus documentos pessoais. Disse a Julião:

– Não esqueça, seu nome é Antonio e é meu caseiro.

De repente, um policial deslocou-se para o meio da pista e sinalizou para que o carro parasse à margem direita. Pressburger obedeceu. O policial pediu que ele descesse com os documentos do veículo. Recebeu os documentos e foi conferir a placa. Julião, a princípio dentro do carro, resolveu sair e permaneceu junto a Pressburger, olhando para o policial, que o cumprimentou com um leve sorriso e, sem fazer qualquer comentário, devolveu os documentos:

– Boa viagem para os senhores.

– Muito obrigado, senhor.

Ao dar partida, Pressburger, um tanto preocupado, comentou:

– Será que não foi arriscado saltar do carro? O policial poderia ter pedido seus documentos!

– Pior seria ter de ficar dentro. Ele poderia suspeitar de algo e me pedir os documentos.

– Talvez. Essa situação lembra aquele velho refrão: se correr, o bicho pega; se ficar, o bicho come...

Retomada a viagem, após algumas horas viram adiante, ainda longe, a segunda barreira policial: divisa de Goiás com Minas Gerais. A movimentação, àquela hora, era bem maior do que na barreira anterior. Já se formava uma pequena fila de veículos.

Antes de Pressburger se identificar, Julião saltou de novo do carro e o acompanhou, representando bem o seu papel de caseiro. Os policiais apenas olharam para ele, não lhe pediram identificação. Assim foi vencida a segunda barreira.

Mais adiante, quando a tarde já morria, Pressburger parou o carro e disse que Julião teria de seguir a pé até a próxima fazenda e pedir abrigo. Estavam em terras do município de João Pinheiro. No dia seguinte, pegaria o ônibus com destino a Belo Horizonte. E acrescentou:

– Pronto. Passei você pelas duas barreiras policiais, o lado mais difícil da fuga. Virá ao seu encontro outra pessoa para levá-lo até Belo Horizonte. Faça como fez até agora: caminhe pela rodovia. Antes de chegar a João Pinheiro, o novo contato o alcançará na rodovia...

– Adeus. Muito obrigado.

A despedida entre os dois amigos foi rápida e sem formalidades: abraços fortes e tensos apertos de mãos. Pressburger manobrou o carro, acenou e retornou para Brasília.

Julião retomou o chapéu, a maleta e seguiu em frente. Novamente diante de seus companheiros já conhecidos: a rodovia e o cerrado. Mas confiara na informação de Pressburger: mais tarde novo contato o levaria a Belo Horizonte. Não sabia qual o tipo de carro, apenas a senha combinada. Era gente de confiança.

Percorreu vários quilômetros e ninguém apareceu. Mas não desanimou. Terminaria encontrando a fazenda velha e abandonada e, mais adiante, o pequeno povoado. Restava-lhe o consolo de que no povoado talvez pudesse comer algo e até abrigar-se para dormir aquela noite. Se não o acolhessem na fazenda, tentaria abrigo na vila, procurar uma pensão ou hotel barato, onde não houvesse necessidade de preencher ficha de hóspede ou apresentar documentos de identidade. Na manhã seguinte, o mais cedo possível, pegaria o ônibus para Belo Horizonte, onde buscaria contato com a pessoa indicada pela jornalista Antonieta.

A rodovia, antiga BR-3, rebatizada de BR-040, era nova no trecho por onde ele caminhava. O cerrado fora aberto recentemente; ainda se notavam áreas devastadas e morros com seus enormes cortes de nível. Fora construída para ligar Belo Horizonte a Brasília, além de outras cidades mineiras, tais como Paracatu, Lagoa Grande, Brasilândia de Minas, Buritizeiro, Presidente Olegário, São Pedro da Ponte Firme e Varjão de Minas.

Segundo fora informado por Pressburger, andando naquela direção depois de uma hora de carro chegaria a João Pinheiro, cidade conhecida tradicionalmente por realizar, em abril de cada ano, a famosa Festa do Peão de Boiadeiro. Esse detalhe não empolgava Julião; preferia recordar que caminhava sobre os cenários de João Guimarães Rosa, sobretudo os de *Grande sertão: veredas*, uma de suas leituras inesquecíveis. Por isso, parecia ouvir o eco da voz intermitente do narrador que, diante de tantas aventuras nos ermos dos Gerais, advertia até o fim da jornada: "O diabo não há, o que existe é homem humano." E mais: "Viver é negócio muito perigoso..." (Rosa, 1976:11).

De repente, notou que a noite se anunciava rapidamente. Dentro de alguns minutos estaria caminhando em plena escuridão. E o pior: não lhe aparecia o contato prometido por Pressburger. Começou a temer as consequências de andar à noite, sozinho, às margens de movimentada rodovia. Quem o visse pensaria logo tratar-se de um marginal ou ladrão. Olhava para todos os lados e não via qualquer clarão da cidade. Sinal que estava longe dela.

Ao mesmo tempo, começou a se impacientar, porque não tinha nenhuma experiência nem se preparado para dormir ao relento, exposto aos perigos de animais ferozes ou daninhos do cerrado. Durante a noite, sabia, por ouvir dizer e até por leitura de textos literários, que certos animais costumam sair para caçar suas presas. Aquela região estava infestada de lobos. Como se defender dessas feras? Lembrou-se, então, de que, além de algumas peças de roupa, dentro da maleta colocara uma pequena peça de corda. Imaginou procurar uma árvore frondosa, coberta de folhas, amarrar-se a alguns galhos com a corda e o cinturão e proteger-se do frio com as demais peças de roupa que levava. Enquanto caminhava apressado, cada vez mais a escuridão prejudicava a localização de árvores que lhe oferecessem condições favoráveis à acomodação para passar a noite.

Mais adiante, num amplo espaço, avistou a formação de densa floresta. Começou a verificar, com calma, por onde deveria entrar e que tipo de árvore buscar para amarrar-se e passar a noite. Não poderia ser em local nem muito longe da rodovia nem muito perto.

Ao começar a abrir caminho por entre as árvores menos elevadas e a distanciar-se da rodovia, agora livre dos ruídos dos veículos que, vez por outra, trafegavam a alta velocidade, teve a sensação de ouvir o ladrar de um cão. Ilusão auditiva. Parou. Esperou. Depois de alguns minutos, ouviu, com nitidez, o eco do latido do mesmo cão. Então, eufórico, Julião disse para si mesmo: "Onde há um cachorro há um homem. Vou voltar à rodovia e caminhar mais um pouco" (FJ a FMIS, RJ, 12/7/1994).

118. AS PULGAS: A LUTA MAIS VÃ

O sentido da velha expressão – o cão, o mais fiel amigo do homem – encontra forte aceitação popular. A verdade, porém, é que vai além dessa circunstância.

Julião, como homem de elevada instrução e de fina sensibilidade, sabia mais do que isso sobre o assunto. Criado no campo e rodeado de animais, tivera a companhia de muitos cães, a exemplo da cadelinha que lhe servira, na infância, como motivo para começar a meditar sobre o real alcance da fé. Por causa dela e da questão suscitada ante o rigor da mãe, que lhe repreendeu por dedicar atenção religiosa a um animal de estimação – quando menino quis enterrar a cadela com cruz sobre a singela sepultura rasa – duvidou da fé religiosa e, mais tarde, caminhou célere para o ceticismo.

Ao contrário do leão, tido como rei dos animais e símbolo da valentia e da ferocidade, o cão é usado como pastor no sentido real do termo. Autêntico guardião e guia do rebanho, inclusive no âmbito da vida prática, aparece na mitologia como agente de positiva interferência. No plano do além, uma lenda sobre o rito de passagem da vida para a morte conta que há um momento de transição em que a alma, ou o espírito, faz uma viagem noturna pelo mar na qual o morto é acompanhado por um cão. Nesse transe ritualístico surgiu a ideia de encontro, decorrente da partida e da chegada, de confluência de novas forças.

A possibilidade de encontrar abrigo animou-o a retomar imediatamente a caminhada pela rodovia. A escuridão já cobria todo o cerrado. Apenas, vez por outra, surgia contra seus olhos a luz forte dos carros em desconcertantes movimentos. Isso o obrigava a caminhar com cuidado pelo acostamento. Depois de percorrer mais ou menos um quilômetro, viu a insinuar-se no alto de uma colina um clarão, ora a crescer com intensidade, ora a diminuir abruptamente como se houvesse desaparecido. Logo, porém, reacendia. Aquelas chamas não eram de queimadas.

Após alguns minutos, divisou adiante, à margem da estrada, o local de onde emergiam altas chamas: era uma enorme fogueira no amplo terreiro frontal da casa; a madeira queimava com maior intensidade, por causa do vento frio que soprava. Ao se aproximar da casa, ao mesmo tempo que se alegrava pela possibilidade do abrigo, receava ser atacado pelo mesmo cão que o ajudara a chegar ali. Por sorte, antes de o cachorro notar sua aproximação, ele foi visto por uma das pessoas do grupo postado ao redor da fogueira. Só então viu o cachorro que, sem alarde, seguiu o homem que vinha em direção ao forasteiro a estalar os dedos como se emitisse algum comando especial. O animal agora farejava seus sapatos e calças:

— Boa noite. Não tenha medo. Quando ele está comigo não ataca.

— Boa noite. Estou indo para Belo Horizonte. A esta hora da noite ainda passa ônibus para lá?

— Não. O último já passou. Agora, só amanhã, às 6 horas.

— Será que consigo por aqui algum agasalho para passar a noite?

— Sim. O senhor poderá dormir ali, em algum daqueles corredores — disse, e apontou para a casa-grande.

— Aceito de bom grado a oferta. Muito obrigado, senhor.

A fogueira continuava a arder sob a escuridão da noite fria. Ele, o homem e o cão andaram devagar, em direção às pessoas que conversavam animadamente em torno da fogueira. Os estalos da madeira misturavam-se às vozes. O ambiente era de completa descontração, mas, com a presença de um estranho, todos se calaram. Era sinal de curiosidade. No mínimo, queriam saber por que, àquela hora da noite, um homem caminhava solitariamente pela estrada. De onde vinha e para onde ia? Por isso, Julião cuidou de informar logo ao homem, que parecia ser o dono ou o responsável pela fazenda, que se dirigia a Belo Horizonte. O clarão da fogueira, vez por outra, deixava entrever algum detalhe da casa-grande, lá adiante, antiga, mas com ar de abandono, ou, pelo menos, com falta de cuidados.

O homem apontou para Julião e disse ao grupo:

— Ele está indo para Belo Horizonte, mas já perdeu o último ônibus...

Alguém respondeu de modo evasivo:

— Agora, só amanhã cedinho...

A seguir, Julião e o homem chegaram à casa, onde esse lhe mostrou os amplos espaços dos corredores. Em qualquer lugar, disse-lhe, poderia colocar suas coisas e deitar-se. Notou, porém, a presença de vários cachorros, que agora acompanhavam o homem, todos em completa euforia.

— O senhor já jantou?

— Não, mas não precisa preocupar-se com isso.

— Vou buscar algo para o senhor comer...

Dentro de poucos minutos voltou com singela bandeja contendo uma xícara de café, um copo de leite e um pedaço de pão. Naquelas circunstâncias, para o andarilho faminto e cansado, aquilo era um lauto banquete. Agradecido, Julião serviu-se enquanto repetia seus agradecimentos à generosa hospitalidade. O homem, por fim, despediu-se e saiu.

Julião acomodou-se sobre o estrado de madeira, já velho, encostado na parede. Estendeu o lençol e deitou-se. Justamente por causa do silêncio reinante continuava a ouvir a conversa dos homens ao redor da fogueira e até os estalos da ação do fogo sobre a madeira. Como o escuro não era total, cobriu o rosto com a ponta do lençol e chamou para si o sono. Ele veio, mas logo descobriu que estava sendo atacado por enorme quantidade de pulgas. Famintas, ávidas por sangue quente, não lhe davam tréguas. Que fazer? Após alguns minutos de luta, perdeu a batalha, não para elas, mas para o sono.

Nesse dia, 9 de abril, Julião fora cassado pelo Ato Institucional nº 1. A lista continha 99 nomes de políticos, entre os quais a inclusão de conhecido corrupto: Moisés Lupion, aquele que, segundo voz geral, loteara e vendera praças e logradouros públicos. Julião ocupava o 68º lugar. Os cinco primeiros, pela ordem, foram: Luiz Carlos Prestes, João Belchior Marques Goulart, Jânio da Silva Quadros, Miguel Arraes de Alencar e Darcy Ribeiro.

Somente alguns dias depois, quando ele conseguiu ligar e sintonizar o radinho de pilha, tomou conhecimento da cassação de seus direitos políticos pelos militares.

119. NA TOCA DO LOBO

No dia seguinte, às 5h, Julião acordou e, a pé, com a maleta pronta, ficou atento ao movimento da casa. Todos ainda pareciam dormir. Ele começava a inquietar-se, pois não podia perder o primeiro ônibus nem partir sem agradecer ao homem o abrigo daquela noite. Olhou para frente da casa velha e buscou a fogueira. Queimara toda. Em seu lugar, apenas o monte de cinzas e pontas de resistentes toros de madeira ainda fumegantes soltavam tênues colunas de fumaça a perderem-se na neblina da manhã.

Estirou-se um pouco e começou a sentir a reação dos ataques das pulgas: coçava-se por todo o corpo. Tratou de fazer rápida varredura contra os insetos nos cabelos, na barba rala, nos sovacos, nas partes íntimas, nas dobras e cós da roupa, mas logo viu, desalentado, ser inútil o esforço: além de não dispor de tempo suficiente, tudo parecia infestado. Apesar de fustigado pelas pulgas, sentia-se melhor. O sono lhe fora reparador.

Nisso, ouviu o rangido de uma porta. Voltou-se para o interior da casa e notou que o dono, ainda com ar sonolento, dirigia-se para fora. Retomou a maleta e foi ao encontro dele. Após as saudações, disse-lhe preferir postar-se logo à margem da pista e esperar o primeiro ônibus. Não queria perdê-lo, pois, naquela manhã, ainda pensava em fazer uma consulta médica num posto de saúde de Belo Horizonte. Por isso, não poderia esperar pelo café. Repetiu os agradecimentos, despediu-se e dirigiu-se para a margem da rodovia. Ali ficou a esperar o transporte.

Não demorou muito. O ônibus apareceu e ele embarcou. Como havia poucos lugares disponíveis, sentou-se logo atrás de dois senhores que conversavam animadamente: um era padre e ia vestido com sua batina bem abotoada; o outro, bem-vestido, parecia ser funcionário público.

Julião, nos primeiros minutos, desviou a vista para a paisagem do cerrado. No entanto, dali a pouco, sua atenção foi atraída para a conversa mantida pelos dois homens. Falavam sobre os novos tempos inaugurados pela revolução já vitoriosa. O padre insistia em que aquela ação revolucionária não poderia ser creditada aos civis, aos políticos, mas aos militares, os verdadeiros salvadores da pátria. Por fim, os militares haviam dado o golpe de misericórdia nos comunistas. E, gesticulando e puxando, com força, pelos erres, ao ouvir os argumentos do seu interlocutor, arrematava:

– Finalmente estamos livres dos comunistas... Por que eles não dão a cara, agora? Por que não aparecem? Onde está o Miguel Arraes, governador de Pernambuco? Onde está o famoso Julião, aquele que andava organizando, lá, no Nordeste, os camponeses, incendiando canaviais? Onde está o Brizola? Por onde anda o Prestes?

Como o padre falava alto e o outro limitava-se a rir, a conversa terminara chamando a atenção dos passageiros. Tinha-se a impressão de que aquelas considerações provocavam certa comoção ou constrangimento, pois quase todos seguiam calados. Durante alguns minutos não se ouviu o rumor de nenhuma voz. Apenas os dois homens trocavam impressões sobre o andamento da revolução. Um deles elogiou a coragem e o patriotismo do general Mourão Filho, com tal ênfase, o vitorioso da revolução, o maior de todos, que parecia ser já o chefe de Estado todo-poderoso.

Curiosamente, naquela viagem, por intermédio dos dois passageiros que conversavam sem parar, Julião se informara dos últimos acontecimentos relativos ao golpe militar. Soubera, por exemplo, que a população de Belo Horizonte fora convocada para manifestação em favor do levante militar às 20 horas daquele dia, numa das praças principais. Seriam homenageados os principais líderes do movimento revolucionário. À solenidade estariam presentes líderes civis, militares e políticos adesistas, além do governador Magalhães Pinto. A principal atração, porém, seria a presença de Mourão Filho, que acabava de chegar do Rio com suas tropas mineiras.

À medida que se aproximava de Sete Lagoas, já perto de Belo Horizonte, notou que a entrada e a saída de gente no ônibus se tornavam mais frequentes. Apoderou-se dele o temor de que, entre essas pessoas, houvesse algum policial disfarçado. Resolveu, então, descer e atravessar a cidade a pé. Mais adiante, em uma das paradas da mesma rodovia, pegaria outro transporte. Assim, despistaria algum possível esquema de segurança montado pelas autoridades no terminal rodoviário.

120. EM BUSCA DO MANICÔMIO

Já em Belo Horizonte, por volta das 15h30, Julião desceu antes da rodoviária, pois imaginava que ali as autoridades policiais teriam montado rigoroso esquema de vigilância.

Como estava com muita fome, buscou na ponta de rua uma lanchonete, onde se serviu de leite, café e um pedaço de pão com manteiga. Refeito e disposto, restava pôr em prática o plano para encontrar o abrigo, mas antes caminhou, um bom tempo, pelo Centro. Parou numa banca de jornais e leu as manchetes de alguns deles. As notícias eram desencontradas. Um deles noticiava que ele se homiziara no anexo da Câmara, onde dormia e fazia as refeições. Um outro trazia a foto do interior do apartamento de Eneida,[122] incendiado, e a notícia de que ela se encontrava em Belo Horizonte e dera à luz um menino (Julião, 1986:20).

A cidade estava toda preparada para a festa "patriótica". Movido por enorme curiosidade, Julião andou até a praça principal, onde mais tarde aconteceria a concentração. Ao se aproximar do local, assustou-se com a quantidade de pessoas que começava a chegar. Vinha gente de todos os lugares. O curioso é que à concentração compareciam pessoas quase exclusivamente pertencentes à classe média. Não estava ali o grosso da massa trabalhadora nem camponesa.

Essa constatação entristecia-o e tornava-o mais solitário no meio daquela multidão. Teve de admitir que a classe média expulsara do Brasil os líderes políticos das reformas de base, as bandeiras da transformação social. Foram vitoriosos rezando terços em Belo Horizonte, Rio, São Paulo e Recife, levando como escudo as lideranças de Magalhães Pinto, Adhemar de Barros, Carlos Lacerda, Eurico Gaspar Dutra etc. Tudo era aclamação e entusiasmo, mas no seu íntimo sentia ser um equívoco histórico.

Encontrar um abrigo seguro por ali não seria tarefa fácil. O contato anterior, feito por Pressburger, falhara. Só lhe restava uma saída: buscar algum conhecido. Quem? Por onde começar?

A verdade, nua e crua, era que, em Belo Horizonte, Julião não dispunha de nenhum contato vinculado ao movimento das Ligas Camponesas. Essa dura constatação, aliás, denunciava claramente o ponto fraco do seu movimento político. Durante dez anos de atividades, sua única preocupação fora com a organização das massas sempre convocadas para manifestações públicas, levadas ora por palavras de ordem, ora por arregimentação direta dos líderes locais. Não havia, apesar de certos setores políticos pensarem o contrário, nenhuma organização política em condições de oferecer apoios logísticos de segurança a membros perseguidos pelas forças de repressão dos golpistas. Por isso, até da parte do seu movimento, os golpistas não encontraram nenhuma reação. Ele se sentia só. Seus argumentos e suas manifestações verbais feitas antes e depois do golpe, inclusive na Câmara, a última voz a defender a ordem constitucional, limitaram-se a sensibilizar a massa camponesa mediante a proclamação de palavras de ordem que, entretanto, caíam no vazio por falta de efetividade prática. Agora, desalentado, não podia sequer achar meio de apelar para ela. Estava isolado. Sozinho. Os apelos anteriores, quando dissera, por exemplo, contar com a reação de milhares de camponeses, aos olhos e ouvidos de observadores mais críticos ou atentos, soariam apenas como simples bravatas. Os camponeses, em verdade, jamais tomariam conhecimento do chamado. E pior: eles nunca foram preparados para enfrentar uma situação de exceção, como aquela recém-implantada. Mas era preciso reagir de alguma forma. Deveria, então, continuar livre para tentar organizar a resistência, manter contatos com os que, em algum lugar do país, começavam a resistir à nova situação institucional imposta. Ao contrário de muitos outros políticos, não se entregou.

Naquela tarde, por fim, lembrou-se de um amigo pernambucano que ali vivia radicado, médico bem-sucedido, dono de um hospício para loucos e com carreira política firmada em Minas Gerais, já que se elegera deputado federal. Não havia outra solução; naquelas circunstâncias, teria de pedir ajuda ao único amigo.

Ao localizar o amigo deputado, notou que, apesar da afabilidade do encontro, as circunstâncias do difícil momento político e a inoportunidade do pedido causaram-lhe claro desconforto, já que ele não se opusera aos golpistas. Apesar disso, prometeu ajudar. Combinaram encontrar-se, mais tarde, no manicômio, onde ele teria condições de acomodá-lo. Julião chegou a pensar que ficaria ali, em alguma dependência, na condição de "louco", situação deveras difícil para uma pessoa como ele.

Na hora combinada, no asilo, anunciou-se apenas como um amigo e foi, de imediato, recebido pelo médico deputado. Naquele breve encontro, repetiu seu plano de ficar uns dias enquanto mantinha contatos para preparar a resistência. A seguir, recebeu do amigo a única ajuda que, no momento, ele poderia prestar:

– Escute, o esquema de segurança que eu estava preparando para você falhou.

– E agora?

O médico estendeu para Julião um pedaço de papel com o nome e o endereço de uma senhora e disse:

– Você vai para essa pensão. Pertence a uma senhora minha conhecida que me deve favores. Diga-lhe apenas que vai de minha parte. Fique lá até que eu lhe avise o dia e a hora em que você possa regressar aqui ao asilo.

Não havia melhor opção. Ele agradeceu a ajuda e seguiu para a pensão no endereço indicado.

121. MANIFESTO AOS PATRIOTAS E AO POVO DO BRASIL

A pensão ficava numa rua estreita de casas humildes em bairro pobre. Quando Julião se apresentou como pessoa enviada pelo médico amigo, a senhora o tratou bem e, sem delongas, mandou-o entrar e mostrou o quarto onde ele deveria ficar.

A casa parecia ter sido reformada para receber os inúmeros quartos que se alongavam no estreito corredor. Pequenos e abafados, eram construídos de tabique. À primeira vista, davam a impressão de que não ofereciam nenhuma segurança, tamanha a fragilidade do material empregado.

Na hora do almoço, Julião observou que quase todos os quartos estavam ocupados por soldados do Exército. Talvez os comandados por Mourão, os mesmos que fizeram a marcha até o Rio e, agora, voltavam para assistir à concentração daquela noite. Temeroso de ser identificado, pediu à senhora que, por favor, lhe servisse as refeições em seu quarto, pois não se sentia bem de saúde. Ela o atendeu prontamente.

Era preciso fazer algo, denunciar os golpistas e apontar os erros perpetrados em nome de uma ordem que poderia jogar o país nas trevas de uma ditadura militar.

Ao recolher-se em seu quarto, foi difícil conciliar o sono. No dia seguinte, logo cedo, começou a escrever um manifesto contra a ditadura militar. Trabalhou todo o dia. Ao concluí-lo, já tarde da noite, deparou-se com um problema aparentemente sem solução: que fazer com o manifesto? Como divulgá-lo? Onde publicá-lo? Além disso, começava a ficar incomodado com a presença de tantos soldados naquela modesta pensão. Se ficasse o tempo todo no quarto, poderia chamar a atenção deles; se fosse para a sala de estar ou de jantar, invariavelmente se encontraria com alguns soldados. De qualquer maneira, corria sério risco de ser identificado.

122. REGRESSAVA, APENAS

Naquela mesma noite, Julião decidiu abandonar Belo Horizonte. A senhora dona da pensão fora amável, mas a permanência constante de soldados do Exército no recinto deixava-o inseguro: tinha a sensação de que caíra numa ratoeira. A qualquer momento o descobririam. Talvez a roupa de candango, o esparadrapo já manchado no rosto e o velho chapéu não ajudassem muito a descaracterizar sua figura de homem público excessivamente fotografado e divulgado nos jornais, nas revistas e na televisão. Tudo conspirava contra sua segurança.

Acordou cedo e antes de vir o café da manhã ao seu quarto matou o tempo relendo o texto intitulado "Manifesto aos patriotas e ao povo do Brasil", que escrevera no dia anterior, cujo primeiro parágrafo abria com as seguintes palavras:

> Está implantada, por fim, a ditadura militar no Brasil. A Constituição de 1946 já não existe. Agora a Constituição é o Ato Institucional, do qual surgirão todas as outras leis ditatoriais. O triunvirato militar fez do Congresso uma casa de marionetes; anulou, de repente, o mandato dos deputados mais ligados à massa e mais intransigentes na defesa deste

imenso país contra o saque imperialista e contra o atraso imposto pelo latifúndio. Ai daquele senador ou deputado que se negue a inclinar-se ante o homúnculo a quem a pusilanimidade de uns, a aquiescência de outros e o reacionarismo de quase todos vão entregar hoje a Presidência da República! (Julião, 1968:85).

Agradecido, resolveu deixar a pensão naquela madrugada:

> A dona da pensão, com seu ar maternal, ajudou a curar-me da fadiga de uma longa marcha, a pé, para a qual não estava preparado. Eu era o *senhor Antonio*. Quando a deixei, uma madrugada, ela ainda na porta, com seus cabelos grisalhos, o rosto marcado pelos anos, olhar de quem sofrera muito, recomendou-me sobre os batedores de carteira que abundavam na cidade, que eu tivesse muito cuidado e concluiu: "Meu filho, vá com Deus. Volte quando quiser (Julião, 1986:21)."

Antes de partir, porém, perguntou quanto devia. Ela não quis receber o valor da hospedagem, mas ele, mesmo assim, deixou sobre a mesa uma quantia. Quanto ao amigo médico psiquiatra, não o procurou. Um dia, lhe explicaria sua decisão. Urgia abandonar o mais rapidamente possível aquela cidade.

O pior é que, naquele momento, não sabia para onde seguir. Caminhou por várias horas, em direção à rodoviária, mas, de repente, impulsionado por uma estranha sensação de regresso, deu sinal para um táxi e disse ao motorista:

– Por favor, vamos para Sete Lagoas.

Iniciava, agora, a viagem de volta – volta pelo mesmo caminho por onde viera nos dias anteriores. Para onde ia? Não sabia.

Com poucos minutos de viagem, seu raciocínio foi interrompido pelo motorista, que puxou conversa. Era um homem simpático, de meia-idade, bastante preocupado com a vida política. Condenava veementemente o golpe militar e argumentava que tudo o que estava acontecendo fora conspiração contra Juscelino, porque ele seria eleito, outra vez, presidente nas eleições de 1965. Daí o golpe. E citava exemplos de grandes realizações, sem esquecer a maior de todas: a construção de Brasília. O Brasil jamais tivera um presidente mais operoso quanto Juscelino; o melhor em toda a história republicana; jamais haveria outro igual. O homem era um juscelinista fanático. Julião, por sua vez, naquelas circunstâncias, preferiu concordar com o homem a ter de abrir polêmica e esposar sua verdadeira opinião sobre JK. Recordava que, meses antes, publicara na imprensa longo pronunciamento contrário ao lançamento das candidaturas de Juscelino e de Carlos Lacerda. A certa altura escrevera:

> Aceitar a opção Juscelino-Lacerda para a contenda eleitoral de 1965 equivale a dizer: "Prefiro ser devorado pelo jaguar, e não pelo buítre." [...] Quer dizer, Juscelino é tão entreguista quanto Lacerda. Os dois valem a mesma coisa, ainda que seus métodos de ação política não sejam iguais, nem sua maneira de manejar os negócios estatais seja idêntica, nem tampouco as fórmulas que empregam para se entenderem com o mundo que nos explora ou com as pessoas, grupos, facções e partidos que entre si disputam o poder (*ibidem*, p. 64).

Por que abrir polêmica com o taxista? Não. Ele estava indignado com o golpe militar. Apenas se iludia ao pensar que queriam só atingir JK. A vítima era o povo. Não argumentara sobre o enorme sacrifício de milhares de camponeses nordestinos que, sem oportunidade de trabalho em suas terras, foram obrigados a migrar para Brasília, o novo "El Dorado" brasileiro, tema que ele tratara dois anos antes no ensaio *Que são as Ligas Camponesas?*:

> A concentração do capital e o trabalho escravo favoreceram a construção de obras suntuosas, castelos, igrejas e monumentos tão altos como as montanhas para refletir o poderio das classes dominantes. Tudo isso argamassado pelo sangue e pelo suor dos camponeses, como se fez em Brasília, cujos edifícios foram alicerçados, no sacrifício de centenas de milhares de camponeses, no quinquênio Juscelino Kubitschek, que não teve uma palavra de esperança sequer para o campesinato, mas abriu como nenhum outro as portas do país ao capital estrangeiro monopolista e espoliador de nossas riquezas (Julião, 1962:14).

O melhor era seguir calado, ora concordando com um sim lacônico, ora com um gesto amável com as lamentações daquele juscelinista ferrenho, que, depois de muita peroração lamentosa, concluiu afirmando que, em sinal de protesto, jamais votaria em nenhum político.

O táxi rodava com relativa velocidade, por isso logo chegou a Sete Lagoas. Na entrada, Julião pediu para parar. Pagou a corrida, agradeceu ao taxista e desceu.

Novamente atravessou a cidade a pé. Depois de longa caminhada, viu-se na mesma parada onde descera dias antes. Ali esperou o ônibus, que não demorou. Entrou, sentou-se e perguntou a si mesmo: para onde estou indo? Não sabia. Regressava, apenas.

123. OUTRA VEZ O CÃO

A paisagem da estrada vista da janela do ônibus, aos olhos de Julião, começava a ficar conhecida. Ele passara por ali havia três dias, quando, então, pensava no seu destino de fugitivo; era enorme a angústia, porque, àquela altura, não sabia o que o esperava em Belo Horizonte. Agora, de regresso para lugar nenhum, a angústia se aprofundava intensamente. Enquanto isso, o ônibus se deslocava com rapidez. Até ali tivera sorte, pois, em nenhum momento, ocorrera qualquer vistoria nos passageiros. Que seria dele se, por exemplo, aparecesse alguma barreira policial?

Entre tantas impressões que lhe assaltavam a mente, uma ficou clara: a Brasília não poderia ir. Lá ficara o que lhe era mais caro: Regina, a mulher amada, grávida e prestes a dar à luz. Se voltasse, seria preso. A vigilância aumentara em todos os sentidos. E ainda não se acostumara com a estranha sensação de ser novamente pai. Recordou os detalhes da primeira vez que ouvira essas palavras pela boca de Rosa Clemente, o seu primeiro amor. Ela dissera: "Você vai ser pai." Foi um choque tremendo, seguido de uma alegria incontrolável, apesar dos momentos de fraqueza diante dos reproches familiares.

Ao ter certeza do nascimento do sexto filho, o choque e a alegria surgiam diferentes. Indescritíveis. Mais um filho ou uma filha! Quando pensava nesse rebento, a chegar em plena idade outonal, já quase cinquentão, não escondia profundo estremecimento como algo a fustigar, por dentro, a própria alma. Era estranho. Parecia a primeira vez, repetia para si mesmo. Reviver a experiência da paternidade, havia anos afastada de seus planos, soava como refazer a vida... O curioso é que tudo acontecia como se fora um renascimento surgido de dentro do caos repentino instalado na sua vida e também na de todos os brasileiros: o golpe militar. Nada, porém, poderia arrebatar-lhe o prazer daquela espera: a anunciada chegada de uma criança. Por isso, tornava-se imperioso reunir forças e condições materiais para resistir a todos os imprevistos e preparar-se para viver aqueles momentos difíceis.

Quando voltava a afogar-se em novos pensamentos e meditações – o querido pai octogenário, filhos, parentes, os amigos distantes, vários deles, àquela hora, perseguidos ou presos –, descobriu, lá adiante, após crescer na frente do ônibus uma reta, a casa-grande da velha fazenda. De súbito, ocorreu-lhe um estalo, um estranho arrebatamento: ali ele deveria ficar. Levantou-se e pediu parada. O ônibus parou e ele desceu.

Outra vez pediria ajuda àquele homem pobre, chefe de numerosa família, aparentemente administrador de uma fazenda em decadência. Quem seria o proprietário? Tudo ali tinha ar de abandono. Era preciso saber mais sobre o lugar. Mas, voltando-se para si, constatou que vestia a mesma roupa de candango, portava a maletinha na mao, usava o esparadrapo pregado no rosto, o chapéu escuro surrado, as botinas velhas de couro quase puído. Nada mudara. Nem a desculpa para contar ao homem. Mentalmente cuidou de resumi-la: "Olha, amigo, lamentavelmente eu não encontrei o médico que ia me fazer a operação em Belo Horizonte e estou voltando outra vez para sua casa. Necessito descansar um pouco..." Sem ter tempo de corrigir nenhum gesto ou acrescentar novo detalhe, um fato novo, dirigiu-se ao homem, que veio rapidamente em sua direção, estendendo a mão amiga. Reconheceu-o de imediato com um sorriso no rosto. "Era um homem descarnado e triste como todos os outros da região, a prole numerosa, a comida escassa e a roupa mais escassa ainda" (Julião, 1986:22).

Ao ouvir a desculpa de Julião, o homem, após apertar-lhe firmemente a mão, respondeu ao pedido de abrigo com o mesmo gesto de cordial hospitalidade:
— Pode ficar aqui, senhor. Não há problema...
— Como se chama o senhor?
— Me chamo Antonio...
— Engraçado — interrompeu Julião —, eu também me chamo Antonio. Somos xarás.

Com forçado e oportuno gesto, Julião iniciava a nova amizade. Entrou e saudou a todos de casa, estabelecendo um clima de camaradagem. Nem os cachorros da casa escaparam de suas saudações amistosas e amigas. Um deles, com o rabo em constante movimento, ficou junto do visitante; era o mesmo cão que latira quando ele, da vez anterior, aproximara-se da casa-grande pelo lado onde ardia a imensa fogueira. Como o cão começara a cheirar suas botinas e as abas da calça, ele pôs a mão sobre sua cabeça e afagou o animal:
— Como se chama ele?
— Tenente.
— Logo Tenente?
— Sim. Tem nome de autoridade, mas é um cachorro bom, amigo e valente — informou Antonio.

A partir daquele momento, o cão começou a ficar junto dele. Não havia dúvida: ocorrera um caso de amor à primeira vista. Ele fora adotado pelo Tenente, pois, segundo a psicologia canina, o cão é quem escolhe o homem. Era meigo, carinhoso e obediente. Apesar de ser de companhia, revelava-se sempre vigilante e valente. Nem magro nem gordo; ladrava de modo forte e decidido. Tinha os olhos vivos, luminosos e pretíssimos, focinho escuro, orelhas atentas e a pele dourada com patas em *dégradé* para branco.

Antonio levou o visitante para o mesmo local onde ele se instalara antes, porém alegou que, mais tarde, prepararia um quarto melhor para ele dormir aquela noite.

Mas, no dia seguinte, logo cedo, ele começou a preocupar-se com a movimentação da casa e com o intenso tráfego da rodovia. Por tratar--se de via principal que unia Belo Horizonte a Brasília, dava acesso

a todas as cidades menores existentes entre as duas capitais. Ali ele não se sentia seguro. Então, chamou seu xará a um canto e perguntou se havia outro local onde eles pudessem ter uma conversa reservada, a dois. Antonio apontou para uma certa direção, por trás da casa-grande, e disse:
– Sim, xará. Ali atrás, naquele rumo. Lá a gente pode conversar sossegado.
– Podemos ir agora para lá?
– Sim. Vamos.

124. A CONFISSÃO

Marcharam, então, para o pequeno bosque. Só mais adiante, Julião notou que Tenente os seguia animado, correndo na frente, como se mostrasse o caminho, que, na verdade, em algumas passagens, era quase fechado pelo mato. Os dois sentaram-se sob a sombra de uma árvore frondosa e começaram a conversar.

O tema girou sobre a origem de cada um, mas em termos de generalidades. Julião, chamando seu interlocutor de xará e esse da mesma forma, começou a falar de sua origem rural, campesina, adorava o campo, a vida agrícola etc. Naturalmente evitava qualquer detalhe que pudesse identificá-lo.

Antonio, por sua vez – só na aparência dava a impressão de ser homem rude, apesar da pobreza –, tinha lampejos de sagacidade e inteligência aguçada. Revelou que passara toda a vida no campo, trabalhando duro para criar a família. Vivera nas imediações daquela região. Agora estava ali tomando conta daquela propriedade. De repente, como se suspeitasse de algo, parou, olhou firme para os olhos de Julião e perguntou à queima-roupa:

– Xará, você não tem cara de criminoso, não. Você é um homem bom. Mas há um mistério em sua vida. O senhor não estará metido nessa revolução que está passando por aí? Tem hora que não entendo nada. Passam caminhões e caminhões cheios de soldados para um lado e para o outro. É um movimento tremendo. Deve ser coisa séria...

Julião teve de agir com cautela e rapidez. Pensou em negar, dizer que não tinha nada a ver com aquela "revolução", mas, ao mesmo tempo, pensou na necessidade de ficar livre para resistir, manter contato com Brasília, com o Rio, o Recife e demais pessoas interessadas na resistência à ditadura. Era preciso permanecer por ali até que outras condições mais favoráveis lhe permitissem mudar para abrigo seguro. Era preciso ganhar a confiança daquele homem. Optou, então, pela verdade, ou melhor, meia verdade, porque não confessaria sua identidade nem os níveis de comprometimento pela luta política. Respondeu, também olhando firme nos olhos do seu xará e dando ênfase às palavras:

— Xará, estou metido nisso, sim, mas estou contra. Depois vou lhe explicar que esse golpe não é a seu favor. É contra você. Vejo que o xará é um pobre camponês cheio de filhos, trabalhando aqui nesta terra, sem ter possibilidades de mudar de vida, de ganhar melhor para o sustento da família, de tornar-se dono da terra onde trabalha...

Quando Julião falou na impossibilidade de ele tornar-se dono da terra onde trabalhava, Antonio novamente olhou com atenção para seu interlocutor e o interrompeu:

— As terras desta propriedade são de herdeiros; deixaram aqui abandonadas e quem manda nisso aqui é o governo do estado...

— Quer dizer, então, que essas terras são administradas pelo governador Magalhães Pinto?

— Sim, senhor.

Julião não conseguiu esconder um sorriso leve. Sua vontade era rir alto, mas podia assustar o seu xará. Que ironia! Como era possível ter ido parar como fugitivo justamente em terras devolutas pertencentes ao domínio de Minas Gerais, estado governado por Magalhães Pinto, um dos golpistas de 31 de março? Permanecer ali ainda era sua melhor opção. Precisava consolidar aquela amizade para conquistar a confiança de Antonio. O melhor caminho era não mentir, ser sincero; até certo ponto, dizer as coisas com clareza.

— Xará, eu não posso ficar com você naquela casa, à beira da estrada, correndo o risco de ser visto por qualquer pessoa que passe por ali. Será que você não tem aqui por perto algum lugar, a uns dois ou três quilômetros, onde eu possa ficar sem ser visto por uns dias?

Resolvera correr todos os riscos, porque seu xará inspirava confiança e sinceridade. Homem de caráter firme, olhava para o seu interlocutor com firmeza, não escapulia em divagações. Nas poucas vezes em que conversara com ele, desde o primeiro encontro, percebera que estava diante de um camponês autêntico. Não notara nele sinais de covardia, de pusilanimidade, de medo, embora já cansado não tanto pela idade, mas pelo trabalho sem perspectiva.

Diante do pedido, sem temer os riscos que poderiam advir de seu gesto de esconder naquelas terras um estranho, Antonio foi taxativo:

– Tem, sim. O xará pode ficar lá. Fica a mais ou menos três quilômetros daqui. É um lugarzinho de terra boa na beira de um rio, onde planto um pouco de macaxeira e outras coisas mais; eu vou sempre pescar por lá.

– Então, você pode me levar para lá agora mesmo?

– Posso, sim.

Voltaram para a casa-grande e começaram os preparativos da pequena mudança.

125. A BÍBLIA SAGRADA POR COMPANHIA

Os xarás combinaram levar poucos objetos para o novo esconderijo: panela, colher, faca, prato, vasilha para apanhar água no rio, moringa, caixa de fósforo, colchão. Isso era o suficiente.

Quando os utensílios estavam todos recolhidos na parte de trás da casa, Antonio verificou que não poderia levá-los a mais de três quilômetros em seus ombros. Então, por isso, precisava do burro, que pastava próximo. Julião sentou-se e ficou a contemplar o quadro desolador: todos os utensílios eram usados e bastante velhos. Faltava apenas dar uma olhada no colchão. Descobriu que estava em estado lamentável: sujo, o tecido puído e a palha do capim saía pelos furos após o mais leve movimento. E o pior: era o mesmo em que ele dormira da vez anterior, quando se infestara de pulgas. Teria de continuar a luta contra esses minúsculos insetos lá na cabana.

Quando Antonio retornou com o animal, o quadro ficou mais dantesco ainda: o burro, já velho, era aleijado de uma perna traseira. Chegara devagar, mancando, com extremo esforço. Seria uma malvadeza usar aquele animal para o serviço. Seu xará, compreendendo o olhar compassivo de Julião, disse-lhe ser o único animal que possuía. Em seguida, envolveu todos os utensílios com o colchão, amarrou-os com firmeza nas duas pontas com um pedaço de corda e jogou tudo sobre o lombo do burro. Não havia tempo a perder. Seguiram caminho afora.

A rigor, era uma picada feita, ao longo do tempo, pelos cascos dos animais e os pés dos homens. Em alguns trechos a vegetação a fechava totalmente. Apesar disso, o animal seguia sem maiores obstáculos. Parecia conhecer bem o trajeto. Andavam em fila: à frente, o burro coxo, com o passo tardo, a puxar com dificuldade a perna inutilizada, avançava sempre; logo atrás, Tenente, feliz com aquela caminhada, aqui e ali, olhava para trás, fazia uma parada e esperava os xarás que vinham conversando, animadamente, sobre seus destinos. Depois de quase uma hora de caminhada, entraram na mata fechada. A vegetação graúda e densa cobria toda a região. Lá adiante, após vencerem pequena elevação, descortinou-se ampla várzea por onde corria o leito do rio. A cabana, que mais parecia uma choça, fora do caminho, ficava afastada da margem do rio, toda coberta pela vegetação.

A choça não tinha divisão de cômodos. Erguida com pau a pique, coberta de palha, fora construída para descanso dos trabalhadores. Ninguém nunca dormia ali; apenas tirava uma soneca depois do almoço ou se protegia da chuva. Era precaríssima: quatro paredes de taipa cobertas por palhas de palmeira, duas portas – entrada na frente e saída para os fundos – e janelinha para o lado do rio. Ao largo não havia terreiro; a vegetação praticamente a cobria, o que, naquela situação, era uma vantagem, pois impedia que fosse vista por quem passasse pela margem do rio. Não havia privada. As necessidades teriam de ser feitas no mato. O fogo teria de ser aceso na parte traseira, ao ar livre. Apesar do desconforto e da absoluta falta de higiene, Julião sentia-se mais seguro, porque se afastara da margem da movimentada rodovia. Além disso, ali poderia ganhar tempo e com mais calma, após conquistar a confiança do xará, criar condições para mandar um emissário a Brasília com notícias para Regina, sua mulher.

Arriaram a carga do animal, enquanto Julião fazia rápido reconhecimento. Circulou ao redor do abrigo e andou um pouco em direção ao rio. Não poderia haver esconderijo melhor. Agora o fundamental era criar condições para sobreviver ali.

– Xará, vou ficar aqui. Posso passar com pouca coisa, mas me falta o principal: a comida. Sei que você é pobre, tem família numerosa e não pode me sustentar aqui com a comida necessária. Por isso, escute bem: preciso de sua ajuda; vá a João Pinheiro ou ao lugar mais próximo daqui, e compre algumas coisas. Mas faça o seguinte: compre meio quilo de charque num lugar; a farinha noutro; o sabão e o querosene noutro lugar e assim por diante. Aqui tem o dinheiro e a relação do que deve ser comprado. Como eu disponho de algum recurso, acho que essa importância dá para comprar o que preciso e ainda sobra uma boa parte. Fique com ela e compre coisas para sua casa, para sua família, pois sei que o senhor é um homem pobre e não vive tão folgado.

– Tá bem, xará, muito obrigado.

– Ah, não se esqueça de comprar também alguns metros de tecido tipo chita ou qualquer coisa parecida, com agulhas e linhas; eu quero consertar o colchão. Não esqueça: nunca compre tudo no mesmo lugar; vá comprando em lugares diferentes para não levantar suspeita. E aqui está um agrado por fora: com esse dinheirinho compre uma garrafa de aguardente, pois eu já vi que o xará gosta de tomar uma cachacinha...

– É verdade. Sem ela não consigo viver, xará.

Quando terminou de colocar as coisas sobre o chão batido na cabana, abriu a maleta, retirou as coisas e colocou, com carinho, a Bíblia Sagrada, em pé, portanto, em destaque sobre o tampo da maleta. Esse gesto chamou a atenção de Antonio. Havia nele algo respeitoso e carinhoso para com o livro. Seus olhos pousaram sobre a Bíblia com curiosidade. Naturalmente, a existência de um livro numa choça perdida no cerrado, vindo das mãos de um homem que falava tão bem e dizia coisas verdadeiras, dali só poderia sair histórias interessantes. Por isso ele ficou curioso para ouvi-las. Temperou a garganta e terminou sugerindo algo inesperado:

– Xará, eu tenho muitos amigos aqui, que moram ao redor da propriedade; muitos deles são meus compadres, que gostariam de ouvir a palavra de Deus; posso convidá-los para o xará ler a Bíblia para eles?

Julião assustou-se com aquela ideia e procurou dissuadi-lo. Para não assustá-lo tanto disse que por enquanto não era conveniente chamar os amigos para ouvirem a palavra de Deus, que esperassem mais um pouco. Justificou sua cautela com as seguintes palavras:

– Como eu já lhe disse, estou metido nessa tal de revolução que anda por aí, mas contra ela. Se eu for preso aqui, você e sua família irão sofrer também, porque hoje sou seu hóspede, estou sob sua proteção. Nesse caso, é necessário esperar mais um pouco para ver como as coisas vão ficar e, acima de tudo, guardar segredo. Eu não posso ser descoberto aqui, entendeu? Você é capaz de guardar esse segredo?

– Sou. Olhe, xará, aqui mesmo eu enterro tudo.

– Ótimo. Enterre mesmo, porque eu conheço bem o camponês. Se você confia a um, esse conta para o outro e de repente, como camponês é gente que gosta de contar história, termina a notícia chegando aonde não deve. Por isso, essa nossa história precisa ser enterrada aqui. Repito: não quero que você seja preso ou sofra nada, ou prejudique sua família.

Antonio ouviu com atenção, e até com certo assombro, a lógica da confissão do seu xará. Nem tivera tempo de guardar o dinheiro. Ficara paralisado diante de seu interlocutor, segurando o dinheiro na mão. Limitou-se a dizer:

– Pode confiar, xará. Amanhã cedinho eu vou a João Pinheiro, compro essas coisas todas e trago para aqui.

– Traga para cá só a minha parte. A outra parte deixe na sua casa; é para você e sua família.

E assim aconteceu.

126. TENENTE, O MELHOR AMIGO

No dia seguinte, por ocasião do retorno de Antonio com as mercadorias compradas em João Pinheiro, aconteceu um fato inusitado:

ele veio acompanhado por Tenente e quando o cão viu Julião, fez festa.

Após a entrega das mercadorias, Antonio despediu-se e pegou o caminho de volta para sua casa. Na hora da partida, ninguém prestou atenção no comportamento de Tenente, que se sentara quase diante da pequena porta da cabana e ali ficou. Somente quando Antonio se encobriu na mata Julião notou a presença do cachorro lá, em posição de guarda e com o rabo em movimentada alegria. Não havia dúvida, o gesto demonstrava que Tenente preferira ficar junto dele. Era seu anjo da guarda. Inacreditável. Ele pegou o cachorro entre os braços, fez-lhe algum carinho e retomou sua rotina. Afastou-se um pouco para a mata, a fim de cortar mais madeira. Junto dele permanecia Tenente, atento a todos os movimentos. Ele não estava só. Agora tinha mais um amigo.

A rotina ali se instalou com relativa tranquilidade. Os primeiros três dias foram suficientes para ele começar a entender que teria de mudar completamente seu ritmo de vida, adaptar-se a ela sem descanso. Calejar as mãos, os pés; fazer exercícios, utilizando, sempre que possível, esses esforços em atividades positivas e indispensáveis à própria sobrevivência. Descobriu, por exemplo, que cortar lenha era um bom exercício; além do mais, a lenha cortada resultava em matéria-prima fundamental para cozinhar e durante a noite manter aceso um pequeno fogo próximo ao colchão, a fim de minimizar o frio. Outra ação importante: limpar a área ao redor da cabana, pois urgia torná-la arejada e passível de receber maior quantidade de luz solar sobre sua frágil coberta e afastar insetos e pequenos animais nocivos, tais como cobras, lagartos, escorpiões, lacraias, formigas etc. Além disso, o novo espaço aberto serviria para secar a roupa, a toalha e também para ele se mover com desenvoltura durante os exercícios de banho de sol.

Ele não poderia considerar o ambiente como um fim de mundo, lugar inóspito. Tornava-se imperioso transformar as adversidades para, dentro de pouco tempo, entrar em contato com outras pessoas. Por isso, muniu-se mentalmente de energias positivas – sobretudo paciência – para suplantar as dificuldades.

O local era propício ao recolhimento. Para um espírito inteligente e sensível como o de Julião, há de se convir, depois do silêncio vem a contemplação. A solidão da cabana e seu entorno, em vez de transformar-se em sofrimento, angústia sem remédio, desespero, levaram-no à meditação e à reflexão, mas era também fundamental o trabalho manual. Então, forçava o seu físico mirrado e débil, afeito apenas ao trabalho intelectual, ao dispêndio de esforço físico, prática que, no fim das contas, o salvou daquela forçada provação.

Ali encontrara, por fim, condições suficientes para, com calma, ler e rever o manifesto contra a ditadura recém-instalada no Brasil, escrito às pressas, no quarto da pensão de Belo Horizonte. Agora, com papel, lápis e caneta, passou o texto a limpo, com caligrafia graúda, ampliando aqui, cortando acolá, emendando mais adiante – tarefa que fazia parte da resistência ao golpe militar. Mas convinha manter contato com pessoa capaz de levar seu manifesto a algum veículo de comunicação – jornal, revista, rádio ou até, em último caso, imprimi-lo em forma de panfleto para circular clandestinamente de mão em mão. Assim, na hipótese de divulgação do manifesto por meio de panfleto, resolveu empregar linguagem mais acessível e, ao mesmo tempo, contundente, como era de seu estilo, razão pela qual acrescentou e emendou alguns parágrafos:

"Temos, pois, um governo de baioneta calada, que se dá ao luxo de manter o Parlamento, as assembleias legislativas dos estados e também as prefeituras funcionando sem que nenhuma voz se levante neles para opor-se ou criticar seus atos."

"A função desses senadores e deputados é uma só: referendar a arbitrariedade. Como poder castrado, já nada lhe resta fazer, salvo permanecer de joelhos. É tudo o que lhe resta."

"Adolf Hitler também costumava dar um selo de legalidade a seus atos. Tinha para tal fim uma Câmara. Falava sempre em nome da lei, que era sua vontade. E a lei, agora, no Brasil, é a vontade do triunvirato que uma revolução ridícula – a de 1º de abril – acaba de instituir entre nós" (Julião, 1968:85).

Enquanto isso, a lealdade e o carinho de Antonio e de Tenente cresciam. Diariamente o seu xará aparecia antes do almoço, com alguma comida preparada com mais gosto pela sua mulher: ora trazia uma porção de feijãozinho com torresmo, um tutuzinho, ora carne de charque desfiada com boa farinha, arroz especialmente temperado etc. Tanta consideração fez Julião sugerir que ele trouxesse seu prato. Assim, teriam mais tempo para conversar, informarem-se das novidades do Brasil e do mundo e para trocar ideias sobre a região.

Aproveitando-se dessa amizade, certo dia, pediu a Antonio que arranjasse um meio de enviar a Brasília uma mensagem sua. Escrevera um bilhete para Regina, informando que o portador era pessoa de confiança. Ao portador recomendou, verbalmente, que explicasse a ela como chegar à casa-grande da velha fazenda de seu xará Antonio.

O emissário partiu. Após dois dias, voltou e disse que dera o recado. Julião, de novo, alimentava a esperança, porque, por fim, refizera o canal de comunicação com Brasília.

De tanto observar o entorno geográfico, ele passou a compreender melhor a vida no cerrado. Ao largo, beirando as margens do rio, que agora ele via em sua real dimensão, mais parecendo riacho do que rio perene, predominavam buritis, um tipo de palmeira pródiga em frutos preferidos para confeitaria de doces.

Naquela fase do ano, mês de abril, o tempo era quente, mas durante a noite a temperatura baixava consideravelmente. Essa variação climática atraía também boa quantidade de animais. Durante o dia, o espetáculo ficava por conta dos pássaros com seus cantos, voos rasantes, às vezes tão próximos que deixavam à mostra a plumagem com seus atavios coloridos indescritíveis. À noite, apareciam outros animais, inclusive alguns perigosos e nocivos ao homem. Os mais temidos eram os lobos. Da cabana, ele ouvia os uivos dessas feras. Em tese, eles poderiam muito bem atacá-lo naquela cabana, sobretudo porque a porta e as paredes não ofereciam boa resistência. Porém ele contava com a destemida e atenta vigilância de Tenente. De qualquer sorte, advertido pelo seu xará do perigo dos lobos, todas as noites Julião acendia o fogo e deixava ao alcance da mão a foice velha, já gasta, mas de gume afiadíssimo.

127. O MORCEGO AMIGO

Julião sonhou que estava na Fazenda Espera, em sua terra natal, ouvindo um galo cantar – sinal de que a madrugada começava a descambar para o amanhecer. No entanto, ele acordou do sonho e, de repente, ouviu um galo cantar. Ficou intrigado. Não podia ser mais o sonho. Esperou um pouco e novamente o galo cantou próximo. Levantou-se assustado e marcou a direção de onde vinha o canto.

Assim que o dia amanheceu, dirigiu-se para o local de onde viera o canto. Ficou surpreso: o galo estava pousado, manso, sobre os galhos de uma árvore. Era incrível! Como ele poderia ter chegado até ali? Por que se acomodara tão alto? Por que não ficava no chão, como fazem as galinhas? Como parecia tão pacífico, aproximou-se devagar do tronco da árvore e chamou por ele. O galo abriu as asas, assustou-se, arisco, voou para outra árvore do mesmo porte e lá ficou. Diante de outra tentativa, sua reação foi a mesma: pulou para outra árvore. Talvez estivesse com medo do Tenente, mas logo se lembrou de que o cão convivia com as galinhas da casa do xará, sem atacá-las. Com certeza, o galo tinha medo dele.

Passou o dia, veio a noite e, de madrugada, lá pelas quatro horas, foi outra vez despertado pelo canto do galo. Então, resolveu conquistar o bicho. Para isso, no início, logo cedo, punha milho sobre o chão do terreiro da cabana. O galo, depois de certo tempo, vinha vindo, devagar, desconfiado, perscrutando os arredores e comia o milho. No terceiro dia, ele comia o milho já bem perto dele. Com poucos dias, vinha comer na sua mão. Era o seu mais novo amigo.

Em várias oportunidades, Julião testou a própria paciência – em alguns casos, com extraordinária tenacidade. Além do pavor a baratas, outro bicho que lhe causava muito medo era o morcego. Certa noite, depois de longo período de insônia, de sua cama de varas, quase ao rés do chão, notou que, no teto da cabana, entre uma palha e outra, alojara-se um morcego enorme e se pendurara em uma das varas. Como ele estava autotreinado para não se assustar com qualquer coisa, sequer com os uivos dos lobos às vezes próximos à cabana, resistiu. Ficou de olhos fixos sobre o esquisito animal. Observou direitinho e notou que o estranho mamífero não pertencia à família dos insetívoros, mas à dos que se alimentavam de sangue, conhecidos como hematófagos. Ficou apavorado. Que fazer? Espantá-lo? Não. Preferiu encontrar um meio de conviver com o novo hóspede. Talvez ele já vivesse no refúgio havia mais tempo. Depois, com maior cuidado, verificou o estado de tranquilidade do animal acomodado no seu canto, como se estivesse bem saciado. E era verdade. O estômago aparecia estufado de sangue. Voltava saciado. Parecia mesmo só querer dormir, sossegado em seu canto.

Sobre esse episódio, ele recordaria, quarenta anos mais tarde, com certo humor, o fato de ter feito amizade até com um morcego:

> Então, eu disse para mim mesmo: "Por que eu vou agora perturbar o sono desse morcego que já se alimentou muito bem? Ele está ali, sem me incomodar, naturalmente acostumado com o sangue de bois e de cavalos que ele consegue pelo campo; logo, não vai se preocupar com o meu sangue." Aí, ficamos numa convivência muito interessante. Antes das cinco horas da manhã, quando surgia a claridade, o galo cantava, eu me despertava e o morcego também. Eles, na verdade, me faziam companhia. O morcego ia embora, outra vez, em busca de suas presas e eu ia cuidar dos afazeres do dia. Eu cometi muitas falhas na vida, reconheço, mas duas qualidades procuro sempre preservar: a paciência e a tenacidade. Com paciência consegui fazer daquele galo um amigo. Já com o morcego, não; eu não queria amizade com ele, porém, o respeitava e tomava meus cuidados, porque se um dia ele não encontrasse sangue pelo campo, aí, de noite, seria capaz de vir chupar o meu (FJ a FMIS, RJ, 12/7/1994).

128. AS HISTÓRIAS DE MONTEIRO

Depois, Julião foi surpreendido com inesperada visita de seu xará Antonio. Ele vinha acompanhado de um homem alto, meia-idade, bem parecido, vestido com simplicidade, o qual trazia dois sacos: um nas costas e outro na mão direita.

Em verdade, ele esperava receber de Regina, que permanecia em Brasília, alguma mensagem com instruções sobre seu próximo destino, mas não imaginava vir alguém, em carne e osso, como aquele homem, até seu esconderijo. Monteiro chegou até ali em virtude do contato que, havia dias, fizera um dos filhos do anfitrião Antonio, com Regina Castro em Brasília. Ao tomar conhecimento do paradeiro de Julião, Regina se comunicou imediatamente com Miguel Pressburger, que enviou Monteiro para ajudá-lo.

A rigor, não houve tempo para tomar qualquer precaução em relação ao visitante, que se adiantou e, antes de Antonio apresentá-lo, colocou os sacos no chão, estendeu a mão direita para Julião e disse:

– Prazer em conhecê-lo, meu caro Antonio. Eu me chamo Monteiro...
– Vem da parte de quem?
– Venho da parte do dr. Miguel Pressburger!
– Seja bem-vindo, companheiro.

Como não havia cadeiras, ficaram em pé após os cumprimentos. O outro Antonio pediu licença, despediu-se e voltou para a casa-grande. Estava encerrada sua missão: levar o emissário até o esconderijo de seu xará.

Julião, com o propósito de acomodar o novo companheiro na apertada dependência da cabana, ao mesmo tempo pedia informações sobre o dr. Miguel, como Monteiro fazia questão de referir-se. Pressburger ia bem; tomara todas as providências para não cair nas malhas dos golpistas, mas as dificuldades eram enormes. As perseguições se intensificavam. Em dado momento, Monteiro, após abrir o saco maior e dele retirar suas coisas – roupas, utensílios de uso pessoal, restos de comida etc. –, colocou sobre o saco um revólver carregado. Julião estranhou que ele estivesse armado, mas, segundo o visitante, não haveria outro jeito de defender-se em caso de emergência. Notou, ainda, que ele colocara o saco menor, um tanto retangular, a tiracolo, como se fosse um especial amuleto. Intrigado com o gesto, Julião perguntou se não seria melhor aliviar-se do peso. Monteiro respondeu com um movimento negativo de cabeça e rapidamente abriu o saco de lona meio esverdeada, como os alforjes das Forças Armadas, e mostrou-lhe o conteúdo: uma metralhadora carregada com vários pentes de balas sobressalentes.

– Você parece que veio para alguma guerra.
– Eu vim para ficar ao seu lado.
– Milita em algum partido político?
– Eu sou do Partido Comunista.

Julião ficou um tanto espantado, porém resolveu tirar proveito da situação, levando a conversação para um lado mais descontraído.

– Então estamos próximos, porque sou socialista. Os comunistas querem chegar primeiro, mas virão na frente os socialistas; primeiro, porque o socialismo é uma etapa anterior ao comunismo. Quando o socialismo estiver instaurado no mundo inteiro é que a gente poderá começar a pensar no comunismo. A gente não, porque estaremos mortos, mais os netos, bisnetos; os tataranetos, talvez, é que vão começar a pensar numa sociedade comunista.

– Muito bem, Antonio. O importante é que somos agora companheiros. Eu tive de escapar de onde estava e para chegar até aqui andei mais de 300 quilômetros: durante a noite, andava; durante o dia, dormia dentro do mato.

Após conversarem, quase todo o dia, entre ambos firmou-se boa camaradagem. Quem mais falava era Monteiro, que, aliás, tinha uma queda toda especial para contar casos curiosos de sua vida aventurosa. Suas histórias extraordinárias lembravam um desses personagens de romance. Dizia ter exercido várias profissões: caçador, garimpeiro, pescador e agora revolucionário. De cada uma delas recordava casos que ele chamava de inesquecíveis.

No dia seguinte, depois de ouvir muitas histórias de Monteiro, Julião lhe revelou que estava preocupado com sua vida parada, ali, metido naquela cabana, isolado do mundo. Era imprescindível sair dali para outro lugar mais seguro. Monteiro, ao ouvir tal proposta, disse que eles tinham de sair era daquela cabana imediatamente. Aquela forma de esconderijo não passava de uma arapuca.

– Eu conheço, de experiência própria e de bons exemplos, esse tipo de perigo. Se ficarmos dormindo nesse mocambo, poderemos ser cercados e presos dentro dele.

– E de onde vem essa sua experiência e esses bons exemplos?

Monteiro, então, passou a contar o seguinte caso:

– Eu tive um tio que me ensinou muitas lições. Lições de sobrevivência. Ele era soldado de polícia e acontece que, um dia, em briga com outro soldado, ele terminou matando o seu desafeto e fugiu pelo oco do mundo. Desde então, ele passou a ser perseguido durante muitos e muitos anos, sem nunca ser preso. Ele chegava a um local, fazia a sua lavoura em campos desertos, aqui nestes cerrados das Gerais. Depois de muitas buscas, seus perseguidores descobriam mais ou menos o seu esconderijo. Acontece que ele fazia a cabana para morar, mas nunca dormia dentro dela. Buscava uma árvore, fazia ali seu jirau, estendia a rede, ficava olhando e depois dormia sossegado. Muitas e muitas vezes a cabana dele foi cercada sem que ele fosse encontrado. Numa dessas vezes, quando os soldados cercaram a cabana dele, um deles descobriu o truque de meu tio e ficou buscando pelas árvores. Meu tio, então, teve de abater um cabo e dois soldados. Ele bem armado, bom atirador, abateu primeiro o cabo; depois um dos soldados. Quando chegou a vez do terceiro, o tiro pegou na perna e o desgraçado escapou. Ele saiu atrás. Foi seguindo a pista da marca do sangue. Quando o soldado ferido cansou de andar, caiu em baixo de uma árvore. Meu tio se aproximou, o soldado percebeu o fim e disse: "Eu não tenho mais ação contra o senhor!" Meu tio ordenou: "Jogue fora o punhal e as armas que tiver." O soldado obedeceu. Meu tio aproximou-se e ouviu o soldado dizer: "Olhe, sei que vou morrer, mas queria lhe fazer um último pedido." Ele disse: "Qual é o pedido?" Respondeu o soldado: "Como sou casado e tenho um filho, ainda pequeno, queria que você fosse dizer a minha mulher que vou ser enterrado aqui, pois sei que você vai me matar." Meu tio disse: "É verdade. Eu fiz um juramento de nunca deixar vivo um macaco, um policial. Você vai morrer; ajoelhe-se, reze, faça sua oração, peça perdão dos seus pecados, porque você vai morrer aqui." Em seguida, o homem fez sua oração e ele não atirou, apenas o sangrou, a punhal, como era costume dos cangaceiros de Lampião, lá no Nordeste. Fez uma cruz, marcou o local e enterrou o soldado. Depois mandou avisar a viúva que seu marido estava enterrado em tal lugar, assim, assado. Cumpriu a palavra e, outra vez, desapareceu pelo oco do mundo.

129. O CANTO DA NANDU

Julião, apesar da nova companhia, estava preocupado com sua permanência naquele inóspito esconderijo. Sentia-se inútil, sem poder de articulação com ninguém e, o pior, sem informações sobre a realidade brasileira. Monteiro, então, pensou em resolver o problema, arranjando mais trabalho para ambos. Além da faina diária – cortar lenha, cozinhar, lavar roupas, consertar algo etc. – criaria condições para caçar e pescar.

Como Antonio, o anfitrião, não houvesse encontrado no povoado de João Pinheiro linha resistente, Monteiro lembrou que, na região, havia uma palmeira extraordinária (conhecida também como tucum), de pequeno porte, cuja palma desfiada produzia fios. Esses fios, assemelhados ao cabelo humano, são tão resistentes que não se conseguem parti-los com facilidade. Foram para a mata, localizaram as palmeiras e começaram a planejar a produção artesanal de fios. O objetivo era fazer mais ou menos vinte metros de linhas para pescarias e caçadas. Segundo Monteiro, a linha era tão especial que não apodrecia na água nem ao relento, sob a chuva ou o sol.

Trabalharam vários dias, cortando palmeiras, removendo os toros para a frente da cabana. A seguir, desfiaram as palmas para retirar a parte onde ficavam os fios. Depois de toda essa rotina, os fios foram limpos e selecionados, conforme tamanhos preestabelecidos. Após cuidadoso trabalho de tecelagem manual, eles dispunham de alguns metros de rede. Estavam, portanto, preparados para a pescaria com rede e para a caçada.

Como Monteiro era caçador experiente – já havia caçado com sucesso aves, tatu e outros bichos de menor porte –, sabia que, naquela região, havia ema em abundância. Elas não apareciam por ali, em torno da cabana, porque eram ariscas, mas não deveriam andar muito longe. Assim, convenceu Julião a ir com ele para uma caçada de ema! Monteiro gostava tanto do clima da caçada que a justificava em voz alta, em tom revelador de certo entusiasmo juvenil.

Depois dos preparativos mínimos – armas, munição, corda, rede de palmeira, lanches –, partiram logo após o café da manhã. Durante a caminhada por dentro do mato fechado, ele não parava de falar sobre suas caçadas. Quando, em dado momento, Julião perguntou se ele já caçara emas, Monteiro, com sua verve de bom contador de histórias, falou de memoráveis caçadas de emas. Ao terminar o relato das experiências, continuou a falar das características desse animal. Desceu a tantos detalhes que parecia especialista no assunto. As emas, dizia, também chamadas de *nandu* ou *nhandu* naquela região mineira, curiosamente talvez sejam os únicos animais que destinam aos machos a tarefa de chocar e cuidar dos filhotes. Apesar das grandes asas, não conseguem voar; servem apenas para orientar a direção na hora da corrida. Correm quase planando, mas sempre tocando os pés no chão. São consideradas as maiores aves brasileiras e as mais pesadas da América do Sul. Pesam cerca de 35 quilos. Normalmente têm a plumagem marrom-acinzentada, com a parte do papo mais clara. Reconhecem-se os machos pela tonalidade negra na base do pescoço, parte do peito e parte anterior do dorso; além disso, têm um pênis enorme. As emas são onívoras: alimentam-se de sementes, folhas, frutos, insetos, moluscos, lagartixas, rãs e até pedras. Põem de dez a trinta ovos brancos, que podem pesar até seiscentos gramas. As fêmeas, durante a reprodução, emitem um urro forte: *nan-du*. Quando os ovos estão sendo chocados, eclodem após seis semanas e todos no mesmo dia; os ovos que não eclodem são colocados para fora e abandonados.

De repente, Monteiro parou de falar e fez sinal de silêncio com o indicador direito sobre os lábios. Orientou-se, rodando sobre os mesmos passos, e informou categórico:

– Ouviu um canto assim: *nan-du*?

– Não ouvi nada, Monteiro.

– Eu acho que ouvi. Temos emas nas imediações...

Com pouco tempo apareceram várias emas a correr, assustadas com a presença dos dois e com o ladrar do Tenente, que se adiantara, feito uma fera, sobre elas. Monteiro disparou duas vezes. As emas desapareceram, mas ele disse que pelo menos uma estava gravemente ferida. Dito e feito. Ao avançarem mato adentro, mais adiante, viram Tenente a lutar desesperadamente contra a ema ferida.

O fim desse relato foi contado anos depois pelo próprio Julião, que destacou a ação de Tenente,

> cachorrinho fabuloso, caçador extraordinário – que perseguiu a ema ferida de um quarto e conseguiu detê-la pelo outro quarto. Ele (Monteiro) se aproximou, sangrou a ema, a trouxe até mim e disse: "Olha, tudo que você está vendo aqui, em poucas horas, se decompõe e só se aproveita dela o peito; o resto não se pode comer; só os urubus." Então, ele tirou o peito, nós o assamos e comemos a ema neste dia. Por sinal, a carne não era boa (Julião, 1986:24).

130. A VISITA INESPERADA

Com o passar dos dias, Julião chegou à conclusão de que a vinda de Monteiro fora apenas uma providência pessoal do seu amigo Pressburger. Ele viera para ajudá-lo a suportar o refúgio, fazer companhia e, numa emergência, dar apoio logístico e de segurança pessoal. Fora uma extraordinária contribuição. Julião registraria mais tarde que Monteiro

> era um homem corajoso, experiente, sagaz, inteligente e de boa formação ideológica, mas não sabia ler ou lia muito pouco. Ele era quase tudo: cozinheiro, caçador, garimpeiro e líder camponês na sua região. Não sabia ler, mas conhecia a vida na palma da mão. Quase sempre voltava do cerrado com uma caça: uma ema, um tatu. Aprendi com ele a distinguir todos os rastos de animais e suas manhas. Ensinei-lhe o que sabia sobre o mundo e as estrelas. Trocamos lições de coisas. Ele me falava da companheira e dos filhos, vivendo a cem léguas do cerrado onde fora parar por uns dias. Ia em busca de um garimpo e de rio de águas abundantes, para lançar a sua linha e arrastar os dourados de dez quilos. Seus suspiros iam mais para um menino que tinha como sua imagem e semelhança e para a companheira que lhe jurara fidelidade e firmeza mesmo depois de sua morte. Ele estava sendo caçado pelos jagunços e pela polícia. Tivera de fugir, de romper cinquenta léguas a pé (trezentos quilômetros), andando a noite pelas veredas e, de dia, dormindo e caçando nos cerrados (Julião, 1986:24).

Agora, ali, naquelas circunstâncias, eles eram apenas dois homens isolados do resto do mundo em uma cabana de sapé do cerrado central. Apesar de tudo, Julião já produzira dois documentos: o manifesto e, nos últimos dias, a carta endereçada ao ex-presidente Jango. Considerava imperiosa a divulgação desses documentos, razão por que insistia em não permanecer tanto tempo isolado. O seu radinho de pilha o mantinha atualizado com os acontecimentos do Brasil e do mundo, mas ele pessoalmente não tinha contato com ninguém. Isso não poderia continuar.

Falou desse assunto a Monteiro, porém logo percebeu que era chover no molhado, pois, embora ele fosse um quadro importante da esquerda, homem prático e prestimoso, também estava isolado. Afeito a tarefas como a que desempenhara até agora, dizia-se mero soldado da verdadeira revolução internacionalista, velho jargão de bom efeito sonoro. Assim, quando Julião verbalizou claramente sua intenção de sair dali, Monteiro, à primeira vista, raciocinou em termos pessoais e argumentou que o melhor lugar para eles seriam as margens do rio Araguaia, região de garimpo que ele conhecia muito bem.

– Como sou garimpeiro – argumentou –, vamos buscar um lugar no Araguaia para a gente ir pescar e garimpar. Lá ninguém nunca vai nos encontrar. Eu sei como é, eu conheço toda aquela região, porque já corri tudo aquilo quando garimpei.

Intimamente Julião não poderia aceitar, naquelas condições, aquela solução pessoal. Mais uma vez, não criou polêmica, apenas ouviu o relato do companheiro, que se estendeu sobre as belezas naturais do famoso rio. Araguaia é um nome lindo que significa, na linguagem tupi, rio das araras ou papagaio manso. Nasce em Goiás, nas imediações de um sistema elevado existente no Parque Nacional das Emas, na divisa de Goiás e Mato Grosso, próximo à cidade de Mineiros. Deságua na bacia amazônica e, ao longo de mais de dois mil quilômetros de curso, vai fixando a divisa entre aqueles dois estados. Ainda tem uma franja que toca no Pará, quando alcança o rio Tocantins, lá em cima, próximo do Maranhão. Nas suas margens, em várias regiões, existem longas extensões de areal branco, formando praias limpas. A fauna e a flora são riquíssimas em espécies e quantidades. Além do mais, o rio Araguaia é navegável em boa parte de seu curso. São enormes as possibilidades de pesca e caça na região. Destacam-se entre a variedade de peixes as famosas tartarugas do Araguaia.

Quando Monteiro falava das tartarugas, não se continha: gesticulava, representava seus tamanhos e formatos com tanto entusiasmo que dava a impressão de ver os estranhos quelônios a seu lado. Julião, então, interrompia-o, trazendo-o para a realidade de suas rotinas:

— Está bem, companheiro. Você poderá fazer a sua garimpagem, ganhar o seu dinheiro por lá, porque eu vou para outro destino. Um dia, quem sabe?, combinaremos um novo encontro às margens do caudaloso Araguaia. Agora, vamos ao que interessa: quando será a nossa próxima pescaria?

— Amanhã cedo. Vamos pescar de rede no rio...

No dia seguinte, o xará Antonio foi avisar a Julião que chegara à casa-grande uma pessoa de Brasília. Queria vê-lo. Monteiro, então, intuiu que a vinda desse emissário, se fosse da parte de Pressburger, com certeza traria nova missão para ele. Por precaução, cuidou de arrumar suas coisas e ficou preparado para a eventualidade da partida. Mais tarde, quando Antonio retornou à cabana com a pessoa que viera de Brasília, Julião teve uma enorme surpresa: tratava-se de sua mulher, Regina.

Com efeito, ela trazia um recado de Pressburger para Monteiro: que ele voltasse para as margens do rio... Julião entendeu logo que se tratava do Araguaia.

Monteiro retomou seus dois sacos – o grande e o pequeno – e, sem delongas, abraçou demoradamente Julião e desejou boa sorte ao casal. Voltou com o xará Antonio à casa-grande. A partir daquele momento, ele começava nova missão.

131. MARCADO PARA MORRER

Era inacreditável a proeza de Regina, aliás Sônia, cognome usado em suas atividades políticas clandestinas. Quando Julião, após reiterados abraços e beijos, segurando com firmeza a enorme barriga da amada – que ele chamava de "nosso rebento querido" –, reclamou de sua ousadia por ter ido até ali, um lugar ermo, praticamente inacessível, viajando num jipe velho, já no oitavo mês de gestação, prestes, portanto, a dar à luz, ela não se conteve e apenas riu muito. "Uma mulher apaixonada é capaz de tudo", diria, quarenta anos mais tarde, em seu longo depoimento.[123]

Durante um bom tempo não precisaram de palavras. Estava ali a evidente prova de amor. Anos mais tarde, em carta à filha Isabela, a mesma que ele chamara de "rebento querido", quando comentava as condições da amistosa separação de Regina, ocorrida na década de 1970, no México, reconheceria ter tido por ela o mais forte, nobre e respeitoso amor, porque fora a mais amada entre todas as mulheres de sua vida. Acrescentou:

> Um dia, quando eu já não sirva mais para nada, senão para escrever memórias – recordar é viver – contarei as histórias dos meus amores, em que entrarão as mulheres, os pássaros, as árvores, as viagens, as músicas, os lugares, os camponeses, meu pai e o Brasil. O capítulo dedicado a tua mãe, tão feminina, romântica e surpreendente, causará ciúmes (FJ a Isabela, 14/8/1978).

Depois dos abraços e beijos, Regina tinha pressa de revelar-lhe o ponto fundamental, gravíssimo, que a fizera correr os inúmeros riscos, inclusive de saúde, de ter ido até ali. A situação era realmente séria. Por fim, Julião dispôs-se a ouvi-la. Perguntou-lhe:

– Que há de tão grave?

– Olha, você terá de deixar o quanto antes isto aqui. Deve procurar uma embaixada, porque sua cabeça está posta a prêmio pela Junta Militar. Decidiram lhe matar no lugar onde você for encontrado... Eles vão alegar a lei da fuga...

– Matar a mim!?

Julião, a princípio, apenas sorriu. Por quê? Regina não tinha outros argumentos nem informações mais precisas. Era voz corrente entre todos os grupos de esquerda. Não só ele estava com os dias contados, mas muitos outros.

– Decidiram o mesmo em relação ao Brizola, ao Prestes... Você não soube? O Brizola teve de fugir vestido de mulher, de palhaço, sei lá. Todos acham que você deve deixar o Brasil.

Julião ficou espantado com aquelas informações. Não imaginava que pudesse chegar àquele ponto, apesar de saber que os golpistas eram nazistas disfarçados de patriotas.

– Pois, olha, querida, eu já tenho aqui escrito o manifesto contra a ditadura; está aqui escrito desde 11 de abril – mostrou o texto a Regina. – Sua missão vai ser tratar de publicar este manifesto, quando você retornar a Brasília, porque não vou deixar o Brasil. Vou ficar aqui. Vou organizar a resistência. A resistência armada. Dentro de dez anos derrubaremos isso. Claro, se eu contar com os recursos que espero e os futuros contatos.

Era um sonho aparentemente impossível, mas, acima de tudo, decisão corajosa. No seu íntimo, ressoavam as negativas e discutíveis opiniões que muitos de seus companheiros assumiram diante do golpe. Quase todos entregaram o poder sem a menor reação. Miguel Arraes esperou tranquilamente ser preso em pleno Palácio do Campo das Princesas, em Pernambuco. O prefeito Pelópidas Silveira estoicamente se dirigiu à sua cadeira de chefe do município e ali ficou à espera da prisão. Jango, alegando temer derramamento de sangue dos brasileiros, entregou de mão beijada o poder aos golpistas e foi embora viver as delícias de suas fazendas uruguaias. Brizola, diante desse quadro de rendição absoluta dos principais líderes, também se retirou, mas acenou com a possibilidade de armar um esquema de resistência. Era preciso fazer algo, argumentava Julião. Dar o exemplo, pelo menos. Esse exemplo ele deu quando entrara na clandestinidade e começara os primeiros passos pela resistência à ditadura.

Diante de quadro tão sombrio, traçado em momento tão perigoso, Regina pressentiu ser impossível dissuadi-lo. Compreendeu e respeitou sua decisão, porque ele estava obstinado a resistir e não abandonar a pátria. Ficaria. Lembrara-se até do exemplo da frutificação da jaqueira, que espera dez anos para dar frutos, mas permanece em vigor durante um século, como ele costumava repetir para salientar seu esforço em ser paciente e pertinaz. A resistência imaginada por Julião poderia demorar o mesmo tempo da jaqueira, mas, um dia, daria frutos. Era uma reação. Entendia que abrir e dirigir esse processo de dentro de algum presídio seria bem mais difícil, se não impossível.

– Está bem. Estou lhe transmitindo o recado de pessoas que sabem que você está correndo risco de vida.

– Não sairei do Brasil. Se você decidir incorporar-se à resistência, por favor, consiga publicar esse manifesto.

Regina ficou quase uma semana em companhia de Julião. As condições da choça de sapé eram precárias. No entanto, o amor entre os dois crescera tanto que eles não sentiam falta de nada nem temiam os perigos que, de repente, poderiam advir – sobretudo ela, porque, a qualquer momento, pelo estado adiantado de gestação, entraria em trabalho de parto. Que medidas práticas tomariam naquele lugar afastado de tudo e reduzido ao pequeno espaço de uma cabana primitiva perdida na mata, sem os mínimos requisitos de higiene? A verdade é que a alegria do reencontro envolvera de tal sorte o casal em um amor nascido sob o signo da mútua admiração que pareciam viver a lua de mel não vivida na época própria.

Logo no primeiro dia, aproveitando a tela feita de linha da palmeira descoberta por Monteiro e uns restos de tecido, ele começou a construir um colchão para Regina, pois o único existente apresentava-se em petição de miséria. Desintegrava-se completamente. Na primeira noite do encontro dos dois, com o peso dela, desmanchara-se todo.

No segundo dia, quando ela acordou reclamando de algumas pontadas na barriga, dores fortes e prolongadas pelas pernas, pensou que começava a sentir as dores do parto. Julião, preocupado com a possibilidade de ela dar à luz procurou alguns instrumentos, como ele dizia, adequados para alguma eventualidade. Ali, porém, não encontrou nenhum instrumento capaz de servir àquela situação de emergência. Que fazer? Assaltou-o tal desespero que foi em busca da ajuda de seu xará Antonio e perguntou-lhe se havia parteira nas redondezas.

Seu xará, surpreso e preocupado, disse que a única parteira do lugar era uma "prática". Informou que a senhora pegara as crianças dos pobres do lugar, mas sem usar os instrumentos especiais utilizados nas maternidades. Era tudo muito primitivo, simples. A última vez que ele vira a parteira trabalhar num parto, ela usara apenas uma gilete para cortar o umbigo da criança... Julião estranhou o uso do instrumento, mas o xará confirmou com a cabeça. Sim, senhor, uma gilete!

Agradeceu a boa vontade de seu xará e decidiu tomar outra providência. Voltou para a cabana e comunicou a Regina que ela não mais poderia ficar ali, em sua companhia. O risco era enorme. Contou a história da parteira que usara uma gilete, mas Regina considerou-a uma brincadeira. Ela teria de voltar imediatamente para Brasília e buscar condições mais condignas para dar à luz. Recomendou-lhe buscar apoio do jornalista Flávio Tavares. Caso não desse certo, ela deveria recorrer aos amigos ligados a Darcy Ribeiro. Permanecer ali e dar à luz sem a devida assistência seria um suicídio.

Ao lado de todas essas preocupações, de repente, também falou alto o lado político: assim que ela chegasse a Brasília, entraria em contato com as pessoas comprometidas com a resistência à ditadura e procuraria divulgar o seu manifesto por todos os meios possíveis. E mais: deveria falar do tema ao próprio Flávio Tavares, jornalista bem relacionado, inclusive fora do Brasil.

No dia seguinte, Regina retornou a Brasília.

132. MANIFESTO PUBLICADO NO URUGUAI E LIDO NA RÁDIO HAVANA

Os contatos de Regina em Brasília foram positivos. Entregou o manifesto de Julião ao jornalista Flávio Tavares, que, na impossibilidade de divulgá-lo no Brasil, por causa da intensa perseguição policial, lembrou-se de seus contatos no Uruguai. Recorreu ao jornalista Eduardo Galeano, que, então, trabalhava na conhecida revista *Marcha*, de ampla circulação em toda a América Latina, fundada por Carlos Guijano.

Dias depois, o manifesto apareceu na primeira página de *Marcha*, em destaque. A repercussão foi enorme. O próprio Galeano escrevera uma introdução a título de apresentação do manifesto, justificando a iniciativa e a posição que a esquerda brasileira começava a assumir em virtude do golpe militar logo convertido em virtual ditadura militar. Nele, Julião rebatia com veemência o processo golpista:

> Não se fez nenhuma revolução. O que houve foi uma contrarrevolução exacerbada e sua consolidação. Que é a revolução? A revolução é a transformação radical das estruturas de uma sociedade. É a conversão de um regime social em outro. É a substituição de um tipo de economia por outro (Julião, 1968:87).

Também denunciava o fim da liberdade democrática, da pluralidade partidária, o amordaçamento da imprensa e a extinção da liberdade sindical. A mais grave de todas, insistia, foi terem os golpistas militares com suas baionetas transformado em farrapos a Constituição de 1946. Após tecer várias considerações sobre a difícil situação política brasileira, indicava a saída:

> A única posição correta e digna que temos que adotar é esta: organizar a resistência nos cárceres, nas universidades, nas fábricas, nos campos, nas praias, nos quartéis, no exílio ou no coração da pátria onde nos internamos para sentir mais próximo as suas batidas (*ibidem*, p. 91).

Todavia, entre os diversos aspectos focalizados no manifesto, o que mais chamou a atenção dos golpistas foi a proclamação da resistência armada contra a ditadura:

> Entre nós, a base social que inicia o Estado revolucionário deve ser o campesinato. E a mensagem para conquistar sua confiança é uma só: a terra deve pertencer a quem nela trabalha com suas próprias mãos. Façamos nascer focos guerrilheiros em todo o país. Dez, cinquenta, cem, mil. O proletariado das cidades saberá como comportar-se frente a seus inimigos de classe. Não há exército invencível quando o povo se decide

a conquistar suas liberdades. Napoleão viu isso na Espanha. Hitler viu isso na Europa. Batista o viu em Cuba. Os gorilas de uniforme, de beca e de toga o verão no Brasil (*ibidem*, p. 92).

Uma noite, ainda recolhido ao solitário esconderijo nas matas do cerrado mineiro, Julião ouviu seu manifesto lido em uma das transmissões da rádio Havana, de Cuba. Ficou alegre, porque, enfim, o mundo começava a tomar conhecimento de que no Brasil a resistência, de alguma forma, embora incipiente, estava sendo organizada.

Regina, aliás Sônia, cumprira cabalmente a sua missão.

133. EMISSÁRIO AO PAI EM PERNAMBUCO

Três preocupações assaltavam Julião: o desejo de ficar perto de Regina, a amada, quando ela fosse dar à luz, o que aconteceria a qualquer momento; a necessidade de contatos com pessoas de sua absoluta confiança no Nordeste brasileiro que tivessem a possibilidade de ampliar a comunicação com outros grupos políticos de esquerda; por fim, cada vez mais, tomar cuidado com sua segurança pessoal. Para isso deveria adotar certas medidas imediatamente. Não poderia ficar a mercê de seu xará Antonio, isolado naquela choça de sapé. Afinal, por maior confiança que tivesse nele, pouco a pouco filhos, genros, noras e amigos, com o passar do tempo, terminariam tomando conhecimento de que, naquela cabana, vivia escondido um fugitivo da polícia. O risco era enorme.

De qualquer forma, já combinara algumas iniciativas a tomar logo após a partida de Regina: a principal seria encontrar um plano de melhor logística para ele esconder-se o mais rapidamente possível. Naquele momento, porém, ela não poderia fazer mais, porque teria de se preparar para a chegada da criança. Mesmo assim, na medida do possível, ele deveria agir; não poderia ficar apenas à espera do andamento de novas providências.

Como não vinham notícias de Brasília, resolveu enviar um emissário ao Nordeste por sua exclusiva responsabilidade. Apostou na fidelidade e confiança de seu xará, até então correspondidas satisfatoriamente.

O plano era simples: um de seus filhos ou genros levaria mensagem a pessoa de sua confiança no Recife. Um dia, abriu o jogo com seu xará: disse-lhe que precisava resolver umas pendências com seu pai e, para tanto, necessitava de um portador de confiança. O xará sugeriu seu genro, o tratorista, homem calado, que lhe parecia ser o mais responsável para a missão. Ele veio falar, pessoalmente, com Julião, aliás Antonio, o xará de seu sogro. A respeito da solução dos problemas práticos de sobrevivência material, Julião foi claro e objetivo:

– Eu lhe pago a viagem e os dias que você não vai poder trabalhar no trator para você ir ao Nordeste levar essas mensagens que escrevi para meu pai.

Após combinarem os detalhes da partida, vieram as instruções práticas de segurança, tais como o endereço de seu pai, que morava em um dos bairros recifenses. Julião insistiu em que ele decorasse os detalhes de como viajar ao Recife e também do endereço, a fim de evitar que, em caso de prisão, a polícia descobrisse o nome do verdadeiro destinatário e, por esse, o remetente das mensagens. Deveria, ainda, manter absoluto sigilo sobre a missão, guardar em lugar seguro a carta e a mensagem. Por fim, na medida do possível, evitar ir e voltar pelos mesmos caminhos, rodovias ou ruas.

Naquela manhã, ele já havia escrito a carta. Usara 12 folhas soltas de uma pequena caderneta de notas. O texto, ao contrário de seu habitual costume de escrever longas cartas para parentes, amigos e até autoridades – as famosas cartas abertas –, era bastante sintético e claro. Dava notícia de sua situação, de seus propósitos, perguntava pelos parentes mais íntimos, alguns amigos e, no fim, solicitava do pai a adoção de providências práticas consideradas importantíssimas para sua sobrevivência pessoal e política.

Junto à carta mandava, ainda, um longo poema dedicado ao pai. Escrevera-o sob o impacto de forte emoção, levado pelo clima propício que lhe proporcionava o silêncio do entorno da cabana. A manhã de muito sol também o levara a sucumbir à forte saudade, porque, naqueles instantes, descobrira que nunca escrevera um poema a quem ele mais amava: seu pai. Eram versos sinceros e sentidos do filho ausente a um octogenário querido. Afinal, ele se achava tocado pela angústia da solidão forçada e pela dúvida de novo reencontro com o pai, não só pelas circunstâncias do momento político, mas também por causa da idade avançada de seu progenitor. Dali para frente tudo seria possível, tantas as adversidades a serem enfrentadas. Por isso registrara seus sinceros sentimentos em longo poema. Era, ainda, uma forma de presentear o pai que, dentro de pouco tempo, a 15 de maio, completaria 86 anos.

Tudo se arranjou a contento e o emissário partiu para o Recife. Quando começou a viagem, observou que em alguns pontos de parada os passageiros estavam sendo revistados por agentes policiais. Em uma dessas ocasiões teve de mostrar os documentos. Então, temendo encontrarem as mensagens, tentou guardá-las no forro do chapéu. Não deu certo, porque se formou um volume passível de suspeita. Num determinado local, foi obrigado a jogar fora uma das mensagens: escolheu a maior, exatamente o texto do poema. Salvou-se, apenas, a carta escrita em pequenas folhas. Nela Julião, além de vários pedidos, por fim recomendava que o pai rasgasse a carta após a leitura. Como se observa, de todas as recomendações de Julião, apenas essa seu pai, major Adauto, não cumpriu: a queima da carta.

134. A MORTE DO PAI E O CHORO DE JOSUÉ DE CASTRO

Os contatos mantidos pelo emissário, no Recife, prosseguiam de forma positiva. Seu retorno a Minas Gerais, porém, demorou alguns dias, pois o major Adauto não conseguiu levantar, de imediato, 500 contos de réis*. Enquanto isso, o emissário ficara hospedado numa pensão, no Centro.

A responsabilidade de enviar duas pessoas do Recife e mais o dinheiro ficou sobre os ombros do major Adauto, um ancião de 86 anos. A tarefa não era nada fácil. É verdade que boa parte das tarefas foram executadas por outras pessoas da família, a exemplo de Nicinha e Aguiar, Zita e Sindulfo, embora a decisão final sempre coubesse ao major.

---
* Menção feita por Julião em bilhete escrito no esconderijo a seu pai, em abril de 1964. (N.A.)

Não foi possível conseguir o envio de duas pessoas. Apenas Gerson Arantes Viana, ex-aluno de Julião, ainda dos tempos do Colégio Monsenhor Fabrício, de Olinda, quando procurado por Aguiar, após tomar ciência do apelo do amigo, aceitou o encargo, sem impor qualquer condição.

Gerson chegou ao esconderijo de Julião por volta de 20 de maio, três dias antes de sua mudança para o novo esconderijo de Bauzinho, nas proximidades de Brasília. Foi caloroso e animador o encontro de ambos. Agora ele teria não apenas com quem conversar sem maiores rodeios, relembrar as décadas passadas, mas também a possibilidade de tentar, por intermédio do fiel amigo, estabelecer contatos com outras organizações políticas, sem ele, Julião, expor-se pessoalmente. Conversaram horas e horas sob a sombra de frondosa gameleira. Lá para as tantas lembrou-se das pessoas que lhe eram mais caras, por sinal também conhecidas e amigas de Gerson: major Adauto, seu pai; Zita e Nicinha, as irmãs; os cunhados Sindulfo e Aguiar. Quis saber mais sobre o pai, como estava, como ficara, qual sua disposição diante de tantos problemas causados pela situação política do Brasil etc.

Diante dessas indagações, o semblante de Gerson mudou. Ficou calado, como se procurasse a frase ideal, a costumeira desculpa para as difíceis situações. Julião insistiu:

– Como deixou meu pai?
– Enfermo.
– Coisa grave?
– Sim. Foi hospitalizado.
– E o aniversário dele?
– Não assisti. Parti antes.
– É a primeira vez que passo seu aniversário fora.

Como Julião soubera que o emissário teve de jogar fora o poema para seu pai, abriu o caderno e leu a versão original. Ao findar, disse para Gerson:

– Quando você retornar vai ser o portador deste presente para meu pai.
– Chegará tarde, Julião...

– Então é assim tão grave o estado dele?
– Seu pai está morto desde o dia 10...

A notícia foi um duro golpe. O mundo veio abaixo. Difícil, se não impossível, encontrar consolo para o filho ferido no que lhe era mais valioso e amado.

Anos mais tarde, Julião, em diversas ocasiões, daria como motivo da morte de seu pai o fato de ter sido veiculado pela televisão a notícia da morte de seu filho:

> Aconteceu que um radialista, ou um jornalista de televisão, pôs a minha cara na televisão e declarou que eu havia sido apunhalado em... no sul do país. O velho estava assistindo, viu a minha cara e a notícia de que eu tinha sido apunhalado, e ali ele caiu. Levaram para o hospital e ele durou poucas horas. As suas últimas palavras, aliás, foram para mim. Ele perguntou na hora da morte: "Será que Francisco não está com frio?" Depois morreu (FJ a FMIS, RJ, 12/7/1994).

Os fatos não se deram exatamente como Julião resumiu. O que vitimou seu pai não foi, propriamente, a falsa notícia da morte do filho veiculada pela televisão. Isso agravou o quadro. A verdade é que o major Adauto, desde os primeiros momentos do golpe militar, ficara extremamente preocupado com o destino do filho. Nos primeiros momentos, ninguém tinha nenhuma informação sobre seu paradeiro. Somente 15 dias depois ele receberia um bilhete de Julião, escrito de Brasília, informando-lhe que, naquele dia, entraria na clandestinidade. A partir de então, o major sentiu-se muito abalado. Com quase 86 anos, era passível de sofrer, a qualquer momento, uma piora de saúde. Ficou sem apetite, calado, triste, deprimido.

Quando surgiu a notícia na televisão, informando que Julião, ao tentar reagir à prisão, fora morto numa região do Pará (notícia naturalmente plantada na imprensa pelos órgãos de segurança dos golpistas), o major Adauto tomou profundo choque. No fim do noticiário, ele se levantou e, sem comentários, recolheu-se a seu quarto. Dois ou três dias depois, o quadro de saúde piorou muito e passou a exigir cuidados especiais, razão pela qual sua filha Nicinha, que era enfermeira Ana Nery, e seu marido o removeram imediatamente para o Hospital Barão de Lucena. Ali ele faleceu horas depois de internado, ocasião em que pronunciaria a frase a que se referira Julião.

Antes do enterro, os filhos presentes – inclusive Tão (Sebastião Arruda) e Dequinho (Manuel Tertuliano), que conseguiram autorização da polícia para irem ao cemitério para assistir, custodiados, ao enterro do pai –, retiraram a aliança de casamento do dedo do major e guardaram-na para, na primeira oportunidade, entregarem a Julião. Era um gesto que atendia à predileção que todos sabiam existir do pai pelo filho especial.

Tempos depois, quando a aliança lhe foi entregue, Julião, emocionado, disse:

– Esta aliança não tem preço! É um bem de amor, bem do carinho que eu tinha por meu pai.

A notícia falsa da morte de Julião, por aquela época, causou comoção também em outras pessoas dentro e fora do Brasil. Conforme relatou o poeta Francisco Bandeira de Melo (que na época trabalhava em Genebra), no dia em que a notícia do falso assassinato de Julião pelas forças militares foi veiculada pela imprensa internacional, Josué de Castro, que também vivia em Genebra, inconsolável, procurou Bandeira de Melo:

– Bandeirinha, Julião foi fuzilado! – disse ao amigo, enquanto caía no choro.

Bandeira de Melo também ficou emocionado, porque "foi a primeira vez que o vi chorar" (Santiago, 2008:83).

Já a jornalista Leda Barreto, autora do ensaio *Julião, Nordeste, Revolução* –, ficou tão impressionada e compungida com a notícia do fuzilamento que após localizar o telefone de Regina Castro, em Brasília, perguntou-lhe se ela ia ou não mandar rezar uma missa de sétimo dia para a alma de Julião.[124]

Entretanto, Regina sabia que Julião não fora assassinado, porque ele partira para Minas Gerais e estava escondido nas proximidades de uma velha fazenda. Como havia dias que ela não se comunicava com ele, começou a alimentar em seu íntimo estranha dúvida: será que ele fora assassinado no seu esconderijo e as autoridades de segurança trocavam os dados para confundir as coisas? Não. Nada disso. Logo ela entrou em contato com Miguel Pressburger e Antonieta Santos e ficou sabendo que a notícia era falsa.

135. PRESENTE DO XARÁ NA HORA DA PARTIDA

Como as gestões de seu emissário a Pernambuco haviam corrido bem, Julião passou a preocupar-se com alguns problemas de ordem prática ligados à sua segurança e à de Regina, que, em Brasília, corria igualmente risco de ser presa, mesmo grávida e prestes a dar à luz. Então, decidiu ficar nas imediações da capital federal enquanto conseguia um lugar seguro. Mais uma vez, contou com o apoio de Flávio Tavares e outros amigos, a exemplo de Miguel Pressburger e Antonieta Santos, sempre dispostos a colaborar.

As gestões relativas à organização do novo esconderijo ficaram a cargo de Antonieta. O esquema consistiu em construir um refúgio em local próximo de Brasília. Para tanto foi adquirida, em nome de pessoa amiga de Antonieta, pequena área de terra (cerca de cinco alqueires) quase deserta, onde Julião, dois amigos e alguns trabalhadores avulsos, começariam a construir uma casa – moradia modesta, mas asseada e com o mínimo de conforto.

A propriedade situava-se em Bauzinho, a poucos quilômetros da divisa de Goiás com Minas Gerais e Bahia. Além da vantagem da proximidade com Brasília, apresentava topografia sem obstáculos naturais, tais como rios, montanhas inacessíveis etc. Em caso de fuga, a proximidade com outros estados daria acesso a maior número de caminhos ou estradas a tomar.

A partida de Julião da cabana de sapé não foi acontecimento simples. O que poderia parecer um lugar sem expressão, de repente, terminou provocando dois motivos comovedores para ele.

Primeiro, a lealdade demonstrada pelo seu xará Antonio, um camponês rústico, pobre, simples, de boa conversação, que soube manter-se fiel até o fim. Atendia todas as suas solicitações com presteza e atenção, claro, dentro de suas limitações e possibilidades materiais. Além disso, Julião sentira crescer, entre eles, a cada dia, uma amizade muito sincera e recíproca, construída em clima de respeito, camaradagem e solidariedade. Esses detalhes assomaram, com evidência, na hora da partida para o novo refúgio. Após vestir as mesmas roupas de candango com que chegara, segurou a maletinha e, com um sorriso no rosto, estendeu a mão para o último aperto. Então, ouviu do xará o lamento antecipado da saudade daquela boa convivência. Disse com os olhos rasos de água, as mãos trêmulas, revelando ser, no mínimo, dez anos mais velho do que realmente era:

– Xará, você devia ficar. Aqui é mais seguro.

Julião não conseguiu dizer nenhuma palavra. Valera o gesto. Tocara-o profundamente. Era a expressão viva da sincera solidariedade:

> Sorri para ele, abracei-o e me fui. A família ficou no terreiro com seus trapos e suas tristezas, dando adeus. Joana, de 8 anos, a que mais se afeiçoara a mim, tinha os olhos grandes e doces, o cabelo preto, estirado, e a pele bronzeada. Era uma índia. O tempo não apagará de minha retina o gesto de sua pequenina mão, estendida para mim, nem os meus ouvidos esquecerão jamais a única palavra que me dirigiu com a voz lenta e já resignada de menina sem futuro: "Benção." (Julião, 1986:23)

Nesse momento, ocorreu o segundo acontecimento comovedor como fruto daquela convivência forçada. Antonio observou que Tenente, atento à movimentação dos dois amigos, não saía de junto das pernas de Julião. Então, disse:

– Xará, eu gostaria muito de lhe dar um presente como lembrança de nossa amizade, mas não tenho nada de importante. Será que o xará não quer levar de presente o Tenente? Ele não larga o xará, já reparou?

Quando Julião olhou para o cão, observou que ele parecia entender a conversa. E mais: a luz que saía de seus olhinhos vivos e escuros dava a impressão de que ele sorria sem parar, confirmando tudo pela movimentação incessante do rabinho curto. Abaixou-se, segurou-o com carinho e o afagou várias vezes:

— Xará, eu aceito o presente. Tenente vai comigo. Será meu anjo da guarda!

Após Julião e seu amigo Gerson subirem no jipe, bastou Julião estalar os dedos na direção do cachorro para ele, alegre e satisfeito, pular, sem receio, no seu colo. Partiram sem demora.

136. JULIÃO E TENENTE NA MATERNIDADE

Julião passou poucos dias em Brasília sob a proteção de Flávio Tavares. Estava ansioso para chegar ao novo esconderijo, o sítio de Bauzinho, e começar o desmatamento da área e a construção da casa. As indicações para identificar o local não eram fáceis, mas Antonieta lhe fornecera mapa detalhado e contato com pessoa neutra, isto é, sem nenhuma participação na luta clandestina, para chegar com segurança à propriedade.

Nesse período, Regina, que também ficara uns dias na casa de Flávio Tavares, teve de ser internada de urgência na Maternidade Dom Bosco. Após o internamento, constataram-se algumas complicações de saúde e o parto não se deu de imediato; no dia seguinte seria submetida a cesariana. Para tanto, dependia de alguns exames prévios.

Naquele mesmo dia, Julião decidira sair de Brasília. Já correra bastante risco e dera muito trabalho ao amigo Flávio Tavares. Além disso, Tenente, o seu fiel cão, apresentava sérios problemas de pele, algo parecido com sarna. Com pouco tempo, as crianças da casa reclamaram da tremenda coceira que se propagara por seus corpos. Imediatamente a culpa caiu sobre o cachorro. Criou-se uma situação desagradável: eles — Julião e Tenente — não mais poderiam permanecer na casa dos bons amigos. Então, não suportando a falta de notícias da amada, vivendo horas angustiantes e de incerteza, antes de partir para o sítio de Bauzinho, resolveu visitar Regina.

Sua ida à maternidade foi, sob todos os sentidos, ousada e temerária. Ainda vestido de candango, Julião agora seguia a pé, com seu cachorro Tenente ao lado, pelas calçadas brasilienses, aparentemente sereno e despreocupado, até a Maternidade Dom Bosco. Em verdade, naquela manhã, ver um candango e seu cachorro pelas ruas da cidade não era novidade, não chamava a atenção de ninguém.

Na maternidade, em vez de entrar pela porta da frente, buscou os fundos. Alegando estar de partida para o interior e precisar visitar a mulher de um amigo, queria entrar por ali, porque não tinha com quem deixar o cão de estimação, aliás, repetia com ar sério, um tanto bruto e violento, mas obediente aos seus comandos. O vigia autorizou sua entrada com o cão.

O susto de Regina foi grande, porque, de repente, como se tivesse caído do céu, entrou Julião com o cão em seu quarto. Ele tomara o corredor e conseguira alcançar o quarto onde estava Regina, aliás, para todos os efeitos, Anita de Resende, pois preenchera a ficha de atendimento com esse codinome.

O encontro foi rápido, mas suficiente para ele ouvir da própria Anita a informação de que ela não daria à luz naquele dia. Não ocorrera, ainda, a necessária dilatação para o parto normal. Caso dali a algumas horas não ocorresse tal circunstância, o médico optaria pela cesariana. Logo, não convinha a ele permanecer ao lado da mulher por mais tempo. Informou, de maneira cifrada, que estava de partida para seu novo esconderijo. Lá aguardaria a novidade: a chegada do novo rebento. Despediu-se e saiu.

Partiu frustrado. Pensara tanto em ver a filha ou filho naquela oportunidade! Mas... que fazer? Na companhia de Tenente retornou à rua e caminhou em direção a seu novo destino: o sítio de Bauzinho. À medida que andava, Julião pensava na criança que, logo mais, viria ao mundo. Era um rebento temporão, sobretudo para ele, já próximo dos 50 anos. Consolava-se, porém, com o breve encontro que teria na nova casa de Bauzinho, que ele começaria a construir imediatamente. De repente, como bom romântico, começou a sonhar, antecipando as imagens que veria e viveria com intensidade no forçado recanto escolhido como refúgio. Ali receberia aquela criança e sua querida mãe. Com efeito, dentro de pouco tempo chegou a notícia do nascimento da criança. Era uma menina. Meses depois, ele registraria o evento em longa carta escrita à filha, que recebeu o nome de Isabela:

RESISTÊNCIA (ABRIL-JUNHO 1964)

Dois dias depois, um mensageiro me levou a notícia. Um camponês de Goiás, Anísio, rijo como os troncos que eu trabalhava todos os dias, de machado em punho, reduzindo a achas para o fogo. Foi ao cair da tarde, de uma imensa tarde como as de Brasília, que custam a morrer. Findara a faina na casinha que eu construía para ti à beira do Bauzinho, um riacho que corre no deserto onde busquei exílio e vai se juntar três quilômetros abaixo com dois outros do mesmo tamanho para rumar em direção ao Tocantins. Ali, onde Minas, Bahia e Goiás se encontram e se separam, fui esperar-te, sabendo que tu eras a vida que se renova, o canto que não acaba, o pássaro que alça voo, a esperança que retorna. Que poderia dar-te, a ti, carne de minha carne, sonho do meu sonho, naquele deserto onde se poderia marchar trezentos quilômetros, na mesma direção, sem se avistar uma única habitação?

"De mim mesmo dar-te-ia os braços e os longos e silenciosos passeios. Uma lareira rústica dar-te-ia calor nas noites, que são frias. De manhã terias o sol e à tarde uma orgia de cores. E terias o tropel de cavalos em manadas, desafiando o vento. O ruído das árvores ou o grito das araras recortando cada crepúsculo e durante o inverno, sob o frio intenso, o uivo dos lobos de olhos cor de brasa (*ibidem*).

No entanto, nem ela nem a mãe jamais chegaram ao sítio de Bauzinho. Elas não o viram disfarçado de rústico camponês a despender diariamente sua energia no corte da madeira, nas tarefas de cavar e limpar a terra, de plantar e regar as plantas. O seu objetivo imediato era oferecer à filha e à mãe um recanto com os detalhes que só parecem existir nas páginas de um conto de fadas.

A realidade surgiu-lhe com outras cores e outros ares. Salpicou-lhe com manchas e nódoas incrustadas na pele e na existência como se fossem cicatrizes aferradas à alma. Foram noites sem fim, marcadas pela insônia, os pesadelos e as torturas (físicas e psicológicas) comuns aos cárceres de nosso país.

137. OS SONHOS E A DELAÇÃO

O tempo transcorria sem anormalidade. Suas companhias eram Gerson, o amigo que viera do Recife, e o cachorro Tenente. Logo no primeiro contato com o camponês que lhes ensinara o caminho até o marco dos limites do sítio com a nova estrada que ia adiante, Julião pediu que lhe arranjasse dois trabalhadores com seus respectivos instrumentos de trabalho. Queria imediatamente escolher o local da casa e desmatar o entorno. A madeira retirada já serviria para as estruturas, a cobertura e a cerca da área onde pretendia fazer o jardim.

Acomodaram-se em pequena choupana erguida sob a proteção de um pequeno arvoredo, construída pelo primeiro dono da propriedade. Ali seria construída a casa. A área de terra parecia propícia ao plantio de qualquer cultura, porque ficava no entroncamento de três riachos, à primeira vista perenes. Por isso, sua imaginação, ao se defrontar com a vastidão do horizonte a descortinar-se em todas as direções, logo se espraiou em planos sempre vinculados à presença da filha recém-nascida em Brasília. Ele a esperava com ansiedade e viva expectativa para vê-la crescer naquele rincão. Por isso, escreveu:

> Ali, naqueles cinco alqueires de terra goiana, de uma espantosa fertilidade, brotariam pelas minhas mãos, que começaram a calejar, as hortaliças, depois as rosas, as espigas de cabelos vermelhos como os teus, as tuberosas de miolo alvo como a tua pele e, por último, os frutos, os do trópico e os do além-mar. Tu crescerias entre essa seara. Tua cabrinha te faria todos os dias uma visita matinal. Tudo isso, Isabela, fora concebido e planejado com os poucos recursos de que ainda dispunha quando tive o meu mandato parlamentar cassado e os direitos políticos suspensos por dez anos. (*ibidem*, p. 16).

Julião, o amigo Gerson e os dois trabalhadores, após planejar as dimensões da casa e melhorar a cabana para que dormissem em melhores condições, começaram a trabalhar intensamente. O próprio Julião, que se apresentara aos trabalhadores como pastor Antonio, sempre com a Bíblia à vista do jirau onde dormia, tomou do machado, da foice e da enxada e trabalhou duramente no corte e na lavra da madeira, estocando-a ao ar livre para secar. Seu objetivo era calejar as mãos e também os pés. Nos primeiros dias, porém, como tinha de andar por dentro do mato fechado, com medo dos espinhos e das picadas de cobra, terminou usando as velhas botas. Na região ainda bastante deserta era comum ver, nas imediações das árvores, carcarás e gaviões se alimentando de serpentes, talvez venenosas. Julião, por ter sido criado no campo, sabia que não só as picadas de cobras venenosas são fatais, mas também, via de regra, o furo da espinha de cascavel ou jararaca, se for no pé ou na mão, aleija a vítima.

Já chegara ali queimado pelo sol, barba crescida, cabelos acomodados sob o velho chapéu de massa escuro. Com o passar do tempo, cortando lenha, cozinhando, acentuou, ainda mais, as características de homem do campo, um camponês.

Certo dia, lembrou-se de seu companheiro Monteiro e vieram-lhe muitas recordações curiosas: as caçadas e a sua decisão de partir para o interior do Brasil, até as margens do rio Araguaia. Naquele momento achou que seria boa alternativa, se por acaso as coisas se complicassem ali em Bauzinho. Também lhe deu incontida vontade de caçar. Chamou o amigo e saíram para uma caçada nos arredores do sítio. O lugar era deserto, mas, naquela região, exatamente por isso, pessoas de Brasília costumavam ir caçar nos fins de semana ou feriados.

Por estranha coincidência, ambos toparam, de repente, com um caçador bem próximo do sítio Bauzinho. Julião teve um susto tremendo, porque o caçador o reconhecera de imediato. Impossível evitá-lo. Era um funcionário do Banco do Brasil que tinha amizade com um parente de Antonieta, a jornalista que providenciara a compra do sítio.

Como o bancário, certa feita, o conhecera pessoalmente e ficara até impressionado com seu trabalho nas Ligas Camponesas, Julião pensou rapidamente e disse para si: "Esse camarada não vai guardar esse segredo. Trabalha num banco, caçador, não vai guardar..." Então, na mesma hora, terminou abrindo o jogo com ele:

– Você, agora, corre um risco muito grande. Se souberem que você sabe que estou aqui, você poderá perder seu emprego.

– Não. Isso é uma coisa séria. Tenho muito cuidado em manter essa relação nossa em segredo... – garantiu o homem, sem conseguir esconder o ar de espanto.[125]

O inesperado incidente deixou Julião preocupado. Dois ou três dias depois ele recordou o que lhe dissera Monteiro. Parecia ouvir perfeitamente suas palavras contando a história do tio que, ao ser perseguido pela polícia, nunca fora preso.

No dia seguinte, logo depois do almoço, Julião e Gerson caminharam durante algumas horas, em direção a uma região onde havia frondosas árvores. Em determinado ponto, parou e disse para o amigo: "Aqui está bom para subirmos e armarmos nossas redes. Durante o dia voltaremos para o sítio" (*ibidem*).

Não ficaram para dormir ali, nos galhos daquelas árvores, porque estavam sem redes. Voltariam no dia seguinte.

138. "AS MÃOS SÃO DE CAMPONÊS, MAS OS PÉS SÃO DE DEPUTADO"

Naquela noite, após o passeio da tarde pelo cerrado, em busca de árvores frondosas para armar redes ou tipoias nos galhos mais elevados e protegidos pelas ramagens, todos – Julião, Gerson e os dois trabalhadores, que ainda estavam concluindo algumas tarefas – resolveram dormir mais cedo. Estavam cansados da faina do dia. Cada um ocupou seu canto no reduzido espaço da cabana coberta de palhas de indaiá.

Desde o dia anterior Julião parecia estar tocado por alguma premonição. Por isso decidira dormir fora na próxima noite. Olhara para o jirau erguido num dos cantos e pensara no frio que iria sentir nos galhos das árvores. Consolara-se, porém. Já enfrentara coisa pior e se acostumara. Não havia outra solução. Voltava a refletir sobre as medidas de segurança que já deveria ter tomado. Não mais podia dormir ali. O lugar era descampado. De dia, qualquer aproximação de estranhos, a pé ou a cavalo, seria percebida a muitos quilômetros; haveria tempo suficiente para fugir. À noite, porém, era impossível prevenir-se; atuavam contra o sono e a escuridão.

A tropa do Exército cercou a cabana exatamente na madrugada de 3 de junho. Eram mais ou menos 15 militares armados de metralhadoras e granadas de mão. Julião e seus companheiros acordaram sob os gritos de um dos militares:
– Estamos com a casa cercada. Os que estão aí saiam com as mãos ao alto. Ninguém pode escapar. Temos aqui granadas de mão e metralhadoras.

Todos acordaram atordoados. A princípio, na escuridão, alguém duvidou de que aquilo fosse real e perguntou se tinham escutado o que ele ouvira. De novo, o militar repetiu, lá de fora, a advertência. Não havia mais dúvida, a cabana estava cercada.

Julião olhou por uma brecha e viu homens postados em todas as direções. Brilhavam dentro da mata as armas apontadas contra a cabana. Não havia opção. Saíram todos pela porta da frente com as mãos levantadas. Imediatamente, um foco de luz acendeu-se sobre seus rostos e alguns militares aproximaram-se com as armas engatilhadas. Um deles gritou:
– Quem é Julião aqui?

O amigo respondeu rapidamente:
– Aqui não está. Aqui não vive.

Houve pequena pausa. O militar deu mais alguns passos e olhou, com firmeza, para cada um dos presentes. Mandou que três entrassem na cabana e que ficasse só um do lado de fora. Após interrogá-lo, chamou o seguinte. Quando chegou a vez de Julião, o militar se aproximou mais ainda dele e perguntou:
– E você, quem é?

Julião, então, falou como autêntico camponês no Nordeste, imitando, com perfeição, a voz de matuto:
– Me chamo Antonio Ferreira da Silva. Sou de Baturité, lá do Ceará...

Um dos militares que estava mais afastado gritou:
– Ah, de Baturité? Pois eu conheço Baturité. De qual propriedade o senhor é?

Julião disse o nome de alguma propriedade e até do seu dono e perguntou se ele o conhecia. O sujeito respondeu que não. Então, Julião completou:

– Se o senhor não conhece esse coronel lá, não conhece Baturité.

Um outro militar andou de um lado para o outro, olhou novamente para cada um dos suspeitos e voltou a fixar o olhar em Julião, como se suspeitasse de algo. Ficou junto dele, pegou em sua mão e olhou de perto sob o foco de luz que clareava a cena. Disse para seus comparsas:

– Nós nos equivocamos; estamos no endereço errado. Esse homem fala errado. É um camponês! Não está vendo pela cara, pelas mãos? Um deputado com essas mãos? Só tem calos. É uma coisa tremenda! Esse homem realmente tem as mãos de camponês...

Andou em direção aos outros e fez a mesma verificação nas mãos deles. Voltou outra vez para junto de Julião, encarou-o e disse num tom de frustração:

– Não é o homem. Não é o homem que estamos procurando.

Afastou-se um pouco para o meio de seus colegas e aproximou-se mais de Julião. Com passos lentos ao seu redor, disse alto:

– Tire essas botas velhas dos pés!

Aí começou a contradição. Julião sentiu que não tinha escapatória. Seus pés não tinham pisado o chão duro, por isso não apresentavam calos. A pele continuava fina, completamente diferente das mãos calejadas.

O militar sagaz, então, bradou para os colegas, aos gritos:

– As mãos são de camponês, mas os pés são de deputado!

No centro da cabana havia um toco de madeira enterrado que servia de coluna principal. Imediatamente os militares agarraram Julião, subjugaram-no com violência e o levaram para junto do tronco, no qual o amarraram com uma corda. A seguir, mandaram os outros três saírem, pois iam tocar fogo na choupana. Enquanto um deles repetia a frase: "Vamos tocar fogo na choupana!", na verdade, pressionava os demais para que revelassem quem, afinal, era o homem que dizia chamar-se Antonio.

Um dos trabalhadores, diante da repetição da ameaça do incêndio, terminou contando a história ouvida de Julião:

– Esse homem é um pastor protestante. Tá aqui porque lá no Ceará roubou uma moça de um fazendeiro. Trabalhava lá, a moça se enamorou dele... Hoje vive por aqui. Ele pediu à gente pra guardar segredo.

A história tinha uma razão de ser. Julião preparara o terreno para receber Regina e a filha recém-nascida. Viveriam ali escondidos e longe das garras do valente fazendeiro. Apesar da explicação do trabalhador, o militar não cedeu:

– Vocês têm que dizer quem ele é; senão acabam aqui mesmo. O homem que estamos buscando é esse e queremos saber o nome dele.

Todos repetiram conhecê-lo apenas como "Seu Antonio, o pastor protestante".

Até aí Julião, na verdade, ganhava tempo. No íntimo, porém, estava quase decidido a confessar sua verdadeira identidade, caso os policiais militares começassem a torturar, por sua causa, queimar vivos ou metralhar aqueles inocentes.

Nisso, um outro militar se aproximou dele e teve a inusitada ideia de meter a mão nos bolsos de sua roupa, em um dos quais encontrou a carteira de notas. Nela havia pouco dinheiro. Mas ele revirou a carteira e descobriu, na parte de dentro, um pequeno fecho éclair. Abriu-o e retirou do pequeno bolso uma nota de 10 pesos mexicanos bem dobrada. Foi a suprema revelação. Gritou para os companheiros:

– Como é que pode ser? Esse camarada aqui, um camponês, com uma nota de pesos do México! Como é que você conseguiu esse dinheiro do México?

Aquela revelação inesperada complicara a situação. Num átimo, o próprio Julião ficou sem saber como diabo aquela nota fora se meter em sua carteira. Em seguida, lembrou-se. Em fevereiro, encontrara-se no México com o escritor Álvaro Lins e sua mulher, que iam para Havana, na condição de jurados, participar do prêmio literário Casa de las Américas. Julião, por sua vez, também ia para Havana, mas com outro objetivo: assistir ao casamento de sua primeira filha. Encontraram-se no México e viajaram juntos a Cuba. Na volta, na hora de trocar os pesos por dólares, guardara aquela nota de 10 pesos como suvenir.

Ao terminar de recordar aquela viagem a Cuba, que os órgãos de segurança no Brasil, mais tarde, terminaram relacionando a contatos com Fidel Castro e Che Guevara, ainda ouviu o militar completar a frase:

– Isso é mais uma prova de que este homem não pode ser um camponês lá do Nordeste, como diz que é. Vamos levá-lo.

A partir desse momento Julião constatou que estava perdido. Mais cedo ou mais tarde, no quartel, eles descobririam sua verdadeira identidade. Resolveu, então, dizer quem era, porque, assim, os militares deixariam livres seus companheiros.

– Eu sou Francisco Julião Arruda de Paula! – disse.

O militar respondeu:

– Você disfarçou muito bem. Se não fosse o negócio dos pés e agora a nota da carteira...

Soltaram-no do tronco e o levaram para a estrada.

Os dois trabalhadores ficaram assustados com o que acabavam de assistir. Enquanto isso, Gerson Arantes Viana, livre de qualquer suspeita, mas sem revelar sua condição de amigo do preso, também ficara parado, sem saber o que fazer, espantado e admirado, porque os trabalhadores não paravam de dizer: "Então, aquele homem educado, gentil e de fala mansa, bondoso, sempre apegado à Bíblia, não era o pastor cearense Antonio Ferreira da Silva, mas o deputado Francisco Julião!"

O grupo de policiais militares marchou a pé, estrada afora. Julião ia à frente, ao lado do comandante. O sol da manhã já se debruçava sobre o chapadão. Uma leve camada de névoa cobria a vegetação da imensa várzea. Após alguns minutos de caminhada, Julião olhou para trás e notou Tenente, o cão, seguindo-os bem próximo. O gesto do fiel animal emocionou-o profundamente.

Depois de mais uma hora de caminhada chegaram à estrada principal, onde os aguardava o caminhão. Acomodaram-se e partiram. Tenente ainda acompanhou por alguns minutos o caminhão, mantendo a devida distância, mas logo ficou para trás. Era impossível manter a mesma velocidade. Aquela cena jamais ele esqueceria. Até onde teria ido o cão? Até Brasília? Ou voltara para a casa de seu primitivo dono, o xará Antonio? Bauzinho distava mais de trezentos quilômetros de João Pinheiro, em Minas Gerais.

Restava, ainda, decifrar uma questão: quem, afinal, o traíra? Tudo começou quando o bancário caçador, confiante em sólida amizade com um cliente da agência do Banco do Brasil onde trabalhava, contou-lhe ter visto o líder dos camponeses nas imediações de Brasília. O tal cliente, por sinal pernambucano como Julião, não perdeu tempo: dirigiu-se ao quartel mais próximo e informou o paradeiro de Julião, cabendo ao Departamento Federal de Segurança Pública o imediato desencadeamento das operações destinadas à prisão do líder.

Logo depois da prisão, Julião soube o nome de seu delator, mas recusou-se a revelá-lo. Aliás, essa atitude de perdoar seus inimigos ou adversários (difamadores, caluniadores, delatores, torturadores, traidores, detratores etc.) foi uma marca curiosa na sua vida política e pessoal. Segundo ele, recusava-se a proferir seus nomes porque não queria envergonhar os parentes ou filhos de tais pessoas com a execração pública.

No caso de seu delator, revelou apenas que estava ligado ao usineiro João Cleofas. Na campanha eleitoral de 1962, quando Cleofas se candidatara a governador de Pernambuco, o futuro delator trabalhara, de maneira incansável, em favor da vitória udenista, na esperança de ser nomeado para alguma secretaria de governo. Com a derrota de Cleofas para Arraes, ficou muito amargurado e passou a odiar, cada vez mais, as pessoas de esquerda. O usineiro conseguiu para ele um cargo burocrático numa repartição de Brasília, razão pela qual, por ocasião do golpe militar de 1964, ele vivia na capital federal.

O mais estranho é que só 15 anos depois, Julião, ao retornar do exílio, viria a tomar conhecimento de que o bancário delator se apossara do sítio de Bauzinho.[126] Essa abstrusa atitude lembrava o caso das trinta moedas recebidas por Judas Iscariotes dos romanos para trair Jesus Cristo. A ilegal posse do sítio funcionou como melancólica recompensa pela delação.

Convém lembrar que, moralmente, o legítimo proprietário do sítio era Julião, pois conservara em poder de pessoa de sua confiança procuração da primeira compradora, a jornalista Antonieta Santos, que lhe conferira poderes específicos para ele praticar todo e qualquer ato em relação àquela gleba de terra.

CAPÍTULO X Cárcere (junho 1964-dezembro 1965)

> *Escrevo sentado no chão, sobre as pernas.*
> *De costas para a grade. Quando quero descansar,*
> *me levanto. Na minha cela é assim:*
> *o preso para descansar fica de pé." [...]*
> *"Para muitos, o cárcere é o fim.*
> *Para mim é uma queda em ascensão.*
>
> (Francisco Julião. *Até quarta, Isabela*, 1964).

139. EX-DEPUTADO. CIDADÃO FRANCISCO JULIÃO!

Julião, ao chegar a Brasília, foi levado à presença de autoridade superior do Batalhão da Guarda Presidencial, a fim de submeter-se à averiguação de identidade e ao registro formal de prisioneiro daquele quartel. Assim, não lhe permitiram tomar banho, trocar de roupa ou descansar. Seu estado físico, após quase três meses vividos como foragido, estava bastante mudado: os cabelos crescidos, de bigode e barba rala. Vestia camisa desbotada, calça de brim coringa com as abas arregaçadas e calçava botinas reúnas. Usava, ainda, chapéu escuro, o que lhe acrescentava típica característica de camponês. Apesar de fisicamente abatido, apresentava-se a seus interlocutores com elevada postura moral, mantendo cordialidade no trato, equilíbrio na exposição de ideias e princípios gerais sobre sua visão ideológica e política, sem medo ou tergiversações. Esboçava no rosto, sem esforço ou sentido caricatural, sorriso manso e comunicativo.

No íntimo, porém, como confessaria mais tarde, estava preocupado com o destino imediato de Regina e Isabela. Todo o trabalho de organização e tentativa de construção do refúgio de Bauzinho fora por água abaixo. Em que condições, agora, enfrentaria os incertos dias a serem vividos no cárcere? Por isso, indagava a si mesmo: não teria sido preferível, desde o princípio do golpe, ter optado pelo asilo político em alguma embaixada de país amigo? E de fato, refletiu sobre tal possibilidade em *Até quarta, Isabela*:

> E via o quadro: o encontro com outros asilados, entre eles alguns cuja companhia me seria grata e honrosa, a expectativa da partida, os preparativos, o avião me conduzindo para longe, para outro céu que não seria o de minha pátria. Já viajei muito, Isabela. Adolescente, imaginava que um dia, não sabia como, conheceria o mundo. Sonhara com a Itália, com a França, com a Grécia, depois com o Egito, a União Soviética, a velha China. À exceção da Grécia e do Egito conheci todos aqueles países e uma dezena a mais. Acontece que essas viagens eu as fiz querendo, com a data marcada para o regresso, mas nunca como exilado (Julião, 1986:26).

Enquanto caminhava, sob custódia de seus captores, pelos corredores do quartel do Batalhão da Guarda Presidencial, em direção à unidade onde o aguardava o militar encarregado de sua inquirição, à sua mente vinham imagens de um tempo não vivido, mas já incorporado ao passado: o convívio com a mulher e a filha no novo esconderijo. Daí tentava transferir essa possibilidade para o futuro; começava a levar em conta o exílio. Para onde ir? Entre os inúmeros países visitados, quer na América, quer na Europa, o único que lhe chamara a atenção era a Bulgária. Sim, iria para lá se, por acaso, fosse forçado a sair do Brasil. Ali, admitia, viveria tranquilo e feliz. De repente, porém, quando voltava a pensar no cenário havia pouco desfeito, no refúgio não concretizado, sentia-se invadido por remorso antecipado. Por que deixar o Brasil? Mais tarde, diria na longa carta aberta escrita à filha:

> Pois bem, minha filha, eu não trocaria jamais o *Bauzinho*, com a sua natureza selvagem, onde tudo está para ser feito, para viver como exilado na Bulgária, onde tudo já se fez. Tinha todos aqueles motivos, de que falei, para ficar. E fiquei. Sempre admiti que mais cedo ou mais tarde viria a ser preso. Há sempre alguém que, na melhor boa-fé, bate com a língua. Uma palavra, depois outra... É o "dedo duro" que o Movimento Militar de Abril criou, instituindo a delação oficial, recomendada administrativamente, vergonhosamente, estabelecendo a perseguição arbitrária dos que permaneceram no campo oposto. Assim foi na Alemanha e na Itália, onde começou sendo apontado o comunista, depois o judeu e, por último, o amigo, o irmão, o pai, a mãe. Lá foi o medo. Aqui foi o sadismo. Mas

o sadismo pode se transformar em medo se involuirmos da "democracia autoritária de centro-esquerda" para a ditadura militar de direita. Entre nós, a imprensa noticiou casos de delação em família, chamando a atenção, entre outros, para o caso do pai do Paraná que não hesitou em denunciar o próprio filho. E ninguém mais poderá sem tristeza maior e maior vergonha lembrar o caso do menino soviético, delator do pai, no Ocidente transformado em estátua para que da memória de todos não se apagasse aquela aberração de regime (*ibidem*, p. 27).

Julião interrompeu seus pensamentos, porque, enfim, chegara ao local do interrogatório. Havia ali verdadeira plateia selecionada: o comandante do batalhão, um coronel, o subcomandante, um tenente-coronel e toda a oficialidade menos graduada – capitães, tenentes. Observou bem o ambiente: "A sala para onde fui levado é imensa, com móveis leves e bem dispostos, o soalho polido como um espelho, a iluminação mais do que suficiente para se enxergar um alfinete a cinco metros. Ofereceram-me uma cadeira em frente ao coronel" (*ibidem*, p. 35). O sargento e os soldados que o escoltavam pararam a certa distância da mesa do coronel. O sargento adiantou-se, parou e perfilou-se diante do superior. Com ar solene, anunciou:

– Apresento-lhe o deputado Francisco Julião.

O comandante, sério, sem olhar para o preso, com ar quase de indiferença, corrigiu as palavras do subordinado:

– Ex-deputado. Cidadão Francisco Julião.

Registrou o perfil do coronel:

> Era um homem franzino, moreno, de cabelos grisalhos, o ar afável, de fisionomia invadida por um grande cansaço. Nos olhamos durante uma fração de minuto. Em seguida alguns dados para o registro do "feito" e, logo após, a imprensa, ávida como uma piranha. Fotos e perguntas, umas inteligentes, outras estúpidas, para alimentar a fome do povo que, hoje também, procuram enganar com essas coisas (*ibidem*).

Em seguida, depois de Julião ser devidamente reconhecido e fichado, o comandante autorizou a entrada dos jornalistas. Ele foi fotografado e concordou em prestar algumas declarações. Aos militares parecia fundamental anunciar a todos os brasileiros que, enfim, Julião estava preso.

Na entrevista com jornalistas de vários veículos informativos, suas declarações foram objetivas e coerentes com seus pontos de vista políticos. Falou também sobre o governo Jango, sua propalada "fuga" do Congresso e demais aspectos de interesse da imprensa.

Quanto ao ex-presidente Jango, afirmou tratar-se de um homem de personalidade dúbia, pois "acendia uma vela a Deus e outra ao diabo e isso não leva a caminho seguro". Ao mesmo tempo, opinou sobre o novo governo dos militares e aproveitou a oportunidade para enviar-lhe um recado: "Não durará muito, se não fizer reformas radicais e profundas, principalmente a agrária" (FSP, 5/6/1964).

Fez, ainda, questão de esclarecer detalhes a propósito de notícia veiculada em todo o Brasil de que fora ajudado pelo deputado Adauto Lúcio Cardoso, da UDN, em sua fuga do Congresso, quando os agentes de segurança se preparavam para prendê-lo. Naquela ocasião, segundo ele, apenas aceitou a oferta de carona no carro do deputado udenista (ESP, 5/6/1964).

140. A CELA E O COMBOGÓ

Julião foi encarcerado na cela nº 5 do Batalhão da Guarda Presidencial. O nome era pomposo, mas a cela não dispunha de nenhum conforto especial ou regalia conferida às pessoas portadoras de diploma superior, como consagrado na legislação penal. Também não apresentava aquelas condições sub-humanas existentes nas celas e demais dependências da maioria dos presídios militares ou civis. Ele fez questão de descrever os detalhes das suas condições internas:

> Vivi exatamente 21 dias no Batalhão. Minha cela tinha o nº 5. Era a última de um estreito corredor. Como as outras, dispunha de pia, latrina e um bico de cano alto por onde corria o jato de água fria. Uma claraboia, combogó, como se diz na minha terra, deixava escoar a luz de que me

nutria para ler e escrever. Sim, porque no Batalhão tive acesso a alguns livros da Biblioteca Militar, a *Toponímia brasileira*, o *Marquês de Paraná*, o *General Leclerc* etc., além de papel e tinta. A cela media exatamente 14 palmos de comprimento por 7 de largura e era limpa. Deram-me dois colchões e três mantas que me defendiam bem do frio. Havia uma sentinela sempre à porta, com recomendação para não conversar comigo nem permitir isso a outros presos. Tudo muito rigoroso. A comida era a boia que se servia em todos os quartéis do país aos soldados – farinha, feijão, arroz e uns pedaços de charque de má qualidade. Não sei se o mesmo ocorre na Aeronáutica e na Marinha (Julião, 1986:29).

Dos mais de dez inquéritos policiais-militares a responder como indiciado, aquela era a primeira cela que conhecia. Ao tentar obter informações para constituir advogados e tomar outras providências de natureza familiar, disseram-lhe que estava sob rigorosa e absoluta incomunicabilidade. Apesar disso, as autoridades foram pródigas em proclamar o extraordinário feito da prisão ao permitir a entrevista coletiva à imprensa. Depois, nenhuma informação adicional prestaram à imprensa. A cela passou a ser vigiada com soldado à porta, armado de fuzil, 24 horas por dia. Logo ele observou que os soldados eram bastante jovens e se revezavam com regularidade britânica, tamanho o cuidado dispensado ao líder dos camponeses pelas autoridades da Guarda Presidencial.

Os primeiros depoimentos, durante horas, começaram no mesmo dia e continuaram nos sucessivos. Julião mantinha a estratégia de falar os mesmos temas e repeti-los como se estivesse em suas tribunas nas praças e entidades públicas ou privadas. Tudo poderia ser comprovado pelos inúmeros pronunciamentos já feitos e pelas publicações em jornais, revistas ou livros.

No dia seguinte e nos subsequentes, jornalista compareceram ao batalhão para obter informações adicionais sobre seu depoimento, mas nada conseguiram. Tudo se mantinha em completo sigilo.

Após alguns dias, a rigidez começou a ser quebrada pelos próprios soldados que ali mantinham guarda. Aos poucos, o mutismo das primeiras horas foi sendo substituído pelo olhar furtivo, pelo sorriso inocente; depois, um gesto menos ostensivo de rejeição ao preso apareceu e juntou-se a palavras e frases. Daí para frente, pelo menos em relação a um dos soldados, estabeleceu-se a possibilidade de conversação, sobretudo quando as condições de segurança naquelas dependências o permitiam. A partir daquele momento, ele soube, por exemplo, da existência, ali, de dezenas de outros presos políticos. Até nomes foram citados. Um deles, seu velho amigo e pessoa de absoluta confiança, chamou-lhe a atenção: o deputado federal Neiva Moreira. Tentou manter contato com ele, mas não conseguiu, porque o guarda lhe disse estar o deputado também em regime de incomunicabilidade.

Quando ele manteve algum diálogo com o soldado, observou que talvez fosse possível avançar e obter contatos com pessoas fora do quartel. Então, com muito cuidado, ao surgir condição favorável, conversou com o soldado sobre temas variados e amenos. Por sorte, ele gostava do campo e disse ser filho de um fazendeiro amigo de Mauro Borges, governador de Goiás. Ambos favoráveis às reformas de base e até à reforma agrária. Considerou aquela revelação um bom motivo para ampliar a conversação e, quem sabe?, até dar início a uma sincera amizade, já que ele não sabia quanto tempo permaneceria em estado de incomunicabilidade.

Certo dia, depois de conversarem algum tempo, Julião foi surpreendido por observação curiosa do soldado:

– Olhe, eu tenho admiração pelo seu trabalho... e sei como tirar o senhor daqui...

Julião ficou espantado, mas não quis, naquele momento, comentar a segunda parte de sua confissão, pois poderia ser uma armadilha. Preferiu refletir melhor sobre a situação. Dias depois, o soldado voltou ao assunto:

– Você já olhou bem para esse combogó?

– Não. Por quê?

– Observe como é fácil removê-lo. – E se foi.

Em verdade, os diálogos eram curtos, travados sob estrita vigilância dele, o qual sempre olhava para os lados a fim de assegurar-se de que ninguém os escutava. Às vezes silenciava abruptamente e somente no dia seguinte continuava ou não o assunto.

Julião confessou mais tarde que, antes da inesperada sugestão do soldado, pensara em fugir dali. A vigilância não era tão rigorosa como parecia e existiam algumas facilidades. A observação sobre a fragilidade do combogó, a partir de então, chamou mais ainda sua atenção. Não havia dúvida: ele estava preso à grade da cela por argamassa esfarelante, que se desmanchava ao simples contato dos dedos. A argamassa, feita sem a adequada proporção de cimento ou de outro material, não dava consistência aos combogós. Assim, toda vez que olhava para o horizonte recortado pelas formas geométricas do combogó, não via apenas o céu sob o singular incêndio crepuscular de Brasília, mas também a concreta possibilidade de evadir-se por ali e recomeçar a resistência em condições mais favoráveis.

Sobre a questão moral da fuga, lembrou-se de várias cenas em que a busca desse recurso representaria recuo, zombaria como juízo da posteridade ou revelação concreta de falta de coragem para enfrentar a adversidade. No entanto, sobrevinha-lhe também a lógica adversa: a fuga, ao longo dos séculos, fora entendida como direito do homem, procedimento tão velho quanto ele mesmo; além do mais, legítima, porque se ligava ao próprio instinto de sobrevivência. Em seu caso, a sobrevivência significava transformar as condições de prisioneiro em homem livre e pronto a exercer, na clandestinidade, a legítima resistência ao regime de exceção instaurado no Brasil. Por isso, escreveu em um de seus diários: "É um direito celular, pois nasceu com a monera. E só morrerá com o homem. O que é a vida, afinal, senão uma fuga permanente?"[127]

Nos encontros posteriores, Julião permanecia impressionado com a lacônica proposta do soldado, mas preferiu continuar a estudá-la com atenção. Estaria ele sendo sincero? Depois de bem observá-lo, se convenceu de sua sinceridade.

> Encarei o jovem. Quando se chega aos 50 anos, com a metade atuando
> como advogado, com toda a classe de gente, e a estudar seus gestos e
> atitudes, um homem, seja ele dotado da melhor boa-fé, não se deixa

enganar mais por ninguém. Poderá consentir no engano, o que é outra coisa. Aquele jovem não me enganava.[128]

Um dia, quando o soldado veio para a guarda, voltou a tocar no assunto, mas com palavras quase evasivas:

– Bastaria o cabo da colher para remover o combogó.... E depois?

Após alguns segundos, o soldado respondeu com frases soltas, mas que davam a noção da sequência das fases do plano de fuga. Eram argumentos de quem pensara já detidamente no tema. Apesar disso, tudo teria de ser refletido e combinado em detalhes.

– Somos três (guardas) e o nosso tempo é seguido... O senhor sairá fardado pelos fundos do quartel..., Terei de acompanhá-lo... Haverá um Simca esperando a um quilômetro... Quando derem pela fuga, o senhor já estará em lugar seguro.

Os detalhes, à primeira vista sem sequência lógica, impressionaram Julião:

– Por que todo esse sacrifício?

– A causa que o senhor defende merece.

– Você é do campo?

– Não, mas meu pai é dono de terra. Pode parecer estranho ao senhor.

– Por isso não, que o meu também era.

Julião fixou os olhos no jovem soldado e, pela grade, com firmeza, estendeu-lhe a mão, que ele a apertou. Estava selado o pacto.

Depois o soldado encontrou um momento propício e detalhou-lhe todo o plano. Em resumo, consistia no seguinte: no horário de seu plantão, o soldado retiraria a chave da cela e mandaria, imediatamente, confeccionar uma cópia por pessoa de confiança em Goiânia, pois em Brasília o único fabricante de chaves trabalhava para o Exército. Sem perda de tempo, a pessoa retornaria de Goiânia com a chave original e a cópia, e as passaria para ele (o soldado), a fim de o próximo guarda não dar pela falta. O segundo passo seria arranjar um carro para ficar à disposição de ambos em determinado local. Dali viajariam para o esconderijo previamente combinado.

Ouviu a exposição do soldado e, no fim, concordou com o plano. As etapas se encaixavam bem. O soldado prometeu cuidar de todos os passos. Levaria alguns dias.

Antes, porém, um dia, Julião foi surpreendido pela inesperada decisão do comando do Batalhão de Guarda Presidencial: ele seria levado para o aeroporto militar de Brasília, de onde seguiria em avião da Aeronáutica com destino ao Recife, a fim de responder a vários inquéritos policiais-militares instaurados pelo IV Exército.

Antes de partir, na madrugada de 24 de junho, ele redigiu uma mensagem, que deixou sobre o colchão, dirigida aos oficiais do Batalhão:

> Eu não vos odeio, mas odeio as instituições iníquas que defendeis. Muito embora haja entre vós quem não perceba ou busque ignorá-la, a Revolução existe como uma contingência histórica, como um processo dialético de aperfeiçoamento das sociedades e das instituições. De século para século, de decênio para decênio, o homem se torna menos bárbaro e mais solidário. É a Revolução que realiza esse trabalho. Por isso ela está em torno a nós e dentro de nós. A Revolução é como aqueles frutos que estalam quando amadurecem, espalhando sementes sobre a terra. Sua face tem uma beleza e uma atração irresistíveis. Todos querem contemplá-la mesmo que para isto se interponham o cárcere e a morte. Ela é inevitável e necessária como o nascer de uma criança porque, como a criança, é a vida que se revela, é a humanidade que caminha (Julião, 1986:36-37).

Esta mensagem foi escrita para ser lida no momento em que os seus carcereiros dessem por sua falta no dia de sua planejada fuga. Como ela não aconteceu, ficou como despedida e registro de sua passagem por aquele quartel.

Os oficiais que o acompanharam na aeronave até o Recife foram atenciosos. Não lhe faltou nada. "Ofereceram-me chocolates, sanduíches, refrescos e café. Conversamos sobre o futuro do Brasil. Como seria no ano 2000." (*ibidem*)

Diferente, porém, foi a recepção no aeroporto militar recifense. Mal teve tempo de acenar para os militares que o escoltaram de Brasília, porque o oficial do Exército que o recebera, acompanhado de motorista e investigador civil, ordenou imediatamente que ele subisse no veículo. Tomaram as ruas em direção ao quartel do RO de Olinda. Sentado junto dele, o oficial portava metralhadora e, vez por outra, deixava o cano roçar em suas costelas, com medida violência, como se aquilo fosse um aviso do que lhe aconteceria em caso de qualquer reação.

141. ACUSAÇÕES E VINGANÇAS

Quando anunciaram sua chegada ao Recife, a fim de responder aos inquéritos policiais-militares abertos contra ele, houve agitação e curiosidade nos meios militares e do próprio aparelho de repressão da Secretaria de Segurança de Pernambuco. Afinal, o "perigoso agitador social", como alardeava a imprensa local, fora preso e, agora, prestaria contas às autoridades. Esse era o tom e a expectativa adotados pelos órgãos de segurança e também por certas áreas de políticos inimigos das forças de esquerda.

Tal expediente não era novo. Ainda antes do golpe militar, o vereador Wandenkolk Wanderley, conhecido anticomunista recifense, na tribuna da Câmara Municipal, requerera aprovação de voto de louvor às Forças Armadas "pela sua colaboração no cumprimento das normas constitucionais e preservação do regime democrático, sempre repelindo as investidas daqueles que querem suprimir, através de doutrinas exóticas, as liberdades públicas e as garantias individuais" (DP, 22/1/1964). Entre tantos argumentos, alegava que os ataques à ordem democrática eram iminentes e apontava, como exemplo, o caso do agitador Francisco Julião, possuidor em sua residência, na Várzea, de verdadeiro arsenal para usá-lo na revolução bolchevista em marcha no Brasil. Revelava, ainda, já ter dado ciência às autoridades policiais competentes, mas nenhuma medida repressora havia sido adotada. E insinuava: "Estão todos envolvidos no plano que se trama para a queda da democracia. Não temos para quem apelar. Aconselho aos verdadeiros democratas que se armem o quanto antes, pois o golpe contra o regime será inevitável" (*ibidem*).

Ora, apesar do sensacionalismo acima comentado, cuja manchete o tradicional *Diário de Pernambuco* ampliava – "Francisco Julião tem depósito de armas em casa: denuncia vereador" –, as autoridades sabiam que se tratava de denúncia infundada. Primeiro, porque Julião, desde 1962, sequer tinha casa montada, pois desativara a residência alugada na Várzea, quando a família – mulher e quatro filhos –, em virtude de constantes ameaças de sequestro, atentado, emboscada etc., fora viver em Havana, a convite de Fidel Castro. Depois disso, quando ele permanecia no Recife, hospedava-se na casa do pai, que vivia com a filha mais nova e sua família. Era uma casa bastante conhecida, no bairro de Caxangá, visitada todos os dias por dezenas de pessoas, inclusive, permanentemente, vigiada pela própria polícia.[129] Ali seria impossível chegarem armas e munição. E mais ainda, manter-se um arsenal. Talvez por isso as autoridades não tenham levado a sério as denúncias do exaltado vereador.

Ao ser anunciada a transferência de Julião para o presídio militar, em um passe de mágica as denúncias contra o movimento camponês reacenderam-se. Em um relatório remetido por autoridade do IV Exército à Secretaria de Segurança, constava a seguinte informação a respeito do paradeiro de sua família: "Sua esposa e os próprios filhos estão em Cuba fazendo seus cursos de guerrilhas e trabalhando nas milícias cubanas."[130]

O delegado auxiliar do Dops, Álvaro da Costa Lima, declarou aos jornais que ele e seus auxiliares trabalhavam em média vinte horas por dia nas tarefas surgidas após a revolução de 31 de março, com o objetivo de desbaratar a criminosa ação subversiva que estava em ativo desenvolvimento no estado. "Não pense o povo" – acrescentou o delegado auxiliar – "que a polícia já esmoreceu nas atividades. Pelo contrário, estamos trabalhando até 20 horas por dia" – repetiu – "para que possamos chegar ao fim da jornada traçada pelo comando da revolução. Todos responderão pelos crimes que tenham praticado, na tentativa de destruir o regime democrático." Afirmou, ainda, o delegado que os sindicatos de trabalhadores continuariam a ter amparo legal sob orientação democrática e livres da influência de agitadores e advertiu: "Não

haverá, entretanto, contemplação com as chamadas Ligas Camponesas" (JC, 22/5/1964).
Julião continuava alvo dos noticiários. Entre tantas alegações e fatos inusitados, agora, ele e as ligas apareciam vinculados a supostos bilhetes escritos por camponeses. Os signatários desses ameaçadores bilhetes prometiam levar ao "paredão" os proprietários de engenhos. Os jornais, com a finalidade de darem maior credibilidade, procuraram justificar a procedência e a idoneidade de tais documentos:

> As autoridades militares estão revelando, aos poucos, através da imprensa, como se desenvolvia o processo de comunização do país publicando fac-simile de cartas, de documentos e até de armas que comprometem seriamente governadores e participantes de governos passados. Em Pernambuco, o processo de cubanização se desenvolvia nos campos tendo como escudeiras as Ligas Camponesas, de Francisco Julião. A reportagem do *Jornal do Commercio* conseguiu, e publica para conhecimento da opinião pública, algumas correspondências, em fac-simile, cujos originais estão em poder do IV Exército (JC, 24/5/1964).

Um desses apócrifos textos atribuídos a líderes camponeses trazia o nome de João Virgínio, integrante da Liga de Galileia, bastante conhecido. O jornal dava-lhe a alcunha de "agitador comunista" e lugar-tenente de Francisco Julião. A manchete alardeava: "Autoridades revelam o que se tramava contra paz no campo." Quase todos os textos continham ameaças violentas aos proprietários de engenhos e chegavam a ostentar as mais curiosas "notas breves". Uma delas dizia: "N.B.: Seu Zair é latifundiário e precisamos acabar com ele. Paredão é para a morte do Seu Zair" (JC, 25/5/1964).

Esqueciam os divulgadores de tais bilhetes que os camponeses – quase todos analfabetos e apegados à lei – dificilmente seriam capazes de escrever, sobretudo com tanta virulência ideológica e muito menos com detalhes gramaticais tão bem postos, como "notas breves", aliás, espantosas e reveladoras de invulgar crueldade.

Dias depois veicularam-se também mais informações sobre Julião, uma das quais aparecia com a seguinte manchete sensacionalista: "Dinheiro do camponês pagava viagem dos vermelhos." A exploração de camponeses, informava o jornal, consistia em

> sistemática cobrança de quotas que os lavradores entregavam aos sindicatos, supondo que estavam contribuindo exclusivamente para o acervo do seu órgão de classe. Tinham outro destino os dinheiros arrecadados pelos falsos líderes sindicais. As contribuições dos trabalhadores do campo pagavam as viagens do sr. Francisco Julião, assim como da sua família – e eram viagens internacionais, caríssimas. Também viajavam com passagens pagas pelos camponeses Maria Ceailes, Assis Lemos, Bartolomeu Barbosa, Maria Celeste e até um tenente da Polícia Militar (JC, 14/6/1964).

Curioso observar que até então as acusações de origem ilegal de arrecadação de fundos para financiar a subversão comunista referiam-se a países comunistas, a exemplo de Cuba. Agora mudava-se o refrão: a origem derivava de cotização feita pelos próprios camponeses e trabalhadores rurais. Pouco importava a constatação, aliás como todos sabiam, de serem os camponeses e trabalhadoares rurais pessoas reconhecidamente desfavorecidas de recursos.

Quanto à denúncia de uso de dinheiro pela família de Julião, em especial para viagens internacionais, também omitiam os denunciantes a circunstância de que a mulher e os quatro filhos de Julião viviam, desde 1962, em Havana.

Um fato ilustrou bem o clima de perseguição e prevenção que os adversários do movimento camponês impunham à opinião pública. Logo depois do violento assassinato de João Pedro Teixeira, presidente da Liga Camponesa de Sapé, Paraíba, em abril de 1962, o cineasta Eduardo Coutinho resolveu filmar a vida do líder dos camponeses. Os membros da família, à frente Elizabeth Teixeira, concordaram em participar das filmagens. Feitas algumas cenas em Sapé, Coutinho suspendeu os trabalhos, porque encontrara obstáculos de produção. Quase dois anos depois, vencidas aquelas dificuldades, em fins de março de 1964 ele retomou as filmagens, mas, desta feita, em locações diferentes dos cenários originais. O Engenho Galileia, sede da primeira liga, constituiu-se em cenário ideal para reviver a vida do líder assassinado, até pelo excepcional apoio da comunidade. Os camponeses participaram das cenas, alguns com tanto entusiasmo e espírito de colaboração que pareciam atores profissionais. A chegada dos equipamentos de filmagens e da própria equipe àquela comunidade chamou a atenção dos moradores e demais vizinhos. Era uma novidade. Tudo isso se deu exatamente na véspera do golpe militar de abril de 1964.

Quando as autoridades militares e policiais invadiram o Engenho Galileia e prenderam os integrantes das ligas, também apreenderam os equipamentos e os membros da equipe cinematográfica. No entanto, na hora de anunciar pela imprensa o feito, alardearam-no como a prisão de um perigoso comando de "guerrilheiros cubanos" que infestava a região com treinamentos e prontos a desfechar a guerra revolucionária, financiados pelo fidelismo etc. Um dos membros da equipe ainda teve tempo de cavar um buraco e esconder uma câmera, salvando-a dos soldados.

O filme de Coutinho ficou, assim, mais uma vez, interrompido. Por sorte, uma cópia das cenas filmadas foi preservada. Vinte anos depois o documentarista conseguiu concluir *Cabra marcado para morrer*, em condições precárias, mas sob o impacto da estética original. Assim, revisitou quase todos os protagonistas daquela trágica história, reabilitando o elo perdido e o fio narrativo do documentário sob o império de rigorosa coerência histórica. (Schneider, 2008:707)[131]

Essas e muitas outras acusações publicadas pela imprensa recifense – quase todas com ares de verrinas gratuitas, raivosas e revanchistas –, de qualquer sorte, terminaram alcançando o objetivo de seus divulgadores: aumentar o ódio e a possibilidade de medidas violentas contra a integridade física e moral de Julião, seus seguidores e demais militantes de esquerda.

142. AS TORTURAS FÍSICAS E PSICOLÓGICAS

Ao chegar de Brasília, Julião foi levado ao quartel do RO de Olinda, onde pernoitou. No entanto, naquela noite, não conseguiu dormir em consequência de aguda crise de enxaqueca. No dia seguinte, ainda sob o efeito da enfermidade, conduziram-no à 2ª Companhia de Guardas, na avenida Visconde de Suassuna, no Centro.

Ali, talvez por causa de tantas informações negativas veiculadas contra sua imagem de político, foram cometidas as mais descabidas humilhações, inclusive mediante a prática de torturas físicas que quase o levaram à morte, causando-lhe severos e prolongados danos à saúde, integridade física, moral e psicológica.

De início, jogaram-no em uma cela solitária, como se fosse coisa, e não um ser humano. A cela, de tão estreita, não dispunha de espaço suficiente para um homem como ele – de pequena estatura, apenas 1,66 m –, estirar as pernas. Além disso, era sem iluminação, desprovida de latrina e totalmente infestada por percevejos e sempre visitada por ratos bem nutridos. Para agravar mais ainda a situação, a crise de enxaqueca retornou de forma mais acentuada. Ao mesmo tempo, tiveram início as torturas físicas e psicológicas provocadas por alguns militares inescrupulosos. Esse procedimento, na prática, funcionou como estranha forma de recepção ou, quem sabe?, antecipado aviso do que eles lhe reservavam dali em diante.

A propósito, ouçamos o próprio Julião relatar o martírio iniciado pela crise da enxaqueca e o subsequente desenlace com a brutal tortura física:

> O doente (de enxaqueca) procura um quarto escuro. E não se contenta com isso. Quer um pano preto nos olhos. Recorre à água quente. Usa todos os sedativos. Mas ela não cede. Vai quando quer. Tem um ciclo. Pode durar uma hora. Pode durar três dias. Esperei-a dessa vez, absolutamente desarmado. Nem um comprimido. Nem uma gota de álcool. Veio o café. Veio o almoço. Veio o jantar. Rejeitei tudo. Não era a greve de fome, expliquei ao cabo. Era a enxaqueca. Ele compreendeu e me deixou em paz. Havia, porém, luz em excesso. E os ruídos do quartel. À uma hora da madrugada vieram me buscar. Uma escolta sob o comando de um sargento armado de cassetete e de (revólver calibre) .45. Era um jovem de 24 anos, espadaúdo. Tinha uma tarefa a cumprir. Uma triste

tarefa. Poderia ser que o olhasse sob o ângulo de minha enxaqueca. Mas não. Na 2ª Companhia de Guardas, para onde vim, despojou-me das vestes, revistou até a fita do meu velho chapéu, disse quatro ou cinco pilhérias a que um outro sargento, preto e alto, um soldado e dois paisanos, assistiram, impassíveis. Depois, conduziu-me já vestido por um corredor estreito e escuro e, pelas costas, atingiu-me com o cassetete de madeira, com toda a violência, três vezes seguidas, um pouco acima da nuca, antes de atirar-me na cela sobre o cimento frio. E sumiu. Como nada enxergasse, fiz das mãos os meus olhos. O cubículo onde estava era estreito como um túmulo. Pensei comigo: Devo ter sido enterrado vivo. O sargento se equivocou. Tinha um .45 e usou o cassetete" (Julião, 1986:39-40).

Depois dessa recepção torturante, como reagiu Julião?

Quando despertei, uma luz baça se coava pela grade de ferro muito alta e muito estreita. A cabeça, onde três galos formavam uma trempe, parecia querer estourar. O braço esquerdo que servia de travesseiro estava completamente dormente. Fiz-lhe uma forte massagem, a circulação voltou e deu-lhe vida. A garganta queimava e as costas estavam geladas do cimento. A enxaqueca se fora. Surgira com ímpeto uma gripe violenta que demorou a ser debelada.

"Agora, já podia distinguir bem a minha cela. Levantei-me para examiná-la. Até a altura de um metro e oitenta é revestida por um cimento negro e áspero com saliências agudas que espetam como punhal. Não traz a menor percentagem de areia. Resiste a qualquer pressão. Essas saliências tentei removê-las com o cabo da colher. Mas em vão. Apenas o cabo entortou. Quem se encosta nesse chão, mesmo protegido por uma camisa de lã, sente a carne torturada. É preciso ter cuidado nos movimentos. Um gesto brusco da mão é uma ferida. Esta cela, assim revestida, tem nove palmos de comprimento por quatro de largura. De Gaulle ou Fidel Castro teriam que dobrar os joelhos para se acomodar nela. Eu, felizmente, não tenho mais do que 1,66m. Percebe-se logo que ela guarda um objetivo: imobilizar o paciente, quebrar-lhe a resistência física, torturar-lhe os nervos. Para quem tem o hábito de andar a pé, como eu, é um suplício medieval. Vi, pela grade, que o corredor que lhe dá acesso tem 50 centímetros. Atirados no chão, um bule de zinco e uma lata de flandres. Ambos velhos e sujos. O bule contém água. A lata exala um cheiro acre de urina. "Tenho que matar a sede com esta água e usar aquela lata", deduzo.

Afeiçoei-me a esses dois objetos como à colher e ao caneco. Quando o bule seca vem um servente apanhá-lo, para enchê-lo outra vez, na torneira do banheiro. Mas a lata quem conduz é o preso. Às vezes, o soldado que leva o bule leva-a também, mas me pede para não dizer nada. "Posso ser castigado."

Há outros pequenos gestos: um pão a mais que escapa pelas grades, um aperto de mão silencioso, uma palavra cochichada, que entram pela cela, iluminando-a, como se a gente visse nascer uma estrela. Essa ternura humana existe mesmo dentro dos quartéis, a despeito da disciplina e da vigilância. Não só entre os soldados, mas também entre os cabos, os sargentos e até entre os oficiais. O homem é um só. Aqui e lá fora. Vista farda, toga, batina, paletó, macacão ou um trapo. Sofre limitações, é vítima de recalques e de frustrações, mas há sempre dentro dele uma fonte intacta, pura, que em alguns jorra com abundância e por toda a vida e em outros se abre sob o toque de uma varinha mágica. Se eu não acreditasse na bondade humana, não compreenderia o sacrifício generoso, a solidariedade espontânea, a amizade que tudo oferece, em troca de nada, nem o amor, que é o lado claro de todas as coisas que a vida nos dá (*ibidem*, pp. 40-41).

Em algumas ocasiões, retiravam-no da cela a pretexto de tomar banho de sol. Deixavam-no próximo ao muro, chamado ironicamente pelos militares de "paredão". Vez por outra, vinha um oficial e mandava os soldados apontarem seus fuzis contra o preso, como se fossem fuzilá-lo naquele local. Era tudo simulação, mas o resultado provocava indizível angústia e humilhante desmoralização por causa da impotência a que estava submetido o prisioneiro. Outras vezes, já escuro, metiam o capuz preto e surrado sobre sua cabeça – para não ser reconhecido pelos demais presos – e levavam-no de carro a passeio noturno. Depois de rodar muito pelas ruas da cidade, paravam diante do cemitério e ali, após algumas confabulações entre eles, diziam: "Será que aqui está bom para fuzilar? Depois a gente joga ele dentro do cemitério" (FJ a FMIS, RJ, 12/7/1994).

Um dia, Julião foi levado à presença do próprio coronel Ibiapina, temido inquiridor, considerado no quartel como o principal representante da linha-dura. Teria que prestar novo depoimento. Como sempre, meteram sobre sua cabeça o horroroso capuz e o conduziram à sala de interrogatório.

Após as formalidades iniciais, começaram as perguntas do coronel. Todas diziam respeito à curiosidade pessoal do militar. Ficou claro e evidente que o coronel Ibiapina queria saber detalhes sobre sua votação na última eleição para deputado federal: o número de votos obtidos nos municípios próximos do Recife e do interior, quem eram seus cabos eleitorais e, de modo especial, por que ele tivera tantos votos em Olinda.

Como bom observador, Julião percebeu nas indagações algumas armadilhas. Se fornecesse os detalhes de tais dados, as pessoas referidas seriam presas ou perseguidas pelo manhoso militar. Por isso, usou a mesma estratégia: respondeu às indagações, mas sem oferecer pista capaz de favorecer a busca ou a prisão de tais pessoas. Sobre os votos alcançados na última eleição, informou não tê-los de memória, mas poderia arriscar uns valores aproximados. A respeito dos nomes de seus cabos eleitorais, disse não dispor desse tipo de colaborador, razão pela qual sua campanha para deputado federal decorreu de forma desorganizada, sobretudo no interior do estado; ademais, inúmeros membros das Ligas Camponesas nos municípios se encarregavam, espontaneamente, de tal tarefa, daí o rendimento da eleição ter sido bem menor do que o previsto, em virtude da inexperiência dos camponeses. Sobre a votação em Olinda, admitiu que talvez se devesse ao fato de ter sido professor e diretor do Instituto Monsenhor Fabrício, naquela cidade, entre 1934 e 1938, quando lecionou para centenas de jovens e deixou boas relações de amizades.[132]

Ao terminar o interrogatório, depois de preenchidas as formalidades, o coronel, de forma arrogante, talvez para vingar-se de sua decepcionante inquirição, puxou conversa e disse a Julião, sem o menor rebuço, que se dependesse dele mandaria fuzilar no "paredão" todos os inimigos da Revolução (FJ a FMIS, RJ, 12/7/1994).

143. AJUDA DOS PARENTES

Logo após os primeiros dias de encarceramento, Julião ficou impossibilitado de comunicar-se com amigos e parentes, em razão das estritas medidas adotadas pelo comando do quartel. Como se não bastasse a privação de liberdade, vieram também as consequências danosas da tortura que lhe infligira o sargento torturador. Sua saúde, já débil, degradou-se rapidamente. As dores de cabeça, as tonturas, a falta de apetite, as náuseas terminaram ampliando o quadro e minaram as últimas reservas de resistência física.

Algumas porções de comidas rejeitadas começaram a se acumular por baixo da grade da cela. Ele perdera o apetite, ignorava as refeições. O carcereiro, depois do terceiro dia, levou o fato ao conhecimento do comando superior. O aviso não surtiu, de imediato, qualquer providência no sentido de minorar aquele quadro: ao contrário, no primeiro momento, pensaram tratar-se de greve de fome. O fato é que suas forças continuavam a diminuir. Em verdade, ele pensara transformar aquela degradante situação em um protesto, usando o recurso da greve de fome.

> Sobreveio-me a tentação da greve de fome. Repeli-a com as energias que me restavam. Sempre fui contra essa forma de protesto. É que mantenho uma atitude positiva diante da vida. Considero o corpo, cujo calor vital ainda é um mistério para a ciência, como a suprema maravilha da criação e, por isso mesmo, digno de todo o respeito. A greve de fome é a negação desse princípio vital. É uma exibição narcisista, de quem busca a piedade alheia porque perde o amor de si mesmo. É o desprezo pela vida (Julião, 1986:9).

Além disso, ele não mais dispunha de resistência física suficiente para iniciar tal greve. As energias escasseavam. Era preciso encontrar uma saída, porque não sabia até quando suportaria os suplícios da incomunicabilidade e da crescente debilidade física.

Assim, inevitavelmente, um dia, veio o colapso físico. Ainda de madrugada, Julião sentiu fugirem-lhe as últimas gotas de energia. Em princípio, entrou em estado de letargia, como se estivesse dopado pelo sono. Um peso atroz sobre os ombros o empurrou para baixo e ele caiu, de maneira desordenada, sobre o chão do cubículo, dobrado pelo meio, sem o menor controle. Quem passasse por ali, de madrugada, não notaria nada de especial, porque, muitas vezes, os presos acometidos de sono profundo não tinham tempo sequer de acomodar-se nos espaços mais convenientes e encolhiam-se ao sabor do acaso. Quando o dia amanhecia e o sol brilhava fortemente, tal quadro, na maioria dos casos, não chamava a atenção do soldado ou oficial que passasse por ali. A rotina retirara do carcereiro qualquer vestígio de piedade ou consideração por aquela vida abandonada ao relento do cubículo militar. Naquelas circunstâncias, o preso não dormia. Prostrado, apenas assemelhava-se a um cadáver.

Foi exatamente isso que se passou. Como ele não mudava de posição ao longo de algumas horas, um oficial que passava por ali foi até a cela de Julião e, com relativo cuidado – quem o sabe?, talvez para certificar-se se vivia ou não –, o alcançou com a mão, impulsionando-o, com energia, de um lado para o outro. A dúvida persistia. Aproximou a mão do rosto do preso e sentiu que ele respirava com dificuldade. Estava vivo. Dirigiu-lhe algumas palavras, mas não obteve resposta. Insistiu. Por fim, em tom quase sussurrado, Julião conseguiu dizer algo incompreensível. Em seguida, como se retomasse um alento, reorganizou a frase. Fez ao oficial um estranho pedido de socorro:

> Capitão, o senhor vai ter que me tirar daqui, de pé, depois de morto, como consequência da rigidez cadavérica. É que entre a grade desta cela e a parede que está as suas costas a distância é de 50 centímetros. E eu tenho exatamente 1,66 m. O oficial que, afortunadamente, não pertencia ao elenco dos sádicos, retirou-se em silêncio. Pouco depois veio o capitão-médico, tomou a minha pressão arterial e me confessou que a mínima estava muito abaixo do normal. Isso poderia conduzir-me a um colapso, apesar de hipotenso, neurovegetativo e longilíneo. Perguntou-me quem poderia trazer-me diariamente uma garrafa de leite. Dei-lhe o nome e o endereço de uma irmã. Receitou-me medicamento para elevar a pressão.
> A partir do dia seguinte começou a entrar pela grade da cela o equivalente a 3/4 de litro de leite, que bebia com a sofreguidão de quem

se reconcilia com a vida. Sou um biófilo e, como tal, um homem de esperança (*ibidem*, p. 10).

O contato com a irmã Maria José, aliás Zita, foi importante, porque a partir de então não só ela mas os demais parentes começaram a agir, por todos os meios possíveis, no sentido de quebrar a incomunicabilidade e proporcionar-lhe as mínimas condições de assistência médica.

144. O RELÓGIO E A EXPULSÃO

Depois do sofrimento físico e psíquico decorrente da tortura, talvez o regime de incomunicabilidade seja o procedimento mais atroz e suficiente para aniquilar o que resta de equilíbrio emocional no encarcerado. Se a tortura destrói os níveis de sustentação moral e física, quase sempre precipitando o torturado no desvão da confissão, a incomunicabilidade pela instauração da forçada solidão provoca a sensação de abandono. A falta de companhia e de qualquer outra forma de entretenimento para matar o tempo e afastar a ideia de vazio produz verdadeiro martírio. A um prisioneiro como Julião, afeito à política e também adicto às constantes atividades intelectuais, como, por exemplo, a leitura diária, a inexistência de jornais e livros ampliava, de maneira significativa, o seu suplício.

Sabedor disso, o seu carcereiro, coronel Hélio Ibiapina, baixara rigorosas instruções no sentido de evitar o acesso a qualquer publicação, sequer a folhas de velhos jornais ou revistas às vezes usadas para improvisadas limpezas das celas ou como papel de embrulho. Nada capaz de minorar o rigor das asperezas e do frio piso do calabouço – reduzido espaço físico que o mantinha quase imobilizado – deveria chegar às suas mãos. Livros? Nem pensar, ouvira do carcereiro. Negou-lhe até exemplar da Bíblia Sagrada, livro presente nas celas e nos quartos de hotel de todo o mundo. Um dia, após prestar depoimento formal perante o carcereiro, Julião estava com tanta fome de leitura que lhe disse servir qualquer tipo de livro. E, para dar algum exemplo, citou *Os sertões*, de

Euclides da Cunha. Mais tarde, ao raciocinar com calma, concluíra ter cometido grave erro ao se referir àquele livro.

> Creio haver estimulado ainda mais o sadismo de Ibiapina, ao fazê-lo recordar outro coronel, Moreira César, cujas façanhas de decapitador de prisioneiros políticos em Florianópolis acabaram, tragicamente, em Canudos, sob a mira certeira dos jagunços de Antonio Conselheiro (*ibidem*).

A necessidade de leitura era avassaladora. No entanto, diante do estado de incomunicabilidade, a falta de papel e de caneta ou lápis começou a crescer dentro dele na mesma proporção. Desejava registrar ou documentar seus sentimentos, sombrios não pelo enfraquecimento de sua condição psicológica, mas pela urgência de dizer algo que lhe afligia interiormente: a vontade de ver a filha e transmitir para todos esse momento de verdadeiro retorno do que poderia ser chamado de alumbramento paternal.

De tanto imaginar a forma de romper com o processo de isolamento lembrou-se da única arma disponível: uma nota de cruzeiro salva da minuciosa revista feita pelo sargento no dia de sua entrada naquele quartel. O militar, apesar de cuidadoso na revista, não vira que na dobra de uma das pernas da calça havia a nota, talvez de 50 ou de 100. Não representava grande coisa, mas ali, naquelas circunstâncias, significava uma fortuna, o seu único troféu.

> Passada uma semana naquela solitária aonde só chegavam o toque da corneta e os passos abafados das botas do oficial de dia, tomei a decisão de jogar a sorte com aquele dinheiro. A bandeja da gororoba, como se diz na gíria de quartel, seria o meu pano verde. Metida por baixo da grade, essa bandeja levou, uma tarde, com o resto do feijão bichado, o meu tesouro, seguido de um sussurro: "Papel e lápis." Qual não foi o meu assombro ao descobrir, no dia seguinte, oculto na farinha, um maço de folhas de papel junto com uma esferográfica! (*ibidem*).

A conquista enchera-o de entusiasmo; afinal, transformara as condições adversas da incomunicabilidade. Não dispunha de livros, mas tinha papel e caneta. Poderia escrever e registrar as impressões que vinham a sua mente afetada pelos limites impostos pelo cárcere. Nem tudo estava perdido. Mesmo assim, teria de vencer inúmeras dificuldades. Não poderia escrever no escuro nem sob as vistas dos militares que, vez por outra, passavam diante da cela. O vazio das horas sem fim, de repente, foi preenchido por outro tipo de preocupação: que escrever naquelas folhas de papel?

O primeiro tema já aparecera havia dias: falar com a filha desconhecida. Embora ela e a mãe estivessem no Recife, ainda não pudera vê-las. Mesmo sem conhecê-la, sem tê-la entre os braços, sem ver o seu rosto de inocência, Isabela era, para ele, ao mesmo tempo, o símbolo físico da filha que amava com desvelo e também a representação da humanidade, expressão só bem entendida quando tomada com expressão de liberdade, sem qualquer outra qualificação. Daí a sede de escrever, de viver e registrar a nova aventura. A caneta e o papel, então, transformavam-se em armas libertárias, sensação por ele expressa com clareza:

> Entreguei-me confiado àquele maravilhoso sentimento obsessivo que alimenta todo prisioneiro: alcançar a liberdade. Mais que sentimento, instinto, já que ele pertence também ao pássaro engaiolado. É uma busca tenaz, incessante e universal. Busca que gera um estado de consciência diferente de quem caminha por onde quer. Para o confinado numa cela, o tempo não se mede por um cronômetro. Há um relógio dentro do encarcerado cujos ponteiros são movidos pelo latejar das veias, o ritmo do coração. A gente agarra-se à imaginação como o náufrago ao pau que o mar lhe atira por acaso. Inventa-se um mundo, cria-se um ambiente, convocam-se as sombras e conversa-se consigo mesmo para se escapar da angústia, do silêncio, da rotina, da própria ausência. Há quem se deixe aniquilar por tudo isso (*ibidem*).

A princípio, as ideias surgiam aos borbotões, mas ele não poderia desperdiçar papéis com borrões ou esquemas. Elegeu a forma de carta, como se fora uma conversa íntima, aproximada sob o calor da emoção.

Mesmo mantendo o cuidado de não desperdiçar papel, depois de duas semanas, usando as horas em que havia luz suficiente na cela, um dia descobriu, desolado, que escrevia na última folha de papel. Além do mais, o soldado fora substituído por outro e não havia a menor possibilidade de abordá-lo para pedir o mesmo favor.

O soldado que lhe trouxera o papel e a caneta chamava-se José. Julião ficou tão agradecido pelo gesto que se sentiu obrigado a gratificá-lo materialmente. Não lhe bastaram as palavras carinhosas, os apertos de mão e expressivos sorrisos; no outro dia, quando José voltou com a comida de almoço, Julião retirou do braço o relógio de pulso e o presenteou. O soldado, num primeiro impulso, recusou a oferta, porém, diante da insistência do preso, aceitou-a.

Após algumas semanas, Julião foi levado, outra vez, à presença do coronel inquiridor. Ficou intrigado. Afinal, já prestara cerca de três depoimentos. Que desejava saber dessa vez? Ao entrar na sala de audiência logo se inteirou do ocorrido: alguém denunciara José como ladrão de bonito relógio de pulso de um prisioneiro subversivo. Comprovada a acusação, a pena aplicável, conforme disposição regulamentar, era a expulsão. Apesar de Julião ter confirmado a entrega do relógio ao soldado como presente, a comissão de inquérito opinou, conclusivamente, pela expulsão do soldado dos quadros do Exército.

Tempos depois, Julião viria a saber que José era filho de um camponês da Liga de Surubim. Indignado, restou-lhe, apenas, o registro deste desabafo: "A justiça do inquisidor, justiça de olhos irados e sabre em punho, assim funcionava naqueles dias de glória e excitação para o fascismo encastelado no poder" (*ibidem*).

Como conseguir mais papel? O desespero começou a tomar conta dele. De tanto pensar no assunto, terminou arquitetando um plano e o pôs em prática no dia seguinte. Ao devolver a garrafa de leite que a irmã Zita mandava diariamente ao quartel por um portador de confiança, escreveu em pequena tira de papel rasgada com cuidado de uma das folhas um apelo à irmã: "Todos os dias, coloque o pedaço de uma folha limpa de papel na parte superior da tampinha de flandres da garrafa." Ele a recolheria e, ao mesmo tempo, poria outra folha, escrita no dia

anterior. Pedira-lhe, ainda, que as colecionasse em ordem cronológica e as conservasse em lugar seguro até segunda ordem. E assim aconteceu.
Por essa secreta via de comunicação, Julião deu continuidade à redação de *Até quarta, Isabela*.

145. DESATINOS DO CORONEL IBIAPINA

Os desatinos do coronel Hélio Ibiapina cresceram de tal sorte que logo chegaram ao conhecimento das autoridades superiores e até do presidente Castelo Branco. Não eram só as torturas, físicas ou psicológicas, mas também interferências em áreas que não lhe dizia respeito, como, por exemplo, influenciar o andamento de processos junto à Auditoria Militar da região, não responder às solicitações de informações solicitadas por instâncias judiciárias, desrespeitar regulamentos, leis, juízes e tribunais etc. Tudo isso era praticado com o único fito de procrastinar os feitos e deixar os presos mofando no cárcere.

Castelo Branco já dera prova de que não aceitava esse tipo de expediente. Contou Luís Viana Filho que, certa feita, testemunhara, na condição de ministro, o encontro do deputado Herbert Levy,

> tradicional adversário e acusador do governador Adhemar de Barros, alguns encarregados de inquéritos em São Paulo, entre os quais o brigadeiro Brandini, o coronel Valente e o major Simões Carvalho, todos eles convictos de bem servirem à Revolução e queixosos por imaginarem proteladas as punições que almejavam. Desprovidos de visão ampla de que dispunha o presidente, a demora os exaltava. Mas esse, ao admitir que lhe arranhavam a autoridade, não escondeu a profunda irritação, que surpreendeu os interlocutores (Viana Filho, 1976:321-322).

Diante desse tipo de abuso, o presidente foi mais além. Sabedor Castelo Branco de que Ibiapina excedia-se no exercício de suas funções e até emitia opiniões desairosas sobre suas iniciativas como presidente, talvez, se aproveitando da condição de conterrâneo e amigo, enviou-lhe dura nota:

Para o Ibiapina: 1) Mais informado do que pensa. Aí (Recife) é que são muito mal informados sobre o presidente. Tiram conclusões injustas (vivo com políticos corruptos e abandono os militares etc.) e, nelas persistindo, estão ferindo uma pessoa que é a mesma do Recife. 2) Não compreendo o recado de que os "oficiais do IV Exército são contra a corrupção". Que querem dizer com isso? Sempre paguei o aluguel do prédio militar, as contas de carne e de todos os gêneros de subsistência; fardei-me por minha conta. Nunca, como presidente, deixei de punir os corruptores, isto é, todas as proposições de cassação foram por mim aprovadas. Nenhuma ficou rejeitada ou arquivada. Não estou roubando e faço tudo para que não roubem. Então, por que o recado, talvez sibilino? 3) Vejo que aí a legitimidade de chefia é oposta à que se adota normalmente. Nos I, II e III Exércitos, os chefes comandam de alto para baixo, ouvindo, sem dúvida, aspirações, sugestões e mesmo advertências dos subordinados. Mas daí me informam oficialmente que os comandantes de unidade apoiam os capitães, depois recebem a aprovação dos generais e esses pedem ao alto-comando que sejam prestigiados. Não compreendo isso. Ainda mais que as soluções não podem contrariar as suscetibilidades dos oficiais. Mas a dignidade do ministro e do presidente deve dobrar-se às convicções da oficialidade mesmo agindo dentro da lei. [...]; 5) Precisamos resolver os problemas que nos desafiam. Não sou somente presidente de expurgos e prisões. E não pedi para ser o que hoje sou. Aceito sugestões daí. 6) Vejamos um caso: o Supremo dá um *habeas corpus* ao Seixas ou ao Arraes. Que devo fazer? Se não soltá-lo será muito pior, mas muito pior do que soltá-lo. Consultar a oficialidade? (*ibidem*, 322-323)

A conclusão da nota pessoal dirigida ao coronel Ibiapina era clara e sublinhava bem o limiar diferencial entre os militares adictos à linha-dura e os que, como Castelo, defendiam o retorno à democracia e o respeito às instituições.

146. ATÉ QUARTA, ISABELA

Depois de várias semanas de alimentação regular, sobretudo em virtude da ingestão do leite recebido diariamente da casa da irmã, Julião recobrou as forças. De manhã, antes do café, cuidava das rotinas de higiene pessoal e, na medida do possível, da cela; depois do café, organizava os assuntos a serem escritos ao longo do dia, enquanto havia claridade, de costas, a fim de não ser flagrado com papel e caneta na cela.

Com o passar do tempo, um problema começou a angustiá-lo: como fazer chegar às mãos da irmã Zita a quantidade de folhas escritas antes do primeiro contato com ela? Ou seja, aquelas que não poderiam ser colocadas na tampa da garrafa de leite? Se, por acaso, decidissem fazer revista na cela, as folhas seriam facilmente vistas e levadas ao comando. Todo o esforço teria sido em vão.

Certa manhã, o perigo rondou a cela. Alguns soldados faziam a higiene do corredor e, em alguns locais, entravam nas celas para limpeza mais rigorosa, pois a maioria delas apresentava absoluto estado de sujeira. Antes que os soldados atingissem a altura de sua cela, um tenente, já de cabelos grisalhos, avançou em sua direção. Logo Julião observou que, noutras ocasiões, aquele homem estivera por ali e conversara um pouco, porém, o suficiente para revelar que era paulista de nascimento e desejava voltar à terra natal o quanto antes; não podia ficar muito tempo longe da família. Parecia um tipo sentimental, romântico ou, quem sabe?, propenso a manifestar gestos de solidariedade para com o semelhante. Olhou para os lados e, após certificar-se de que ninguém o ouvira, encostou-se na grade da cela e sussurrou:

– O senhor vai receber uma visita especial, quarta-feira. Eu também sou pai.

Sorriu e retirou-se rapidamente (Julião, 1986:10). Aquelas palavras deixaram-no preocupado. Quis saber mais detalhes, mas o militar afastara-se e já ia longe, metido entre os soldados que esfregavam o chão do corredor. Quem seria a visita anunciada de forma tão misteriosa? Regina? Então, ela demovera o empedernido carcereiro, coronel Hélio Ibiapina, e conseguira, por fim, autorização para visitá-lo? Ou seria Moema, a sua primeira filha, que morava no Recife? Com certeza, não seria Zita, porque ela teria avisado por meio de bilhete metido na tampa da garrafa de leite, o seu único meio de comunicação com o mundo exterior; mas, talvez para não se comprometer, tenha preferido a surpresa.

As divagações ocuparam sua mente durante os dois dias anteriores à chegada da primeira quarta-feira de agosto.

O dia amanheceu luminoso. No reduzido campo visual que se descortinava de sua cela, pouca coisa se via do exterior. Ao lado disso, a expectativa não o deixava viver a rotina: olhos e demais sentidos ligados ao menor movimento do corredor.

Ainda naquela manhã, o mistério acabou quando apareceu o sargento e revelou:

– O senhor vai receber a visita de sua filha.

A emoção o dominou.

> O coração me bateu no peito com violência. Quis dissimular a emoção, mas não pude. Fora como se a tampa do meu caixão de cimento se abrisse e agosto entrasse no túmulo com o redemoinho dos seus ventos, uma doce rajada de luz e um punhado de flores. Fora mais, bem mais. Fora como se acabasse de conquistar a liberdade.
>
> Veio depois o tenente, um paulista, simpático, de meia-idade, cuja bondade, no tratamento para com os presos, se ergue como barreira contra qualquer pretensão a um ato de audácia ou rebeldia. E me inteirei dos detalhes da visita: seria na presença do oficial de dia, durante dez minutos. Mas, Isabela, tu não virias pelas mãos de Eneida (*ibidem*, p. 62).

Em seguida, por volta das 10 h, posicionou-se diante da cela o oficial de dia. Sem falar nada, meteu a chave e abriu a cela. Só então, disse:

– Acompanhe-me.

A ordem era diferente das demais. Ele não levava o capuz para cobrir sua cabeça, expediente normalmente usado toda vez que o preso circulava pelo corredor. A providência implicava incertezas ao preso, porque não sabia por onde passava nem para onde ia. Era como se andasse no escuro. Além disso, em relação aos demais prisioneiros, ficava a sensação de que mais cedo ou mais tarde eles passariam pelo mesmo constrangimento. A ameaça, como se fosse a espada de Dâmocles, recaía sobre todas as cabeças.

Sentado onde estava, de costas para as grades, a única coisa que conseguiu fazer, quase mecanicamente, foi meter o maço de folhas de papel entre a roupa e o corpo e abotoar-se, dissimulando, como se arrumasse as calças sobre a esguia cintura. Deixar aquelas folhas de papel ali seria temerário. Levantou-se calmamente e obedeceu à ordem do oficial.

Não andaram muito. Logo chegaram à pequena sala. A surpresa, apesar de saber quase tudo, foi enorme: ali estava Zita com Isabela nos braços. Entre espanto e alegria, Julião, ao mesmo tempo que beijava a irmã, pegava a criança entre os braços, assustado e admirado, conferia todos os detalhes da recém-nascida. Tinha apenas dois meses. O oficial, presente, avisou-o de que ele dispunha só de dez minutos na companhia da filha e da irmã. Adiantou que as demais visitas da filha ocorreriam uma vez por semana, sempre às quartas-feiras, àquela hora.

Nesse curto período, urdiu o plano arriscado: aproveitar o descuido do oficial e entregar à irmã as folhas da longa carta a Isabela. Porém logo constatou não ter condições de concretizá-lo. Qual a solução? Em dado momento, enquanto continuava a abraçar e a beijar a filha, imaginou outra saída, como recordaria 21 anos depois:

> Foi o tempo mais do que suficiente para burlar a vigilância do capitão e meter no cueiro da nenê o maço de papéis escritos que trazia comigo. Minha apreensão só acabou na manhã seguinte, quando Zita, minha irmã, tão discreta, tão serena, tão corajosa, enviou-me essa mensagem: "Tudo bem." Duas palavras apenas que me aliviaram, pois temia que Isabela inundasse aquele maço de papéis no percurso entre o quartel e a casa de minha irmã. Foi assim que esta carta se editou na íntegra, tal como se reedita agora (*ibidem*, p. 10).

Foi também naqueles inesquecíveis momentos que ele viveu uma das mais fortes emoções de sua vida. Ali houve não apenas o primeiro abraço do pai saudoso, mas também o reencontro com a vida, a certeza de que se abriam novos horizontes para o reduzido espaço do cárcere. Por isso, ele arriscou tudo de mais valioso construído no silêncio do cárcere, com a seguinte justificativa:

> Percebi de um relance que 49 anos de vida pode um homem trocar,

quando ele é pai, pelo direito de ter apenas 10 minutos, nos seus braços, a filha de dois meses que ainda não conhece.

Só de uma coisa não me despojaria, Isabela, para te ter nos braços: da minha dignidade de revolucionário, porque preexiste e subsiste em cada um de nós, é uma herança sagrada que recebemos da humanidade e temos que transmiti-la intacta à humanidade. É o ideal, é a aspiração suprema, dê-se-lhe o nome que se lhe quiser dar; para uns, a fé, para outros, a razão ou a liberdade ou a caridade ou o amor. Despojar-me dela seria despojar-me de mim mesmo e também de ti, seria negar o azul de teus olhos, a alvura de tua pele, toda a tua pureza.

Ficarei, assim, contando os dias, as horas, os minutos, pelos dez minutos que me esperam na próxima quarta-feira, porque é sempre às quartas o dia de visitas, para que tu venhas depois de dois meses que, para mim e Eneida, valeram por três mil anos, talvez mais...

Deixa que eu me recolha no fundo do meu túmulo para repetir esta operação aritmética, tão simples, em que o dividendo cresce diante dos meus olhos. Um dez que toma a minha cela e a minha vida, mas varia o divisor, que há de ser, forçosamente, um número par, para que não sobre resto, pois quero aproveitar o último décimo de segundo.

Viverei, agora, sob o signo do dez. Por que dez e não quinze e não trinta e não a vida inteira? Será um número arbitrário ou cabalístico?

Dez. Dez minutos.

Até quarta, Isabela! (*ibidem*, pp. 62-63).

147. A QUEBRA DA INCOMUNICABILIDADE

A quebra da incomunicabilidade não ocorreu mediante ação judicial, mas em virtude de várias ações de parentes e sobretudo as iniciadas, com persistência, pelas das mulheres. Zita, a irmã de Julião, não se limitou a mandar a porção de leite para o quartel. Queria fazer mais: chegar até o irmão. Apesar de seu marido, Sindulfo, ser funcionário de prestígio da Secretaria de Segurança, naquele momento nada pôde fazer. Assim, apenas a garrafa de leite continuava a ser entregue ao oficial de dia, que se encarregava de levá-la até a cela do preso.

Aquela providência logo virou rotina. Era o único canal secreto de comunicação.

Por essa época, Regina Castro resolveu mudar-se do Rio para o Recife. Assim, ela e os filhos, inclusive Isabela, ficariam próximos de Julião. Para tanto, ela contou com o apoio das irmãs de Julião: Zita e Nicinha. Desde o ano anterior, vale registrar, Nicinha e o marido, Aguiar, mantiveram sob sua guarda os dois filhos menores do primeiro casamento de Regina: Fernanda e Togo.

Mesmo enfrentando vários empecilhos e dificuldades, valendo-se, inclusive, da condição de mãe e de advogada, não desistiu de conseguir autorização para ela e a filha visitarem o pai. Essas tentativas concorreram para que ela se incompatibilizasse com o coronel Hélio Ibiapina, que, então, se comprazia em humilhar não apenas os presos, mas também seus parentes. O coronel parecia levar consigo algum estigma de complexo de superioridade, talvez por ter visto o pai ser assassinado na condição de autoridade policial no Ceará.

Certa feita, após reiterados pedidos para ver o marido, Regina Castro foi recebida pelo coronel Ibiapina diante de várias pessoas. Sabedor de que se tratava da mulher de Julião, como sempre fazia com as demais pessoas, começou a bradar. Ela não se intimidou e reagiu com denodada coragem e determinação aos argumentos do militar carcereiro:

– A senhora sabe que se dependesse de mim sua filha não tinha mais pai vivo? – gritou o coronel Ibiapina.

– Ainda bem que não depende do senhor.

– Você já viu revolução que não mata ninguém? Olhe, viu o que aconteceu na Indonésia? Todos os inimigos da revolução foram fuzilados no "paredão". Aqui sequer tem paredão. Aqui entra logo jornalista, advogado... A senhora é de onde?

– Sou carioca.

– Eu sou cearense. A senhora gosta de Pernambuco?

– Não.

– Por quê?

– Não posso gostar de um lugar onde as pessoas me tratam mal. Um lugar onde eu não posso ver o pai da minha filha; um lugar que não permite ao pai ver a filha recém-nascida...

Vendo que Regina era mulher corajosa e não se humilhava nem se intimidava diante daquela arrogante empáfia e de seu autoritarismo sem limites, o coronel mudou de tom e dirigiu-se para um homem que se achava próximo e também, há dias, aguardava a vez para ser atendido pelo coronel. O coitado parecia tremer de medo toda vez que o militar falava, exaltado, aos gritos. O coronel, de modo inesperado, virou-se para o homem e disse-lhe:

– Escuta aqui, você não quer trocar as suas calças pela saia dela, não? Ela parece não ter medo de mim...[133]

O constrangimento cresceu na sala de audiências do coronel. Quem ousaria contraditá-lo?

Depois do encontro de Regina com Ibiapina, os desdobramentos em relação à incomunicabilidade de Julião ganharam outra dimensão. O regime carcerário foi, de certo modo, atenuado, mas não quebrado. Além do leite levado por Zita todos os dias, Sebastião Cirilo Arruda de Paula, o Tão, irmão mais velho de Julião, também obteve autorização para, vez por outra, levar frutas, sempre às quartas-feiras, no mesmo horário em que Regina levava Isabela, reduzindo, assim, o seu tempo junto ao marido. Regina não gostou e argumentou perante a autoridade que, na qualidade de mulher do preso e mãe da filha recém-nascida, não poderia permitir tal fato. O oficial concordou. A providência irritou profundamente Tão. Resultado: os dois se desentenderam de tal sorte, que se rompeu para sempre o bom relacionamento existente entre Regina e os parentes de Julião.

148. PROFISSÃO DE FÉ

Na denúncia oferecida pelo promotor da 7ª Região Militar, Julião foi qualificado como marxista-leninista confesso, ligado ao governo cubano, de quem, segundo a promotoria, era o representante para a revolução no Nordeste. Ao lado disso, desdobravam-se acusações genéricas, como, por exemplo, ser o fundador das Ligas Camponesas; ter recorrido a linguagem extremamente violenta quando apoiou sua campanha no lema "reforma agrária na lei ou na marra"; fomentar a organização de guerrilhas; isolar politicamente os Estados Unidos no âmbito da América Latina etc.

O promotor, no entanto, em determinado momento, talvez esquecido do conteúdo das acusações formuladas, afirmou ter o ex-deputado criado com sua atuação "uma legião de descontentes e revoltados, particularmente no Nordeste, capaz de ter levado o país a uma verdadeira convulsão, cousa que só não aconteceu porque o crescimento das Ligas Camponesas não chegou a ter organização capaz de permitir ação em profundidade".[134]

Citou, ainda, a autoridade denunciante frase atribuída ao ministro João Mangabeira a respeito do líder dos camponeses: "Não é um canalha; é um Savonarola doido para cair na fogueira."[135] A frase, conforme se observa, poderia servir a outras interpretações, como a daqueles que viam Julião como líder decidido a enfrentar as mais duras adversidades, inclusive, se preciso fosse, o sacrifício. Concluiu afirmando que o denunciado incidira em quase todos os artigos da Lei de Segurança Nacional.

Dentre os inquéritos policiais-militares instaurados contra Julião – mais de uma dezena – o da 7ª Região Militar, do Recife, talvez tenha sido o mais importante (e até norteador dos demais), porque Pernambuco constituía-se no principal cenário de suas atividades políticas. Na semana anterior – em 22 e 23 de setembro – fora levado à Delegacia Auxiliar da Secretaria de Segurança a fim de prestar depoimento. As acusações se assemelhavam às oferecidas pela auditoria militar. Em seguida, retornou à cela da 2ª Companhia de Guarda, do IV Exército.

Curioso o destino dos interrogatórios políticos no curso da história. Via de regra, não resistem ao tempo e desaparecem, inclusive como memória. Pouco se salva deles. Por isso, os vencidos de hoje podem transformar-se nos vitoriosos de amanhã.

Pensando nisso, Julião anotou em seu diário de cárcere, na Fortaleza de Santa Cruz, no Rio, reflexão sobre o tema dos interrogatórios e seu destino diante da história:

> Mas volto aos IPMs. E indago: em que acabará toda essa montanha de papéis ensopados pelas lágrimas e pelo sangue de tantos filhos teus?

Já é tempo de se analisar todo esse acervo de vexames, crueldades, incongruências e disparates com que o primarismo predomina, a inteligência se afoga, os recalques se exacerbam, o sadismo vem à tona, sob o pretexto de se punir a corrupção e a subversão, quando todo mundo sabe que a história dos regimes que se alicerçam na exploração da maioria pela minoria e das nações fracas pelas fortes é a própria história da corrupção, como não há mais quem desconheça que a salvação é o inconformismo do povo reprimido em suas mais legítimas aspirações, é o desafio, e a tirania, e a energia acumulada que, cedo ou tarde, se arrebenta, conduzindo à revolução. [...] Pelo questionário desses IPMs, percebe-se, desde logo, que a sua maioria revela uma face hedionda, teratológica, de monstruoso, merecendo, por isso mesmo, a morte piedosa, antes que se arraste pela via-crúcis dos sumários, exibindo os aleijões.

"É o que pude constatar no curso de mais de um ano de peregrinação forçada por oito calabouços, levando o coração sempre trancado para o ódio, mas aberto, inteiramente aberto, dia e noite, ao grande amor que te devoto, pátria minha, a ti, aos humildes e à humanidade.[136]

No IPM em que ele começava a depor não se arrolou nenhuma prova de haver sido o responsável pela prática de crimes considerados ofensivos à segurança nacional. As acusações giravam em torno de afirmações genéricas. Acusavam-no de ter recebido fundos do governo cubano, mas faltavam provas; a profissão de fé marxista-leninista, declarada como gravíssima, alinhava-se no rol das garantias constitucionais traduzidas no direito ao livre pensamento; a organização de guerrilhas nos campos de vários estados, apesar de vinculada a seu nome pelos inimigos políticos, na verdade tinha origem e responsabilidade em outras pessoas integrantes de correntes dissidentes dentro do próprio movimento camponês, as quais Julião não conseguira demover de tais propósitos.

Diante dessas considerações, quando ele foi levado a depor no inquérito policial-militar – depois de mais de cinco meses de espera no cárcere da Segunda Companhia de Guardas –, ao ouvir o libelo que pesava contra ele, naquele 5 de outubro, não teve outra opção: apresentou, como defesa, argumentos também genéricos. Falou não apenas para o oficial inquiridor, o escrivão e as duas testemunhas escolhidas, mas para as futuras gerações. Em verdade, aquelas autoridades militares ouviram não a defesa do acusado como infrator de quase todos os crimes tipificados na Lei de Segurança Nacional, mas a declaração de sua profissão de fé. Não foi depoimento, mas discurso proferido a uma plateia oculta. Em resumo, abrangeu os mais significativos momentos de sua vida, desde a formação acadêmica até a advocacia, as atividades de político e de reformador social. Finalizou com as seguintes conclusões:

> Que o depoente admite erros e excessos verificados no curso de todos esses anos, variando, nessa ou naquela região, de acordo com a maior ou menor tensão social e segundo o temperamento ou a orientação pessoal dada pelas mais diversas lideranças que procuravam se afirmar diante de uma questão que apaixonou todo o Brasil; que, muito cedo ainda, para se aquilatar da justeza ou não dos métodos e processos adotados pelo depoente, a fim de pôr diante da nação um problema da maior gravidade e importância para o seu próprio destino de país civilizado, tal seja o da mudança radical de sua estrutura agrária; que, através de pronunciamentos e trabalhos firmados de seu próprio punho, o depoente circunscreve a sua ação política e o seu trabalho de agitador social, devendo correr por conta de quem tenha ultrapassado os limites da sua pregação a responsabilidade pelos atos que, aqui e ali, possam ser considerados como danosos à própria marcha em favor da redenção do homem do campo; que o depoente exprime, finalmente, a sua convicção de que seja qual for o governo que se constitua no Brasil, ele terá de romper os mais duros obstáculos e recorrer, talvez, a um processo violento para conter o egoísmo e a insensibilidade da esmagadora maioria dos latifundiários, a fim de fazer uma reforma agrária capaz de tirar da condição sub-humana em que ainda vivem 12 milhões de famílias camponesas em nossa pátria.[137]

149. ILUSTRE COMPANHEIRO DE CELA

Terminada a fase dos interrogatórios no quartel da 2ª Companhia de Guardas, do IV Exército, onde passou quarenta dias em solitária, sob rigorosa incomunicabilidade, as autoridades militares transferiram Julião para o quartel dos Bombeiros do Recife. A nova cela oferecia melhores condições de higiene e de iluminação, mas persistiam as medidas de incomunicabilidade. As restrições estendiam-se às visitas de parentes, amigos e até de advogados legalmente constituídos. Apesar do rigor, continuava a autorização para os parentes levarem a quota de leite diário e, depois de graves problemas decorrentes da inadaptação com a alimentação do quartel, permitiu-se a entrada do almoço preparado na residência da irmã.

A presença de um companheiro de cela também se constituiu em fato auspicioso: tratava-se do amigo Miguel Arraes. A amizade dos dois políticos era antiga, circunstância que Julião reconheceu no exílio.

> Sempre tivemos relações pessoais cordiais. Estivemos juntos na Assembleia Legislativa e quando foi prefeito esse relacionamento continuou. É evidente que eu tinha as mãos muito mais livres do que ele, que como prefeito era do Executivo, tinha que ser mais concreto nas coisas. Daí às vezes haver choques porque eu queria avançar mais, tinha uma postura mais radical do que Arraes. Eu estava mais ligado ao problema do camponês e Arraes aos problemas da cidade. Mas nunca tivemos choques que pudessem nos separar. Ele era nacionalista, progressista, com visão definida dos problemas do Nordeste, com experiência de administração, porque tinha sido secretário de Fazenda de Cid Sampaio e trabalhara durante muitos anos no Instituto do Açúcar e do Álcool (IAA). Era um bom financista. Nossas diferenças foram totalmente liquidadas nos seis meses que passamos frequentando a mesma prisão. Foram seis meses de conversa (*Pasquim*, 5/1/1979).

As diferenças aludidas, em verdade, podem ter sido resolvidas, mas apenas naquele momento da vida dos dois políticos. No retorno do exílio, após a anistia de 1979, as diferenças recrudesceram. No plano mais geral, ainda durante os preparativos do retorno ao Brasil, já se notavam os diferentes caminhos seguidos por ambos: Julião aderiu ao projeto político do trabalhismo de Brizola, enquanto Arraes, após ensaiar apoio ao Partido Movimento Democrático Brasileiro (PMDB), filiou-se ao PSB, antigo partido de Julião. Isso, porém, não impediu explícita adesão ou apoio ao programa político do Partido dos Trabalhadores (PT), sob o comando de Luiz Inácio Lula da Silva.

Um dia, quando ainda estava na companhia de Julião no presídio do Corpo de Bombeiros, Arraes foi levado ao Rio para depor na Fortaleza de Santa Cruz no processo do Iseb. Ao ser indagado pelo coronel encarregado do IPM sobre seu relacionamento com Julião, disse:

> (...) que o conheceu na Assembleia Legislativa, quando deputado, juntamente com o depoente, eleitos em legendas diferentes; que, nessa época, já existiam as Ligas Camponesas, que se dedicavam a defender, em juízo, os posseiros e pequenos sitiantes; que as atividades do ex-deputado Julião foram apuradas em processo instaurado em Pernambuco e suas posições políticas estão contidas em várias publicações; que durante o governo do depoente as ligas, cujos membros eram, também, em muitos casos, associados e até dirigentes de sindicatos, eleitos nos termos da legislação própria, atuavam juntamente com esses, mantendo, em alguns casos, associações diferentes; que os únicos casos dignos de registro, em 1963, são os do Engenho Coqueiro, no município de Vitória, invadido por camponeses das ligas, e o do Engenho Serra; que o então deputado Julião procurou o depoente para declarar que não se tratava de ação sua e que reprovava a ocupação das terras; que compareceu, juntamente com o depoente, ao Engenho Coqueiro, de onde os camponeses foram pacificamente desalojados, conforme consta do noticiário da época; que no caso do Engenho Serra o depoente fez cumprir decisão judicial que despejava os ocupantes, apesar do protesto dos trabalhadores, como consta do noticiário de então, intercomunicação que encaminhou ao presidente do Tribunal de Justiça do estado; que nesse segundo caso o ex-deputado Julião não teve interferência, pois estava ausente do estado.[138]

Como se observa nos pronunciamentos de Arraes sobre Julião, houve cauteloso silêncio em relação a qualquer julgamento de atitudes políticas ou ideológicas. Prevalecia a indefinição. Já os pronunciamentos de Julião sobre o governador, ao contrário, sempre estiveram marcados pela sinceridade e até pelo julgamento de suas atitudes políticas ou ideológicas, sem nenhum subterfúgio. Isso pode ser comprovado em diversas cartas, entrevistas e outros documentos divulgados pela imprensa.

Julião chegou a manifestar mágoa pela insensibilidade de Arraes em episódio ocorrido ainda no tempo em que compartilharam da mesma cela no quartel do Corpo de Bombeiros recifense. É que Julião, por conhecer e dominar a língua francesa, ajudou, de bom grado, Arraes na tradução do livro *A mistificação das massas pela propaganda política*, de Serge Tchakhotine, publicado em 1967. Arraes, porém, foi incapaz de fazer qualquer registro de agradecimento ao generoso esforço do amigo. Esse gesto de ingratidão, no entanto, não foi suficiente para caracterizar rompimento pessoal da sólida amizade existente entre eles.[139]

Por falar nesse tipo de colaboração, fato assemelhado ocorreu com Julião e Clodomir Morais, porém com desenlace diferente. Quando a Editora Civilização Brasileira criou a coleção Cadernos do Povo Brasileiro, os editores responsáveis, Álvaro Vieira Pinto e Ênio Silveira, decidiram que os primeiros títulos publicados seriam encomendados a professores do Iseb: *Quem é o povo no Brasil?*, de Nelson Werneck Sodré; *Quem faz as leis no Brasil?*, de Osny Duarte Pereira; *Por que os ricos não fazem greve?*, de Álvaro Vieira Pinto; e, *Quem dará o golpe no Brasil?*, de Wanderley Guilherme; o quinto, *Que são as Ligas Camponesas?*, coube a Julião. Decidiram, ainda, que o primeiro a ser publicado seria o livro de Julião.

Com claro senso de humor, o escritor Osny Duarte Pereira assim explicou o nascimento da famosa coleção por ele dirigida:

> Os quatro cadernos dos professores do Iseb encontravam-se prontos, porém as múltiplas conferências, entrevistas e tarefas políticas de Francisco Julião impediram-no de cumprir a promessa de escrever o caderno inicial. O projeto ia-se retardando, até que fomos incumbidos de "prender Julião em cárcere privado", escondê-lo em nossa residência e compeli-lo a escrever o caderno *Que são as Ligas Camponesas?*
>
> Julião aceitou a "ordem de prisão" e recolheu-se à nossa residência, no Alto da Boa Vista, acompanhado por Clodomir Santos de Morais, então advogado em Pernambuco com ativa participação nas lutas camponesas,

encarregado de capturá-lo. Alojei-os no porão habitável da casa, onde mantinha escritório, para escrever sem interrupções. Desde logo Julião foi descoberto por jornalistas, inclusive internacionais. Enquanto a agitação com câmeras de televisão e microfones se processava no jardim, as tarefas do caderno iam passando para as laudas, redigidas ora por Clodomir ora por Julião.

Infelizmente o professor Álvaro Vieira Pinto entendeu não mencionar a parceria com Julião e por isso não aparece, no Cadernos do Povo Brasileiro nº 1, a coautoria daquele competente profissional. Nos dias em que convivemos, as refeições eram partilhadas com nossa família (esposa, filhos, sobrinhos e amiguinhos). Todos se divertiam com as histórias que Clodomir adicionava ao cardápio e estabeleceu-se um relacionamento que perdura por mais de trinta anos (Morais, 1997:II-III).

Como vimos, a omissão da parceria com Morais foi decisão de responsabilidade do diretor da coleção, naturalmente por levar em conta motivos editoriais. E não só editoriais, cremos. Qualquer leitor das obras de Julião e de Morais, ao cabo de pouco tempo, notará extraordinária distância entre os dois estilos. O texto de *Que são as Ligas Camponesas?*, do começo ao fim, aparece dominado pela força e pelo tom inconfundíveis do fôlego e estilo de Julião. A colaboração deve ter se dado noutros níveis, mas não na redação final.

150. JULIÃO NA MASMORRA DA FORTALEZA DE SANTA CRUZ

Em 9 de dezembro de 1964, o juiz da 5ª Vara Criminal do Recife, Alcebíades Medeiros de Siqueira Campos, depois de examinar os autos do processo em que Julião se achava denunciado, por haver infringido a Lei de Segurança do Estado, resolveu, após sete meses de cárcere, expedir alvará de soltura, mas obrigava-o a permanecer no Recife e a comparecer duas vezes por semana ao juízo.

A decisão judicial, no entanto, não foi cumprida. As autoridades militares entenderam que prevaleceria a decretação da prisão preventiva, por isso Julião deveria continuar preso à disposição do Conselho Permanente de Justiça do Exército (Auditoria da 7ª Região Militar – Recife). Aliás, esse mesmo conselho mantinha, ainda, Julião incomunicável, sem condições de avistar-se com seus advogados para preparar sua defesa – situação ilegal, mas vigorante até 27 de abril de 1965, data de interposição do primeiro *habeas corpus* perante o Superior Tribunal Militar.[140] Mesmo assim, havia a ressalva de que visitas só "em horas em que não ocorrerem prejuízos para os serviços da Unidade onde o indiciado está recolhido".[141] Essa ressalva, na prática, prejudicava os advogados, pois, de fato, ficavam à mercê da vontade do oficial de dia. Como veremos mais adiante, as impossibilidades das visitas, as humilhações passadas por advogados legalmente constituídos, falta de atendimento a pedidos de informações formulados pelo Supremo Tribunal Federal sofreram injustificados retardamentos ou, em certos casos, houve até extravio de documentos. Ademais, conforme argumentavam os militares, Julião, como indiciado, respondia a mais de dez inquéritos policiais-militares e aparecia citado nos demais como perigoso agitador social. Quatro deles se destacavam: o do Recife, instaurado na 7ª Região Militar; os do Rio (Grupo dos Onze, Iseb e o da 1ª Região Militar); e o de São Paulo, na 2ª Região Militar.

Julião foi levado pelas autoridades militares ao Rio em 13 de junho de 1965, escoltado por dois oficiais do Exército, em voo de linha comercial da Cruzeiro do Sul, a fim de prestar depoimento no inquérito policial-militar conhecido como Grupo dos Onze. Preso incomunicável no quartel do Batalhão de Polícia do Exército, ficou à disposição do coronel Osneli Martinelli, encarregado do IPM. Depois foi transferido para a Fortaleza de Santa Cruz, onde aguardou, por quase dois meses, as convocações das autoridades para prestar declarações nos demais inquéritos. Durante a permanência na fortaleza carioca, ele escreveu *Carta a um acusador* e *Adeus, Brasil*, importantes textos ainda inéditos que, juntamente com *Até quarta, Isabela*, devem constituir suas memórias de cárcere, livro, aliás, a ser organizado por este autor.

Carta a um acusador foi pensada e escrita como sua defesa perante o Superior Tribunal Militar. Em verdade, o texto não foi juntado aos autos do processo no qual figurava como acusador o procurador-geral da Justiça Militar Eraldo Gueiros Leite, seu contemporâneo de Faculdade de Direito do Recife, mais tarde nomeado governador "biônico" de Pernambuco. Nota-se na carta, além de forte dose de ironia, elevado respeito ao destinatário.

> Eraldo Gueiros: Se estivéssemos perante um Tribunal, você na sua condição de acusador e eu na de defensor, tratá-lo-ia por Vossa Excelência, como manda a boa ética e o regimento exige. Se entre nós houvesse aquela cerimônia que distancia as pessoas, ainda que pertinentes à mesma condição social ou categoria profissional, tratá-lo-ia por Vossa Senhoria. Como somos colegas, isto é, bacharéis em direito, e sempre cultivamos, desde que nos conhecemos, há mais de vinte anos, boas relações, tratá-lo-ei por você, como de hábito, esperando que a elevada função de procurador-geral da Justiça Militar com que foi agraciado pelo Golpe de Abril a isso não se contraponha.
>
> "Quero, desde logo, revelar que não somos amigos no sentido exato e rigoroso da palavra, de modo que você fica inteiramente à vontade para proceder conforme a sua consciência de acusador público: e se somos colegas, não é por culpa minha, mas da engrenagem da máquina, do sistema que não me permitiu cursar medicina com a frequência obrigatória às aulas, ao passo que como estudante de direito tinha dispensa de tempo para ganhar minha vida como modesto diretor de um colégio de meninos, em Olinda."[142]

Já em *Adeus, Brasil*, também escrito no mesmo calabouço da fortaleza carioca, Julião falou ao Brasil como entidade personificada. Despediu-se dele em uma carta repleta de antecipada saudade. Há, em todo o texto, a certeza de que o exílio se aproxima e ferirá profundamente o sentimento patriótico do filho ausente. O fato de ser forçado a deixar o Brasil, impedindo-o de exercer a liberdade de ir e vir, pode também ser traduzido pelo sentido das duas epígrafes apostas ao livro: "A liberdade se encontra inteira em cada um", de Simone de Beauvoir. A segunda, uma estrofe camoniana:

E ponde na cobiça um freio duro,
E na ambição também, que indignamente
Tomais mil vezes, e no torpe e escuro
Vício da história infame e urgente;
Porque essas honras vãs, esse ouro puro
Verdadeiro valor não dão à gente.
Melhor é merecê-los sem os ter,
Que possuí-los sem os merecer.[143]

A longa conversa de Julião com o Brasil inicia-se pela descrição de seu olhar ao entorno da baía de Guanabara, emblemático acidente geográfico que, ao longo de séculos, fascina a todos quantos chegam ao Rio por mar, terra ou ar. Escreveu:

> Quando tiveres a notícia deste meu adeus e de todas as outras coisas que te deixo com ele, já não estarei mais respirando os teus ares nem vendo pela nesga do céu que uma janela alta e gradeada me oferece a lenta procissão das estrelas.
> Escrevo-te da Fortaleza de Santa Cruz, de uma masmorra ampla e úmida como o túmulo de Julieta.
> Fortaleza de Santa Cruz! Por que Santa Cruz? Quem foi o capitão ou o capelão luso que lhe deu esse nome? Não conheço a sua existência e nem tive acesso à biblioteca que aqui deve existir, como em outras unidades do Exército, para sabê-la das raras praças, cabos ou sargentos com quem me avisto no portão de sete palmos de largura e o dobro de altura, todo de barras de ferro tão grossas que desafiam a força de um mamute, para receber a caneca de café ou o prato de comida que me chega sempre enfeitado com uma melancólica banana d'água. Busquei, então, nas espessuras das grades que chegam a atingir mais de um metro, nas grades de ferro dobradas, uma por dentro e outra por fora e depois, quando me levaram para o primeiro banho de sol, no exame de outras celas que dão para o estreito pátio a que tenho acesso. Reconstitui – posso assim dizer – vértebra por vértebra e dente por dente.[144]

151. RATOS, FANTASMAS E ANJO BOM

As masmorras da Fortaleza de Santa Cruz – celas inóspitas e insalubres – foram, durante séculos, locais escolhidos para a prática de torturas e recolhimento dos condenados à morte. A depender do perfil psicológico do preso, a ida para uma delas poderia significar a mais dura provação ou forma de castigo.

No entanto, outros fatores concorriam para ampliar o suplício do isolamento nas masmorras, tais como o frio, a presença de insetos e ratos. Julião passou por quase todos eles. Primeiro o frio, pois ficou ali encarcerado mais de dois meses, exatamente no período de junho, julho e dias de agosto de 1965. Como se sabe, essa fase no Rio, conforme o rigor do inverno, talvez seja a mais fria do ano. Além disso, padeceu o suplício de conviver com ratos, animais que, em termos de ojeriza e pavor, em seu caso, só perdiam para as baratas. Os ratos dali, habitantes dos locais mais recônditos dos esgotos e das rochas da vetusta fortaleza, eram excepcionais, graúdos e bem alimentados. Também chamados de "ratos pretos" (*rattus rattus*), pertencentes à espécie de ratazana, eram também conhecidos como rato-de-telhado, rato-caseiro ou rato-inglês. No Nordeste, são os gabirus. Com eles persiste a triste memória de terem sido trazidos para a América do Sul pelos primeiros colonizadores espanhóis. Em áreas como as da velha fortaleza carioca, os ratos pretos mediam cerca de 40 cm, tinham cauda maior do que o comprimento da cabeça e do corpo, orelhas longas, quase sem pelos, e ostentavam pés sem membranas interdigitais. Constituíam sério perigo para a saúde por estar associados à epidemia de doenças graves como peste bubônica, tifo, toxoplasmose etc.

Não foi fácil para Julião contornar esse martírio adicional. Por isso, lamentou com assombro:

> O que mais me apavorou na Fortaleza foram os gabirus. Os ratos! Os ratos eram gigantescos. Eu nunca vi uns ratos tão grandes como aqueles. E eu fiquei apavorado com a ideia de que esses desgraçados conduzissem a pulga que é responsável pela peste. Eu tinha lido *A peste* e fiquei

apavorado. Mas observei que um gatinho, um gatinho que um rato daquele podia devorar, chegava muito espantado até a grade da cela... (FJ a FMIS, RJ, 12/7/1994).

Nesse dia, com a presença do tal gatinho, imediatamente Julião lembrou-se de que, por fim, aparecia ali o inimigo figadal das ratazanas. Passou, então, a cativar o felino e a alimentá-lo com rações do melhor de suas refeições. Como os gatos gostam mais dos locais do que de seus donos, aquele não arredou o pé dali. Assim, de certo modo, Julião afugentou os ratos e conseguiu dormir com tranquilidade na masmorra colonial.

152. O LAGARDE BRASILEIRO

Julião não alimentava a esperança de ser solto mediante *habeas corpus*. Fracassara a primeira tentativa perante o Superior Tribunal Militar (STM). Contra ele pesavam severas prevenções de alguns juízes. Enquanto outros políticos, em iguais condições, tiveram melhor sorte e conseguiram a liberdade mediante *habeas corpus* interpostos na mesma corte, ele continuava encontrando grandes dificuldades.

Pensara fazer contato com o famoso advogado Sobral Pinto, mas faltavam-lhe meios práticos e financeiros para arcar com tamanho ajuste.

Regina Castro preocupada com o estado de saúde do marido, um dia procurou Sobral Pinto e fez-lhe um apelo para defendê-lo. Fez mais: foi à imprensa e denunciou a dramática situação vivida pelo marido. A imagem que os juízes e auditores militares – e, de modo especial, os ministros integrantes do STM faziam de Julião – era bastante negativa. Para se ter uma ideia, bem antes dele, outros presos políticos, como Miguel Arraes e Gregório Bezerra, encontraram acolhida naquela corte. Arraes conseguiu quatro votos favoráveis e Gregório, três, enquanto Julião obteve apenas o do general Peri Beviláqua, que sempre votava a favor de qualquer preso político, quando ficasse provado esgotamento do prazo de permanência do preso no cárcere, sem a necessária formulação da denúncia. Defendia o general a tese de que as prisões não poderiam prolongar-se indefinidamente.

Sabendo disso, Regina dirigiu-lhe, pela imprensa, um apelo:

> ... o general poderia dar uma incerta na Fortaleza de Santa Cruz e ver de perto as condições carcerárias a que se encontrava submetido seu marido. A senhora Regina Castro, que é advogada, informou que Julião sofre de pressão baixa e seu estado de saúde poderia agravar-se, uma vez que se encontra preso incomunicável numa gruta de pedra úmida e destituída de meios higiênicos suportáveis. A advogada vai avistar-se ainda esta semana com o advogado Sobral Pinto (FSP, 24/1/1965).

Sobral Pinto, em verdade, até então, não se interessara por Julião, segundo diziam pessoas mais achegadas, por causa das ações de agitação social desenvolvidas pelo líder dos camponeses. Sua recusa se baseava em princípios éticos, vez que não defendia "carbonários" nem "incendiários". Nessa última categoria via o causídico não apenas o sentido mais amplo do termo, mas também o específico, isto é, o fato de ser Julião, conforme supunha o advogado, responsável por incêndios de canaviais, de propriedades etc.

Diante de todas essas ponderações, Julião resolveu escrever a Sobral Pinto uma carta. Abordou os mencionados aspectos e, entre outros argumentos, acrescentou:

> O sr. me lembra Lagarde.[145] Henry Robert, que li quando estudante ainda, há quase trinta anos, traça um magnífico retrato, em cores fortes, desse grande advogado francês. Lagarde nunca acusou ninguém. Foi sempre o defensor. Costumava repetir: "Je suis la d'efense." Defendeu a realeza na pessoa da frágil Maria Antonieta, cuja memória Stefan Zweig reabilita. Ela pagou bem caro, a mais romântica, talvez, de todas as rainhas, não porque fosse uma criatura má, mas porque servia, sem o sentir, a um sistema, o feudalismo, já condenado pela história. Ao defendê-la, Lagarde não via o sistema, porque ele também defendeu a burguesia e a plebe, mas a criatura humana, aquela que lera e se de-

batera com a impiedosa ironia de Voltaire, tanto quanto se encantara com o mundo de Rousseau, não percebendo, nem de longe, que ambos já forjaram, sem pressentir também, a lâmina afiada da guilhotina que fez rolar para a cesta meio milhão de cabeças, em nome da "Liberdade, da Igualdade e da Fraternidade.[146]

Certa manhã, Julião surpreendeu-se com o inesperado aviso do comandante da fortaleza: a chegada de uma visita especial. Não se tratava de nenhum fantasma nem do anjo pornográfico, como alguns denominavam o dramaturgo Nelson Rodrigues, que, dias antes, também de forma imprevista, fora visitá-lo. O autor de *Vestido de noiva* não fora à fortaleza especialmente para tal fim, mas para visitar o filho também encarcerado por motivos políticos. Chegara a Julião por deferência especial do comandante da fortaleza, coronel Joaquim Victorino Portela, que não viu nada demais em atender à curiosidade do dramaturgo: conhecer o líder das Ligas Camponesas. Além de conterrâneos, entre os dois haveria alguma afinidade ou aproximação maior?

Dessa vez, porém, tratava-se do advogado Heráclito Fontoura Sobral Pinto. Por fim, o grande causídico decidira conhecer de perto o agitador social Julião e ouvir, de viva voz, seus pontos de vista sobre os mais diferentes aspectos da realidade brasileira, inclusive detalhes sobre a suposta condição de "incendiário" de canaviais pernambucanos que lhe atribuíam.

Julião registrou o encontro em seu diário de cárcere:

> Veio ver-me hoje, 15 de julho, na minha Bastilha, cuja queda, ontem, a França e o mundo comemoraram juntos. Quanta ironia!
> Foi nosso primeiro encontro.
> Estava de roupa escura. "Anda sempre de preto", disse-me Eneida.
> Traz os cabelos brancos e lisos, mas o rosto é jovial e, nele, há dois olhos miúdos e negros que os óculos de grau forte não conseguiram esconder. Esses olhos têm chamas.
> As mãos são finas, bem-feitas e apertam com vigor.
> Entre nós dois há uma cruz fincada. Mas nela está o homem que ele quer redimir. E que eu também quero.[147]

Ao final do encontro veio a decisão do advogado: defenderia Julião perante o Supremo Tribunal Federal porque sua causa era justa e o faria por amor à justiça e de forma gratuita. Constatou, ainda, que o acusado era pobre e não dispunha de recursos para contratar advogado. Julião, agradecido com o gesto do causídico, anotou no diário:

> Temos também o nosso Lagarde. Temos o advogado Sobral Pinto. Ele já era grande, já era ele mesmo, uma cultura, um pensamento, uma filosofia, um caráter, desde quando se levantara em defesa de um homem, Prestes, de uma mulher, Olga (Benário), e de uma criança em gestação. O *habeas corpus* que escreveu no sombrio ano de 1935, na esperança de arrancar Olga das garras de Hitler, continua sendo uma das páginas mais comoventes, corajosas e tocantes dos grandes processos da história latino-americana. Assim como Lagarde não viu em Luis XVI nem em Maria Antonieta o sistema que ambos encarnavam, Sobral Pinto também não viu em Prestes nem em Olga a ortodoxia comunista. Por cima do cárcere onde se torturava e se matava e do túmulo que pedia vingança à imagem de pedra serena da Justiça.
> De lá para cá não teve mais necessidade de crescer. Já era grande. O Sobral Pinto de 35 é o mesmíssimo de 65. Não mudou. Apenas envelheceu. Como não muda nem envelhece o mourão da baraúna fincado na terra sertaneja.
> Com a mesma paixão de outrora, o mesmo amor à Justiça, toma hoje a causa dos nove chineses, integrantes de uma missão comercial acusados de espionagem, os quais foram defendidos com tanta tenacidade e tanto desassombro que assusta os seus melhores e mais devotados amigos. Nada quer deles, como não quis de Prestes. Basta a sua paixão. A sua sarça ardente. Não adora o bizarro, mas se expõe diante dos gentios. Poderia viver nadando em ouro, mas é um homem pobre.
> Esse homem é Cristo, porque não fica no meio-termo. É joia rara.
> Para o cristão verdadeiro, como para o marxista convicto, a virtude ou está de um lado ou está do outro. Não se divide ao meio. É como o amor. Como a amizade. No meio está o conchavão, a conciliação, o desarmamento dos espíritos, o "toma lá, dá cá", o "vamos e venhamos", todas essas coisas que se fazem contra o direito do mais fraco, da maioria sacrificada pela minoria astuta, que tanto usa o refrão como o chavão para que fique o ladrão.

Esse homem é cristão. Porque é radical. Não se acomoda, ao meio-termo de Aristóteles, mas se deixa devorar pela paixão de S. Paulo.[148]

Esse registro de Julião, feito sob o impacto da emoção de quem se sentia injustiçado, deve ter sido inspirado nos últimos dias vividos pela rainha Maria Antonieta, julgada pelo tribunal de exceção instaurado pela Convenção dos revolucionários de 1789, em Paris. Naqueles dias, a condenada, sem advogado, sem formalização de defesa prévia, enfrentara, de maneira estoica, todas as infâmias e os agravos assacados pelo acusador público Fouquier-Tinville, a fim de, o mais rapidamente possível, concluísse a peça processual que a levaria à guilhotina. O advogado Lagarde aceitou a defesa da rainha quase na véspera do julgamento do rumoroso processo viciado por fraudes e absurdos jurídicos, valendo-se apenas da extraordinária coragem moral com que enfrentou o todo-poderoso tribunal e a Convenção, dignificando, assim, não só o exercício da advocacia nos autos de ação processual em uma corte revolucionária, mas a memória de quem, mesmo sendo rainha, antes de tudo não passava de pessoa humana. Em tal cenário, a mulher sacrificada como vítima apenas era exposta à saciedade de vingança pública que grassava e contaminava a opinião do povo francês. Esse arranjo, que Stefan Zweig viu como "aparência externa de um processo", precisava ser bem urdido e representado num cenário propício à tragédia grega, como, de resto, ocorrera tantas vezes na vida real dos povos, porque, naquelas circunstâncias, "não se tratava de agarrar pela gola do casaco um pobre operário anônimo apanhado a gritar: 'Viva o rei!'" (Zweig, 1951:404).

Dezoito anos mais tarde, quando Sobral Pinto completou 90 anos e recebia justas homenagens de vários pontos do Brasil, Julião escreveu-lhe comovente carta, na qual recordava o primeiro encontro com o causídico e reiterava seu sincero agradecimento:

> Certa manhã o imenso portão de ferro, capaz de deter a fúria de um elefante, abriu-se para dar passagem à sua figura frágil, vestida de negro, com o seu impecável guarda-chuva. Eu relia *Dom Quixote*, que me despojava da solidão e me reacendia a chama da liberdade latente.

Percebi, desde o início de nosso diálogo, que o senhor viera tirar uma dúvida antes de aceitar a minha causa. É que a imagem que o senhor tinha do seu constituinte encarcerado era, até aquele momento, a de um pirômano. Os discípulos do dr. Göebels – "menti, menti, menti", dizia ele, "acabareis convencendo de que a mentira é a verdade" – transformaram o modesto defensor de camponês sem terra em incendiário de canaviais do Nordeste. Mas o senhor, que sabe ler fundo no coração dos homens, de tanto lidar com eles, rendeu-se à evidência, impetrou o *habeas corpus* e me restituiu legalmente às asas que me levaram a outro rincão do continente latino-americano. Ao recordar-lhe, em carta, esse episódio, o que viso, verdadeiramente, dr. Sobral Pinto, é acrescentar à gratidão que lhe devo o testemunho de um brasileiro a mais entre os milhares que receberam de suas mãos a prova real de seu humanismo cristão, exercido com aquela exaltação de que somente os justos são dotados.[149]

153. ALGEMADO NAS NUVENS

Dessa vez os depoimentos prestados por Julião na Fortaleza de Santa Cruz referiam-se a dois inquéritos policiais-militares: o do Iseb e o instaurado pela 1ª Região Militar.

Quanto ao primeiro inquérito, prestou depoimento em 6 de julho perante o coronel Gerson de Pina. As acusações limitavam-se ao fato de o líder dos camponeses ter feito conferência naquele instituto a convite de sua diretoria. Apesar de assunto tão específico, o coronel terminou fazendo completa devassa sobre a vida política de Julião, ao longo de demorado depoimento. Ao terminar, como declarou o coronel ao jornal *Folha de S. Paulo*, "... seu contato com Julião durante três horas e meia (permitiu-lhe chegar à conclusão) que, embora negativamente, o ex-parlamentar é muito mais firme em suas ideias do que muitos revolucionários" (FSP, 7/7/1965). Tal declaração causou profundo mal-estar entre os "revolucionários" mais radicais participantes do golpe militar. Como poderia um agitador social ser comparado a um militar revolucionário?

Talvez por isso os depoimentos subsequentes prestados em 2, 7 e 23 de julho no outro IPM, o instaurado pela 1ª Região Militar, presidido pelo coronel Albino Manoel da Costa, tenham sido mais rigorosos, com detalhada arguição sobre assuntos variados. Mais uma vez Julião aproveitou a oportunidade para reafirmar seus princípios políticos, morais e ideológicos no curso de todos os exaustivos depoimentos.

Terminada a fase dos depoimentos, em 28 de julho ele recebeu a informação de que, a qualquer momento, seria reconduzido, de avião, para o Recife, onde continuaria preso na cela do quartel do Corpo dos Bombeiros.

As autoridades responsáveis pela guarda e pelo transporte do preso, ao contrário da viagem anterior, escalaram dois policiais federais para acompanhá-lo. De tudo isso ele ficou sabendo, mas estranhou, em princípio, a escalação de dois policiais federais, e não oficiais do Exército. Por que tal mudança? Afinal, ele estava sob a custódia das Forças Armadas. Ademais, em nenhum momento de sua permanência nos cárceres, militares ou civis, esboçara qualquer reação de violência ou de desobediência ostensiva às normas carcerárias, circunstâncias que justificariam a adoção de tão rigorosa medida acautelatória.

Quando os agentes federais procederam à troca protocolar de documentação com as autoridades da fortaleza militar e o receberam na condição de encarregados de sua guarda e segurança, de imediato, sem nenhuma explicação, algemaram-no como se fossem conduzir não um preso político, ex-deputado, portador de diploma superior, líder nacionalmente conhecido, mas um perigoso marginal. Era, sem dúvida, desproporcional a humilhação imposta. Queriam feri-lo no mais baixo grau da ofensa moral. Atingiam-lhe a dignidade, a honra, a altivez. Mas seria mera provocação de espíritos ávidos por escarnecer de pessoa rendida e incapaz de esboçar a mínima reação ou o cumprimento de alguma regra ancorada em obsoleto regulamento carcerário? Àquelas autoridades não bastavam o encarceramento, as torturas físicas e psicológicas, os desconfortos das masmorras, as acusações inócuas e os interrogatórios repetitivos e intermináveis; era preciso também passar pelas degradantes algemas. Assim foi ele levado ao aeroporto do Galeão. Ali tomaria um

CÁRCERE (JUNHO 1964-DEZEMBRO 1965)

avião da Força Aérea Brasileira (FAB) com destino ao Recife. Nada de Caravelle da Cruzeiro, como ocorrera na viagem ao Rio.

Como a previsão de horário do voo não se cumpriu, Julião ficou no saguão do aeroporto, algemado, em companhia dos dois agentes durante horas, aguardando a confirmação de novo voo e exposto à execração pública. O curioso é que ele, mesmo algemado, não tinha liberdade para outros movimentos, pois, além dos dois agentes policiais armados e zelosos no cumprimento de seus deveres, também estava unido, por outra algema, ao braço de um dos policiais. Esse fato, pelo inusitado da imagem, aumentou o caráter ostensivo e violento da prisão. Quem não o conhecia, logo no primeiro golpe de vista perguntava: quem é? Aquilo chamou a atenção de todas as pessoas do saguão do aeroporto. Por tanto demorar a confirmação do voo da FAB, em determinado momento começaram a aparecer repórteres de alguns jornais, como *Folha de S. Paulo*, *Jornal do Brasil* e *Correio da Manhã*. Quando tentaram aproximar-se de Julião, os agentes anteciparam-se ao assédio e saíram do saguão, quase correndo, em direção à área restrita. Fugiram dos jornalistas. Um dos jornalistas, porém, aos gritos, ainda teve tempo de perguntar por que Julião seguia algemado como se fosse perigoso bandido. Mesmo de longe ele respondeu, também aos gritos, tentando levantar os braços presos às algemas, mostrando-as como se fossem um troféu:

– Isso é uma homenagem aos camponeses do Brasil!

O jornal *Folha de S. Paulo* estampou no dia seguinte:

> O ex-deputado Francisco Julião, ex-dirigente das Ligas Camponesas, seguiu hoje para o Recife. Estava preso na Fortaleza de Santa Cruz. Julião chegou ao aeroporto algemado, acompanhado de dois detetives do Departamento Federal de Segurança Pública. O antigo líder camponês pernambucano passou várias horas no aeroporto, aguardando que o avião que o levou para Pernambuco pudesse levantar voo, assim que melhorassem as condições do tempo (FSP, 28/7/1965).

Andando com dificuldade, por ter ao lado, também algemado a ele, o agente policial, por fim foi levado para dentro do avião de carga da

FAB. Não era fácil a movimentação dos dois homens unidos pela corrente das algemas e sob a observação do segundo agente. Acomodaram-se numa cadeira e atrás postou-se o segundo homem, atento a todos os movimentos.

O voo não foi tão tranquilo. Quando alcançou a região da Bahia, onde sempre sopram ventos fortes, formando correntes suscetíveis de provocar turbulências, o cargueiro da FAB começou a baixar de tal sorte que já era possível avistar os coqueiros. Julião, possuído por forte dose de humor, diante de tão preocupante situação, iniciou com o policial a seu lado o seguinte diálogo:

– Olha, esse avião vai cair!

– O senhor não diga uma desgraça dessa; eu sou casado, tenho um filho, estou metido nisso porque tenho que levar o senhor assim.

– Pois ele vai cair. E o senhor vai passar à história desse país como o homem que foi algemado com o deputado Francisco Julião. O senhor não acha que isso seria muito interessante, para o senhor, para sua família? Isso futuramente rende?

– Olha, meu amigo, eu creio em Deus, sou um homem que tenho amor à minha família, não faça um prognóstico desse.

– Pois olhe, esse negócio vai cair, repare, está na altura dos coqueiros... pelo menos mande desatar essas algemas. Acha que eu vou agora pular do avião? Seria um suicídio. Eu não faria isso.

– Ah, se dependesse de mim eu tirava imediatamente. Acho que é realmente uma coisa estúpida o senhor estar algemado comigo aqui, mas o companheiro que vai atrás é quem tem a chave. Eu não posso pedir a chave a ele. Ele deve ter instruções para não me entregar e se ele entregasse por uma questão de solidariedade, eu sei lá se não há outra pessoa aí pra vigiar nós dois. Então nós estaríamos complicados!" (FJ a FMIS, RJ, 12/7/1994).

Certa feita afirmou Julião que há militares e militares. Com isso ele queria dizer que não se pode generalizar a classe como se todos fossem homens destituídos de sensibilidade e outros fatores ligados ao civilismo e ao humanismo, mesmo nas suas concepções mais amplas. O ocorrido com ele, quando voltou ao quartel dos Bombeiros do Recife, algemado

CÁRCERE (JUNHO 1964-DEZEMBRO 1965)

e escoltado pelos dois agentes policiais, é a prova cabal da assertiva anterior, ou seja, há militares e militares...

Os agentes policiais e Julião, como de praxe, foram recebidos pelo oficial de dia, coronel Dutra, então comandante do Corpo de Bombeiros. Quando o oficial viu Julião entrar algemado, disse para os agentes:

– Aqui ele não entra! Eu não vou receber esse senhor algemado. Não se trata de um bandido! Eu não o recebo na minha companhia. Eu não recebo esse homem algemado! Ou tiram as algemas ou não entra!

Assustados, os agentes cuidaram de retirar as algemas. Primeiro, o agente que vinha solto meteu a mão no bolso, retirou a chave e soltou o colega algemado a Julião; depois, enquanto o colega levantava os braços em sinal de alívio, abriu as algemas do preso. Em seguida, passado o constrangimento inicial, o coronel acrescentou para Julião:

– O senhor não é meu prisioneiro. Não se considere meu prisioneiro aqui, na Companhia dos Bombeiros!

Ainda no cárcere recifense, dias depois, Julião escreveu o poema *Algemas*, reflexo do trauma causado pela inusitada experiência de ter viajado, do Rio ao Recife, algemado a outro homem:

> As algemas estão presas aos meus pulsos
> E o aço inoxidável das algemas
> É o aço dos canhões
> Que os altos-fornos fabricaram
> Com o mais puro manganês do Amapá.

Ao pressentir que a liberdade, por fim, poderia surgir mais cedo, também escreveu longo poema à liberdade:

> Todos falam em liberdade.
> Os que não a têm para tê-la;
> Os que a têm para mantê-la.

Esses poemas e outras anotações manuscritas em caderno conservado por Julião no cárcere do Corpo dos Bombeiros foram, curiosamente, salvos pela burocracia. Expliquemos. Quando o delegado auxiliar do Dops, Álvaro da Costa Lima foi autorizado pelos militares a conduzir Julião para depor em sua delegacia, em inquérito policial, aproveitou a oportunidade e ordenou a seus agentes que procedessem "devassa" ou "busca" nos pertences pessoais do preso. Entre os bens apreendidos estava o caderno de anotações mencionado pelo delegado Costa Lima como "um livro manuscrito (diário)", conforme ofício[150] enviado ao todo-poderoso coronel Ibiapina. Essa iniciativa do delegado auxiliar talvez só se justificasse pelo afã de agradar ao militar ou, quem sabe?, mostrar serviço. Antes, porém, de o delegado providenciar a remessa do caderno, determinou que um de seus auxiliares copiasse todo o conteúdo, para, em seguida, juntar a cópia ao prontuário policial de Julião. Assim, embora o original tenha ficado em poder de Ibiapina, a cópia foi salva pelo excesso de zelo burocrático.

154. PROIBIÇÃO DE *ATÉ QUARTA, ISABELA*

O livro *Até quarta, Isabela*, escrito no cárcere, em condições extremas e adversas, em forma de carta endereçada à filha recém-nascida, está prenhe de verdade e poesia. Verdade por caracterizar o amor paternal à filha ainda não conhecida, tomada como fonte de inspiração e, ao mesmo tempo, de emoções e paixões, e pela captação do realismo vivido intensamente no cárcere. Poesia porque o autor não só conseguiu imprimir ao texto o sentimento do pai ferido pela separação imposta pela incomunicabilidade do recolhimento à solitária, mas também porque o aproveitou como situação capaz de simbolizar o amor pela humanidade, ou pela imagem da filha Isabela, por quem Julião estava disposto a dar tudo de si. Há, em toda a carta, fervor patriótico e exaltação de ideias suficientes para justificar a mensagem dessas memórias escritas no calor da hora e sob o impacto dos próprios acontecimentos, mas sempre sob o império do amor e da esperança.

Precaríssimas as condições iniciais para redação da carta, que o autor chamou também de testamento político. Os primeiros capítulos

CÁRCERE (JUNHO 1964-DEZEMBRO 1965)

escritos em folhas de papel com caligrafia miúda, a fim de render mais, após ter sido escondidos nos cueiros de Isabela por ocasião da primeira visita ao pai, têm algo de dramático e arriscado. Os demais capítulos, escritos em pedaços de papel milimetricamente dobrados e escondidos numa tampa de garrafa de leite, a fim de burlar a extrema vigilância dos militares, também aparecem magnetizados pelo poder de síntese, circunstância que empresta ao texto aquela coerência da essencialidade, justificando-se, assim, a presença de certo clima poético na prosa. Mais tarde, ao ser transferido para cela do quartel dos Bombeiros, Julião teve tempo para reorganizar e revisar todo o texto. O livro veio a público alguns meses após o golpe de 1964, pela Editora Civilização Brasileira, dirigida por Ênio Silveira, com tiragem elevada. De imediato, alcançou ampla repercussão nos mais diversos setores da sociedade.

À mensagem fundamental de amor e esperança no destino do povo brasileiro, a rigor, conforme diria 21 anos mais tarde, ao prefaciar nova edição, agregava ocultamente uma espécie de antídoto contra a possibilidade de ações desesperadas de resistência revolucionária da própria esquerda. Resumiu assim sua preocupação:

> Temia que um punhado de bravos tentasse contestar o regime militar mediante um foco de guerrilha sem base social em um ponto qualquer do Brasil, exacerbando a fúria dos fascistas incrustados nos quartéis e dando pretexto ao sacrifício inglório dos que, como eu, mantinham uma posição coerente de antagonismo à contrarrevolução vitoriosa. Afortunadamente essa minha suspeita não se concretizou senão muitos anos depois, quando as figuras principais da resistência política, estudantil e sindical já haviam tomado o caminho do exílio e da clandestinidade (Julião, 1986:8).

Meses depois da publicação do livro, o alto-comando dos generais golpistas colocou na pauta de reunião a necessidade urgente de proibir a distribuição e a venda de *Até quarta, Isabela*. Segundo transpirou na ocasião, um dos generais teria dito que não se podia menosprezar a força da mensagem contida no "livrinho", porque depois de passarem muitos anos conspirando a "revolução", não poderiam sofrer ameaças da mensagem de um "livrinho" daquele. Resultado: foi proibida a distribuição, a venda do livro em todo o território nacional e, ainda, a imediata apreensão de todos os exemplares existentes nas livrarias.

No Recife, um dia, Sindulfo Alcoforado de Almeida, tesoureiro da Secretaria de Segurança e cunhado de Julião (casado com Zita), viu sobre a mesa de trabalho do delegado auxiliar do Dops, Álvaro da Costa Lima, cerca de 45 exemplares de *Até quarta, Isabela* apreendidos pelos agentes policiais nas principais livrarias recifenses. Valendo-se da condição de servidor da secretaria e amigo do delegado, pediu para levar consigo alguns exemplares como lembrança. O delegado respondeu-lhe de pronto:

– Não pode levar nenhum, porque todos os exemplares já estão destinados às autoridades do governo. Há pedido até do governador!

Apesar de todas essas medidas excepcionais, o livro não deixou de circular. Dele as pessoas começaram a fazer cópias datilografadas[151] e mimeografadas. Outras milhares de cópias "piratas" foram vendidas a preço módico, com o objetivo de arrecadar fundos para sobrevivência de grupos engajados na resistência clandestina.

Assim, *Até quarta, Isabela* continuou a ser lido e distribuído de mão em mão entre amigos ou conhecidos.

155. *HABEAS CORPUS* DE SOBRAL PINTO E A LIBERDADE

Após quase um mês do encontro do advogado Sobral Pinto com Julião na masmorra da Fortaleza de Santa Cruz, no Rio, por fim, em 11 de agosto, o esperado *habeas corpus* foi ajuizado perante o STF.[152]

Os argumentos defendidos por Sobral Pinto, após historiar os principais antecedentes, baseavam-se na falta de provas de que seu cliente cometera os crimes arrolados pela acusação. Aliás, sobre tais acusações disse: "Não há na denúncia cousa alguma que com isso se pareça; nela só existem palavras vagas, imprecisas e genéricas."[153] O pedido fundamentou-se em dois pontos básicos: incompetência da Justiça Militar para apurar as atividades genéricas atribuídas ao ex-deputado na denúncia e excesso de prazo.

Nas fases de instrução dos autos dos *habeas corpus* interpostos no STM anteriormente e agora perante o STF, ficara comprovada a desobediência do encarregado do IPM recifense e do auditor militar da 7ª Região Militar em atender ao pedido de informações das Cortes superiores.

Tudo fazia crer tratar-se de propósito do coronel Hélio Ibiapina de procrastinar ao máximo a permanência de presos políticos nas dependências de seu quartel.

A negativa daquela autoridade militar em permitir qualquer contato de Julião com terceiros estendeu-se até a seus advogados. Exemplo de tamanho disparate está registrado nos autos do processo instaurado contra Julião pela 5ª Vara Criminal do Recife, quando o juiz Alcebíades Siqueira Campos foi obrigado a solicitar ao STF garantias "para poder prosseguir com o processo-crime instaurado contra o ex-deputado Francisco Julião". O magistrado paralisou a ação penal enquanto as autoridades militares não permitissem que os advogados encontrassem com o réu, a fim de preparar a defesa. "O juiz informou ao Supremo Tribunal Federal que, depois da denúncia, oficiou ao coronel Hélio Ibiapina, encarregado dos IPMs de Pernambuco, solicitando-lhe fosse posto à sua disposição o ex-deputado Francisco Julião" (FSP, 3/1/1965). O coronel, depois de injustificável demora, respondeu ao magistrado, porém, sem atendê-lo no essencial. Apenas alegou que o pedido deveria ser feito ao auditor da 7ª Região Militar, João Cavalcanti de Melo Azedo. Sua intenção era clara: queria somente adiar o julgamento do feito. O auditor militar, por sua vez, apesar de notificado pelo mesmo juiz, preferiu dar o silêncio por resposta.

Diante de tamanho desatino, o juiz Alcebíades voltou a formalizar reclamação junto ao STF, exigindo

> providências enérgicas e imediatas no sentido de ser restaurado o respeito e asseguradas as garantias a este Juízo, de modo a poder funcionar na forma da lei que rege a espécie, dando todas as oportunidades ao acusado de promover os termos de sua defesa, de acordo com os preceitos processuais e mandamentos da lei suprema do país (*ibidem*).

Essa má vontade da autoridade militar, compartilhada, nesse caso, pelo auditor militar recifense, não ocorreu apenas em relação ao processo instaurado pela 5ª Vara Criminal, mas também quanto ao andamento dos *habeas corpus* ajuizados no STM e até no STF. Em relação a este tribunal, as autoridades da auditoria militar recifense, após alegar não ter recebido os pedidos de informações, só em 15 de setembro, na impossibilidade de retardar ainda mais o envio das informações solicitadas pela corte suprema, dignaram-se a responder.

A propósito desses escusos procedimentos, estando o presidente Castelo Branco ciente de tudo, até da inclusão na pauta de julgamento do Supremo do *habeas corpus* de Julião, segundo informou Luís Viana Filho, o qual se

> arrastava a passo de cágado, o presidente externou aos generais Geisel e Golbery e a mim o profundo aborrecimento que lhe causavam aqueles inquéritos inconclusos e pelos quais, afinal, era ele o responsável. "Não passarei, porém, o cálice a ninguém", dissera então. E acrescentara: "Tenho até medo de porem no meu túmulo – IPM!" (Viana Filho, 1976:322).

Vencidas tais dificuldades burocráticas, por fim, em 27 de setembro, o feito foi levado a julgamento, tendo como relator o ministro Luiz Gallotti, o qual opinou pela não concessão do *habeas corpus,* fundamentado em idênticas razões esposadas pelos ministros do STM, quando negaram provimento a pedido semelhante em favor do mesmo paciente em 20 de maio. Entendera o tribunal que o excesso de prazo se justificava "devido o grande número de corréus. Na espécie, além de serem 38 os corréus, há a circunstância de que os fatos se estenderam por vários estados do Nordeste e foram ouvidos no IPM 984 pessoas".[154] Ao lado disso, o relator Gallotti aduziu, ainda, entre outros argumentos, o relevante fator da periculosidade de Julião, tido como "elemento intimamente ligado a Cuba, para onde viajava com frequência em busca de subsídios para sua ação subversiva e onde até hoje se encontram sua esposa e filha, adestrando-se na arte da guerrilha e trabalhando nas milícias cubanas".[155]

CÁRCERE (JUNHO 1964-DEZEMBRO 1965)

Essas informações sobre os parentes do ex-deputado, ampliadas pelo relator a grau de culpabilidade, concorreram, de maneira decisiva, para justificar seu voto. Elas foram tomadas como razão suficiente para considerar o paciente pessoa perigosa, afirmação já arrolada na denúncia do auditor militar, mesmo sem provas nos autos. Tais acusações, recordemos, vinham impressionando autoridades militares e até doutos julgadores. Em nenhum momento, porém, algum deles suspeitou de que, na prática, a exemplo do que fizera o relator, ministro Luiz Gallotti, em verdade, aplicavam vetusta e serôdia norma jurídica, inspirada mais nas conhecidas "leis das ordálias", nas quais a justeza da aplicação da pena dependia da vontade divina, e não do juízo formado por pessoa natural e investida das prerrogativas de juiz. Ademais, atribuir periculosidade a Julião por causa de possíveis ações praticadas por seus parentes, sem provas, lembrava o anacrônico critério de punibilidade adotado pelas Ordenações Filipinas (1603), quando era possível transferir a infâmia, sempre a critério do juiz, aos descendentes. A regra dizia: "E esta pena haverão pela maldade que seu pai cometeu. E o mesmo será nos netos somente, cujo avô cometeu o dito crime" (Livro V, título 6º, 13).

No Brasil de nosso tempo, em plena década de 1960, mesmo diante da absurda hipótese de serem verdadeiras as acusações, poderia o pai responder pelos atos praticados pelos filhos e pela esposa? Ou melhor, poderia o magistrado aplicar tal lógica para justificar a culpa do pai? Já se disse que os filhos de Julião, ainda adolescentes, haviam saído de Pernambuco para Cuba tangidos pelas constantes ameaças de sequestro e de morte de inimigos do movimento camponês. Em Havana, na condição de adolescentes, apenas estudavam na rede oficial de ensino.

Na sequência do julgamento do STF, o primeiro a proferir o voto foi o ministro Evandro Lins e Silva, o qual discordou do ministro relator e justificou:

> Ora, não considero motivo de força maior ou insuperável haver diversos réus num processo para a conclusão da instrução criminal, porque o legislador também previu isso. Não há processos apenas individuais, com um só acusado; há também processos coletivos, de muitos réus.

Isso, evidentemente, não é motivo insuperável para o efeito de protelar indefinidamente a prisão de alguém. Prisão preventiva não é condenação. No caso, o réu está preso há mais de dois anos.[156]

O eminente juiz desceu ainda mais fundo na sua argumentação e citou exemplo assombroso que, infelizmente, ainda perdura no âmbito da vida carcerária brasileira:

> Há poucos dias concedemos um *habeas corpus* (era caso de competência de júri) em que o réu estava preso havia 12 anos. Causou estarrecimento ao Tribunal que isso pudesse ter acontecido. De acordo com nossa jurisprudência, que tem sido interativa neste sentido, ninguém pode ficar preso por mais tempo do que determina a lei. Num caso desta natureza (de Julião), não me impressiona o personagem, a importância política que ele possa ter no cenário do país. O fato é que se trata de um cidadão como outro qualquer que tem direito às garantias constitucionais e legais. Assim, quanto a esse fundamento, concedo a ordem para determinar que o paciente responda em liberdade ao processo.[157]

Todos os demais ministros – Herman Lima, Victor Nunes Leal, Gonçalves de Oliveira e Vilas Boas – seguiram o voto de Evandro Lins e Silva. Ficou, portanto, rejeitado o voto do ministro relator e caracterizado o excesso de prazo na formação da culpa. Julião poderia, a partir de então, defender-se em liberdade de todos os processos instaurados contra ele. Restava-lhe, no entanto, uma vez livre do cárcere, decidir para onde ir: permanecer no Brasil e continuar a correr sérios riscos em sua liberdade ou exilar-se.

CAPÍTULO XI Exílio (1966-1979)

> *Da traição ninguém se livra! Quando um homem necessita de se esconder é porque já perdeu a liberdade! Aí começa o exílio; dentro ou fora da pátria, não importa onde, assim começa.*
>
> (Francisco Julião, Esperança é meu signo. Brasil 1964/19?? Memórias do exílio, 1978.)

156. O ACORDO SECRETO E O SONHO DA FUGA

Só anos mais tarde Julião confirmaria a existência de plano apoiado pelo presidente Castelo Branco no sentido de libertá-lo. O acordo foi possível após o advogado Sobral Pinto aceitar sua defesa e convencer-se de que o líder dos camponeses pugnava por bandeiras nacionalistas e socialistas afins ao cristianismo também defendidas pelo causídico. A libertação, no entanto, dependeria de uma condição: Julião deveria concordar em exilar-se 48 horas após o STF julgar o *habeas corpus* impetrado em seu favor e dar decisão favorável.

Nesse sentido, um segundo emissário de confiança do próprio presidente, o deputado Adauto Lúcio Cardoso, também amigo de Julião, compareceu secretamente à Fortaleza de Santa Cruz, a fim de confidenciar o interesse do governo. O mecanismo era simples: Castelo recomendaria a seus fiéis ministros do STF a concessão do *habeas corpus*.

Na verdade, o governo federal temia a permanência de Julião no Brasil, porque acirrava ainda mais a reação dos coronéis da "linha-dura", sobretudo os situados na área do IV Exército, insatisfeitos com as sinalizações legalistas e democráticas do presidente. Segundo eles, essa tendência poderia esvaziar os objetivos da "revolução". As versões sobre tais atitudes conciliadoras do presidente já corriam pelos quartéis e meios políticos e provocavam os mais diferentes juízos de avaliação do novo governo. Luis Viana Filho, um de seus principais ministros, registrou alguns:

E na primeira reunião do Ministério do novo governo, Castelo, contrariando conservadores que o haviam apoiado, anunciou a reforma agrária preconizada pelo ministro Roberto Campos. Ela seria um dos fulcros da política econômica do governo. Para Castelo representava também a realização da velha ideia (Viana Filho, 1976:321-323).

A propósito de reforma agrária, Castelo dispensava ao tema atenção especial. Ainda em 1962, em plena efervescência da campanha eleitoral pernambucana, na condição de comandante do IV Exército, ele participara de seminário sobre reforma agrária organizado pelo Instituto Joaquim Nabuco de Pesquisas Sociais, sob a presidência do sociólogo Gilberto Freyre. Àquele evento compareceram os principais líderes do movimento agrário, inclusive Julião, representando as Ligas Camponesas. Castelo ouviu todos com vivo interesse e, no fim, manifestou a opinião de que a reforma agrária era realmente inadiável.

Já em relação às atitudes do coronel Hélio Ibiapina, então à frente da 2ª Companhia de Guardas do IV Exército, responsável pelos principais inquéritos policiais-militares instaurados no Nordeste, Castelo foi mais incisivo e claro. Valendo-se da amizade com o coronel, inclusive por serem ambos cearenses, remeteu-lhe bilhete em que exigia explicações sobre as constantes denúncias de prática de torturas no âmbito do IV Exército. A certa altura, disse-lhe o presidente:

> Temos que arranjar uma base política para a Revolução, melhorar o câmbio, arrumar empréstimos, reorganizar tudo. O povo ainda, na sua parte pensante, nos espia, não tendo ainda nos dado um *apoio franco e indispensável*; o estudante se acha ainda distante da Revolução. *Cada episódio fora da lei é um passo atrás na opinião pública* (não é opinião pública demagógica) e uma restrição no estrangeiro... (grifo do próprio presidente) (*ibidem*).

Mesmo assim, os coronéis do IV Exército, à frente Ibiapina, secundados pelo núcleo de agentes lotados no Dops recifense, liderados pelo delegado auxiliar Álvaro da Costa Lima, ficaram insatisfeitos e, de certa forma, desapontados com a concessão do *habeas corpus* em favor de Julião. A decisão do STF em 27 de setembro os colheu de surpresa. Aliás, desde meses antes, em virtude da concessão da mesma medida em favor de Arraes e de Gregório Bezerra, eles vinham atuando no sentido de que Julião, considerado uma das mais expressivas figuras da esquerda, não conquistasse a liberdade. No entanto, não se deram por vencidos; passaram a agir imediatamente após a decisão do STF.

Os militares do IV Exército começaram a estudar a possibilidade de voltar a prender Julião antes de ele fugir ou se asilar em alguma embaixada. Alegavam que ele respondia, ainda, a outros inquéritos policiais-militares. Meses antes desobedeceram decisão judicial de juiz recifense que lhe concedera alvará de soltura para responder, em liberdade, aos processos nos quais era indiciado.

Os policiais civis seguiram a mesma diretriz. O delegado do Dops recifense, no dia seguinte à decisão favorável do STF, remeteu radiogramas aos departamentos congêneres do Rio de Janeiro, de Minas Gerais e de Brasília indagando se existia, naqueles estados, prisão preventiva decretada contra Julião.[158] Fez mais: determinou que seus agentes policiais, a partir daquela data, ficassem estacionados, de plantão, nas imediações do quartel do Corpo de Bombeiros e seguissem Julião desde o momento de sua libertação, a qualquer local para onde fosse. A finalidade, sem dúvida, era clara: assim que aparecesse alguma confirmação da existência de decretação de prisão preventiva contra ele, os agentes estariam em condições de prendê-lo imediatamente.

O serviço de informações do IV Exército, por sua vez, também mobilizou seus agentes e adotou as mesmas providências: acompanhavam de perto a movimentação do líder dos camponeses.

Apesar do caráter reservado de tais medidas, Julião, antes de sair do quartel, dispôs de informações privilegiadas a respeito dessas abstrusas providências dos militares e policiais do Dops. Aliás, ainda que tal vazamento não tivesse acontecido, a vigilância policial revelava-se ostensiva; portanto, era fácil vê-los em seus postos de observação.

Recebido o alvará de soltura expedido pelo auditor da 7ª Região Militar, em 29 de setembro, Julião dirigiu-se para a casa da irmã Maria

José, a Zita, no bairro do Engenho do Meio. Ali, de imediato, reuniu-se com a mulher Regina, parentes e alguns amigos fiéis para lhes comunicar o destino a tomar. A primeira decisão: escapar, imediatamente, do cerco policial. Para tanto, buscaria esconderijo mais seguro e, só então, com calma, avaliaria a situação. Não dispunha de mais tempo. Trinta anos após, ele recordaria:

> Ora, passou-se isso. Só tomei conhecimento de certos fatos muito tempo depois. Mas passou-se isso. Quando fosse posto em liberdade, recebi instruções para permanecer em Pernambuco no máximo 48 horas. Depois de 48 horas seria outra vez preso pelo IV Exército. Mas busquei uma maneira de escapar e de permanecer no Brasil. Com antecedência havíamos organizado um esquema para uma caminhonete que costumava vir ao Recife contratar a compra de madeira etc. Essa caminhonete me agarraria no aeroporto. Eu, disfarçado de macacão, como se fosse um funcionário lá do aeroporto. Mas o esquema falhou (FJ a FMIS, RJ, 12/7/1994).

Durante a madrugada, seus amigos constataram que todas as saídas da quadra residencial estavam tomadas por atentos agentes. Na casa onde Julião permanecia ninguém dormira naquela noite. Não havia possibilidade de fugir dali sem ser seguido. Por isso, Julião passou a considerar e a discutir a segunda opção: ceder à sugestão do governo e seguir, sem demora, para o Rio, a fim de buscar embaixada de país amigo para asilar-se.

157. VIAGEM AO RIO E A BUSCA DE ASILO

Nas primeiras horas da manhã de 30 de setembro Julião mandou comprar passagens aéreas para o Rio. No mesmo dia, acompanhado de Regina e de alguns amigos íntimos, dirigiu-se ao aeroporto. O esquema de vigilância montado pelos órgãos de segurança continuava de pé: seus passos, na prática, eram controlados como se fosse fugitivo, e não homem livre.

EXÍLIO (1966-1979)

No trajeto para o aeroporto dos Guararapes, os agentes de segurança da Polícia Civil e do Exército seguiram de perto, em caravana ostensiva. Ali também monitoraram seus passos: andavam a seu lado, falavam baixo com os funcionários do aeroporto e com os da companhia de aviação. Num dado momento, todos os preparativos da vigem pareciam resolvidos. Quando Julião e sua mulher caminhavam para a porta de embarque, surgiu o impasse: os agentes adiantaram-se aos funcionários do aeroporto e impediram o embarque de Regina no mesmo avião do marido. A única justificativa soou como simples evasiva: não podia ir por questão de segurança.

A medida era absurda e arbitrária. Contra Regina não existia nenhuma pendência com a justiça ou com a polícia. Revoltado, Julião protestou, recusou-se a embarcar sem a mulher e exigiu maiores explicações dos superiores dos agentes. Depois de vários contatos telefônicos dos agentes com seus chefes, permitiram o embarque, mas com uma ressalva: recomendaram ao comandante do avião que Julião e a mulher não poderiam descer na escala de Salvador, só no Rio. E assim aconteceu. Dessa forma, os agentes teriam tempo suficiente de comunicar a seus colegas do Rio que deveriam monitorar os passos de Julião naquela cidade.

Ao descer do avião, o líder dos camponeses foi abordado por oficial da Casa Militar do governador Carlos Lacerda. Disse-lhe o militar que as portas da cidade estavam abertas para ele e adiantou, ainda, que, por questão de segurança, ele seria seguido por veículo com agentes até seu destino. Apesar do gesto amistoso e da lhaneza revelados pelo oficial, a recepção e o aviso pareceram estranhos a Julião: se lhe estavam franqueadas as portas da cidade, por que a ostensiva presença de agentes policiais ao seu redor?

Diante de tais circunstâncias, não poderia perder tempo nem confiar nas aparentes boas intenções de Lacerda. Por que aquilo acontecia? A questão poderia ser política. Dias antes, quando a campanha para governador da Guanabara ganhara corpo, apresentara-se uma anomalia não prevista por Lacerda: o presidente Castelo Branco preferira apoiar Francisco Negrão de Lima, candidato de oposição aos udenistas. Escolha dura para Lacerda, pois se considerava amigo íntimo de Castelo, inclusive durante todas as gestões conspirativas do golpe militar. A situação afigurava-se mais inusitada porque Negrão vinha sendo apoiado por forças egressas do PSD, de Juscelino, ao qual se aliaram o PTB, de Jango e o PCB, de Prestes, combatidos com virulência por Lacerda como forças responsáveis pelo caos econômico e a instauração da anarquia social.

Essa armação política não se dera por acaso. Fora, sem dúvida, bem arquitetada pelo presidente. Com certeza, ele raciocinara que, àquela altura, os inimigos a combater não eram mais Jango, destituído do poder e exilado no Uruguai, nem Juscelino, desmoralizado e sem nenhuma possibilidade de reunificar suas forças políticas esfaceladas; o maior inimigo era a ambição desenfreada de Lacerda pela Presidência. Para tanto, saíra vitorioso na convenção feita pelos delegados da UDN para as eleições de outubro de 1965 em oposição a Juscelino, também indicado pelo PSD.

Lacerda pressentiu tarde a sutil manobra de Castelo Branco. Nada pôde fazer, a não ser partir para os ataques de sempre veiculados pelo jornal *Tribuna da Imprensa*, de sua propriedade. Com ele ficaram alguns militares de linha-dura e de corte fascista, descontentes também com as concessões do presidente aos derrotados pelo golpe. A reação de Castelo não tardou: mandou para a reserva boa parte dos oficiais que apoiavam o governador. Por isso, em certo momento, a polícia de Lacerda, antes de entregar o poder a Negrão, aparentemente ficara menos ofensiva e dócil com os "derrotados da famigerada esquerda".

Essa situação, porém, logo mudou. O governo de Castelo Branco, ao decidir acabar de vez com os partidos políticos, na verdade apenas evitou que dali para frente ocorresse a possibilidade de governadores, mediante voto secreto, direto e universal, pudessem reeleger-se. Lacerda foi o pretexto. Nesse sentido, a campanha desencadeada pelo governador carioca contra o governo federal, de certa forma, concorreu para acelerar o surgimento de atos institucionais. Assim, ficava explicado por que, nos primeiros dias, Julião não foi preso ou molestado pela polícia de Lacerda, mas apenas seguido.

Logo depois do confronto eleitoral, com a derrota do candidato de Lacerda a governador e a eleição de Negrão, o tempo mudou. Tudo se tornou escuro e sombrio. Recomeçou a caça às bruxas com a costumeira ferocidade. Consequência: Julião teve de cair, outra vez, na clandestinidade, a fim de escapar dos serviços de inteligência controlados pelos coronéis da linha-dura.

Após deixar Regina e a filha Isabela na casa da mãe, onde já se encontravam os outros dois filhos, Togo e Fernanda, sem perda de tempo dirigiu-se, sozinho, à embaixada da Iugoslávia, país pertencente ao bloco socialista. Ali pelo menos havia razão de ordem política para alcançar bom êxito. Embora, naquele tempo, o marechal Tito e Fidel Castro vivessem em conflito por causa de questiúnculas ideológicas, imaginava ele que isso jamais poderia provocar profundos e incontornáveis abismos entre os dois países. Em nenhum momento admitiu que seu bom relacionamento com Fidel influenciasse na decisão das autoridades diplomáticas iugoslavas.

Ao chegar à embaixada, depois de certa demora protocolar, foi recebido pelo secretário encarregado do encaminhamento do pedido de asilo. No meio da conversa, sem rodeios, sem a menor cerimônia, disse o diplomata iugoslavo:

– O senhor aqui é *persona non grata*. Por isso, nós não lhe daremos asilo político. O senhor tem uma hora para deixar a embaixada; se não o fizer, chamaremos a polícia de Lacerda.

Como a polícia de Lacerda já o seguia de perto, inclusive diante do próprio prédio da embaixada, Julião preferiu não discutir nem argumentar mais nada diante de tão dura negativa. Magoado e ferido em seu foro íntimo, abandonou o local (*ibidem*). No caminho, de volta para a casa da mãe de Regina, em Copacabana, aproveitou o resto do dia para fazer nova tentativa.

Dirigiu-se, então, à embaixada da Argélia. Era a solução ideal, pois, naquele país, já se encontrava exilado Miguel Arraes desde abril. Recordou ter prometido ao amigo de cela também pedir asilo àquele país. Assim, continuariam a viver mais próximos. Não buscara logo a embaixada argelina por cautela política: dias antes ocorrera naquele país um golpe militar contra o presidente Ben Bella, com quem mantinha boas relações de amizade. Com o novo governo subiu ao poder Houari

Boumediene, o qual introduziu mudanças na política interna e externa. Isso, naturalmente, afetou os serviços da embaixada no Brasil. Ao mesmo tempo, Julião não podia adiar mais sua permanência no Rio, sob pena de ser preso novamente. Mesmo assim, resolveu continuar.

Ao chegar à embaixada, tomou conhecimento de que as autoridades principais – embaixador, secretários e demais diplomatas – tinham sido chamadas à Argélia. Resultado: a embaixada estava paralisada administrativamente; apenas um funcionário encarregado de abrir e fechar o prédio dava informações. Foi ele quem o recebeu:

– Nós não damos asilo ao senhor porque não temos condições; não há um funcionário aqui que possa recebê-lo. O senhor se esconda, espere o regresso do embaixador ou do primeiro secretário e retorne até aqui (*ibidem*).

O cerco se fechava. As autoridades militares consideradas "duras" (os "revolucionários" de primeira hora), contrárias ao grupo dos "castelistas", defensores de medidas tendentes ao restabelecimento das garantias democráticas, entravam em choque com as instâncias dos três poderes. Em consequência, a qualquer momento Julião poderia ser preso e tudo voltaria à estaca zero. No mesmo dia, começou a pôr em prática um plano diferente: não mais viveria como uma pessoa normal, em franca liberdade, mas como clandestino até encontrar asilo. Para tanto, teve de buscar o apoio logístico de amigos.

158. EMBAIXADA DO CHILE

Julião precisava encontrar, com urgência, condições de segurança pessoal. Antes de apelar para alguns amigos, procurou os principais líderes de alguns agrupamentos políticos, com os quais mantinha amizade ou afinidade ideológica. Inúmeras dificuldades adicionais prejudicavam os contatos, porque os grupos considerados de esquerda, de tendência democrática, nacionalista, socialista ou comunista, atuavam na clandestinidade. Tal fato concorreu para dificultar as decisões tomadas pelos líderes máximos.

Em primeiro lugar, Julião consultou o PCB. A resposta foi negativa, porque os "aparelhos clandestinos" estavam superlotados, não havia condições de acolher mais ninguém. Em seguida, recorreu à Ação Popular (AP), então liderada por Herbert de Souza, o Betinho. A resposta também foi negativa pelas mesmas razões. Ele não esmoreceu. Tentou contato com outras organizações políticas, mas nenhuma delas lhe ofereceu condições concretas de apoio logístico.

Então, como ele mesmo reconheceria décadas mais tarde, depois de tantos fracassos, resolveu "dar o pulo do gato", isto é, continuar a buscar apoio de pessoas amigas e criar condições para viabilizar o asilo político. Passava dois dias em uma casa, três em outra, assim por diante.

Alguns amigos prontificaram-se a ajudá-lo muito além do mero apoio logístico; por exemplo, o escritor Antonio Callado se desdobrou, sem temer possíveis medidas de repressão contra si mesmo, na busca de contatos com seus amigos, a fim de conseguir apoio e ajuda para Julião. Em virtude dessas gestões de Callado, surgiram pessoas decididas a ajudá-lo, como o poeta Thiago de Mello, o advogado Sobral Pinto, o cineasta Luiz Carlos Barreto, a jornalista Thereza Cesário Alvim, o escritor Carlos Heitor Cony, o dramaturgo Flávio Rangel, o editor Ênio Silveira e o poeta Ivan Junqueira.

Diante das fracassadas tentativas de asilo nas embaixadas da ex-Iugoslávia e da Argélia, Callado, um dia, sugeriu a Julião buscar a do Chile. Com certeza ali não lhe negariam guarida. Entre os países latino-americanos talvez fosse o de maior tradição democrática, inclusive com significativas conquistas sociais e políticas.

Thiago de Mello e Sobral Pinto comprometeram-se a acompanhá-lo. Thiago porque, na condição de poeta conhecido e tendo exercido o cargo de adido cultural da Embaixada do Brasil no Chile, poderia influenciar positivamente a decisão do embaixador; Sobral porque, além de advogado de Julião, era personalidade de prestígio e homem respeitado em todas as esferas da sociedade.

Os três – Julião, Thiago e Sobral – foram, então, à embaixada do Chile. Após serem recebidos pelo embaixador, coube a Thiago a responsabilidade de justificar o pedido de asilo. Referiu-se ao sentido das ações políticas de Julião; evocou também sua amizade com Gabriel Valdez, intelectual ligado à cultura latino-americana e homem de prestígio no âmbito do governo chileno. A referência foi oportuna, porque Thiago notara, a certa altura, indisfarçável frieza por parte do diplomata chileno. Diante disso, perguntou se era possível, dali, ele falar, por telefone, com Valdez, que, àquela hora, deveria estar em seu gabinete no palácio presidencial de La Moneda, em Santiago. O objetivo era colocar o embaixador em contato direto com o colega chileno. Aquele concordou e pediu que um secretário fizesse tal tentativa.

Depois de longa espera, o secretário simplesmente informou que o contato não fora possível, porque Gabriel Valdez cumpria missão fora do Chile. Em seguida, Sobral e Thiago voltaram à presença do embaixador.

Diante da impossibilidade de contato com Valdez, em Santiago, o silêncio daquela autoridade soou como negativa. Sobral, então, resolveu quebrar o gelo e argumentar como jurista, de forma demorada. Sustentava a tese de que, para a concessão de asilo a um político como Julião, o embaixador poderia aplicar a chamada jurisprudência circunstancial em virtude de viver-se, no Brasil, uma realidade baseada em fatos. Não se tratava de gestões assemelhadas a estabelecimento de acordos bilaterais. Importantes acontecimentos políticos diziam respeito também ao Chile, país de longa tradição democrática etc.

O embaixador contestou que, em tais circunstâncias, a negativa do asilo também se dava em circunstâncias especiais e, no caso, em benefício do Brasil, portanto, do povo brasileiro.

Com essas claras palavras, o embaixador declarava a impossibilidade da concessão do asilo.

Thiago, então, já exaltado, tomou a palavra:

– Desejo ao embaixador longa vida, a fim de que o senhor possa cantar muitas vezes o hino chileno, que diz: "Ou a tumba será dos livres ou o exílio contra a opressão."

O ambiente ficou tenso. O embaixador levantou-se e, altivo, respondeu com inescusável rispidez:

– O senhor está sendo insolente. O senhor está sendo insolente... A porta está ali... – indicou a saída.

O incidente foi constrangedor. Thiago deu alguns passos para trás e ainda acrescentou:
– Embaixador, quando eu precisar de asilo, não virei pedir ao senhor, porque o povo chileno já me deu asilo...
Na porta de saída, Thiago disse a Julião:
– O senhor não pode ficar aqui. O embaixador ameaça dentro de mais algumas horas chamar a polícia de Lacerda. Não lhe dará asilo político, busque outra embaixada.[159]

Com efeito, a longa permanência ali poderia transformar-se num incidente mais grave, pois eles haviam ingressado na embaixada às 9h e já passava das 16h. O embaixador, jurista democrata-cristão, a qualquer momento poderia recorrer ao argumento da força bruta e, mediante um simples telefonema, chamar a polícia política de Lacerda (FJ a FMIS, RJ, 12/7/1994).

Nada mais eles tinham a fazer ali. Os três – Julião, Sobral e Thiago –, desolados, abandonaram a embaixada.

As outras possibilidades de asilo, naquele dia, não pareciam favoráveis. A embaixada da Bolívia confirmara a concessão do asilo, mas Julião rejeitara. A razão era simples: os militares bolivianos tinham dado um golpe contra o governo de Paz Estensoro e não havia a menor garantia de que o asilo se efetivaria dentro das normas internacionais.

Restava a sinalização positiva da embaixada da Indonésia de Sukarno. Sérios problemas se anunciaram de imediato: a Indonésia ficava do outro lado do mundo e havia a tremenda barreira da língua – o javanês. Aliás, a propósito, Julião recordaria a situação com certo humor:

> Que diabo eu vou fazer na Indonésia? Eu me lembrei do conto famoso de Lima Barreto: "O homem que sabia javanês". Não sei javanês e não vou aprender javanês, não é? Não tenho essa capacidade do homem que falava javanês. Então, não me interessava. Depois, houve lá aquele banho de sangue tremendo e eu seria liquidado ali. Foram mais de trezentos mil liquidados... (*ibidem*).

159. "SE UM CACHORRO PEDIR ASILO, EU LHE DAREI"

Depois das decepcionantes tentativas de asilo, Julião, naqueles dias, ficou sem esperança de sair do Brasil para país de seu agrado. O frustrante "não" recebido na embaixada do Chile esgotara as possibilidades. E, para complicar mais ainda a situação, o desastroso atrito ocorrido entre o embaixador e Thiago, com certeza, concorreria para fechar outras portas. Não por culpa do poeta, mas pela possibilidade de difusão do incidente por parte do próprio embaixador chileno perante seus amigos diplomatas. Esse tipo de incidente se difunde com rapidez. Tudo lhe parecia difícil e confuso.

No íntimo, Julião não se conformava com a inesperada e brusca negativa. Buscava, em vão, uma justificativa plausível. Ademais, todos os brasileiros que, antes dele, pediram asilo ao Chile foram atendidos. Por que lhe negaram acolhida? O motivo poderia ser político. As autoridades chilenas, naquela fase, predominantemente vinculadas à corrente dos democratas-cristãos, com certeza, preferiram precaver-se em relação a ele, líder marcado por atitudes radicais de esquerda, segundo veiculara boa parte da imprensa brasileira e internacional. Essa imagem o prejudicara. Era o único consolo.

Como não podia continuar a incomodar os amigos que o acolhiam em suas casas ou apartamentos, outra vez acatou a sugestão de Antonio Callado: buscar asilo na embaixada do México. A longa tradição de país receptor de asilados políticos de todos os matizes era garantia de que ele não passaria por outra decepção. Além do mais, ali já havia expressivo número de asilados políticos brasileiros.

Depois de adotar algumas medidas de segurança contra a polícia de Lacerda, Julião foi à embaixada do México na companhia de Antonio Callado, Regina e Álvaro Monteiro. Como havia a possibilidade de ser facilmente reconhecido pelos agentes policiais postados diante da embaixada, os amigos aconselharam-no a fazer algo para despistá-los, como, por exemplo, colocar brilhantina nos cabelos, a fim de baixá-los um pouco. Uma de suas mais fortes imagens era exatamente a vasta cabeleira, solta, em desalinho. Ele atendeu ao apelo e, de fato, depois de penteado, seu aspecto mudou bastante. Resultado: conseguiu entrar sem maiores problemas.

Apresentado ao embaixador Vicente Sánchez Gavito, ficou surpreso com a imediata receptividade e aceitação de seu pedido de asilo. O embaixador, após comentar a tradicional hospitalidade do povo mexicano, opinou sobre a realidade política brasileira com este curioso comentário:

– Olhe, dr. Julião, depois do Ato Institucional nº 2, que liquidou totalmente com os partidos políticos e a democracia aqui no Brasil, se um cachorro buscar a embaixada do México para pedir asilo, eu lhe darei (*ibidem*).

Tal comentário, se interpretado fora do contexto histórico, poderia soar como desairoso à imagem do Brasil e até a do político brasileiro que fora pedir asilo. No entanto, o caráter excepcional das medidas institucionais tomadas pelo novo governo e a evidência de que ele não poderia ser comparado a um cachorro afastavam qualquer significado pejorativo ou de menosprezo nas palavras daquela autoridade mexicana. A metáfora devia ser tomada em sentido genérico, e não particular. Àquela receptividade Julião sempre foi grato.

Ao asilar-se, em 31 de outubro, Julião encontrou algumas pessoas conhecidas ali, como o sargento Ayres dos Prazeres, filho de José Ayres dos Prazeres, um dos primeiros articuladores da fundação da Liga Camponesa de Galileia; o padre Francisco Lages, líder religioso e fundador de inúmeros sindicatos rurais em Minas Gerais; o ex deputado e líder operário mineiro Bambirra (Sinval de Oliveira); o mecânico paulista Antônio Quinhones; o estudante paulista Colobone; os sargentos João Barbosa e Mauro Ribeiro Alves; e, por fim, Eugênio Caillard, secretário particular de Jango.

A permanência na embaixada mexicana durou exatamente dois meses. Os asilados ocupavam dois quartos apertados, onde eram obrigados a permanecer até o fim do expediente, às 14h. Durante esse tempo, ele conseguiu regularizar alguns problemas familiares, a exemplo da situação da mulher, Regina, e da filha Isabela, além da guarda de Togo e Fernanda, filhos do primeiro matrimônio de Regina, com Gilton Albuquerque. Todos eles partiriam com Julião para o México.

Dois episódios vividos por Julião durante sua permanência na embaixada mexicana merecem destaque: a inesperada visita de um capitão, imediato do coronel Gerson de Pina, presidente do IPM do Iseb, na Fortaleza de Santa Cruz, e a morte do colega de quarto Eugênio Caillard.

Para surpresa do sr. Cantu, secretário encarregado dos negócios da embaixada mexicana, um dia apareceu ali o capitão com volumoso processo debaixo do braço. Desejava avistar-se com Julião. O secretário, antes de encaminhá-lo ao gabinete do embaixador Vicente Sánchez Gavito, naturalmente quis saber por que ele queria falar com o ex-deputado. O capitão, sem rodeios, informou que Julião, no último dia em que prestara declarações nos autos do IPM do Iseb, não assinara o termo de depoimento. A irregularidade era grave e ele estava ali cumprindo ordens do presidente do IPM no sentido de colher o quanto antes a assinatura do ex-prisioneiro, a fim de sanar a irregularidade, antes que o ex-deputado viajasse para o México.

Diante dos motivos oferecidos pelo capitão, o secretário Cantu argumentou que, em primeiro lugar, desejava ouvir o teor do depoimento de Julião. O capitão, com certo enfado, passou a ler, na íntegra, os longos depoimentos. No fim da leitura, o secretário, com indisfarçável ironia, perguntou ao militar:

– Capitão, o senhor está certo de que este é o lugar indicado para colher a assinatura do exilado político, que realmente se encontra aqui?

– Sim. Estou aqui para cumprir essa missão.

– Capitão, o senhor está em território mexicano. As áreas das embaixadas e dos consulados são consideradas territórios do país.

– Não é possível. Isto aqui é o Brasil. Nós estamos no Brasil.

– É o Brasil, sim; mas este edifício onde o senhor está agora, com a bandeira do meu país, o México, de acordo com os princípios diplomáticos e as leis internacionais, pertence ao meu país. Para o senhor obter a assinatura do deputado Francisco Julião terá de adotar outros caminhos: dirigir-se ao Ministério das Relações Exteriores do Brasil, o qual, por sua vez, terá de se dirigir à Secretaria de Relações Exteriores do meu país para saber quem, como e quando poderá autorizar este senhor a assinar o documento que ora o senhor me exibe. Como exilado político, ele já não tem mais obrigação de firmar ou deixar de firmar qualquer documento que venha do governo brasileiro.

– Mas é preciso fazer tudo isso?

– É preciso. O senhor terá de cumprir todas essas formalidades legais. São procedimentos diplomáticos consagrados em todo o mundo.

O capitão saiu frustrado e, talvez, convencido de que cometera grave gafe.

O episódio revelava, de certo modo, o despreparo de muitos militares que de repente passaram a desempenhar importantes funções após o golpe. Por esse fato é possível imaginar a existência de prática de outros desmandos e desrespeitos à lei.

O caso, porém, não terminou com a visita do militar; teve outros desdobramentos. Quem se der ao trabalho de compulsar os autos do IPM verá o termo de depoimento assinado por Julião. A assinatura, no entanto, revela nitidamente caligrafia diferente da costumeira usada pelo ex-deputado.[160]

O episódio dramático ocorrido no quarto de Julião com Eugênio Caillard o impressionou bastante. Nos primeiros contatos, revelou-se esse completamente dominado por complexo de perseguição. Exasperava-se pelo fato de permanecer horas sem fim confinado entre quatro paredes. Por isso, em determinados períodos do dia, ficava rendido a profunda melancolia. Silencioso, quieto, sorumbático. Noutros, passava a viver tocado por extrema euforia, a oscilar, como se fosse o pêndulo de um relógio, entre gestos arrebatados e de completo desalento. Gostava de discutir os mais diferentes assuntos, sobretudo com Julião. Ora enfrentava-os tocado pelo fogo da euforia incontida, ora, depois de cansado de tanto falar, rendido à silenciosa prostração.

Um dia, após conversar horas e horas com Julião sobre as implicações religiosas, psicológicas, filosóficas e até metafísicas do suicídio, Eugênio pareceu convencer-se de que era atitude desesperadora, sem sentido, ação de loucos ou de covardes. Julião insistia em que o ser humano precisava viver até o último segundo, pois a vida, como algo extraordinário e maravilhoso, verdadeira aventura, não poderia terminar antes da hora fixada pelo destino de cada um. O homem é um ser biófilo, dizia, enquanto o suicida é um necrófilo, portanto um anormal.

A julgar-se pela euforia e felicidade estampadas no semblante de Caillard, que chegara a fazer planos, diante das expectativas das novas experiências do exílio mexicano, tudo indicava estar com seu íntimo em absoluta normalidade.

No fim das discussões, todos foram dormir. Caillard pediu que, por favor, não o despertassem na hora habitual do café da manhã, porque ele precisava recuperar o sono, pois dormira mal na noite anterior.

Na manhã seguinte, Caillard não foi despertado para o café nem para o almoço. Já iniciada a tarde, suspeitaram de que ele estivesse padecendo de alguma enfermidade. Foram acordá-lo e eis a surpresa: encontraram-no morto. Tomara uma superdose de barbitúrico. Foram inúteis os conselhos de Julião contra o suicídio. O assombro tomou conta de todos.

160. RECEPÇÃO NO MÉXICO

A expedição de salvo-conduto para Julião, Regina e os filhos Togo, Fernanda e Isabela encontrou vários obstáculos. As gestões duraram exatamente dois meses. A principal dificuldade originou-se da questão do pátrio poder de Regina em relação aos filhos, vez que a separação judicial do marido ainda não chegara ao fim. Além disso, a paternidade de Isabela não fora reconhecida juridicamente.

De início, Regina tentou viajar com os filhos para os Estados Unidos. De lá entraria no México, a fim de ficar com Julião. A tentativa fracassou porque ela não conseguira justificar a paternidade de Isabela perante a embaixada norte-americana. Depois, o mesmo problema surgiu em relação ao México. A verdade é que, logo após o nascimento da criança, Julião fora preso e não tivera condições práticas de reconhecê-la legalmente perante o tabelião competente. Mesmo assim, o juiz da vara de família concedeu autorização para Regina viajar ao México com os dois filhos, mas não com Isabela. Após várias delongas, por fim o magistrado autorizou a ida da criança, porém na condição de acompanhante. Depois de todos esses percalços, no penúltimo dia de 1965, Julião, a mulher e os filhos rumaram com destino ao México.[161]

À recepção no aeroporto da Cidade do México compareceram brasileiros residentes, exilados políticos e pessoas amigas.

Éramos abraçados com alegria e exaltação pelos compatriotas que já viviam no México e por centenas de mexicanos, jovens na sua maioria, que vieram demonstrar sua solidariedade e simpatia: "Viva o Brasil", "Viva o México", "Abaixo a ditadura", "Morra o fascismo". Os vivas, os abaixos, os morras estalavam em espanhol e português (Cavalcanti; Ramos, 1978:295).

Na realidade, como lembrou Diana G. Hidalgo Castellanos, o encontro entre os dois idiomas usados em voz alta, em pleno aeroporto, foi interpretado por Julião como sinal positivo para forjar-se a unidade dos povos latino-americanos, rompendo-se, assim, as barreiras da língua, da distância contra o imperialismo (Castellanos, 2002:26).

Após os cumprimentos e as saudações de boas-vindas, iniciava-se o processo de atendimento às exigências legais de trâmites burocráticos ligados ao serviço de imigração mexicano, ali denominado de Direção de População da Secretaria de Governo, a qual atuava em conjunto com os agentes da Direção Federal de Segurança.

Do aeroporto foram levados para um alojamento, enquanto aguardavam novas instruções das autoridades mexicanas. O local provisório não oferecia conforto nem segurança porque, além de distante do Centro, o telefone ali instalado sempre apresentava sinais de linhas cruzadas e dava a impressão de estar grampeado. Por isso eles se sentiam vigiados. Reclamaram da situação e, com poucos dias, foram reinstalados no Hotel Canadá, na conhecida avenida Cinco de Maio, em pleno Centro, na chamada zona monumental, não muito longe do Zócalo. Apesar da mudança, continuavam em condições de alojamento provisório.[162]

No segundo dia de exílio surpreendeu-o a visita do embaixador de Cuba no México, dom Joaquín Hernández Armas, que havia servido no Brasil. Trazia o convite pessoal de Fidel para Julião ir viver em Havana. Ele agradeceu o convite. Em seguida, escreveu longa carta a Fidel explicando os motivos relevantes pelos quais optava pelo exílio mexicano

(Cavalcanti; Ramos, 1978:293), atitude que, em verdade, constituiu-se nos primeiros passos da rotina burocrática na vida do exilado.

Depois, recebeu a documentação relativa à legalização da estadia em território mexicano, enquanto corria o prazo para a concessão do visto. Desde logo, porém, teve assegurado a assistência médica em hospital oficial e direito à cesta básica ou ao valor correspondente em dinheiro, esta, porém, apenas durante um mês.

Após os primeiros dias de estada na aprazível Cidade do México, Julião descobriu que a elevada altitude (cerca de 2.240 metros acima do nível do mar) agravava sua saúde. Como vivera quase toda a vida no Recife, ao nível do mar, com alguns locais abaixo desse limite, a adaptação lhe seria lenta e penosa.

Certo dia aceitou o convite de um amigo para conhecer o pintor David Alfaro Siqueiros, consagrado como um dos mais famosos muralistas mexicanos, ao lado de Rivera e Orozco e também conhecido por ter participado da tentativa de assassinato de León Trotski. A ida de Julião ao ateliê de Siqueiros, em Cuernavaca, capital do estado de Morelos fora feita em circunstâncias especiais, porque ele, ao aceitar o convite do amigo, sequer tinha dinheiro para comprar o bilhete de volta.

Durante e após o almoço conversaram sobre os mais diversos problemas da realidade política latino-americana. O artista se mantinha informado das normais dificuldades de sobrevivência de exilados, por ter sido também ativista político e vivido no exílio. Assim, procurou dar especial atenção ao político brasileiro. "Ainda assim, depois do almoço", contou Julião, "eu me despedi, mas o sr. Siqueiros pediu para que eu aguardasse mais um pouco, pois ele queria conversar comigo" (Castellanos, 2002:27).

Em determinado momento, após recomendar Cuernavaca como região ideal para viver, Siqueiros, discretamente, chamou Julião para um dos salões e, quando ficou a sós com ele, "deu-lhe um presente, solidarizando-se com a condição de exilado do líder dos camponeses. O presente foi a quantia de mil dólares. Com essa ajuda Julião alugou pequeno cômodo em Cuernavaca e começou nova vida" (*ibidem*). Tratava-se de um espaço nos fundos da casa da propriedade de Esperanza Pulido, famosa concertista, que, de cordial proprietária, logo passou a fiel amiga do líder brasileiro e de sua família.

Cuernavaca, distante mais ou menos uma hora de automóvel da capital, tem altitude menor do que a da Cidade do México e apresenta clima agradável. Além disso, Julião começou a notar algumas semelhanças com Pernambuco: ali também se plantavam cana-de-açúcar e arroz. Boa parte das árvores poderia ser comparada com as do Nordeste brasileiro, a exemplo das floradas dos flamboaiãs. Os pássaros, em Cuernavaca, também cantavam como os brasileiros; daí não se poder entoar ali a célebre "Canção do exílio", como devem fazer os exilados que marcham para a Europa. Quase tudo havia em Cuernavaca, inclusive o sabiá e a palmeira.

Julião se adaptou rapidamente à terra de Zapata, porque encontrou, de forma objetiva e concreta, quase todas as características das terras nordestinas levadas até em sua memória. As lembranças telúricas de homem ligado à terra e seus problemas manifestaram-se de imediato. Essa visão, num primeiro momento, deve ter concorrido para reduzir os níveis de isolamento. Para quem passara décadas em contato com milhares de camponeses, mobilizados nos mais diferentes estados, o exílio significava viver em amarga solidão. Abdicar da condição de advogado, de deputado e do convívio de sua casa, onde recebia diariamente centenas de camponeses em busca de justiça, representava duro golpe.

Por isso, talvez levado pela necessidade de descobrir o camponês brasileiro no mexicano, continuou com seu hábito de andar pelo campo.

> Sempre fui um caminhante. Nas minhas jornadas no Nordeste caminhava duas, três, quatro, cinco horas. Hábito adquirido desde jovem. Então, um dia, afastando-me de Cuernavaca, vi um camponês trabalhando a terra com a mesma enxada, com as mesmas vestes; plantava a mesma semente do camponês de minha região: o milho e o feijão. Distingui, pela sua fisionomia, o rosto queimado de sol, as faces marcadas pela idade e os pés mais feitos de terra do que de carne humana. A forma de usar o instrumento era semelhante ao camponês de minha região. Aproximei-me, ainda falando um espanhol que não tinha a mesma ressonância do falado por ele – e o camponês fala bonito espanhol, como se fora clássico,

porque parece ter ficado com a linguagem adotada há 400 ou 500 anos, quando Cervantes escreveu o *Dom Quixote* – mas o fato é que fui me fazendo entender, e, ao mesmo tempo, entendia tudo quanto ele me dizia. Por meio desse diálogo fui me aproximando de outros camponeses até conseguir dialogar com eles (FJ a FMIS, RJ, 12/7/1994).

Esse exercício em busca do tempo anterior ajudou-o a suportar o exílio com novo ânimo, afastar de si o peso da solidão e da ausência da terra amada.

> Há pessoas que se amarguram porque não encontram a mesma dimensão, os mesmos objetivos, a mesma paisagem, a mesma comida, os mesmos hábitos, daqueles que deixaram na sua pátria. Então, a gente tem que se adaptar. De todos os animais o homem é aquele que tem a maior capacidade de adaptação. Por isso, tratei de me adaptar. O clima era bom, a natureza bela. Cuernavaca era uma cidade completamente coberta de flores, de pássaros. Os passeios, pelas manhãs e tardes, sempre formosas, levaram-me a identificar com aquela cidade a ponto de chegar a amá-la como se tivesse também lá nascido. Não distingo Bom Jardim, onde nasci, no interior de Pernambuco, de Cuernavaca. Considero-as como cidades irmãs (*ibidem*).

Com essas andanças pelos arredores da cidade, ele descobriu algo capaz de preencher o vazio da solidão do exílio: o camponês mexicano. Isso, mais tarde, provocaria novos atrativos e interesses, pois, por intermédio das novas amizades com os camponeses da região, chegou, depois, aos soldados zapatistas, os remanescentes da guerra de 1910. Surgia, assim, o mote e o tema para o início de longo trabalho: fazer, *in loco*, sistemático levantamento sobre os últimos soldados vivos de Emiliano Zapata e, por fim, escrever um livro.

161. OS PRIMEIROS AMIGOS E AS DIFICULDADES

Apesar das dificuldades nos primeiros meses de exílio, Julião, ao contrário de outros exilados brasileiros, contou a seu favor com a circunstância de ser bastante conhecido como líder dos camponeses brasileiros e, ainda, encontrar bom trânsito nas áreas políticas e culturais mexicanas por ser também homem de letras. Isso facilitou a aproximação de pessoas e a consequente concretização de novas amizades. No entanto, tal processo não se deu da noite para o dia; a rigor, obedeceu a ritmo lento, mas progressivo. Ademais, as dificuldades de sobrevivência material, manifestadas desde a primeira hora, acentuaram-se com o passar do tempo, porque, como exilado, não poderia exercer a profissão de advogado. A solução foi tentar sobreviver mediante a realização de palestras, conferências em centros culturais e universitários, além de escrever livros, artigos e ensaios para a imprensa mexicana. Sem querer, tornou-se jornalista e escritor.

Em 31 de agosto de 1966, *Siempre!*, a mais importante revista semanal do México, publicou ampla reportagem com Julião feita pelo jornalista Luís Suárez, o mesmo que havia quatro anos o entrevistara no Recife, na época em que os conflitos ligados à questão agrária culminaram no assassinato do líder camponês João Pedro Teixeira, presidente da Liga Camponesa de Sapé, na Paraíba.

Julião falou sobre a realidade política brasileira e as novas perspectivas de sua vida de exilado. Obrigado a viver modestamente nos fundos da residência de pessoa amiga, ali o jornalista, um de seus mais novos amigos, o encontrou diante de

> uma plantação de café abrigada na sombra de um *zapote*.[163] Crianças brincam entre as bananeiras do jardim. O líder desterrado escreve um livro sobre a sua vida, sua experiência de luta, cujos antecipados direitos autorais o permitem viver. Debilitado de saúde, encontra-se agora em recuperaçao. Entre os seus livros vê-se na estante um de ioga, que pratica como terapia em relação aos exercícios físicos; mas em relação às reflexões e à interiorização da ioga, Julião tem seu próprio método: muito o que pensar e tempo de sobra para fazê-lo (*Siempre!*, 31/8/1966).

Outro fato importante foi a amizade com o jornalista e escritor inglês Cedric Belfrage, radicado em uma das deslumbrantes colinas de

Cuernavaca. Ao convidar Julião para integrar o grupo de seletos amigos que pontificava em sua casa, transformou o longo período do exílio em rica e profícua fase de reflexão e amadurecimento político a partir das intermináveis discussões sobre temas literários, científicos, culturais, políticos e sociais. Foi ali, em março de 1968, numa dessas reuniões de poetas, artistas, romancistas, políticos e jornalistas, que o pintor equatoriano Osvaldo Guayasamin fez o retrato de Julião, esboçado com precisos traços em carvão.

A vida de Cedric Henning Belfrage, nascido em Londres, em 1904, fora marcada por intensas atividades ligadas à política. Autor de obras socialistas, jornalista, tradutor e cofundador do jornal semanal *The Guardian Nacional*, também conheceu o exílio. Educado na Escola Gresham Holt, ainda jovem começou a escrever críticas cinematográficas durante o período de estudos na Universidade de Cambridge, onde publicou seu primeiro artigo em *Kinematograph Semanal* (1924). Em 1927, aceitou convite para trabalhar em Hollywood, passando a publicar artigos no *New York Sun* e *Semanal de Cinema*, como correspondente. A partir de 1930 tornou-se politicamente ativo, juntando-se aos demais membros do grupo conhecido como Hollywood Anti-Nazi League, responsável pela edição da revista literária de esquerda *Clipper*. Aderiu ao Partido Comunista dos Estados Unidos por volta de 1937, mas se desligou alguns meses depois. A partir de então, manteve relacionamento amigável com os comunistas norte-americanos, embora sem abdicar de suas posições críticas.

Por ocasião da Segunda Guerra Mundial, Belfrage trabalhou ativamente na área de segurança do governo britânico para o hemisfério ocidental. Depois, participou da fundação do jornal *The Guardian Nacional* (rebatizado *Guardian* em 1967).

Durante a era McCarthy, em 1953, foi convocado para depor perante o House Un-American Activities Committee (Huac). Em virtude de suas atividades políticas, dois anos após o governo dos Estados Unidos o deportou para a Inglaterra.

Em 1961, viajou para Cuba e no ano seguinte para vários países da América do Sul, inclusive o Brasil. Atraído pelo trabalho político de

Julião, visitou a Liga Camponesa de Galileia. No entanto, não teve a oportunidade de conhecer pessoalmente o líder brasileiro, porque esse, na época, se ausentara do Brasil.

A casa de Belfrage em Cuernavaca havia-se convertido em ponto de encontro de intelectuais dos mais diferentes países. Nessa fase, ele trabalhou com tanto afinco como tradutor que ficou conhecido, entre os leitores norte-americanos, pela versão do livro *As veias abertas da América Latina*, de Eduardo Galeano. O autor uruguaio também frequentava a casa de Cedric.

Após a morte de Belfrage, no México, a 21 de junho de 1990, cresceram os rumores em torno das suspeitas de suas atividades de espionagem e contraespionagem em favor dos governos britânico e russo durante os anos da Guerra Fria.

Os anos de convívio de Julião com Belfrage e seus amigos foram de fundamental importância para vencer as dificuldades de sobrevivência com a família. E mais: serviram para aproximá-lo de amigos comuns, todos, direta ou indiretamente, ligados aos mesmos objetivos culturais e políticos. Os diferentes graus de solidariedade manifestados pelos novos amigos tornaram os anos do exílio de Julião menos pesados. Dali surgiram convites para escrever em jornais e revistas, tradução e publicação de livros, conferências, palestras e viagens ao exterior.

Mesmo assim, as inadiáveis obrigações domésticas mantiveram sua bolsa vazia e, quase sempre, à beira de situações desesperadoras. Em várias oportunidades, teve de recorrer aos parentes no Brasil e a amigos mais próximos. Socorrido por uns poucos e abandonado por muitos, conheceu também, na prática, a dura prova da ingratidão, até por parte de quem tinha a obrigação moral de socorrê-lo. Foi o caso, por exemplo, de amigo considerado fiel investido na posse e domínio de seus bens, o qual, se valendo da expatriação do amigo, preferiu aliená-los em proveito pessoal sem prévia consulta. Quando instado a responder ao apelo de Julião, saiu-se com a evasiva de que recebera os imóveis como presente...

A propósito disso, ainda no exílio, sem esconder a pesada mágoa, ele afirmou que conhecera em duras circunstâncias compatriotas que merecem ser cantados em versos alexandrinos. Coisa difícil! E outros que eu mandaria à lua na esperança de que a árida solidão os humanizasse e os fizesse sentir que fora da solidariedade não adianta que alguém bata no peito e diga: eu sou revolucionário! Eu sou marxista! Eu sou cristão! (Cavalcanti; Ramos, 1978:295).

Entre os que mereciam louvores em prosa e verso, segundo o próprio Julião, figuravam o pintor Siqueiros, Salvador Allende, Lázaro Cárdenas, Cedric Belfrage, Ivan Illich, José Pajés, Silva Resogue, Jorge Hermoso, Pablo Casanova, Pulvo Hernández, Francisco de Oliveira, Luís Suárez e outros.

162. COM EDUCADORES

Certo dia, Julião recebeu a visita do exilado brasileiro Paulo Reglus Neves Freire, seu querido amigo do Recife, conhecido mundialmente apenas como Paulo Freire, o educador brasileiro criador do método de ensino baseado na fixação de um espaço ou campo de ideias de interesse social e político capaz de concorrer para a erradicação do analfabetismo. Esse encontro serviu para Julião consolidar os laços de amizade com outro filósofo e educador, padre Ivan Illich, dirigente em Cuernavaca de centro de estudos voltados para os problemas da educação.

Depois de formar-se em direito, Freire participou da fundação de centros de cultura e de educação popular em Pernambuco, os quais logo se espalharam por vários estados. Tais atividades, chamadas na prática de movimento de educação de base, sobretudo a partir de 1961, levaram o bispo dom Hélder Câmara a apoiá-lo com entusiasmo. Dirigiu o Plano Nacional de Educação durante o governo Jango, mas não teve tempo de implantar as bases dos novos círculos de cultura destinados ao desencadeamento sistemático da campanha de alfabetização, em virtude do golpe militar de 1964. Preso e exilado no Chile, depois se mudou para a Suíça, onde trabalhou em Genebra. Por volta de 1968, nomeado consultor da Organização das Nações Unidas para a Educação, Ciência e Cultura (Unesco), viveu no México, na Guiné-Bissau e na Tanzânia. Agora, no México, ambos frequentavam o Centro Intercultural de Documentação (Cidoc), dirigido por Ivan Illich. Além de Julião e Freire, outros intelectuais, a exemplo do bispo de Cuernavaca, dom Sérgio Méndez Arceo, Erich Fromm, Peter Berger, Boaventura de Souza Santos e mais outras personalidades convidadas, periodicamente iam proferir cursos ou conferências. No entanto, o papel desempenhado por Freire foi decisivo para destacar a presença brasileira e latino-americana no Cidoc. A carinhosa referência a Freire, por parte de Julião, dá a medida exata disso:

> Então chegaram mais latino-americanos do que gringos. Nos entendemos melhor com eles! Somente quando vinha o Paulo Freire é que a "Casa Branca", como chamavam esse centro de documentação de Ivan Illich, se abarrotava de gente. O nosso Paulo, barbado como um profeta, puxando a Buda, com a sua mania de feijoada e seu modo de ser, sempre repousado e provincial dentro de seu universalismo, era uma flor de maracujá-peroba, porque chamava a atenção de todos! (*ibidem*)

A participação de Julião no Cidoc, a rigor, teve mais sentido de ajuda e de solidariedade ao exilado carente de recursos para sobrevivência do que propriamente valor acadêmico de suas conferências, ministradas durante anos naquele centro. Julião, anos mais tarde, recordaria esse período como forma de expressar profunda gratidão ao padre filósofo.

> ... Monsenhor Ivan Illich, ex-camareiro do papa Paulo VI, no Vaticano, ex-reitor da Universidade de Porto Rico, era uma figura notável de jesuíta; falava e escrevia nada menos que 14 idiomas. Fundou o Centro Intercultural de Documentação, entidade cultural de Cuernavaca, e lá me deu logo a mão, ao me convidar para participar de cursos nesse centro. Era um centro que recebia estudantes de todas as partes, dos Estados Unidos, do Canadá e da Europa, para estudarem espanhol e, ao mesmo tempo, aprenderem algo sobre a América Latina. É possível que no meio de todos esses estudantes houvesse também seguramente espiões

a serviço da inteligência dos Estados Unidos e de outros países. Mas o fato é que eles vinham com esse objetivo. Então, disse a Ivan Illich: "Eu só entendo de uma coisa: camponês. Você me ponha em baixo de uma árvore para conversar com um camponês e sou capaz de passar dias e dias escutando e aprendendo." Ele disse: "Então, você invente o curso." E inventei um curso, criei o curso que se chamou Consciência Social e Ideologia Camponesa para poder ganhar alguns dólares e sobreviver, porque não levava nada, eu não possuía nada. Advogado, deputado em três legislaturas, era um homem que recebia com uma mão e dava com a outra, porque vivia no meio de uma classe social miserável que não tinha nem recursos nem sequer o voto, não podia nem falar nisso, porque eram analfabetos e naquele tempo analfabeto não votava. Eu dava esses cursos, eles me rendiam o mínimo suficiente para sobreviver no México. Devo essa ajuda a Ivan Illich. Sempre que tenho oportunidade rendo homenagem a essa figura extraordinária, por me ter dado essa oportunidade de poder trabalhar durante alguns anos nesse centro criado por ele (FJ a FMIS, RJ, 19/7/1994).

163. CARTA ABERTA AOS ESCRITORES LATINO-AMERICANOS

Em 15 de março de 1967, realizou-se no México o Congresso de Escritores Latino-Americanos. Ao evento compareceram mais de 150 escritores, entre os quais alguns brasileiros, com destaque para o romancista Guimarães Rosa e o poeta Thiago de Mello.

Julião, convidado para fazer pronunciamento na condição de escritor brasileiro exilado, comportou-se mais como político. Naquelas circunstâncias, não poderia calar diante da realidade brasileira de então, sobretudo em relação aos aspectos sociais e econômicos. Para tanto, pediu a ajuda a um amigo, o economista Francisco de Oliveira, intelectual dotado de aguda sensibilidade, no sentido de informá-lo sobre os dados econômicos e sociais do Brasil e dos demais países latino-americanos. No dia da abertura do congresso, porém, Julião, não podendo comparecer por motivo de doença, pediu a Thiago de Mello que funcionasse como porta-voz: lesse o discurso do amigo. O poeta aceitou o encargo de bom grado.

Talvez por tratar-se de encontro de escritores, com a presença de intelectuais exilados, Julião preferiu dar mais ênfase às questões políticas e econômicas. Após assinalar a importância do congresso e o acerto da coordenação de realizá-lo no México, acrescentou que ali os congressistas poderiam manifestar com tranquilidade seus pensamentos. A mesma tranquilidade não teria, por exemplo,

> a nossa desditada pátria, onde a liberdade não existe, expulsa como foi – a ponta de baionetas – das universidades, das escolas, dos sindicatos, da Câmara dos Deputados, das redações de jornais, radio-difusoras, estações de televisão, a partir do golpe militar de 1º de abril de 1964 (Julião, 1968:113).

Depois desse ponto introdutório, Julião destacou o estado de claro "terror cultural" imposto pela ditadura a grandes figuras da intelectualidade brasileira, como já denunciara, de modo corajoso, o escritor e pensador católico Alceu Amoroso Lima.

> Terror cultural que premiou com o cárcere, a humilhação, a clandestinidade e o exílio tantas inteligências e grandes figuras da cultura brasileira, como o arquiteto Oscar Niemeyer, o economista Celso Furtado e o cientista Mário Schemberg, para só mencionar três deles (*ibidem*, p. 114).

Ampliou a lógica da exposição, que viu não apenas o Brasil submetido à camisa de força da ditadura, mas outras áreas da América Latina e do resto do mundo submetidas ao mesmo vexame, fazendo com que a supressão das liberdades democráticas e do estado de direito violasse o exercício da verdade e da inteligência.

> Se a inteligência não é só um dom, mas um instrumento, o mais poderoso instrumento de que o homem tem sido dotado, e se a cultura não é uma atitude, mas um compromisso, então a dignidade consiste em tomar esse instrumento maravilhoso e usá-lo em defesa do homem, contra o obscurantismo, a brutalidade e o terror. Por homem entendemos o que

trabalha, o que produz, o que inventa, cria e transforma, não ao que oprime, assassina, destrói e se compraz em praticar ações prejudiciais sempre repudiadas pela humanidade (*ibidem*, p. 115).

Após destacar graves aspectos das condições econômicas, políticas e sociais do povo brasileiro, lamentou a mudança da vida institucional em virtude de injustificáveis e abstrusas medidas, como, por exemplo, a substituição da Constituição de 1946, fruto de longo processo de maturação política, por outra (de 1967) ditada pelos militares golpistas aos membros de um Congresso submisso, anteriormente "depurado" em mais de sua quarta parte. Concluiu suas palavras, manifestando fé no futuro do Brasil, porque, acrescentou, "nada ocorrerá neste hemisfério em que nos há tocado viver que não esteja relacionado diretamente com a salvação do homem, quer dizer, da cultura" (*ibidem*, p. 122).

Apesar disso, no ano seguinte, no Brasil, a crise política, após um lustro de ditadura, atingiu proporções inimagináveis. Os militares resolveram endurecer ainda mais suas posições e editaram o Ato Institucional n° 5, cujo objetivo maior foi o de fechar o Congresso e dar o golpe mortal em qualquer possibilidade de sinalização de volta às liberdades democráticas e ao estado de direito. A medida fora tão dura que a imprensa, normalmente comprometida com as classes sociais abastadas e aliada aos principais representantes do poder central, não vislumbrou sequer a possibilidade de comentar o episódio com laivos de censura mediante a divulgação da opinião da frágil oposição política. Prevaleceu a mão forte do censor político de plantão em cada redação.

No entanto, o *Jornal do Brasil*, na edição do dia seguinte à promulgação do ato – 14 de dezembro de 1968, um sábado –, ao noticiar o triste acontecimento político, estampou na primeira página a manchete: "Governo baixa ato institucional e coloca Congresso em recesso por tempo ilimitado." No mesmo espaço apareciam indicações de inconformação com aquele estado de coisas, mas de modo velado. A sutil crítica à medida excepcional vinha cifrada em forma de notícia meteorológica, informação divulgada diariamente, na parte esquerda do lado superior da página: "Tempo negro. Temperatura sufocante. O ar está irrespirável.

O país está sendo varrido por fortes ventos. Máx: 38°, em Brasília; Mín: 5° nas Laranjeiras." No lado direito, lia-se também curiosa chamada para notícia publicada na p. 12: "Ontem foi o Dia dos Cegos". Como se observa, o jornal limitara-se a usar subterfúgios e metáforas, até certo ponto difíceis de serem compreendidos pelos leitores menos advertidos para esse tipo de sinalização da gravidade do momento vivido pelo povo brasileiro. No centro da página, de modo destacado, constava o teor integral do Ato Institucional, logo conhecido apenas como o AI-5, ilustrado com a imagem do general Costa e Silva acompanhado dos ministros das Forças Armadas. Logo abaixo o jornal estampou, com enigmática ironia, foto da cena de expulsão de Garrincha, ídolo do povo, durante o jogo Brasil x Chile, na Copa do Mundo de 1962.

Os jornais paulistas, por sua vez, dias depois, começaram a reagir à censura ditatorial com protesto ainda mais sutil e sofisticado: nos espaços censurados publicavam trechos de obras clássicas, a exemplo de *Os Lusíadas*, de Luís de Camões, e *Sermões*, do padre Antônio Vieira. Tal protesto, porém, era reconhecido apenas por leitores versados em literatura clássica.

Por essa época, em virtude dos efeitos da implantação do AI-5, as perseguições políticas se reacenderam dentro e fora do Brasil. Em consequência, as perseguições a Julião se fizeram sentir também no México, por meio de veladas e sigilosas ações dos serviços de segurança ali destacados.

Certo dia, quando a filha Isabela atingiu idade de ir à escola, Julião recebeu a relação dos documentos exigidos para matriculá-la em estabelecimento de ensino próximo de sua casa, mas constatou que não dispunha da certidão de nascimento da filha. É que não tivera tempo nem condições no Brasil de registrar a criança, porque estivera encarcerado. Então, foi à Cidade do México a fim de requerer a Embaixada do Brasil o registro da menina. Depois de várias horas de espera, descobriu que os funcionários, após apresentar evasivas injustificadas, não forneceriam o documento solicitado. De imediato, pediu audiência ao embaixador, Frank de Mendonça Moscoso, o qual, para sua surpresa, o atendeu com indisfarçável má vontade e negou, de forma peremptória, a concessão do registro do nascimento de sua filha. E foi mais além: disse-lhe, com clara rispidez, que, por favor, não voltasse mais àquele consulado (Castellanos, 2002:28). Desapontado com o gesto da autoridade brasileira, Julião buscou o serviço de estrangeiros do governo mexicano e ali, sem demora, conseguiu a autorização para matricular a filha.

Isabela, anos mais tarde, lembraria, com viva emoção, a fase em que estudou nesse colégio de Cuernavaca, de propriedade de suíços, mas seguidor de linha educacional norte-americana.[164]

A perseguição não parou por aí. No ano seguinte, o embaixador do Brasil no México, preocupado com as colaborações de Julião na revista *Siempre!*, costumava ir pessoalmente à Secretaria de Relações Exteriores do governo mexicano protestar contra o que ele chamava de "denúncias e incitações nos jornais mexicanos" feitas pelo ex-líder dos camponeses nordestinos.

Quando apareceu, em 22 de outubro de 1969, o amplo artigo intitulado "As lições de um sequestro. Brasil como ponto estratégico. Os dois aspectos de uma ação que libertou 15 prisioneiros mas prendeu mil", o embaixador resolveu dirigir-se oficialmente ao governo mexicano. Afirmou que o governo brasileiro continuava preocupado com

> as declarações que faz à mídia o asilado Francisco Julião, atacando o regime do presidente Costa e Silva, particularmente em uma entrevista publicada no diário *Novedades* desta capital, do dia 31 de julho, na qual afirma que está conspirando eternamente e que em breve voltará a seu país para derrotar o regime no poder.[165]

No ano seguinte, a embaixada do Brasil no México, já sob a gestão de João Batista Pinheiro, voltava à Secretaria de Relações Exteriores do governo mexicano para reiterar as mesmas gestões feitas anteriormente contra o

> asilado político Francisco Julião, que continuava a publicar, especialmente na revista *Siempre!* desta capital, artigos aleivosos ao governo brasileiro e a governos de países amigos, fazendo apreciações tenden-

ciosas, buscando aliciar proselitismo e fomentar a subversão da ordem, não só no Brasil, mas também em toda a América Latina. Em vista do exposto, a Embaixada Brasileira muito agradeceria à SRE a bondade de reexaminar o assunto e adotar as medidas que julgar pertinentes para coibir semelhantes práticas abusivas ao direito de asilo.[166]

Evidentemente o governo mexicano, por intermédio da Secretaria de Relações Exteriores, respondeu à embaixada brasileira no México. Em uma dessas respostas argumentou que os exilados tinham o direito de expressar suas opiniões e acrescentou:

> Em relação ao atencioso memorando, com data de 8 do mês em curso, sobre a visita do embaixador do Brasil ao sr. Rosenzweig (chefe da SRE), por motivo do artigo publicado na revista *Siempre!* pelo asilado político brasileiro, sr. Francisco Julião, o sr. Secretário Rosenzweig respondeu o seguinte: "Na minha opinião, o artigo do sr. Francisco Julião é uma profecia, talvez otimista demais sobre uma eventual Revolução..."[167]

O faro profético de Julião, no entanto, não funcionava para questões de segurança pessoal. A rigor, comportava-se de maneira aberta e sem nenhuma prevenção contra possíveis ameaças de terceiros ou, até mesmo, de inimigos ocultos. Qualquer pessoa, até prova em contrário, conquistava sua confiança.

164. RAÍZES DA DISCÓRDIA: JULIÃO E A VIRGEM DE GUADALUPE

Os órgãos secretos de segurança instalados no México, quer do Brasil quer dos Estados Unidos, não se conformaram com as atitudes de Julião.

Certa ocasião, um simpático casal de jornalistas chegou à casa dele, em Cuernavaca, interessado em entrevistá-lo para o jornal. Ambos diziam amar o Brasil, exibiam fotos do Pão de Açúcar e outros pontos pitorescos do Rio. Isso foi o suficiente para Julião acreditar em suas histórias. Regina, mais desconfiada, cismou com aquela forma de aproximação e ficou atenta. Ela era, via de regra, acusada pelos amigos do marido como superprotetora e até excessivamente ciumenta. "O meu apelido", confessou Regina, "era São Bernardo do Julião, aquele cachorro forte, diziam, que Julião tinha em casa..."[168] No entanto, em geral, tais pessoas não verificavam que ele, em verdade, precisava desse tipo de proteção, pois era uma pessoa destituída de qualquer prevenção contra os demais. Nesse particular, chegava a ser ingênuo.

Depois de alguns encontros com o casal de jornalistas, Regina advertiu o marido sobre aquelas abordagens suspeitas, afinal ele era um dos mais importantes exilados brasileiros no México e não podia expor-se a desconhecidos. Ela notara na bolsa da mulher que acompanhava o jornalista um volume anormal e desconfiara que ali havia um gravador escondido. Resultado: apareceu no jornal *Novedades* a entrevista de Julião, na qual, entre vários temas políticos, ele cometera o descuido de falar sobre questões de política interna do México, tema proibido para qualquer exilado. Ele não poderia imiscuir-se em assuntos políticos do país que o acolhera. De fato, falou algo sério: "Se (ele) fosse mexicano, faria a revolução com a Virgem de Guadalupe". Ora, a Virgem de Guadalupe é o maior símbolo de religiosidade para o mexicano. Mito criado pela associação do deus Quetzalcóatl, protetor do México desde os tempos imemoriais, durante a fase de dominação de Nueva Espanha (México), apareceu unido ao apóstolo Santo Tomás. Essa junção originou uma espécie de hipérbole mexicana assimilada desde suas origens aos dias atuais, com demonstrações de fé e de prodígios maravilhosos. Segundo Octavio Paz, ao prefaciar o ensaio de Jacques Lafaye, a

> criação mais complexa e singular de Nova Espanha não foi individual, mas coletiva. Não pertence o culto à Virgem de Guadalupe à ordem artística, porém à religiosa. Se a fecundidade de uma sociedade se mede pela riqueza de suas imagens místicas, Nova Espanha foi bastante fecunda: a identificação de Quetzalcóatl com o apóstolo Santo Tomás foi uma invenção não menos prodigiosa do que a criação Tonantzin/Guadalupe (Lafaye, 2002:21; cf. Prefácio de Octavio Paz).

Era compreensível a lógica do que Julião quis dizer. O mito de Guadalupe, como acontece com tantos outros assemelhados, a exemplo, inclusive, do padre Cícero Romão Batista no Brasil, poderia ser usado politicamente, como, a rigor, tantas vezes ele próprio havia recorrido à imagem do "santo" mais popular das camadas rurais brasileiras. Aliás, conforme ainda lembrou Paz, esse recurso ocorreu também no México.

> Neste contexto cada época e cada mexicano tem lido seu destino, do camponês ao guerrilheiro Zapata, do poeta barroco ao moderno que exalta a Virgem com laivos de namoro sacrílego, do erudito do seiscentos ao revolucionário Hidalgo. A Virgem foi o estandarte dos índios e mestiços que combateram em 1810 contra os espanhóis e voltou a ser a bandeira dos exércitos de camponeses de Zapata um século depois. Seu culto é íntimo e público, regional e nacional. A festa de Guadalupe, a 12 de dezembro, é, sem dúvida, a festa por excelência, a data central do calendário emocional do povo mexicano (*ibidem*).

O raciocínio de Julião, embora perfeito, não poderia ser exposto tal qual acontecera no jornal mexicano, ou seja, a declaração não deveria ter saído da boca de um exilado como ele. Colocava em risco sua permanência no México – aliás, foi a opinião de Francisco de Oliveira, a quem Regina recorreu imediatamente, desesperada e em prantos, quando viu o marido sair preso pelos agentes federais do serviço de segurança do governo mexicano.

A manchete dizia: "Julião prega revolução mexicana com a Virgem de Guadalupe." Ao prestar depoimento, o agente federal quis saber se a declaração ao jornalista havia sido gravada. Ele disse que não. Então, não havia prova material. Além do mais, a opinião fora exposta em contexto no qual se poderia inferir tratar-se de qualquer situação semelhante à mexicana, por exemplo, a brasileira. Essa explicação convenceu o agente federal que o interrogava e foi suficiente para liberá-lo e pedir o arquivamento do processo.

Quando Julião foi solto, diante desse e de outros perigos já enfrentados, Francisco de Oliveira disse-lhe:

– Todo sujeito tem um anjo da guarda, mas você, Julião, tem dois e já estão com a língua de fora de tanto te proteger!

Os problemas de segurança pessoal não ficaram por aí. Ocorreram outros. Um deles também poderia ter tido consequências desastrosas. Exilados brasileiros oriundos do "movimento dos sargentos e marinheiros" envolveram-se com a política de Cuba, que apoiava a Organização Latinoamericana de Solidariedade (Olas), liderada por Carlos Marighella. Alguns exilados começaram a discutir com Julião a realidade política brasileira e argumentavam que o caminho ideal seria a luta armada. Segundo eles, Julião deveria voltar clandestinamente para o Brasil e assumir a bandeira da luta. Sua trajetória e posição revolucionária eram incompatíveis com as comodidades do exílio etc. A pátria reclamava o esforço de todos. Na verdade, ele ficou, de certa maneira, impressionado com o apelo dos supostos amigos. O mais exaltado e fervoroso defensor de tais ações chegou a sugerir um plano: Julião, antes de partir, deveria fazer cirurgia plástica e depois entrar clandestinamente no Brasil.

Antes de tomar qualquer iniciativa, após discutir, em profundidade, a realidade latino-americana e, por extensão, a brasileira com o sargento que o incitara a voltar ao Brasil para continuar a luta contra a ditadura, Julião admitiu que tal saída seria plausível, afinal o regime endurecera a repressão contra os opositores políticos, portanto era preciso fazer algo. Então, começou a amadurecer a hipótese de voltar clandestinamente ao Brasil para unir-se aos patriotas combatentes.

Como já vimos, o líder dos camponeses não tinha perfil de revolucionário, nem experiência provada de homem prático e apto a enfrentar situação tão adversa. Além do mais, como fazer cirurgia plástica em seu rosto se tinha uma cabeleira enorme, solta, desgrenhada e inconfundível? Fora fotografado e filmado exaustivamente pela imprensa brasileira e internacional. Isso concorreria, de maneira decisiva, para ser reconhecido, com facilidade, pelas forças de segurança e repressão da ditadura brasileira. Dar aquele passo não seria fácil.

Resolveu, então, consultar um de seus mais fiéis amigos, o professor Jorge Turner, ex-líder político panamenho também exilado no México. Turner, após convocado em caráter de urgência, apressou-se a ir até

Cuernavaca ao encontro do querido amigo, pois ficara deveras impressionado com o tipo de chamamento, uma vez que Julião sempre se revelara reservado e comedido no trato de assuntos pessoais ou íntimos com seus amigos.

Ao chegar à casa do amigo, Turner só pensava no pior: questão de saúde ou mesmo invencível aperto financeiro, situação normal em se tratando de exilado. Após as saudações de praxe, dirigiram-se os dois a um quarto reservado e ali o panamenho escutou do amigo brasileiro a sigilosa confissão:

> Marighella mandou me avisar que eu sou muito necessário à luta que ora se inicia no Brasil, por ser um líder conhecido, ter poder de convocação das massas etc. Por isso, devo voltar ao Brasil a fim de integrar-me clandestinamente à luta armada contra a ditadura. Antes de voltar, porém, devo submeter-me a cirurgia plástica, pois tenho a cara muito conhecida. Qual sua opinião?[169]

Turner ouviu, avaliou a situação e, no fim, deu opinião:

– Ir ou não é decisão sua. Agora, mudar de cara, mediante cirurgia plástica, eu, no seu lugar, jamais faria tal coisa, porque pretendo morrer com a cara que vim ao mundo.[170]

Ao mesmo tempo, Regina, sem saber da iminência da partida do marido, suspeitava das insistentes idas do tal sargento à casa dela para conversar reservadamente com Julião, dizendo-se até amigo íntimo de Fidel Castro, que recebia dele presentes etc. Um dia, ela perguntou ao marido:

– Julião, se esse cara é tão amigo de Fidel Castro, se já foi a Cuba várias vezes, por que você não vai à embaixada cubana, já que você tem trânsito por lá, e pergunta quem é esse fulano?[171]

Acatada a sugestão, ele foi à embaixada de Cuba no México. Lá, para seu espanto, informaram-lhe que o tal sargento era um agente provocador e colaborador da CIA americana. E mais: nunca tivera nenhuma aproximação com Fidel. O choque foi tremendo. Daí em diante Julião começou a evitar contato com as pessoas que se diziam ligadas a Cuba.

No entanto, parece ter havido retaliação. Começaram a surgir, nas rodas de exilados, boatos de que Julião não mais era revolucionário, de que se recusara a voltar ao Brasil para ajudar os combatentes da resistência à ditadura etc.

De qualquer maneira, logo depois desse episódio, por volta de 1970, em plena vigência do AI-5 no Brasil, ele começou a mudar politicamente. Em seus artigos e entrevistas notavam-se significativas mudanças de postura ideológica. Não mais aceitava as ações terroristas, pugnava por iniciativas tendentes a consolidar o processo de acesso pacífico ao poder e defendia, com ênfase, a conscientização por intermédio de atos de solidariedade entre as massas latino-americanas, ampliando, assim, o espectro de sua visão política. Nesse sentido, em uma de suas crônicas da revista *Siempre!* escreveu:

> No mesmo dia em que Allende conseguia no Chile uma maioria relativa de votos sobre os seus dois contendores – uma votação disputada palmo a palmo, uma batalha eleitoral dura e limpa – o semanário *Marcha*, de Montevidéu, estava para publicar o segundo artigo de uma série que nos propusemos a escrever sobre a saída política mais viável para o Brasil de hoje. No artigo referido, intitulado "Ampla aliança ou beco sem saída", buscamos aprofundar, a tese já sustentada em outro anterior, publicado pelo mesmo semanário, meses atrás, em forma de "Carta aberta aos jovens revolucionários brasileiros". Entre os argumentos principais, vertidos em nosso segundo artigo, figuram dois, em torno dos quais gostaríamos de conhecer a opinião dos inimigos mais intransigentes do sufrágio universal, já que esse era o tema que tratávamos. Um dos argumentos foi exposto pelo próprio Fidel Castro, quando, na Universidade de Havana, ante um nutrido e heterogêneo grupo de chilenos, sustentou, semanas antes do pleito eleitoral de 4 de setembro, que para o caso concreto do Chile ele confiava na possibilidade de poder chegar ao socialismo através das eleições. O outro argumento é o sustentado pelo GPR (Governo Popular Revolucionário) do Vietnã do Sul, que, com o apoio total de Hanói, defende para aquele heroico e indomável povo exatamente a mesma saída, ou seja, o sufrágio universal, a fim de pôr término à guerra, tremendamente cruel, que lhes foi imposta pelos Estados Unidos (*Siempre!*, 30/9/1970).

Depois de tecer vários comentários sobre a condenação das iniciativas terroristas, passou especificamente a tratar do caso brasileiro, o que significou, a seu juízo, resposta àqueles que tentaram envolvê-lo com as ações armadas.

> Evidentemente, tanto em um caso quanto em outro, a conclusão que buscamos alcançar consiste, antes de mais nada, em indicar a validade (não o dogma!) do sufrágio universal, tão mal-tratado pelos "puros" e pelos "ultras". Até os supremos responsáveis pelo destino dos povos mais agredidos pelo imperialismo ianque – o povo vietnamita e o povo cubano – não só admitem essa via, mas também a defendem nas situações concretas, já definidas."
>
> "Consideramos que a prévia condenação do sufrágio universal direto, sem estar baseada em nenhum argumento sério, apesar dos vícios inerentes tão conhecidos – aí está o caso colombiano para comprová-lo mais uma vez – significa uma atitude sectária, intransigente, dogmática, própria de quem busca um ideal sem ater-se à realidade concreta, a vivida pelas massas no estado em que ainda se encontram."
>
> "Não nos consta, no caso específico do Brasil, que, desde que se institucionalizou o estado militar até esta data, se haja tentado efetuar uma sondagem, nem sequer junto à opinião pública, em relação à aceitação e à viabilidade de tal recurso político."
>
> "Por que não levam a cabo essa pesquisa? Por acaso a ditadura militar a tomaria como subversiva, como mais uma forma de perturbar a "ordem" vigente, de solapar a "autoridade" do poder derivado da violência do IPM, do Esquadrão, do SNI, do Dops, do Cenimar e das dezenas de instrumentos diabólicos sistematicamente usados para manter o povo aterrorizado? Uma pesquisa dessa natureza pode ser levada a cabo, a despeito de todos os aparatos de repressão, inclusive dentro dos quartéis, onde, seguramente, há oficiais e soldados que sentem repugnância ao constatar diariamente que cada um deles, física e moralmente, assim como as suas corporações, não está mais ao serviço da pátria, nem do povo nem da Constituição, mas dos monopólios, da reação interna, com os seus privilégios tão ostensivos quanto odiados (*ibidem*).

Mesmo assim os intrigantes não perderam tempo e começaram a dizer que ele abandonara os cubanos e passara a apoiar os soviéticos. Outros, mais maliciosos, insinuaram que tudo não passava de adesão às ligações com os interesses norte-americanos, já que ele continuava amigo do escritor inglês Cedric Belfrage.

Dificuldades semelhantes chegaram à área familiar, quando seu filho Anatólio, na mesma época, empolgado com as ações de resistência armada organizadas por Marighella, informou ao pai sua decisão de retornar ao Brasil para incorporar-se àqueles comandos guerrilheiros. Julião recusou-se a apoiá-lo e reagiu com energia à opção manifestada pelo filho, que desistiu da ideia.

A partir de então surgiram, em torno de seu nome, as mais extravagantes opiniões e versões, como a que ocorreu no Brasil durante a ditadura Médici. Ampliaram-se de tal sorte os lances de perseguição política que se registraram até miragens por parte dos órgãos de segurança, como a acontecida no bairro de Arruda, no Recife. Em virtude da suposta informação, o serviço secreto da Marinha (Cenimar) enviou comunicado a todos os órgãos de segurança – Comando do IV Exército, Departamento de Polícia Federal, Dops, Polícia Militar –, classificado de confidencial com grau de sigilo B e veracidade 2. Essa comunicação dizia: "Consta que o ex-deputado Francisco Julião teria sido visto no dia 2 de julho próximo passado. O nominado foi visto no Arruda ocupando uma Variant de cor amarela."[172]

165. AMOR VELHO... AMOR NOVO

Julião foi romântico também no amor. A todas as mulheres que amou declarou sua afeição de maneira incondicional e irrefreável. Com a mesma veemência esquecia-as quando era flechado por amor novo, como costumava dizer aos mais íntimos. Ao atingir a maturidade, descobriu mais um argumento eficaz: para justificar a necessidade de mudar de mulher ou de amor, segundo sua opinião, de sete em sete anos, o corpo, biologicamente, renova todas as células e o ser humano passa a ser outro. Da mesma forma, o homem também deveria mudar de mulher.

Desde as experiências de adolescência com as meninas da Fazenda Espera, Rosa, Alexina, Maria Ceailes, Regina, Angélica e Marta, entre outras, a rigor poderiam ser citadas como mulheres que ele amara de verdade. Dessas, porém, apenas duas não abandonou por causa de outra mulher: Regina e Marta. A primeira porque foi ela que tomou a iniciativa de abandoná-lo em 1970, para, em seguida, voltar ao Brasil com os filhos. A segunda, porque foi a última mulher amada.

A decisão de Regina foi um duro golpe. Em verdade, colheu Julião de surpresa. Ele jamais imaginaria que isso pudesse acontecer, pois estava acostumado a viver a situação inversa: abandonar as mulheres. Seu amor por Regina se manifestara de maneira diferente das demais. Ele a via como mulher de personalidade múltipla: em certas ocasiões, a depender da situação, era Regina; poderia também ser Eneida ou a irmã Paula. Regina era a mulher normal, a de casa, a de carne e osso, a visível durante os dias e as noites; as demais, as invisíveis, as imaginárias, as estimadas sob o toque de uma condição especial. Eneida, a grega, a de Virgílio, a inatingível, a poética; a irmã Paula, aquela considerada por ele como misto de anjo bom e, ao mesmo tempo, piedosa, predisposta sempre a renunciar a seus próprios interesses em favor de um "deus", o próprio Julião. Essas personalidades apareceram com maior clareza no momento em que ele se viu só, sem Regina e os filhos, inclusive Isabela, por quem ele sofrera deveras os mais angustiantes momentos de pai destituído daquela que, para ele, num dado instante da vida, significara novo renascer. Seu único alento foram as sentidas cartas dirigidas à amada por mais de oito anos. A primeira delas, reveladora de desconcertante abandono, mal conseguia esconder o desapontamento. Dirigia-se à Regina de carne e osso, a real:

> Esta será a primeira de uma série de cartas que, a partir desta data, sinto o dever de te mandar, já que, por esses meios, julgo mais fácil o diálogo contigo. Invoco um precedente, o de teus pais, que, segundo tu mesma me confessaste tantas vezes, recorria a este expediente quando entre eles surgiam dificuldades. Evidentemente não estou buscando comparar essas dificuldades com as que temos tido, nem portanto, em seu nome,

tentar um recurso que não seria digno de nenhum de nós para anular distâncias que as circunstâncias foram fazendo entre ti e mim. Nada disso. Apenas considero que se tal expediente foi legítimo para ele há de ser também para mim (FJ a Regina Castro, 24/11/1970).

Quais seriam essas dificuldades?

Julião, apesar de ter escrito inúmeras cartas a Regina, nunca as declarou. Preferiu sair pela tangente. No entanto, Regina, décadas mais tarde, falaria das principais causas determinantes de sua iniciativa de abandoná-lo em 1970, causando-lhe o mais profundo golpe emocional e amoroso.

O motivo foi o fato de Julião não se casar civilmente com ela, apesar das promessas feitas quando se conheceram e reiteradas após o nascimento de Isabela. Nove anos de espera. Regina cansou. Décadas mais tarde ela argumentaria que ele, ao longo da vida, casou com Alexina, a chilena Angélica e a mexicana Marta, mas com ela, apesar das promessas, não casou. E acrescentou com indisfarçável amor-próprio: "Em compensação, fui a única mulher que o deixou, apesar de me ter custado seis anos de terapia, mas deixei."[173]

Naqueles anos ele não encontrou condições para enfrentar o problema do divórcio com Alexina, que sempre se recusou a conceder-lhe amigavelmente a separação. Depois, com as outras mulheres – Angélica e Marta –, ele achou a solução legal e casou-se com elas. Mesmo assim, Alexina, vivendo no Brasil, nunca moveu uma palha para facilitar ou prejudicar os interesses de Julião nesse particular.

Se, por um lado, as dificuldades de convivência com Julião eram evidentes, por outro, com Regina a convivência também parecia bastante difícil. De temperamento forte, muitas vezes revelava-se mulher ciumenta, segundo testemunho de amigos do casal. Ainda quando ele a conhecera, no Rio, alguns problemas de relacionamento com pessoas do movimento político e camponês vieram à tona. Isso sugeria que a contribuição dela seria mais eficiente apenas como a mulher do líder, e não como militante. Talvez os desencontros entre os dois se tenham acentuado no exílio, porque, em tal situação, todas as dificuldades se ampliam e se complicam em dimensões significativas.

Apesar dos desastres de relacionamento com o inevitável rompimento, algo de profundo permaneceria entre eles: Isabela, o laço que os unia e capaz de mantê-los sempre amigos.

> Bastaria resumir tudo numa data: 5 de julho. Ou numa palavra: Isabela. Com essa data e esse nome não o borraremos jamais da memória, ainda que nos distanciemos no tempo e no espaço. Nem o ódio mais rancoroso poderia lográ-lo. O que se trata, agora, não é de edificar sobre ruínas nem tentar a viagem de volta, pois isso, além de uma ilusão, poria em perigo o que verdadeiramente temos de preservar: nossa amizade. De minha parte considero que ainda é tempo de salvar essa amizade. Estou de acordo contigo de que tudo teria sido menos doloroso se houvesse me orientado pelo teu instinto: ontem tu mesma o acentuaste com a veemência de sempre. O tempo correu contra nós e seguramente nos danificou demais. Os problemas só serviram para aguçar o que deveria e poderia ter sido feito sem precipitação nem tanto sofrimento.[174]

Assim, Julião acreditava manter bom relacionamento de amizade com Regina. Por isso, apelava com toda sinceridade que lhe era possível:

> Quanto à maneira de conduzir a nossa separação, a mim o que mais preocupa, são as crianças. A ti, também, estou seguro. A imagem que os amigos e inimigos formem de tudo isso será borrada pelo tempo. O mesmo não sucede com as crianças, a quem, realmente, estou preso pelos laços resistentes e delicados. Em que podemos nos ajudar mutuamente para que saiamos menos traumatizados de tudo isso? Essa interrogação nos pertence. A ti mais do que a mim, já que as levastes contigo.[175]

Quando ele quis confessar seus sentimentos amorosos, feridos pela dor da ausência e tocado pela força daninha da solidão, não escreveu para Regina, mas à irmã Paula, aquela que ele imaginava plena de piedade por todos os bons sentimentos. Um anjo, enfim. Era a confissão de um sonhador.

Irmã Paula: começo hoje, 3 de janeiro, antes da data por mim eleita, esta carta pra ti, querida, mas não pretendo escrevê-la de uma vez. Aos poucos tentarei dizer-te o que sinto, na esperança de que tu, tão lúcida, me entenderás. Será uma confissão tranquila, feita em companhia de Grieg, de Paganini, de Beethoven e do nosso tão querido e insuperável Bach. Estou seguro de que ajudado por eles poderei falar-te de coisas sérias e de sentimentos puros, sem que me sinta, um só momento, perturbado por nenhuma vacilação ou dúvida.

Para principiar, digo-te que tenho o coração em paz e suavemente iluminado. Aquela inseparável sensação de encantamento que já experimentamos tu e eu se apodera, outra vez de mim; com menos arrebatamento, mas em compensação com mais profundidade. Chego a pensar – nisso estou de acordo contigo – que o nosso amor, ou, para ser mais exato, o meu amor em relação a ti, não foi o fruto de uma longa gestação, mas de uma súbita descoberta. Tu me viste primeiro do que eu a ti. Me quiseste antes. É possível que a figura do mito agora existente te tenha impressionado mais do que a do homem que acabaste descobrindo em suas limitadas dimensões. Eu vi em ti a fêmea realmente excepcional antes de descobrir a mulher que, em amor, sempre foi e continuará sendo um ser implacável. Em ti busquei o remanso, o refúgio, o "chinelinho velho", como sempre o disseste com tanta graça e propriedade. Poderia haver sido uma extraordinária companheira, mas não a esposa que eu, na minha *frustração*, idealizava. Apesar de seres, como és, uma romântica, sempre foste muito correta e clara na tua maneira de ver o mais delicado dos sentimentos, o amor, que a vida tanto complica. Aprendi contigo, nesse convívio com que nos agredimos tanto, a plenos pulmões, como é do teu estilo, eu, com o meu silêncio de homem do interior, da montanha, muitas lições que, agora, no outono da minha vida, me servirão para não incidir em novos e fatais erros. Nesse caso, pode parecer um paradoxo que ao invés de permanecer com a professora, prefira realizar mais uma experiência com uma iniciada nesses segredos. É que me reexaminando mais profundamente, com a calma que o silêncio e a distância me oferecem, constato que a viagem de regresso, mesmo através de um caminho conhecido, é uma ilusão e um sonho. Como nos tornamos amigos, tu e eu, apesar de tantos contratempos, te quero e te posso falar das coisas que sinto, na esperança de que saberás julgar-me com isenção de ânimo e indulgência (FJ a irmã Paula, 3/1/1971).

Tentava reagir, ser forte diante da adversidade amorosa com a partida da amada. Na longa carta começada a 3 e terminada a 7 de janeiro, porém, reservava uma surpresa vingativa no final.

> Tomo, no entanto – e insisto –, a deliberação de começar minha confissão, se te agrada o termo, porque a mim me faz bem, a partir do momento em que te foste. As primeiras horas, os primeiros dias, as primeiras semanas me trouxeram uma angústia lancinante, uma saudade dolorosa, um medo insuportável de que te pudesse ocorrer alguma coisa, capaz de atingir-nos a todos, a ti, a mim e, principalmente, às crianças. Muitos dias se passaram antes que uma relativa tranquilidade me ganhasse o coração. Já quando me senti menos agitado por tantos sucessos íntimos, por tantas agonias, como perder o convívio das crianças, o teu convívio turbulento, quase sempre, mas, aqui e ali, com remansos que me enchiam de esperanças, comecei a me recompor por dentro, a ver as coisas com mais equilíbrio, numa outra perspectiva. Nisso tu própria me ajudaste bastante, através das cartas que começaste a me escrever desde Lima, e também da leitura que fiz do teu diário, tumultuado e lúcido. Lentamente fui sentindo a necessidade de buscar outro caminho, de encontrar uma saída capaz de me pôr no centro de mim mesmo, de me restituir as energias gastas e o ânimo indispensável para seguir vivendo e tratar de cumprir as tarefas que me propus.[176]

Depois de divagar durante longas páginas por labirintos de sua trajetória amorosa, por fim resolveu confessar, no sétimo dia, à irmã Paula, como se tal fato pudesse esconder de Regina, a mulher real, o verdadeiro objetivo de sua sentida missiva:

> O amor como tu bem sabes é uma totalidade. A amizade, como tu mesma a defines tão bela, é merecimento. Nosso amor findou sendo partido. Toda vez que tentamos emendá-lo acabamos por sentir que não era mais possível. E como não concebemos, em nosso radicalismo, amar pela metade ou aos pedaços, segundo é a regra corrente, neste mundo dominado pelos preconceitos, as conveniências e os interesses subalternos, o lógico, o preferível, o honesto é estender as mãos um para

o outro, num gesto elevado, bifurcar os caminhos e seguir cada qual o seu destino cantando uma canção de despedida. Assim nos propusemos. E assim será. Quanto à nossa amizade, de minha parte e sei que da tua também, tudo faremos para merecê-la. Será mais fácil pelas razões já expostas e ainda porque a amizade aguenta tudo, se é sincera, profunda e baseada na verdade. Eu quero a tua amizade. Sempre a quis. É o saldo positivo de todos os embates que sofremos nesses anos de íntima convivência, tão fatal para o nosso amor, com a tua maneira de ser, com a minha maneira de ser.

Fui um homem difícil para ti, apesar de todas as tentativas para me parecer simples. Tu foste para mim uma mulher surpreendente, com uma capacidade de amar fora do comum, atingida por uma série de problemas, desde a infância, de que nunca talvez te libertes. O teu déficit de carinho, por exemplo. Eu não fui capaz de supri-lo senão em parte e por muito pouco tempo. Quanto a mim, tu mesma, com a indiscutível lucidez que tens para captar a maneira de sentir das pessoas, me disseste, tantas vezes, que eu não me dava totalmente senão à causa, porque no plano amoroso quis sempre receber mais do que retribuir. Parece, a teu juízo, que por aí começou o nosso desencontro. Não o discuti, porque a razão pode estar contigo.[177]

Não era só isso que Julião pretendia dizer à imaginária irmã Paula, a piedosa e compreensível amante. O surpreendente deixara para o fim da carta.

> Desde então muitas coisas se passaram. Em 4 meses apenas. Primeiro o choque, a estupefação, o imobilismo, a angústia, a ansiedade, a tristeza, o ensimesmamento, a solidão, a indiferença, o agravamento total de meus padecimentos físicos e morais. Depois, lentamente, hora a hora, dia a dia, o renascimento das energias e esperanças, a visão mais clara das coisas, a reflexão, o encontro com os amigos, com a gente, com a vida, com o mundo. Tantas horas e dias afundados dentro de mim mesmo, numa atitude negativa e mórbida, que só me conduzia ao isolamento e ao sacrifício inútil. Finalmente, a necessidade de afirmar-me, de caminhar para frente, de ver novos horizontes, de dizer adeus aos sucessos dolorosos que tanto nos atormentaram. Pus a mão na consciência, tomei

o coração por dentro, examinei-me detidamente e cheguei à evidência de que não podia, não devia nem queria mais voltar atrás. O reencontro contigo me pareceu um retrocesso que nos conduziria, inevitavelmente, a um novo desencontro. E isso viria, sem nenhuma dúvida, destroçar tudo mais, inclusive a grata recordação das horas e dos dias verdadeiramente lindos do nosso amor.

Foi só então que decidi conquistar u'a mulher, em lugar de deixar-me conquistar como sempre me ocorreu, desde quando tinha meus 13 anos, na crença de que assim talvez não assista a mais um fracasso amoroso. Não podia ser uma mulher qualquer, a primeira que passasse pelo meu caminho. Depois de haver vivido e aprendido tanto contigo, deveria saber eleger alguém que não me fizesse o coração vazio, amargo ou atormentado.

A eleição recaiu em uma chilena que se chama Maria Angélica. Silenciosa e sofrida. Tudo começou para mim no dia 1º de novembro do ano que se acaba. E para ela semanas depois. Transcrevo para ti o pedaço que se segue de minha carta sem fim, por onde verás como me sinto e como te senti. Quando alguém já não sente a ausência do bem amado é que chegou a hora do presente. Pode restar de tudo uma vaga melancolia, mas o amor é outra coisa, porque é ansiedade, busca, pensamento, encontro desejado, vontade de entrega total e absoluta, saudade que não cessa nunca, alegria de viver, o tempo passando sem a gente sentir. Serei um homem leviano, um irresponsável face a esse novo encontro, quando há dois meses cria na possibilidade de um reencontro com Eneida? Não. As coisas devem acontecer naturalmente. Se algo começa a nascer dentro de mim com relação a Angélica deve ser sério. De outro modo, como interpretar esse apagar de luzes quando olho para o ontem tão recente? Por que a tarde cai entre nós tão de repente? Sinto mais que pressinto que a vez agora é de Grieg com suas elegias tão melodiosas; sinto me em paz com esse clima misterioso. Devo dizer adeus à paixão ardente de Acrópole e buscar o passado que voa agora pela solidão do bosque todo vestido de branco.[178]

Mesmo que não pudesse confessar-se a Regina e comunicar o surgimento de um novo amor, porque a confissão foi dirigida à irmã Paula, ente mais imaginário do que real, estava vingado. No entanto, era apenas vingança epistolar. No íntimo sofria. Sete anos após ainda percutia aquela profunda dor, talvez unida ao peso do exílio forçado. A revelação foi feita em pungente carta a seu querido primo José Morim:

> Não sei por que o elegi, a você, Zé, para sussurrar esta elegia quando faltam algumas horas a fim de completar os meus 62 anos. Tudo parece um sonho! Me afogo em minha própria memória e dela vou tirando suavemente com ternura e amor um pedaço do passado para saboreá-lo. E o que sinto? Tristeza, saudade, nostalgia, amargura. A distância devia suavizar o horizonte como aquele onde nasceu Iracema. Mas não. A distância me diz que tudo está perdido. É inútil buscar. Sim, não podemos nunca mais encontrar o que mais desejamos: a inocência. O tempo a sepultou em lugar ignoto. E mais que ignoto, inacessível. Por isso, a lágrima agora é véspera de outra ainda mais amarga (FJ a José Morim, 15/2/1977).

166. JULIÃO CONHECE O EDITOR DE *SIEMPRE!*

Há, na vida de certos homens, acontecimentos decisivos. Quase todos são fortuitos, mas alguns deles se armam de tal forma que mais tarde, quando reexaminamos os efeitos, sempre somos tentados a admitir que a mão do destino nos conduziu para aquela direção.

A admissão de Julião no corpo de colunistas da prestigiosa revista mexicana *Siempre!* pode inscrever-se como acontecimento ligado diretamente a seu encontro com o jornalista Luís Suárez, no Recife, em 1962. As tensões entre o movimento camponês e as forças conservadoras de vários estados nordestinos, então, produziam ameaças de prática de ações violentas, via de regra tornadas realidades. Por essa época, o jornalista catalão – havia décadas exilado no México, desde os tempos da Guerra Civil Espanhola – publicou ampla matéria sobre as ações desenvolvidas por Julião nas Ligas Camponesas. Dois anos depois, por curiosa coincidência, Julião passou a residir em Cuernavaca, a mesma cidade onde também vivia Suárez. O reencontro dos dois, como já visto, culminou no surgimento de sólida amizade, fato que o levaria a conhecer José Pages Llergo.

A trajetória de Pages foi meteórica. Nascido em 1910, no estado de Tabasco, aos 14 anos, admitido no diário *El Democrata* como mensageiro e porta-voz, mais tarde, trabalhou na agência do mesmo jornal em Los Angeles (Califórnia) como revisor de provas. Logo galgou as funções de repórter, redator e chefe de redação. Ao mesmo tempo acumulava as funções de repórter do jornal *The Daily News*. Aos 26 anos abandonou os Estados Unidos e voltou ao México com o objetivo de fundar uma revista de ideias. Para tanto, associou-se com seu primo Regino Hernández Llergo. Assim nasceu o semanário *Hoy*, em 1937. Anos depois fundaram a revista *Mañana*. Ambas as revistas conquistaram rapidamente ampla difusão dentro e fora do México.

José Pages Llergo desfrutava imenso prestígio na imprensa, sobretudo porque realizara feitos notáveis, como, por exemplo, ter sido o único repórter mexicano a entrevistar Adolf Hitler, Benito Mussolini e o imperador Hiroito.

No entanto, o caráter quixotesco e bizarro de Pages o levou em 1953 a viver um episódio aparentemente sem a menor importância, mas suficiente para mudar sua trajetória profissional e empresarial. Tudo começou quando, exercendo o cargo de editor do semanário *Hoy*, no momento o mais importante de México, publicou a foto de uma bailarina nua em certo cabaré parisiense. Nada de grave teria acontecido se, na mesma foto, não aparecesse também, em destaque, Beatriz Alemán Giron e seu marido, Carlos Giron, no instante em que esse se voltava totalmente, em estado de graça e admiração, para a nudez da jovem bailarina. O escândalo, a rigor, não residia no fato de o jornal divulgar a foto de uma bailarina parisiense nua, mas na circunstância de aparecer próximo dela a filha do ex-presidente Miguel Alemán Valdés, cabeça de família ilustre e de formação tradicionalista. Além disso, o olhar do marido para a jovem bailarina fora captado com precisão pelo ágil fotógrafo.

A responsabilidade do escândalo caiu sobre os ombros do editor do jornal, José Pages Llergo, o qual, sem outra opção, renunciou ao cargo.

Ao mesmo tempo, surgiu um fato inesperado: também renunciou quase toda a equipe do jornal. Pages e seus amigos, logo depois, fundaram novo periódico. Assim, nasceu a revista *Siempre!*, "sob o signo da tempestade", como escreveu a jornalista Rosa Castro, aliando, em seguida, o sentido quixotesco, símbolo que marcaria a história da revista.

No primeiro editorial (*Siempre!*, nº 1, 27/6/1953) – intitulado "A liberdade como destino" –, José Pages destacou os princípios norteadores da nova revista:

> Reforçar as trincheiras da nacionalidade, como imperativo patriótico; contribuir e reafirmar na opinião pública o pensamento mexicano, para torná-lo uma arma eficaz na batalha em que se corre o risco de perder o eterno do México: a necessidade de sua própria vida; solidariedade com os problemas que poderiam apresentar em todos os países latino-americanos; não rejeitar nem fechar as portas para nenhuma expressão por intolerância ideológica; servir ao pensamento do México, exaltá-lo, enaltecê-lo e superar os partidarismos; destacar a presença do México em todas as suas expressões políticas, artísticas e sociais, exercendo no mais alto nível a liberdade de imprensa, permitindo que por meio dela possam apresentar visões da direita tradicionalista, do centro e da esquerda; e, por fim, mostrar que a única bandeira da revista é servir ao pensamento do México.

Em certo sentido, Pages e Julião se pareciam. Em ambos havia algo de quixotesco, de utópico e de bizarro a cruzar seus destinos. Não pensaram nem sonharam em acumular riquezas ou em desfrutar de notoriedade e de prestígio passageiros, mas em transformar o mundo, ainda que cada um a seu modo atuasse em trincheiras diferentes. Essa semelhança concorreu para selar rápida e sólida amizade quando os dois se conheceram por iniciativa do jornalista Luís Suárez.

Em 10 de julho de 1974, no próprio corpo da revista, em artigo intitulado "O meu encontro com *Siempre!*", Julião recordou as dramáticas circunstâncias de seu primeiro contato com aquele periódico, exaltando, também, a curiosa afinidade surgida entre ele e José Pages.

Das entranhas do Nordeste do Brasil nascem a *Geografia da fome* e as Ligas Camponesas. Esses dois fenômenos atraíram a atenção mundial. A *Geografia* foi lida em todos os idiomas. E muitos foram ver de perto as Ligas, em carne e osso. Mais osso do que carne.

O México também foi. Lá pelo ano de 1962. A *Geografia* de Josué de Castro foi a denúncia e o espanto. A Liga recém-nascida que me entregaram para criar era a consciência e a ação.

O México viu e compreendeu o drama de minha região atormentada pela miséria, o genocídio e o êxodo. Um homem sensível e bom, agudo e sincero, com um só olhar, captou tudo: Luís Suárez.

Na Associação de Imprensa de Pernambuco, no Recife, capital da miséria e Meca do Nordeste, conduzidos pelo braço amigo do escritor Paulo Cavalcanti, encontramo-nos Suárez e eu. Um encontro que era quase um desencontro, porque as horas para mim naqueles tempos voavam como segundos. Os problemas pediam soluções imediatas naquela região onde *Morte e vida severina*, de João Cabral de Melo Neto, forma com a *Geografia* e a Liga uma dramática trilogia.

Foi assim que *Siempre!* chegou ao Nordeste e ganhou o meu respeito e a minha amizade. Não é por acaso, portanto, que hoje esteja com Pages. Se tivesse nascido no Brasil, Pages se chamaria Pajé, que em tupi-guarani quer dizer conselheiro da tribo, pai, feiticeiro e por aí vai. Conclusão: o mesmo que aqui (*Siempre!*, 10/7/1974).

167. COLUNISTA DE *SIEMPRE!*

A colaboração de Julião como colunista da revista *Siempre!* atendeu, em primeiro lugar, à sua necessidade de sobrevivência. Tal afirmativa, porém, não pode ser tomada em sentido absoluto, ou seja, que a ele não interessava, como algo visceral, esse tipo de atividade. Ao contrário, na condição de exilado político, impedido de exercer a profissão de advogado no México, a oportunidade de pugnar por suas ideias em veículo informativo (e formativo) de tal magnitude representava experiência capaz de tornar-se conhecido de um público bem maior, já que, até então, ele transitara mais entre políticos, intelectuais e professores dos principais centros acadêmicos mexicanos. Além do mais, o novo colaborador era, sobretudo, intelectual dotado de provada capacidade para o ensaio. Seus textos assumiam elevado nível de reflexão e revelavam sólido potencial de informações políticas privilegiadas em relação às questões políticas do Brasil, da América Latina e do resto do mundo.

Ainda que, desde os primeiros meses de exílio, Julião tenha sido alvo da curiosidade da imprensa mexicana e colaborado, durante alguns anos, em revistas e jornais, mas em caráter esporádico, inclusive em *Siempre!*, em função de amizade com Luís Suárez, a verdade é que só a partir de 24 de maio de 1972 teve início sua colaboração permanente e remunerada no corpo editorial de *Siempre!* O tema abordado foi a guerra do Vietnã e a iniciativa de Nixon, em forma de carta aberta ao editor José Pages:

> Depois de mais de um ano ausente das colunas de *Siempre!*, que você, tão calorosamente, me abriu, desde o nosso primeiro e cordial encontro, em sua trincheira de Vallarta, retorno às fileiras para seguir o nosso combate de ideias, de princípios, de denúncias e de compromissos com as melhores causas de nossa América e da humanidade.
>
> Posso assegurar-te que no mesmo instante em que os aviões da Marinha de Guerra dos Estados Unidos deixavam cair na Baía de Tonkin, em frente do heroico porto de Haifong, suas primeiras minas eletrônicas, senti que permanecer um segundo mais em silêncio seria como um ato de conivência. A omissão não é menos criminosa do que a ação quando estamos presenciando uma guerra sem qualificativos nem comparação com todas as demais que o mundo já sofreu neste século.
>
> Pressentíamos que mais cedo ou mais tarde a paranoia do atual ocupante da Casa Branca se desencadearia ao extremo, a ponto de pôr em risco a própria sobrevivência da grande nação, que começou o seu destino de Estado livre proclamando o direito à rebelião, esse direito que agora, como potência imperialista, avassaladora e supermilitarizada, nega ao Vietnã, a Bangladesh, aos árabes, aos latino-americanos e a todos os povos que lutam por sua independência, por sua soberania e por sua autodeterminação (*Siempre!*, 24/5/1972).

O texto prosseguiu com veemente protesto contra a intervenção norte-americana no Vietnã. No fim, voltou ao compromisso assumido com o editor de *Siempre!*: "Assim, meu caro e distinto amigo, quero somar a minha angústia à sua e à de todos os que escolhem o caminho da paz, clamando das trincheiras de *Siempre!*, que você cavou, sangrando os dedos: 'Basta de carniceiros!'" (*ibidem*)

Durante mais de oito anos Julião, às quintas-feiras, aparecia nas páginas de *Siempre!* com seu artigo. Ao longo de toda a colaboração, foram 257 artigos, os quais poderiam ser distribuídos pelos seguintes temas básicos: 74% referentes a questões políticas; 15%, a questões sociais; 8% relativos ao próprio autor; 3%, assuntos culturais, econômicos e outros. Ao analisar os subtemas relativos às questões políticas, constatamos que a principal preocupação de Julião se centrava no combate ao imperialismo no Brasil e na defesa do Chile; depois, em menor grau, os problemas de Portugal, Argentina e Peru.

Embora quase todos os assuntos tratados aparecessem sob a rubrica de uma coluna denominada "América Latina hoy", Julião dedicou vários artigos à reflexão sobre alguns países europeus e asiáticos, tais como França, Polônia, Suécia, Tailândia, União Soviética, Vietnã e Estados Unidos.

No que se refere às questões sociais, a preocupação se deu com personagens ilustres e, em seguida, com os temas ligados à terra, à ideologia e à igreja.

As suas críticas à situação política no Brasil, publicadas em maior número na revista *Siempre!*, centravam-se basicamente no combate ao golpe militar de 1964. As denúncias feitas por ele – na crença de que conscientizava a opinião pública e facilitava o papel da resistência dentro e fora do Brasil – eram sistemáticas e veementes; destacavam as insustentáveis condições de vida da população, especialmente o crescente aumento dos índices de mortalidade infantil.

O combate ao imperialismo ora se destacava como tema específico, ora, de maneira indireta, no corpo de outros assuntos. Via de regra aludia ao imperialismo norte-americano, apontando, de preferência, sua nefasta atuação no Terceiro Mundo.

Diana Castellanos resumiu os pontos básicos mencionados nesses artigos de Julião:

> Crítica à maneira como se manifestava a natureza dos Estados Unidos, de uma violência sem limites, capaz de cometer qualquer delito na crença de estar salvando a Humanidade, o bem comum e a civilização; críticas em torno da viagem de Kissinger à América Latina e à maioria dos políticos dos Estados Unidos; denúncias sobre a forma infame sempre recebida pela América Latina por parte dos Estados Unidos; convocação da unidade para exigir que os Estados Unidos acabem com suas sanções discriminatórias contra os produtos de exportação do subcontinente, para terminar com o bloqueio econômico contra Cuba e exigir revisão dos tratados e das convenções bilaterais ou multilaterais que mantinham os países da América Latina presos à sua política expansionista (Castellanos, 2002:57-58).

Durante esse período, a embaixada do Brasil no México não mais se preocupou em protestar junto ao governo mexicano contra as opiniões de Julião estampadas na revista *Siempre!*.

No entanto, em 1974, o embaixador da Nicarágua, Edgar Escobar Forn, enviou ofício ao editor José Pages protestando contra as "inexatidões" cometidas pelo colunista Francisco Julião em relação ao ditador Anastácio Somoza, o Tacho:

> Com respeito ao artigo publicado em *Siempre!* com data de 2 de janeiro de 1974, intitulado "Nicarágua, o terremoto e a filosofia de Tacho Somoza", assinado pelo sr. Francisco Julião, onde interpreta arbitraria e inexatamente as declarações do general Anastácio Somoza Debayle (...) O senhor Julião critica o general Somoza pois declara abertamente que a Nicarágua é alienada à civilização ocidental e que somos amigos dos norte-americanos, sem ter vergonha de confessá-lo (...) O senhor Julião também se encontra desorientado por informações insidiosas de que na Nicarágua há presos e exilados políticos a granel, o que é totalmente falso. Devo dizer que gozamos de uma irrestrita liberdade de imprensa (*ibidem*, p. 67).

EXÍLIO (1966-1979)

Naturalmente, as queixas do embaixador nicaraguense não encontraram eco na direção da revista *Siempre!* e Julião continuou a escrever naquele periódico com absoluta liberdade de expressão.

Além da revista *Siempre!*, ele escreveu para outros periódicos mexicanos. Suas colaborações, porém, eram esporádicas, salvo a prestada ao jornal *El Día*, um dos mais influentes veículos informativos do México, para o qual Julião fora convidado pelo seu amigo Henrique Ruiz García, jornalista que usava o pseudônimo Hernán Pacheco. Os artigos eram menos extensos do que os publicados em *Siempre!*, mas abrangiam, em geral, as mesmas temáticas.

168. JULIÃO COM ALLENDE NO CHILE

Dois motivos levaram Julião a aceitar o convite para visitar o Chile em 1973: em primeiro lugar, o convite do próprio presidente Salvador Allende, seu amigo pessoal, e, em segundo, a companhia do novo amor conquistado, a chilena Maria Angélica. O inescusável motivo da viagem, portanto, aliava-se bem ao caráter da cicerone especial que lhe mostraria alguns rincões do Chile durante uma semana.

Depois do périplo, ele e a companheira foram ao encontro do presidente Allende para almoçar no palácio de La Moneda.

O casal, antes de adentrar o famoso palácio, assistiu na parte posterior do prédio ao ritual oferecido pelo Corpo de Carabineiros com a apresentação de armas, no qual se destacam o rigor dos gestos e os passos castrenses aliados à férrea disciplina militar. Ali, eles atuam como verdadeiros guardiões da famosa casa presidencial. Foram observados por Julião como se representassem os demais corpos das Forças Armadas.

> A insistência com que se diz que as Forças Armadas chilenas e o Corpo de Carabineiros não ultrapassam as fronteiras da Constituição é algo que se apalpa e se sente. Informaram-nos, por exemplo, que todo oficial chileno, quando ascende ao posto de coronel, entrega ao comandante em chefe da Defesa Nacional a sua petição de renúncia. E como o co-

mandante em chefe é de total confiança do presidente da República, isso equivale a dizer que essa renúncia se encontra, obviamente, à disposição do primeiro mandatário, que a pode fazer válida quando a considere conveniente. Por outro lado, seria inconcebível imaginar a existência de corrupção entre as Forças Armadas e o Corpo de Carabineiros do Chile. O famoso tiro de canhão a que se referia o general Álvaro Obregón nunca prevaleceria naquele país andino (*Siempre!*, 16/5/1973).

As considerações de Julião no sentido de avaliar o tradicional equilíbrio da legalidade democrática chilena, conhecida no âmbito do cenário latino-americano, quase sempre ameaçado pelos "pronunciamentos" feitos por militares, também eram válidas para a unidade dos movimentos operários, considerados os mais avançados do continente. Essa constatação levava todos os analistas políticos à afirmação de que ali, por fim, foram dados os passos definitivos em direção ao socialismo, afirmou Julião, "sem passar pelos 'dez dias que abalaram o mundo', como diria John Reed em seu extraordinário testemunho sobre a grande Revolução de Outubro" (*ibidem*).

Estava ele a refletir sobre esse delicado tema quando o presidente Allende entrou no salão e dirigiu-se, em primeiro lugar, a Maria Angélica para saudá-la, revelando-se, assim, verdadeiro cavalheiro. Em seguida, tratou o convidado por companheiro, usando a mesma cordialidade de quando se conheceram em Havana, por volta de 1961, graças à apresentação pessoal de Fidel Castro. Anos depois, Allende o visitaria em Cuernavaca, exatamente no momento em que perdia, mais uma vez, a eleição para Eduardo Frei por causa dos milhões de dólares derramados na campanha. Foi nessa ocasião que Allende, ao ver o estado de necessidade material em que vivia o companheiro, praticou um gesto nobre e discreto ao partir: meteu dentro de um envelope 500 dólares e os deixou sobre a mesa. Com esse dinheiro, Julião dedicou-se com maior tranquilidade à elaboração do livro *Cambão*, relato de suas experiências no movimento das Ligas Camponesas, ajudado, então, de maneira despretensiosa, pelo amigo Francisco de Oliveira, que, inclusive, teve a paciência de datilografá-lo a partir daquela caligrafia miúda e redonda.

Durante o almoço, observou Julião em Allende, algumas características, sobretudo, pelo "trato afável, a agilidade mental, a energia alternada com a serenidade nas horas decisivas, a firmeza dos princípios, a obstinação em busca das metas, o comentário aguçado e preciso, a excelente memória, a honradez irrepreensível, a sobriedade, a elegância, a generosidade e a lealdade" (*ibidem*).

Curiosamente, na mesa não havia aquela abundância desnecessária de alimentos tão comum dos banquetes oficiais. O próprio Allende preveniu o casal a respeito da sobriedade da mesa:

— Sirvam-se bastante, porque é prato único.

Dias depois, já no México, começaram a circular boatos de que Allende, pela segunda vez, ameaçava renunciar à presidência. Em sua crônica semanal, Julião duvidou da veracidade de tais notícias.

> Quem pode acreditar nessa renúncia? Começando pelo companheiro presidente, ninguém. Allende sabe disso. Todo o Chile. E o mundo. Para chegar à Casa de La Moneda, Salvador Allende teve que travar muitas batalhas e vencer muitos obstáculos. Quatro vezes investiu contra a fortaleza dos Alessandri e dos Frei para poder conquistá-la. Quem assim se comporta pode falar de renúncia, quantas vezes quiser, mas nunca torná-la efetiva. Isso fica bem em um Jânio Quadros, que, em política, foi como um meteoro, um iluminado, uma bruxa montada em uma vassoura. Allende é outro homem, é outra realidade. Pertence a um sistema planetário: a Unidade Popular. E gravita dentro de uma órbita: o marxismo.
>
> Allende é o Chile. Os seus passos pela Casa de La Moneda são os passos da história do seu povo. E como o Chile e esse povo não renunciam, Allende jamais renunciará. O companheiro presidente pertence à estirpe dos que devem cair de pé (*ibidem*).

Quatro meses mais tarde ocorreu o triste desenlace do brutal assassinato do presidente Allende dentro do palácio de La Moneda. E, com efeito, ele caiu de pé. A ação das Forças Armadas chilenas assustou o mundo pelo requinte de crueldade como foram tratados os inimigos políticos. Julião, no México, ao falar sobre a possibilidade de renúncia de

Allende, já fustigado por forças golpistas, parecera movido por alguma premonição. Efetivamente, o presidente chileno caiu de pé, mas esmagado pelo peso dos bombardeios das forças militares rebeladas naquele funesto 11 de setembro. Allende resistiu até o último momento. Foram suas últimas palavras antes de tombar:

> Não vou renunciar. Colocado no caminho da História, pagarei com minha vida a lealdade do povo. E digo que tenho certeza de que a semente que deixamos na consciência digna de milhares e milhares de chilenos não poderá ser ceifada definitivamente. Eles têm a força, poderão submeter-nos, porém não deterão os processos sociais nem com crimes nem com a força. A história é nossa e é feita pelo povo."

A derrubada do governo de Allende e as constantes notícias sobre as mais desconcertantes torturas, assassinatos e desaparecimentos deixaram Julião em estado de desespero, pois ali viviam três dos seus quatro filhos: Anatailde (com marido e filhos), Anatólio e Anacleto. Eles haviam deixado Cuba logo após a vitória eleitoral de Allende. Apenas Anatilde não quisera abandonar Cuba e ali permaneceu. Em verdade, o objetivo dos três era, mais cedo ou mais tarde, entrar no Brasil. Não tentaram tal aventura, porque José Tohá, ministro do Interior, na época também amigo de Julião, os convencera a não sair do Chile por causa dos graves riscos. Argumentara: "Vocês não podem sair daqui para ir ao Brasil. O clima não comporta. Vocês vêm de Cuba, são filhos de Julião... por que não ficam aqui?" (*Pasquim*, 12/1/1979).

Apesar de Julião ter recorrido, logo após os primeiros dias do golpe militar, a diversas embaixadas, inclusive ao governo mexicano, não conseguiu nenhuma notícia sobre o paradeiro da filha Anatailde. Só em novembro, quase três meses após o golpe, por fim recebeu carta da filha. Ela passara 15 dias no Estádio Nacional de Santiago com milhares de outras pessoas presas e incomunicáveis. Foi liberada em razão das gestões do embaixador da Suécia. Ela e os irmãos conseguiram asilar-se na Suécia, onde viveram vários anos.

169. CONSCIÊNCIA E SOLIDARIEDADE LATINO-AMERICANA

Entre as ações desenvolvidas por Julião no exílio sua participação como membro do Comitê de Solidariedade Latino-Americana talvez tenha sido uma das mais importantes. O comitê nascera em um momento em que toda a América Latina vivia o curioso fenômeno da derrocada dos principais governos democráticos latino-americanos sempre pelas armas militares empunhadas por grupos atrelados à política da administração norte-americana. Os golpes militares se sucederam quase em cadeia ou numa espécie de efeito dominó; se poderia estabelecer uma sequência: Brasil, Bolívia, Chile, Uruguai, Argentina... e vários países da América Central. O México, curiosamente, acolhia, sem qualquer discriminação, todos os exilados desses países, inclusive de outros continentes, como se dera com o líder russo León Trotsky, perseguido em todos os rincões europeus e asiáticos pela polícia secreta de Stalin para, no fim, sucumbir no México, após concessão de asilo político no governo do general Lázaro Cárdenas.

Foi sob o impacto dessa tradição histórica de acolhimento de perseguidos políticos por parte do governo e do povo mexicanos e da determinação de alguns exilados agirem em defesa das liberdades democráticas, autodeterminação dos povos, resistência contra as ações do imperialismo e das ditaduras latino-americanas que nasceu o comitê, em 1975. As primeiras ideias surgiram de conversações de Jorge Turner, Francisco de Assis Fernández e Rodolfo Puiggrós.

A formação inicial do comitê foi a seguinte: Panamá, representado por Jorge Turner, ex-militante político e professor universitário; Brasil, por Francisco Julião; Argentina, por Rodolfo Puiggrós, ex-reitor da Universidade de Buenos Aires; México, Leopoldo Zea e Pablo González Casanova, ex-reitor da Universidade Autônoma de México; Chile, por Pedro Vuskovich, ex-ministro de Economia do governo Allende; Venezuela, por José Luis Vacárcel; Porto Rico, por José Luis González, escritor e jornalista; Peru, por Reynaldo Carnero Checa, fundador, com Jorge Turner, da Confederação Latino-Americana de Jornalistas no México; Nicarágua, por Francisco de Assis Fernández, sandinista; El Salvador, por Mário Salazar Valente, professor universitário; Uruguai, por Carlos Guijano, diretor da revista *Marcha* e famoso por ter estado com Lênin num Congresso do PCUS, em Moscou; Equador, por Agustín Cueva, economista e professor universitário; Colômbia, por Gabriel García Márquez e outros participantes que aderiram depois.

Segundo Jorge Turner, um dos principais fundadores do comitê, logo após o pleno funcionamento e a expedição de algumas resoluções a instituição conseguiu chamar a atenção da ONU, que passou a dar guarida e a levar em conta chamamentos e alertas sobre as violações dos direitos humanos e a quebra do estado democrático de direito cometidas em vários países latino-americanos dominados por ditaduras. Os pontos que, de imediato, alcançaram repercussão foram as denúncias contra as violações políticas praticadas pelos governos ditatoriais de Porto Rico e Chile, além de temas delicados, como, por exemplo, o desejo da Bolívia conquistar o acesso ao oceano Pacífico.

Por ocasião do desencadeamento da revolução sandinista na Nicarágua, que culminou com a derrubada de Somoza e a consolidação do novo regime político dentro de princípios democráticos, o comitê de solidariedade atuou de maneira decisiva na difusão do andamento do processo institucional daquele país, realizando congressos e atos públicos, expedindo resoluções e moções de apoio ao povo nicaraguense.

Em relação ao Chile, o comitê também exerceu papel fundamental, sobretudo depois do golpe de 11 de setembro de 1973 contra o governo de Allende. Antes disso, Julião defendia, em seus comentários, nas intervenções no próprio comitê e em suas colaborações semanais da revista *Siempre!*, de ampla penetração no México e nos demais países latino-americanos, maior atenção e mesmo manifestações de solidariedade ao Chile. Ainda em junho de 1972 escreveu:

> Com esta crônica iniciamos o cumprimento de uma velha promessa feita a *Siempre!*, a de manter, semanalmente, uma coluna sobre a nossa América. Começamos com o Chile. Por que o Chile? Pela entrada na Casa de La Moneda de um presidente marxista, através do voto popular, em eleições clássicas, só encontro termo de comparação com a entrada

de Fidel Castro em Havana, depois de uma vitória militar. O exemplo oferecido pelo povo chileno pode contribuir a uniformizar as forças progressistas e populares da América Latina (*Siempre!*, 7/6/1972).

Após a dramática queda de Allende, Julião, também no âmbito do Comitê de Solidariedade, aumentou suas preocupações com o destino político do Chile. Daí ter o Comitê passado a denunciar, com maior ênfase, a repressão política, as desastrosas iniciativas da Junta Militar chilena liderada pelo general Augusto Pinochet, prisões em massa, torturas e desaparecimentos de milhares de chilenos, dentro e fora do país, inclusive de brasileiros.

Toda a esquerda socialista (de modo especial, a latino-americana) ficou pasma com a fúria levada a cabo pelos militares chilenos ao depor o governo Allende. Os exilados mexicanos, tocados pela gravidade da situação, mobilizaram-se com intensidade: o Comitê de Solidariedade Latino-Americana funcionou como tribuna e trincheira política na condução de protestos e atos de conscientização das pessoas em várias latitudes. Algumas consequências imediatas se fizeram sentir: o presidente do México, Luis Echeverría, após abrir as portas do país aos exilados chilenos, decretou o rompimento de relações diplomáticas com o governo da Junta Militar chilena a 26 de novembro de 1974.

Nas semanas subsequentes, Julião voltou a tratar da realidade política chilena em *Siempre!*.

> Não é fácil, atônitos como se encontram todos os homens de consciência aberta e receptiva em relação ao caminho escolhido por Salvador Allende para libertar o seu povo, não é fácil, dizíamos, opinar serenamente sobre o sangrento golpe militar que se abateu sobre o Chile. E sobre as suas consciências. [...] O grito que se ergue de todos os cantos da terra contra o golpe fascista desencadeado pelos militares e contra o covarde assassinato de Allende não encontra paralelo na história de nosso continente. Vargas, presidente de um país muito mais importante do que o Chile, em extensão territorial, riqueza e população, não foi alvo, em circunstâncias igualmente trágicas, de tal consagração. É que Allende, como estadista, tinha muito

mais dimensão do que Vargas. Por isso fez do Chile o que Nixon, por exemplo, chefe de uma grande potência, não pôde nem poderá fazer nunca pelos Estados Unidos: um país amado e respeitado. [...] Morto, o presidente mártir permanece ainda mais vivo. A sua voz ressoa em todas as partes. O seu dedo em riste aponta para o futuro. A sua atitude serena, enérgica e inquebrantável é a de um comandante em chefe de uma grande pátria, cuja liberdade o seu sacrifício supremo tem o direito de reclamar. O seu silêncio é a voz da história pedindo justiça (*Siempre!*, 26/9/1973).

170. ZAPATA VIVE!

A admiração de Julião por Emiliano Zapata, talvez o mais emblemático personagem da Revolução Mexicana de 1910, remontava aos tempos de sua formação universitária e política. Essa curiosa aproximação o perseguiu durante toda a vida. E mais: como veremos adiante, até depois de morto ele continuou a vincular-se ao destino histórico de Zapata – liame que se constituiu em algo misterioso, pois importará saber por que razão o nome do herói mexicano aparecera registrado no atestado de óbito do líder brasileiro dos camponeses. Essa estranha sinalização soou como evento inexplicável no dia da sua morte.

Julião, movido pela exemplar trajetória de Emiliano Zapata, resolveu, um dia, conhecer melhor os locais onde o líder mexicano nascera, vivera, lutara e morrera. Em abril de 1973, época em que se comemorava o 54º aniversário de morte de Zapata, Julião reuniu um grupo de amigos, um escritor inglês, um fotógrafo norte-americano e um romancista canadense, para fazer peregrinação a Tlaltizapán e Chinameca, locais onde vivera e morrera o famoso líder camponês.

Essa peregrinação nasceu unida ao seu interesse pela terra e pelo povo mexicano.

> Ao sentir esta terra sob os pés, ao tomá-la nas mãos, ao beber a luz de seus horizontes, ao ver como ela se oferece ao milho e à cana, como se

apaixona pelos "cazahuates" e agoniza com os jacarandás, como acende os círios vermelhos nas copas das tulipas e se abre em buganvílias que explodem como chamas, entendemos muitas coisas que o turista não pode captar. Os museus não dizem nada se nosso olhar somente descansa em seu passado de argila morta, de gestos imóveis, de bocas abertas e silenciosas como tumbas (*Siempre!*, 16/4/1975).

Andando por várias regiões de Morelos, em contato com os camponeses, Julião, como já dissemos, descobriu a existência de uma sociedade organizada pelos últimos soldados remanescentes do exército de Zapata. O grupo, formado por homens já vivendo a década dos 80 e 90 anos, se reunia duas vezes por mês, exatamente nas cercanias de San Miguel Anenecuilco, vilarejo onde nascera Emiliano Zapata. Ali eles continuavam a debater problemas do dia a dia, quase todos ligados à terra, pois, afinal de contas, eram pessoas pobres e nem todos possuíam terra suficiente para sobreviver. Julião, de imediato, fez amizade com Severino Honebes, um general octogenário, proprietário de dois ou três hectares de terra, ativo trabalhador, vez que todos os dias, de manhã, ainda ia tirar leite de sua vaquinha para sobreviver com a família.

Esse encontro inspirou Julião a recolher depoimentos de outros sobreviventes do exército de Zapata, a fim de escrever um livro. A pesquisa tomou vulto e, durante alguns anos, registrou o depoimento de cerca de 240 zapatistas, entre soldados a generais. Outro aspecto curioso revelado pela pesquisa de campo foi o fato de constatar que não havia um só remanescente zapatista que não fosse de origem camponesa.

> Então conheci todos esses velhos zapatistas de 80, 85, 88 anos, muitos deles absolutamente lúcidos. Fiz um relacionamento com todos eles. Isso durou mais de cinco anos. Consegui alguns recursos através da Fondo de Cultura Económica e depois através de Henrique Ruiz García que tinha relações com o presidente mexicano de então, Luis Echeverria. Essa gente me possibilitou a investigação de campo que durou cerca de quatro ou cinco anos para poder tomar esses depoimentos, tirar fotografia de cada um, marcar encontros, estabelecer um relacionamento assim, amistoso com todos eles, alguns até queriam que eu me estabelecesse no México.

Ali fiz compadres, fiz amigos. Houve anedotas muito interessantes que irei contar quando escrever o livro sobre os últimos soldados de Zapata (FJ a FMIS, RJ, 19/7/1994).

Vale a pena conferir a forma de registro feita por Julião em seus contatos com os velhos generais de Zapata, quando, naquele dia, em companhia dos amigos, visitou um deles.

Preferimos voltar a Tlaltizapán na esperança de encontrar o tenente-coronel Jota Trinidad Machuca, com os seus 80 e muitos anos bem vividos. Cedric Belfrage, um dos nossos companheiros de peregrinação, foi quem nos deu notícias do coronel Machuca. Encontramo-lo, finalmente, já que era a segunda vez que íamos à sua casa no mesmo dia. Disseram-nos que nos esperava no fundo do quintal. Depois de atravessar a modesta casa e o caminho de terra rodeado de plantas chegamos até a árvore de *zapote,* sob a qual descansava o tenente-coronel Machuca, sentado sobre um velho tronco, fumando, tranquilamente, fino charuto. Recebeu-nos com a dignidade do homem que soube viver muito e viver bem, pobre no vestir e em tudo mais e rico no sentir e no falar. Em cada gesto, em cada sorriso e em cada olhar, o tenente-coronel dizia tanto quanto a voz compassada e sábia que nos fascinava com seus relatos ainda frescos.

Cedric tomou a palavra:

– Buscávamos o senhor aqui e em Chinameca, mas como não o vimos nas comemorações, decidimos vir à sua casa, onde tampouco o encontramos. Mas a sorte no final nos favoreceu. O senhor se incomodaria se lhe perguntássemos o motivo de sua ausência?

O tenente-coronel sorriu levemente.

– Não me incomodo. Os senhores, sim, são os que devem estar incomodados de vir de tão longe para encontrar-se com este modesto servidor. Quis mandar-lhe uma carta (dirigia-se a Cedric), mas somente ontem descobri o endereço. Era muito tarde. O que havíamos combinado não foi possível.

Em seguida explicou que os poucos zapatistas, como ele, já quase não se reúnem. As distâncias são longas para a velhice avançada, de 75 anos, pelo menos, é o máximo que Deus permite. Não havia sido possível convocá-los. Era o compromisso.

– Eu, por exemplo, já passei dos limites. Como nunca tive uma doença, nem sequer uma dor de cabeça, qualquer dia desses, quando chegue a primeira, será para levar-me. Aqui a espero.

E sorria, como se a morte fosse uma namorada e a sombra do *zapote* o lugar do encontro.

– Mas onde estava o senhor? – insiste Cedric.

– Eu? Bem, eu fui a Zacatepec, para participar de uma reunião de camponeses. Lá existe um velho problema. Imaginem os senhores que há muitos anos os camponeses que plantam cana para aquele engenho lutam por um pedaço de terra, onde semeiam de tudo um pouco: milho, feijão, arroz, abóbora, o que a terra aguente. O general Cárdenas assim o dispôs quando organizou a cooperativa de Zacatepec. Pelo que me consta, porque estive lá, mas isso não se cumpriu. Resultado: o camponês, obrigado a plantar cana, morre de fome. Até que a cana cresça, seja cortada e moída e dê ao camponês o que lhe corresponde, esse e sua família não têm do que viver. Hoje, precisamente hoje, ganhamos a batalha. A partir desta data, segundo o convênio, todos têm uma área destinada a outros cultivos, além da cana. Eis a razão pela qual os senhores não me encontraram nem aqui nem lá. É como se o general Zapata estivesse vivo. Faria o mesmo, não é? Enquanto as festas...

E emudeceu. No ar tranquilo da sombra fresca e do eterno arrulho das rolas, a impressão que nos ficou foi a de que aí já não estava o tenente-coronel Jota Trinidad Machuca, mas o próprio general Emiliano Zapata. Zapata Vivo! (*Siempre!*, 9/3/1973).

Além da ampla pesquisa de campo sobre os "generais de Zapata",[179] Julião coordenou também o espetáculo *Zapata vivo. Corridos y poesia coral*, montado pelo grupo teatral do Centro Cultural Mascarones de Cuernavaca, com apoio da Universidade Autônoma de Morelos, em 1976. O espetáculo fez parte das comemorações do Primer Encuentro in Xochilt in Cuicatl (Flor y Canto) Zapata Vivo.

171. JULIÃO E O ENCONTRO DE LISBOA

Quando começaram a surgir os primeiros sinais concretos de abertura política no Brasil, Julião teve a ideia de convidar Brizola para visitar o México, a fim de conversarem sobre o processo de redemocratização e a reorganização do antigo PTB.

A comunhão de ideais políticos entre Brizola e Julião não nascera nem de afinidade partidária nem ideológica, mas de admiração mútua, natural, espontânea, surgida entre os dois políticos. Brizola, a rigor, estimava mais os feitos de líderes caudilhescos gaúchos, a exemplo de Júlio de Castilhos, que os ideais marxistas tão admirados e seguidos por Julião. Ao contrário do líder pernambucano, o gaúcho nunca simpatizou nem andava citando os pensamentos de clássicos socialistas. Em tom de ironia, dizia que o marxista poderia ser comparado a alguém que trabalha com o microscópio capaz de distinguir a molécula de uma folha, mas não enxerga a floresta. Com formação diferente da recebida por Julião, Brizola tinha origens humildes, embora revelasse extraordinária vontade de vencer na vida. Filho do *maragato* José Brizola, morto em 1923 na luta contra os *chimangos* de Borges de Medeiros, então no poder no Rio Grande do Sul havia 20 anos, por volta de 1936 já vemos Brizola trabalhando em Porto Alegre, exercendo as mais diferentes profissões: engraxate, empregado de farmácia e ascensorista. Em 1943, matriculou-se no curso de engenharia da Universidade do Rio Grande do Sul e começou a atuar na política, filiando-se, no mesmo ano, ao PTB. Em 1947, elegeu-se deputado estadual e em 1949 formou-se em engenharia, mas jamais exerceu a profissão. Preferiu a política. A partir de então, a carreira de Brizola foi consagradora.

Sempre se entendeu bem com o líder das Ligas Camponesas. Por isso, um dia, Julião ligou para Brizola, que se achava hospedado no Hotel Roosevelt, em Nova York, e o convidou para vir ao México, país que ele não conhecia. Informou-lhe ainda Julião que, além de um país maravilhoso sob todos os aspectos, ele iria conhecer um grupo de exilados brasileiros formado por socialistas, trabalhistas e democratas interessados em discutir as bases de reorganização do trabalhismo no Brasil. Entre outros, Teotônio dos Santos, professor de economia da Universidade Autônoma do México (Unam), a maior universidade atualmente do mundo, com mais de 500 mil alunos; Herbert (Betinho) de Souza, ex-dirigente da Ação Popular (AP), antes exilado no Chile e no Canadá, agora como professor de sociologia; Ruy Mauro Marini, professor de marxismo; Thiago Cintra, professor orientalista.

Além disso, Julião mobilizou outros amigos, dentro e fora do governo mexicano, líderes políticos de diferentes partidos, professores e intelectuais, a exemplo de seu amigo Gabriel García Márquez, os quais ofereceram movimentada recepção a Brizola em Cuernavaca.

O encontro no principal hotel da cidade, além da confraternização de velhos amigos, constituiu-se em ato político com algumas conferências, pronunciamentos e debates importantes, dos quais culminou a unânime decisão de organizar-se, em breve, o encontro de Lisboa, a fim de que brasileiros, exilados ou não, pudessem discutir os próximos passos para a condução do processo de abertura democrática no Brasil.

A organização do encontro em Lisboa andou rapidamente. Mais de 300 convidados confirmaram presença. O tema básico era a reorganização do trabalhismo brasileiro, discutido, de modo democrático, com todas as forças políticas interessadas, sob a coordenação de Brizola. O período escolhido foi 15 a 17 de junho de 1979.

Julião escreveu longa carta a Miguel Arraes, que ainda residia na Argélia, convidando-o para o evento (FJ a Miguel Arraes, 3/4/1978). Após oferecer resumo dos últimos passos dados por ele e Brizola sobre a organização do programa destinado a guiar todos no caminho da unidade das forças democráticas, populares e revolucionárias que se batiam contra a ditadura militar, informou que o político gaúcho estava bem lúcido, receptivo e com muita disposição para dialogar e identificar os pontos de convergência indispensáveis ao triunfo da abertura política no Brasil. Fez, ainda, minuciosa análise da realidade política brasileira e afirmou ter chegado o momento em que todos os patriotas deveriam dar sua parcela de contribuição no sentido da efetiva consecução de ampla frente de unidade política dentro do novo cenário que se aproximava.

A resposta de Arraes também foi longa. Depois de explicar a razão pela qual não poderia comparecer ao encontro de Lisboa, fez alguns comentários sobre os encontros anteriores que mantivera com Brizola. Em seguida, a exemplo de Julião, teceu demorados comentários sobre a realidade política brasileira, destacando-se, entre tantos pontos, alguma desconfiança dos militares quanto à abertura política. Em relação à unidade democrática ou à tomada de posição conjunta, manifestou-se de acordo, embora em suas palavras existissem mais generalidades do que fixação de argumentos convincentes. Suas conclusões, quanto à definição de certos campos de ação – formação de partidos políticos e respectivos programas de amplitude nacional, espectros das disputas eleitorais nos estados etc. – eram emitidas com evasivas, como, por exemplo, a justificava de existirem, na prática, "variadas análises do quadro brasileiro".

Um dos pontos tocados por Arraes – a manifesta falta de unidade no momento decisivo, por causa da prevalência de interesses pessoais em detrimento do grupo majoritário – terminou ilustrado pela realidade política portuguesa, onde as forças de esquerda fortaleciam interesses da direita em virtude do apoio do PC. Essa linha de raciocínio poderia ser tomada como sutil advertência do astuto político pernambucano contra o caudilhismo gauchesco de Brizola, que agora, no exílio, falava de unidade, mas depois poderia esquecer tudo e marchar em faixa própria. Arraes até usou em sua resposta a conhecida imagem repetida pelo coronel Chico Heráclio: "Segurar a cabra pra outro mamar..." No caso, Arraes a usou para explicar a situação portuguesa: "Segurar a cabra pro Mário Soares mamar."

O fato é que Arraes negou-se a comparecer ao encontro de Lisboa. Anos mais tarde, ao comentar a fragilidade da unidade dos políticos no decorrer do processo de abertura, sobretudo nas composições de candidaturas em Pernambuco, Julião registraria, com certo azedume, a ausência do amigo ao encontro de Lisboa.

> Foi quando Brizola e eu insistimos muito para que Miguel Arraes, que estava na Argélia, fosse a Lisboa participar desse encontro. Ele resistiu.

Disse que não, que não podia ir, a esposa não estaria passando bem de saúde. No entanto, eu sabia que ele acabava de chegar de férias da Madeira com a esposa, estavam ambos com saúde, mas ele alegou isso. Já em Lisboa, no telefone do hotel eu passava 10, 15 minutos conversando com ele, depois passava pro Brizola; Brizola passava outros 10 ou 15 minutos, venha pra cá homem, tem muitos amigos seus aqui que querem saudá-lo, cumprimentá-lo, abraçá-lo, venha, poderá assistir a toda reunião sem precisar dar uma palavra, pois ele não sabe falar. Arraes é um homem quase mudo, ele fala muito pouco, fala muito mais pra dentro dele mesmo. E então ele se negou. Não houve jeito de trazer o Arraes. Brizola disse: venha mesmo sem você ter voz; você falará se quiser, se não quiser não fala; votará se quiser, se não quiser não vota; participará ou não desse encontro extraordinário, somos aqui mais de trezentos reunidos, de todas as partes do mundo, de toda a Europa, Estados Unidos, Canadá, Brasil. É uma grande oportunidade para você ver esses amigos e abraçá-los. Não houve jeito (FJ a FMIS, RJ, 19/7/1994).

Apesar dessa lacuna, o encontro preencheu todas as expectativas. As conclusões das propostas e discussões foram todas sintetizadas na Carta de Lisboa, redigida por Darcy Ribeiro com os seguintes princípios programáticos: representação popular, pluripartidarismo, nacionalismo getulista, sindicalismo moderno e desenvolvimento capitalista, orientado pelo Estado.

Dois detalhes merecem referência. Primeiro, quando Julião chegou a Lisboa, no aeroporto o serviço de estrangeiros o impediu de entrar em Portugal. O argumento burocrático do agente federal parecia terminante: Julião não fora informado no México de que Portugal exigia o visto prévio registrado no seu passaporte. No entanto, como havia no aeroporto comissão de recepção formada por ilustres políticos portugueses, inclusive integrada por Mário Soares, o mal-entendido só foi resolvido depois da mediação do socialista português, que, por fim, liberou a entrada em solo português do seu companheiro. As gestões duraram quase um dia. Enquanto isso, Julião ficou confinado em uma sala do aeroporto (FSP, 11/6/1979). Segundo, bem mais agradável por ser de índole familiar, foi a vinda de sua filha Anatailde da Suécia, a fim de rever o pai e também assistir ao encontro. Depois ela seguiu com o pai, para o México, onde permaneceu até o final de suas férias.

172. ANISTIA

A anistia não pode ser entendida, apenas, como liberalidade do governo militar. Em verdade, resultou, sobretudo, da luta da maioria do povo brasileiro. Em determinado momento, várias entidades, instituições ligadas aos direitos políticos, humanos e religiosos resolveram levantar a bandeira da anistia, tomando-a como ponto de partida para a instauração de um Estado democrático de direito, único fator capaz de promover a unidade nacional e conciliar os interesses políticos abrigados sob o manto de nova Constituição aprovada por Assembleia Nacional Constituinte.

Esse afã levou alguns deputados e senadores da oposição a apresentarem ao Congresso projeto de lei de anistia. Isso, porém, não era suficiente, porque não garantia sua aprovação. Ao mesmo tempo, surgiu o Movimento da Anistia liderado por pessoas ligadas à Igreja Católica, à Ordem dos Advogados do Brasil (OAB) e ao Movimento Democrático Brasileiro (MDB). Outras pessoas começaram a atuar, sem descanso, nesse movimento, como dona Terezinha Zerbini, que, em 1974, criara o Movimento Feminino pela Anistia.

No âmbito político, o senador Teotônio Vilela assumiu a direção do Comitê Brasileiro da Anistia, apoiado pelo deputado Roberto Freire. O comitê e as demais entidades, juntos ou separadamente, lançaram as bases da campanha que terminou sensibilizando a sociedade e saindo dos gabinetes para as praças e ruas. Durante 1978 foram revogados vários decretos de banimento de presos políticos. No entanto, apesar dos bons ventos anunciados, alguns fatos indicavam a existência de rancores e revanchismos descabidos em relação a presos políticos e pessoas suspeitas. Foi o que se deu com Regina, ex-mulher de Julião. Em 1977, submeteu-se a concurso público para provimento do cargo de inspetora do Ministério do Trabalho. Aprovada, nomeada e em pleno exercício do cargo desde agosto, um mês depois foi surpreendida com sua brusca demissão. O motivo alegado pela autoridade administrativa foi que alguém a denunciara como ex-esposa de Francisco Julião, líder das Ligas Camponesas. Em virtude dessa "perigosa vinculação" o ministro Arnaldo Prieto, imediatamente, baixou portaria demitindo-a. A providência, arbitrária e ilegal, sequer deu à denunciada a oportunidade de prévia defesa em processo administrativo. Regina nunca foi processada em qualquer instância nem antes nem depois do golpe militar de 1964. Como se observa, perdurava, ainda, a prática da "deduragem" e atos de perseguição apoiados na Lei de Segurança Nacional. Regina impetrou mandado de segurança no Tribunal Federal de Recursos e quase um ano depois foi reintegrada ao cargo (FSP, 10/6/1978).

Além do mais, setores considerados "duros" dentro do governo continuavam a criar toda sorte de obstáculos ao andamento do processo de anistia e a plantar falsas informações. Era uma espécie de terrorismo tardio e ineficaz. Por isso, naqueles meses que antecederam as articulações para a votação da lei de anistia pelo Congresso, o governo acenara com propostas de mudanças estranhas ao espírito do projeto de anistia. Uma delas nasceu dentro do SNI, que, no fim, segundo informações veiculadas pela imprensa, terminou obrigando o Ministério de Relações Exteriores a expedir recomendações às embaixadas no sentido de que todos os exilados dependeriam de autorização para ingressar no país. A imprensa divulgou a informação de que a medida visava a impedir que exilados integrantes de uma chamada "lista negra" conseguissem o visto (DP, 8/2/1979). Eles, portanto, não poderiam voltar ao Brasil nem seriam anistiados por ser considerados extremamente perigosos à segurança nacional. Integravam a lista Luiz Carlos Prestes, Francisco Julião, Leonel Brizola, Miguel Arraes, Paulo Freire, Paulo Schilling, Márcio Moreira Alves e Gregório Bezerra.

Em 28 de agosto de 1979, em pleno governo Figueiredo, por fim foi apresentado o projeto de Lei da Anistia, o qual beneficiaria todas as pessoas presas ou exiladas desde 1961: aproximadamente 5 mil exilados poderiam retornar ao país. Assim, essa lei abriu caminho para outras disposições legais que se destinavam a acabar com inúmeros atos injustos praticados pela ditadura militar brasileira ao longo de seus 21 anos de duração.

Enquanto isso Julião ultimava os preparativos do seu retorno. Quais os principais pontos definidores de seu comportamento como político? No essencial, em que mudara? Quais suas novas perspectivas diante da dura realidade de retornado sem partido, sem meios financeiros para refazer a vida política e profissional? Além do mais, vivia em plena maturidade, chegara, já, aos 65 anos.

Essas questões, em verdade, não diziam respeito apenas a Julião, mas também, em geral, a qualquer político que retornasse às origens depois de anos de exílio. O que nem todos tinham, porém, era a determinação de recomeçar a vida demonstrada por Julião em suas ações e gestos. Parecia alimentar-se de esperança num porvir auspicioso para ele e para o próprio povo brasileiro.

Outra mudança se operara no seu comportamento político. Deixara de ser o radical intransigente e abraçara a cautelosa tolerância como porta aberta a possíveis recuos ideológicos. Tornou-se capaz de fazer autocríticas de suas atuações, muitas, reconhecia, excessivamente radicalizadas. Não mais permaneceria filiado ao PSB. Aderiria ao PTB, o partido de Getúlio Vargas, de Jango e chefiado por Brizola. Se antes, muitas vezes, criticara severamente os dois ex-presidentes, agora os via por outra ótica. O drama vivido por Getúlio em agosto de 1954, que o obrigou a deixar como brado a famosa carta testamento, fora por ele subestimado – não via no gesto teses nacionalistas e socialistas, na realidade indispensáveis ao Brasil de então. Mas havia chegado o momento de revisar os princípios e as teses consignadas na famosa carta. Por isso, resolveu aliar-se ao projeto político de Brizola, a fim de, com outros companheiros de caminhada, reestruturar o PTB e transformá-lo em partido de massas, pluriclassista, popular, nacionalista e, portanto, anti-imperialista.

Ao lado das novas perspectivas políticas, também havia o aspecto familiar e de convívio social: o reencontro com filhos, irmãos, primos, sobrinhos e amigos queridos. Essa incontida alegria de retorno o deixou animado e eufórico por meses. Por isso os preparativos demandaram algumas medidas de ordem prática.

Um dos mais sérios obstáculos foi resolver a questão amorosa. Havia acabado seu relacionamento com a delicada Maria Angélica porque, como dissera aos amigos mais íntimos, fora "flechado pelo Cupido".[180] Agora seu novo amor era a mexicana Marta Ortiz, a qual não o acompanhou ao Brasil. Combinaram, então, que ele, após resolver os problemas naturais de readaptação – moradia, trabalho etc. –, em seguida traria a nova companheira.

CAPÍTULO XII Retorno ao Brasil ou o homem de duas pátrias (1979-1996)

Bem, Zé, quero dizer-lhe que nunca perco a esperança de regressar. Mas olha, de cabeça erguida. Não se esqueça. Do contrário irão as cinzas. Chego aos 60 fiel a mim mesmo, sonhando, amando e caminhando, com uma humanidade que não tem fim. Creio no futuro.

(Francisco Julião. Carta ao primo José Morim. Cuernavaca, 16/12/1974.)

173. PREPARATIVOS DA VOLTA AO BRASIL

O mais difícil para Julião não era preparar as malas com os bens materiais – quase inexistentes em razão de seu estilo simples de vida –, mas a bagagem das ideias políticas e morais a defender e a pôr em prática quando retornasse ao novo campo de batalha: a pátria amada. O amor ao Brasil não o impedia de declarar que o México se tornara a sua segunda pátria. Em verdade, voltaria de cabeça erguida. Tinha projetos políticos e um passado e por eles, mais uma vez, jogaria todas as cartas sobre a mesa.

Importante mudança se operara ao longo dos quase 15 anos de exílio: voltava não o Julião radical, estigmatizado por adversários que só viam nele propostas e iniciativas utópicas ou coisa de poeta, mas o homem amadurecido, o político moderado, embora se mantivesse fiel aos princípios socialistas e marxistas abraçados desde a juventude. No Brasil, queria pautar suas atitudes sob o império de novo perfil político: um homem mudado. Para tanto, antes da partida, ainda no México, começara a divulgar, em conferências proferidas em universidades e centros culturais, em artigos publicados na imprensa e em constantes conversas mantidas com políticos brasileiros que o visitavam, seu novo pensamento político e ideológico.

Em ampla entrevista ao jornal *Folha de S. Paulo*, manifestou, com ênfase, as bases de suas novas convicções, principalmente a respeito dos rumos da abertura democrática no Brasil: em tese, as ações políticas se apoiariam nos princípios defendidos por Getúlio Vargas na dramática carta-testamento de agosto de 1954.

Essa nova perspectiva política significava, sem dúvida, decisivo passo no sentido de ocupar o espaço de centro-esquerda. Ademais, sinalizava para outros pontos significativos: restringia ao passado o marcante radicalismo revolucionário por ele defendido; fazia, com frequência, autocríticas políticas, sobretudo em relação ao trabalhismo de Vargas, pois, de fato, fora bastante severo com aquele projeto político; por fim, ampliava o leque de ações destinadas a defender as bandeiras anteriormente levantadas pelo PTB, agora sob a liderança de Brizola.

Dentro do novo espectro político, ele insistia, ainda, na criação de movimento político destinado a promover a unidade de todo o povo brasileiro, inspirado na carta-testamento de Vargas. Entendia o getulismo como espécie de arcabouço de programa político capaz de sincronizar-se com os anseios e objetivos dos demais povos latino-americanos. Daí, segundo ele, ter sido Vargas, em certo sentido, precursor do Terceiro Mundo.

Tal movimento político, à primeira vista, corria o risco de confundir-se com o discurso dos seguidores do trabalhismo do velho PTB, assolado pela pestilência do fisiologismo, do clientelismo e do peleguismo sindical; parecia a reedição de um partido "enfermo" que, em boa hora, a ditadura militar extinguira.

A fim de evitar tamanho equívoco, ele argumentava que a recorrência à carta-testamento de Vargas representava apenas um ponto de partida. O ressurgimento do PTB deveria vir com nova roupagem, algo mais profundo e abrangente, que ocorresse sob o influxo de efetiva articulação nacional de todas as correntes políticas interessadas na consolidação da democracia.

As linhas gerais dessa frente democrática, porém, em síntese, assemelhavam-se ao programa traçado e já posto em prática pelos seguidores do MDB. Julião, no entanto, antepunha a essa argumentação alguns reparos. A concepção da criação da frente de resistência democrática no Brasil deveria ultrapassar os limites do movimento, porque o MDB nascera sob o império e o consentimento da ditadura; portanto, estava contaminado pelo estigma do bipartidarismo. E ainda: apesar de haver-se organizado como partido de oposição, apresentava-se estruturado em função de programa que não contemplava todos os segmentos políticos – faltava-lhe o poder de aglutinação pluripartidária. Por isso, dentro dele, já se distinguiam duas claras correntes: uma, à direita, a pugnar por interesses imediatos ligados à situação, aceitando a cooptação por cargos na área dos elevados escalões do governo; outra, mais à esquerda, por sentir-se alijada dos favores do governo central e restrita aos jogos dos interesses regionais, constituindo-se em minoria dentro do partido, terminava sempre na oposição. Essa tendência poderia até esclerosar-se e permanecer, durante décadas, no cenário político brasileiro. Como exemplo, apontava a existência de corrente dentro do MDB a qual defendia a Constituinte com Geisel ou Figueiredo e outra que advogava a participação efetiva do povo. Ambas, conflitantes e arredias à unidade partidária em sentido mais amplo, terminavam gerando um monstro de duas cabeças, ou seja, um partido bifronte.

De qualquer sorte, o quadro da realidade política era animador, razão por que Julião estava decidido a dar sua colaboração em tempo integral para consolidar os novos caminhos a serem seguidos pela sociedade brasileira.

Chegara o momento da contagem regressiva dos dias para retornar ao Brasil. Isso ficou mais presente quando, no decorrer de 1979, o Congresso discutiu e votou o projeto de anistia ampla e irrestrita para os presos políticos alcançados pelo golpe militar de 1964.

174. O DIA DA VOLTA

De tanto pensar na volta, disse Julião a seu amigo Henfil, o cartunista, em longa entrevista ao *Pasquim*, que se preparara tanto para o regresso, pensara tanto, considerara tantas alternativas que, no fim, perdera a emoção.[181] (*Pasquim*, 18 a 24/4/1980). Em verdade, o desabafo era apenas força de expressão; queria dizer que a emoção da possibilidade do retorno o dominara bem antes de pisar o solo brasileiro. Quando essa possibilidade se transformou em realidade, já não era algo novo.

Julião retornou ao Brasil em 26 de outubro de 1979, portanto dois meses após a promulgação da Lei de Anistia.[182] A longa ausência – mais de 14 anos de exílio – não podia ser considerada apenas tempo perdido, mas de aprendizado em todos os aspectos da vida. Isso lhe proporcionou nova visão dos problemas brasileiros e, por extensão, dos latino-americanos, motivo que o estimulara a voltar com os olhos postos no futuro e mais confiança nos destinos do Brasil e da própria América do Sul. Às 7h15, em voo procedente do México, na companhia de seu amigo, o escritor colombiano Gabriel García Márquez, ele desembarcou no Aeroporto Internacional do Galeão. Ambos foram recebidos com muita efusão e carinho.

De repente, as pessoas começaram a inquietar-se, porque Julião não aparecia. É que os fiscais da Alfândega haviam encontrado objeto estranho na sua bagagem: um saco plástico contendo cerca de 200g de substância escura, assemelhada a terra. Desconfiados daquela substância, levaram o saco para local reservado, a fim de fazer melhor exame. Segundo os agentes, ele não poderia ingressar ao solo brasileiro com aquele material.

Ele reagiu afirmando que após quase 15 anos de exílio criara raízes de tal modo que se sentia dividido; considerava-se meio brasileiro, meio mexicano. Aquela porção de terra mexicana era apenas um símbolo: quando morresse, queria que a despejassem sobre seu corpo. Possivelmente, não entenderia o fiscal a extensão do seu gesto e o sentimento telúrico.

Depois de cuidadoso exame, os agentes especialistas em assuntos agrícolas e sanitários concluíram tratar-se apenas de terra, mas ele não ingressaria no Brasil com ela. Julião, então, foi incisivo:

– Que façam isso, mas eu não entro sem a terra.

O inspetor continuou a inquiri-lo:

– E para que o senhor quer essa terra?

– Para meu uso pessoal. – Diante da dúvida do agente, Julião esclareceu melhor: – Usarei esta terra mexicana quando morrer. Quero que a joguem em minha tumba, junto à terra do solo nordestino.

Depois de tão veemente apelo e outros reiterados argumentos, vendo que se tratava de algo simbólico, os agentes o liberaram, obrigando-o,

porém, a firmar um termo de responsabilidade. Ainda dentro do saguão, a certa distância, antes de atingir o grupo que o aguardava, formado por quase uma centena de pessoas, Julião levantou com firmeza o braço esquerdo para o alto e, com amplo sorriso, gritou:
— Estou aqui!

Correram até ele, para os primeiros abraços, os filhos Anatólio, 29 anos, e Isabela, 15, e os netos Anete, 4, e Anauac, 7; em seguida, os demorados cumprimentos e abraços dos amigos. A comitiva de recepção estava integrada por membros do Comitê Brasileiro pela Anistia, dirigentes da União Nacional dos Estudantes (UNE), sindicalistas e os deputados Lysâneas Maciel, Neiva Moreira, José Gomes Talarico, Jorge Roberto Silveira, Magnus Guimarães, Adão Pereira Nunes, Doutel de Andrade, Paiva Muniz, Marcelo Cerqueira, José Maurício, Getúlio Dias, José Eudes, Sérgio Murilo e o vereador Clemir Ramos. A todos explicava a razão de sua demora e justificava sua decisão de trazer consigo a terra mexicana para o Brasil:

— A gente sempre cria raízes. Quando deixei o Brasil, levei para o México um pouco de nossa terra. Agora, ao voltar, trago nas mãos terra mexicana. É uma forma simbólica de unir os dois povos.

No mesmo dia, à tarde, promoveu-se um ato de confraternização na Associação Brasileira de Imprensa (ABI). Julião, em reunião presidida pelo decano dos jornalistas brasileiros, Barbosa Lima Sobrinho, concedeu ampla entrevista aos jornalistas. Além de quase todos os políticos que, de manhã, haviam comparecido ao aeroporto do Galeão, na ABI estavam presentes jornalistas e várias pessoas interessadas em saudar o político que retornava. Na ocasião, o deputado cassado, Lysâneas Maciel, falando em nome do PTB, informou que "ainda não havia qualquer plano da direção do partido em relação à base de operações de Julião, que ainda este ano deverá regressar ao México para resolver problemas pessoais" (FSP, 27/10/1979). Adiantou, porém, que Julião deveria ficar onde fosse mais difícil a instalação do partido – São Paulo era o local onde mais se exigia a presença de uma figura política experiente como o líder pernambucano.

Durante a longa entrevista, foram abordados temas relativos à formação da frente ampla, relações com o MDB, legalização do PCB, espaço para o

PT de Lula, o sentido da abertura como conquista, e não como dádiva dos militares, e os novos caminhos a serem seguidos por ele como político. Mas, naquele momento, o fundamental era somar, nunca dividir. Nesse particular, afirmou Julião: "Naquela época estávamos divididos e esta foi a nossa mais importante lição, porque divididos e desorganizados sempre seremos derrotados" (JB, 27/10/1979). Para tanto, defendeu a existência de vários partidos com consistência e densidade eleitoral, mas de tendência oposicionista. Só assim haveria possibilidade de criar e atuar numa frente ampla. Daí defendeu a reorganização do PTB como legenda nova, um partido pluriclassista, nacionalista, anti-imperialista, popular, terceiro-mundista, capaz de defender todos os interesses do povo nos campos político, econômico e social.

Nesse mesmo dia, depois da movimentada maratona, Julião, bastante fatigado, dirigiu-se à casa do irmão José Hugo, no Catete. Ali permaneceu até o dia aprazado para viajar a Pernambuco, a terra natal.

175. VIAGEM A PERNAMBUCO

Retornar ao Brasil pela porta do Rio foi acontecimento de significado político. No entanto, o momento de viva emoção ficou reservado para o seu regresso a Pernambuco, pois ali, além de reencontrar as origens e as raízes determinantes de sua formação intelectual, responsáveis, mais tarde, pela trajetória política, também voltaria a rever parentes e amigos queridos. Havia, portanto, expectativa de ordem sentimental.

Ele desembarcou no Aeroporto Internacional dos Guararapes por volta das 11h, de 3 de novembro de 1979. Foi recepcionado por mais de uma centena de pessoas formada por políticos ligados à nova agremiação política escolhida pelo exilado, o PTB, uma animada banda de pífanos vinda do Agreste, parentes e amigos. Entre os políticos destacavam-se o ex-ministro Oswaldo Lima Filho, ex-deputado Sérgio Murilo, João Monteiro, suplente do senador Cid Sampaio, e os deputados estaduais João Ferreira Lima, Assis Pedrosa e Paulo de Andrade Lima.

A partir de então começou a cumprir intensa agenda política. Antes, porém, naquele mesmo dia, viajou para Bom Jardim, a 106 km da capital, a fim de encontrar-se com seus parentes na Fazenda Espera, seu berço natal, onde pernoitaria. No dia seguinte, iria se encontrar com o bloco de políticos trabalhistas ainda vinculados ao MDB.

Entre os presentes, a professora Maria Celeste, ex-militante das Ligas Camponesas dizia-se desapontada porque Julião ingressara no PTB. Alimentava a esperança de que ele, com o passar do tempo, revisasse sua posição e voltasse às origens (DP, 4/11/1979). Ao mesmo tempo, o advogado Joel Câmara, ex-militante das Ligas Camponesas, protagonista de inúmeras ações armadas no interior de Pernambuco antes de 1964 (por isso acoimado de trotskista, processado e preso durante o governo de Miguel Arraes), declarava-se emocionado com a volta de seu antigo líder. "A volta de Julião me emociona como se fosse a de um irmão querido e respeitado." (ibidem) No entanto, a seguir, Joel Câmara – hoje também estabelecido como pequeno empresário e defensor intransigente da Revolução de 1964, militando, portanto, em terreno oposto ao de seu antigo líder – afirmava:

> Seria um dos dias mais felizes de minha vida se assistisse Francisco Julião reconciliar-se com a Revolução estendendo a mão ao presidente Figueiredo e conclamando o povo à ordem e ao respeito às Forças Armadas pela grandeza de nosso país. Tenho consciência de que por vezes cometo o erro que critico em Julião, de ser idealista. Lembro contudo que se Anwar Sadat e Menahem Begin se deram as mãos, por que não haveríamos de fazer o mesmo? Irmãos do mesmo sangue e da mesma Terra! (*ibidem*).

Ao almoço do dia seguinte, 4, em restaurante recifense, com a bancada do MDB na Assembleia Legislativa de Pernambuco, compareceram os deputados Hugo Martins, Sérgio Longman, Mansueto de Lavor, João Ferreira Lima e Assis Pedrosa, além do deputado federal Roberto Freire e outros amigos de Julião. No encontro, não se discutiu propriamente política; foi mais uma confraternização. No fundo, porém, o objetivo em pauta de Julião e daquele grupo político de tendência trabalhista – e bem mais à esquerda dentro da formação emedebista pernambucana – era, sem dúvida, a atração deles ao novo PTB, que nascia sob a liderança de Brizola. Na ocasião, preferiu ser mais cauteloso quanto às relações com o MDB: afirmou que ocorreria ligação efetiva do PTB com o MDB em seu sucedâneo, pois alimentava esperanças de se superarem as divergências de caráter pessoal.

No dia seguinte, Julião visitou a Assembleia Legislativa, onde exercera o cargo de deputado por duas legislaturas. Vestindo roupa escura e os cabelos em completo desalinho, ao entrar no recinto da Casa de Joaquim Nabuco ficou, de certo modo, tocado pela emoção, pois recordava de seus inúmeros discursos, às vezes inflamados e exaltados, sempre em defesa da causa dos camponeses. Talvez por isso, ao ser interpelado pela imprensa sobre quais seriam suas novas bandeiras a defender como político, tenha afirmado que continuava o mesmo.

> A minha posição em relação ao latifúndio é praticamente a mesma do passado, pois a situação não mudou. Ao contrário, agravou-se nos últimos 15 anos, porque surgiu no Brasil o latifúndio transnacional, que está ameaçando a soberania geográfica do país, como é o caso da Amazônia (JB, 6/11/1979).

No dia 7 viajou para Bom Jardim, pois a cidade aguardava festivamente a volta do seu mais famoso filho.

176. JULIÃO EM BOM JARDIM

A pacata e ladeirosa cidade do Agreste parou para receber Julião. Aliás, segundo muitos bom-jardinenses – parentes e amigos de geração –, ele era carinhosamente tratado apenas como Chico. Outros se comprazíam em lembrar histórias e casos reveladores de um lado seu pouco conhecido: o menino alegre, brincalhão e travesso.

Em Bom Jardim foi diretamente para a praça principal e juntou-se à multidão. Dali empreendeu a caminhada pelas ruas da cidade. Era o reconhecimento das edificações, das vistas descortinadas no horizonte distante, das campinas onde afloravam gigantescos granitos acima dos arvoredos nos montes e vales verdejantes, mas sobretudo voltara para entrar em contato com as pessoas nas ruas e calçadas ou aquelas assomadas às janelas para saudá-lo. As recordações eram muitas, mas o visitante não se comportava de maneira açodada em seus passos. Caminhava devagar, parando, indo e voltando sem pressa. Comportava-se de modo morigerado.

Decidiu visitar também certos locais que lhe traziam profundas recordações: a matriz de Santana, a sede do sindicato rural, a Prefeitura, a velha cadeia, a estação de trem desativada e transformada em Casa de Cultura, como se à cultura só restassem mesmo os espaços sem serventia, a sede da cooperativa dos trabalhadores, a feira etc. Também visitaria alguns parentes e amigos, a exemplo do primo querido José Morim e do velho amigo Olivar Borges.

Apesar de haver mudado em todos os sentidos, vez por outra ouvia comentários afirmando que ainda era o mesmo, continuava magro, com o mesmo sorriso, a fala mansa etc., apenas a cabeleira começava a ficar branca.

De repente, parou e entrou por uma pequena rua. Normalmente não seria o caminho natural do séquito de amigos. No entanto, próximo, numa casa modesta, residia o seu querido amigo Olivar Borges, um dos mais atuantes animadores dos comícios desde os tempos de suas campanhas eleitorais. Depois da surpresa do velho amigo em ver ali em sua casa, em carne e osso, o querido Julião, vieram abraços e saudações intermináveis.

– Olivar, cadê a sua gaita? Eu ainda tenho muita saudade dela – perguntou Julião.

O velho músico, baixando a vista, sem condições de esconder o estado lastimável de sua saúde, apenas se limitou a dizer que estava quase cego e já não tinha forças sequer para soprar o instrumento.

A caminhada foi reiniciada. Evaldo Bráulio, seu afilhado, avisou que a igreja estava aberta, mas o padre ainda não chegara. Julião pretendia visitar o padre Antonio Gonçalves, que nunca aderira a nenhuma corrente política no município, mantendo, assim, salutar neutralidade.

A visita não foi possível, porque o velho sacerdote se recolhera ao leito e dormia, a fim de restabelecer-se de uma trombose.

A multidão parou diante da matriz. Muitos portavam cartazes, entre os quais se podiam ler as seguintes palavras de ordem: "Trabalho e justiça para todos"; "Preserve o que é de todos" etc. Julião entrou na igreja acompanhado apenas do prefeito, José Moreira. Ao sair, revelou que ali ele se confessara aos 13 anos pela primeira e última vez, porque logo virou ateu: "Foi tanto pecado que o padre mandou rezar mais de trinta padre-nossos e trinta ave-marias. Acho que perdi a conta e rezei mais de 100, aos pés de Nossa Senhora das Dores" (JB, 8/11/1979).

Dali dirigiu-se, com a comitiva, para as sedes da Cooperativa Mista de Trabalhadores Rurais e do Sindicato Rural. Em ambos os locais, após os cumprimentos, falava demoradamente com os camponeses, que o presenteavam com folhetos de cordel. Ali, conheceu repentistas e ouviu alguns improvisos em sua homenagem. Quando conversava com o poeta popular Severino Vieira, já com 81 anos, foi reconhecido por uma camponesa:

– Menino! É Chico mesmo que está aqui. Parece até mentira. Você voltou mesmo? Vai trabalhar pelos camponeses?

Entre risos, abraçou a velha amiga camponesa – era Balbina, Severina Balbina, antiga moradora da Fazenda Espera.

Entrou na sede do sindicato e pediu a seu presidente para ver o estatuto da entidade: o mesmo texto redigido em 1963, quando fora criado. O sindicato contava com mais de 5 mil associados, enquanto o município tinha cerca de 25 mil trabalhadores rurais. Dali partiu para a sede da Prefeitura, onde fez questão de cumprimentar todos os seus funcionários.

Mais tarde retornou para a fazenda Espera, a fim de descansar, pernoitar e, no dia seguinte, voltar ao Recife para continuar os contatos políticos. Então, como se estivesse respondendo à pergunta da amiga camponesa Balbina, declarou aos jornalistas ainda presentes que sua tarefa, dali em diante, seria bem mais ampla, pois os trabalhadores, os produtores, os pequenos e médios comerciantes, até mesmo a burguesia nacional que desejasse, de verdade, a libertação econômica, não seriam esquecidos. Por esse motivo, ele estava participando ativamente da reestruturação do PTB. Acrescentou, por fim, ter ficado bastante impressionado com o fato de não ter visto, no seu périplo, jovens pela cidade. "A gente só vê velhos, crianças e mulheres. E isso é uma prova de que a força de trabalho está realmente indo embora. Não é à toa que 60% da massa obreira de São Paulo são formados de nordestinos." (ibidem)

177. DE GALILEIA A SÃO PAULO

Apesar de tantos compromissos, Julião priorizou a ida ao antigo Engenho Galileia, local onde se formara a primeira Liga Camponesa, em janeiro de 1955, quando as duras e arriscadas jornadas daquela época foram enfrentadas por ele com determinação e coragem, as quais, hoje, podem ser consideradas parte da própria história das lutas camponesas no Brasil. No dia da sua chegada, a receptividade, calorosa e emotiva, lembrou a primeira vez que ele fora ali para conhecer de perto os camponeses e seus problemas, a fim de definir o melhor caminho para a estruturação jurídica da entidade que nascia: a associação de plantadores.

Agora, passadas mais de três décadas e meia, repetia-se a cena: à entrada pela porteira principal do engenho, às 10h, após ouvir-se o espocar de fogos de artifício, ele foi recebido com flores. As mulheres, com os maridos e as crianças, levavam flores colhidas naquele mesmo dia, nos campos adjacentes, e as jogavam sobre sua cabeça. Alguns levavam presentes, singelos mas expressivos, a simbolizar generosidade, admiração e amizade àquele que tanto defendera a comunidade. Apesar do longo tempo passado e de vários remanescentes da década de 1950 já não viverem, a exemplo do velho Zezé da Galileia, o número de camponeses era bem significativo. Eles iam se aproximando devagar. Muitos foram avisados em suas casas pelos fogos de artifício. Em verdade, as pessoas ainda viviam desconfiadas. Afinal de contas, cada morador, cada família sofrera na própria pele o efeito dos atos de perseguição antes e depois do golpe militar de 1964. Cada um tinha sua própria história para contar. Os membros daquela comunidade sofreram assassinatos, torturas, prisões, perseguições, êxodos etc. Famílias e sonhos foram desfeitos. Por volta das 14h, diante da multidão que se preparara para ouvi-lo, ele repetiu, na essência, o discurso pronunciado na primeira vez em que estivera ali. Até a última frase foi repetida: "Farei tudo para que estas flores nunca se transformem em pedras."

Depois, seguiram-se mais cenas de abraços, de histórias contadas ao pé do ouvido, outras para que todos ouvissem. Os velhos camponeses vinham com lembranças especiais para mostrar ao visitante: folhetos, cartas abertas, panfletos escritos por Julião – *ABC do camponês, Carta de alforria do camponês, Cartilha do camponês, Escuta, irmão do campo, Bença, mãe* etc. – conservados por eles, às vezes de forma insólita, enterrados fora de casa ou escondidos no mais recôndito lugar da casa, para "um dia mostrar ao senhor", diziam.

A emoção foi forte, mas ele soube enfrentar a situação com equilíbrio. Um detalhe, porém, chamou-lhe a atenção: "Encontrei uma receptividade superior e mais além do que podia esperar. Os velhos camponeses falaram a seus filhos daquele advogado que lutou por eles, que conseguiu com eles a expropriação do Engenho Galileia, que com eles criou as ligas (*Siempre!*, 16/1/1980). Julião observou ainda que ali, e no resto da região nordestina, pouca coisa havia mudado. Os campos do Nordeste continuavam a ser esvaziados pelo efeito da migração interna. Ao se agravarem drasticamente as condições de vida do trabalhador do campo, os jovens mudavam-se para São Paulo – a Meca do Brasil, a única tábua de salvação. No entanto, nem todos conseguiam emprego, então passavam a integrar o chamado "exército de desocupados". Em pleno final da década de 1970, 60% da mão de obra paulista era nordestina. E o pior: esse formidável contingente estava representado por mão de obra sem qualificação, a qual se transformava em massa fértil para grassar o fenômeno do "boia-fria".[183] Os nordestinos, em sua quase totalidade egressos do campo, são obrigados a trabalhar nas plantações de soja, de cana-de-açúcar, de café (nessas em menor grau) ou mesmo ao redor de fazendas e de povoados com características rurais. Para ocupações sazonais, escolhidos para determinado número de jornada de trabalho. Em alguns locais chamavam-nos de "gatos", porque são selecionados apenas os que parecem mais saudáveis.

Além disso, chegou à conclusão de que a política de concentração da propriedade rural em poucas mãos continuava de forma progressiva e com a agravante da forte presença de grupos multinacionais. Os dados indicavam que 20% da terra do estado da Bahia – um dos maiores em extensão territorial – estava ocupada por empresas estrangeiras. Na região amazônica – com a colossal área de mais de três milhões de quilômetros quadrados –, 12,5% das terras já pertenciam às multinacionais. Somente uma dessas ocupações, conhecida como projeto Jari, abarcava mais de um milhão e meio de hectares. Diante desse quadro, Julião advertia sobre o lado perverso da política agrária brasileira:

> O governo apoia e dá facilidades às multinacionais, com isenção de impostos. Apesar de que o Brasil é a décima potência industrial do mundo, seu PIB ocupa o oitavo lugar como consequência da exploração desenfreada de suas matérias-primas e de sua força de trabalho mal remunerada. É um dos países de maior indigência universal. É uma vergonha que as grandes revistas e os jornais de maior circulação da Europa e dos Estados Unidos publiquem anúncios solicitando das famílias da Alemanha Ocidental, Bélgica, Suécia e Canadá que adotem crianças miseráveis do Brasil e do Camboja (*Siempre!*, 16/1/1980).

Já ao final de novembro (1979), foi surpreendido com o pedido de Brizola no sentido de que ele viajasse a São Paulo, a fim de encontrar-se com Luiz Inácio Lula da Silva. O objetivo fundamental era explicar ao líder metalúrgico as linhas mestras da reorganização do trabalhismo no Brasil e concitá-lo a participar, de maneira efetiva, na ampla frente de mobilização nacional. Além disso, Julião tinha curiosidade de conhecer de perto Lula, o qual também desejava conhecer o ex-deputado, afinal ambos eram pernambucanos.

O encontro com Lula decorreu de maneira bastante afetiva. Quanto às perspectivas de PT e PTB marcharem juntos, Lula, após ouvir as explanações de Julião, disse que estudaria o assunto e depois se comunicaria diretamente com Brizola. Julião, aproveitando a oportunidade, manifestou o desejo de conhecer de perto o sindicato dos metalúrgicos do ABC. Imediatamente, o líder sindical designou duas jovens militantes para levá-lo a São Bernardo, em local onde fosse possível Julião falar aos associados presentes. No caminho, porém, uma das moças virou-se para Julião e disse reservadamente:

– O senhor pode falar de tudo, menos desta palavra: Brizola. Está proibido de falar a palavra Brizola, ouviu?

Julião ficou espantado. Como poderia ele, um correligionário, amigo de mais de trinta anos, deixar de falar no ex-governador gaúcho? Era um desatino. Se sua missão era falar de sua experiência sobre a questão da terra no Brasil e as possibilidades da frente dos dois partidos, verificava, portanto, que as dificuldades começavam a aparecer de maneira explícita e até contundente. Então, para não abrir mais arestas, calou-se e começou a pensar numa saída honrosa.

Ao chegar à sede do sindicato, notou que havia muitos jovens, todos exaltados. A rigor, a maioria não estava formada por operários. Quando lhe deram a palavra, começou a falar sobre a nova realidade brasileira, sem tocar no nome Brizola. Depois de certo momento, como estava em terras paulistas, fez referência a José Bonifácio de Andrada e Silva, o patriarca da Independência. Ao pronunciar o nome de José Bonifácio, levantaram-se entre os jovens apupos e gritaria. Alguém gritou: "Como é que você vem aqui falar dessa múmia; está perdendo o seu tempo." Quando se restabeleceu o silêncio, Julião perguntou com voz serena e calma:

– Quem dos jovens aqui presentes conhece realmente a vida de José Bonifácio?

Silêncio absoluto. Julião retomou a palavra, fazendo perguntas que ele mesmo respondia. Quem fora José Bonifácio? Amigo de Humboldt. Mas ninguém ali sabia quem fora Humboldt. Então ele explicava: um cientista alemão que viajara por toda a América Latina, conhecera perfeitamente o Brasil, escrevera obras monumentais, amigo de Goethe etc. Quem era Goethe? Então explicava quem fora Goethe e revelou que José Bonifácio, além de amigo de Goethe, era um cientista e sábio, falava muito bem 14 línguas, entre as quais a alemã, a grega, a sueca e a latina etc. Educou-se na Europa e lá viveu trinta anos. Fez pesquisas interessantes sobre mineralogia, descobriu minerais raros na Alemanha, na Suécia e escreveu um tratado sobre a pesca da baleia etc.

E continuou a falar sobre vários assuntos correlatos à vida e ação do patriarca: dom João VI, as relações com Portugal, os efeitos da invasão de Napoleão com as tropas de Junot, o general que invadiu Portugal em 1808 etc. De repente, voltou-lhe a ideia de que seu objetivo com toda aquela digressão histórica era falar, ali, de Brizola. Então, fez a penúltima pergunta aos jovens, que, àquela altura, já se revelavam menos agressivos e mais interessados no tema:

– Por acaso, vocês sabem quem foi o primeiro brasileiro cassado, confinado e exilado por questões políticas?

Ninguém sabia. Ele, então, diante do silêncio, respondeu:

– José Bonifácio de Andrada e Silva!

E fez, por fim, a última pergunta:

– E quem foi o segundo brasileiro a sofrer o mesmo tipo de castigo por questão política?

O silêncio continuou no auditório. Após pequena pausa, ele pronunciou o nome:

– Leonel Brizola! Esteve confinado no Uruguai e dali expulso, por ingerência da ditadura militar brasileira, para os EUA e posteriormente para Portugal.

Romperam o silêncio murmúrios no meio da multidão. Após longa pausa, disse o orador:

– Agora, como não tenho mais tempo para falar sobre a questão da terra no Brasil, eu pediria a vocês, pelo menos, aplausos, não para mim nem para Brizola, mas para o brasileiro José Bonifácio de Andrada e Silva!

Curiosamente, a apatia inicial dos jovens transformou-se em interesse pelo tema. Para sua surpresa, todos começaram a aplaudir com entusiasmo.

Diferente foi a recepção oferecida pela Associação dos Jornalistas de São Paulo, onde, ao lado dos economistas Francisco de Oliveira e José Graziano da Silva Filho, o líder dos camponeses falou sobre as novas perspectivas de luta em relação à questão da terra no Brasil. Após destacar sua luta para organizar as Ligas Camponesas e mobilizar, durante uma década, os trabalhadores rurais, naquele momento entendia que a principal preocupação deveria ser com a melhoria dos serviços dos sindicatos, a fim de que representassem com legitimidade os interesses e as necessidades dos trabalhadores rurais. Em realidade, as ligas haviam cumprido seu papel histórico. Elas foram imprescindíveis quando não havia sindicalização no campo. Nos últimos anos, com a penetração das multinacionais, com a mecanização em grandes áreas rurais, pouco a pouco alterou-se a fisionomia do cultivo e a forma de trabalho dos agentes envolvidos: produtores e trabalhadores. O camponês meeiro, por falta de perspectivas locais, buscou novos espaços e, na maioria das vezes, aceitou a condição de transformar-se em operário agrícola. Como nem todos foram aproveitados, ocorreu o inevitável êxodo aos centros industriais, em virtude da ilusão das oportunidades de emprego. Assim, a reduzida parcela dos meeiros e pequenos proprietários que resistiam e permaneciam no campo pôde se filiar ao sindicato. Por isso, não se justificaria a existência de mais um órgão associativo a exemplo das ligas.

178. O GOLPE DE GOLBERY

No final de 1979, na época natalina, Julião voltou para o México. Ali cuidaria de alguns problemas pessoais, mas, na verdade, a preocupação principal dele era retornar ao Brasil com o seu novo amor, a mexicana Marta Ortiz.

Nos últimos dias, entrara em contato com as principais forças políticas do trabalhismo e da oposição, mantivera gestões para registro do PTB, pendente apenas de providências administrativas, vez que, com a extinção do bipartidarismo em 29 de novembro, Brizola foi eleito, em convenção, presidente nacional do novo partido.

Julião retornou ao Brasil com a mulher. Tudo parecia andar às mil maravilhas quando, em 12 de maio de 1980, foi surpreendido com a notícia que retumbou nos meios brizolistas como terremoto: Ivete Vargas ganhara na Justiça Eleitoral o direito de legalizar a legenda do PTB.

O grupo político de Brizola fora derrotado. Todo o hercúleo trabalho de costura e de intermináveis articulações feito em torno daquela sigla, de norte a sul, de leste a oeste, da noite para o dia caiu por terra.

O grupo de Brizola interpôs recurso perante o Tribunal Superior Eleitoral contra o registro da sigla e ganhou o recurso. No entanto, como ainda havia brecha recursal, os advogados de Ivete Vargas reverteram a situação e viram confirmada a decisão inicial. Restou a Brizola conformar-se com a criação de nova agremiação: Partido Democrático Trabalhista (PDT). A luta agora seria, outra vez, percorrer todo o Brasil, rearticular as forças, recuperar o tempo perdido e criar condições para registrá-lo na Justiça Eleitoral.

Quem foi Ivete Vargas? Cândida Ivete Vargas Tatsch (São Borja, 17 de julho de 1927 — São Paulo, 3 de janeiro de 1984) era sobrinha-neta de Getúlio Vargas, o qual a ajudou em sua carreira política. Em 1950, chegou a eleger-se deputada federal pelo PTB de São Paulo e conseguiu renovar o mandato nas sucessivas eleições de 1954, 1958, 1962 e 1966. Nas eleições presidenciais de 1960, dirigiu a seção paulista do movimento em favor da chapa Jânio-Jango. Elegeu-se presidente do PTB até a extinção da legenda em 1965. Aderiu ao MDB, mas, em 16 de janeiro de 1969, foi cassada pela ditadura militar.

Na disputa pela legenda do PTB entre Brizola e Ivete Vargas, nos primeiros anos da anistia, entraram em jogo outros interesses e personagens políticos. Darcy Ribeiro disse que o principal obstáculo à reorganização do PTB, sob a liderança de Brizola, foi criado pelo general Golbery do Couto e Silva, tido como ideólogo da ditadura. A manobra consistiu em deixar a sigla histórica nas mãos de aventureiros que se comprazíam em alugar a legenda, vinculá-la aos patrões, torná-la submissa ao governo e controlada por banqueiros. Além disso, é preciso reconhecer, boa parte dos remanescentes do extinto PTB ingressou no PMDB. Os emedebistas temiam uma espécie de batida em retirada de muitos deles para o PTB sob a liderança de Brizola, o que enfraqueceria o movimento democrático. A reação mais forte desse tipo de temor se fez sentir entre os emedebistas gaúchos liderados por Pedro Simon, então responsável pela organização da oposição no Rio Grande do Sul.

Brizola, Julião e os demais organizadores da nova legenda – PDT –, sem esmorecimento, partiram para a luta e conseguiram, em parte, recuperar o tempo perdido e cooptar velhos companheiros comprometidos com o trabalhismo e o nacionalismo de Vargas e o projeto reformista de Jango. De qualquer sorte, quando o MDB foi reestruturado como partido, registrado como PMDB, também alcançou significativos benefícios da luta travada entre Ivete e Brizola. Esse adesismo foi facilitado pelo fato de a legenda do PTB ter perdido definitivamente a tradição das campanhas e dos ganhos trabalhistas históricos. É verdade também que os filiados mais adictos aos princípios da chamada Carta de Lisboa de 1979 terminaram aderindo ao PDT de Brizola.

Por outro lado, alguns políticos sem compromissos com os princípios basilares do novo trabalhismo de Brizola, mas dententores de forte densidade eleitoral, à falta de outras opções buscaram abrigo na legenda de Ivete: Jânio Quadros, em São Paulo; Sandra Cavalcanti, no estado do Rio de Janeiro, considerada herdeira do lacerdismo; e Paulo Pimentel, no Paraná, vinculado ao grupo político de Ney Braga, fundador e secretário-geral do Partido Democrata Cristão (PDC). Com essas adesões, o PTB alcançou relativa estabilidade eleitoral, porém perdeu, de vez, qualquer vinculação programática com o passado.

179. RECONSTRUÇÃO DO PDT

As atividades de Julião na organização do PDT em Pernambuco redobraram. O registro provisório na Justiça Eleitoral requeria de cada diretório estadual o atendimento a certos requisitos legais para a obtenção do registro definitivo.

As atividades de estruturação do partido eram diversificadas: campanha de filiação, permanente contato com os filiados e aliados, visita às cidades do interior para estimular a instalação de diretórios municipais etc.

Julião, em determinado momento, resolveu recorrer ao uso do cordel como veículo de comunicação e divulgação dos princípios fundamentais do partido. Esse expediente fora bastante usado por ele e outros cordelistas durante a estruturação das Ligas Camponesas com extraordinários resultados. Ele próprio, então, escreveu o folheto de cordel Venha pra cá, meu irmão, no qual expôs a linha programática do PDT e convocava as pessoas a se filiarem. O poema, com trezentos versos distribuídos em estrofes de sete sílabas, ganhou ampla repercussão em Pernambuco e logo se disseminou por quase todos os diretórios estaduais. Um dos primeiros diretórios a divulgar em massa tal folheto foi o diretório de Campinas, em São Paulo. Assim terminava a última estrofe do cordel:

> Do caroço nasce a espiga
> Da boca nasce a palavra
> É o trabalho que lavra
> A riqueza e dá bonança
> O PDT é a esperança
> Venha pra cá, meu irmão!

Com o avanço da campanha, Julião tropeçou em diversos obstáculos que talvez não tenha identificado no âmbito da reestruturação da vida política nacional. O primeiro deles foi a natural reserva alimentada pelos grupos chamados "políticos da resistência democrática", isto é, os que não foram cassados ou se forjaram na própria luta contra a ditadura. Essas correntes eram facilmente identificáveis, quer na esquerda radical quer na esquerda democrática e até no centro. Dois fortes grupos começavam a se movimentar: o alinhado com as ideias do PT, sob a liderança de Lula, e os vários setores regionais do PMDB, com caciques nos principais estados. O caso de Pernambuco era mais delicado, porque a volta de Arraes havia provocado o mesmo fenômeno. Entre Arraes e Julião, porém, havia significativa diferença. Arraes era líder amadurecido nas campanhas majoritárias, ex-governador, e desfrutava de prestígio indiscutível nas camadas populares, com firmes alianças nos setores da esquerda. Mesmo assim, desde os primeiros movimentos da abertura, o grupo peemedebista liderado por Jarbas Vasconcelos começara a marcar seu território e prever confrontos de disputa nas convenções futuras.

Além disso, acima dos voluntarismos pessoais, os discursos dos líderes mais destacados sempre apontavam para a necessidade de frentes, alianças, unidade e compromissos nacionais em detrimento de interesse regional etc. No entanto, todos sabiam que cada um, a seu modo, na hora das disputas eleitorais, iria olhar e cuidar melhor de seus próprios umbigos. O jogo político, em muitos ambientes partidários, se transformava em guerra interna, com o tradicional "fogo amigo" ou mesmo rompimentos e traições. Esse tipo de luta interna parecia (e ainda parece) coisa natural nas agremiações políticas.

No caso de Julião concorria, ainda, um aspecto prejudicial bastante significativo: a imagem de líder carismático e radical. Por mais que ele tentasse impor novo perfil de homem moderado e cauteloso no dizer e no agir, as desconfianças, sobretudo de velhos amigos ou adversários, no fim, preponderavam. Tal prevenção era notada até na imprensa. Prevalecia, assim, o mito de um Julião radical e revolucionário, razão pela qual, muitas vezes, nessa fase de reorganização do trabalhismo, ele tentou explicar essa condição de maneira didática.

> A palavra radical incorporou-se ao dicionário político brasileiro com um significado equivalente ao do termo sectário. Tornaram-se sinônimos. Os políticos falam em radicais de direita e radicais de esquerda, com a maior naturalidade, quando querem definir aqueles que se posicionam, de um lado ou do outro, como elementos antagônicos. A imprensa, por sua vez, endossa e divulga a palavra radical exatamente como ela existe e significa para o político. O erro passa a ser verdade na boca de todos, em virtude de sua repetição constante e do descuido, ou desleixo, com que a palavra radical vem sendo tratada no decurso do tempo. Mais do que descuido ou desleixo, há uma preguiça generalizada na busca do termo exato, da definição correta, para o que tem em mente caracterizar este ou aquele político como sectário, intolerante, intransigente, na defesa dos seus pontos de vista. Não se pode taxá-los de ignorantes ou possuídos pela má-fé. O político é, em regra, um homem culto, inteligente, capaz, razão pela qual capta facilmente o sentido das palavras, descobre sem demora o seu significado exato. Deixa-se, porém, conduzir pela correnteza, se esta lhe favorece ou não lhe incomoda.[184]

A lógica de Julião soava com clareza meridiana. Nesse sentido é que ele atuara no passado como um radical. E voltava ao sentido mais exato do termo radical, buscando, até o significado etimológico:

> Mas voltemos à palavra radical, objeto desta Carta. Não necessitamos de consultar os eruditos, de buscar os léxicos, para saber que radical deriva de raiz. Sendo assim, como é, inquestionavelmente, radical é todo aquele que vai em busca de uma raiz, seja ela política, social, econômica, religiosa, cultural, artística, científica, histórica, filosófica, para tratar de conhecê-la. Tudo nesta vida tem sua raiz. É a raiz que sustenta a árvore. E lhe dá a substância de que se nutre e vive. O alicerce é a raiz da casa. O homem é a raiz de si mesmo, como dizia Marx. E, como a sociedade é composta de homens, no sentido genérico, as raízes de cada sociedade, de cada povo, são os próprios homens, que se organizam, criam, descobrem, inventam e trabalham para poder subsistir. Todo homem, portanto, é um radical. Do contrário, ele se nega a si mesmo. É partindo desse raciocínio simples, lógico, natural, que distinguimos o radicalismo do sectarismo, do fanatismo, da ortodoxia, da intolerância, da intransigência, do faccionismo, expressões comumente usadas como sinônimos de radicalismo.[185]

Insistia, ainda, que não há nem direita radical nem esquerda radical; existe, sim, a direita sectária, fanática, ortodoxa, facciosa, intolerante, intransigente, como existe a esquerda que se põe do outro lado, agitando as mesmas bandeiras. Mudam as cores dessas bandeiras, os hinos, os lemas, os objetivos, mas a essência é uma só. E arrematava com humor: "Se pudéssemos escolher na terra um lugar para juntar os ultras da direita e da esquerda, e deixá-los aí, acabariam entendendo-se tão bem quanto os sapos na lagoa, com a diferença de que um berra 'foi' e o outro, 'não foi'. A espécie é a mesma."[186]

Essa lógica foi demonstrada muitas vezes nas suas entrevistas. Em certa ocasião, ele tanto refletiu sobre o que deveria dizer que o entrevistador Fred Navarro, do jornal *Movimento*, ao redigir o "nariz de cera" para a matéria destacou:

Cauteloso, durante a entrevista procurou medir suas palavras uma a uma, pensando às vezes dois minutos antes de responder as perguntas – talvez porque tenha consciência de que seu nome ainda causa pânico em certas áreas do Nordeste em função de seu passado de lutas (JM, 27/10 a 2/11/1980).

Todo seu esforço retórico com o termo radical, durante a luta de organização do PDT, consistia em afirmar que a conquista da plena democracia no Brasil seria uma espécie de radicalismo. Mesmo assim, os mecanismos de repressão cultural em plena vigência da Lei de Anistia continuavam atuando com rigor, como se nada houvesse mudado.

Por essa época, Julião e o compositor Chico de Souza, irmão de Betinho e Henfil, gravaram um LP com os poemas "Por que sou nacionalista", "O sindicato é a estrela" e "Os direitos da mulher", de autoria do primeiro, acompanhados por músicas do segundo. O objetivo era transmitir, pelo meio do áudio, o texto em forma de cordel escrito e lido pelo próprio Julião. O Conselho Superior de Censura vetou de forma absoluta a veiculação (jornais, revistas, rádio e televisão) dos poemas, por considerá-los ofensivos à segurança nacional (JC, 16/1/1981).

No longo poema Por que sou nacionalista, Julião faz uma retrospectiva do processo de colonização do Brasil em todas as fases de nossa história, até chegar àqueles dias, quando o mal maior era o imperialismo. Por isso, aconselhava o poeta, era preciso ser nacionalista para ficar atento e tomar cuidado com os perigos daquela política entreguista:

> Não fique aí feito sapo
> Esperando pela brasa
> Defenda a terra e a casa
> Que custaram o seu suor
> Não há sujeição pior
> Que a que nos vem lá de fora
>
> Eu digo aqui e agora
> Que a nação se deve unir

A fim de não sucumbir
Sob o domínio estrangeiro
Você não é brasileiro
Se não for nacionalista!

O tema abordado no poema "O sindicato é a estrela" era a importância da filiação do trabalhador rural para enfrentar os perigos da falta de conscientização política. Para tanto, o poeta partiu de sua própria experiência como líder das Ligas Camponesas. Agora ele exaltava o sindicato, lembrando, mais uma vez, que, no caso do campo, o sindicato é filho da liga, alusão ao folheto *Bênção, mãe*, de ampla difusão na década de 1960. Nesse cordel, talvez tenha chamado a atenção da censura a passagem em que Julião argumenta:

Autonomia e união
São palavras tão formosas
Como dois botões de rosas
Colhidos por uma mão
O sindicato é o pão
Que junta a todos na mesa.
Dele depende a grandeza
E o futuro do Brasil
Pois não é só o fuzil
Que defende a nação,
É preciso ter razão
Para que o povo obedeça.
Crescer eu quero que cresça
O Sindicato Rural,
Como cresce o milharal
Quando o inverno não falha.
Ponha para fora o canalha
Que combata o Sindicato.

Tome a foice e limpe o mato
Não perca mais um minuto

Ainda hoje eu escuto
O grito que deu a Liga,
Que foi sempre sua amiga
E quis sua salvação.

O poema "Os direitos da mulher" combatia a discriminação exercida contra ela por diversas forças sociais, apontando, ainda, outros males, como o machismo, que não permitia a mesma liberdade sexual para a mulher.

Na condição de advogado militante, ele mesmo recorreu à Justiça contra a decisão do Conselho Superior de Censura. Meses depois, os poemas foram liberados.

180. POR QUE NÃO SOU CANDIDATO?

As atividades políticas de Julião no diretório pernambucano do PDT prosseguiram intensas em todo o decorrer de 1981. O principal objetivo, além de consolidar a estrutura do partido, com a ampliação dos diretórios municipais, era, naturalmente, reconquistar a sua cadeira de deputado federal usurpada pelo regime militar de 1964. Para tanto, convinha ficar atento às articulações das candidaturas do partido para as eleições de outubro do ano seguinte.

Em obediência à legislação eleitoral vigente, todos os partidos políticos teriam de fazer as convenções municipais. O PDT, então, começou a preparar as suas em todos os estados. Em Pernambuco, foram marcadas para 26 de abril.

A direção do partido expediu nota a todos os convencionais sobre a importância daquele ato, valorizando o voto como instrumento eficaz na defesa do programa do PDT.

> Pense seriamente, companheiro, em nosso objetivo de chegar a ser governo, no município, no estado e na República, a fim de levar à prática o programa do partido, dando, assim, início a uma transformação

profunda da sociedade brasileira, até que não haja em nossa pátria um camponês sem terra, um operário sem trabalho, uma criança sem escola, um jovem sem universidade, um velho desamparado, uma mulher injustiçada, um negro discriminado, um índio assassinado, uma floresta destruída, uma cidade contaminada, empresa estrangeira sem controle, em suma, um brasileiro sem esperança.[187]

Os entendimentos para as candidaturas majoritárias avançaram tão rapidamente que no fim do ano estavam definidas. Um óbice legal, no entanto, começou a rondar o sistema pluripartidário apoiado pelas forças de oposição, que poderiam fazer coligações e alianças, compondo, regionalmente, frentes partidárias: a emenda proposta pelo deputado federal Ernani Sátiro, da Paraíba. Aprovada a emenda, caiu por terra toda e qualquer possibilidade de coligações e alianças. A medida, apoiada pelo governo federal, foi recebida como golpe brutal às aspirações democráticas. O eleitor teria de votar apenas nos candidatos de determinado partido. Com esse artifício ficava legalmente imposta a impossibilidade de unidade da esquerda. Cada bloco partiria com seu próprio andor. Resultado: as possibilidades de vitória ficaram reduzidíssimas.

Em Pernambuco, aconteceu exatamente isso. Foi impossível formar a frente em termos de unidade da oposição. A propósito disso, em carta a Marcos Freire, então candidato a governador, Julião argumentou:

> O PTB de Ivete Vargas, esse casamento da raposa com o rouxinol, pode dar-se ao luxo de postular o Padre Melo como candidato ao governo de Pernambuco. O Padre não é daqui, não conhece a história das nossas lutas sociais e não sente Pernambuco dentro do peito, como eu sinto. Caiu de guarda-chuva, seu paraquedas negro, no Tiriri, para ser, como dizem as filhas da Candinha, o anti-Julião. O PT, por sua vez, trouxe o Manoel da Conceição dos confins do Maranhão, onde obteve fama, justa fama, para somar-se ao Padre Melo e conduzir com ele o andor da divisão. Entendo a posição do Padre Melo, inimigo feroz do sindicato rural, mas a de Manoel eu não entendo, não. Se lá no Maranhão é assim, aqui não é. Em Pernambuco, o povo gosta de somar voto com voto, coração com coração, para dar a quem está de lado da razão. Eu calculo

que se o Lula, que é de Pernambuco, aqui vivesse, não dividiria. É que a razão sempre foi, é e será a do povo. É só passar uma vista na história de Pernambuco, desde que o holandês pôs os pés nesta terra, para acabar sendo expulso a trabuco e a facão, até nossos dias, com a queda ruidosa de mais de uma oligarquia (FJ a Marcos Freire, 31/12/1981).

Assim, em virtude do artifício da alteração do projeto de lei da reforma eleitoral, Julião temia que outros políticos importantes, como parecia comportar-se Arraes, continuassem reservados ou fazendo certas exigências a Marcos Freire em troca de apoio caso a oposição ganhasse a eleição para governador. Nesse sentido, em fins de junho, com a campanha nas ruas, escreveu a Arraes, valendo-se da velha amizade e do seu jeito especial de colocar sobre a mesa todas as cartas do jogo. Mesmo correndo o risco de irritar o ex-governador, foi claro e direto.

> Não é de hoje que nos correspondemos. Durante o nosso longo exílio [...] coube-me sempre a iniciativa de quebrar nossos silêncios, por meio de cartas, nunca me faltando você com a resposta, naquele seu estilo seco e enigmático de sertanejo do Crato. Mas é a primeira vez que lhe escrevo, estando tão próximos um do outro, morando na mesma cidade, quando não me custaria nada buscá-lo, como vinha fazendo, vez por outra, desde que aqui chegamos, para sustentar conversações políticas nem sempre amenas, mas francas e leais (FJ a Miguel Arraes, 21/6/1981).

Julião expôs, então, ao amigo o seu desapontamento por saber que ele vinha fazendo certos condicionamentos dentro do PMDB, em relação ao apoio à candidatura de Marcos Freire a governador. Por isso falou, de maneira incisiva, com o amigo: "Não concordo com o seu ponto de vista, Miguel, quando você cobra por antecipação a Marcos Freire compromissos já em boa parte expressos nas propostas feitas ao povo pelo próprio candidato." (*ibidem*) Insistiu no argumento de que tal postura concorria para fragmentar, ainda mais, a unidade.

> A hora é de se conjugar um único verbo: unir. Deixemos as dissensões, inevitáveis e necessárias, entre homens, tendências e partidos, dentro

de uma ampla frente, como a de que participamos juntos, para serem dirimidas depois da vitória. Foi esse o comportamento do PDT aqui em Pernambuco. Não nos fundimos, não nos incorporamos ao PMDB para não perdermos a nossa identidade. Fizemos uma coligação de direito da qual emergiria como candidato ao senado Armando Monteiro Filho. A vinculação total de votos veio truncar essa coligação. Com esse golpe antidemocrático e insólito na vida dos países que consagram o pluripartidarismo como forma de convivência política, o que quis o Planalto foi auferir benefícios explorando a paranoia de um Padre Melo e a ingenuidade de um Manoel da Conceição. Consumada a emboscada de voto vinculado, o PDT manteve a coligação de fato por entender que é mais importante eleger Marcos Freire governador de Pernambuco do que Armando Monteiro para o senado e este seu velho amigo para a Câmara. Unidade é isso (*ibidem*).

Se, por um lado, o argumento calou fundo no íntimo de Arraes, por outro, deve ter deixado em algum rincão a chispa do ressentimento por tanta audácia. Teria um amigo o direito de provocar tal questão com tamanha veemência, mesmo que Julião, no parágrafo seguinte da carta, com sutil sagacidade, tenha soprado com brandura, para arrefecer o efeito da ardente brasa?

E você não ignora que Marcos Freire não era o candidato dos meus sonhos, apesar de seus louváveis méritos pessoais e inegáveis qualidades políticas, um dos abandeirados da resistência democrática no Brasil, como você próprio reconhece e proclama. O candidato dos meus sonhos era você, Miguel. Sim, você. Eu esperei, ainda no México, que você perguntasse ao povo de Pernambuco se estava disposto a devolver-lhe o mandato que ele lhe conferira e lhe fora arrebatado, violentamente, por um golpe à Bonaparte. Ainda não entendo por que diante daquela gigantesca massa humana que o recebeu e o consagrou ali em Santo Amaro você deixou de formular a pergunta a que tinha inquestionável direito. Preferiu adotar outra postura para acabar candidatando-se a uma cadeira de deputado federal. Não discuto a legitimidade de suas pretensões, mas, no seu lugar, eu, Francisco Julião, pediria tranquilamente ao povo pernambucano a devolução do mandato de governador. Talvez porque seja eu um sonhador, um utópico, um marxista messiânico, enquanto você gosta de navegar por outros mares (*ibidem*).

Meses depois, os auxiliares mais próximos de Marcos Freire notaram que o tímido apoio de Jarbas Vasconcelos também poderia trazer graves prejuízos para o crescimento da candidatura de Freire. Custava crer que o deputado alimentasse algum ressentimento por ter sido preterido na escolha como candidato do PMDB. Verdade que o jovem político se destacara como bravo trabalhador na luta pela resistência e construção do partido, inclusive ao lado de Freire, quando desfraldada a corajosa caminhada de resistência à ditadura sob o lema "sem medo e sem ódio".

A hora era de unidade. Julião, então, pôs de lado as reservas ou os subterfúgios e dirigiu a Jarbas carta em que revelava sua preocupação e cobrava maior empenho. Em certa passagem, após compará-lo à madeira áspera e quebradiça que a enxó do carpinteiro, ainda que hábil, acaba reduzindo a lascas sem proveito, pedia-lhe que fosse como a imbiribeira, reta e alta, que se finca à terra como estaca e não apodrece mesmo que a chuva por ela escorra e o sol a creste. Mais adiante, com excessiva sinceridade, revelou a verdadeira ideia que o movia a falar assim com Jarbas:

> Tenho a seu respeito um juízo sereno e equilibrado. Homem pobre e probo, advogado de causas nem sempre justas, porque nesse nosso ofício é preciso ser um Sobral Pinto para escapar à tentação, político tenaz e infatigável, construtor de uma das mais ativas seções do PMDB, a de Pernambuco, escasseia-lhe, no entanto, uma virtude, meu caro Jarbas: a humildade. A ausência dessa virtude pode ser responsável pelos erros que você vem cometendo dentro da grande frente oposicionista do nosso estado, frente que foi capaz de ensejar a convivência entre homens, organizações e partidos políticos oriundos de vertentes ideológicas distintas, mas que acabaram convergindo para formar o amplo estuário das oposições unidas (FJ a Jarbas Vasconcelos, 5/8/1982).

Depois de todas essas tentativas de busca de unidade entre as principais correntes de oposição, com o objetivo de desarmar vaidades e interesses pessoais, Julião, no fim, deve ter ferido a susceptibilidade de Arraes e Jarbas e, indiretamente, de alguns de seus mais fiéis escudeiros.

Diante de tais impasses, Julião emitiu nota, expondo as razões pelas quais não era candidato:

> Como a lei permitia a coligação eleitoral entre os partidos, o PDT se uniu ao PMDB para dar ao senador Marcos Freire uma bonita vitória como legítimo candidato das oposições ao governo do estado. O poder central lá em Brasília sentiu que a sua derrota seria total se os partidos de oposição se coligassem. Por isso mandou que o Congresso, onde ainda tem a maioria, aprovasse uma lei proibindo as uniões entre os partidos. Essa lei é conhecida como "Pacote de Novembro". Ela obriga o eleitor a votar somente nos candidatos de um partido. De cabo a rabo. Um caso nunca visto. Mas aqui em Pernambuco o PDT não caiu na esparrela. Adotou uma solução heroica que ficará na história política do Brasil: manter a coligação com o PMDB. Por isso teve de renunciar ao lançamento de candidatos próprios para só apoiar os do PMDB ao governo, ao Senado e aos demais cargos. Aqui está a razão por que não sou candidato. O PDT, portanto, apoia Marcos Freire para o governo do estado e Cid Sampaio para o Senado.[188]

Na mesma mensagem, recomendava os candidatos que receberiam seu apoio naquela eleição: para deputado federal, Herberto Ramos; para deputado estadual, Eduardo Pandolfi; em Bom Jardim, para prefeito, Noé Souto Maior Júnior, conhecido como Noezinho.

Julião conservava sincero amor por Olinda, onde dirigira o Instituto Monsenhor Fabrício por volta de 1934 e fora bastante votado nas décadas de 1950 e 1960. Por isso também distribuiu mensagem apoiando nomes de políticos olindenses, mediante texto em que louvava a cidade que tanto amava:

> Aprendi de teus filhos, de tuas pedras, de teus monumentos, de teus templos, belas lições de história. Do teu céu, dos teus morros, dos teus

coqueiros, dos teus sinos e de tuas praias, recolhi as cores, os sons e as brisas para a minha poesia. [...] Como um poeta da política, quero pedir-te, Olinda, nesta mensagem de amor e esperança, que deves escolher melhor ainda os que te vão governar, agora que tu és Cidade Monumento, por obra e graça de Fernando Coelho, o Bom.[189]

Os nomes apoiados por Julião foram: Luis Freire Neto, Roberto Franca e Fernando Gondim da Mota.

Depois da eleição, apurados os votos, o temor de Julião se consumou. O senador Marcos Freire foi derrotado por Roberto Magalhães, sobrinho e herdeiro político de Agamenon Magalhães e candidato da situação (PDS, ex-Arena) a governador de Pernambuco.

181. DIRETAS JÁ!

Algumas causas aparentemente controladas segundo a ótica dos ideólogos do regime militar – a crise da ditadura militar, notada sobretudo a partir da exaustão do chamado "milagre econômico"; a ineficácia da repressão militar contra a esquerda e os demais focos de resistência democrática; o renascimento de ações grevistas ocorrido no final da década de 1970 – a médio prazo provocaram efeitos importantes na consciência política da sociedade brasileira. Tudo isso resultou no inevitável processo de abertura, aprovado em 1979, ainda durante o governo Figueiredo. Ademais, vieram os positivos resultados das eleições estaduais diretas, em 1982, que, em certo sentido, sinalizavam para a batida em retirada dos militares do cenário do poder em direção a seus quartéis.

Em virtude dessas circunstâncias, por volta de abril de 1983 o deputado Dante de Oliveira redigiu proposta de emenda à Constituição no sentido de que as eleições presidenciais a seguir fossem diretas. A medida, à primeira vista, parecia ousada e impossível de ser aprovada por estar o Congresso dominado por representantes adictos ao regime militar. Apesar disso, a proposta tramitou e encontrou imediata receptividade na sociedade civil e animou os líderes dos partidos – sobretudo PMDB,

PDT e PT – a encamparem a ideia e partirem para a reestruturação de uma frente ampla. Nasceu daí o movimento denominado Diretas Já.

Entre os políticos que, de imediato, aderiram ao movimento e atuaram diretamente nas mobilizações populares citamos Franco Montoro, Fernando Henrique Cardoso, Tancredo Neves, Ulysses Guimarães, José Serra, Mário Covas, Teotônio Vilela, Eduardo Suplicy, Leonel Brizola, Francisco Julião, Luiz Inácio Lula da Silva, Marcos Freire, Miguel Arraes, Jarbas Vasconcelos. À medida que os atos públicos se iam sucedendo, as adesões cresciam com a incorporação de personalidades da sociedade civil, tais como artistas, atletas, cantores, religiosos etc.

As mobilizações populares – passeatas, comícios, discussões em campos universitários, teatros, centros de cultura etc. – passaram a ocorrer, simultaneamente, em muitas cidades. Em São Paulo, na Praça da Sé, em janeiro de 1984, reuniram-se cerca de 300 mil pessoas; três meses depois, a concentração atingiu 1,7 milhão de manifestantes. A do Rio seguiu o mesmo caminho: reuniu mais de um milhão de pessoas. Era enorme o clamor popular.

Seguindo o clima dessas mobilizações, Julião tomou o tema das Diretas Já como mote e escreveu mais um cordel, editado aos milhares de folhetos pela direção nacional do PDT:

O povo quer as *diretas*
Pra eleger o presidente.
O povo diz o que sente,
É dono do seu destino,
Tem cabeça e muito tino,
Decisão, força e vontade.

O povo quer a verdade
Que sai da boca das urnas.
Quer tapar todas as furnas
E deixar as onças dentro.
Quer ser o dono do centro,
Quer mandar no seu país![190]

Na tentativa de mobilizar a classe política pernambucana, ele recorreu também à carta aberta. Ao saber que o senador Aderbal Jurema, seu amigo de geração, intelectual culto e sensível às causas nobres, estava contra a emenda Dante de Oliveira, dirigiu-lhe, então, uma carta aberta. Na verdade, buscava chamar a atenção dos demais políticos a fim de demovê-los do apoio sistemático aos interesses do regime militar. Mas também se apresentava surpreso com o fim da trajetória do velho amigo:

> Quando ingressei na Faculdade de Direito do Recife, a nossa Faculdade, você estava saindo dela. Pude sentir o eco dos seus passos de jovem inteligente e lúcido, da boa estirpe dos Jurema. Seus escritos revelavam, *en aquel entonces*, como dizem os espanhóis, o cultor das melhores letras, daqui e do além-mar, sensível e atento, como nordestino fiel às suas raízes, ao que a província ia ofertando de melhor, um Lins do Rego, um Graciliano, um Jorge de Lima, um Olívio Montenegro, para não falar dos já consagrados, como Gilberto Freyre e Zé Américo. [...] A jurema floria e dava o licor que embriaga. Era uma festa na aldeia. O Recife sorria, alegre. Não havia poluição. O Capibaribe exibia o dorso de aço líquido, fendido, aqui e ali, por lâminas de prata e de cobre. À noite, a gente podia contemplá-lo papando estrelas, no sentir e no dizer de um poeta maior. Você não se debruçava somente para amá-lo. Refletia nele as suas inquietações. Enchia as mãos do milho que ia debulhando avidamente. Era um dos condutores de sua geração. O pensamento lhe nascia claro, límpido, arrojado, ensinando caminhos e abrindo veredas. Não só como crítico, mas também como político. Porque a crítica e a política podem – e devem – conviver. Aí está Tristão de Athayde, o que acaba de deixar a inteligência brasileira em orfandade. Aí está Álvaro Lins, devorado pela paixão do belo e do justo até a consumação de uma obra imperecível (FJ a Aderbal Jurema, 16/2/1984).

A lógica de Julião, aqui exposta em um estilo mais cronista que epistolar, conclui com a invectiva de tom político, quase um lamento, mas, enfim, um apelo:

RETORNO AO BRASIL OU O HOMEM DE DUAS PÁTRIAS (1979-1996)

Senador biônico! Foi o meu primeiro espanto ao voltar a Pernambuco. Não podia acreditar. Não creio. É um pesadelo. Aderbal biônico?! [...] Mas você, Aderbal, meu amigo, com todo aquele fogo, toda aquela paixão dos dias idos e tão bem vividos! Não o aceito. É uma fatalidade biológica. Uma catástrofe. Que dirá a Paraíba do Nego? E o Pernambuco de Caneca? E todo esse juremal que espera pelo trovão para florescer? Salve-se, Aderbal. Ainda é tempo. Dom Hélder, o cristão, lhe perdoará. E eu, que gosto do marxismo, aqui estou, como a sombra de um pau d'arco em flor, para lhe perdoar também. Venha banhar-se nas águas lustrais do voto popular. Não se condene a si mesmo às galés perpétuas do bionicismo. Deixe em paz os curiós. Deixe para depois. E empunhe a bandeira das eleições diretas. Redima-se com o povo. Seja Aderbal de novo! (*ibidem*)

Apesar de toda a mobilização nacional, do apoio maciço da sociedade civil, o esforço dos líderes políticos comprometidos com a democracia, em 25 de abril de 1984 a emenda constitucional das eleições diretas foi levada ao plenário do Congresso para votação e rejeitada apenas por 22 votos. As consequências são conhecidas: eleições indiretas para presidente da República por um colégio eleitoral ainda influenciado pelos interesses imediatos do regime militar. Realizada a eleição indireta em 15 de janeiro de 1985, Tancredo Neves foi eleito presidente e José Sarney vice. Com o inesperado falecimento de Tancredo, antes mesmo de assumir a Presidência, o vice tornou-se o primeiro presidente civil após o regime de ditadura militar (1964-1985). As eleições diretas ficaram adiadas para 1989, após a realização da Constituinte do ano anterior.

Apesar da derrota, o saldo fora positivo. De norte a sul, de leste a oeste do país, o povo falou e discutiu as vantagens do Estado democrático de direito, das eleições diretas, das liberdades sindicais e patronais etc. Se, por um lado, a apertada vitória do regime militar representou episódica frustração, por outro, era evidente o sintoma de que o poder, em breve, retornaria aos fluxos e refluxos do embate democrático, balizado sempre pelo voto popular. A nação trilhava, já, a estrada da reconciliação nacional; queria pôr um ponto final no arbítrio. A intensa mobilização popular da campanha das Diretas Já teve, portanto, o mérito extraordinário de dar mais vitalidade aos movimentos populares, preparando-os para os novos embates que se avizinhavam.

182. O SONHO DA SENADORIA E O PACTO DE GALILEIA

Julião, após a campanha das Diretas Já, durante 1985, continuou a trabalhar na estruturação do PDT pernambucano, na condição de coordenador do Norte e Nordeste e membro do Diretório Nacional. Ao mesmo tempo, aceitou a função de assessor jurídico do Banco do Estado do Rio de Janeiro (Banerj), lotado na agência recifense, vez que Brizola, desde 15 de março de 1983, fora eleito governador do estado do Rio de Janeiro.

A sua posição diante da nova realidade política, por essa época, revelava-se bastante crítica em relação ao governo José Sarney e à postura do PMDB. A respeito do governo Sarney, entendia que as forças conservadoras estavam aglutinadas em torno do presidente, o qual apenas dava continuidade a uma política vinculada ao que havia de mais retrógrado. Seu governo, portanto, insistia Julião, mantinha o mesmo miolo com outra casca, fazendo as mesmas mágicas para iludir o povo brasileiro. Via o PMDB em fase de acelerada desagregação, pois havia dentro dele duas tendências: uma progressista e outra conservadora ou reacionária aglutinada pelo governo Sarney, que Julião chamava de Nova República, ou, como preferia referir-se Brizola, a mesma serpente com a casca nova.

As relações com o PT eram bem mais amistosas. Apesar das diferenças estabelecidas por Brizola – um partido considerado "primo legítimo" –, Julião preferia falar das inúmeras afinidades programáticas, pontos comuns importantes para possibilitarem alianças no futuro próximo entre as duas forças.

Já o PDT lograra positivos resultados nas últimas eleições e preparava-se para as de 1986. Para tanto, conseguira atingir, com a implantação de diretórios em todos os estados, cerca de 2/3 dos municípios, isto é, mais de 2.500 cidades. Por isso, advogava medidas efetivas e imediatas em favor da redemocratização, mediante a convocação de uma Assembleia Nacional Constituinte, a exemplo do que ocorrera em 1945, com a queda de Vargas.

> Já lançamos a campanha pelas eleições diretas e agora vamos desfraldar a bandeira da Constituinte por todo país. E já nas pesquisas feitas em São Paulo verificamos que 50% da população se encontram sensibilizados pela ideia da coincidência das eleições diretas para presidente com a convocação da Constituinte. Isso mostra que esse é um sentimento que poderá se generalizar e crescer. Essa vai ser a nossa bandeira para convocar o povo, a fim de eleger governadores, deputados e senadores nas próximas eleições (*O Norte*, 24/11/1985).

Como se observa, o cenário, mais uma vez, propiciava o surgimento das candidaturas e o desencadeamento das campanhas eleitorais. Em Pernambuco, ao iniciar-se 1986, as gestões se armavam de tal maneira que cresciam já as especulações. Arraes despontava como o candidato a governador com maior possibilidade de vitória. Foi sob o impacto desse clima pré-eleitoral que Julião retornou de mais uma temporada mexicana e, imediatamente, começou a informar-se de todos os fatos e a articular as alianças do PDT com os demais partidos.

Um dia, nos idos de março daquele ano, Julião buscou os velhos amigos para conversar. Arraes era um deles. Ademais, queria apagar de vez os mal-entendidos da fase do exílio, quando o ex-governador, já na véspera do retorno ao Brasil, insistia em manter-se afastado de Brizola, como ocorrera no encontro de Lisboa de 1979. As conversas agora, no Recife, giravam em torno da sucessão estadual e de passos mais ousados para o futuro próximo. O objetivo de Julião era aproximar Arraes de Brizola, não apenas em função de reafirmar amizade pessoal, mas também por causa da forte liderança dos dois: o primeiro no Sul e o segundo no Nordeste. Essa união, argumentava Julião, evitaria fatos episódicos, como Castelo Branco, do Ceará, que saiu presidente guindado por um golpe militar, como se dera em 1964, e, mais tarde, José Sarney, do Maranhão, que chegou à mais alta magistratura brasileira pela mão cega do destino em 1985. Rio Grande do Sul e Pernambuco eram estados com expressão histórica e poder de liderança no país suficientes para formular frentes e coligações promissoras. Julião sugeriu a Arraes uma futura chapa para presidente, na qual Brizola se candidataria a presidente e Arraes a vice. Por enquanto, era fundamental que os partidos pernambucanos se alinhassem e se coligassem em torno desse projeto. Para tanto, o PDT apoiaria o PMDB, o que equivalia a apoiar Arraes para governador. Arraes, ao ouvir essa proposta, entrou em completo mutismo. Julião ficou esperando e depois ouviu do próprio Arraes a resposta: não aceitava a coligação com o PDT porque, segundo suas próprias palavras, não confiava a um brizolista a vice-governança do estado.

A resposta foi dura, mas leal. Julião respondeu pela imprensa, confiante na boa amizade com Arraes, mas a sinceridade deve ter aprofundado mais ainda o abismo entre os dois líderes:

> Você (Arraes) tem realmente a alma de jagunço, nasceu numa região de jagunços e encarna muito bem isso. Você é capaz de passar dez anos atrás de um toco, chupando rapadura com um bacamarte na mão, esperando que o inimigo se acerque. Ele sorria. O PDT sempre esteve de portas abertas para recebê-lo (JC, 7/3/1986).

Enquanto isso, outras articulações ganharam corpo. O governador Gustavo Krause, do Partido da Frente Liberal (PFL), convidou Julião para almoçar no palácio e ali solicitou seu apoio à candidatura do usineiro José Múcio Monteiro. Esse convite tinha uma razão política clara: após a negativa de Arraes em aceitar o apoio do grupo brizolista, Julião, em contrapartida, passou a criticar duramente o ex-governador. Ao mesmo tempo, o PSB, antiga agremiação de Julião, havia declarado que o líder dos camponeses era o seu candidato ao Senado. Em outras palavras, qualquer outro partido que desejasse coligar-se com o PDT no mínimo teria de partir dessa premissa: a Julião caberia uma das vagas ao Senado. Assim, no complicado jogo das articulações o PFL decidiu aceitar a indicação de Julião ao Senado, desde que o PDT se coligasse formalmente com o PFL. Os entendimentos envolveram os principais líderes: José Múcio Monteiro, Roberto Magalhães, Marco Maciel etc. Como Julião verificou que a aliança com seus adversários históricos – os usineiros pernambucanos – redundaria em prejuízo eleitoral, cuidou de justificar sua decisão mediante astucioso lance: exigiu como contrapartida a seu apoio político que os usineiros destinariam 10% de suas terras, a título de reforma agrária, aos camponeses. A proposta, escrita pelo próprio Julião e enviada ao representante dos usineiros, o jovem Gustavo Maranhão, continha passagens em que o signatário reafirmava seus antigos princípios de líder combatente das Ligas Camponesas; outras em que sinalizava para argumentos vinculados ao liberalismo econômico moderado; de quebra, passagens de acenos ideológicos que, naquela situação, poderiam ser tomadas como fina ironia:

> Eu vos trago uma proposta. Uma proposta digna e séria, que se ajusta às regras da religião que professais. Foi na Zona da Mata que edificastes vossas casas. Foi aí que expandistes vossos domínios, graças a vossa diligência, direis com orgulho, enquanto eu vos digo que sem o braço do escravo e do servo que explorastes até à inanição jamais seríeis o que sois.
> Senhores absolutos das terras mais ricas do estado, é nelas, precisamente nelas, e não nos confins do Brasil, nem na aridez dos sertões, onde deverá ter início a reforma agrária. Um credor espera há séculos pelo resgate da dívida social contraída por vós: o camponês. Expulso violentamente de vossas terras para a periferia das cidades cercadas de canaviais, ele retorna a elas pelas mãos mercenárias dos atravessadores, para plantar, tratar e cortar a vossa cana, em paga de um salário que não sacia nunca a fome de sua prole numerosa. [...] Minha proposta não leva uma ameaça. Não. É um apelo à razão e ao sentimento que deveis possuir como mortais. Parto da premissa de que sois cristãos. Vós mesmos o confessais. Mas em que medida é possível aferir vosso cristianismo? Que se pode esperar de um cristão rico? E o cristão pode ser rico? Deve ser rico?
> Não vamos trilhar por esse caminho para não questionar a própria essência da doutrina do Cristo quando respondeu ao moço rico que se

queria segui-lo deveria dar TUDO aos pobres. Evidentemente não há entre vós, pelo que suspeito, ninguém que se disponha a chegar a essa perfeição. [...] Se não fordes capazes de colocar Pernambuco acima de vossas ambições pessoais e de vossos privilégios, acabareis renegados pela História. Fica aqui o meu grito, o meu apelo, a minha convocação. É de um homem, um cidadão que sempre lutou e lutará até o fim da sua vida para tentar ser justo.

De vossa fidalguia, espera pela resposta, Francisco Julião (DP, 18/5/1986).

Curiosamente, os usineiros concordaram com a proposta e formalizaram o pacto perante José Múcio Monteiro. A repercussão foi enorme, mas polêmica. Os conservadores viam no pacto um risco para a tranquilidade da vida rural pernambucana; os esquerdistas, principalmente os seguidores de Arraes, qualificaram a proposta de oportunista. Um deles, o comunista Byron Sarinho, ex-diretor regional do Incra e candidato a deputado estadual, mediante artigo na imprensa, contestou a proposta e chamou-a de obra de "caridade agrária". Julião, como bom polemista, aceitou o desafio e lhe respondeu: "Como define você essa virtude? Como o ato de dar uma esmola? Se é isso, você a pratica, homem sensível que é, quando um mendigo lhe estende a mão, do mesmo modo que um fariseu o faz na porta do Templo, ostensivamente, para que todo o mundo o veja. Se essa é, segundo me parece, a concepção que você tem da caridade, o seu equívoco não é menor do que aquele em que confunde governo com poder. Se não lhe sobra tempo para consultar um teólogo, suba o morro da Conceição e pergunte ao padre Reginaldo o que é caridade. Porque esse, sim, sabe praticar a caridade. Ou busque o Mansueto, que poderá ensinar-lhe o que ela significa, se ainda não se esqueceu das lições de teologia aprendidas no velho Seminário de Olinda. A caridade, meu querido Byron, segundo os teólogos, não é proporcionar-lhe uma esmola a um mendigo, mas amar o próximo de maneira concreta" (DP, 3/8/1986).

Segundo Byron, o pacto não se concretizaria porque a execução seria impossível. Ademais, esse tipo de caridade não era reforma agrária.

Julião, ao contrário, sustentou que sim. E lançou o desafio para que os usineiros que apoiavam Arraes – Antonio Farias, Marcos Queiroz e outros – fizessem o mesmo ou, melhor ainda, "abram mão do dobro, seus 10% e mais 10%, a fim de mostrar na prática sua caridade agrária" (ibidem).

Quando Byron lhe perguntou de que lado estava, já que o considerava "um monstro sagrado" da esquerda pernambucana, Julião respondeu:

> Não mudei, sou Julião. [...] Eu podia ficar inchado como um baiacu, mas não deixo que me pique a serpente da vaidade. Só não posso silenciar é sobre a evocação que você faz de uma figura legendária: Gregório Bezerra. Você votou nele, Byron, para deputado federal em 82? Eu sei que não votou. Gregório foi executado na boca da urna, como Tiradentes no patíbulo. Nem sequer mereceu do partido a que se filiara, o PMDB, uma homenagem póstuma. Coube ao PDT essa iniciativa. E que ironia! A lembrança nem sequer partiu de um comunista, mas de um homem que não tinha a menor identidade ideológica com Gregório: Armando Monteiro Filho. Tocou-me a missão de traçar o perfil do combatente invicto que Ferreira Gullar, o grande poeta, sintetizou numa frase genial, ao chamá-lo de Ferro e Flor (*ibidem*).

Assim Julião saudou Gregório:

> Conheço várias idades. A idade da loucura, a idade da razão e a idade filosófica. Segundo pude entender, a idade de Gregório não se mede pelas três. Se mede pela esperança. Gregório viverá sempre na criança desvalida, na juventude rebelde e no soldado patriota. Todo camponês sem terra, todo operário sem pão acabarão descobrindo que neles vive Gregório. Dizer que morreu Gregório, que sua voz se calou, é negar que o que ele fez não foi de cimento e pedra. Não há lugar nesta urbe, neste Recife indomável, que não guarde o eco vivo da palavra de Gregório. A terra ficou pequena para caberem os seus passos. Por isso foi pelo mundo carregado de heroísmo. Pra mim Gregório Bezerra, filho dileto do povo, não morreu, mas se encantou, como diz Guimarães Rosa. Se encantou no Encanta Moça, no Totó, na Imbiribeira, em Panelas de Miranda, pelos

campos de Palmares. Seu coração generoso é flor que não vai murchar. Parou e saiu do seu peito para o peito de seu povo.[191]

Essas palavras de Julião depois foram divulgadas em forma de poesia, agrupadas em quadras de perfeitos versos de sete sílabas.

Em relação a Byron, Julião terminou sua réplica com o seguinte desafio: "Fico esperando pela sua próxima carta, pois guardo ainda comigo umas boas farpas ecianas para enfeitar-lhe as barbas."[192]

Não houve tréplica de Byron Sarinho.

183. A CONVENÇÃO DO PDT

A primeira providência de Julião foi convocar as bases do partido para a convenção. Sabia que os partidos contavam com filiados despreparados para enfrentar situações delicadas como aquela. Por isso, não alimentava ilusões. Sua indicação como candidato ao Senado, conforme se lia na imprensa, se eleito, o levaria a ser o primeiro senador socialista pernambucano. Mas, ao responder à pergunta de um jornalista sobre a possibilidade de ser lançado candidato ao Senado por três partidos – PSB, PDT e PFL –, ele preferiu usar uma enigmática metáfora: "Como aprecio mais uma revoada de pássaros do que um deles na mão, entrego o meu nome à disputa pela senadoria" (DP, 18/5/1986). Na verdade, sua candidatura dependia dos convencionais do PDT, pois ele prometera ao PFL aprovar a coligação. Restava-lhe, então, convencer seus pares de que valia a pena a coligação com o PFL.

Ao iniciar os contatos, com pouco tempo notou que dentro de seu partido havia pelo menos quatro correntes com propósitos eleitorais conflitantes naquela disputa sucessória: a primeira, chefiada por José Carlos Guerra, defendia a apresentação de candidato próprio; a segunda, liderada por Zito de Andrade Lima, aceitava a coligação com o PFL; a terceira, animada por João Coelho e outros, pugnava pela coligação com o PMDB para apoiar Arraes; e, por fim, a quarta preferiu simplesmente lutar pela eleição dos candidatos proporcionais.

Mesmo assim, Julião partiu para a convenção, marcada para 27 de julho, um domingo, na sede do América Futebol Clube, em Casa Amarela, e iniciada sob clima confuso e muita agitação. Cada líder de facção formou seu grupo e passou a hostilizar os demais com gritos, palavras de ordem e exibição de faixas com proclamações vinculadas a seus propósitos eleitorais. Quando chegou ao clube foi recebido e aclamado por mais de quinhentos admiradores e, em seguida, levado para o interior do prédio nos ombros de alguns fiéis seguidores. Durante todo o dia, ele defendeu com entusiasmo a coligação com o PFL, alegando ser o melhor caminho para os camponeses. No desenrolar de sua exposição no púlpito reservado aos oradores inscritos, em certo momento Julião criticou duramente a posição de Arraes. Entre outras considerações disse que ele "nunca revelou sua ideologia". Além do mais, acrescentou que o candidato peemedebista ao senado, usineiro Antonio Farias, era "um dos mais cruéis e intransigentes usineiros de Pernambuco" (JB, 28/7/1986).

O vereador João Coelho, sem respeitar a ordem dos oradores, o interrompeu, tomando-lhe a palavra para comunicar publicamente seu apoio a Arraes, do PMDB, desqualificando, assim, as ponderações de Julião, Ao final, disse Coelho que votar em Arraes seria a melhor forma de combater os que "tentam macular nossa legenda em troca de benefícios pessoais, transformando-se em instrumento das oligarquias mais conservadoras de nosso estado" (*ibidem*). As palavras do edil recifense referiam-se claramente a Julião.

> Desde cedo a convenção do PDT revelava ser difícil o partido terminar o dia unido. Uma hora depois do seu início era praticamente impossível entender o que acontecia no salão principal do América Futebol Clube. Discussões, agressões, gritos e barulho marcavam a presença das quatro facções que dividem os pedetistas. Organizados por João Coelho, grupos do PMDB participaram da convenção, entrando e saindo do salão, fazendo pequena passeata que aumentava mais ainda a confusão. Os discursos eram acompanhados por vaias e aplausos. Julião foi quem mais emocionou os convencionais com seu discurso de ataque à Frente

Popular do Recife (que apoia Arraes), sendo aplaudido a cada frase, o que não impediu a derrota que viria pouco depois quando a coligação foi posta em votação (*ibidem*).

A coligação com o PFL, proposta por Julião, perdeu apenas por um voto: 41 a 40.

184. A RENÚNCIA À SENADORIA E A FIRMEZA MORAL

É difícil saber o que mais afetou negativamente a sensibilidade de Julião: a derrota política sofrida dentro do partido a cuja organização ele vinha dedicando-se durante mais de seis anos ou ver os próprios filhos – Anatólio e Anatailde – abandonarem o PDT por não aprovar publicamente a orientação política do pai. Anatólio já vinha discordando do pai desde a campanha de Jarbas Vasconcelos para prefeito do Recife, quando apoiara a candidatura do peemedebista. Segundo informações veiculadas pela imprensa, os dois filhos de Julião, ao trocar o PDT pelo PMDB em sinal de protesto contra a decisão do pai de compactuar com o PFL, levaram consigo "mais de mil pedetistas da capital e do interior. Os dois, no entanto, deixam claro que a desavença política com Julião não implica o rompimento pessoal" (JB, 29/7/1986).

De imediato, após a derrota na convenção, renunciou à candidatura ao senado pelo PDT. Para tal decisão baseou-se no fato de que não desejava criar constrangimento ao PFL quando esse fosse escolher o seu novo candidato a senador. Em carta ao presidente regional do PDT, Zito de Andrade Lima, disse:

> Pude testemunhar, dia a dia, seu esforço na condução dos entendimentos para levar o nome do partido pelo melhor caminho. Você teve, desde o primeiro momento, a clara visão de que a candidatura própria ao governo do estado, defendida entre outros por quem firma esta carta, carecia de substância para uma composição com o PMDB. O terror de desagradar ao presidente Sarney, por um lado, e o empenho obstinado

de competir com Leonel Brizola, pelo outro, conduziram Miguel Arraes a uma posição de intransigência em relação a nós. Devo ressalvar que, no PMDB, houve quem se batesse pela coligação com o PDT. [...] Mas eu, companheiro Zito, não me sinto em condições de esperar um dia a mais para devolver ao nosso partido a vaga de senador que me foi confiada mediante a indicação de dois terços dos convencionais presentes. Se tivesse havido coincidência entre os votos que obtive e os da proposta pela coligação com o PFL, para o pleito de 15 de novembro, possivelmente minha decisão seria outra (JC, 31/7/1986).

Como não era homem de meia palavra, mesmo derrotado dentro de seu partido, manteve a adesão ao programa do PFL, ficando, assim, ao lado de José Múcio Monteiro. Ao mesmo tempo, inscreveu-se como candidato a deputado federal pelo PDT.

A campanha prosseguiu e Julião direcionou suas propostas eleitorais ao pacto de Galileia. A polarização Arraes *versus* José Múcio, nesse particular, tocada com muita paixão, em certos momentos dava a impressão de que os usineiros estavam apenas do lado dos liberais, os quais Julião apoiava. Aliás, esse viés foi bastante explorado pelos emedebistas ligados a Arraes. No entanto, a verdade é que a classe dos usineiros, em Pernambuco, apresentava-se dividida entre os dois palanques. Do lado de Arraes, a liderança cabia ao usineiro Antonio Farias; do lado de José Múcio, o comando dos usineiros ficava sob a responsabilidade de Gustavo Maranhão.

Os emedebistas e aliados, durante a campanha, divulgaram à exaustão que Julião, ao aliar-se eleitoralmente com os liberais, rompia com seus princípios ideológicos e até com seu passado político. Por consequência, diziam, traía a classe que defendera: os camponeses. Esqueciam que as alianças eleitorais são passageiras, não influenciam de forma definitiva o perfil ideológico desse ou daquele candidato. A Frente do Recife, que nas décadas de 1950 e 1960 se unira com vários políticos representantes de classes opostas aos interesses dos esquerdistas (socialistas e comunistas), constituía o melhor exemplo do caráter provisório das coligações. Fora o caso de Cid Sampaio e de José Ermírio de Morais, que se elegeram com o apoio de forças políticas opostas programaticamente a seus próprios partidos. Nem por isso Arraes ou outros políticos beneficiados poderiam ser criticados e considerados traidores.

Portanto, faltou empenho e empolgação de boa parte da militância do próprio partido de Julião, vez que, na prática, dentro do palanque dos liberais, ele surgia como algo estranho, dono de carisma, encarnando até a posição de mito em virtude do papel histórico nas lutas sociais brasileiras, mas correndo o risco de não ver esse reconhecimento transformado em dividendo eleitoral. A confusão se alastrou de tal maneira que nem entre os moradores do Engenho Galileia havia entusiasmo por sua candidatura. Assim, realizadas as eleições – 15 de novembro – e apurados os votos, constatou-se o inevitável: Julião, com votação pífia, não se elegeu deputado federal constituinte, o seu mais acalentado desejo. Restava-lhe apenas um consolo: voltar ao México, onde, todos os anos, já se acostumara a assistir às festas de Natal e Ano-Novo.

Antes de partir, porém, publicou artigo, em tom de despedida, no qual justificava suas atitudes:

> Saio dessa peleja como entrei nela: pobre. E sigo em frente, recolhendo as pedras que me atiraram pelo caminho para edificar com elas os meus sonhos, as minhas utopias. Não sou um político clássico. E muito menos um faiscador de votos. Gosto de subir a correnteza como a piracema à procura do remanso para a criação. Não me deixo conduzir pelas circunstâncias. Prefiro debruçar-me sobre a história para a longa viagem. Por isso, empunho bandeiras. Mas como sou um ser concreto, existo, vivo. Vivo para mim e para o outro, o próximo e o distante. Parto desse princípio para fazer política. Ela é um instrumento a serviço do homem engajado em um partido, uma igreja, uma comunidade, um sindicato e até quando renuncia a tudo tocado pela ânsia sagrada de descobrir o deserto de Santo Onofre.
>
> Foi com esse espírito que postulei um mandato popular. Uma bandeira a mais. Outra utopia. Não pedi votos. Deram-me. Votos de consciência, de amizade, de qualidade. Pus à prova minha insignificância. Dei um golpe de misericórdia no meu próprio mito. Já era tempo. Passada a refrega, busco a palavra exata para expressar minha gratidão a todos

que me deram o seu voto. E não a encontro. Que aceitem, por favor, a eloquência de meu silêncio (DP, 14/12/1986).

Até aqui a reflexão pessoal, a confissão de quem sofrera uma derrota, mas restava o recado político de quem sobrevivera moralmente depois do embate:

> Na recente eleição para a Constituinte, essa teve uma das pernas amputadas pela abstenção. A perna esquerda. Como não temos partidos políticos, senão aglomerados de forças que se dispersam no entrechoque dos interesses criados, não alcançaremos, ainda desta vez, a Carta Magna dos nossos sonhos.
> Faltou coragem. A virtude se escondeu envergonhada. E o que se pôs em evidência foi a glória efêmera, alicerçada, no sentir do maior cantor da língua: "Não gosto da cobiça e da rudeza, / Duma austera, apagada e vil tristeza."
> Finalmente, eu me pergunto: que aspiração ainda me acompanha? Vou resumi-la numa só palavra. Numa palavra que está sendo cantada pelas crianças, pela juventude do mundo, pelos limpos de coração, pelos que amam a vida e vão de tocha acesa iluminando as cidades e as esperanças: paz. Paz entre os homens. Paz entre as nações. O Natal é propício para a gente se nutrir dessa suave aspiração. É suprema utopia. (*ibidem*).

Julião viajou para o México em 21 de dezembro de 1986. Dissera aos amigos que permaneceria fora do Brasil apenas três meses, mas não cumpriu a promessa.

185. MST E O RENASCIMENTO DA LUTA PELA TERRA

Embora Benedetto Croce tenha escrito que toda história é contemporânea, na verdade certas nuances dos fatos históricos precisam de relativo distanciamento no tempo para ser compreendidas em sua dimensão mais profunda.

Isso aconteceu com Julião, em fins de 1986, ao sofrer a lamentável derrota eleitoral, apesar de seu anunciado pacto de Galileia. Tal bandeira eleitoral, na prática, apenas serviu para ele lembrar a seus possíveis eleitores que estava ali o mesmo combatente na luta pela reforma agrária. O sonho acalentado pelo velho líder era representar Pernambuco na Constituinte que se avizinhava, mas os interesses imediatos de políticos da mesma ala de esquerda aos que ele se filiara desde os tempos da juventude impediram a concretização daquele desejo.

Apesar disso, talvez nem ele mesmo tenha notado que, havia dois anos (em 1984), em Cascavel, no Paraná, apoiados pela Comissão Pastoral da Terra (CPT), grande contingente de trabalhadores oriundos de diversos movimentos sociais, sindicatos rurais e outras entidades interessadas na questão agrária organizava o primeiro encontro nacional de trabalhadores rurais sem terra. Ali nascia o Movimento dos Trabalhadores Rurais Sem Terra (MST). Ali também renascia, na mesma paisagem e no mesmo horizonte por ele tanto contemplado, a utopia da reforma agrária.

O MST, em virtude das declarações de seus fundadores, considera-se herdeiro das experiências mais imediatas vividas durante as décadas de 1950 e 1960, principalmente as protagonizadas pelas Ligas Camponesas e pelos sindicatos rurais. Nessa herança, os novos dirigentes nunca deixaram de proclamar a valia e o destemor da campanha desenvolvida por Julião, inclusive, segundo defende João Pedro Stedile, é

> muito importante que todos os militantes do MST e dos diversos movimentos sociais que existem no meio rural brasileiro conheçam em profundidade como foi a experiência das Ligas, seja para aprender com seus acertos, seja para evitar seus erros (Stedile, 2002:5).

Os fatos ligados à luta pela terra, após a consolidação do regime democrático pela Constituinte de 1988, vieram provar que a proposta de reforma agrária de Julião, até a mais recente, a consubstanciada no chamado Pacto de Galileia, guardava em si os dois aspectos fundamentais defendidos pelo MST nas últimas décadas: pugnar por instauração de processos legais para consolidar as conquistas e, ao mesmo tempo, pressionar mediante o emprego das ocupações de terras improdutivas, vivendo-se, assim, a antiga palavra de ordem levantada por Julião: "Reforma agrária na lei ou na marra."

A alusão ao recurso da "marra", tantas vezes justificada por Julião e seus seguidores, até perante os tribunais e cortes superiores do Judiciário, não se referia à adoção de processo revolucionário, isto é, ao uso da violência por meio da luta armada, mas à pressão da massa ou da opinião pública, ou seja, ocupação de áreas improdutivas, prejudiciais, portanto, ao bem-estar social e ao próprio desenvolvimento do país. Os conflitos se originaram da falta de diálogo entre as partes interessadas na solução do impasse.

A rigor, do ponto de vista histórico, o início desse tipo de luta pela terra adotado pelo MST foi a ocupação da Fazenda Anoni, no Rio Grande do Sul, em outubro de 1985. Ali, cerca de 1.500 famílias montaram um acampamento nas terras improdutivas da fazenda e exigiram a imediata instauração de processo de desapropriação, o qual durou aproximadamente 14 anos.

À época, o MST começava a organizar-se em todos os estados. A organização baseava-se na própria experiência das lutas desencadeadas pelos núcleos de famílias. Dessa mobilização nasciam os comandos de brigadas locais, os quais originavam os líderes de direção estadual e nacional.

Ao lado dos comandos surgiram as frentes de trabalho destinadas a criar as condições necessárias à reforma agrária, tais como os setores ligados às questões de saúde, direitos humanos, gêneros de primeira necessidade, educação, cultura, comunicação, formação, elaboração de projetos e administração financeira, produção, cooperação, preservação do meio ambiente e frente de massa. Além disso, apareciam os coletivos de juventude e de relações internacionais, responsáveis pela definição e articulação de alternativas políticas junto a governos.

Ao longo dos anos, a luta do MST obteve importantes vitórias, mas também amargou duras e trágicas derrotas. Merece destaque o relacionamento mantido com o Instituto Nacional de Colonização e Reforma Agrária (Incra), responsável pela análise e avaliação das terras ocupadas, o qual emite parecer técnico sobre a destinação dada à terra ocupada, ou seja, se é improdutiva ou não. Confirmada a primeira condição, os assentados recebem a posse da terra e se inicia o processo de ocupação com cultivos agrícolas e buscas de linhas de financiamento junto a entidades governamentais. Caso contrário, o proprietário rural recebe ordem judicial de reintegração de posse. Nesse caso, na maioria das vezes, os camponeses se retiram sem maiores problemas. No entanto, a prática tem demonstrado, em diversas ocasiões, a recusa dos camponeses em cumprir o mandado judicial de reintegração de posse, o que gera conflitos lamentáveis, porque o desalojamento dependerá, sempre, de ação ostensiva da força policial.

186. EXÍLIO VOLUNTÁRIO

Aos 71 anos, depois de duro combate político em sua terra, onde amargara o gosto da humilhante derrota eleitoral, resolveu recolher-se ao exílio, dessa vez voluntário, de Cuernavaca. Como antídotos para enfrentar o pesado golpe, elegera o silêncio e a solidão em ambiente distante do cenário pernambucano. Ali poderia resistir melhor, a exemplo de certas árvores que agonizam e morrem de pé.

Nos primeiros dias de 1987, isolou-se completamente. Apenas cuidou de escrever cartas a seu procurador no Recife para tratar de alguns assuntos pessoais e para os mais achegados da família. Ao mesmo tempo enfrentava dificuldades para arranjar moradia, porque após o último grande terremoto que abalara profundamente a Cidade do México mais de 100 mil pessoas haviam abandonado aquela cidade e fixado residência em Cuernavaca, por ser região menos propícia a terremotos. Daí Julião estar morando, provisoriamente, na casa de pessoa amiga.

Voltou a pensar em retomar o livro inconcluso sobre os velhos soldados de Zapata, com base na ampla pesquisa já feita, abandonada havia anos. Intencionava também ceder o material pesquisado e o livro para um filme. Mas teria que interromper tais projetos, pois, conforme prometera aos amigos e parentes, retornaria ao Brasil após três meses de ausência.

RETORNO AO BRASIL OU O HOMEM DE DUAS PÁTRIAS (1979-1996)

Só então se lembrou que deixara o Brasil sem resolver sua situação contratual com o Banerj, agência do Recife, onde exercia a função de assessor jurídico. Urgia, portanto, tomar alguma providência, porque, em 15 de março terminaria o mandato de Brizola como governador do Rio. Imediatamente ele escreveu ao seu procurador Antonio Cruz:

> Como você bem sabe, meu caro amigo, não gosto de fazer as coisas pela metade. Fui, sou e serei sempre um radical. Daí a minha decisão de rescindir pura e simplesmente o meu contrato de trabalho com o Banerj. Os que se inclinam pela suspensão devem ter seus motivos para assim agirem. Não é o meu caso. Daí a razão por que, imediatamente, depois de tomar conhecimento do conteúdo de sua carta e da do nosso amigo João Monteiro, expedi o seguinte telegrama a Wilson Fadul: "Solicito querido amigo rescisão contrato Banerj pt Rogo-lhe transmitir nosso governador irrestrita solidariedade defesa corajosa autonomia estado pt Abraços, Francisco Julião." Não pode você imaginar como me senti aliviado depois de expedir esse telegrama. Deveria ter adotado essa medida antes de deixar o Brasil, já que a tinha em mente desde a derrota de Darcy Ribeiro. Como me desencontrei de João Monteiro nas duas ou três vezes que estive no Banerj e passei pelo Rio em um fim de semana dispondo de algumas horas apenas para tomar o avião que nos trouxe ao México, só agora, precipitadamente, mas ainda em tempo, faço o que sempre desejei. Como o Banerj passa às mãos do PMDB, eu me sentiria aí como um corpo estranho, salvo se fosse funcionário efetivo e com muitos anos de serviço. Para que não se vislumbre no meu pedido de rescisão de contrato nenhuma relação com o traiçoeiro golpe desferido pelo governo central ao decretar a intervenção no Banerj, encareci ao próprio Fadul a missão de transmitir ao Brizola minha irrestrita solidariedade pelo seu corajoso gesto de defender a autonomia do estado, que ele governou com altivez e dignidade, embora de mãos atadas às verbas que o governo federal, desde Figueiredo, lhe negou sistemática e ostensivamente. Aí está tudo, meu caro (FJ a Antonio Cruz, 4/3/1987).

Mais uma vez, Julião adiou a volta ao Brasil. Prometia a seu procurador voltar em abril, depois passou para novembro, mas não voltou.

Aliás, somente no fim do ano conseguiria alugar casa. Vez por outra, marcava a volta, escrevia para um parente, justificava-se, desculpava-se, como fez para seu querido primo Zé Morim: "A vida é como um burro manhoso que dá coices quando a gente menos espera ou arria na primeira encruzilhada do caminho" (FJ, a José Morim, 15/12/1987). No mesmo sentido, mas de modo mais explícito, escreveu para seu procurador e justificou-se:

> De tanto adiar minha viagem ao chão de Pernambuco, já não quero alegar mais nenhuma razão. É preferível deixar que o martelo siga batendo na chapa do tempo até que surja a oportunidade para o retorno. O fundamental é manter a esperança acesa. Se a isso acrescento a boa disposição, isso é tudo (FJ a Antonio Cruz, 3/3/1989).

Na mesma carta pediu-lhe a adoção de várias providências. As pendências mais delicadas diziam respeito à formalização do divórcio com Alexina e à partilha do quinhão de terra herdado de seus pais na Fazenda Espera.

A ação de divórcio fora ajuizada no estado de Morelos, México, em 1975. A demandada, Alexina, após devidamente citada na Suécia, por carta rogatória, deixou de responder aos termos da ação, incorrendo, assim, em confissão ficta, sendo os fatos arguidos pelo marido tidos como provados. Em 1984, Julião, por intermédio de seu advogado, José de Aguiar Dias, requereu ao STF a homologação daquele divórcio e a expedição da carta de sentença, a fim de averbá-la no 1º Cartório de Casamentos e Ações Matrimoniais, no Recife. As consequências de tais medidas, naturalmente, eram dar completa valia ao seu casamento com Marta Ortiz, realizado no México, e promover a partilha do único bem que lhe coubera por herança: o quinhão de 47 hectares de terra na Fazenda Espera, agora, dividido em duas glebas iguais, medindo cerca de 23 hectares cada – uma pertencente a Francisco Julião Arruda de Paula; e outra, a Alexina Lins Crespo de Paula.[193]

Após essas providências, Julião reservou pequena parte desses 23 hectares, justamente onde se situava a centenária cajazeira, ainda dos tempos do sobrado do seu ancestral Anselmo Pereira de Lucena, para sua mulher Marta, segundo dizia, ali erguer pequena capela por causa das constantes e reiteradas referências de apego de Julião àquele sentimental rincão. E até para nela depositar seus restos mortais. Em relação aos outros hectares, ocupados por inúmeros moradores, instruiu seu procurador a adotar a seguinte providência:

> No que toca à minha parte, só agora tomei a decisão de vendê-la aos próprios moradores. É outro assunto delicado, pois, de acordo com a cláusula preferencial constante da doação feita pelos meus pais, há que consultar, primeiro, aos meus irmãos. Em ordem de preferência, coloco em primeiro lugar a minha irmã Zita, que é minha vizinha coligante. Caso ela não queira exercer essa preferência, a outra irmã, Nicinha, será a segunda a ser preferida. Depois dela seria o Arruda (Tão), o Maurino, o Dequinho e o Zé Hugo. Caso nenhum deles queira exercer esse direito, estimaria que se procedesse da seguinte forma: 1º) escriturar em venda três hectares para Arruda, sendo o preço dado como recebido; 2º) combinar com Sindulfo ou Zita qual área lhe seja conveniente para preservar os fundos de seu açude. Como eles podem, deverão pagar o preço fixado, tomando como base o valor real da terra nessa região; 3º) a parte restante será dividida em parcelas que não devem exceder de 2 (dois) hectares e vendida cada parcela a cada morador, com preferência, é claro, aos que habitam a minha parte. [...] Cada morador poderá obter empréstimo para pagar o preço combinado que deve ser o total e no ato de assinatura da promessa de compra e venda (FJ a Antonio Cruz, 3/3/1959).

Curioso observar que, por essa época, ainda reverberavam informações deturpadas dando conta de que ele, nos tempos das Ligas Camponesas, era latifundiário. Logo após a abertura política, em 1979, o general Hélio Ibiapina, ex-carcereiro de Julião em quartel militar do Recife, declarava ao *Jornal do Brasil*:

> A fazenda do Julião é conhecida como a que tinha o pior cambão de Pernambuco. Uma vez, até a Secretaria de Segurança botou um caminhão

cheio de gente para ir à fazenda dele e ele reclamou: "Não, aqui não tem invasão. Naquele tempo era comum haver invasão" (JB, 22/4/1979).

A fazenda a que se referia o general era a Espera, onde Julião, como já dito e provado, herdara dos pais apenas 47 hectares, dos quais nunca se apossara, pois ficara sempre sob a responsabilidade do irmão Manuel Tertuliano Arruda de Paula, o Dequinho.

187. VOLTA À POLÍTICA

A partir de 1989, Julião voltou a articular-se com amigos mexicanos e de outros países latino-americanos. Esses contatos lhe renderam alguns convites para fazer conferências, palestras, debates e até ministrar cursos em universidades. O vírus da política, outra vez, contaminava o ânimo do velho lutador.

Uma das viagens feitas com objetivo político ocorreu para El Salvador, pequeno país com cerca de cinco milhões de habitantes e conflagrado por uma guerra civil de oito anos, motivo de elevado êxodo para o exterior, chegando a cerca de 1,5 milhão de pessoas. A ida de Julião atendia a pedido de Brizola no sentido de que o representasse nas conferências da Convergência Democrática e da Internacional Socialista. A capital ainda não se recuperara dos estragos da guerra civil. Aproveitou a ocasião para visitar a catedral onde se encontra sepultado o corpo de dom Oscar Arnulfo Romero, brutalmente assassinado quando celebrava missa. Visitou também campos de refugiados nos arredores da cidade, integrados, em sua maioria, por famílias camponesas expulsas de suas comunidades por causa da guerra. Também viajou, com a mulher Marta Ortiz, numa comitiva de professores e políticos ligados ao Comitê de Solidariedade Latino-Americana, a fim de participar na Nicarágua de um ciclo de conferências.

Ao retornar ao México, no aeroporto, ocorreu um fato bastante desagradável. O serviço de aduana interceptara uma coleção completa da revista *Pensamiento Propio*, publicada em Manágua, e documentos sobre a revolução sandinista na mala da jornalista Lilia Bermúdez, que fora cobrir o ciclo de conferências. A autoridade policial disse que ela estava detida. O professor Jorge Turner protestou contra a medida arbitrária, alegando que eles eram pacifistas latino-americanos, que vinham de um ciclo de conferências do Comitê de Solidariedade etc. A autoridade policial, sem nenhuma justificativa, deu-lhe também voz de prisão. Julião, ao ver o incidente, aproximou-se dos dois e indagou da autoridade o que acontecera a seus amigos. A autoridade, sem delongas, disse: "Ah, são amigos, então você também está detido." Os três – Lilia, Turner e Julião – foram levados para uma sala especial e ali ficaram presos.[194] Marta Ortiz, que antes se afastara um pouco e não assistira ao incidente, ao voltar e tomar conhecimento da prisão do marido, protestou. De imediato, ligou para um parente que ocupava alto cargo na hierarquia da polícia federal mexicana. Horas depois chegou a ordem de liberação dos três presos.

Julião, por essa época, aceitou dar aulas e conferências na Faculdade de Filosofia e Letras, da Universidade Autônoma de México. Mas, depois de certo tempo, voltou a animar-se com a situação política no Brasil, principalmente depois das eleições presidenciais. Por isso, fez questão de ir à embaixada do Brasil na Cidade do México para votar em Lula para presidente, por ocasião do segundo turno em 17 de dezembro de 1989. A propósito, escrevendo ao filho Anacleto, comentou:

> É difícil avaliar, daqui, sem outros dados, afora os fornecidos pelas agências internacionais sempre tendenciosas, se Brizola seria vitorioso estando no lugar de Lula. Minha convicção é que seria também derrotado, como consequência da abstenção que se verificou dentro do PT em relação a ele, assim como se verificou dentro do PDT em relação a Lula, além de outros fatores que não me sinto em condições, à distância em que me encontro, no espaço como no tempo, de poder avaliar (FJ a Anatólio, 27/1/1990).

A derrota de Lula concorreu para adiar a volta de Julião ao Brasil. De qualquer maneira, ele alimentava a esperança de que, no ano seguinte, com o desencadeamento da campanha de Brizola para conquistar, pela segunda vez, o governo do estado do Rio, a direção nacional do PDT o convocaria para incorporar-se à campanha.

Em meados de 1990, Julião foi convidado para viajar a Cuba, na condição de jurado do 5º Prêmio de Jornalismo Latino-Americano José Martí, promovido por Prensa Latina, órgão oficial do governo cubano, como representante do Brasil. Apesar do exaustivo trabalho de leitura dos textos concorrentes, sobraram-lhe alguns dias para rever amigos e fazer rápido périplo pelos mais pitorescos pontos turísticos da ilha.

Ao retornar a Cuernavaca, de novo passou a viver seu eterno drama de moradia: constantes mudanças de casa, naturalmente pela dificuldade de pagar os aluguéis. Sempre saía de uma em busca de outra mais barata. Enfim tomou uma resolução mais radical: decidiu morar em Tepoztlán, povoado distante cerca de 20 quilômetros de Cuernavaca, mas com preços bem mais cômodos. Nem por isso reclamava da vida; procurava tirar proveito da situação. Ao escrever para o filho, a propósito de comentário sobre as consequências da derrota eleitoral em Pernambuco em 1986, afirmou em tom de consolo, como se fosse a única opção que lhe restava:

> Arrumei todos os picuás e mandei-me para o segundo exílio, dessa vez voluntário, com a minha utopia na cabeça e de braços dados com o fiel amor do meu outono. E aqui me encontro navegando, porque navegar é preciso, como diz Fernando Pessoa, o poeta excelso. Levo uma vida mais humilde e feliz como tu não podes imaginar (*ibidem*, 13/12/1990).

Essa paz durou pouco, porque, com a vitória de Brizola para o segundo mandato de governador do Rio, em fins de 1990, Julião passou a admitir a possibilidade de voltar ao Brasil a fim de contribuir na gestão administrativa do seu querido amigo gaúcho.

188. OUTRA VEZ NO BRASIL

Após o primeiro ano de governo, Brizola lembrou-se de seu velho amigo Julião, ainda voluntariamente exilado no México, no povoado de Tepoztlán. Convidou-o a integrar sua equipe.

Aceito o convite, Julião, em janeiro de 1992, desembarcou primeiro no Recife, onde visitou os parentes, resolveu algumas pendências pessoais e até fez exames completos de saúde. Aos 77 anos, sentia-se bem e disposto para prosseguir o trabalho de lutador social. Ao contrário de seu costume habitual de avaliar a realidade política do momento, fez questão de manter-se cauteloso e à margem dos contatos políticos nessa passagem por sua terra.

Apesar da proclamada reserva, ao ser descoberto pela imprensa não escondeu a alegria de retornar, alegando que o "chamado da pátria é muito forte", e terminou revelando que logo seguiria para o Rio, onde ocuparia cargo no governo de Brizola. À imprensa, quando perguntado sobre os rumos da atual política pernambucana, limitou-se a declarar que as águas estavam revoltas e a hora era de pescaria (DP, 28/1/1992).

Manifestou interesse em rever os parentes, sobretudo manter contato com os netos, bisnetos e tataranetos. Afinal, seus afastamentos do Brasil, nas últimas décadas, tinham sido bastante demorados. Esse segundo exílio voluntário em terras de Zapata, por exemplo, já passara dos seis anos. Somado ao primeiro exílio forçado, totalizava 20 anos, tempo suficiente, portanto, para o surgimento de nova geração.

No Rio, após as gestões políticas com o amigo Brizola, foi nomeado assessor especial do governador, cargo que lhe franqueava as portas do palácio Guanabara e acesso livre ao chefe do Executivo. Esse cargo, na verdade, possibilitou a Julião recuperar parte do prestígio político perdido, pois seu longo período de afastamento voluntário do país concorrera para ofuscar-lhe o nome e levá-lo ao esquecimento. Aqueles que se lembravam dele em geral o faziam em referência a um passado já distante, à década de 1960, tempo de atuação das Ligas Camponesas. Faltava-lhe, portanto, novo projeto político capaz de o inserir na ordem do dia.

O convite de Brizola, sem dúvida, revelava sólida amizade e lealdade partidária para com o velho amigo socialista. A nomeação, porém, apesar do reconhecimento de seu mérito pessoal, na prática, ao mesmo tempo, significava ajuda material para que ele tocasse, dali para frente, o seu mais importante projeto: escrever suas memórias. Tanto que, meses depois, ele próprio ressaltaria essa circunstância em carta ao irmão José Hugo:

Somente a partir de um ano atrás, ao receber um convite de Leonel Brizola para retornar à pátria e viver no Rio, tomei a decisão junto com Marta de vir em caráter definitivo. Muitos trâmites tivemos que fazer a fim de fixar nossa residência neste bonito bairro onde Machado de Assis morou durante toda uma longa vida escrevendo o que de melhor existe na literatura brasileira, seus contos, sobretudo. Finalmente, o governador, companheiro e amigo, fez-me seu assessor especial junto ao palácio Guanabara, deixando-me as mãos livres para cumprir outras tarefas. Uma dessas tarefas é escrever minhas memórias, cujo título será *As utopias de um homem desarmado*. Você, mano, é uma das pessoas entre poucas que já selecionei com quem quero conversar sobre esse ambicioso projeto, já que tenho de recolher muito material esparso pelo país para levar a obra a bom termo. Além das razões de natureza sentimental, aí está mais uma para vê-lo antes que se acabe este ano de 92 (FJ a José Hugo Arruda de Paula, 20/11/1992).

Apesar de dedicado e fiel a seus princípios políticos e ideológicos, a Julião, é preciso reconhecer, faltavam algumas qualidades de perseverança e obstinação no que diz respeito à execução de tarefas práticas, às vezes as mais elementares, como, por exemplo, cuidar dos afazeres da casa, acompanhar os filhos, ir às compras, preocupar-se com os encargos de gestão doméstica etc. A essas mínimas tarefas se poderia juntar também a ausência de disciplina e dedicação exclusiva ao ato de escrever os livros a que se propunha. Faltava-lhe, portanto, o hábito de estabelecer cronogramas e segui-los até o fim, de cumprir os prazos dados a si mesmo. Quase sempre ficava ao sabor dos fatos; dominava-o a dispersão. O livro sobre os zapatistas fora anunciado havia décadas, mas nunca veio a lume, apesar das ajudas concretas recebidas. Os demais projetos de natureza literária – romances, reunião de contos, de poesias, de crônicas e de artigos publicados esparsamente em revistas e jornais – dormiam em sua imaginação, gavetas e arquivos de terceiros.

Ainda que, ao longo de sua vida, tenha reclamado da falta de condições ambientais propícias para poder concentrar-se, além de meios de subsistência adequados, agora, no Rio, com o cargo que lhe oferecera Brizola, todas as facilidades lhe surgiam de maneira concreta e positiva.

Efetivamente, Julião partiu para o projeto das memórias com firmeza e determinação. Fez contatos com parentes e apelou para amigos no sentido de lhe fornecerem informações e dados indispensáveis ao esclarecimento de dúvidas e situações ligadas em especial às origens de seus ancestrais, quer paternos, quer maternos. Aliás, surpreendentemente, ele sabia bem pouco a respeito deles. Começou, então, a escrever, desfrutando de ambiente bastante acolhedor e bucólico, pois morava a poucos passos do local onde existira o chalé de Machado de Assis. Talvez ali se sentisse magnetizado pela lembrança do bruxo do Cosme Velho.

Exatamente um ano depois o *Jornal do Commercio* anunciava: Julião vai lançar livro de memórias. Fazia resumo da história e tocava em alguns aspectos da própria estruturação do livro. Mas, por fim, o livro não apareceu.

Por essa época, a Câmara de Vereadores do Rio de Janeiro prestou a Julião significativa homenagem, outorgando-lhe o título de Cidadão Carioca. A iniciativa coube ao vereador Pedro Porfírio, do PDT, a quem agradeceu, lembrando a figura do "jovem de 16 anos que deixou sua terra natal, o Ceará, para vir pelejar no Rio", e iniciando, naquele momento, o seu

> primeiro mandato legislativo com a vivência que a clandestinidade e a prisão lhe deram, sem claudicar, e eu de marcha batida para os 80 anos, conduzindo, sem desabar por dentro, as minhas utopias, acalentadas desde a infância.[195]

Teceu, ainda, considerações sobre a trajetória política de Pedro Ernesto, ressaltando sua condição de pernambucano desde cedo radicado no Rio, a exemplo de figuras como Álvaro Lins, Manuel Bandeira, João Cabral de Melo Neto, Joaquim Cardozo, Barbosa Lima Sobrinho, Austregésilo de Athayde etc. Destacando suas atividades de médico, político e agitador de ideias, finalizou:

> Se tivesse de buscar entre os pernambucanos alguém que, como ele, deve a sua projeção a golpes de talento e criatividade, eu me fixaria na

figura de outro médico, Josué de Castro, que emergiu da pobreza para a luz do mundo, com suas revelações dramáticas sobre a fome. Morto de melancolia no desterro, Josué de Castro ainda espera pelo retorno à pátria.[196]

Também foi homenageado em Bom Jardim, sua terra natal, com tocante solenidade organizada pelo prefeito Sebastião Rufino.

Em abril de 1994, com o final do mandato de Brizola, Julião deixou o cargo que ocupava no governo e permaneceu morando no Rio. Por essa época, iniciou uma fase de maior recolhimento, naturalmente dedicado com afinco a seu ambicioso projeto de escrever as memórias. As poucas vezes em que apareceu em público, aos amigos ou à imprensa declarou continuar a escrever *As utopias de um homem desarmado*.

Em 1995, ao completar 80 anos, Julião não se animou a viajar a Pernambuco, onde alguns amigos desejavam prestar-lhe homenagens. Na verdade, enfrentava problemas de dificuldades materiais, pois, com a perda do cargo, não mais tinha condições de pagar o aluguel do apartamento do Cosme Velho. Daí aceitou a oferta do amigo deputado Neiva Moreira para passar temporada em casa de veraneio, em praia fora do Rio. Ali adoeceu, mas, depois de certo tempo, conseguiu restabelecer as energias perdidas.

Em janeiro de 1997, chegou à conclusão de que não mais podia permanecer no Brasil. Diante das dificuldades financeiras, resolveu retornar ao México. Iniciava, assim, o segundo exílio voluntário. Em Tepoztlán encontraria o recolhimento necessário para viver, com denodado estoicismo, o destino de sua pobreza. Decidido e conformado, partiu com a mulher.

CAPÍTULO XIII O solitário de Tepoztlán (1997-1999)

> *Continuamos morando em Tepoztlán, a 20 quilômetros de Cuernavaca. Rodeado de altas montanhas com seus picos salientes, é um lugar de beleza e magia que nos deixam com vontade de viver aqui para sempre. Vocês o adorariam.*
>
> (Francisco Julião. Carta a José Hugo. Tepoztlán, 29 de junho de 1999).

189. A VIDA HUMILDE COM OS DEUSES

Julião, ao chegar do Brasil, em janeiro de 1997, alugou o primeiro andar de casa humilde, de construção rústica e sem acabamento, em bairro pobre da periferia de Tepoztlán. A rigor não era casa, apenas uma dependência, no primeiro andar onde se distribuíam, de forma improvisada, o banheiro, a saleta única, o quarto e a cozinha. O acesso era feito pela lateral esquerda, mediante escada íngreme, sem corrimão. No andar térreo funcionava uma vidraçaria. Não havia o mínimo conforto e a situação denunciava a existência de notórias dificuldades financeiras. Para reduzir tal efeito e ampliar o sentido estoico ou franciscano de vida de Julião, se poderia dizer que das duas janelas frontais do primeiro andar descortinava-se um panorama que permitia ver, no horizonte, o cenário deslumbrante do vale sagrado de Tepoztlán, contornado pelas montanhas, prenhe de magia e mistério. Não passava, porém, de um consolo poético.

O vale sagrado de Tepoztlán guarda um dos mais impressionantes mistérios do México: os templos atlantes. A cidade, construída em um vale circundado por montanhas monumentais, oferece ao observador, de qualquer lugar, paisagem com predominância de montes dourados pelo sol a perderem-se sob o manto de vegetação esverdeada.

Quase todos os moradores sabem de cor as lendas que dominam os ares da acidentada região. Quase todas são lembradas como façanhas de reis antigos e, segundo a versão imaginosa de narradores primordiais, estão ligadas a segredos e a templos de seres humanos desaparecidos durante o dilúvio.

De manhã, acompanhado ou não de Marta, fazia suas caminhadas a passos lentos e cuidadosos sobre a calçada da suave ladeira. Geralmente parava na velha praça central, para uma conversa com amigos de boa prosa. Em seguida, dava uma esticada até o mercado público, onde comprava pão, frutas e verduras. Depois, no mesmo passo tardo dos octogenários, voltava para casa com sua cesta a tiracolo.

Entregou-se à rotina do solitário trabalho intelectual: dar continuidade à escrita das memórias. Não mais buscava com frequência o contato com velhos amigos de Cuernavaca ou da Cidade do México, sobretudo porque alguns deles já não viviam nesta dimensão. Vez por outra, ao ser acometido por alguma doença, fazia dieta, mas não esquecia de tomar a dose diária do preparado especial de alho, que considerava a solução sagrada para curar seus males, de modo especial a enxaqueca.

Escrevia e lia todos os dias. O objetivo principal era concluir as memórias. O trabalho, talvez por requerer muita pesquisa e ordenação de dados e informações, tornava-se demorado e penoso. Já se arrastava por quase uma década.

Ao lado disso, procurava manter contatos com pessoas do Brasil, sobretudo parentes e amigos mais queridos, a exemplo da carta que enviou a seu irmão José Hugo, em 1999. Nela falava de muitas coisas, duas das quais diziam respeito diretamente a seu estado de espírito: a saúde e a vontade de retornar ao Brasil.

> Datada de 17 deste mês de junho, recebemos hoje, 28, a carta que Marta adivinhava, com o seu dom maravilhoso. Sentados em um banco junto à praça dos correios, ela própria abriu o envelope e tirou de dentro a folha de papel rabiscada pela sua letra, a de você, Hugo, retorcida como uma cobra em movimento. A leitura que fizemos juntos trouxe-nos alegria. Minutos depois, com mais ânimo, já com hora marcada, deixei-me revisar pelo cardiologista que me assiste. Também deu-me a boa nova de que a máquina estava em ordem. Com essa alegria renovada retornamos a Tepoztlán, onde ainda vivemos. São quarenta minutos de ônibus.

O SOLITÁRIO DE TEPOZTLAN (1997-1999)

O passeio é agradável. Já perto da vila ouvimos o pipocar das bombas reais festejando o dia de São Pedro. Foi o suficiente para trazer-me envolto numas dobras de saudade a alegria de outros tempos. Duas figuras surgiram de repente no fundo da memória. À primeira delas perguntei: "Salinho, para onde você foi e nunca mais voltou com aquele saco, cheio de brasas para acender a fogueira? E o senhor, meu pai, por que não mata a impaciência de seus filhos esperando o milagre dos foguinhos saindo de suas mãos?" Antes que as lágrimas enganem nossos olhos, falemos de outras coisas. Cleide, no recado que dá no pé de sua carta, manda boas notícias de Iraci e Maurino. Como mais nada diz sobre os parentes de outras plagas, concluímos que todos estão vivos. (FJ a José Hugo Arruda de Paula, 29/7/1999) [197]

Era seu desejo retornar ao Brasil para assistir à passagem ao terceiro milênio e, por fim, levar a primeira parte das memórias:

> Em sua carta, Hugo, você fala que voltemos logo. Fala em urgência. Tomamos como um gesto de amizade, essa amizade que foi crescendo ao longo de nossa vida como a árvore que dá sombra e frutos suculentos. Nosso propósito é festejar com vocês a chegada do terceiro milênio da era cristã. Tenho o firme propósito de levar comigo os originais do 1º tomo das minhas utopias.
>
> Em sua carta há uma referência ao último terremoto. Aqui o sentimos muito leve, mas em outros lugares, sobretudo nos estados de Puebla e Oaxaca, causou muitos danos em centenas de edifícios e algumas mortes. Não obstante o México é o país de América Latina mais solicitado pelo turismo.
>
> A situação do Brasil com a desorganização do real não deixou de ser um abalo sísmico para o nosso povo. Minha pensão caiu pela metade. Estamos de cintos apertados. Não obstante, confiamos no futuro do país e na canção de Martinho da Vila: "A vida vai melhorar! A vida vai melhorar!" (*ibidem*).

No sábado seguinte, 10 de julho, Julião acordou disposto e decidiu, ele mesmo, preparar a macarronada para o almoço. Dez dias antes, como vimos, escrevera ao irmão informando-o que a sua "máquina" (o coração) estava em ordem. Depois de tudo preparado, aceso o fogão e colocada a panela para cozinhar a macarronada, resolveu tomar um banho. Depois, já no quarto, de repente sofreu um golpe mortal: fulminante infarto do miocárdio o abateu sobre a cama. Essa a versão divulgada pela imprensa brasileira.

A viúva Marta Ortiz, porém, deu outra a Anatólio, filho de Julião, o qual assim a resumiu:

> Ao perceber que o tempo para um banho excedera o normal, ela se dirigiu ao quarto, tendo encontrado Julião desnudo sobre a cama, desfalecido e arfante, portanto ainda com vida. Imediatamente chamou um táxi, abrigou-o o melhor que pôde e, colocando-o no banco de trás do veículo, sempre lhe emprestando o seu ombro como suporte, conduziu-o, assim arfante, mas sem recuperar a consciência, até um hospital em Cuernavaca, onde ele era regularmente atendido. Ali deu entrada na emergência, tendo sido infrutíferos todos os esforços para reanimá-lo. Declarada a morte, foi ali mesmo lavrado o atestado de óbito.[198]

190. ONDE, AFINAL, ESTÁ JULIÃO?

A notícia da morte de Julião, de imediato, correu mundo e chegou ao Brasil. Os filhos, demais parentes e amigos naturalmente buscavam melhores informações sobre o fatal desenlace, mas eram bastante escassas. Os seis filhos decidiram, então, que o corpo deveria ser trasladado ao Brasil, a fim de aqui se fazer o funeral. Diante da falta de notícias a respeito das providências a serem tomadas, Anatólio, filho de Julião, se dispôs a viajar imediatamente ao México, para o que recebeu decidido apoio moral e material de Brizola.

Ao chegar a Cuernavaca, dois dias após a morte do pai, Anatólio, em contato com Marta Ortiz, tomou conhecimento de que no mesmo dia do falecimento, à tarde, ela autorizara a cremação do corpo. O choque foi profundo, mas ele nada pôde fazer. Restavam as cinzas. Onde estavam? Anatólio sentiu que as coisas eram bem mais complicadas do que imaginava. Depois de insistir, Marta concordou em levá-lo ao local onde estavam depositadas as cinzas.

> As cinzas, segundo ela, estariam guardadas em lugar seguro e secreto e que assim permaneceriam, pois eles haviam celebrado um pacto segundo o qual, em caso de morte de qualquer um deles, o sobrevivente tomaria as providências para que, ao falecer, os seus restos viessem a ser depositados no mesmo jazigo onde o outro repousava.[199]

A tentativa de negociação feita por Anatólio, no sentido de que as cinzas, ou parte delas fossem levadas ao Brasil, não foi aceita pela viúva. Sugeriu, ainda, que elas ficassem na Catedral de Cuernavaca ao lado das cinzas do bispo de Cuernavaca, dom Sérgio Méndez Arceo, fiel amigo de Julião. Ela admitiu a hipótese.

Anatólio sugeriu também que a documentação pessoal de Julião deveria ficar no Brasil, pois ele mesmo, em certa época, admitira tal providência. Em relação a esse ponto, ela concordou em fazer a triagem no vasto acervo que continha correspondência regular com líderes como Che Guevara, Salvador Allende, Fidel Castro, Carlos Marighella, Miguel Arraes, entre outros. No entanto, a viúva nunca cumpriu a promessa.[200] Depois disso, insistiu que a viúva o levasse ao local onde se encontravam os restos mortais do pai. Ela relutou, disse-lhe que pensaria no assunto e depois ligaria para ele.

Com efeito, dois dias depois ela ligou e combinou o local de encontro. Ao chegar ao ponto marcado, na hora aprazada, ela abriu a porta do táxi e pediu para Anatólio entrar. A cena, a partir daquele momento, por ser tao desconcertante, assumia proporções cinematográficas.

> Tão logo me acomodei e com o carro já começando a rodar, ela retirou da bolsa de mão que portava um lenço preto, sugerindo que com ele eu vendasse os meus olhos, com o objetivo de não poder identificar o caminho que haveríamos de seguir. Diante de tantas situações esdrúxulas enfrentadas nos últimos dias, perdi a paciência e, em tom bastante ríspi-

do, disse-lhe: "Marta. de olhos vendados, nem para ser fuzilado! Se essa for a condição, mande parar o carro que eu vou descer!" Ela retrocedeu, guardou a venda e permaneceu calada durante todo o trajeto.[201]

Finalmente o carro estacionou diante de um pesado portão de ferro. Era a entrada de condomínio privado. Autorizado a entrar pelo segurança, o carro avançou devagar e depois parou diante da capela particular do condomínio. Ali, informou Marta, estavam as cinzas de Julião. Ela não desceu do carro. Anatólio saltou e entrou na capela.

> Muito iluminada, com enormes arranjos de flores dispostos às laterais e nas extremidades dos bancos, o altar guarnecido por uma fina toalha branca de renda, no centro do mesmo uma urna de prata contendo as cinzas de Francisco Julião. No recinto nem uma pessoa, além de mim.[202]

Depois de alguns minutos, ele andou devagar, parou diante do altar e orou.

Ao voltar para o Brasil, frustrado por não ter trazido os restos mortais do pai e diante da pressão dos parentes e amigos que desejavam prestar homenagens fúnebres ao líder dos camponeses brasileiros, reuniu-se com os irmãos para avaliar a situação. No fim, diante da promessa da viúva de levar os restos mortais para a Catedral de Cuernavaca e do alegado pacto feito entre ela e Julião, os filhos, então, distribuíram nota à imprensa, aceitando a situação como um fato consumado. A certa altura, diziam:

> Assim sendo, será cumprido o seu desejo e a urna com suas cinzas ficará na Catedral de Cuernavaca, capital do estado de Morelos, a 60 quilômetros ao sul da Cidade do México. Naquela catedral, que data do século XVI, suas cinzas ficarão sob o mesmo teto em que repousam os restos mortais do bispo de Cuernavaca, dom Sérgio Méndez Arceo, de quem foi amigo e que era conhecido como Bispo Vermelho pelas suas posições progressistas e sua dedicação à causa dos mais pobres, entre eles os camponeses mexicanos.[203]

191. EM BUSCA DAS CINZAS PERDIDAS

Em 10 de agosto de 2005, seis anos após a morte de Julião, minha mulher Célia e eu fomos à Catedral de Cuernavaca para ver as cinzas do líder brasileiro dos camponeses, pois a nota de anuência de seus filhos divulgada pela imprensa brasileira afirmava que, por fim, as cinzas estavam ali depositadas.

Depois de demorada e infrutífera busca pelos altares e corredores do vetusto templo, buscamos a secretaria administrativa para saber, afinal, onde se achavam as cinzas de Julião. Ali, após as indicações de praxe e reiteradas buscas do secretário no livro de registro, fomos informados de que aquelas cinzas nunca estiveram ali.[204]

Diante de tão estranha situação, passamos a ler com maior atenção a certidão de óbito e outras dúvidas surgiram. Por exemplo: de acordo com a certidão, fornecida pelo competente Cartório do Registro Civil de Cuernavaca,[205] Julião não morrera em sua casa de Tepoztlán, como informara a viúva e noticiara a imprensa brasileira, mas em Cuernavaca, às 12h30 na avenida Emiliano Zapata, 1001, no bairro de Buena Vista, conforme atestado firmado pelo dr. Felix Alberto Espinoza López. Dirigimo-nos, então, ao endereço acima, pensando que se tratava de alguma clínica ou hospital, com o objetivo de, quem sabe?, ali localizar o dr. Espinoza. Entretanto, surpreendemo-nos com a constatação de que no local existe há décadas um quartel do Exército. Ali, segundo informações do oficial de dia, nunca funcionou hospital.

Que ironia. Por que ocorreu esse estranho registro? Ademais, de modo tão emblemático, a lembrar a figura de Emiliano Zapata, o mito que tanto fascinou Julião durante toda sua trajetória de líder dos camponeses e de exilado político!

Restava, ainda, confirmar uma informação constante da mencionada certidão de óbito: a casa indicada como sua residência em Cuernavaca, posto que se sabia que, de fato, ele morava em Tepoztlán e ali morrera. A seguir, fomos ao local indicado na certidão: rua Atlacomulco, 158, bairro Las Quintas.

Depois de demoradas buscas, constatamos que, de acordo com informações de moradores do local, o número nunca existiu naquela rua.

192. ENQUANTO ISSO, NO BRASIL...

Julião sempre desejou que suas cinzas repousassem sob a sombra de centenária cajazeira defronte do antigo sobrado do século XVIII construído pelo seu tataravô, o capitão-mor Anselmo Pereira de Lucena, dono da Fazenda Boa Esperança, atual Espera, onde ele nasceu.

A cajazeira esperou em vão. Um dia, logo depois da morte de Julião – talvez por sentir-lhe a ausência e ter a certeza de que as cinzas, ou parte delas, jamais seriam depositadas sob sua sombra –, deixou-se atingir por um raio. O golpe mortal partiu-a pelo meio, de cima até as raízes. Inacreditável! José Morim, o querido primo, ao saber do acontecido, foi ao local, constatou o fato e fotografou o assombroso sinistro.

As cinzas de Julião, até hoje ninguém pode dizer com certeza onde estejam. Tampouco se saberá se, algum dia, serão depositadas em montanha ou templo atlante do vale sagrado de Tepoztlán, que ele tanto admirava, vigiadas por algum guardião daquelas misteriosas escarpas escuras e habitadas por deuses.

Como em Pernambuco, sua terra natal, Julião não teve túmulo para que nele se inscrevesse epitáfio, deixemos aqui os versos do poeta Carlos Pellicer (1981:381), que também amava os vales de Tepoztlán, na esperança de que se encontrem as palavras necessárias ao epitáfio mexicano:

> Já tenho imagens, mas não as palavras.
> Porém há ferros, e pedras e chamas.
> Porque nada mais seria profundamente formoso
> para o ouvido humano que a palavra.
> Se as palavras viessem para dizer: Morelos,
> viriam ocultas nesses nevoeiros de pedra
> que a uns quantos quilômetros nos miram:
> a tempestade de rochas de Tepoztlán, próxima;
> o furacão de pedra de Tepoztlán, que avança;
> essas gargantas que vociferam árvores;
> esses degraus para pássaros e chuvas
> quando passa a noite de ressonantes pedras
> e o sol a sacudir o sonho de luz, lá para cima.

As imagens da ausência das cinzas de Julião em solo pátrio são mais fortes do que as palavras justificadoras de sua presença em terra estrangeira. Um dia, cansadas do exílio involuntário e em atenção ao apelo de seu povo, quem sabe?, elas retornarão para que se cumpra a vontade dos que o reverenciam como representante de uma utopia armada além do horizonte das derrotas imediatas. A luta pela terra, no Brasil, não se completará no curso do esforço de uma geração, mas se projeta no longo arco histórico vivido por muitas outras, como se fosse possível unir em um só tempo o passado, o presente e o futuro.

Notas

1. Saulo Lucena. Depoimento ao autor, em 16/2/2006.
2. Cf. Anais da Assembleia Provincial de Pernambuco, de 14/4/1874.
3. Cf. Anais da Assembleia Provincial de Pernambuco, de 29/5/1874.
4. José Hugo Arruda de Paula. Depoimento ao autor. Itaboraí, Rio de Janeiro, 11/11/2005.
5. José Hugo Arruda de Paula, ibidem.
6. José Hugo Arruda de Paula. Depoimento ao autor. Itaboraí, Rio de Janeiro, 13/6/2005.
7. Evaldo Bráulio dos Santos, afilhado de Francisco Julião. Depoimento ao autor. Brasília, 30/6/2009.
8. Ibidem.
9. Sócrates Times de Carvalho. Ontem Nabuco, Hoje Julião. *Diário da Noite*, Recife, 26/11/1956. Os amigos de Julião mandaram reproduzir e distribuir milhares de cópias do texto por todo o estado de Pernambuco, com a seguinte observação.
10. Francisco Julião. Primeiro Manifesto aos Bom-jardinenses (panfleto). Bom Jardim, abril de 1945.
11. Francisco Julião. Terceiro Manifesto (panfleto). Pernambuco, 1º/1/1947.
12. Pedro Ricardo. Depoimento ao autor. Salgadinho, Pernambuco, em 4/2/2008.
13. Francisco de Oliveira. Depoimento ao autor, em São Paulo, a 22/12/2008.
14. Panfleto com o seguinte título: "Na Fraternidade dos Povos Está o Caminho da Grandeza do Mundo." Recife, 29/7/1949.
15. Cf. Prontuário nº. 11.442, de Francisco Julião Arruda de Paula, do Departamento de Ordem Política e Social (DOPS), da Secretaria de Segurança Pública de Pernambuco.
16. Francisco Julião. *Cachaça*. Recife: Nordeste, 1951.
17. Gilberto Freyre. Cf. Prefácio a *Cachaça*, de Francisco Julião. Recife: Editora Universitária UFPE, 2005, p. 14.
18. Francisco Julião. *Cachaça*. Contos. Prefácio de Gilberto Freyre e Ilustrações de Ladjane. Recife: Editora Universitária da UFPE, 2005.

19. Depoimento de Anatailde de Paula Crespo ao autor em 5/2/2008.
20. CAMARGO, A Ligas Camponesas. In: Israel Beloch e Algira Alves de Abreu (orgs). *Dicionário Histórico-Biográfico Brasileiro*. Disponível em <http://www.epdoc.fgv.br/dhbb/verbetes_htm/7794_1.asp>. Acesso em: 7/4/2005.
21. A lei agrária nos Estados Unidos, F. P. O Progresso. Revista Social. Litterária. Scientífica. Tomo II – Ano de 1847, Pernambuco. Typographia de M. S. de Farias, Pernambuco. Reeditada pelo Governo do Estado de Pernambuco como parte do programa das comemorações do centenário da Revolução Praieira. Prefácio de Amaro Quintas. Imprensa Oficial, Recife, 1950, p. 408.
22. Jeira: Antiga unidade de medida de área de superfície agrária, equivalente a 400 braças quadradas, ou seja, 2 hectares.
23. Ob. cit., p. 412 e s.
24. Ob. cit., p. 414.
25. Ob. cit., 415.
26. Everardo Dias. Ob. cit., p. 279.
27. Clodomir Santos de Morais. *História das Ligas Camponesas do Brasil*. Brasília: IATTERMUND, 1997, p. 11.
28. Cartaz volante de campanha eleitoral de 1954 de Francisco Julião para deputado estadual pelo Partido Socialista Brasileiro.
29. Parte policial de 2/11/1950. Dossiê de Francisco Julião. Secretaria da Segurança Pública de Pernambuco.
30. Panfleto "Mês da Imprensa Popular – Ao Povo Pernambucano". Recife, 27/2/1955.
31. *Ibidem*.
32. Relatório de 16/11/1954 firmado pelo investigador José Maria Valença dirigido ao comissário Mathuzalem Wanderley. Secretaria de Segurança Pública de Pernambuco. Dossiê policial de Francisco Julião.
33. Francisco Julião. Panfleto. Limoeiro, 25/8/1956.
34. Depoimento de Zito da Galileia no documentário cinematográfico *A Liga que ligou o Nordeste*. Direção de Zito da Galileia. Focus Produções. s/d.
35. Depoimento de José Augusto Ferrer, ex-prefeito de Vitória de Santo Antão no documentário cinematográfico *A Liga que ligou o Nordeste*. Direção de Zito da Galileia. Focus Produções. s/d.
36. Ormindo Pires Filho. *A contestação em João Cabral de Melo Neto*. Recife: Instituto Joaquim Nabuco de Pesquisas Sociais / MEC, [s.d.], p. 5-6 (Série Monografias; n°. 9).

37. Ob. cit., p. 31.
38. Francisco Julião. Foreiro de Pernambuco. Panfleto. Recife, sd.
39. Não encontrei o folheto referido por Julião. É possível que ele mesmo seja o autor, porque, ao longo de sua campanha, usou vários pseudônimos como poeta popular, chegando a escrever dezenas de cordéis durante sua vida.
40. Francisco Julião. Carta de Alforria do Camponês. Folheto Avulso (Primeira versão, em forma de panfleto, de 1960).
41. Pronunciamento de Francisco Julião. Anais da Assembleia Legislativa de Pernambuco, Sessão de 12/1/1956.
42. Requerimento do deputado Barreto Guimarães. Assembleia Legislativa de Pernambuco, em 17/11/1956.
43. Francisco Julião. Discurso na Assembleia Legislativa de Pernambuco. Anais Legislativos, de 31/7/1956.
44. Telegrama de 18/11/1956 ao Sr. Secretário da Segurança Pública de Pernambuco. Dossiê policial de Francisco Julião. Delegacia de Ordem Política e Social (DOPS), Recife.
45. Pronunciamento do deputado Miguel Arraes. Anais da Assembleia Legislativa de Pernambuco, sessão de 23/11/1956.
46. Ofício de 23 de novembro de 1956. Dossiê policial de Francisco Julião. Secretário da Segurança Pública de Pernambuco. Delegacia de Ordem Política e Social (DOPS), Recife.
47. Francisco Julião. Foreiro de Pernambuco. Panfleto. Recife, sd.
48. Rádio-Telegrama ao Chefe de Divisão de Passaportes do Ministério Exterior / Rio de Janeiro. Recife, 10/7/1957, firmado pelo coronel Bráulio Rodrigues Guimarães, Secretário de Segurança Pública do Estado de Pernambuco.
49. Rádios-telegramas. Cf. Dossiê policial de Francisco Julião. Secretaria de Segurança Publica de Pernambuco.
50. Ob. cit., p. 67.
51. José Arlindo Soares. Entrevista a Cláudio Aguiar. Olinda, 17/2/2006.
52. Ibidem.
53. Ob. cit., p. 112. Cf. também Marcos Vinicios Vilaça; Roberto Cavalcanti de Albuquerque. *Coronel, coronéis. Apogeu e declínio do coronelismo no Nordeste*. Rio de Janeiro: Bertrand Brasil, 2003, p. 149.
54. Francisco de Oliveira. Entrevista a Cláudio Aguiar. São Paulo, 22/12/2008.
55. Cf. Apólice Individual de Seguro nº. 311.724, feita por Francisco Julião Arruda de Paula, no dia 18/7/1959, na cidade do Recife, perante a Companhia

Internacional de Seguro, com duração de um ano.
56. Francisco Julião. Carta ao tio Pedro Barbosa de Paula. Recife, 9/8/1944.
57. Francisco Julião. Carta aberta "Em Memória de um Homem do Povo". 5/11/1959.
58. Francisco Julião. Recordações do marechal Lott. In *Cartas do Nordeste*. (Livro inédito organizado por Cláudio Aguiar), pp. 72 e s.
59. Murilo Melo Filho. Depoimento a Cláudio Aguiar. Rio de Janeiro, 22/8/2006.
60. Murilo Melo Filho. *Tempo diferente*. Rio de Janeiro: Topbooks / Academia Brasileira de Letras. 2005, p. 203.
61. Francisco Julião. Anais da Assembleia Legislativa do Estado de Pernambuco. Recife, 25/8/1960.
62. Francisco Julião. Ob. cit.
63. Ibidem.
64. Ibidem.
65. Ibidem.
66. Ibidem.
67. Ibidem.
68. Ibidem.
69. Ibidem.
70. Ibidem.
71. Ibidem.
72. Ibidem.
73. Francisco Julião. Anais da Assembleia Legislativa do Estado de Pernambuco. Recife, 6/9/1960.
74. Parte policial constante do Dossiê de Francisco Julião. DOPS, Recife, 26/9/1960.
75. Ibidem.
76. Ibidem.
77. Ibidem.
78. Ibidem.
79. Carta aberta ao governador Cid Sampaio, de 23/12/1960. Coleção do Autor. Publicada no *Jornal do Commercio*, Recife, 23/12/1960.
80. Cid Sampaio. Depoimento a Diógenes da Cunha Lima (Inédito). Aldeia, Pernambuco, 1996. pp. 75/80.
81. Juan Noyola Vázquez (1922-1962) nasceu em San Luis Potosi, México. Foi autor de obras sobre economia e criador da Teoria Estruturalista Latino-

NOTAS

Americana da Inflação. Ao triunfar a Revolução Cubana mudou-se para Havana, onde passou a dirigir a CEPAL. Em 1961, na Conferência sobre a Aliança para o Progresso, realizada em Punta del Este, Uruguai, assessorou o comandante Che Guevara. Ao retornar para Cuba, faleceu no acidente aéreo ocorrido nas proximidades de Lima, Peru, em 27 de novembro de 1962.

82. Cartão-postal dirigido ao Ilmo. Sr. Luiz Carlos Prestes – Rua 14 de Fevereiro, 108 – Rio de Janeiro – Brasil. Cf. Dossiê de Francisco Julião. Secretaria de Segurança Pública de Pernambuco. Departamento de Ordem Política e Social (DOPS).
83. Nas Eleições Suplementares, Comunistas Apoiam o nome de Francisco Julião. *Folha do Povo*, Recife, 7/1/1955. Nas edições sucessivas (9 e 16 de janeiro) o jornal comunista destacava, na primeira página, o apoio à candidatura de Francisco Julião.
84. Regina Coelis Carvalho de Castro. Depoimento ao autor. Rio de Janeiro, 1º/10/2005.
85. Pedro Porfírio Sampaio. Depoimento ao autor. Rio de Janeiro, 27/7/2009.
86. Cf. Escritura Pública de Divisão lavrada em favor de Dr. Francisco Julião Arruda de Paula e Alexina Lins Crespo de Paula, no Livro nº. 124, fls. 115 a 116v, no Cartório de Registro de Imóveis do Tabelião Noé Souto Maior, situado no Fórum Dr. Oswaldo Lima, Comarca de Bom Jardim, Pernambuco.
87. Cf. Termo de Reinquirição de Clodomir Santos de Morais no Proc. 33/35, da 7ª. Região Militar do Recife, de 13/1/1965.
88. Depoimento de Pedro Porfírio Sampaio ao autor. Rio de Janeiro, 27/7/2009.
89. Depoimento de Antonio Alves Dias ao autor. Olinda, 4/1/2009.
90. Clodomir Morais. Entrevista a Anacleto Julião, presidente do IATEC. Recife,
91. Francisco Julião. Quem não muda é burro. In *Cartas do Nordeste* (Inédito). Organizado pelo Autor. O texto referido é de agosto de 1994.
92. Ibidem.
93. Francisco Julião. Defesa apresentada perante o Tribunal Regional Eleitoral de Pernambuco, protocolada sob nº. 08880, em 13/9/1962. O texto da defesa foi transcrito em forma de Carta aberta sob o título: "Reforma Agrária na Lei ou na Marra" e impressa em panfleto e distribuído por todo o estado.
94. Ibidem.
95. Ibidem.
96. Antonio Avertano. Depoimento ao autor. Niterói, 16/11/2005.
97. Ibidem.

98. Cf. Termo de Reinquirição de Clodomir Santos de Morais no Proc. 33/35, da 7ª. Região Militar do Recife, de 13/1/1965.
99. Cf. Lei nº. 4.214/1963. O projeto de lei foi de iniciativa do deputado federal Fernando Ferrari, líder do Partido Trabalhista Brasileiro (PTB).
100. Ibidem.
101. Francisco Julião. Bença, mãe. (Panfleto avulso). Recife, 1º/12/1963.
102. Ibidem.
103. Ibidem.
104. Ibidem.
105. Ibidem.
106. Ob. cit., pp. 68-71. Maiores detalhes sobre a repercussão da tragédia de Mari na imprensa, cf. os jornais *O Norte* e *Correio da Paraíba*, edições de 16 e 17 de janeiro de 1964 e ainda nos dias seguintes. *Diário de Pernambuco*, Recife, 16/1/1964.
107. Cf. Of. Nº. 75- AjG, de 4/1/1964 e Of. Nº. 138-AjG, de 27/2/1964.
108. Anais da sessão da Câmara dos Deputados de 31/3/1964. Diário do Congresso Nacional. Seção I, Suplemento, quarta-feira, em 10/4/1964.
109. Ibidem.
110. Ibidem.
111. Centro de Documentação e Informação (CEDI) / Coordenação de Relacionamento, Pesquisa e Informação da Câmara dos Deputados. Código 54521 sob nº. 00416/09-2009. Frequência parlamentar de Francisco Julião (PSB-PE).
112. Anais da sessão da Câmara dos Deputados de 31/3/1964. Diário do Congresso Nacional. Seção I, Suplemento, quarta-feira, em 10/4/1964.
113. Anais da sessão da Câmara dos Deputados de 31/3/1964. Ob. Cit.
114. Ibidem.
115. Depoimento de Maria Celeste Vidal Bastos, de 13/8/1964, no IPM referente à Portaria nº. 21-AJG, de 1º Jul 64, do Cmt do IV Ex, constante dos autos do Processo nº. 35/65, instaurado pela 7ª. Região Militar de Recife, fls. 190.
116. Depoimento de Luiz Serafim dos Santos, de 9/8/1964, no IPM referente à Portaria nº. 21-AJG, de 1º/7/64, do Cmt do IV Ex, constante dos autos do Processo nº. 35/65, instaurado pela 7ª. Região Militar de Recife, fls. 136 e ss.
117. Depoimento de Maria Celeste Vidal Bastos, de 13/8/1964. Ob. cit., p. 190.
118. Ob. cit., fls. 191.
119. Dossiê dos mortos e desaparecidos políticos a partir de 1964. Comissão de familiares de mortos e desaparecidos políticos; Instituto de Estudo da

NOTAS

Violência do Estado (IEVE) e Grupo Tortura Nunca Mais (RJ E PE). Prefácio: Dom Paulo Evaristo Arns. Apresentação: Mário Covas. Recife: CEPE – Governo do Estado de Pernambuco; São Paulo: Governo do Estado de São Paulo, Imprensa Oficial do Estado, 1995, p. 41.

120. Codinome de Regina Castro, a nova mulher de Julião.
121. Francisco Julião. Bilhete escrito ao pai, major Adauto Barbosa de Paula, em Brasília, em 6 de abril de 1964. Coleção do autor.
122. Eneida, um dos cognomes de Regina Castro.
123. Regina Castro. Depoimento ao autor. Rio de Janeiro, 1º/10/2005.
124. Ibidem.
125. Francisco Julião. Entrevista ao *Pasquim*, Rio de Janeiro, 12/1/1979, p. 11.
126. Regina Castro. Depoimento a Cláudio Aguiar. Rio de Janeiro, 1º/10/2005.
127. Francisco Julião. Adeus, Brasil. Texto inédito escrito na Fortaleza de Santa Cruz. Rio de Janeiro, 1964. Coleção do autor.
128. Ibidem.
129. Cf. centenas de partes de agentes policias destacados para a residência de Julião e de seu pai. Prontuário policial de Francisco Julião Arruda de Paula. Departamento de Ordem Política e Social (DOPS), da Secretaria de Segurança Pública de Pernambuco.
130. Relatório de IPM, do IV Exército datado de 18/10/1964, p. 47. Cf. cópia do aludido documento in Prontuário de Francisco Julião Arruda de Paula. DOPS. Secretaria de Segurança Pública de Pernambuco.
131. Filme *Cabra marcado para morrer*. Direção de Eduardo Coutinho e produção de Vladimir Carvalho, 1984. Cf. *1001 filmes para ver antes de morrer*, de Steven Jay Schneider. Rio de Janeiro: Sextante, 2008, p. 707.
132 Depoimento de Francisco Julião ao coronel Hélio Ibiapina Lima. IPM - Proc. nº. 33/54, 7ª Região Militar de Recife, em 29/9/1964.
133. Depoimento de Regina Castro ao autor. Rio de Janeiro, 1º/10/2005.
134. Proc. 33/65 – 7ª Região Militar – Recife, Pernambuco, fls. 3497 e ss.
135. Ibidem.
136. Francisco Julião. Adeus, Brasil. Ob. cit., p.
137. Ob. cit., pp. 439 e ss.
138. Miguel Arraes. Depoimento no IPM do ISEB, em 8/4/1965, na Fortaleza de Santa Cruz, Rio de Janeiro.
139. Francisco Julião. Entrevista com o autor. Olinda, 8/5/1992.
140. Cf. Comunicado do Conselho Permanente de Justiça ao Comandante do

IV Exército, o qual autoriza os advogados a visitarem Julião, a fim de prepararem sua defesa. Recife, 27/4/1965.
141. Ibidem.
142. Francisco Julião. Carta a um acusador. Texto inédito. Coleção do autor. Escrito no calabouço da Fortaleza de Santa Cruz. Rio de Janeiro, 1965.
143. Luis Vaz de Camões. *Os Lusíadas*. Canto IX, 93.
144. Francisco Julião. Adeus, Brasil. Ob. cit., p. cf. no livro.
145. Julião cita apenas Lagarde (Claude François Chauveau-Lagarde -1756-1841) como advogado de Maria Antonieta. No entanto, a rainha teve outro advogado: Guillaume Alexandre Tronson (1750-1798), que a assistiu juntamente com Lagarde. Apesar disso, a Lagarde coube o reconhecimento perante a história devido à sua indiscutível coragem moral quando enfrentou o poderoso Tribunal da Revolução Francesa.
146. Francisco Julião. Adeus, Brasil. Ob. cit.
147. Ibidem.
148. Ibidem.
149. Francisco Julião. Carta a Sobral Pinto. Recife, novembro de 1983.
150. Ofício n° 1762, de 10/11/1965 do Delegado Auxiliar do DOPS, bel. Álvaro da Costa Lima ao coronel Hélio Ibiapina, Chefe da 2ª Secção do IV Exército encaminhando "um livro manuscrito (diário) de Francisco Julião Arruda de Paula".
151. O autor dispõe em seu acervo pessoal de original de cópia datilografada que circulou na época da proibição de *Até quarta, Isabela*.
152. *Habeas corpus* (Processo STF n° 42.560), ajuizado no dia 11/8/1965 pelo advogado Heráclito Fontoura Sobral Pinto em favor de Francisco Julião Arruda de Paula.
153. Ob. cit., fls. 5.
154. *Habeas corpus* (Processo STF n° 42.560). Ob. cit., fls. 54.
155. Ob. cit., fls. 55.
156. Ob. cit., fls, 59.
157. Ibidem.
158. Radiograma n° 127-D/A, ao DOPS de Minas Gerais; Radiograma n° 129-D/A, de 29/9/1965, ao DOPS do Rio de Janeiro; Radiograma n° 130-D/A, de 29/9/1965, ao DOPS de Brasília/DF.
159. Entrevista de Thiago de Mello ao autor. Porto de Galinhas, PE, 7/11/2008.
160. Cf. Termo de Depoimento de Francisco Julião e demais documentos jun-

tados ao Proc. STM n° 4654/71 (Recurso Criminal), às fls. 3072 a 3148. A suspeita assinatura de Julião encontra-se às fls. 3075 dos mesmos autos.
161. Entrevista de Regina Castro com o autor. Rio de Janeiro, 1°/10/2005.
162. Cf. entrevista de Regina Castro com o autor.
163. Sapotizeiro, árvore da família das sapotáceas.
164. Entrevista de Isabela Juliana ao autor. Rio de Janeiro, 24/9/2005.
165. Memorando de Conversação. Tlatelolco, DF, 20/8/1969.
166. Confidencial México. DF, 7 de janeiro de 1970.
167. Pasta BRASIL. 1964 – Informes Políticos. Asilo político na Embaixada. SER, julho de 1969.
168. Entrevista de Regina Castro com o autor. Rio de Janeiro, 1°/10/2005.
169. Jorge Turner. Entrevista ao autor. Cidade de México, 5/8/2005.
170. Ibidem.
171. Entrevista de Regina Castro ao autor. Rio de Janeiro, 1°/10/2005.
172. Informe Confidencial n° 026, de 3/7/1974, expedido pelo Comando do 3° Distrito Naval. Recife, Pernambuco.
173. Entrevista de Regina Castro ao autor. Rio de Janeiro, 1°/10/2005.
174. Ibidem.
175. Ibidem.
176. Ibidem.
177. Ibidem.
178. Ibidem.
179. Francisco Julião. Los viejos soldados de Zapata. *Cuadernos del Tercer Mundo*. México, Año 2, n° 11, pp. 92-112.
180. Cláudio Romanini. Entrevista ao autor. Tepoztlán (Estado de Morelos, México), em 22/7/2005.
181. Mais um furo do Pasquim: Henfil entrevista Julião. *Pasquim*, Ano XI, n° 564. Rio de Janeiro, 18 a 24 de abril de 1980.
182. Lei n° 6.683, de 28/8/1979. Posteriormente a anistia foi prevista no art. 8°, do Ato das Disposições Transitórias da Constituição Federal de 1988, regulamentado pela Lei n° 10.559, de 13/11/2002.
183. Denominam-se esses trabalhadores de "boia-fria", porque levam a comida em lata ("boia") e a comem "fria". O fenômeno, porém, não se dá apenas em São Paulo, mas em todo o Brasil e particularmente nas usinas de açúcar do Nordeste.
184. Francisco Julião. *Cartas do Nordeste*. (Textos inéditos organizados pelo autor). Sobre o radicalismo. 1984.
185. Ibidem.

186. Ibidem.
187. Francisco Julião. Nota aos convencionais do PDT de Pernambuco. Recife, abril de 1981.
188. Francisco Julião. Mensagem de campanha eleitoral de 1982.
189. Francisco Julião. Mensagem a Olinda de 23/9/1982.
190. Francisco Julião. Cordel Eleições Diretas, Já. Recife, 1984.
191. Francisco Julião. Em louvor a Gregório. Recife, 21/10/1983.
192. Ibidem.
193. Cf. Escritura Pública de Divisão registrada no Livro n° 124, às fls. 115 a 116v do Cartório de Noé Souto Maior. Bom Jardim, Pernambuco.
194. Jorge Turner. Depoimento ao autor. México, 5/8/2005.
195. Francisco Julião. Discurso na Câmara Municipal do Rio de Janeiro. Pedro Ernesto, um homem do nosso tempo. Rio de Janeiro, 27/5/1993.
196. Ibidem.
197. O termo "Salinho", final sonoro de Gonçalinho, refere-se à forma carinhosa como Julião e os demais familiares da casa-grande da fazenda Espera chamavam o velho jardineiro Gonçalo.
198. Anatólio Julião. Depoimento ao autor. Recife, 11/8/2009.
199. Ibidem.
200. Ibidem.
201. Ibidem.
202. Ibidem.
203. Nota à imprensa firmada pelos seis filhos de Julião. Recife, 18/7/1999. Coleção do autor.
204. Declaração da Secretaria da Catedral de Cuernavaca, de 10/8/2005, informa que ali nunca estiveram depositadas as cinzas de Francisco Julião Arruda de Paula.
205. Acta de Defunción n° 01441, Livro 5, às fls. 241, de 10/7/1999. Registro Civil de Cuernavaca. Morelos, México.

Agradecimentos

Quis o destino, como se desejasse impor-me uma partida de *puzzle*, que, em um fim de tarde de janeiro de 1962, acidentalmente, eu conhecesse Julião. Naquele dia, eu chegava ao Recife, vindo de Fortaleza, na companhia dos amigos Pedro Albuquerque Neto e Paulo da Cruz Matos. O nosso objetivo, ao irmos à redação do jornal *Folha do Povo*, era falar com o deputado David Capistrano, para quem levávamos bilhete de apresentação do advogado cearense Tarcísio Leitão.

Quando paramos diante da porta da redação do jornal, um senhor bastante nervoso – aliás, a única pessoa presente – pediu que liberássemos a porta, porque entrava o deputado Francisco Julião. Olhamos para o parlamentar, que, em passos acelerados, cabelos em desalinho, a perscrutar com atenção o estado lamentável do ambiente, vinha acompanhado de um homem macérrimo e alto. Só então ficamos sabendo que momentos antes a sede daquele periódico comunista fora invadida e empastelada pelos agentes da polícia do governador Cid Sampaio, o qual rompera com a Frente do Recife.

Não encontramos Capistrano, mas conhecemos o líder camponês, que nos prestou ajuda: queríamos arranjar hospedagem por algumas noites, enquanto reuniríamos condições de prosseguir viagem até o Rio de Janeiro. Esse, pelo menos, era o meu propósito. Jamais imaginei que aquele encontro modificaria tanto a minha vida. Ali, começou a nascer uma amizade entre nós, a qual se consolidou e perdurou até o fim de seus dias.

O pequeno preâmbulo serve também para apresentar José Morim, que acompanhava Julião naquele fim de tarde, o qual logo se tornaria meu querido amigo, razão por que, agora, o escolho para agradecer em primeiro lugar. Ao longo de décadas, mantivemos amizade e, em diversas ocasiões ele me falou demoradamente sobre os mais diferentes aspectos da família, vez que era um dos mais queridos primos de Julião. Os agradecimentos são extensivos à sua viúva, Maria Graciete Barbosa de Paula.

A várias entidades públicas que me permitiram fazer pesquisas em fontes primárias de seus acervos, tais como: Centro de Documentação da Fundação Joaquim Nabuco (FUNDAJ), Arquivo Público de Pernambuco, Fundação Biblioteca Nacional (FBN), Museu da Imagem e do Som do Rio de Janeiro (MIS, RJ), Fundação Getúlio Vargas (FGV/CPDOC), Assembleia Legislativa de Pernambuco, Superior Tribunal Militar (STM) e Supremo Tribunal Federal (STF).

Merece destaque o apoio recebido de Caio Galvão de França, diretor do Núcleo de Estudos Agrários e Desenvolvimento Rural (Nead), do Ministério do Desenvolvimento Agrário (MDA), vez que, em virtude de projeto apresentado àquele órgão, propiciou-me a ida ao México a fim de reunir informações constantes de livros, artigos, entrevistas, documentos, iconografia, depoimentos de/sobre Francisco Julião nos mais diversos meios de comunicação ou entidades localizadas nas cidades do México e de Cuernavaca durante julho e agosto de 2005.

A todos quantos me ajudaram com notas, informes orais ou escritos, esclarecimentos, cartas, livros, depoimentos, iconografia etc., indispensáveis à elaboração do perfil biográfico de Francisco Julião, entre os quais destaco: Isabela – a de *Até quarta, Isabela* –; os demais filhos de Julião: Anacleto, Anatailde e Anatólio. E ainda: Abelardo da Hora, Ana Arruda Callado, Afonso Celso Nogueira, Agassiz Almeida, Antonio Avertano Barreto da Rocha, Thiago de Mello, Antonio Correia de Oliveira, Francisco de Oliveira, João Alfredo dos Anjos, José Arlindo Soares, Maria José de Paula Almeida (Zita), Modesto da Silveira, Murilo Melo Filho, Pedro Ricardo e Pedro Porfírio Sampaio.

A Evaldo Bráulio dos Santos, afilhado de Julião, que, como bomjardinense, envidou todos os esforços no sentido de contribuir, da melhor maneira possível, com as informações a seu dispor.

A Regina Castro, porque, como procedeu a filha Isabela, também cedeu toda a correspondência ativa de Julião a ela destinada, além de prestar-me minucioso e esclarecedor depoimento.

Especial agradecimento ao meu querido amigo José Hugo Arruda de Paula, irmão de Julião, que prestou inúmeros depoimentos a respeito dos mais variados aspectos da personalidade do biografado, inclusive cedendo documentos elucidativos e indispensáveis à conclusão deste trabalho.

AGRADECIMENTOS

Ao deputado federal Paulo Rubem Santiago, por ter colocado à minha disposição seu gabinete da Câmara dos Deputados, em Brasília, durante o período em que pesquisei nos arquivos do Superior Tribunal Militar (STM) e do Supremo Tribunal Federal (STF).

A Saulo Lucena, que me proporcionou informações privilegiadas sobre as remotas origens dos parentes do lado paterno de Julião, os Lucena.

A Conceição de Albuquerque Ferreira Aguiar, pela paciente e cuidadosa pesquisa feita no acervo do Arquivo Público de Pernambuco.

Ao querido amigo Bruno Cavalcanti Menezes, que me prestou importante colaboração durante a fase de pesquisa nos anais da Assembleia Legislativa de Pernambuco.

A Lourdinha Duarte, pela transcrição e digitação de textos originais, sempre demonstrando zelo, dedicação e elevado espírito de colaboração.

Ao professor Albanio Paulino da Silva, que teve a paciência de ler, em primeira mão, este livro e oferecer valiosas sugestões.

No México, agradeço a colaboração de Beatriz Pages Rebollar, diretora de *Siempre!*, filha de José Pages Llergo, fundador da mencionada revista, ambos amigos de Francisco Julião, por nos ter oferecido as condições indispensáveis à pesquisa nos arquivos daquele periódico.

À Biblioteca Daniel Cossio Villegas, do Colégio de México, na pessoa do bibliotecário Heshmatalcah Khorramzadeh; à Hemeroteca da Biblioteca Nacional, da Universidade Autônoma Nacional de México (Unam); à Siglo Veintiuno Editores, na pessoa de seu editor Jaime Labastida; à editora Fondo de Cultura Económica (FCE), por seus diretores Paulo Martínez e maestro Martí Soler; à Biblioteca Nacional do México José Vasconcelos, por seu diretor, o poeta Eduardo Lizalde.

À professora Terezinha Guadelupe Bertusi, pela maneira amiga com que nos acompanhou durante toda a estância no México, constituindo-se, portanto, no elo fundamental de nosso périplo na tentativa de reconstituir os passos de Julião na terra de Zapata.

Agradeço, finalmente, a Alberto Domingo, Cláudio Romanini, Clara Rodríguez, Dolores Guzmán, Mary Belfrage, Jorge Turner, Aurora Suárez e Hugo Velázquez, os quais, no México, colaboraram com depoimentos e outras informações significativas.

C. A

Fontes bibliográficas

1.0 - OBRAS DE FRANCISCO JULIÃO

1.1 - Livros
Cachaça. Recife: Nordeste, 1951.
Irmão Juazeiro. Rio de Janeiro: Livraria Francisco Alves, 1961.
Que são as Ligas Camponesas? Rio de Janeiro: Civilização Brasileira, 1962.
Até quarta, Isabela! Rio de Janeiro: Civilização Brasileira, 1965.
Brasil, antes y después. México: Editorial Nuestro Tiempo, 1968.
Cambão. As Ligas Camponesas. Coimbra: Centelha (Coleção Novo Mundo Novo, vol. 2), 1975.
Zapata Vivo. Corridos y Poesia Coral. (Organizador). Cuernavaca: Centro Cultural Mascarones de Cuernavaca. Universidad Autónoma de Morelos, 1976.

1.2- Livros inéditos
Cartas do Nordeste. Cartas escritas em Recife. Introdução e notas de Cláudio Aguiar.
Adeus, Brasil. Escrito na Fortaleza de Santa Cruz, Rio de Janeiro.
Carta a um acusador. Escrito na Fortaleza de Santa Cruz, Rio de Janeiro, agosto/1964.
Escritos políticos do exílio. Reunião de artigos publicados em *Siempre!* e jornal *El día* entre os anos de 1966 a 1979. Tradução de Isabela Juliana. Introdução e notas de Cláudio Aguiar.

1.3 - Obras políticas e panfletárias
Foreiro de Pernambuco (panfleto informando a existência da Sociedade Agrícola e Pecuária dos Plantadores de Pernambuco, registrada de acordo com a lei... etc.).
Ao Povo de Limoeiro (panfleto, 25/8/1956, véspera da "Semana Ruralista".
O Guia do Camponês (setembro de 1956).
De Julião ao Povo (panfleto de 23/10/1962 contra o Imperialismo, contra Kennedy e a favor da gloriosa Cuba Socialista).
Bença, Mãe (edição das Ligas Camponesas do Brasil, 1º/12/1963).

FONTES BIBLIOGRÁFICAS

Paulista precisa viver da realidade (panfleto sobre a eleição no município de Paulista, quando Julião apoiou a candidatura de Cunha Primo e Elizeu Celestino, na eleição de 18 de agosto de 1959).

Ao Povo do Bom Jardim (Panfleto sobre a eleição de Severino Ferreira dos Santos para prefeito de Bom Jardim, derrotando Manoel Tertuliano, irmão de Julião. Setembro de 1959).

Carta de Alforria do Camponês (Primeira versão, em forma de panfleto, de 1960).

Mensagem aos estudantes (Discurso pronunciado por Julião na instalação do XXV Congresso da UNE, em 15/7/1962. Veiculado em forma de panfleto).

A cartilha do camponês (Edição das Ligas Camponesas, onde Julião aparece como Presidente de Honra.

Escuta, irmão do campo (Edição das Ligas Camponesas, Recife, agosto de 1962, quando aparece já a palavra de ordem: "na lei ou na marra").

Nem "sim" nem "não": abstenção! (Panfleto sobre o Plebiscito sobre presidencialismo ou parlamentarismo; dezembro de 1962).

1.4 - Traduções

¿Qué son las Ligas Campesinas? Montevideo: Arca, 1963

Cambao (Le Joug) la face cachée du Brasil. (Tradução de Anny Meyer. Cahiers Libres 129). Paris: François Maspero, 1968.

Cambao – The Yoke: The Hidden Face of Brazil. Londres: Penguin Books Ltd., 1972.

Cambão – As Ligas Camponesas. Coimbra: Centelha, 1975.

Cambao (Edição japonesa). Tóquio, 1976.

Los Viejos Soldados de Zapata. México. Cuadernos del Tercer Mundo. 15 marzo / 15 de abril. Año 2, nº. 11.

1.5 - Cordéis

Triste vida do campo; Martírio de João Tomás; O ABC do camponês; Pau de arara no exílio; Venha pra cá, meu irmão!; O sindicato é a estrela; Por que sou nacionalista; Os direitos da mulher; ABC de Brizola; O que é o PDT (em parceria com Ayhirê Ferreira de Sá); O PDT não divide. Está com Marcos e Cid; Em louvor a Gregório Bezerra; Eleições diretas, já; Uma enxada em cada mão.

1.6 - Artigos

Julião escreveu quase um milhar de artigos vinculados à campanha política nos mais diferentes periódicos. Destacamos as colaborações da fase de exílio mexicano em *Siempre!*, com mais de 250 artigos e os publicados no jornal *El dia*.

1.7 - Entrevistas e Depoimentos de Francisco Julião

Revista *CHE*, de Buenos Aires, novembro de 1961, por ocasião da realização do I Congresso Nacional de Camponeses.

Veja – "Nem PTB nem PS" – concedida a Flávio Pinheiro em 11/10/1978.

Status. Entrevista a Thereza Cesário Alvim, em Lisboa, por ocasião do encontro da Internacional Socialista, 1979.

Pasquim, do Rio de Janeiro. Edições de 5 e 12 de janeiro de 1979. Há outra de Henfil em 1980.

Enfim – "Julião: Brizola é o homem". Rio de Janeiro, 8/11/1979.

Fundação Joaquim Nabuco. Entrevista à pesquisadora Eliane Moury Fernandes, do Cehibra (Centro de Documentação e Estudos de História Brasileira Rodrigo Mello Franco de Andrade). Julião concedeu essa entrevista em 21/09/1982.

Fundação Getúlio Vargas. Centro de Pesquisa e Documentação de História Contemporânea do Brasil. História Oral, 1982, 173 p.

Momento Legislativo. Entrevista concedida por Francisco Julião: No tempo das Ligas ao jornalista Saulo Gomes. Rio de Janeiro, setembro de 1993.

Fundação Museu da Imagem e do Som do Rio de Janeiro. Projeto Voz da Resistência. Dias 12 e 19/07 e 9/8/1994.

Jornal da Cidade, Recife, 14 a 20 de fevereiro de 1981. Entrevista concedida a Raimundo Bezerra Filho e Ivan Maurício.

Revista *Agreste*. Junho/Julho de 1985. Ano 2, n°. 6 – Entrevista: Francisco Julião – "Eu não mudei".

Depoimento de Julião a Zito da Galileia. Rio de Janeiro, 22/7/1994.

1.8 - Correspondência ativa citada

(Julião escreveu milhares de cartas a amigos e parentes. A seguir, destacamos apenas as citadas no texto)

Bilhete escrito "Para Zé! Segredo!!!" Está sem data; década de 1930.

Carta a Zé Morim. Recife, em 14/7/1956.

Cartão-postal de Julião para Zé Morim, de 4/9/1958.

Carta a Graciete, irmã de Antonio Cícero, de 4/10/1959.

Carta endereçada à querida irmã, a Sônia, de 2/9/1966, assinada por Antonio.

Carta à querida Sônia, datada de 30/1/1972, firmada por Antonio, o codinome de Julião.

Regina Castro. Dezenas de cartas escritas entre 1970 e 1977.

Isabela Castro. Dezenas de cartas escritas entre 1970 e 1977.

Carta a Sônia, de 30/1/1972.

Carta a Zé Morim, de 16/12/1974.

Carta a Zé Morim, de Cuernavaca, de 15/2/1977.

Carta a Zé Morim, de 15/6/1977.
Carta a Miguel Arraes, de Cuernavaca (México), em 3/4/1978.
Carta a Anacleto Julião, de Cuernavaca, em 27/8/1978.
Carta a Tomás Borges, da Nicarágua, de 9/3/1981.
Carta a padre Almeida, de 10/3/1981.
Carta aos companheiros do PDT sobre a convenção, datada de abril de 1981.
Carta a Hugo Vigorena, de 5/4/l981.
Carta a Miguel Arraes, em 21/6/1981.
Carta a Marcos Freire. Recife, em 31/12/1981.
Carta a Jarbas Vasconcelos, em 5/8/1982.
Carta a Zé Morim, escrita no Recife, em 19/9/1982.
Carta a seu antigo advogado Sobral Pinto, de novembro de 1983.
Carta a Moacir Lacerda, de 1º/11/1984;
Carta a Oswaldo Lima Filho, de dezembro de 1984, escrita no Aeroporto do Galeão, Rio de Janeiro. Carta a Maria Alice (filha de Zé Morim e Graciete), fazenda Espera, em 13/12/l986.
Carta a Isabela, sua filha, de Cuernavaca, em 18/2/1987.
Carta a Antonio Cruz, de Cuernavaca, em 4/3/1987.
Carta a Graciete e Zé, dezembro de 1987, de Cuernavaca.
Carta a Zé Morim, em 15/12/1987.
Carta a Antonio Cruz, de Cuernavaca, em 3/3/1989.
Carta a Anacleto Julião, em 27/1/1990.
Carta a Anacleto Julião, em 13/12/1990.
Carta a Hugo e Cleide, de 4/3/1992, escrita ainda do Rio (Cosme Velho).
Carta a Hugo, velho de guerra, de 20/11/1992, escrita no Rio (Cosme Velho).
Carta a Hugo, mano e amigo, s/d, escrita em Cuernavaca ou Tepoztlán.
Carta a Zé Morim, Rio de Janeiro em 18/5/1992.
Carta a Zé Morim, Rio de Janeiro, em 29/7/1992.
Carta a Zé Morim, primo velho, de 7/2/1993.
Carta a Zé Morim, de 10/8/1993.
Carta a Arruda, velho mano – Rio de Janeiro, 2/1/1995.
Carta a Cleide e Hugo, de 29/6/1999, de Tepoztlán, Morelos, México, dez dias antes de falecer.

1.9 - Correspondência passiva

Muitas pessoas escreveram a Julião ao longo de sua vida. No entanto, destacamos aqui apenas as cartas de Sebastião Cirilo Arruda de Paula (Tão) a Francisco Julião. São cerca de 500 cartas escritas por Tão, irmão mais velho, chamado carinhosamente de "o cronista", durante todo o exílio no México. Coleção do autor.

2.0 - OUTRAS FONTES

2.1 - Entrevistas realizadas por Cláudio Aguiar
Alberto Domingo. México, 21/7/2005.
Cláudio Romanini. Tepoztlán (Morelos, México), 22/7/2005, com participação de Anacleto Julião e Guadelupe Bertussi.
Clara Rodríguez. México, 27/7/2005.
Dolores Guzmán. México, 27/7/2005.
Guadelupe Terezinha Bertussi. México, 30/7/2005.
Mary Belfrage. Cuernavaca (México), 1º/8/2005.
Beatriz Pagés Rebollar. México, 2/8/2005.
Jorge Turner. México, 3/8/2005.
Maestro Martí Soler. México, 9/8/2005.
Aurora Suárez. Cuernavaca (México), 12/8/2005.
Hugo Velázquez. Cuernacava (México), 12/8/2005.
Afonso Celso. Rio de Janeiro, 7/9/2005.
Isabela Juliana Castro. Rio de Janeiro, 24/9/2005.
Modesto da Silveira. Rio de Janeiro, 6/9/2005.
Regina Castro. Rio de Janeiro 1º/10/2005.
Antonio Avertano Barreto da Rocha. Niterói, 16/11/2005.
Abelardo da Hora. Recife, 26/6/2006.
Ana Arruda Callado. Rio de Janeiro, 11/8/2006.
José Hugo Arruda de Paula (Zezé). Itaboraí/RJ, 13 e 17 de julho e 11 de novembro de 2005. Olinda, 29/1/2006.
Maria José de Paula Almeida (Zita. Bom Jardim, PE, 15/1/2006.
José Arlindo Soares. Olinda, 29/1/2006.
Saulo Lucena. Brasília, a 16/2/2006.
Murilo Melo Filho. Rio de Janeiro, 22/8/2006.
Tiago de Mello. Porto de Galinhas (PE), 7/11/2008.
Antonio Correia de Oliveira. Porto de Galinhas (PE), 8/11/2008.
Francisco de Oliveira. São Paulo, 22/12/2008.
Agassiz Almeida. João Pessoa, 9/2/2009.
Pedro Porfírio Sampaio. Rio de Janeiro, 27/7/2009.

2.1 - Outras entrevistas sobre Julião ou as Ligas Camponesas
Alexina Crespo (mulher de Julião) e filhos do casal: Anacleto, Anataílde e Anatólio, concedida ao jornalista Vandeck Santiago em setembro-outubro de 2001.
Clodomir dos Santos Morais concedida à FUNDAJ/CEHIBRA, em 25/11/82.

Gregório Bezerra concedida à FUNDAJ/CEHIBRA, em 28/05/1992.
Pelópidas Silveira concedida à FUNDAJ/CEHIBRA, cf. livro da FUNDAJ.
Darcy Usmar Villoc Vianna concedida à FUNDAJ/CEHIBRA, em 9/6/1982.
Armando Monteiro Filho, concedida à FUNDAJ/CEHIBRA, em 11/9/1984.
Coronel Hangho Trench, São Paulo, 28/5/1986 – concedida à FUNDAJ/CEHIBRA.
Carlos Luiz de Andrade concedida à FUNDAJ/CEHIBRA, em 7/6/86.

2.2 - Documentos oficiais

Dossiê de Francisco Julião. Departamento de Ordem Política e Social (DOPS). Secretaria da Segurança Pública do Estado de Pernambuco.
Dossiê de Francisco Julião. Centro de Informações da Marinha do Brasil.
Requerimento ao Tribunal Eleitoral de Pernambuco divulgado como panfleto em 13 de setembro de 1962, contra a impugnação de sua candidatura a deputado federal pelo PSB por iniciativa do vereador Wandenkolk Wanderley.
Termo de Depoimento de Francisco Julião nos autos do Proc. IPM – Proc. Nº. 7735/64 – Justiça Militar da 2ª. Auditoria da 1ª. Região Militar – Estado da Guanabara, hoje Rio de Janeiro. Originou o Proc. 39.236/64.
IPMs do Recife - Proc. 33/65 – Auditoria da 7ª. Região Militar /Conselho Permanente de Justiça do Exército – Constam dos autos: Denúncia contra 65 indiciados, inclusive Julião, oferecida pelo promotor Militar Francisco de Paula Accioly Filho;
Processo de *Habeas Corpus* em favor de Joel Sampaio de Arruda Câmara, interposto por Julião perante o Tribunal de Justiça de Pernambuco, denegado; recorrido ao Supremo Tribunal Federal, também denegado. Proc. TJPE- 14.931/63; STF – 39.841/63.
Minuta de *Habeas-Corpus* para Francisco Julião, redigida por Jonas de Souza, na qual aparecem algumas emendas feitas pelo próprio Julião. Há colaboração de outros advogados.
Processo de *Habeas Corpus* interposto por Sobral Pinto em favor de Francisco Julião perante o Supremo Tribunal Federal. Proc. STF – 42.560, autuado em 11/8/1965.

2.3 - Anais Legislativos

Discursos e requerimentos, réplicas e tréplicas, informes, notas etc., apresentados na Assembleia Legislativa pelo deputado Francisco Julião durante o período de 1955 a 1962, quando eleito para dois mandatos pelo Partido Socialista Brasileiro (PSB).

2.4 – Jornais e Revistas:

Jornais: *Jornal Pequeno (JP);Folha do Povo (FP); Jornal do Commercio (JC); Diário de Pernambuco (DP);Jornal de Alagoas (JÁ); O Estado de S. Paulo (ESP); Folha de S. Paulo*

(FSP); Jornal do Brasil (JB);O Jornal; O Globo; Liga; Pasquim; O Norte; Correio da Paraíba (CP); A Hora; Última Hora (UH); Enfim; Jornal da Cidade; Jornal Movimento (JM); The New York Times. Revistas: *O Cruzeiro; Fatos & Fotos; Realidade; Manchete; Marcha; Siempre!; Alma Mater; IstoÉ, Veja, The Times.*

2.5 - Filmes, Vídeos, DVDs e CDs:

Discurso de Francisco Julião no Congresso Nacional em 31/3/1964. Brasília (DF), 1998. Grandes Momentos do Parlamento Brasileiro. Gravação Sonora, Vol. I. Presidência do Senado Federal. Secretaria de Comunicação Social.

Cabra Marcado para Morrer. Filme de Eduardo Coutinho, 1984. Brasil, Produções Cinematográficas Mapa Filmes, 119 min, PB/Cor; Produção: Vladimir Carvalho, Eduardo Coutinho e Zelito Viana; Roteiro: Eduardo Coutinho; Música: Rogério Rossini.

Francisco Julião: Na lei ou na marra. Filme de Clarisse Viana e Fernando Barcelos. Niterói (RJ), 1994. Departamento de Cinema e Vídeo da UFF. Realização: Observatório Fundiário Fluminense da UFF. Produção executiva: Aída Marques. Arquivo: Caliban Filmes. Apoios: IICA/NEAD e Ministério do Desenvolvimento Agrário do Governo Federal.

Recital poético de Julião: O sindicato é a estrela; Por que sou nacionalista e *Os direitos da mulher*. CD com participação musical de Francisco Mário. Rio de Janeiro, s/d.

Encontro de Julião com Laurindo de Brito. Vídeo. Cortez (PE), 4/1/1992.

Gregório Bezerra feito de ferro e de flor. Vídeo de Ana Paula Novaes, Raquel Barros e Vanya Albuquerque. Recife (PE), s/d.

Memórias clandestinas. Filme de Maria Thereza Azevedo. Apoios: MDA/NEAD, Pigre e Universidade Metodista de Piracicaba (UNIMEP). São Paulo (SP), s/d.

Francisco Julião: A saga das ligas camponesas. Projeto piloto do filme. Direção e roteiro de Carlos Carvalho. S/d.

O longo amanhecer – Cinebiografia de Celso Furtado. Rio de Janeiro (RJ), 2004. Filme de José Mariani. Prefeitura do Rio/RioFilme e Andaluz. Produção: Vídeo Filmes Produções Artísticas Ltda.

Comemoração dos 90 anos de Julião em Bom Jardim (PE). Bom Jardim (PE), 16/2/2005. Vídeo.

3.0 - BIBLIOGRAFIA

3.1 – Obras sobre Francisco Julião

AUED, Bernadete Wrublevski. *A vitória dos vencidos* (Partido Comunista Brasileiro – PCB – e Ligas Camponesas 1955-64). Dissertação de Mestrado (Texto Datilografado). Universidade Federal da Paraíba, 1981.

AZEVEDO, Fernando. *As Ligas Camponesas*. São Paulo / Rio de Janeiro: Paz e Terra, 1982.

BARRETO, Leda. *Julião, Nordeste, Revolução*. Rio de Janeiro: Civilização Brasileira, 1963.

CALLADO, Antonio. *Os industriais da seca e os Galileus de Pernambuco*. Rio de Janeiro: Civilização Brasileira, 1960.

CASTELLANOS, Diana G. Hidalgo. *Um olhar na vida de exílio de Francisco Julião*. 2002, 101 f. Dissertação de Mestrado. Departamento de História da Faculdade de Filosofia, Letras e Ciências Humanas da Universidade de São Paulo, 2002.

CAVALCANTI, Paulo. *Dura história das Ligas Camponesas de Julião*. Texto datilografado, inédito (Coleção do autor). Recife, 1979.

BASTOS, Elide Rugai. *As Ligas Camponesas*. Rio de Janeiro: Editora Vozes, 1984.

____. *A mobilização camponesa no Nordeste (1954/1964)* – Texto para discussão no grupo sobre movimentos sociais no campo; 7, 8 e 9 de outubro de 1981. Natal/RN.

LEEDS, Anthony. *Brazil and the Myth of Francisco Julião*. Texas: The University of Texas. Institute of Latin America Studies, 1964.

PAGE, Joseph. *A revolução que nunca houve*. O Nordeste do Brasil 1955-1964. Rio de Janeiro: Record, 1982.

PEREIRA, Anthony W. *The End of Peasantry: The Rural Labor Movement in Northeast Brazil, 1961-1988*. Pittsburgh: U. Pittsburgh, 1997.

SANTIAGO, Vandeck. *Francisco Julião – luta, paixão e morte*. Coleção Perfis Parlamentares. Recife: Assembleia Legislativa de Pernambuco, 2001.

____. *Francisco Julião, as ligas e o golpe militar de 64*. Recife: Comunigraf Editora, 2004.

SODRÉ, F. Novaes. *Quem é Francisco Julião? Retrato de um movimento popular*. São Paulo: Redenção Nacional, 4ª. ed., 1963.

3.2 – Obras gerais

ABREU, Alzira Alves de. Instituto Superior de Estudos Brasileiros (ISEB). In Ferreira, Jorge & Aarão Reis, Daniel. (Orgs.). *Nacionalismo e reformismo radical (1945-1964)*. Rio de Janeiro: Civilização Brasileira, 2007 (As Esquerdas no Brasil; v. 2).

ABREU, Sebastião de. *A esquerda em tempos de Lula*. Brasília: André Quicé, 2006.

ACEVEDO, Carlos Alvear. *Historia de México*. México: Limusa, s/d.

AGEE, Philip. *Dentro da "Companhia". Diário da CIA*. São Paulo. Círculo do Livro S. A. 1975.

ALCÂNTARA, Christianne. Paulo Guerra – *Frases e fases de uma trajetória política*. Coleção Perfis Parlamentares. Recife: Assembleia Legislativa de Pernambuco, 2001.

ALMANAQUE ABRIL 1986. São Paulo: 12ª edição. Abril, 1986.

ALMEIDA, Agassiz. *A República das elites. Ensaio sobre a ideologia das elites e do intelectualismo*. Rio de Janeiro: Bertrand Brasil, 2004.

_____.*A ditadura dos generais. Estado militar na América Latina. O calvário na prisão*. Rio de Janeiro: Bertrand Brasil, 2007.

ALMEIDA, Eliene A. de. (Org.). *Xucuru, filhos da mãe Natureza: uma história de resistência e luta*. Olinda: CCLF/Prefeitura Municipal de Pesqueira, 2002.

ALMEIDA, José Américo. *Uma voz contra a ditadura Vargas*. João Pessoa: Fundação Casa de José Américo, 2ª. ed., 2007.

ALVES, Aluízio. *O que eu não esqueci*. Rio de Janeiro: Leo Christiano Editorial Ltda., 2001.

AMORA, Paulo. *Bernardes, o Estadista de Minas na República*. São Paulo: Companhia Editora Nacional, 1964.

ANAIS DO SEMINÁRIO DE TROPICOLOGIA. Recife: Fundação Joaquim Nabuco (FUNDAJ). Editora Massangana. Tomo 15, 1986.

ANNA, Timothy; BAZANT, Jan; KATZ, Friedrich; WOMACK JR, John; MEYER, Jean; KNIGHT, Alan; e SMITH, Peter H. *Historia de México*. Barcelona: Crítica, 2003.

ANDERSON, Jon Lee. *Che Guevara: uma biografia*. Rio de Janeiro: Editora Objetiva, 1997.

ANDRADE, Manuel Correia de. *A terra e o homem no Nordeste*. São Paulo: Atlas, 1986.

_____. *1964 e o Nordeste*. São Paulo: Contexto, 1989.

_____. *Lutas camponesas no Nordeste*. São Paulo: Ática, 1989.

_____. *Latifúndio e reforma agrária no Brasil*. São Paulo: Duas Cidades, 1980.

_____. *A Revolução Pernambucana de 1817*. São Paulo: Editora Ática, São Paulo, 1995.

_____. *1930 – A atualidade da Revolução*. São Paulo: Editora Moderna, 1980.

_____. *Abolição e reforma agrária*. São Paulo: Editora Ática, 1987.

ANDRADE, Manuel Correia de; FERNANDES, Eliane Moury (Orgs.). *Vencedores e vencidos. O movimento de 1964 em Pernambuco*. Recife: Fundação Joaquim Nabuco. Recife: Editora Massangana, 2004.

ARAÚJO, Rita de Cássia de e BARRETO, Túlio Velho. *1964: O golpe passado a limpo*. Fundação Joaquim Nabuco. Recife: Editora Massangana, 2007

ARRAES, Miguel. *Palavra de Arraes*. Rio de Janeiro: Civilização Brasileira, 1965.

_____. *A democracia e a questão nordestina*. Recife: Ed. ASA Pernambuco, 1985.

BANDEIRA, Moniz. *O governo João Goulart: as lutas sociais no Brasil, 1961-1964*. Rio de Janeiro: Civilização Brasileira, 1977.

BAQUEDANO, Elizabeth. *Los Aztecas*. México: Panorama Editorial, 2000.

BARRETO, Túlio Velho; FERREIRA, Laurindo. *Na trilha do golpe. 1964 revisitado*. Fundação Joaquim Nabuco. Recife: Editora Massangana/*Jornal do Commercio*, 2004.

BARROS, Leandro Gomes de. *Antonio Silvino, rei dos cangaceiros* (Cordel), s/d.

BARROS, Adirson. *Ascensão e queda de Miguel Arraes*. Rio de Janeiro: Editora Equador, 1965.

FONTES BIBLIOGRÁFICAS

BASBAUM, Leôncio. *História sincera da República*. São Paulo: Alfa-Ômega, 4 vols., 1975-1976.

BASTOS, Gen. J. Justino Alves. *Encontro com o tempo*. Porto Alegre: Editora Globo, 1965.

BEVILÁQUA, Clóvis. *História da Faculdade de Direito do Recife*. 2ª. ed. Brasília: Instituto Nacional do Livro / Conselho Federal de Cultura, 1977.

BENITEZ, Fernando. *La ciudad que perdimos*. México: Ediciones Era, 2000.

____. *Los índios de México*. México: Ediciones Era, 1999.

BERARDO, João Batista. *Guerrilhas e guerrilheiros no drama da América Latina*. São Paulo: Edições Populares, 1981.

BLÁZQUEZ, José María et al. *Historia de España Antigua*. Madri: Editora Cátedra, 1978.

BOLETIM DE AGRICULTURA. Recife: Ministério do Interior. Sudene. Departamento de Agricultura e Abastecimento. Janeiro/junho de 1979.

BOMFIM, Manoel. *O Brasil na América. Caracterização da formação brasileira*. Rio de Janeiro: Topbooks, 1997.

____. *O Brasil Nação. Realidade da soberania brasileira*. Rio de Janeiro: Topbooks, 1996.

BRANCO, Carlos Castello. *Introdução à Revolução de 1964. A queda de João Goulart*. Rio de Janeiro: Artenova, 1975.

____. *Os militares no poder*. Rio de Janeiro: Editora Nova Fronteira, 2 vols., 1978.

BRITTO, Chermont de. *Marechal Odylio Denys. Uma vida inimitável*. Rio de Janeiro: Francisco Alves, 1986.

CALDEIRA, Jorge; Carvalho, Jorge de; Marcondes, Claudio; Paula, Sérgio Góes de. *Viagem pela História do Brasil*. São Paulo: Companhia das Letras, 1977.

CALLADO, Antonio. *Quarup*. São Paulo: Círculo do Livro S. A. s/d.

____. *Tempo de Arraes. A revolução sem violência*. Rio de Janeiro: Paz e Terra, 1979.

CÂMARA, Joel. *Pernambuco, 1963: Um ano de desgoverno*. Recife: Gráfica Rodovalho, 1986.

CAMARGO, Aspásia. Eduardo Raposo e Sérgio Flaksman. *O Nordeste e a política. Diálogo com José Américo de Almeida*. Rio de Janeiro: Editora Nova Fronteira, 1984.

CAMPELLO, Netto. *Barão de Lucena. Escorço Biográphico*. Imprensa Industrial, 1904.

CAMPOS, Roberto. *A lanterna na popa: memórias*. Rio de Janeiro: Topbooks, 1994.

CARLONI, Karla Guilherme. *A esquerda militar no Brasil (1955-1964)*. In Ferreira, Jorge & Aarão Reis, Daniel (Orgs.). Nacionalismo e Reformismo Radical (1945-1964). Rio de Janeiro: Civilização Brasileira, 2007 (As Esquerdas no Brasil; v. 2).

CARONE, Edgard. *A Segunda República (1930-1937)*. Rio de Janeiro – São Paulo: Difel, 1978.

____.*A Terceira República (1937-1945)*. Rio de Janeiro – São Paulo: Difel, 1982.
____.*Movimento operário no Brasil (1877-1944)*. Rio de Janeiro – São Paulo: Difel, Vol. I, 1984.
____.*Movimento operário no Brasil (1945-1964)*. Rio de Janeiro – São Paulo: Difel, Vol. II, 1981.
____.*Movimento operário no Brasil (1964-1984)*. Rio de Janeiro – São Paulo: Difel, Vol. III, 1984.
____.*Integralismo (O fascismo brasileiro na década de 30)*. Rio de Janeiro – São Paulo: Difel, 1979.
____.*O PCB (1943 a 1964)*. Rio de Janeiro – São Paulo: Difel, Vol. II, 1982.
____.*O PCB (1964 a 1982)*. Rio de Janeiro – São Paulo: Difel, Vol. III, 1982.
CARVALHO, João Carlos de. *Camponeses no Brasil*. Petrópolis: Vozes, 1978.
CASTELLANOS, Diana G. Hidalgo. *Um olhar na vida de exílio de Francisco Julião*. Dissertação de Mestrado. Departamento de História da Faculdade de Filosofia, Letras e Ciências Humanas da Universidade de São Paulo. São Paulo, 2002.
CASTRO, Josué de. *Homens e caranguejos*. São Paulo: Civilização Brasileira, 2001.
____.*Geografia da fome*. Rio de Janeiro: Gryphus, 1992.
____.*Sete palmos de terra e um caixão: Ensaio sobre o Nordeste, área explosiva*. São Paulo: Brasiliense, 1965.
CASTRO, Viriato de. *Espada x Vassoura – Marechal Lott*. São Paulo: Editor José Viriato de Castro, 1959.
CASTRO, Viriato de. *O fenômeno Jânio Quadros*. São Paulo: Editor José Viriato de Castro, 1959.
CAVALCANTI, Paulo. *O caso eu conto como o caso foi. (Memórias)*. São Paulo: Editora Alfa-Ômega, 1978.
____. *A luta clandestina*. Recife: Guararapes, 1985.
CAVALCANTI, Pedro Celso Uchoa; RAMOS, Jovelino (Orgs.), sob o patrocínio de Paulo Freire, Abdias Nascimento e Nelson Werneck Sodré) *Memórias do Exílio Brasil 1964 / 19?? –*. (Vol. 1. de Muitos Caminhos). Obra Coletiva – Edição portuguesa: Editora Arcádia, SARL, 1976. Edição brasileira. São Paulo: Editora e Livraria Livramento, 1978.
CHACON, Vamireh. *História das ideias socialistas no Brasil*. Rio de Janeiro: Editora Civilização Brasileira, 1965.
CHAGAS, Carlos. *O Brasil Sem Retoque – 1808-1964*. História Contada por Jornais e Jornalistas. Rio de Janeiro: Record, 2 vols., 2001.
CHALHOUB, Sidney e Pereira, Leonardo Affonso de Miranda (Orgs.). *A História contada: Capítulos de história social da literatura no Brasil*. Rio de Janeiro: Nova Fronteira, 1998.
CHANG, Jung; HALLIDAY, Jon. *Mao: a história desconhecida*. São Paulo: Companhia das Letras, 2006.

CHAVES, Cristine de A. *A marcha nacional dos Sem Terra.* Rio de Janeiro: Relume-Dumará, 2000.

COCKROFT, James D. *América Latina y Estados Unidos. História y Política País por País.* México: Siglo Veintiuno Editores, 1996.

COELHO, Nélson. *A tragédia de Mari.* João Pessoa: Ideia Editora, 2004.

CONTAG. 30 Anos de Luta. Edição Especial da Confederação Nacional dos Trabalhadores na Agricultura. Brasília, novembro de 1993.

____. *O Sistema Fundiário Nacional* – CPI. Pronunciamento do Sr. José Francisco da Silva, Presidente da CONTAG na CPI que Investiga as Atividades Ligadas ao Sistema Fundiário Nacional. Brasília, 1977.

CORREA, Hércules. *A classe operária e seu Partido. Textos políticos do exílio.* Rio de Janeiro: Civilização Brasileira, 1980.

COSTA, Evaldo. *Andrade Lima Filho – Crônica de uma viagem entre os extremos.* Coleção Perfis Parlamentares. Recife: Assembleia Legislativa de Pernambuco, 2001.

COUTO, Ronaldo Costa. *História indiscreta da ditadura e da abertura: 1964-1985.* Rio de Janeiro: Record, 1999.

____.*Memória viva do regime militar. Brasil: 1964-1985.* Rio de Janeiro: Record, 1998.

CUNHA, Euclides. Um Velho Problema. *O Estado de S. Paulo*, 1º. de maio de 1904.

DELGADO, Lucília de Almeida Neves. *Nacionalismo como projeto de nação: a Frente Parlamentar Nacionalista (1956-1964).* In Ferreira, Jorge & Aarão Reis, Daniel. (Orgs.). Nacionalismo e Reformismo Radical (1945-1964). Rio de Janeiro: Civilização Brasileira, 2007 (As Esquerdas no Brasil; v. 2).

DEL PRIORE, Mary (Org.). *História das crianças no Brasil.* São Paulo: Contexto, 1999.

DIAS, Everardo. *História das lutas sociais no Brasil.* São Paulo: Editora Alfa-Omega, 1977.

DICIONÁRIO HISTÓRICO-BIOGRÁFICO BRASILEIRO. Rio de Janeiro: Fundação Getúlio Vargas, 5 vols., 2001.

D'OLIVEIRA, Fernanda. *Nilo Pereira – A raça de um homem múltiplo.* Coleção Perfis Parlamentares. Recife: Assembleia Legislativa de Pernambuco, 2001.

DOSSIÊ DOS MORTOS E DESAPARECIDOS POLÍTICOS A PARTIR DE 1964. Prefácio de Dom Evaristo Arns. Apresentação de Mário Covas. São Paulo: Imprensa Oficial do Estado, São Paulo, 1995.

DREIFUSS, René Armand. *1964: A conquista do Estado. Ação política, poder e golpe de classe.* Petrópolis: Editora Vozes, 1987.

DUARTE, Jodeval. *A história contada pelo diário. A praça forte da liberdade.* Brasília: Fundação Assis Chateaubriand, 2005.

DULLES, John W. F. *Anarquistas e comunistas no Brasil (1900-1935).* Rio de Janeiro: Editora Nova Fronteira, 1977.

____ .*Sobral Pinto. A consciência do Brasil. A cruzada contra o regime Vargas*. Rio de Janeiro: Editora Nova Fronteira, 2001.

DURANT, Will. *História da filosofia. Vida e ideias dos grandes filósofos*. São Paulo: Companhia Editora Nacional, 1935.

____. *Filosofia da vida*. São Paulo: Companhia Editora Nacional, 1937.

EARP, Fábio Sá; PRADO, Luiz Carlos Delarme. Celso Furtado. In Ferreira, Jorge & Aarão Reis, Daniel. (Orgs.). *Nacionalismo e Reformismo Radical (1945-1964)*. Rio de Janeiro: Civilização Brasileira, 2007 (As Esquerdas no Brasil; v. 2).

ENGELS, Friedrich. *As guerras camponesas na Alemanha*. São Paulo: Editorial Grijalbo, 1977.

FARIAS, Oswaldo Cordeiro de. *Meio século de combate: Diálogo com Cordeiro de Farias*. Aspásia Camargo. Walter Góes. Rio de Janeiro: Nova Fronteira, 1981.

FERNANDES. Annibal. *Pernambuco no tempo do "vice-rei"*. Schmidt. s/d.

FERNANDES, Bernardo Mançano. *A formação do MST no Brasil*. Petrópolis: Vozes, 2000.

FERNANDES, Eliane Moury (Org.). *O movimento político-militar de 1964 no Nordeste* (Catálogo da História Oral). Fundação Joaquim Nabuco. Recife: Editora Massangana, 2004.

FERRAZ, Socorro. *Liberais & Liberais – Guerras civis em Pernambuco no século XIX*. Recife: Editora Universitária da UFPE, 1996.

FERREIRA, Jorge & AARÃO REIS, Daniel. (Orgs.). *Nacionalismo e Reformismo Radical (1945-1964)*. Rio de Janeiro: Civilização Brasileira, 2007 (As Esquerdas no Brasil; v. 2).

FIGUEIREDO, Ney (Org.). *Políticos ao entardecer: Poder e dinheiro no outono de Vargas, JK, Geisel, Café Filho, Brizola, Andreazza, Covas e Lacerda*. São Paulo: Editora de Cultura, 2007.

FONSECA, Gondim da. *Assim falou Julião*. São Paulo: Editora Fulgor, 1962.

FONSECA, Maria Guadalupe Piragibe da; CAVALLAZZI, Rosângela Lunardelli; PAIVA, Maria Arair Pinto. *Teoria jurídica e práticas agrárias – O conflito no campo*. Rio de Janeiro: Editora Ideia Jurídica, 1994.

FRANCO, Lúcia Helena Carvalheira; OLIVEIRA, Maria do Carmo Andrade Marques de; HENRIQUES, Irene Judith Marques Guilhon; GASPAR, Lúcia Maria Coêlho de Oliveira (Orgs.). *Do Golpe de 1964 à transição. Uma contribuição bibliográfica*. Fundação Joaquim Nabuco. Recife: Editora Massangana, 2004.

FRATICELLI, Luciano. *José Francisco de Melo Cavalcanti – Voz matuta na tribuna*. Coleção Perfis Parlamentares. Recife: Assembleia Legislativa de Pernambuco, 2001.

FREYRE, Gilberto. *Casa-Grande & Senzala. Formação da família brasileira sob o regimen de economia patriarchal*. Rio de Janeiro: Maia & Schmidt Ltda., 1ª. ed. 1933.

FURTADO, Celso. *A pré-revolução Brasileira*. Rio de Janeiro: Editora Fundo de Cultura, 1962.

FONTES BIBLIOGRÁFICAS

____. *A nova dependência. Dívida externa e monetarismo.* Rio de Janeiro: Paz e Terra, 1982.

____. *Seca e poder. Entrevista com Celso Furtado.* Entrevistadores: Maria da Conceição Tavares, Manuel Correia de Andrade e Raimundo Pereira. São Paulo: Fundação Perseu Abramo, 1998.

____. *Formação econômica do Brasil.* São Paulo. Companhia Editora Nacional, 1976.

____. *Brasil – A construção interrompida.* São Paulo: Paz e Terra, 1992.

____. *O mito do desenvolvimento.* São Paulo: Paz e Terra, 1974.

____. *Obra autobiográfica Celso Furtado.* (3 vols.). Rio de Janeiro: Paz e Terra, 1997.

____. *Celso Furtado entrevistado por Aspásia Camargo e Maria Andréa Loyola.* Rio de Janeiro: Editora da UERJ, 2002.

GASPARI, Élio. *A ditadura envergonhada.* São Paulo: Companhia das Letras, 2002.

GÓMEZ, Ermilo Abreu (versão ao castelhano e prólogo). *Popol Vuh. Antiguas leyendas del Quiché.* México: Fondo de Cultura Económica, 2003.

GORENDER, Jacob. *A burguesia brasileira.* São Paulo: Brasiliense, 1981.

GRYNSZPAN, Mario; DEZEMONE, Marcus. "As esquerdas e a descoberta do campo brasileiro: Ligas Camponesas, comunistas e católicos (1950-1964)." In Ferreira, Jorge & Aarão Reis, Daniel. (Orgs.). Nacionalismo e Reformismo Radical (1945-1964). Rio de Janeiro: Civilização Brasileira, 2007 (As Esquerdas no Brasil; v. 2).

GUERRA, Flávio. *Evolução histórica de Pernambuco.* Parte I – Donataria. Recife: Companhia Editora de Pernambuco, 1970.

____. *Lucena, um estadista de Pernambuco.* Recife: Arquivo Público Estadual. Imprensa Oficial, 1958.

GUIMARÃES, Alberto Passos. *Quatro séculos de latifúndio.* São Paulo / Rio de Janeiro: Paz e Terra, 1989.

____. *A crise agrária.* Rio de Janeiro: Paz e Terra, 1979.

GURGEL, Antonio de Pádua. *Socialistas no Brasil. Partidos, programas e experiências.* Brasília: Thesaurus, 1984.

HAINES, Gerald K. *The Americanization of Brazil: A study of U.S. Cold War Diplomacy in the third world, 1945-1954.* SR Books, 1989, Estados Unidos.

HERÁCLIO, Reginaldo. *Chico Heraclio – O último coronel.* Recife, 1979.

HERÁCLIO, Reginaldo; HERÁCLIO, Ricardo. *Chico Heráclio, a herança política.* Recife: Editora Universitária da UFPE, 1997.

HOLANDA, Sérgio Buarque de. *Raízes do Brasil.* Rio de Janeiro: José Olympio Editora, 1991.

HUBERMAN, Leo. *História da riqueza do homem.* Rio de Janeiro: Zahar Editores, 1978.

IANNI, Octavio. *A luta pela terra.* Petrópolis: Editora Vozes, 1978.

____. *Estado e planejamento econômico no Brasil.* Rio de Janeiro: Civilização Brasileira, 1986.

JANOTT, Maria de Lourdes M. *O coronelismo: uma política de compromissos*. São Paulo: Brasiliense, 1981.

JORGE NETO, Nagib. *Paulo Cavalcanti – Elogio da resistência*. Coleção Perfis Parlamentares. Recife: Assembleia Legislativa de Pernambuco, 2001.

JORGE, Salomão. *A vida do marechal Lott. A espada a serviço da lei*. São Paulo: Edigraf, 1960.

JUREMA, Abelardo. *Sexta-Feira, 13 – Os últimos dias do governo João Goulart*. Edições O Cruzeiro. 1964.

KRICKEBERG, Walter. *Las Antiguas Culturas Mexicanas*. México-Buenos Aires: Fondo de Cultura Económica, 1961.

KOSTER, Henry. *Viagens ao Nordeste do Brasil*. Recife: Secretaria de Educação e Cultura. Governo do Estado de Pernambuco, 1978.

LEMOS, Francisco de Assis. *Nordeste: O Vietnã que não houve. Ligas Camponesas e o golpe de 64*. Londrina: Editora da Universidade de Londrina e Editora da Universidade Federal da Paraíba, 1996.

LÊNIN, V. I. *A questão agrária*. Rio de Janeiro: Editorial Calvino Ltda., 1945.

LIMA, Maria do Socorro de Abreu e. *Tecendo lutas, abrindo espaços. Mulheres nos movimentos sociais dos anos 50*. Recife: Editora Oito de Março, s/d.

LIMA SOBRINHO, Barbosa. *A verdade sobre a Revolução de Outubro*. São Paulo: Gráfica-Editora Unitas Ltda., 1933.

LINHARES, Maria Yedda; SILVA, Francisco Carlos Teixeira. *Terra prometida. Uma história da questão agrária no Brasil*. Rio de Janeiro: Campus, 1999.

LIRA NETO. *Castello – A marcha para a ditadura*. São Paulo: Contexto, 2004.

LYRA, Maria de Lourdes Viana. *O império em construção: Primeiro Reinado e Regências*. São Paulo: Atual Editora, 2000.

MAIOR, Mário Souto. *Meus poemas diferentes*. Recife: Geração Editora, 1938.

MANCERA, Sonia Corcuera de. *Voces y Silencios en la Historia. Siglos XIX y XX*. México: Fondo de Cultura Económica, 2005.

MACIEL, Ayrton. *Carlos de Lima Cavalcanti – Todo poder ao rei*. Coleção Perfis Parlamentares. Recife: Assembleia Legislativa de Pernambuco, 2001.

MAGALHÃES JÚNIOR, Raimundo. *Rui: o homem e o mito*. Rio de Janeiro: Editora Civilização Brasileira, 1964.

MARANHÃO, Ricardo. *O governo Juscelino Kubitschek*. São Paulo: Brasiliense, 1981.

MARTIN, José Luís. *La Península en la Edad Média*. Barcelona: Editorial Telde, 1980.

MARTINS, José de Souza. *Os camponeses e a política no Brasil*. Petrópolis: Editora Vozes, 1981.

____*Reforma agrária, o diálogo impossível*. São Paulo: Vozes, 2000.

MATTHEWS, Herbert L. *Fidel Castro – Uma biografia política*. Rio de Janeiro: Editora Civilização Brasileira, 1970.

MAXIMOVA, M. *Problemas fundamentais da integração capitalista.* Lisboa: Livros Horizonte, Lda., 1976.

MEDEIROS, Leonilde Sérvolo. *A questão da Reforma Agrária no Brasil – 1955-64.* Diseertação de Mestrado. USP. São Paulo, 1982.

MEDEIROS, M. do C. *Igreja e dominação no Brasil escravista: caso dos Oratorianos de Pernambuco – 1659-1830.* João Pessoa: Ideia, 1993.

MELO, Fernando. *João Pessoa: uma biografia.* João Pessoa: Ideia, 2003.

____. *João Dantas: uma biografia.* João Pessoa: Ideia , 2002.

MELO, Mário. *Etnografia pernambucana: os Xukurus de Ararobá.* Revista do Instituto Arqueológico,Histórico e Geográfico de Pernambuco. Recife, v. 33., p. 43-45, 1935.

MELO, Mário Lacerda de. *Pernambuco: Traços de sua geografia humana.* (Tese de Concurso para a Cadeira de Professor do Ginásio Pernambucano). Recife: s/d.

____. *As migrações para o Recife. Estudo geográfico.* Recife: Instituto Joaquim Nabuco de Pesquisas Sociais. Ministério da Educação e Cultura. 1961.

____. *Metropolização e subdesenvolvimento – O caso do Recife.* Recife: Centro de Filosofia e Ciências Humanas. Departamento de Ciências Geográficas, 1978.

____. *Regionalização Agrária do Nordeste.* Recife: Sudene. Ministério do Interior, 1978.

____. *Nordeste, planejamento e geografia.* Separata da Revista Brasileira de Geografia, n°. 3, Ano XXV, julho/setembro de 1963. IBGE/Conselho Nacional de Geografia, 1963.

____. *O açúcar e o homem.* Recife: MEC – Instituto Joaquim Nabuco de Pesquisas Sociais. 1975.

MELO, Jerônimo Martiniano Figueira de. *Crônica da Rebelião Praieira 1848 e 1849.* Brasília: Senado Federal, 1978.

MELO, Marcelo Mário. *David Capistrano – Entre teias e tocaias.* Coleção Perfis Parlamentares. Recife: Assembleia Legislativa de Pernambuco, 2001.

MELO FILHO, Murilo. *Tempo diferente.* Rio de Janeiro: Topbooks / Academia Brasileira de Letras, 2005.

MELLO, José Antonio Gonsalves de; ALBUQUERQUE, Cleonir Xavier de (Orgs). *Cartas de Duarte Coelho a El Rei.* Reprodução facsimilar, leitura paleográfica e versão moderna anotada. Recife: Imprensa Universitária (UFPE), 1967.

MENDONÇA FILHO, Fernando; TAVARES, Cristina. Conversações com Arraes. *Veja,* Recife, 1979.

MENDRAS, Henri. *Sociedades camponesas.* Rio de Janeiro: Zahar Editores, 1978.

MONTARROYOS, Carlos. O Tempo de Arraes e o Contratempo de Março. Rio de Janeiro: *Folha Carioca,* 1982.

MONTENEGRO, Antonio Torres; SANTOS, Taciana Mendonça dos. *Lutas Políticas em Pernambuco: A Frente do Recife chega ao poder (1955-1964).* In Ferreira, Jorge &

Aarão Reis, Daniel (Orgs). Nacionalismo e Reformismo Radical (1945-1964). Rio de Janeiro: Civilização Brasileira, 2007 (As Esquerdas no Brasil; v. 2).

MORAES, Denis de; VIANA, Francisco. *Prestes: lutas e autocríticas*. Petrópolis: Editora Vozes, 1982.

MORAIS, Clodomir Santos de. *História das Ligas Camponesas do Brasil*. Brasília: Instituto de Apoio Técnico aos Países de Terceiro Mundo, 1997.

____. *O reencontrado elo perdido das reformas agrárias*. Brasília: Instituto de Apoio Técnico aos Países de Terceiro Mundo, 2001.

____. *Elementos de teoria da organização*. Brasília: Instituto de Apoio Técnico aos Países de Terceiro Mundo, 2002.

____. *A queda de uma oligarquia*. Recife: Gersa Editora, 1960.

MORAES NETO, Geneton. *Cartas ao Planeta Brasil*. Rio de Janeiro: Editora Revan, 1988.

MORISSAWA, Mitsue. *A história da luta pela terra e o MST*. São Paulo: Expressão Popular, 2001.

MOTA, Marly. *Além do Jardim (crônicas)*. Recife: CEPE, 2009.

MOTA, Mauro. Barão de Chocolates & Companhia. *Apelidos pernambucanos*. Recife: Pool Editorial, 1983.

NABUCO, Carolina. *A vida de Joaquim Nabuco*. Rio de Janeiro: Livraria José Olympio Editora / MEC, 1979.

NABUCO, Joaquim. *O abolicionismo*. Petrópolis / Brasília: Vozes / INL, 1977.

____. *Minha formação*. Rio de Janeiro, São Paulo e Porto Alegre: W. M. Jackson Inc. s/d.

____. *Campanha abolicionista no Recife*. Eleições de 1884. Brasília: Senado Federal – Fundação Casa de Rui Barbosa, 1992.

NOGUEIRA, Lucila. *O Cordão Encarnado*. Uma leitura severina. Recife: Bagaço, 2009.

OLIVEIRA, Francisco de. *Noiva da Revolução / Elegia para uma Re(li)gião. Sudene, Nordeste. Planejamento e conflitos de classes*. São Paulo: Boitempo Editorial, 2008.

OLIVEIRA LIMA, Manoel de. *Memórias (estas minhas reminiscências...)*. Recife: FUNDARPE, 1986.

PALITOT, Estevão Martins. *Tamain chamou nosso Cacique: a morte do Cacique Xicão e a (re)construção da identidade entre os Xukurus do Ororubá*. Monografia (Bacharelado em Ciências Sociais) – PPGS/UFPB, João Pessoa, 2003.

PANDOLFI, Dulce; HEYMANN, Luciana (Orgs). *Um abraço, Betinho*. Rio de Janeiro: Garamond, 2005.

PARKER, Phyllis. *1964: O papel dos Estados Unidos no golpe militar de 31 de março*. Rio de Janeiro: Civilização Brasileira, 1977.

PCB: VINTE ANOS DE POLÍTICA 1958-1979 (Documentos) Coleção A Questão Social no Brasil, vol. 7. São Paulo: Lech – Livraria Editora Ciências Humanas, 1980.

PELLICER, Carlos. *Obras* (Poesia). Edição de Luiz Mario Schneider. Coleção Letras Mexicanas. México: Fondo de Cultura Econômica, 1981.

PEREIRA, Osny Duarte. *Quem faz as leis no Brasil?* Rio de Janeiro: Civilização Brasileira, 1962.

PINHEIRO NETO, João. *Jango: um depoimento pessoal.* Rio de Janeiro: Record, 1993.

PORFÍRIO, Pedro. *Confissões de um inconformista.* Rio de Janeiro: Fábrica do Conhecimento, 2004.

PORTO, Costa. *Duarte Coelho.* Rio de Janeiro: Ministério da Educação e Cultura / Serviço de Documentação. Os Cadernos de Cultura, 1961.

PRADO, Maria Lígia. *O populismo na América Latina.* São Paulo: Brasiliense, 1981.

RAPOSO, Eduardo. *1930: Seis versões e uma revolução – História oral da política paraibana (1889-1940).* Recife: Editora Massangana, 2006.

RÊGO, André Heráclio do. *Breviário do Coronel Francisco Heráclio do Rego.* Recife: 20-20 Comunicação e Editora, 1999.

RIBEIRO, Darcy. *As Américas e a civilização.* Petrópolis: Vozes, 1977.

RIBEIRO, José Adalberto. *Agamenon Magalhães – Uma estrela na testa e um mandacaru no coração.* Coleção Perfis Parlamentares. Recife: Assembleia Legislativa de Pernambuco, 2001.

RIBEIRO, Octávio (Pena Branca). *Por que eu traí. Confissões de cabo Anselmo.* São Paulo: Global Editora, 1984.

RIOS, J. Arthur. *O que é e o que não é reforma agrária.* Cadernos Brasileiros. Rio de Janeiro, (4) jul/ago, 1963.

RIVAS, Leda. *Gilberto Osório de Andrade – Um homem do Renascimento.* Coleção Perfis Parlamentares. Recife: Assembleia Legislativa de Pernambuco, 2001.

RODRIGUES, Alberto Tosi. *Diretas Já: O grito preso na garganta.* São Paulo: Fundação Perseu Abramo, 2003.

ROLLEMBERG, Denise. *O apoio de Cuba à luta armada no Brasil.* Rio de Janeiro: Mauad, 2001.

ROZOWYKWIAT, Tereza. *Arraes.* São Paulo: Iluminuras, 2006.

RUZO, Daniel. *El Vale Sagrado de Tepoztlán. Los Templos Atlantes de México.* México: Grijalbo, 1998.

SÁ, Aybirê Ferreira de. *Das Ligas Camponesas à Anistia: memórias de um militante trotskista.* Recife. Fundação de Cultura Cidade do Recife, 2007.

SANTIAGO, Vandeck. *Josué de Castro – O gênio silenciado.* Recife: Edições Bagaço e Instituto Maximiano Campos, 2008.

SCHNEIDER, Steven Jay. *1001 filmes para ver antes de morrer.* Rio de Janeiro: Sextante, 2008.

SILVA, Edson. *"Nossa Mãe Tamain": Religião, reelaboração cultural e resistência: o caso dos Xukuru do Ororubá (PE).* In: BRANDÃO, Sylvana. (Org.) História das religiões no Brasil. Recife: EDUFPE, pp. 347-362; 2002.

SILVA, Hélio. *1926 – A grande marcha.* Rio de Janeiro: Civilização Brasileira, 1971.

____. *1930 – A Revolução Traída*. 2ª. ed. Rio de Janeiro: Civilização Brasileira, 1972.
____. *1935 – A Revolta Vermelha*. Rio de Janeiro: Civilização Brasileira, 1969.
____. *1938 – Terrorismo em Campo Verde*. Rio de Janeiro: Civilização Brasileira, 1971.
____. *A ameaça vermelha. O Plano Cohen*. Porto Alegre: L& PM, 1980.
____. *1944 – O Brasil na guerra*. Rio de Janeiro: Civilização Brasileira, 1974.
____. *1954 – Um tiro no coração*. Rio de Janeiro: Civilização Brasileira, 1978.
____. *1961 – A renúncia de Jânio*. São Paulo: Editora Três Ltda, 1998.
____. *1964 – Golpe ou contragolpe?* Porto Alegre: L&PM, 1978.
SILVA, Hélio; CARNEIRO, Maria Cecília Ribas. *Os presidentes. Epitácio Pessoa. 11º. presidente do Brasil 1919-1922*. São Paulo: Grupo de Comunicação Três S.A., 1983-1984.
____. *Os presidentes. Artur Bernardes. 12º. Presidente do Brasil 1922-1926*. São Paulo: Grupo de Comunicação Três S.A., 1983-1984.
____. *Os presidentes. Getúlio Vargas. 15º. Presidente do Brasil. Interregno entre dois golpes 1ª. Parte 1930-1937*. São Paulo: Grupo de Comunicação Três S.A., 1983.
____. *Os presidentes. Getúlio Vargas. 17º. Presidente do Brasil. A 2ª. Deposição. 3ª. Parte 1946-1954*.
____. *Os presidentes. Castelo Branco. A tomada do poder 1964-1967*. São Paulo: Grupo de Comunicação Três S.A., 1983.
____. *Desenvolvimento e Democracia – 1956/1960*. São Paulo: Grupo de Comunicação Três S.A., 1998.
SILVA FILHO, Erivaldo Cavalcanti; BANJA, Anne Anaide de Oliveira. *Conflitos políticos do campesinato pernambucano: as Ligas Camponesas*. Revista Symposium, Recife, Ano 10, nº. 2, p. 45-60, jul/dez.2006.
SILVEIRA, Sérgio Augusto. *Oswaldo Lima Filho – Ação política na trincheira nacionalista*. Coleção Perfis Parlamentares. Recife: Assembléia Legislativa de Pernambuco, 2001.
SINÉSIO, Carlos. *João Cleofas – Trajetória política, ascensões e tropeços*. Coleção Perfis Parlamentares. Recife: Assembleia Legislativa de Pernambuco, 2001.
SKIDMORE, Thomas E. *Brasil: De Getúlio a Castelo (1930-1964)*. Rio de Janeiro: Paz e Terra, 1976.
SOARES, José Arlindo. *A Frente do Recife e o governo do Arraes. Nacionalismo em crise – 1955/1964*. Rio de Janeiro: Editora Paz e Terra, 1982.
SODRÉ, Nelson Werneck. *História da burguesia brasileira*. Rio de Janeiro: Civilização Brasileira, 1976.
____. *A ofensiva reacionária*. Rio de Janeiro: Editora Bertrand Brasil, 1992.
____. *O que se deve ler para conhecer o Brasil*. Rio de Janeiro: Centro Brasileiro de Pesquisas Educacionais (INEP – Ministério da Educação e Cultura, 1960).

SOUSA, Octávio Tarquínio de. *José Bonifácio*. Rio de Janeiro: Biblioteca do Exército e Livraria José Olympio Editora. Rio de Janeiro: 1974.
STEDILE, João Pedro e Fernandes, Bernardo Monçano. Brava gente. *A trajetória do MST e a luta pela terra no Brasil*. São Paulo: Fundação Perseu Abramo, 1999.
SWEEZY, Paul M.; HUBERMAN, Leo. *Cuba – Anatomia de uma Revolução*. Rio de Janeiro: Zahar Editores, 1960.
SZULC, Tad. *Fidel: Um retrato crítico*. São Paulo: Editora Best Seller, 1987.
____. *Latin America*. New York: Atheneum (A New York Times Byline Book), 1986.
____. *The Winds of Revolution. Latin América Today – And Tomorrow*. Nova York – Washington: Frederick A. Praeger, Publichers, 1965.
TCHAKHOTINE, Serge. *A mistificação das massas pela propaganda política*. (Trad. Miguel Arraes). Rio de Janeiro: Civilização Brasileira, 1967.
TRABALHOS DO CONGRESSO AGRÍCOLA DO RECIFE – OUTUBRO DE 1878. Sociedade Auxiliadora da Agricultura de Pernambuco. Recife: Typ. De Manoel Figueiroa Faria & Filhos, 1879.
VELHO, Otávio Guilherme. *Capitalismo autoritário e campesinato*. Difel. São Paulo / Rio de Janeiro, 1979.
VIANA FILHO, Luís. *O Governo Castelo Branco*. 3ª. ed., Rio de Janeiro: Livraria José Olympio Editora (Coleção Documentos Brasileiros), 1976.
VICENTE DO SALVADOR, Frei. *História do Brazil (1500-1627)*. Curitiba: Juruá, 2007.
VIDAL, Adhemar Victor de Menezes. *1930, História da Revolução na Paraíba*. São Paulo: Companhia Editora Nacional, 1933.
VILAÇA, Antônio. *As astúcias do Coronel* (Crônicas). Recife: 1989.
VILAÇA, Marcos Vinicios; ALBUQUERQUE, Roberto Cavalcanti de. *Coronel, coronéis: Apogeu e declínio do coronelismo no Nordeste*. Rio de Janeiro: Bertrand Brasil, 2003.
VINHAS, Moisés. *Operários e camponeses na revolução brasileira*. São Paulo: Fulgor, 1963.
WILLIAM, Wagner. *O soldado absoluto. Uma biografia do marechal Henrique Lott*. Rio de Janeiro: Record, 2005.
WOLF, Eric R. *Las Luchas Campesinas del Siglo XX* Siglo Veintiuno de España Editores, 1959.
WOMARCK JR. John. *Zapata y la Revolución Mexicana*. 26ª. ed. México: Siglo Veintiuno, 2004.
ZAIDAN FILHO, Michel. *PCB (1922-1929): Na busca das origens de um marxismo nacional*. São Paulo: Global Editora e Distribuidora Ltda, 1985.
ZWEIG, Stefan. *Maria Antonieta*. Rio de Janeiro: Editora Guanabara, 1951.

Índice de nomes citados

A
ABRAMO, Fúlvio, 115
ADAUTO, major (ver Paula, Adauto Barbosa de), 29, 30, 43, 56, 57, 62, 74, 80, 82, 85, 87, 265, 266, 388, 531, 579, 580, 581
AFONSO, Arinos, deputado, 107, 300, 462
AGUIAR, Conceição de Albuquerque Ferreira, 817
ALBUQUERQUE, Gilton, 370, 673
ALBUQUERQUE, Ignez de, 21
ALBUQUERQUE, Jorge de, 21
ALBUQUERQUE NETO, Pedro, 815
ALCOFORADO, Otília, 83
ALENCAR, José de, 49, 137
ALESSANDRI, Arturo, 715
ALLENDE, Salvador, 684, 696, 713, 714, 715, 716, 717, 718, 719, 799
ALMEIDA, Agassiz, 402, 816
ALMEIDA, Agripino Ferreira de, 165, 246
ALMEIDA, Antonio Alcoforado de, 63, 87
ALMEIDA, José Américo de, 827
ALMEIDA, Manuel Alcoforado de, 83
ALMEIDA, Maria José de Paula, 579, 580, 619, 622, 625, 627, 628, 629, 630, 654, 664, 785, 816, 822
ALMEIDA, Sindulfo Alcoforado de, 63, 65, 83, 84, 87, 579, 580, 628, 654, 785
ALVES, Aristides Pereira, 210
ALVES, Márcio Moreira, 300, 729
ALVES, Mário, 364
ALVES, Mauro Ribeiro, 673
ALVES, marechal Osvino, 493, 494
ALVIM, Thereza Cesário, 669
AMARAL, Antonio Carlos Cintra do, 492
AMORIM, Gumercindo, 161, 162
ANA DE LURDES, irmã, 501
ANATAILDE, filha de Julião, 106, 138, 716, 727, 776
ANATILDE, filha de Julião, 106, 138, 716
ANATÓLIO, filho de Julião, 138, 698, 716, 739, 776, 787, 798, 799, 800
ANACLETO, filho de Julião, 138, 339, 512, 513, 716, 787
ANAUAC, neto de Julião, 739
ANDRADE, Carlos Luiz de, 316
ANDRADE, Doutel de, deputado 508, 739
ANDRADE, Jáder de, 369, 450
ANDRADE, Luiz Gonzaga Xavier de, 258
ANDRADE, Manuel Correia de, 249, 289
ANETE, neta de Julião, 739
ANGÉLICA, Maria, 705, 713, 714, 731
ANÍSIO, camponês, 587
ANJOS, João Alfredo dos, 316, 434, 816
ANSELMO, Cabo, 501, 502
ANTONIA (filha de Henrique Pereira de Lucena), 26
ANTONIO (xará), 552, 553, 554, 555, 556, 557, 558, 559, 561, 562, 563, 564, 565, 567, 571, 574, 575, 577, 578, 583, 584, 594
ANTONIO CÍCERO (ver Paula, Antonio Cícero Barbosa de),
ANTONIO SILVINO (ver Morais, Manuel Batista de)
ANTONIO VITOR, 402, 403
ANTUNES, Ruy, 123
AQUINO, Antonio, 219
ARAGÃO, Cândido, almirante, 486
ARANTES, Álvaro, 65
ARAÚJO, Carlos Franklin Paixão de, 397
ARAÚJO, Nabuco de, 27
ARAÚJO, Otávio Correia de, 113
ARAÚJO, Pedro Inácio de, 399
ARAÚJO, Rui Vidal de, 520
ARCEO, dom Sérgio Méndez, 685, 799, 800
ARDOVINO, torturador (ver Barbosa, Carlos Ardovino),
ARISTÓTELES, 646
ARMAS, Joaquín Hernández, 677
ARRAES, Miguel, 122, 161, 218, 220, 221, 222, 234, 239, 240, 241, 242, 243, 247, 248, 316, 317, 318, 320, 325, 349, 417, 418, 422, 423, 425, 426, 427, 428, 434,

ÍNDICE DE NOMES CITADOS

437, 439, 440, 446, 450, 455, 456, 457, 458, 459, 460, 461, 462, 464, 477, 492, 493, 501, 503, 504, 506, 515, 516, 519, 520, 521, 522, 541, 542, 573, 595, 624, 634, 635, 636, 642, 663, 667, 725, 726, 727, 729, 741, 753, 760, 761, 763, 765, 769, 770, 772, 773, 774, 775, 776, 777, 778, 799
ARRAES, Violeta, 521, 522
ARTIGAS, José, 321, 355
ARRUDA (ver Paula, Sebastião Cirilo Arruda de),
ARRUDA, Dr. (ver Arruda, Manuel Tertuliano Travassos de),
ARRUDA, Manuel Tertuliano Travassos, 29, 35, 37, 39, 40, 41, 42, 57, 106, 138, 388, 582, 786
de, ARRUDA, Nelson Pereira de, 214, 217
ARRUDA, Tereza Interaminense de, 42
ATHAYDE, Austregésilo de, 791
ATHAYDE, Tristão de (ver Lima, Alceu Amoroso),
ASFORA, Raimundo, 402, 403
ASSIS, Francisco de, 381, 400
ASSIS, José Nascimento de, 380
ASSIS, Machado de, 111, 790, 791
ASSIS, São Francisco de, 353
AUGUSTO (ver Paula, Augusto Barbosa de),
AURELIANO, Rodolfo, 171
AURORA, dona (ver Crespo, Aurora Lins),
AYMAR, José, 313, 314
AYRES DOS PRAZERES, sargento, 673
AZEDO, João Cavalcanti de Melo, 655
AZEVEDO, Fernando Antonio, 394, 396, 422, 441, 445

B

BALBINA, Severina, 744
BALMES, J., 71
BALL, John, 61, 149
BALTAR, Antonio Bezerra, 220, 242
BAMBIRRA, Sinval de Oliveira, 673

BANDEIRA, Anna Mesquita, 22
BANDEIRA, Joaquim, 125
BANDEIRA, Manuel, 11, 131, 791
BANDEIRA, Moniz (Juiz Alberto), 300, 505, 826
BARBOSA, Antonio, 485
BARBOSA, Bartolomeu, 611
BARBOSA, Carlos Ardovino, 406
BARBOSA, João, 673
BARBOSA, Júlio, 165
BARBOSA, Rui, 46, 50, 51, 52, 108
BARBOSA, Vicente, 162
BARBOSA LIMA SOBRINHO, Alexandre José, 233
BARBOSA VASCONCELOS, 272
BARRETO, general Dantas, 29, 316, 317, 343, 468, 522
BARRETO, Leda, 582
BARRETO, Luiz Antonio de Barros, 155, 318
BARRETO, Luiz Carlos, 669
BARRETO, Maria Ceailes, 318, 611, 699
BARRETO, Tobias, 76
BARRETO GUIMARÃES, 216, 318
BARROS, Adhemar de, 424, 478, 479, 503, 504, 544, 623
BARROS, Eugênio de, 157
BARROS, Jaci do Rego, 65
BARROS, coronel Luis de, 483
BARROS DE CARVALHO, 367
BARROS BARRETO (ver Barreto, Luiz Antonio de Barros),
BARROSO, Parsifal, 259
BASBAUM, Leôncio, 231, 232, 368, 369, 479, 503
BASER, Mariano, 380, 381
BASTOS, Elide Rugai, 330
BASTOS, general Justino Alves, 157, 486, 489, 490, 503, 516, 519
BATATINHA, João, 247
BATISTA, Fulgencio, 205
BATISTA, Malaquias, 402

BATISTA, Miguel, 239
BATISTA BRANDÃO, deputado, 485
BATISTA LUZARDO, 50
BEAUMARCHAIS, 293
BEAUVOIR, Simone de, 639
BEETHOVEN, Ludwig Van, 159, 702
BELARMINA (filha de Henrique Pereira de Lucena), 26
BELFRAGE, Cedric Henning, 681, 682, 683, 684, 698, 722
BELFRAGE, Mary, 817
BELL, David, 499, 667
BELTRÃO, Hélio, 351
BELTRÃO, Luiz, 65
BELTRÃO, Oscar de Arruda, 168, 169, 175, 176, 177, 213, 248
BENARIO (Prestes), Olga, 645
BERGER, Peter, 685
BEGIN, Menahem, 741
BERMÚDEZ, Lilia, 786
BERNARDES, Artur, 107, 113, 114, 156, 351
BERTUSI, Guadalupe Terezinha, 817
BETANCOURT, Rómulo, 328
BETINHO (ver Souza, Herbert de),
BERNARDINA (mãe de leite da Espera), 31, 37
BEVILÁQUA, Clóvis, 38, 60, 78
BEVILÁQUA, Peri, 642
BEZERRA, Alarico, 222, 223
BEZERRA, Arnaud Nunes, 404
BEZERRA, Gregório, 114, 122, 127, 239, 242, 316, 455, 460, 517, 518, 519, 642, 663, 729, 773
BEZERRA, tenente João, 458
BIDA, 65
BOILEAU, 218
BONFIM, Orlando, 364
BORBA, Osório, 181
BORGES, Agnaldo Veloso, 403, 404, 405
BORGES, Gustavo, 398
BORGES, Luiz, 162
BORGES, Mauro, 157, 368, 396, 397, 404, 604
BORGES, Olivar, 743
BORGES DE MEDEIROS (Antônio Augusto), 724
BOUMEDIENE, Houari, 668
BOXBAUM, Edgard, general, 971
BRADA, Aniz, 491
BRAGA, Ney, 504, 752
BRAGA, Rubem, 115, 300
BRANDO, Marlon, 261
BRANDINI, brigadeiro, 623
BRENTANO, padre, 197
BRITO, Laurindo, 259, 260
BRIZOLA, José, 724
BRIZOLA, Leonel (de Moura), 316, 317, 351, 360, 368, 375, 462, 498, 501, 502, 522, 535, 543, 573, 635, 724, 725, 726, 727, 729, 730, 736, 742, 747, 748, 749, 750, 751, 752, 765, 768, 769, 770, 777, 783, 786
BROWN, George S., 323
BORER, Cecil, 398, 406
BOYD-ORR, Lord, 323
BUDA, 71, 353, 685

C

CABANAS, João, 50
CABRAL, Antonio, 266
CABRAL, Castilho, 299, 300
CABRAL, coronel Nadir Toledo, 221
CABRERA, José A., 327
CAFÉ FILHO, João, 292
CAILLARD, Eugênio, 673, 674, 675
CALAIS, Emídio Augusto, 44
CALLADO, Ana Arruda, 816
CALLADO, Antonio, 147, 170, 173, 228, 252, 253, 255, 256, 259, 260, 281 282, 287, 433, 435, 450, 458, 669, 672
CAMARGO, Aspásia, 146, 270
CAMARGO, Joracy, 225
CÂMARA, Elpídio, 225
CÂMARA, dom Hélder, 367, 684

ÍNDICE DE NOMES CITADOS

CÂMARA, José Bonifácio da Silva, 367
CÂMARA, Joel Sampaio de Arruda, 823
CAMÕES, Luis de, 689
CAMPELO, Cleto, 395
CAMPELO, Oswaldo, 169
CAMPOS, Alcebíades Medeiros de Siqueira, 637, 655
CAMPOS, Siqueira, capitão, 267
CAMPOS, Milton, 312, 313, 342
CAMPOS, Odilo, 65
CAMPOS, Roberto, 350, 662
CAMPOS VERGAL, 132
CANDIDO, Antonio, 115
CANTU, diplomata mexicano, 674
CAPISTRANO, David, 114, 116, 117, 122, 123, 124, 125, 234, 242, 316, 815
CÁRDENAS, Lázaro, 132, 386, 684, 717, 723
CASANOVA, Pablo González, 684, 717
CARDOSO, Adauto Lúcio, 302, 507, 523, 602, 661
CARDOSO, Fernando Henrique, 765
CARDOSO, Rui, 451
CARDOSO, Valdir, 123
CARDOZO, Joaquim, 791
CARIOCA (ver Silva, Antonio Galdino da),
CARNEIRO, Adolfo Pereira, 258
CARNEIRO LEÃO, Pedro Augusto, 46, 50
CARVALHO, Amaro Luiz de, 391, 395, 429
CARVALHO, Apolônio de, 117
CARVALHO, Joaquim Aurélio Pereira de, 449
CARVALHO, Sócrates Times de, 98, 447
CARVALHO PINTO (Carvalho Pinto), 310, 493
CASCUDO, Luis da Câmara, 24
CASTELO BRANCO, Humberto de Alencar, 477, 498, 500, 501, 502, 522, 623, 656, 661, 665, 666, 769
CASTELLANOS, Diana G. Hidalgo, 677
CASTELLO BRANCO, Carlos, 300, 493
CASTILHO, João Dutra, 520, 521
CASTILHOS, Júlio de, 724
CASTRO, Fidel, 149, 298, 302, 303, 304, 305, 306, 316, 324, 325, 326, 327, 328, 329, 332, 339, 343, 344, 346, 353, 354, 358, 361, 384, 386, 393, 397, 407, 433, 438, 440, 593, 609, 614, 667, 695, 696, 714, 719, 799
CASTRO, Isabela, 820
CASTRO, Josué de, 161, 169, 173, 201, 202, 240, 579, 582, 709, 792
CASTRO, Regina, 370, 371, 477, 478, 506, 527, 530, 564, 582, 629, 642, 643, 700
CASTRO, Regina Coelis Carvalho de (ver Castro, Regina).
CASTRO, Rosa, 708
CASTRO, Tarzan de, 396, 398, 429
CASTRO ALVES (Antônio de), 107, 170, 228, 269
CAVALCANTI, Adalgisa, 316
CAVALCANTI, Artur Lima, 243, 271
CAVALCANTI, Carlos de Lima, 832
CAVALCANTI, Jerônimo, 243
CAVALCANTI, Mário, 191, 248
CAVALCANTI, Paulo, 122, 123, 126, 127, 231, 240, 241, 242, 320, 360, 408, 425, 492, 493, 520, 521, 667, 678, 684, 709
CAVALCANTI, Sandra, 752
CAVALCANTI, Tenório, 523
CAVALCANTI, Vanildo Bezerra, 65
CEAILES (ver Barreto, Maria Ceailes).
CELECINA (filha de Henrique Pereira de Lucena), 26
CELSO, Edmundo, 162
CERQUEIRA, Marcelo, 739
CERVANTES, Miguel de, 680
CINTRA, Thiago, 725
CIRILO, São, 30
CHAGAS, Carlos, 303
CHAMBERLAIN, Neville, 77
CHATEAUBRIAND, Assis (Francisco de Assis Chateaubriand Bandeira de Melo), 124, 147, 386
CHECA, Reynaldo Carnero, 717
CHICO HERÁCLIO, coronel (ver Rego, Francisco Heráclio do Rego)

CHURCHILL, Winston, 77, 446
CLAUDINO, Arnaud (ver Bezerra, Arnaud Nunes),
CLEIDE (Maria Cleide), 797
CLEMENTE, Rosa, 57, 83, 85, 87, 88, 550
CLEOFAS, João, 161, 181, 216, 234, 418, 422, 423, 426, 595
COELHO, Duarte (ver Pereira, Duarte Coelho),
COELHO, Duarte de Albuquerque, 21
COELHO, Felipe, 307, 309, 311
COELHO, Fernando, 764
COELHO, João, 774, 775
COELHO, Nélson, 486
COELHO, Osvaldo, 216
COIMBRA, Estácio, 164
COLOBONE, estudante paulista, 673
CONCEIÇÃO, Manoel da, 759, 761
CONCEIÇÃO, Maria Susana da, 315
CONSELHEIRO, Antonio, 329, 370, 620
CONGO, João, 34
CONY, Carlos Heitor, 669
CORDEIRO, Cristiano, 231
CORDEIRO DE FARIAS, general, 128, 161, 181, 182, 183, 184, 186, 195, 196, 203, 204, 207, 208, 211, 213, 215, 217, 218, 219, 233, 234, 237, 238, 355, 358, 428, 479
CÔRREA, Villas-Bôas (Luiz Antônio), 300
CORREIA, Fábio, 229
CORREIA, José, 63
COSTA, Adauto Freire da (ver Freire, Adauto),
COSTA, Albino Manoel da, 648
COSTA, David Capistrano da (ver Capistrano, David),
COSTA, Eurico Ferreira da, 48
COSTA, José, 300
COSTA, Manoel Justino da, 402
COSTA, Miguel, 50
COSTA, Oswaldo, 309
COSTA PEREIRA, 191, 248

COTÓ, João, 184
COUTINHO, Alcedo, 114, 123
COUTINHO, Eduardo, 611
COUTINHO, Murilo, 161
COUTINHO, Odilon Ribeiro, 108, 483
COUTINHO, Pedro Ramos, 399, 403, 404
COUTINHO, Renato Ribeiro, 399, 482, 483, 486
COVAS, Mário, 765
CRESPO, Abílio Apolinário, 93, 106
CRESPO, Alex Lins, 93
CRESPO, Alexina Lins, 93, 106, 132, 263, 784
CRESPO, Aurora Lins, 93
CRESPO, Paulo, 419, 455
CRISTO, Jesus, 71, 148, 150, 178, 269, 414, 595
CROCE, Benedetto, 448, 779
CROMWELL, Oliver, 170
CRUZ, Antonio, 783, 784, 785
CRUZ, Oswaldo, 42
CUEVA, Agustín, 718
CUNHA, Euclides da, 153, 620
CUNHA, Vasco Leitão da, 303
CUNHA BUENO, 501
CUNHA MELO, general, 503
CUNHA PRIMO, 272

D

DADÁ (ver Paula, João Farias de, primo de Julião),
DANTAS, João, jornalista, 300
DE GAULLE, Charles, 614
DE-HUAI, Peng, 323
DENNYS, Odylio, 365, 366, 476
DEQUINHO (ver Paula, Manuel Tertuliano Arruda de Paula),
DEVYR, Theodore A., 151
DIAS, Antonio Alves, 395
DIAS, Getúlio, 739
DIAS, Giocondo, 364

ÍNDICE DE NOMES CITADOS

DIAS, João Alfredo, 399
DIAS, José de Aguiar, 784
DIAS FERNANDES, almirante, 516, 520
DINIZ, monsenhor Pompeu, 75
DINIZ, Raimundo, 65
DOMINGO, Alberto, 882
DOM PEDRO I, 427
DOM PEDRO II, imperador, 95
DORTICÓS, Osvaldo, 302
DUMONT, Carlos, 65
DUARTE, Carlos, 317
DUARTE, Lourdinha, 817
DUARTE, Pedro, 165
DUCE (ver Almeida, Sindulfo Alcoforado de),
DURANT, Will, 61
DUTRA, coronel, 651
DUTRA, Eurico Gaspar, 155, 156, 179, 232, 544

E

EBLAK, Luiz, 145
ECHEVERRÍA, Luis, 719, 721
ELBRICK, Charles Burke, 510
ELIAS, carvoeiro, 108, 109
EMÍLIA (filha de Henrique Pereira de Lucena), 26
ENDICOTT, James, 132
ENEIDA, codinome de Regina Castro, 531, 544, 626, 628, 644, 699, 705
ENGELS, Friedrich, 57, 60, 70, 71, 148, 150
EN-LAI, Chou, 324
ERNESTO, Pedro, 791
ESTENSORO, Paz, 328, 671
ETCHEVERRY, Joao, 367
EURÍPEDES, 135

F

FADUL, Wilson, 783
FALCÃO, Aluízio, 316
FALCÃO, Armando, 279, 286, 290, 366, 367
FALCÃO, Francisco, 387
FARIAS, Antonio, 453, 773, 775, 777

FARIAS, Renato, 197
FAZENDEIRO, Pedro (ver Araújo, Pedro Inácio de), 399
FELICIANO, José, 485
FELIX, Genival Fortunado, 485
FERNANDES, Aníbal, 108, 218, 285
FERNANDES, Edson Moury, 71
FERNANDES, Hélio, 250, 300
FERNÁNDEZ, Francisco de Assis, 717
FERREIRA, Hugo, 210
FERREIRA, Luiz Pinto, 161
FERREIRA, Nelson, 231, 238
FERREIRA, Osias, 391
FERREIRA GULLAR (José Ribamar Ferreira),
FERRER, Severino, 219
FIALHO, Branca, 132
FIGUEIRA, Antonio, 234
FIGUEIREDO, Antonio Pedro, 153
FIGUEIREDO, João Batista, 729, 737, 741, 764, 783
FIÚZA, Iedo, 232
FLAUTA, Joãozinho da, 150
FLORIANO (ver marechal Floriano Peixoto),
FONSECA, Hermes da (ver Fonseca, Mário Hermes da),
FONSECA, Mário Hermes da, 39, 40, 154, 190, 214, 216, 222, 254, 260, 262, 305, 321, 359, 361, 407, 414, 416, 481
FONTENELLE, Benício, 132
FONTOURA, Lauro, 107, 644
FORN, Edgar Escobar, 712
FRANCA, Roberto, 764
FRANÇA, Caio Galvão de, 816
FRANCISCO DE ASSIS, São, 33, 353
FRANCO, Afonso Arinos de Melo, 107, 300, 462
FRANCO, generalíssimo Francisco, 116, 230
FREI, Eduardo, 714
FREIRE (ver Freire, Adauto),
FREIRE, Adauto, 391, 395, 431
FREIRE, Ana Pereira, 22

FREIRE, Franco, 197
FREIRE, Marcos, 759, 760, 761, 762, 763, 764, 765
FREIRE, Paulo, 684, 685, 729, 828
FREIRE, Roberto, 728, 741
FREIRE NETO, Luis, 764
FREITAS JÚNIOR, José Otávio de, 115
FREYRE, Gilberto, 46, 65, 71, 108, 134, 136, 164, 662, 766
FROMM, Erich, 685
FUBA (ver Dias, João Alfredo),
FÜLÖP-MILLER, René, 61
FUNDENGA, 66
FURTADO, Celso, 195, 253, 286, 287, 288, 289, 343, 345, 346, 347, 349, 351, 352, 450, 462, 519, 520, 521, 522, 687

G
GALEANO, Eduardo, 527, 575, 683
GALLOTTI, Luiz, 656, 657
GARCÍA, Henrique Ruiz, 713, 721
GARRINCHA (Manuel Francisco dos Santos), 689
GAVITO, Vicente Sánchez, 673, 674
GEISEL, Ernesto, 656, 737
GERSON (ver Viana, Gerson Arantes),
GHIOLDI, Rodolfo, 386
GIRON, Beatriz Alemán, 707
GIRON, Carlos, 707
GODINHO, Padre, 508, 511
GOETHE, 748
GOMES, Eduardo, 107, 112, 232
GOMES, Severino João, 482
GOMES, Zé, 43
GONÇALO (velho, jardineiro da fazenda Espera),
GONÇALVES, José Antonio, 63
GONÇALVES, padre Antonio, 743
GONDIM, Pedro, 483
GONDIM DA FONSECA, 36, 38, 260, 361, 416
GONZÁLEZ, José Luis, 717

GOODWIN, Richard, 350
GORDON, Lincoln, 325, 425, 426, 462, 477, 479, 496, 499, 500, 504, 505, 522
GOULART, João (Belchior Marques), 207, 209, 316, 374, 414, 415, 437, 450, 462, 493, 498, 504, 505, 506
GOUVEIA, Fernando da Cruz, 483, 484, 485, 486
GRIEG, Edvard, 702, 705
GUAYASAMIN, Osvaldo, 682
GUERRA, investigador policial, 319
GUERRA, José Carlos, 774
GUERRA, Paulo, 71, 517, 521
GUEVARA (de la Serna), Ernesto Che, 324, 327, 349, 350, 351, 352, 354, 358, 386, 389, 433, 593, 799
GUIJANO, Carlos, 575, 718
GUIMARÃES, Bráulio, 184, 207, 208, 209, 210, 211, 215, 217, 219, 220, 229, 743
GUIMARÃES, Barreto, 216, 318
GUIMARÃES, irmãos, 426
GUIMARÃES, Magnus, 739
GUIMARÃES, Ulysses, 765
GUIMARÃES SOBRINHO, José, 162, 197
GURGEL, Arnaud, 219
GÚZMAN, Dolores, 817, 822

H
HECK, Sylvio, 365, 476, 479
HENFIL (Henrique de Souza Filho), cartunista, 737, 756, 813
HENRIQUETA (filha de Henrique Pereira de Lucena), 26
HENRY ROBERT, 643
HERÁCLIO, Chico, 164, 165, 166, 167, 229, 243, 244, 246, 247, 255, 263, 726
HÉRCULES, 339
HERMES, Gabriel, 367
HERMOSO, Jorge, 684
HERNÁNDEZ, Pulvo, 684
HIROITO, imperador, 707
HITLER, Adolf, 77, 446, 560, 707

ÍNDICE DE NOMES CITADOS

HOLANDA, Sérgio Buarque de, 115
HOMEM, José Osias de Paula, 34
HONEBES, Severino, general, 721
HORA, Abelardo da, 316, 343, 816
HORTA, Pedroso, 366
HORTÊNCIO, camponês, 168, 873
HUSS, João, 61, 62, 150

I

IAZETTI, Antonio, 484
IBIAPINA, Hélio, coronel, 517, 616, 619, 620, 623, 624, 625, 629, 630, 652, 655
ILLICH, padre Ivan, 432, 684, 685, 686
INTERAMINENSE, dona Tereza, 42
IRACI (Iraci de Paula), 797
IRMÃ PAULA, codinome de Regina Castro, 699, 701, 702, 703, 704, 705
ISABELA, filha de Julião (ver Castro, Isabela),
ISCARIOTES, Judas, 51, 56, 595

J

JAGAN, dentista, 328
JANGO (ver Goulart, João),
JEFFERSON, Thomas, 407
JEREMIAS (ver Pinto, Paulo Roberto),
JIMÉNEZ, Marcos Pérez, 328
JK (ver KUBITSCHEK, Juscelino),
JOANA, menina, 584
JOAQUIM (filho de Bernardina, a mãe de leite), 31
JOÃO, filho de Oscar de Arruda Beltrão, 175
JOÃO TELES (filho de Bernardina, a mãe de leite), 31
JOÃO VIRGÍNIO, 169, 610
JOAQUIM CAMILO, 401
JOAQUINA, líder de Tejucopapo, 488
JOEL (ver Câmara, Joel Sampaio de Arruda),
JOFFILY, José, 342, 403, 404
JOGAN, Cheddi Bharat, 328
JOGAN, Janet, 328
JOHNSON, Lyndon (Baynes), 479, 499, 522
JONAS (cf. Souza, Jonas de), 191, 248

JOSÉ, São, 30, 482, 501
JOSÉ, soldado, 622
JOSÉ BONIFÁCIO (ver Silva, José Bonifácio de Andrada e),
JOSÉ EVANGELISTA, 401
JOSÉ EUDES, deputado, 739
JOSÉ HUGO (ver Paula, José Hugo Arruda de),
JOSÉ MAURÍCIO, deputado, 739
JUNGMAN, radialista, 316
JULIAN, o Hospitaleiro, 32, 33
JULIANO, o Apóstata, 32, 33
JULIANO, Francisco, 32
JULIÃO, São, 30, 33
JUNOT, general, 749
JUNQUEIRA, Ivan, 669
JUREMA, Abelardo, 495
JUREMA, Aderbal, 423, 766
JZIJKA, 150

K

KAUTSKY, 72
KENNEDY, Edward (Fitzgerald), 345, 346, 347, 352
KENNEDY, John (Fitzgerald), 325, 343, 344, 345, 346, 347, 350, 354, 424, 462, 479, 480
KENNEDY, Robert (Fitzgerald), 499
KHORRAMZADEH, Heshmatalcah, 817
KISSINGER, Henry, 712
KOSTER, Henry, 24
KRAUSE, Gustavo, 770
KRUEL, Amaury, 421, 502, 503
KUBITSCHEK, Juscelino, 147, 195, 207, 253, 341, 477, 549

L

LABASTIDA, Jaime, 817
LACERDA, Carlos (Frederico Werneck de), 366, 372, 396, 414, 424, 438, 439, 477, 492, 493, 496, 497, 498, 504, 544, 549, 665, 666, 667, 671, 672

LACERDA, Pedro Paulo Sampaio de, 132
LAFAIETE LOPES, 65
LAGARDE (Claude François Chauveau-Lagarde), 642, 643, 645, 646
LAGES, padre Francisco, 421, 673
LAMPIÃO (Virgulino Ferreira da Silva, vulgo), 329, 566
LAO, o velho, 205, 206
LAVOR, Mansueto de, 741
LEAL, Victor Nunes, 658
LEÃO, Eurico de Souza, 122, 233
LEÃO, Roberto Carneiro, 515
LEITÃO, Tarcísio, 815
LEITE, Eraldo Gueiros, 639
LEITE FILHO, José, 123
LEME, dom Sebastião, 75, 77
LEMOS, Clélio, 229, 237, 238, 423
LEMOS, Francisco de Assis, 400, 402, 480, 485, 486
LÊNIN (Vladmir Illich Ulianov), 72, 115, 149, 321, 353, 718
LEVY, Herbert, 507, 623
LIMA, Alceu Amoroso, 687
LIMA, Álvaro da Costa, 184, 207, 209, 210, 211, 609, 652, 654, 662
LIMA, Ferreira (ver Lima, João Ferreira),
LIMA, Francisco Negrão de, 665
LIMA, Herman, 658
LIMA, Hermes, 114
LIMA, João Bezerra de, 231, 319
LIMA, João Ferreira, 740, 741
LIMA, Jorge de, 766
LIMA, José Daniel Vieira de, 485
LIMA, José Daniel Acioly, 485
LIMA, Osvaldo, 112, 113, 740
LIMA, Paulo de Andrade, 740
LIMA, Pedro Mota, 107
LIMA, Vanderlino Bezerra de, 319
LIMA, Zito de Andrade, 774, 776, 777
LIMA BARRETO (Afonso Henrique de), 671
LIMA FILHO, Osvaldo, 740
LINCOLN, Abraham, 353

LINS, Álvaro, 593, 766, 791
LINS, Etelvino, 68, 69, 70, 109, 122, 127, 128, 180, 181, 218, 291, 423, 428
LINS, dona Flora Gonçalves, 29, 42
LIZALDE, Eduardo, 817
LLERGO, José Pages (ver Pages, José),
LLERGO, Regino Hernández, 707
LONGMAN, Sérgio, 741
LONGO, Luigi, 117
LOPES, Isidoro Dias, 50
LOPES, Luiz Simões, 351
LOPES, José Machado, 368
LOPES DE SOUZA, Pero, 21
LÓPEZ, Felix Alberto Espinoza, 801
LOTT, Henrique Batista Duffles Teixeira, marechal, 188, 218, 273, 279, 280, 286, 291, 292, 293, 296, 297, 298, 299, 300, 304, 306, 308, 313, 315, 316, 317, 318, 320, 360, 361, 362, 406, 415
LUCENA, Anselmo Pereira de, 22, 23, 24, 25, 29, 34, 785, 802
LUCENA, Antonio Mateus Pereira de, 34
LUCENA, Augusto, 229
LUCENA, barão de (ver Lucena Filho, Henrique Pereira de),
LUCENA, Henrique Pereira de, 25, 26, 27
LUCENA, Saulo, 817
LUCENA, Vasco Fernandes de, 21, 22
LUCENA FILHO, Anselmo Pereira de, 25
LUCENA FILHO, Henrique Pereira de, 22, 272, 28, 38
LUCHESI, Ramiro, 364
LUIS XVI, 645
LUSTOSA, Antonio, 75
LUTERO, Martin, 148
LUXEMBURGO, Rosa, 72
LUZARDO, Batista, 50

M
MACÁRIO, Renato, 486
MACHADO, Eleazar, 123
MACIEL, Arnaldo, 216

ÍNDICE DE NOMES CITADOS

MACIEL, Lisâneas, 739
MACIEL, Marco, 771
MACIEL, Paulo, 487
MAGALHÃES, Agamenon, 68,69, 78, 113, 122, 125, 180, 764
MAGALHÃES, Carlos Daniel de, 197
MAGALHÃES, Djaci, 191, 242, 248, 272, 316
MAGALHÃES, Juracy, 294, 300, 301
MAGALHÃES, Manuel de Paula, 482
MAGALHÃES, Roberto, 764, 771
MAGALHÃES JÚNIOR, Juracy, 300, 301
MAGALHÃES JÚNIOR, Raimundo, 832
MAGALHÃES PINTO (José de), 279, 280, 299, 424, 493, 502, 504, 543, 544, 554
MAIOR, Mário Souto, 258
MAIOR JÚNIOR, Noé Souto, 763
MALCLOS, soldado romano, 52
MANGABEIRA, Francisco, 102
MANGABEIRA, João, 107, 114, 439, 631
MANN, Thomas, 479, 499
MANOEL GONÇALVES, 176
MAO TSE-TUNG, 149, 320, 321, 322, 323, 329, 342, 353, 437
MAQUIAVEL (Niccoló Machiavelli), 297
MARANHÃO, Constâncio, 126, 281
MARANHÃO, Gustavo, 771, 777
MARANHÃO, Jarbas, 181, 238, 239
MARCIAL, 135
MARCHUCCI, Rui, 300
MARIA ANTONIETA, 643, 645, 646, 812
MARIA, José (ver Almeida, Maria José de Paula Almeida),
MARIA, Santa, 30, 292
MARIA CAMARÃO, líder de Tejucopapo, 488
MARIA CELESTE, 513, 514, 515, 611, 741
MARIA CLARA, líder de Tejucopapo, 488
MARIA QUITÉRIA, líder de Tejucopapo, 488
MARIA FILHO, Francisco, 403
MARIANO, José, 228, 317, 447
MARIETA, dona, 274, 275, 276

MARIGHELLA, Carlos, 694, 695, 698, 799
MARINI, Ruy Mauro, 725
MARQUES, Sílvio, 197
MARQUÊS DE POMBAL (ver Melo, Sebastião José de Carvalho e),
MÁRQUEZ, Gabriel García, 718, 725, 738
MARTÍ, José, 297, 302, 343
MARTINELLI, Osneli, 638
MARTINEZ, Pablo, 817
MARTINS, Hugo, 741
MARTINS, José, 407, 481
MARX, Karl, 60, 70, 71, 179, 359, 406, 755
MARZAGÃO, Augusto, 299, 300
MATA, Antonio, 13
MATA, Manuel, 13, 14
MATA, Maria, 13, 14
MATEUS, Antonio (ver Lucena, Antonio Mateus Pereira de),
MATOS, Paulo da Cruz, 815
MAURINO, São, 30, 58, 785, 797
MAYOR, Mário Souto (ver Maior, Mário Souto),
MAZZILLI, Ranieri, 367, 506, 507
MCCONE, John, 424, 504
MCNAMARA, Robert, 504
MEDEIROS, Maria Elisa Viegas de, 203
MEDEIROS, Viriato de, 126, 221, 222
MEINBERG, Íris, 378
MELO, Bernardo Vieira de, 58, 60, 68
MELO, Clóvis, 261, 382, 383
MELO, Felipe Bandeira de, 22
MELO, Francisco Bandeira de, 582
MELO, Herculano Bandeira de, 38
MELO, José Alexandre de, 316
MELO, Mário, 65
MELO, Nelson de, 479
MELO, Olimpio de, 250
MELO, padre Antonio, 419, 455
MELLO, Thiago de, 669, 686, 813, 816
MELO FILHO, Murilo, 299, 300, 303, 808, 816
MELO NETO, João Cabral de, 173, 174, 175,

709, 791
MENDES, Otoniel, 65
MENEGHETTI, Ildo, 504
MENEZES, Bruno Cavalcanti, 817
MENEZES, Fagundes de, 191, 248
MENUCCI, Geraldo, 319
MESQUITA, Carlos, 300
MESQUITA, Gabriel, 219
MIKOYAN, Anastas, 303
MIRANDA, Carminha, 489
MITTERRAND, François, 323
MIXTO, José, 216
MOEMA, filha de Julião, 82, 84, 87, 89, 90, 625
MONTE, Chico, 259
MONTGOMERY, Bernard, marechal, 323
MONTEIRO, Álvaro, 672
MONTEIRO, João, 333, 740, 783
MONTEIRO, Pedro José, 165
MONTEIRO, José Múcio, 417, 770, 771, 772, 777
MONTEIRO, codinome de companheiro de Julião, 563, 564, 565, 566, 567, 568, 569, 570, 571, 574, 589, 590
MONTEIRO, Lauriston, 63, 65
MONTEIRO FILHO, Armando, 415, 416, 417, 418, 423, 761, 773
MONTEIRO DE MORAIS, 234
MONTENEGRO, Antonio, 251
MONTENEGRO, Olívio, 766
MONTORO (André), Franco, 367, 765
MORAIS, Clodomir Santos de, 229, 637
MORAES JÚNIOR, dom Antonio, 239
MOREIRA, Carlos, 63
MOREIRA CÉSAR, coronel, 620
MORIM, José, 706, 735, 743, 748, 802, 815
MORIM, Zé (ver Morim, José),
MOSCOSO, Frank de Mendonça, 689
MOSES, Herbert, 107
MOSS, Gabriel Grün, 365, 476
MOTA, Fernando Gondim da, 764
MOTA, Marly, 84, 85, 134

MOTA, Pedro, 107, 136
MOURÃO FILHO, Olimpio, general 476, 502, 503, 508, 529, 543, 546, 645
MULTON, A. W., 132
MÜNZER, Thomas, 61, 148, 150
MUSSOLINI, Benito, 707

N
NABUCO DE ARAÚJO, 27
NABUCO, Joaquim, 11, 12, 14, 27, 38, 137, 201, 202, 208, 226, 309, 334, 353, 379, 447, 450, 454, 662, 742
NANDA (Fernanda), filha de Regina Castro, 629, 667, 673, 676
NAPOLEÃO, 149, 576, 749
NASCIMENTO, Alfredo, 399
NASCIMENTO, José Barbosa do, 485
NAVARRO, Fred, 755
NEIVA MOREIRA (José Guimarães), deputado, 157, 604, 739, 792
NENÉM, dona (ver Paula, Maria Lídia Arruda de)
NERUDA, Pablo, 132
NETO CAMPELO, 233
NEVES, Tancredo (de Almeida), 368, 369, 481, 765, 767
NICINHA (ver. Paula, Maria Eunice Arruda de),
NIEMEYER, Oscar, 687
NIGRO, Clídio, 65
NINA (filha de Bernardina, a mãe de leite), 31
NOBRE, José de Freitas, 115
NOGUEIRA, Afonso Celso, 816
NOGUEIRA, Lucila, 175
NOVAIS, Augusto, 216, 229
NUNES, Adão Pereira, 739

O
OBREGÓN, Álvaro, general, 714
OLIVEIRA, Agostinho Dias de, 114
OLIVEIRA, Amaro, 123
OLIVEIRA, Antonio Correia de, 816, 822

OLIVEIRA, Chico (ver Oliveira, Francisco de),
OLIVEIRA, Dante de, 764, 766
OLIVEIRA, Francisco de, 260, 684, 686, 693, 714, 749
OLIVEIRA, Homero Souto de, 516
OLIVEIRA, Ivan Rui de Andrade, 520, 521
OLIVEIRA, João Cleofas de (ver Cleofas, João)
OLIVEIRA, José Aparecido de, 300
OLIVEIRA, José Braz de, 176
OLIVEIRA LIMA, M. de, 514
O'MEARA, Andrew P., tenente-general, 504
ORTIZ, Marta, 731, 750, 784, 786, 787, 798
OSÓRIO, general (marquês do Herval), 184
OSÓRIO FILHO, Frutuoso, 427
OTERO, Leivas, 123

P

PACHECO, Hernán, 713
PADRE CÍCERO (Romão Batista) 329, 693
PAGANINI, Niccolò, 702
PAGE, Joseph A., 364, 425
PAGES, José, 707, 708, 710, 712, 817
PAIVA, Elisiário, 515
PAIVA MUNIZ (Luiz Gonzaga de), deputado, 739
PANDOLFI, Eduardo, 763
PASCA, Dirceu di, 367
PASCAL, 218
PAULA, Adauto Barbosa de (Tatau), 29, 30, 265, 388
PAULA, Alexina Crespo de, 370, 388, 478, 784
PAULA, Antonio Cícero Barbosa de, 110, 201, 265, 268
PAULA, Francisco de (ver Santos, Francisco de Paula Gomes dos),
PAULA, João Barbosa de (João da Espera), 111, 265
PAULA, João Farias de (Dada), 56, 57, 58
PAULA, José Hugo Arruda de (Zezé), 58, 63, 65, 66, 67, 82, 431, 740, 789, 790, 795, 796, 797
PAULA, Manuel Tertuliano Arruda de (Dequinho), 29, 35, 37, 39, 40, 41, 42, 57, 106, 138, 388, 582, 786
PAULA, Maria Graciete Barbosa de, 815
PAULA, Maria José Arruda de (Zita) (ver Almeida, Maria José de Paula)
PAULA, Maria Lídia Arruda de (Maria Lídia Travassos de Arruda, dona Neném),
PAULA, Maria Minervina Arruda de (Diuzinha), 80, 106
PAULA, Pedro Barbosa de, 266
PAULA, Sebastião Cirilo Arruda de (Tão), 30, 46, 89, 630
PAULO VI, papa, 685
PAYTON, padre, 502
PAZ, Octavio, 692
PEÇANHA, Celso, 308
PEDRO RICARDO, 805, 816
PEDROSA, Mário, 115
PEDROSA, Amauri, 190
PEDROSA, Assis, 740, 741
PELLEGRINO, Hélio, 115
PELLICER, Carlos, 802, 834
PEREIRA, Aníbal, 316
PEREIRA, Hiran, 316
PEREIRA, Duarte Coelho, 21
PEREIRA, Joacil, 403
PEREIRA, Osny Duarte, 636
PEROSI, L., 75
PERSIVO, Milton, 65
PESSOA, Antonio Galdino, 485
PESSOA, Epitácio, 255
PESSOA, Fernando, 788
PESSOA, João, 402, 481
PESSOA, José Candido Castro, 287
PESSOA DE ANDRADE, 132
PIMENTA, João da Costa, 115
PIMENTEL, Paulo, 752
PINA, Gerson de, 647, 674
PINHEIRO, João Batista, 533, 536, 537, 557,

558, 559, 567, 594, 690
PINHEIRO DE LEMOS, 300
PINOCHET (Ugarte), Augusto, 719
PINTO, Álvaro Vieira, 636, 637
PINTO, Etelvino, 123
PINTO, Heráclito Fontoura Sobral, 107, 642, 643, 644, 645, 646, 647, 654, 661, 669, 762
PINTO, Paulo Roberto, 434, 473
PIRES FILHO, Ormindo, 174
PORTELA, coronel Joaquim Victorino, 644
PORTELA DE CARVALHO, 359
PONTES DE MIRANDA (Francisco Cavalcanti), 99
PRADEL, Honorato, 279, 290
PRAZERES, Amaro dos (Amaro do Capim), 167, 168
PRAZERES, capitão, 223
PRAZERES, José Ayres dos, 167, 168, 169, 182, 196, 201, 226, 673
PRESTES, Luiz Carlos, 50, 69, 76, 107, 127, 155, 168, 182, 210, 231, 296, 316, 318, 319, 359, 360, 362, 364, 365, 367, 374, 384, 386, 440, 501, 541, 543, 573, 645, 666, 729
PRESSBURGER, Miguel, 510, 528, 530, 533, 534, 535, 536, 537, 544, 564, 569, 571, 583
PUIGGRÓS, Rodolfo, 717
PULIDO, Esperanza, 678

Q

QUADROS, Jânio (da Silva), 237, 279, 294, 298, 305, 307, 308, 309, 310, 311, 313, 332, 358, 493, 715, 752
QUEIROZ (Joaquim Maria), Eça de, 218
QUEIROZ, Marcos, 773
QUEIROZ, Rachel de, 334
QUETZALCÓATL, deus mexicano, 692
QUINHONES, Antônio, 673
QUINTANA, Mário, 61

R

RABELO, Walter, 404
RAMOS, Alfredo, 234
RAMOS, Artur, 132
RAMOS, Clemir, 739
RAMOS, Graciliano, 766
RAMOS, Herberto, 763
RANGEL, Flávio, 669
RANGEL, Paulo, 387
REBOLLAR, Beatriz Pages, 817, 822
REED, John, 714
REGINALDO, padre, 772
REGO, Antonio Heráclio do, 229
REGO, Francisco Heráclio do (coronel Chico Heráclio), 163, 164, 165, 166, 167, 243, 244, 246, 247, 263, 726
REGO, Ida Marinho do, 197
REGO, José Lins do, 115, 766
REGO, Murilo Costa, 300
RESENDE, Anita de, 586
RIBEIRO, Chagas, 231
RIBEIRO, Darcy, 495, 541, 575, 727, 751, 783
RIBEIRO, Jair Dantas, 508
RIBEIRO, Zaira, 316
RIOS, José Arthur, 379
ROCA, Blas, 132
ROCHA, Alexandrino, 250
ROCHA, Antonio A. B. da, 427, 816
ROCHA, Euzébio de, 132
ROCKEFELLER, Nelson, 305, 306
RODRIGUES, José Honório, 115
RODRIGUES, Nelson, 644
RODRIGUES, Paulo Mário Cunha, 501
RODRIGUES CALHEIROS, 161
RODRÍGUEZ, Clara, 817
ROMANINI, Cláudio, 813, 817
ROMERO, dom Oscar Arnulfo, 786
ROSENZWEIG, diplomata mexicano, 691
ROSA, João Guimarães, 537, 686, 773
ROSA E SILVA, conselheiro, 29
ROSADO, Dix-Huit, 367

ÍNDICE DE NOMES CITADOS

ROUSSEAU, Jean-Jacques, 644
RUFINO, Sebastião, 792
RULFO, Juan, 137
RUSK, Dean, 499, 504, 505

S

SÁ, Jesus Jardim de, 165, 167, 213, 221
SABINO, Fernando, 300
SADAT (Muhammad), Anwar Al, 741
SALAZAR, António de Oliveira, 71, 184
SALES, Heráclio, 147, 255
SALES, Moacir, 229
SALINHO (corruptela de Gonçalinho), 797, 814
SALU, mestre, 53
SAMPAIO, Cid, 196, 221, 230, 234, 235, 236, 237, 238, 239, 240, 242, 243, 248, 251, 252, 267, 272, 273, 279, 280, 289, 290, 300, 311, 312, 313, 321, 329, 330, 331, 334, 335, 345, 347, 349, 355, 356, 388, 423, 424, 426, 428, 517, 634, 740, 763, 777, 808, 809, 815
SAMPAIO, Pedro Porfírio, 430, 809, 816
SANTA, dona, 44
SANTANA, Marcionilo Joaquim de, 313
SANTIAGO, Júlia, 316
SANTIAGO, Paulo Rubem, 817
SANTIAGO, Vandeck, 260, 822
SANTO TOMÁS, apóstolo, 692
SANTOS, Abdias Alves dos, 485
SANTOS, Antonieta, 528, 530, 537, 583, 585, 589, 595
SANTOS, Boaventura de Souza, 685
SANTOS, Evaldo Bráulio dos, 805, 816
SANTOS, Francisco de Paula Gomes dos, 34, 35
SANTOS, Joana da Rocha (dona Noca), 156, 157
SANTOS, José Lopes de Siqueira, 259, 297, 452, 454
SANTOS, Mário Apolinário dos, 115
SANTOS, Rosalvo dos, 162

SANTOS, Teotônio, 725, 728, 765
SARINHO, Byron, 772, 774
SARNEY, José (José Ribamar de Araújo Costa), 767, 768, 769, 776
SÁTIRO, Ernani, 759
SCHERER, dom Vicente, 342
SCHITINI, Antônio, 300
SEABRA, Geraldo, 316
SEIXAS DÓRIA, João de, 300, 624
SÊNECA, 136
SERAFIM, Luiz, 513, 514, 515
SÉRGIO MURILO, 739, 740
SERPA, major, 359
SERRA, José, 765
SETTE, Mário, 65
SETTE CÂMARA, 286
SCHEMBERG, Mário, 687
SKIDMORE, Thomas E., 502, 503
SILVA, Albanio Paulino da, 817
SILVA, Antonio, 210
SILVA, Antonio Alexandre da, cabo, 403, 404
SILVA, Antonio Ferreira da, 591, 594
SILVA, Antonio Galdino da, 481, 485
SILVA, Arlindo Nunes da, 482
SILVA, Artur da Costa e, 510
SILVA, Evandro Lins e, 367, 657, 658
SILVA, Francisco Pedro da, 403, 404
SILVA, Geraldo Gomes da, 403
SILVA, Golbery do Couto e, 656, 750, 751
SILVA, José Bonifácio de Andrada e, 748, 749
SILVA, José Tomaz da, 485
SILVA, Luiz Albino da; o Una, 340
SILVA, Maria Minervina Barbosa da, 80, 106
SILVA, Pedro Cardoso da, 485
SILVA, Wilson Carvalho da, 197
SILVA FILHO, José Graziano da, 749
SILVA RESOGUE, 684
SILVEIRA, Ênio, 206, 636, 653, 669
SILVEIRA, Joel, 115
SILVEIRA, Jorge Roberto, 739
SILVEIRA, Modesto da, 816
SILVEIRA, Pelópidas, 114, 122, 123, 161,

196, 233, 234, 235, 240, 262, 263, 388, 423, 492, 516, 520, 573
SIMÕES CARVALHO, major, 623
SIQUEIRA, Amaro Cabral de, 262
SIQUEIRA, José Lopes de (ver Santos, José Lopes de Siqueira),
SIQUEIROS, David Alfaro, 678
SOARES, Cleudo Pinto, 485
SOARES, João Luiz, 367
SOARES, José Arlindo, 231, 235, 807, 816
SOARES, Mário, 726, 727
SODRÉ, Nelson Werneck, 636, 828
SOLER, Martí, 817
SOMOZA (Debayle), Anastasio, general, 712, 718
SORIANO NETO, 78, 79, 107
SOUSA, Pero Lopes de, 21
SOUZA, Chico de, 756
SOUZA, Herbert de, 669
SOUZA, Luis Regueira Pinto de, 216, 217
SOUZA, Jonas de, 191, 248, 823
SOUZA, José Francisco de, 169, 176
SOUZA, José Porfírio de, 157
SOUZA BARROS, 197
SOUZA FILHO, Demócrito de, 107, 108, 109
SPARTACUS, 353
STÁLIN (Iosef Vissarionovich Dyugashvili), 115, 116, 717
STEDILE, João Pedro, 780
STEINBRUCK, Aarão, 523
STROESSNER, Alfredo, 184
SUÁREZ, Aurora, 817
SUÁREZ, Luís, 407, 408, 681, 684, 706, 708, 709, 710
SUPLICY, Eduardo, 765
SZULC, Tad, 362, 328

T
TACHO (ver Somoza Debayle Anastácio), general
TALARICO, José Gomes, 739
TARSO, Paulo de, 300
TASSO, Fernando, 333
TAVARES, Antonio José, 404
TAVARES, Flávio, 396, 510, 512, 528, 575, 583, 585
TÁVORA, dom José, 340, 341
TÁVORA, Juarez, 50
TAYLOR, Maxwell, general, 504
TCHAKHOTINE, Serge, 636
TEIXEIRA, Elizabeth, 340, 396, 408, 611
TEIXEIRA, Eudes, 257
TEIXEIRA, João Pedro, 249, 340, 399, 401, 402, 403, 404, 405, 407, 408, 409, 480, 481, 611, 681
TEIXEIRA, Pedro Paulo, 408
TERTULIANO, São, 30
TIBIRIÇÁ, Alice, 132
TITO, Josip Broz, marechal, 667
TOGO, filho de Regina Castro, 629, 667, 673, 676
TOHÁ, José, 716
TOLEDANO, Vicente Lombardo, 386
TOMÁS, João, 188, 189, 190
TRAVASSOS, Paulo (filiado à Liga Camponesa de Galileia), 169, 175
TRINIDAD MACHUCA, coronel, 722, 723
TROTSKI, Leon (Iev Davidovich Bronstein), 678
TRUDEAU, Pierre, 323
TUNNEY, John, 345
TURNER, Jorge, 694, 695, 717, 718, 787, 813, 814, 817, 822

U
UBALDINA (filha de Henrique Pereira de Lucena), 26

V
VACÁRCEL, José Luis, 717
VALDEZ, Gabriel, 670
VALE, Oswaldo do, 169
VALENÇA, Ivo, 207, 208, 210
VALENÇA, Nelson, 263

ÍNDICE DE NOMES CITADOS

VALENTE, coronel, 623
VALENTE, Mario Salazar, 718
VAREJÃO, Aníbal, 217
VARGAS, Getúlio (Dornelles), 64, 69, 93, 107, 112, 113, 114, 147, 154, 157, 159, 160, 181, 231, 270, 292, 351, 383, 460, 464, 465, 480, 719, 720, 730, 736, 751, 752, 759, 769, 816, 820
VARGAS, Ivete, 750, 751, 759
VASCONCELOS, Armando de, 79
VASCONCELOS, Jarbas, 753, 762, 765, 776
VEIGA, Elenice, 162
VELARDE, Feldman, 328
VELASCO, Domingos, 114, 361
VELÁZQUEZ, Hugo, 817
VELOSO, Carlos, 197
VIANA, Aurélio, 377, 378
VIANA, Gerson Arantes, 580, 594
VIANA, Paulo, 189, 216
VIANA, Segadas, general, 405, 481
VIANA FILHO, Luís, 623, 656, 661, 662
VIANNA, Darcy Usmar Villocq (ver Villocq, coronel),
VICENTE AMARO, 485
VIDAL, Veneziano, 229
VICENTE DE SALVADOR, frei, 22
VIEIRA, padre Antônio, 7, 689
VIEIRA, Severino, 774
VIEIRA, Wilson Costa, 380
VILA, Martinho da, 797
VILAS-BOAS, dom Mário, 75
VILAS BOAS, 658
VILELA, Teotônio, 728, 765
VILLOCQ, coronel, 518
VIRGILIO, 699
VIRGÍNIO, João, 169, 610
VOLTAIRE, 130, 218, 644

W

WALLACE, Henry, 132
WALTERS, Vernon, general, 477, 479, 498, 500, 504
WANDERLEY, Wandenkolk, 419, 421, 509, 608
WANDERLEY GUILHERME, 428, 429, 636
WELCH, Cliff, 145
WICLIF, 150
WINSTANLEY, Gerard, 61

Z

ZAPATA, Emiliano, 98, 261, 679, 680, 693, 720, 721, 722, 723, 789, 801, 813, 817
ZEA, Leopoldo, 717
ZEFA DE CABOCLO, 43
ZEFERINO DE TAL, tenente, 189
ZERBINI, Terezinha, 728
ZEZÉ DA GALILEIA (ver Souza, José Francisco de),
ZITA (ver Almeida, Maria José de Paula Almeida),
ZWEIG, Stefan, 643, 646

X

XIMENES, Valdir, 522

*O texto deste livro foi composto em Sabon,
desenho tipográfico de Jan Tschichold de 1964,
baseado nos estudos de Claude Garamond e
Jacques Sabon no século XVI, em corpo 11/15.
Para títulos e destaques, foi utilizada a tipografia
Frutiger, desenhada por Adrian Frutiger em 1975.*

*A impressão se deu sobre papel off-white
pelo Sistema Cameron da Divisão Gráfica
da Distribuidora Record.*